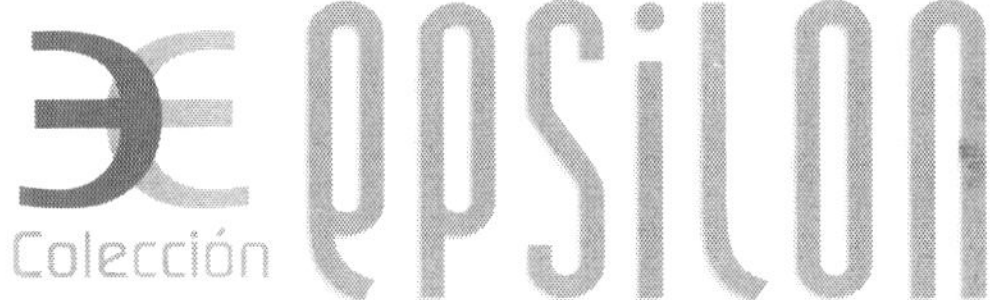

Redes de fibra óptica

Conceptos fundamentales

Jean-Michel Mur

ISBN: 978-2-409-04726-8
Edición original: 978-2-409-04448-9

Ediciones ENI

P° Ferrocarriles Catalanes, 97-117, 2a pl. of. 18
08940 Cornellá de Llobregat (Barcelona)

Tel: 934 246 401
Fax: 934 231 576

e-mail : info@ediciones-eni.com

http://www.ediciones-eni.com

Autor: Jean-Michel MUR
Edición española: Angel Mª SÁNCHEZ CONEJO
Colección **Epsilon** dirigida par Émilie VILLETORTE

Prólogo

EON, LAN, MAN, POL, PON, WAN, WDM... Los acrónimos son muy comunes en el campo de las redes de fibra óptica. Por este motivo, este libro pretende arrojar un poco de luz sobre esta cuestión, exponiendo de forma exhaustiva, pedagógica y directa -sin caer en el simplismo- los conceptos fundamentales que necesita para entenderlo todo bien. Una vez que se haya familiarizado con su contenido, tendrá una buena comprensión de lo que abarcan los acrónimos de redes de fibra óptica, ya sean locales, metropolitanas, extendidas, ópticas pasivas u otras, y ello a través de tres áreas principales: fibras ópticas y cables, componentes y equipos, protocolos y tipología de redes.

Fibras y cables

En los dos primeros capítulos encontrará una explicación general de las fibras ópticas, su funcionamiento, su diversidad a través de características clave y unas palabras sobre su fabricación.

El capítulo Estado de las fibras ópticas unimodales le presenta el panorama de las fibras ópticas unimodales de sílice. Al principio, las utilizaban los operadores de redes para su aplicación a redes submarinas y terrestres de larga distancia. Sin embargo, con el tiempo, se han ido introduciendo en las redes de grandes instalaciones como aeropuertos, zonas portuarias, industrias petroquímicas, posteriormente en las redes de los campus universitarios, hospitales y otras instalaciones y, poco a poco, en los centros de datos (*data centers*). Están normalizadas por el UIT-T mediante las recomendaciones G.652 a G.657, que se comentarán.

El capítulo Fibras multimodales de sílice y fibras plásticas, ofrece una visión general de las fibras ópticas multimodales de sílice, incluidas las conocidas como OM1 a OM5, que están muy extendidas en redes de área local empresariales, redes de área local industriales, centros de datos, etc. Esta visión general se completa con un repaso a las fibras de radio de curvatura corto BIMMF, las fibras ópticas multimodales de plástico, las fibras de cinta, las fibras multinúcleo y otras fibras específicas.

El capítulo Cables de fibra óptica le invita a descubrir la gran variedad de cables de fibra óptica y las restricciones y riesgos mecánicos y ambientales a los que están expuestos. Esta diversidad está normalizada por el UIT-T a través de una docena de recomendaciones, de la L.100 hasta la L.111 y la L.430. Estas recomendaciones explican los métodos de instalación y las protecciones de los cables en función de su entorno: cableado en interiores, exteriores, enterrados, en conductos, en galerías, en alcantarillas, aéreos, en medios acuáticos, etc.

Componentes y equipos

El capítulo Conectividad de las fibras ópticas presenta una amplia gama de conectores, incluidas la conectividad clásica LC o SC para una o dos fibras, conectores MPO y MTP para cables multifibra, así como conectores de alta densidad (*Very Small Form Factor* - VSFF) como CS, MDC, MMC, MXC, SN, etc., que se utilizan principalmente en centros de datos. También se presenta la conectividad por fusión mediante máquinas de soldadura de fibra óptica.

El capítulo Medidas en una red de fibras ópticas detalla las pruebas y mediciones que se deben realizar en una red de fibra óptica. Se presenta una amplia gama de equipos, desde los más ligeros como pinzas, sondas, comprobadores de polaridad y bolígrafos ópticos, pasando por equipos clásicos como fotómetros y reflectómetros ópticos, para mediciones rutinarias o específicas, hasta equipos especializados como analizadores de espectro, dispersión y protocolo.

El capítulo Componentes optoelectrónicos describe los componentes que se encuentran en las redes de fibra óptica, como los componentes electroópticos para transmitir la señal óptica, como los láseres y los componentes optoelectrónicos para recibir la señal óptica, como los fotodiodos. Se describen en detalle las distintas familias de transmisores-receptores o emisores-receptores (*transceivers*): SFP, SFP-DD, QSFP, QSFP-DD, OSFP, etc. Se presentan equipos pasivos como acopladores y atenuadores, así como circuitos integrados fotónicos (*Photonic Integrated Circuit* - PIC).

Protocolos y tipología de redes

El capítulo de Multiplexación por longitud de onda detalla el principio de la multiplexación por división de longitud de onda (MLO o *Wavelength Division Multiplexing* - WDM) y variantes como la multiplexación por división de longitud de onda gruesa (*Coarse Wavelength Division Multiplexing* - CWDM), la multiplexación por división de longitud de onda densa (*Dense Wavelength Division Multiplexing* - DWDM) con rejillas espectrales fijas y flexibles, y la multiplexación por división de longitud de onda corta (*Short Wavelength Division Multiplexing* - SWDM).

El capítulo Ethernet y fibras ópticas, está íntegramente dedicado al protocolo Ethernet y al ecosistema Ethernet creado por el uso generalizado de este protocolo, que ha sustituido a muchos de sus competidores. Presenta la evolución de Ethernet: su creación en 1973, la llegada de los medios de fibra óptica, el gigabit Ethernet a 1 Gbit/s (1 GbE), posteriormente el multigigabit, de 10 Gbit/s (10 GbE) a 400 Gbit/s (400 GbE), detallado en la norma IEEE 802.3-2022. Todo esto se complementa con una visión general de los trabajos del grupo de trabajo IEEE P802.3df sobre 800 Gbit/s (800 GbE) y el futuro terabit Ethernet a 1,2 Tbit/s y luego a 1,6 Tbit/s.

El capítulo Redes empresariales e industriales, ofrece una visión general de las redes de área local empresariales y fibras ópticas (*Local Area Network* - LAN), la fibra hasta la oficina (*Fiber to the Office* - FTTO), la red local óptica pasiva (*Passive Optical LAN* - POL), las redes de área de campus (*Campus Area Network* - CAN), los data centers, las redes de área local industriales (RLI) y las redes de protección de vídeo. Las ilustraciones muestran algunos de los equipos pasivos y se repasan las principales características, velocidades y generaciones de los protocolos InfinBand y Fibre Channel.

El capítulo Redes de operadores de fibra óptica, examina las redes de operadores de redes y/o las redes de fibra óptica de operadores como:

- redes submarinas,
- redes terrestres,
- redes fluviales y aéreas,
- redes de área extensa (*Wide Area Network* - WAN),
- redes de área metropolitana (*Metropolitan Area Network* - MAN).

En este capítulo también se tratarán las redes de distribución y acceso punto a punto y punto a multipunto, como las redes ópticas pasivas (*Passive Optical Network* - PON), desde las primeras A-PON hasta las recientes PON de 50 Gbit/s (ITU-T 50 G-PON e IEEE 50 GE-PON).

Se dedica una parte al concepto de generaciones de redes fijas, incluida la actual red fija de quinta generación (*Fixed Network Fifth Generation* - F5G) y otra parte se dedica a la futura F6G con el concepto de redes deterministas y redes ópticas elásticas (*Elastic Optical Network* - EON).

El capítulo Redes específicas examina diferentes redes, como las destinadas a inmuebles y viviendas y los distintos tipos de despliegue en función de las zonas y/o los edificios.

Se describen en detalle los conceptos de fibra en el hogar (*Home Area Network* - HAN) y fibra hasta la habitación (*Fiber to the Room* - FTTR).

Este capítulo también presenta las redes de sensores de fibra óptica (RCFO), con sus tipos, campos de aplicación y equipos de análisis.

Algunas ilustraciones muestran redes de fibra óptica más específicas, como las de la industria del automóvil, con fibra óptica de plástico (FOP) y los protocolos MOST y Ethernet. Por último, hay algunas ilustraciones de redes de fibra óptica utilizadas en la aviación comercial, el ferrocarril, el transporte marítimo y el ejército.

Finalmente, el último capítulo sugiere una serie de formas en que podrían evolucionar las redes de fibra óptica de los operadores:

- hacia velocidades relativas a terabits por segundo (Tbit/s),
- hacia la multiplexación por división espacial (SDM), con Network 2030, IMT-2030 o 6G,
- hacia redes autónomas y redes privadas, con la evolución de protocolos como Ethernet a 1,6 Tbit/s.

En el capítulo Anexos, encontrará las páginas web de organismos de normalización, asociaciones sectoriales y eventos específicos sobre redes de fibra óptica, así como una lista de acrónimos.

Redes de fibra óptica
Conceptos fundamentales

Contenido

Podrá descargar algunos elementos de este libro en la página web de Ediciones ENI: **http://www.ediciones-eni.com**. Escriba la referencia ENI del libro **EPT4FIB** en la zona de búsqueda y valide. Haga clic en el título y después en el botón de descarga.

Prólogo

Capítulo 1
Información general sobre fibras ópticas

Capítulo 2
Tipos de fibras ópticas y fabricación

Capítulo 3
Estado de las fibras ópticas unimodales

Capítulo 4
Fibras multimodales de sílice y fibras plásticas

Capítulo 5
Cables de fibra óptica

Capítulo 6
Conectividad de las fibras ópticas

Capítulo 7
Medidas en una red de fibras ópticas

Capítulo 8
Componentes optoelectrónicos

Capítulo 9
Multiplexación por longitud de onda

Capítulo 10
Ethernet y fibras ópticas

Capítulo 11
Redes empresariales e industriales

Capítulo 12
Redes de operadores de fibra óptica

Capítulo 13
Redes específicas

Capítulo 14
Redes, vías de desarrollo

Anexos

Capítulo 1
Información general sobre fibras ópticas

1. Definición

Las fibras ópticas son conductores de luz. Tienen forma de cilindros de vidrio o plástico transparente, generalmente de 125 micras de diámetro en el caso de las fibras de vidrio y de un milímetro en el de las fibras de plástico. Se utilizan en muchos campos, como telecomunicaciones, redes informáticas, medicina, automoción, aviónica, decoración y señalización.

En el campo de las comunicaciones, la fibra óptica ha sido durante décadas el medio elegido para las transmisiones de telecomunicaciones a larga distancia. Se consideraba una alternativa a los cables de cobre para aplicaciones con requisitos especiales. Hoy en día, las fibras ópticas se utilizan cada vez más para centros informáticos (*data centers*), para cablear redes de área local en edificios de oficinas y para dar servicio a los hogares de los abonados a Internet. Pueden dar servicio a todos los puestos de trabajo y ordenadores personales, transportando los impulsos luminosos que corresponden a las señales de los equipos informáticos, telefónicos o audiovisuales.

2. Prejuicios y verdades

Hasta la década de 2000, las ventajas lumínicas de las fibras ópticas se veían muy a menudo oscurecidas por prejuicios y consideraciones que tomaron cuerpo, cuando aparecieron por primera vez en el mercado. Sin embargo, desde entonces la difusión del conocimiento, por un lado y los avances técnicos, por otro, han remediado esta situación. No obstante, persisten cuatro prejuicios.

Fragilidad

Es cierto que la fibra sin protección, hecha de vidrio, se parte con facilidad. Por este motivo tiene una protección en forma de revestimiento principal.

Contrariamente a la creencia popular, una fibra revestida de este modo ofrece mayor resistencia a la tracción que un cable de cobre o acero del mismo diámetro. Es flexible y resistente a los elementos corrosivos que atacan a los cables de cobre.

Cuando se prepara en forma de cable, es capaz de resistir ataques mecánicos, físicos o químicos. Durante casi 50 años, a través de todas las instalaciones que se han realizado en condiciones extremas –cables submarinos, plataformas petrolíferas, industrias químicas, canteras en minas, etc.– la fibra óptica ha demostrado su resistencia.

Instalación complicada

Este prejuicio se debe a dos dificultades que surgieron en su momento: la interconexión de las fibras ópticas y los radios de curvatura.

En cuanto a la unión de dos fibras ópticas, es cierto que en aquella época tanto el montaje de los conectores ópticos como la soldadura por fusión, requerían cierta pericia. De hecho, en conectividad óptica, los primeros conectores ópticos que había que colocar en el extremo de una fibra, estaban formados por numerosas piezas pequeñas que ponían a prueba incluso a los dedos más ágiles. Requerían cola epoxi, secado en horno eléctrico, hendidura y, por último, un largo y meticuloso pulido.

Los conectores ópticos tienen pocas piezas. Y lo que es aún mejor, los conectores crimpados eliminan la necesidad de pegar epoxi, que lleva mucho tiempo. E incluso, bajo demanda, los cables se pueden entregarse preparados para la conexión, es decir, preinstalados con conectores o clavijas ópticas y probados durante la fabricación.

En cuanto a la soldadura por fusión entre dos fibras ópticas, también en este caso los equipos utilizados han progresado tanto que se pueden conseguir soldaduras excelentes, sólo con un poco de cuidado y atención.

Por último, en lo que respecta a los radios de curvatura, existen dos factores correctores. En primer lugar, los nuevos cables de cobre estándar de categoría 8 tienen mayores limitaciones que los cables de fibra óptica de la misma capacidad. En segundo lugar, las nuevas fibras ópticas desarrolladas para las redes de acceso y conformes a la recomendación G.657 del UIT-T, están en gran medida libres de estas limitaciones.

Coste elevado

Es cierto que cuando las velocidades de transmisión eran bajas, los cables de cobre eran mucho más baratos que los de fibra óptica, la instalación era más rápida y sencilla y, por tanto, más barata y los equipos activos eran mucho más baratos.

Pero, a medida que han ido aumentando las velocidades de transmisión de datos, los cables de cobre de par trenzado y sus componentes asociados se han vuelto más complejos y más caros en sí mismos. Con su evolución de la categoría 5 a la categoría 5e, luego 6, después 7 y posteriormente 8, los cables de cobre ya no pueden competir con la fibra óptica.

Hay que tener en cuenta que el tiempo necesario para instalar un cable de cobre y un conector blindado y apantallado de categoría 8, que requiere un destorcido meticuloso, es mayor que el necesario para instalar un conector óptico en una fibra.

Además, el crecimiento constante del mercado de redes de fibra óptica, unido a las economías de escala y los avances técnicos de los productos, ha reducido considerablemente el coste de los equipos activos.

Por último, si hablamos del "coste por bit transportado", éste disminuye de forma constante y casi proporcional al aumento de la velocidad de transmisión de las redes de fibra óptica, que superan cada vez más el terabit por segundo, es decir, 10^{12} bits por segundo o 1.000 billones de bits de información binaria en un segundo. Y los operadores de redes hablan ya de petabits por segundo.

Solución redundante

Durante décadas, era cierto que la fibra óptica era superflua en comparación con el cobre. Pero a medida que aumenta la velocidad de las aplicaciones, este prejuicio va desapareciendo. Los cables de cobre están limitados, en el mejor de los casos, a 600 MHz en la categoría 7, es decir, una distancia máxima de 100 metros a 10 Gbit/s y a 2 GHz en la categoría 8, es decir, 30 metros a 40 Gbit/s. La fibra, en cambio, tiene un ancho de banda que permite aplicaciones de red gigabit, como redes que transportan 10 Gigabit Ethernet (10 GbE), 40 GbE, 100 GbE e incluso 400 GbE a 400 gigabits por segundo, a lo largo de varios miles de kilómetros.

Esto permite el despliegue de este tipo de redes e impulsa las aplicaciones de cálculo intensivo, como las que requieren las industrias del automóvil, aviónica o farmacéutica, la exploración genómica, etc., o las aplicaciones multimedia en empresas u hospitales, como la resonancia magnética (IRM). Lo mismo ocurre para el público en general, con la fibra hasta el hogar (*fiber to the home* - FTTH) a 100 Mbit/s o 1 Gbit/s, e incluso 10 Gbit/s en algunos países. Esta aplicación combina múltiples servicios, como el acceso a Internet, la difusión de televisión en directo o a la carta, la telefonía fija, la telefonía móvil, etc.

3. Definición de enlace óptico

La fibra óptica es un medio de transmisión igual que el cobre. El cobre transmite la información mediante electrones, mientras que la fibra óptica lo hace mediante fotones.

1926: hola fotones

Fue en 1900 cuando el físico alemán Max Planck (Kiel 1858 - Gotinga 1947) introdujo en la física la hipótesis de la cuantificación de la energía lumínica, con la noción de granos de luz o cuantos, primera base de la teoría cuántica. Fue en 1926 cuando estos cuantos de luz se denominaron fotones. Cada fotón, correspondiente a la frecuencia ν, lleva un cuanto de energía q tal que $q = h \times \nu$ donde h es la constante de Planck y tiene un valor aproximado de $6{,}626 \times 10^{-34}$ J.s.

Enlace óptico

Para transportar los fotones que componen la señal, el uso de una fibra óptica requiere una doble transformación:

- En primer lugar, la señal eléctrica se convierte en señal luminosa y se inyecta en la fibra óptica; el tránsito de la señal se asegura mediante diversos equipos como conmutadores, acopladores, derivaciones, etc.
- A su llegada, la señal luminosa debilitada se convierte de nuevo en señal eléctrica.

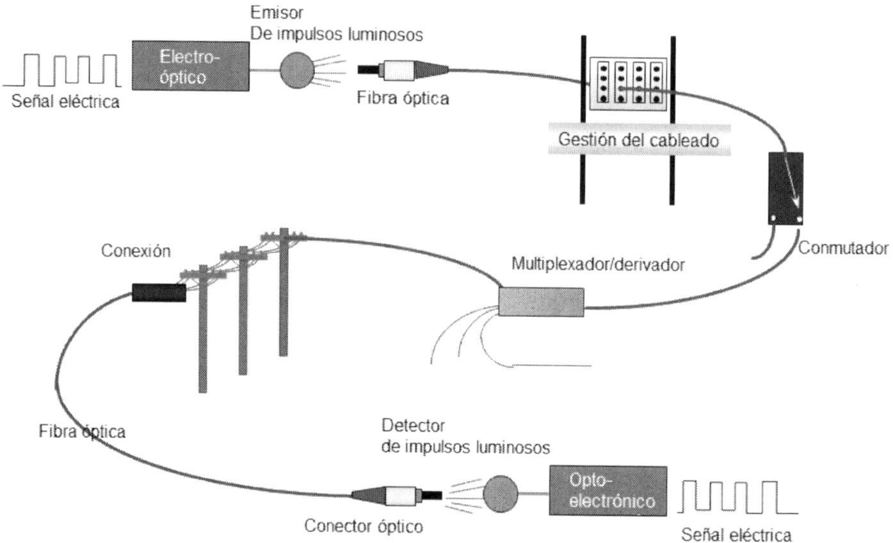

Diagrama de un enlace óptico

4. Ventajas de la fibra óptica

4.1 Ancho de banda y velocidad

La capacidad de transportar información aumenta con el ancho de banda del medio de transmisión y la frecuencia de la portadora. Por tanto, un mayor ancho de banda permite mayores velocidades de transmisión de datos, lo que significa que la cantidad de información que se puede transmitir por segundo es mucho mayor. Como el ancho de banda se mide en múltiplos de hertzios por kilómetro, a veces se denomina "ancho de banda kilométrico".

Por orden de magnitud y en función de sus características, las fibras ópticas multimodo ofrecen anchos de banda de 500 MHz.km a casi 5.000 MHz.km, para velocidades de transmisión de hasta cien gigabits por segundo. Las fibras ópticas unimodales ofrecen anchos de banda de varias decenas de gigahercios por kilómetro y pueden transmitir varios terabits por segundo.

Las velocidades de datos indicadas son ejemplos de redes de fibra óptica comunes. Pero para los operadores de redes, se trata más bien de veinte terabits por segundo. ¿Cómo se consigue esto? Mediante el uso simultáneo de técnicas de multiplexación de longitudes de onda, transportando 400 Gbit/s a través de 256 longitudes de onda simultáneamente (véase el capítulo Multiplexación por longitud de onda) y apoyándose en la detección coherente, tipos de modulación de alto rendimiento como la modulación de polarización, la modulación de fase multinivel, la modulación de amplitud multinivel, todo ello acoplado al procesamiento digital de señales (véase el capítulo Ethernet y fibras ópticas).

4.2 Atenuación lineal

En una línea de transmisión, la potencia de la señal disminuye a medida que viaja por la línea. Este debilitamiento de la señal, está en función de la distancia entre el transmisor y el receptor y se conoce como "atenuación de línea". Se mide en decibelios por kilómetro (dB/km).

Comparada con el cobre, la fibra óptica ofrece bajas pérdidas de potencia, del orden de unas décimas de dB/km, o incluso menos en algunas fibras. Esto permite distancias de transmisión más largas. Este hecho se ve confirmado por las normas de las redes locales de empresas, sean cuales sean, con distancias de algunos metros a un máximo de cien metros para los cables de cobre de par trenzado, pero de varios kilómetros para los cables de fibra óptica. Por no hablar de la transmisión a través de cables de fibra óptica para enlaces de muy larga distancia, como los cables transoceánicos.

4.3 Inmunidad electromagnética

La interferencia electromagnética (IEM) es una señal parásita emitida por cualquier tipo de dispositivo eléctrico, que interrumpe la transmisión de información.

Como la fibra óptica es un dieléctrico, es decir, un no conductor eléctrico, es insensible a las interferencias electromagnéticas procedentes de circuitos eléctricos, fuentes de radiofrecuencia o microondas, etc. Esto evita la diafonía que se puede encontrar en los cables de par trenzado de cobre, que es un factor crítico para limitar la distancia. Esto evita la diafonía que se puede encontrar en los cables de par trenzado de cobre, que es un factor crítico para limitar la distancia. Además, como la fibra óptica no se ve afectada por el ruido eléctrico, se puede instalar sin problemas en entornos con altos niveles de perturbación eléctrica, como una fábrica con toda su maquinaria o cerca de cables eléctricos, tubos fluorescentes, maquinaria de ascensores, etc.

En resumen, la fibra óptica es intrínsecamente más fiable que el cobre.

4.4 Tamaño y peso

Un cable de fibra óptica tiene una sección menor que el cable de cobre al que sustituye. Comparado con un cable de par trenzado de categoría 5e, un cable con dos fibras ópticas ocupa alrededor de un 15% menos de espacio. Y si utilizamos la técnica de multiplexación por división de longitud de onda, una sola fibra óptica transportará más información que 8, 16, 32 o incluso 256 pares trenzados.

Esta reducción de tamaño se corresponde paralelamente con una reducción de peso. Por ejemplo, un cable con dos fibras ópticas es, entre un 20 y un 50%, más ligero que un cable comparable con cuatro pares trenzados. Esto es interesante en el campo de las redes de comunicación, ya que hace que la fibra óptica sea más ligera de transportar y, por tanto, más fácil de instalar. Esto es especialmente valioso para las redes instaladas en automóviles o aviones comerciales o militares.

Diferencias de tamaño entre un cable de fibra óptica y un cable de par trenzado de cobre

4.5 Sigilo y secreto de las transmisiones

Sigiloso significa indetectable. Un cable metálico se puede detectar, pero una fibra de vidrio no se puede detectar si no es visible. Además, mientras que en un cable coaxial es posible captar una transmisión a distancia, esto no es posible en una fibra óptica porque las señales luminosas no emiten radiación electromagnética y, por tanto, no se pueden interceptar.

Por último, la fibra óptica es realmente difícil de poner "bajo escucha" y hace falta mucha habilidad para no ser descubierto.

Seguridad extrema

La criptografía cuántica, que se basa en la emisión de fotones uno tras otro, es una buena respuesta a la necesidad de seguridad extrema en el transporte de información: secretos militares y de defensa, transacciones financieras o bancarias, industria de alta tecnología, etc. - La criptografía cuántica, que se basa en la emisión de fotones uno tras otro, es una buena respuesta. Permite utilizar claves de cifrado privadas mediante un protocolo criptográfico, cuya seguridad está garantizada por las leyes de la óptica cuántica. Un ejemplo bien conocido es el protocolo BB84 (iniciales de sus creadores, Charles Bennet y Gilles Brassard y año de su creación, 1984).

Este protocolo distribuye las claves de cifrado utilizando la polarización de los fotones individuales: el valor 0 está representado por una polarización vertical o de +45° y el valor 1 por una polarización horizontal o de -45°. Pero esta es otro aspecto, que se sale del ámbito de este libro.

Observación

En febrero de 2015, físicos de la Universidad de Ginebra (UNIGE) establecieron un nuevo récord mundial de distancia para la distribución de una clave cuántica, haciendo que el mensaje codificado recorriera 307 kilómetros, de punto a punto. Dada la posibilidad de que se produzcan ataques de piratas informáticos, la seguridad de las transmisiones se está convirtiendo en un factor crítico. Asegurar las transmisiones a cientos de kilómetros requiere una tecnología clave: la comunicación cuántica. En 2018 y 2019, investigadores de Suiza, Canadá y Japón presentaron un dispositivo conocido como "repetidor cuántico". Este componente básico garantizará el despliegue, sobre las fibras ópticas existentes, de una red de Internet ultrasegura, en la que transitarán "qubits".

Por tanto, la fibra óptica es el medio más seguro para transportar datos confidenciales.

4.6 Seguridad

La fibra óptica no transporta corriente eléctrica, por lo que no hay peligro de explosión o incendio por chispas. Por eso, las instalaciones de las industrias química, petroquímica y del gas son más fiables que las redes de cobre.

Además, los cables de fibra óptica están disponibles con la misma clasificación de no inflamabilidad o extinguibilidad que sus homólogos de cobre, para cumplir los requisitos legales de construcción de edificios. Esto es especialmente cierto para los edificios públicos, con normas para cables de baja emisión de humos y sin halógenos, también conocidos como LSOH (*low smoke - zero halogen*).

En resumen...

Resumiendo, la fibra óptica ofrece un mayor ancho de banda y, por tanto, mayores velocidades a mayores distancias, sin riesgo de interferencias electromagnéticas. Su menor tamaño y peso la hacen más fácil de colocar e instalar, sobre todo en espacios reducidos. Por último, es segura.

5. Cómo funcionan las fibras ópticas

Para entender mejor cómo viaja la luz en una fibra óptica, veamos primero algunos aspectos físicos fundamentales que intervienen en este ámbito.

5.1 Características de la luz

5.1.1 Velocidad de la luz e índice absoluto de un medio

En el vacío, la velocidad de la luz es de aproximadamente 300.000 km.s o más exactamente 299.792,458 $km.s^{-1}$.

En el aire, es más o menos la misma. Sin embargo, en materiales translúcidos como el agua, el vidrio, etc., esta velocidad disminuye. El índice absoluto n_i de un medio es la relación entre la velocidad de la luz c en el vacío y la velocidad v_i (velocidad de fase) de la luz en ese medio, es decir, $n_i = c / v_i$.

Por ejemplo, si suponemos que la velocidad en el vacío es de 300.000 $km.s^{-1}$ y que en el agua es de 225.000 $km.s^{-1}$, entonces el índice absoluto o índice de refracción del agua es 300.000/225.000, es decir, 1,3333.

Cuándo es importante la velocidad

A veces oímos decir: "En una fibra óptica, la velocidad es mucho mayor que en el cobre". Esto es incorrecto porque, en una fibra óptica de vidrio, el índice absoluto está en torno a 1,5, por lo que la velocidad es 300.000/1,5, es decir 200.000 $km.s^{-1}$. Y en un cable de cobre, los electrones, y por tanto la señal, también viajan a unos 200.000 $km.s^{-1}$. De hecho, la verdadera diferencia entre estos dos medios no es la velocidad, sino la tasa de datos transportados, que es incomparable entre el cobre y la fibra óptica, en beneficio de esta última.

Las fibras huecas permiten que la luz viaje a casi 300.000 kilómetros por segundo.

5.1.2 Longitud de onda y espectro electromagnético

La longitud de onda se designa con la letra del alfabeto griego λ (lambda).

Es igual a la velocidad de la onda dividida por su frecuencia, es decir $\lambda = v/f$, o es igual a la distancia recorrida por la onda durante un periodo, es decir $\lambda = v.T$.

El espectro de las ondas electromagnéticas es muy amplio y, en su forma más conocida, abarca desde las frecuencias de 50 Hz de la corriente eléctrica o las frecuencias de cien hercios de las ondas de radio, hasta las frecuencias de 10^{22} Hz de los rayos gamma.

La parte visible para el ojo humano se sitúa entre el infrarrojo ($\approx 4{,}3.10^{14}$ Hz o 700 nanómetros) y el ultravioleta ($\approx 7.10^{14}$ Hz o 430 nanómetros).

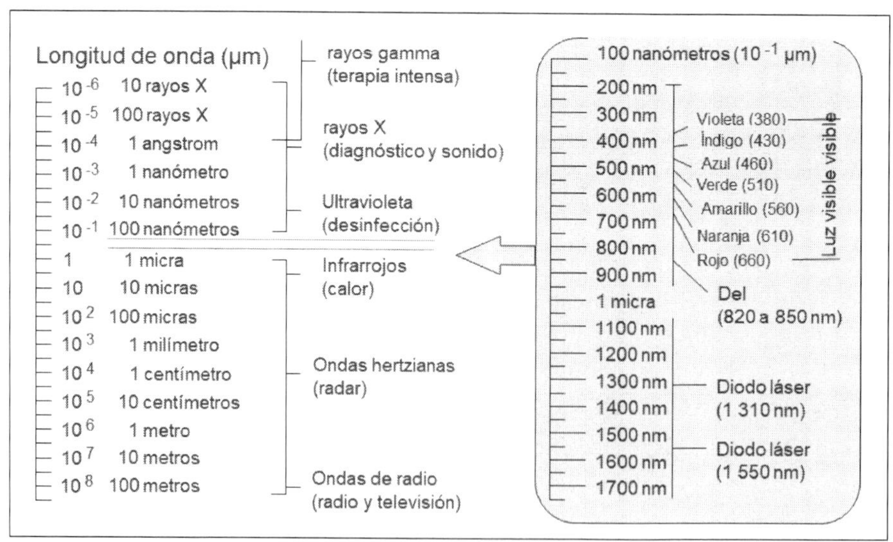

Espectro de las ondas electromagnéticas

5.2 Leyes de la óptica geométrica

Hablamos de óptica geométrica, basada en el principio de que un rayo de luz puede ser lo suficientemente estrecho como para compararlo con una línea recta en un medio homogéneo. Esto es así, aunque un rayo de luz no se pueda concebir como un único rayo, sino como una familia de rayos luminosos.

Es divertido observar que los resultados de los trabajos realizados por el filósofo-físico-matemático René Descartes (Indre-et-Loire, 1596 - Estocolmo, 1650) sobre las trayectorias de los rayos luminosos en la separación de dos medios, presentados en el siglo XVII, se utilizaron, hacia finales del siglo XX, en el contexto de la transmisión de señales luminosas por fibras ópticas.

5.2.1 Primera ley de Descartes o ley de la reflexión

Cuando la luz se refleja en la superficie sobre la que se proyecta, se denomina reflexión.

Descartes lo tradujo de la siguiente manera: "El rayo reflejado está en el plano de incidencia y el ángulo de incidencia i_1 es igual al ángulo de reflexión i_2 .

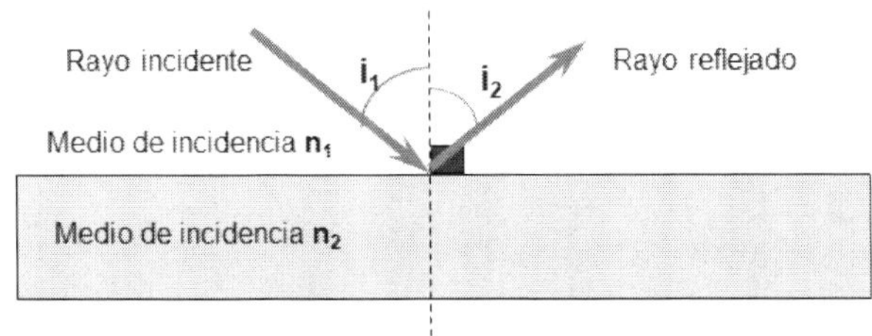

Ley de reflexión

5.2.2 Segunda ley de Descartes o ley de la refracción

Cuando la luz atraviesa la superficie sobre la que se proyecta, sufre una desviación al pasar de un medio a otro, proceso conocido como refracción.

Para Descartes: "El rayo refractado está en el plano de incidencia y existe una relación constante entre el seno del ángulo de incidencia i_1 y el seno del ángulo de refracción i_2. Esta relación es la del índice de refracción del segundo medio n_2 con respecto al del primer medio n_1."

En notación matemática, la ley se escribe como sigue:

$\sin i_1 / \sin i_2 = n_2 / n_1$ o $n_1.\sin i_1 = n_2.\sin i_2$

En la siguiente ilustración, si $n_2 > n_1$ entonces $i_2 < i_1$. Observe que una parte más o menos pequeña del rayo incidente seguirá reflejándose. Este fenómeno se conoce como reflexión de Fresnel: "Parte del rayo luminoso se refleja proporcionalmente a la diferencia de índices".

Si introducimos la velocidad de la luz, tenemos las igualdades $n_1 = c / v_1$ y $n_2 = c / v_2$ que conducen a $v_2.\sin i_1 = v_1.\sin i_2$.

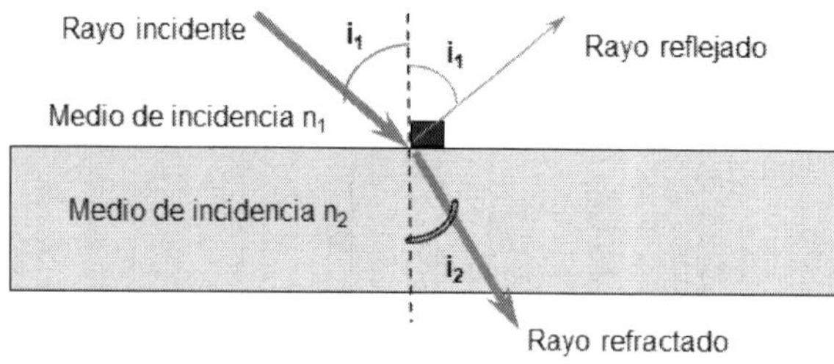

Ley de refracción

Un poco de historia

Los historiadores de la óptica geométrica creen que estas leyes fueron descubiertas por primera vez en 1621 por el holandés Willebrord Snel Van Royen (Leiden, 1580 - id., 1626), quien no las publicó. Como se hacía llamar Willebrordus Snellus, estas leyes se conocen como leyes de Snell en el mundo anglosajón.

Se dice que René Descartes, que vivió mucho en los Países Bajos a partir de 1629, las elaboró y publicó de forma independiente en 1637. En el mundo latino, se conocen como leyes de Descartes. Diplomáticamente, algunos utilizan el nombre de leyes Snell-Descartes.

5.2.3 Refringencia y ángulo crítico

La refringencia es la propiedad de refractar la luz.

Se dice que un medio es más refractivo que otro si su índice de refracción n es mayor. En este caso, cuando la luz atraviesa un medio más refractivo que el primero, a cada rayo incidente le corresponde un rayo refractado que se aproxima a la normal.

Si un rayo atraviesa un medio menos refractivo que el primero, el rayo incidente se desvía de la normal. Esto significa que existe un ángulo de incidencia en el que el rayo refractado sale rozando. Este ángulo de incidencia se denomina ángulo crítico.

Esto demuestra que no todo rayo incidente se corresponde con un rayo refractado. Es más, si el ángulo de incidencia es mayor que el ángulo crítico, se produce la reflexión total.

Esta característica de reflexión total es el principio de funcionamiento de las fibras ópticas.

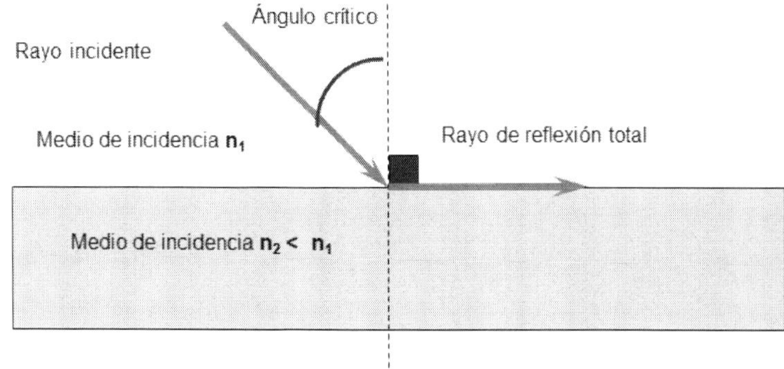

Ángulo crítico

Observación

Como este capítulo pretende ser una simple introducción a las fibras ópticas, dejaremos ahí esta parte teórica. No trataremos el principio de Fermat "la luz elige el camino más rápido", ni el teorema de Malus-Dupin "sobre los caminos ópticos". Tampoco trataremos los conceptos de ondas electromagnéticas planas, velocidad de fase, velocidad de grupo, etc.

5.3 Aplicación a la fibra óptica

5.3.1 Composición de una fibra óptica

Una fibra óptica está formada por los siguientes componentes principales:

- Un **núcleo**, la región central de la fibra óptica en la que se transmite la luz.
- Un **revestimiento óptico**, un material que rodea el núcleo y permite que la luz se refleje totalmente. Su función es confinar la luz.
- Un **recubrimiento primario**, un material plástico, que se aplica al revestimiento óptico durante o justo después de la fase de trefilado (véase el capítulo Tipos de fibras ópticas y fabricación, sección Fabricación de fibras ópticas). Se utiliza como capa protectora del revestimiento. Su función es hacer que la fibra óptica sea "fácil de manejar".

El núcleo óptico y el revestimiento son inseparables y constituyen la fibra óptica propiamente dicha.

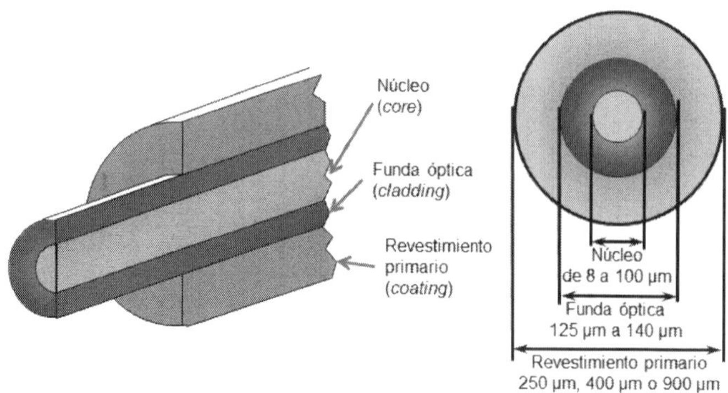

Composición de una fibra óptica

A esto se añade un **revestimiento exterior**, también conocido como revestimiento secundario, tubo apretado o suelto o revestimiento de cinta, hecho de material generalmente extruido sobre el revestimiento de la fibra óptica. Este revestimiento proporciona aislamiento mecánico y protección física a una sola fibra óptica o, algunas veces, a varias.

Al igual que el revestimiento primario, está diseñado para que se pueda retirar fácilmente, de modo que la fibra se pueda equipar con un conector óptico o se pueda realizar un empalme entre dos fibras ópticas (empalme por fusión o empalme mecánico, véase el capítulo Conectividad de las fibras ópticas). A menudo, el diámetro oscila entre 800 y 900 micras con una tolerancia de ± 50 micras.

Caso especial de las "cintas"

Los cables con fibras ópticas dispuestas en cintas (véase el capítulo Cables de fibra óptica, sección Construcción de un cable de fibra óptica), tienen una construcción ligeramente diferente, como se ilustra a continuación.

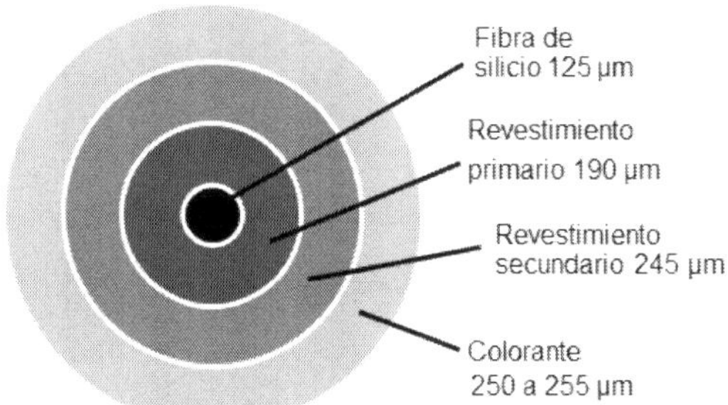

Diagrama de una fibra óptica para cables en "cinta"

5.3.2 Cómo funciona una fibra óptica

El núcleo se fabrica con un índice de refracción n_1 mayor que el del revestimiento n_2. Como vimos en el apartado Leyes de la óptica geométrica - Refringencia y ángulo crítico, algunos rayos de luz que se propagan en el núcleo serán totalmente reflejados por el revestimiento y continuarán su camino de reflexión en reflexión: éste es el modo de propagación guiado, también conocido como modo guiado, es decir, el camino que puede seguir el rayo de luz en el interior de la fibra óptica.

Otros rayos saldrán del núcleo, éste es el modo de propagación curvada o modo de fuga, es decir, la trayectoria del rayo de luz sale del núcleo. Se refracta hacia el exterior de la fibra óptica o se transforma en modo de revestimiento, a medida que se propaga en el revestimiento. Esto puede ocurrir por una mala inyección de luz, desviación axial de la fibra óptica, etc.

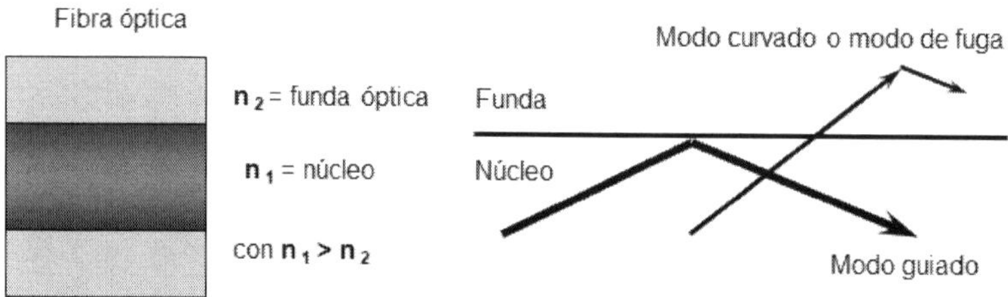

Trayectoria de los rayos de luz en una fibra óptica

5.3.3 Apertura digital

Para que el rayo de luz inyectado en la fibra óptica –el rayo incidente– se propague a lo largo de la fibra, debe estar dentro de un cono denominado cono de aceptación (en inglés, *acceptance*). Cualquier rayo incidente emitido fuera del cono de aceptación no será conducido por la fibra óptica, ya que estará en modo curvado o en modo revestimiento.

El seno del ángulo θ se denomina apertura digital ON y el ángulo de incidencia se denomina ángulo de aceptación.

La apertura digital viene dada por la relación ON = sin θ = $\sqrt{n_1^2 - n_2^2}$ = .

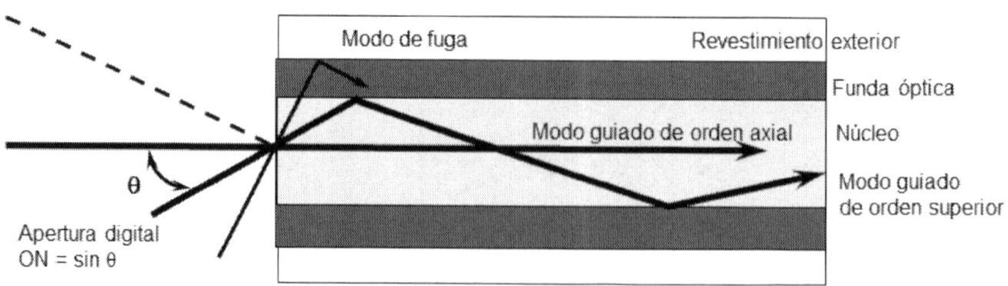

Cono de aceptación y apertura digital

Podemos ver que los diferentes rayos de luz inyectados en el cono de aceptación no tienen el mismo ángulo de incidencia. Por lo tanto, sus trayectorias –sus modos– serán diferentes. El rayo con la trayectoria más corta es el que sigue el eje longitudinal de la fibra óptica. Se denomina modo guiado o modo de orden axial o modo axial. Los rayos que recorren la periferia del núcleo se denominan modos de orden superior, mientras que los que recorren la parte central del núcleo se denominan modos de orden inferior.

A título indicativo, las aperturas digitales de una fibra óptica multimodo 62,5/125, una fibra multimodo 50/125 y una fibra unimodal 8/125, son de aproximadamente 0,275, 0,2 y 0,1 respectivamente.

6. Gracias, Sr. Kao

Un poco de historia

Por el lado de la historia, conviene recordar que la reflexión sobre la orientación de la luz comenzó en serio en el siglo XIX.

En 1841, D. Colladon, de la Universidad de Ginebra, demostró la orientación de la luz en un chorro de agua y, al mismo tiempo, el francés J. Babinet hizo las mismas observaciones y extendió la idea a una varilla de vidrio. La idea se atribuye a menudo a J. Tyndall, que demostró la orientación de la luz en un chorro de agua en la Royal Society de Londres en 1854, siguiendo una sugerencia de M. Faraday.

Pero más allá de estas consideraciones anecdóticas, no podemos terminar nuestra información general sobre fibras ópticas sin mencionar a uno de nuestros colegas, Charles Kuen Kao, muy conocido por los expertos en el mundo de la óptica. Su trabajo se dio a conocer en septiembre de 2009 cuando le concedieron el Premio Nobel de Física.

Charles Kuen Kao

Nacido en Shanghai (China) en 1933, donde cursó estudios primarios y secundarios, emigró al Reino Unido para cursar estudios de posgrado y se doctoró en ingeniería eléctrica por la Universidad de Londres en 1965.

Fue en 1966 cuando hizo un descubrimiento que marcaría un antes y un después respecto a la fibra óptica. Consiguió demostrar la posibilidad de transmitir a grandes distancias –un centenar de kilómetros– utilizando este medio. En 1970 se fabricó la primera fibra óptica con la pureza suficiente. Esta creación fue obra de tres personas de la empresa estadounidense Corning: el físico Robert Maurer, responsable del proyecto de investigación y dos jóvenes investigadores: Donald Keck, físico y Peter Schultz, químico del vidrio.

Este descubrimiento fue por lo que –casi cuarenta años después– Charles Kuen Kao recibió y compartió el famoso Premio Nobel de Física. En 2009, el premio se concedió por trabajos científicos en dos áreas que han sentado las bases de nuestra sociedad en red y de la información. Estos trabajos han sido la base para la creación de muchas innovaciones prácticas y han proporcionado nuevas herramientas para el mundo de la investigación científica. Se trata de la fibra óptica, inventada por Charles K. Kao y los sensores CCD (*charged coupled device*), creados por Willard S. Boyle y George E. Smith, utilizados en cámaras digitales, equipos médicos, instrumentación científica, etc.

Los tres ganadores del Premio Nobel de Física 2009 - https://www.nobelprize.org/prizes/physics/2009/summary/

Charles Kuen Kao terminó su carrera como vicerrector de la universidad de Hong Kong, después disfrutó de su jubilación a partir de 1996 y falleció el 23 de septiembre de 2018 a los 84 años.

Capítulo 2
Tipos de fibras ópticas y fabricación

1. Diferentes tipos de fibra óptica

A menudo oímos hablar de "LA" fibra óptica, cuando en realidad, como se indica en el prólogo, coexisten varios tipos de fibra óptica claramente distintos y adaptados a necesidades diferentes. Si volvemos a la apertura digital (véase el capítulo Información general sobre fibras ópticas, sección Cómo funcionan las fibras ópticas), podemos decir lo siguiente:

- Cuanto mayor sea la apertura digital, más luz podrá aceptar la fibra óptica. Por otro lado, la dispersión en la fibra será alta y afectará al ancho de banda.
- Cuanto menor sea la apertura digital, menores serán las pérdidas. Pero para obtener la misma potencia lumínica, se necesita una fuente más precisa que emita en un cono más pequeño.

A continuación, se presentan las distintas fibras ópticas, incluidas las multimodales y las unimodales, fabricadas en sílice y/o plástico.

1.1 Fibras ópticas multimodales

Hay dos tipos principales en esta familia: las fibras ópticas multimodales de índice escalonado, que fueron las primeras en fabricarse y las fibras ópticas multimodales de índice graduado, con características de transmisión mucho mejores.

1.1.1 Fibras ópticas multimodales de índice escalonado

Fueron los primeros en producirse tras los trabajos de Charles Kuen Kao. Constan de un núcleo de índice uniforme n1 y un revestimiento óptico de índice n_2 , con n_1 mayor que n_2 y una ruptura de índice –conocida como salto de índice o índice escalonado– en el límite que separa el núcleo del revestimiento. De este modo, el haz de luz se propaga dentro del núcleo por reflexión interna total, en la interfaz núcleo-revestimiento.

Sin embargo, la propagación de los rayos de luz es tal que no todos siguen la misma trayectoria, porque no se reflejan en el revestimiento con el mismo ángulo. Como resultado, los rayos de luz no tardarán el mismo tiempo en recorrer la fibra óptica, lo que se conoce como dispersión intermodal. A su llegada, cuanto más larga sea la fibra óptica, mayor será la dispersión de los pulsos.

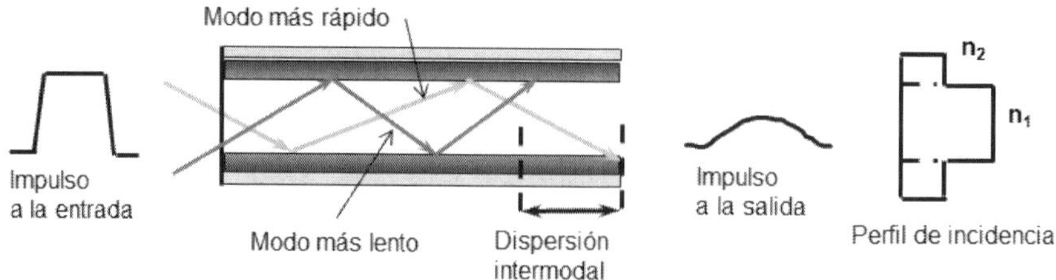

Fibra óptica multimodales con salto de índice o índice escalonado

El riesgo de esta dispersión es que los impulsos de salida se solapen, con lo que el sistema dejaría de funcionar. Hay dos maneras de eliminar este riesgo: limitar la distancia a recorrer y, por tanto, la longitud de la fibra óptica y/o limitar la velocidad de transmisión de datos, para que los impulsos estén suficientemente espaciados y no se solapen a su llegada.

Estas fibras ópticas multimodales con salto de índice se utilizan principalmente para la transmisión de información en distancias cortas, como en aplicaciones de sensores industriales o equipos médicos o láseres.

1.1.2 Fibras ópticas multimodales de índice graduado

Las limitaciones de distancia y/o velocidad de transmisión de datos antes mencionadas, han llevado a la creación de otro tipo de fibras: las fibras ópticas multimodales de índice graduado.

En estas fibras ópticas, el índice del núcleo disminuye progresivamente desde el centro hacia la periferia. Como el índice determina la velocidad de propagación de los rayos de luz (véase el capítulo Información general sobre fibras ópticas, apartado Cómo funcionan las fibras ópticas), éstos viajan más rápido en la periferia que en el centro de la fibra, lo que tiende a compensar la mayor distancia recorrida por los rayos exteriores. Como resultado, los rayos de luz llegan casi todos al mismo tiempo y la dispersión de los pulsos es mucho menor.

Por tanto, estas fibras de índice graduado permiten distancias más largas y velocidades de transmisión de datos más altas que las fibras de índice de salto.

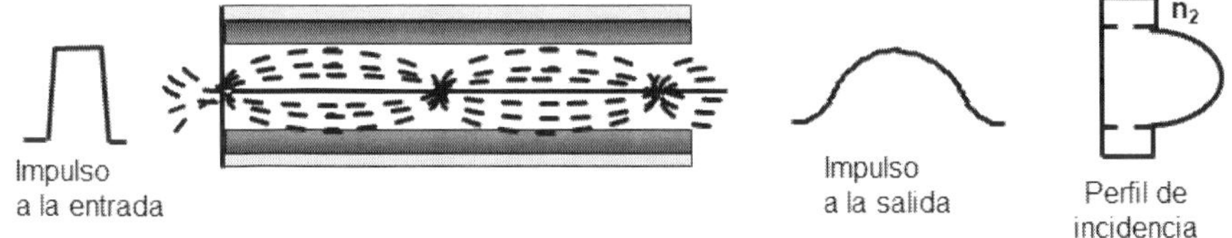

Fibra óptica multimodal de índice graduado

Estas fibras ópticas multimodales de índice graduado, se utilizan principalmente para redes de área local corporativas, redes de área local industriales y en los centros de datos (*data centers*). Para saber más sobre las distintas categorías disponibles, vaya al capítulo Fibras multimodales de sílice y fibras plásticas.

1.2 Fibras ópticas unimodales

Otra forma de reducir la dispersión del pulso es utilizar una fibra óptica con un diámetro de núcleo muy pequeño. Esto evita la dispersión de los rayos de luz y crea una luz cuyos rayos tienen la misma fase y frecuencia: luz coherente. Como resultado, los rayos se propagan prácticamente a lo largo del eje de la fibra óptica en un único modo: el modo axial. El fenómeno de propagación de impulsos desaparece, lo que permite distancias más largas y un ancho de banda muy amplio, sinónimo de velocidades de datos muy elevadas.

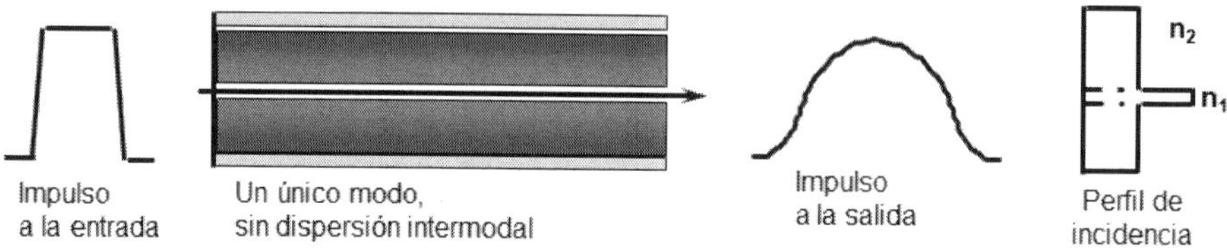

Fibra óptica monomodales

Estas fibras ópticas unimodales se encuentran en redes de campus, zonas portuarias, establecimientos muy grandes y, sobre todo, en redes de operadores, desde redes de acceso y distribución hasta redes transoceánicas. Para saber más sobre las distintas categorías, consulte el capítulo Estado de las fibras ópticas unimodales.

Un poco de vocabulario

Algunas personas se refieren a la fibra óptica monomodal por un error de traducción de la expresión estadounidense *singlemode fiber*. En realidad, *singlemode* es un adjetivo que se debería traducir por unimodal del mismo modo que *multimode fiber* se traduce por fibra multimodal, véase los documentos publicados en español por la Comisión Electrotécnica Internacional (CEI), organismo de normalización que se ocupa, entre otras cosas, de cables, fibras ópticas y conectores.

1.3 Otros tipos de fibra óptica

1.3.1 Fibras ópticas específicas

La familia de las fibras ópticas unimodales con una estructura simple –un solo núcleo circular y un solo modo de propagación de la luz– es muy variada. Sin embargo, existen muchos otros modelos: fibras multinúcleo contenidos en el mismo revestimiento (*multicore fibre* - MCF), fibras con varios modos de propagación (*few mode fiber* - FMF) o fibras con núcleo elíptico y fibras ópticas especiales (FOS). Éstas representan una amplia variedad de fibras e incluyen, entre otras, las fibras ópticas que mantienen la polarización, para las que se introducen altas tensiones asimétricas durante la fabricación, de modo que se comporten como un medio birrefringente uniaxial, las fibras ópticas resistentes a altas temperaturas gracias a un revestimiento especial de polímero, las fibras ópticas reforzadas con tierras raras, las fibras resistentes a la radiación y muchas otras.

Para saber más sobre las características de determinadas fibras ópticas, consulte el capítulo Estado de las fibras ópticas unimodales.

1.3.2 Fibras ópticas de plástico

Las fibras ópticas de plástico suelen consistir en un tubo de plástico transparente, de 1 a 2 milímetros de diámetro, rodeado de una vaina de plástico negro para permitir la reflexión en la interfaz transparente/opaca. Las pérdidas son elevadas, lo que limita mucho el caudal y la distancia, pero su coste y facilidad de instalación (las fibras son muy fáciles de conectar) abren nichos de mercado. Esto se puede comprobar fácilmente porque se comercializan nuevas fibras de plástico con dimensiones de núcleo y revestimiento cercanas a las de las fibras de sílice, para aplicaciones de transmisión de datos de hasta 1 Gbit/s.

Se instalan principalmente en dos ámbitos de aplicación:

- La transmisión de información multimedia, por ejemplo en automóviles, para redes como MOST (*media oriented system transport*), byteflight e IEEE 1394 o en forma de cables en sistemas audiovisuales como los de alta fidelidad y en los hogares de los abonados a Internet, para conectar la pasarela (*box*) al televisor 4K u 8K (aplicación *TV over IP*).
- Transmisión de luz para iluminación exterior o interior, señalización, decoración, resaltado, etc.

En Japón y Alemania también se utilizan en la distribución horizontal de redes locales de empresas y redes industriales. Para saber más sobre las fibras ópticas de plástico, consulte el capítulo Fibras multimodales de sílice y fibras plásticas.

2. Longitudes de onda operativas

2.1 Gama de longitudes de onda operativas

La gama de longitudes de onda operativas, es aquella para la que la fibra óptica será más operativa, generalmente entre el ultravioleta y el infrarrojo. De hecho, podemos observar que existe una curva de atenuación espectral, es decir, que una fibra óptica tiene diferentes valores de atenuación en función de la longitud de onda. Las zonas de menor pérdida se denominan ventanas o, más exactamente, ventanas de emisión. En estas ventanas es donde se emitirán los rayos de luz que se van a propagar, obteniendo así la máxima eficacia.

La primera generación de fibras ópticas de sílice funcionaba entre 820 y 850 nanómetros, emitiendo luz mediante un electroluminiscente (DEL o *light emitting diode* - LED). Después se utilizaron otras ventanas en torno a los 1.300 y 1.550 nanómetros, que exigían el uso de emisores más precisos, potentes y caros: los diodos láser (LD).

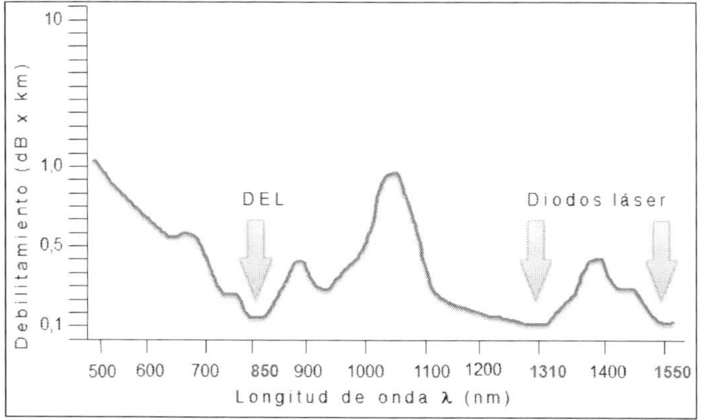

Principales ventanas de transmisión en fibras ópticas de sílice

Bosones y fermiones

Los objetos cuánticos se pueden clasificar en dos categorías: los bosones, que tienden a aglutinarse y a agruparse en el estado en el que son más numerosos (por ejemplo, el fotón) y los fermiones, de los que no puede haber más de uno en el mismo estado (por ejemplo, el electrón, el protón o el neutrón). Los láseres, fuentes de luz altamente directivas, aprovechan el hecho de que los fotones son bosones: los fotones permanecen juntos, no se pierden por el camino y son casi tan numerosos en la llegada como en la salida. De ahí el uso de diodos láser para emitir rayos de luz en fibras ópticas.

De hecho, las fibras ópticas multimodales funcionan en torno a 850 nanómetros con DEL para la emisión de luz y las fibras ópticas unimodales en ambas ventanas, en torno a 1.310 y 1.550 nanómetros con DL. Las ventanas de las fibras ópticas plásticas se sitúan en torno a los 550 nanómetros, con DEL para la emisión.

2.2 Ampliación de la gama de longitudes de onda de las fibras unimodales

La creciente necesidad de ancho de banda como consecuencia de la evolución hacia altas velocidades de transmisión de datos y los avances tecnológicos en la fabricación de fibras ópticas unimodales, han propiciado la transición de dos ventanas de emisión a una amplia "ventana de cristal", de 1.260 a 1.675 nanómetros, dividida en bandas:

- Banda inicial o **banda O**, por *Original*, banda original de las fibras UIT-T G.652, que va de 1.260 a 1.360 nanómetros.
- Banda extendida o **banda E**, por *Extended*, banda del pico de agua para fibras con baja absorción de vapor de agua, que oscila entre 1.360 y 1.460 nanómetros.
- Banda de onda corta o **banda S**, por *Short wavelength*; aquí, ciertas longitudes de onda se utilizan para el bombeo de los amplificadores ópticos, otras para el canal de supervisión; la banda S va de 1.460 a 1.530 nanómetros.
- Banda habitual o **banda C**, por *Convencional*, de 1.530 a 1.565 nanómetros.
- Banda de onda media o larga (según diversos expertos) o **banda L**, por *Long wavelength*, de 1.565 a 1.625 nanómetros; las bandas C y L se utilizan para sistemas de transmisión de alto rendimiento.
- Banda de longitud de onda larga o ultralarga (según diversos expertos), **banda U**, por *Ultra-long wavelength*, utilizada para fines de mantenimiento pero no de transmisión, que oscila entre 1.625 y 1.675 nanómetros.

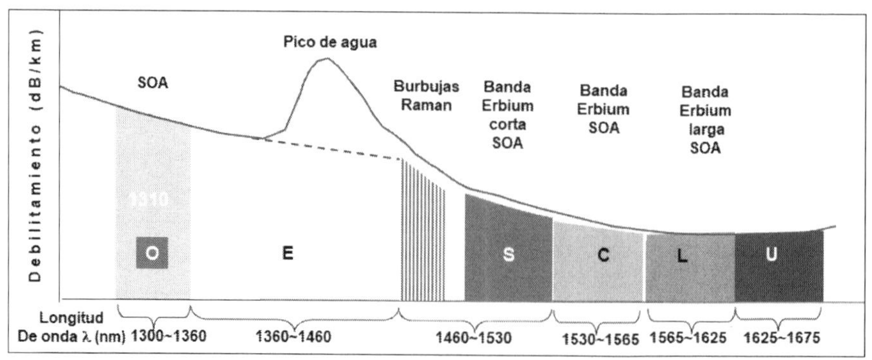

De la ventana a la ventana de cristal a través de las distintas bandas de transmisión

3. Principales características físicas

3.1 Características geométricas

3.1.1 Dimensiones clásicas

En el caso de las fibras ópticas, las principales características geométricas son el diámetro del núcleo, el diámetro del revestimiento y el diámetro del recubrimiento exterior.

La fibra se suele denominar 50/125, 62,5/125, etc., indicando los diámetros del núcleo y del recubrimiento sin especificar la unidad de medida, el micrómetro o la micra, es decir, la milésima parte de un milímetro.

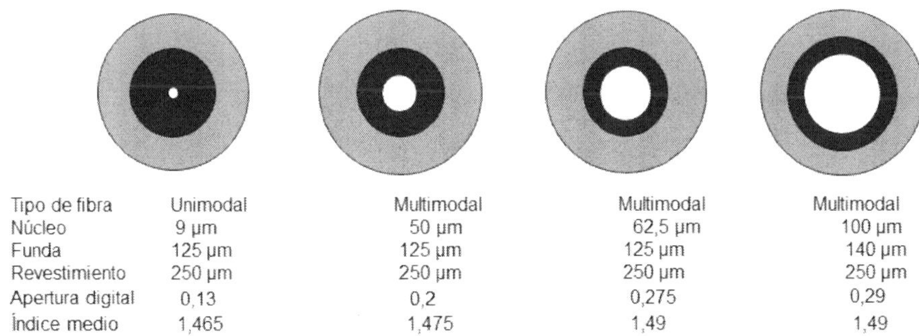

Tipo de fibra	Unimodal	Multimodal	Multimodal	Multimodal
Núcleo	9 µm	50 µm	62,5 µm	100 µm
Funda	125 µm	125 µm	125 µm	140 µm
Revestimiento	250 µm	250 µm	250 µm	250 µm
Apertura digital	0,13	0,2	0,275	0,29
Índice medio	1,465	1,475	1,49	1,49

Ejemplos de dimensiones de fibras ópticas

Para que conste, antes había fibras ópticas multimodales 200/250, pero prácticamente han desaparecido. Del mismo modo, las fibras multimodales 100/140 están en peligro de extinción. Y hoy en día, las fibras ópticas multimodales 62,5/125 dan paso progresivamente a las 50/125.

En las fibras ópticas unimodales, para determinadas aplicaciones, el núcleo se puede reducir a sólo 3 micras. Para otras, el revestimiento puede reducirse a 70 micras, como en los amplificadores ópticos.

3.1.2 Varios espesores de revestimiento

El revestimiento de polímero (*coating*) que recubre y protege las fibras ópticas unimodales, suele ser de 250 micras. Las fibras ópticas UIT-T G.657 se utilizan principalmente en edificios de viviendas, bloques de oficinas y centros de datos. Es decir, tienen que hacer frente a una restricción –se instalan en lugares donde el espacio suele ser limitado– y presentan una ventaja con respecto a las fibras instaladas en el exterior o en emplazamientos industriales: prácticamente no se ven afectadas por diversas agresiones químicas o físicas, variaciones de temperatura, etc.

Prácticamente todos los fabricantes de fibras ópticas de este tipo han seguido el mismo planteamiento: reducir el grosor del revestimiento primario para hacerlas más compactas. La tendencia es pasar de 250 micras (tamaño clásico) a 200 micras (tamaño compacto) e incluso 180 μm.

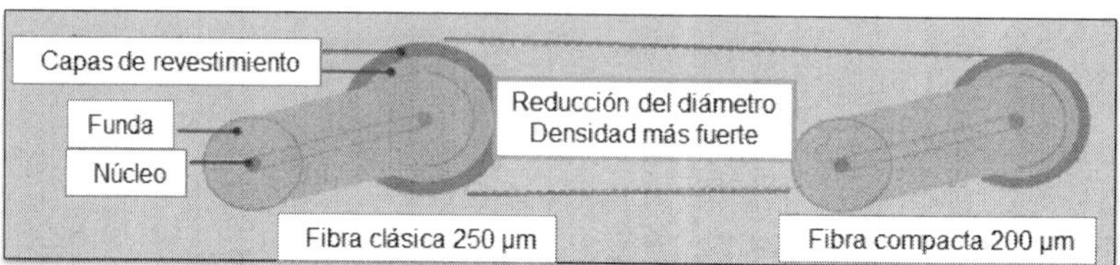

Evolución del diámetro de las fibras ópticas

La ganancia de compacidad que supone esta reducción del grosor del revestimiento, se refleja inmediatamente en la densidad de las fibras ópticas contenidas en un cable del mismo diámetro, véase el ejemplo siguiente.

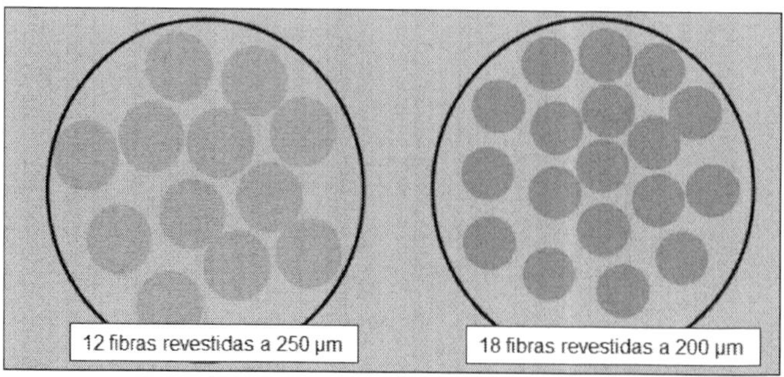

Cables más compactos

Cabe señalar que el conjunto núcleo-revestimiento de vidrio conserva sus dimensiones diamétricas habituales: 9 micras para el núcleo contenido en las 125 micras del revestimiento. Por consiguiente, la reducción del grosor del revestimiento no repercute en el empalme de la fibra óptica, ya que se realiza en el propio conjunto núcleo-revestimiento.

Este desarrollo ha sido reconocido y confirmado a nivel normativo en IEC 60793-2-50, edición 6.0 de diciembre de 2018.

Los fabricantes van ahora incluso más lejos en términos de compacidad, utilizando revestimientos de tan sólo 180 micras.

3.2 Características de transmisión

Las principales características de transmisión están relacionadas con la atenuación de la señal luminosa y la dispersión de los impulsos luminosos.

3.2.1 Atenuación de la señal

La atenuación de la señal es una función de la distancia recorrida. Según el autor, también se denomina atenuación lineal o pérdida lineal.

Caracteriza la longitud máxima que puede recorrer una señal en la fibra sin tener que regenerarse.

La atenuación lineal es simplemente el valor de la atenuación escalado a una unidad de longitud, generalmente el kilómetro y, por tanto, se expresa en decibelios por kilómetro o dB/km.

Para una fibra óptica determinada, la atenuación será diferente en función de la longitud de onda utilizada. Es lo que se denomina atenuación espectral. Se indica para ventanas de emisión como 850, 1.310 o 1.550 nanómetros (banda C) y 1.600 nanómetros (banda L).

3.2.2 Ancho de banda óptico

El ancho de banda óptico caracteriza una fibra óptica en función de su capacidad para transportar señales lumínicas a una determinada distancia. Esta distancia se mide en cuanto la señal se debilita hasta el 50% de su valor inicial, es decir, en cuanto pierde 3 dB.

Para las fibras ópticas multimodales, el ancho de banda óptico se expresa en MHz.km.

3.2.3 Ancho de banda electroóptico

El ancho de banda electroóptico se define como la gama de frecuencias de modulación de una señal lumínica tal, que no se altera al atravesar el material.

También en este caso, la gama de frecuencias se determina reduciendo la amplitud inicial en un 50%, es decir, 3 dB.

3.2.4 Longitud de onda de corte

La longitud de onda de corte, denotada λ_c, es la longitud de onda a la que la transmisión de la señal en la fibra óptica cambia de multimodal a unimodal. La longitud de onda de corte también se expresa, para algunos, en términos de la frecuencia de corte, (*cut-off frequency*), expresada como f_c con $\lambda_c = c / f_c$.

Este paso de la transmisión multimodal a la unimodal, se produce progresivamente en una gama de longitudes de onda. Esto depende de las limitaciones impuestas a la fibra y de su longitud. Por eso, para saber cómo se comporta una fibra óptica instalada en una red, es preferible medir sobre el terreno que calcular de manera teórica esta longitud de onda de corte.

Existen tres tipos de longitudes de onda de corte:

- La longitud de onda de corte del cable λ_{cc}.
- La longitud de onda de corte de la fibra λ_c.
- La longitud de onda de la cuerda óptica λ_{cj}.

3.2.5 Dispersión cromática

Cada longitud de onda viaja a una velocidad diferente en la fibra óptica, lo que da lugar a la dispersión cromática. Ésta es la responsable de la distorsión de los pulsos de luz –ampliación del tiempo– a medida que viajan por la fibra óptica y, por tanto, de las interferencias que se pueden producir.

Si el ancho de banda es demasiado grande, ya no es posible leer la información transmitida y, cuanto mayor sea la velocidad binaria, más crítica será esta situación, lo que se traduce en una elevada tasa de errores binarios (*bit error ratio* - BER).

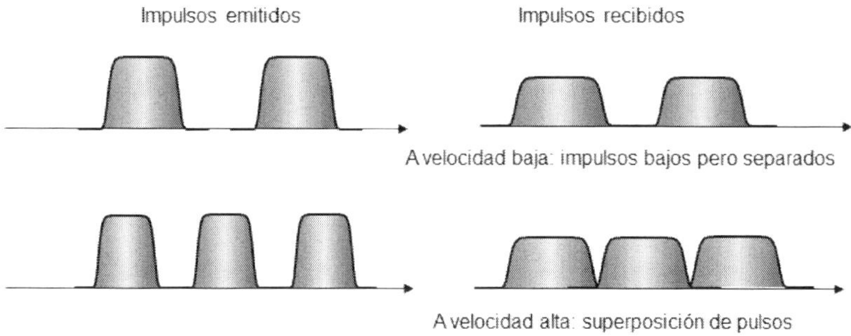

Influencia de la dispersión cromática

Si la dispersión cromática es cercana a cero, provoca la aparición de fenómenos no lineales como la mezcla de cuatro ondas (*four wave mixing* - FWM) e impide el uso de sistemas de multiplexación de longitud de onda densa.

El valor de esta dispersión depende de la longitud de onda utilizada y se mide en picosegundos por nanómetro por kilómetro o ps/nm/km.

Atención: el valor de la dispersión cromática se ve afectado por las variaciones de temperatura. Por ejemplo, para una fibra óptica UIT-T G.652 convencional, la variación es del orden de 0,0021 ps/nm/km/°C. Pero esto se puede considerar una variación insignificante para la mayoría de las aplicaciones.

3.2.6 Dispersión de polarización

La dispersión por polarización se debe a un cambio en la polarización de la señal luminosa a medida que viaja por la fibra. Una de las causas es la tensión mecánica en la fibra óptica.

Esta dispersión de polarización se está convirtiendo en un factor crítico en las transmisiones de muy alta velocidad, donde los protocolos de transmisión dependen de las variaciones en la polarización de la señal.

3.2.7 Dispersión modal de polarización

La dispersión modal por polarización se debe a que cada uno de los dos componentes ortogonales de una onda luminosa, tiene velocidades de transmisión diferentes en la fibra óptica.

El resultado es un ensanchamiento del pulso luminoso, lo que provoca un alto nivel de error y distorsión de la señal.

El aspecto crítico de esta característica entra en juego sobre todo en los enlaces de alta velocidad que cubren largas distancias. Por ejemplo, un valor de 0,5 ps/$\sqrt{\text{km}}$ limita una transmisión digital de 10 Gbit/s a 400 kilómetros y una transmisión analógica de 80 canales de vídeo a 30 kilómetros. La tendencia es reducir este valor a 0,2 ps/$\sqrt{\text{km}}$ para soportar el aumento de velocidad de las redes de fibra óptica.

3.2.8 Tiempo de propagación del grupo diferencial

El tiempo de propagación de grupo diferencial (*differential group delay* - DGD), es la diferencia entre los tiempos de llegada de los dos modos de polarización, para una longitud de onda y un tiempo dados. Para un enlace de fibra óptica, el DGD variará aleatoriamente con la longitud de onda y el tiempo, como una distribución de Maxwell que contiene un solo parámetro: el producto del coeficiente PMD por la raíz cuadrada de la longitud del enlace.

3.2.9 Principales normas de transmisión

La Comisión Electrotécnica Internacional (CEI) ha redactado y actualizado las familias 61280-x y 61282-x de varias normas relativas a las características de transmisión en fibras ópticas. He aquí algunos ejemplos:

- CEI 61280-4-4, 2ª edición de marzo de 2017, para los distintos métodos de medición de la dispersión modal de la polarización en enlaces pasivos instalados o con amplificadores o multiplexores ópticos de inserción-extracción, etc. Se espera que permanezca estable hasta 2025.
- CEI 61282-12, 1ª de febrero de 2016, para los ratio de señal/ruido (OSNR - *optical signal-to-noise ratio*), incluidas las transmisiones de 10 Gbit/s, 43 Gbit/s y 128 Gbit/s. Se espera que esta norma sea estable hasta 2028.
- CEI 61282-14, 1ª edición de enero de 2016, para aplicaciones prácticas de mediciones de atenuación en fibras de red de operador, incluyendo diversos factores como el ancho de banda espectral, la estabilidad de la fuente, etc. En la segunda edición, de julio de 2019, se introdujeron algunos cambios menores. Se espera que se mantenga estable hasta 2024.
- CEI 61282-15, 1ª edición de mayo de 2017, para ensayos con cables multifibra unimodales o multimodales terminados por conectores ópticos MPO (*multifiber push-on*), es decir, cables con una única fila de 12 fibras. Se espera que esta norma sea estable hasta 2025.

Todas estas normas están disponibles en el sitio de compras en línea de la CEI (https://webstore.iec.ch/).

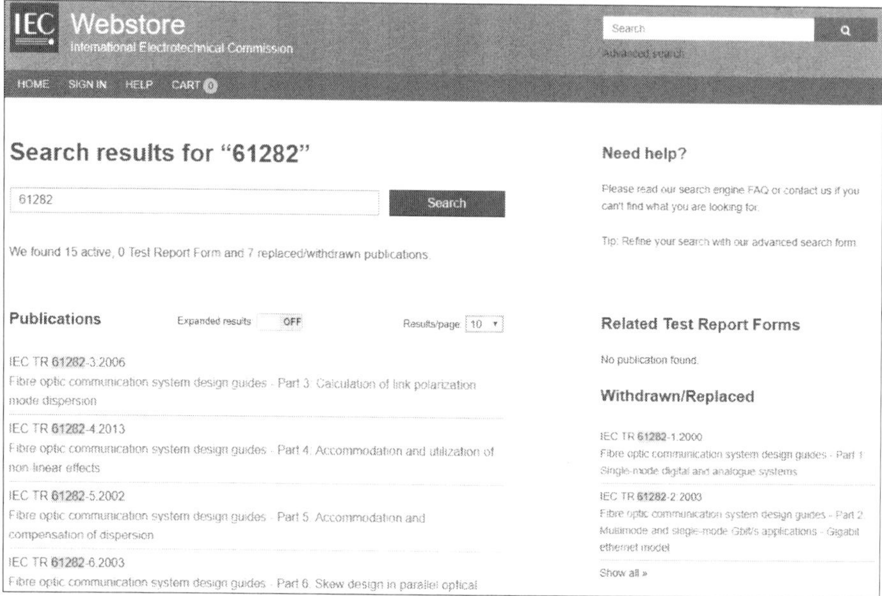

Tienda en línea de las quince normas 61282-x de la CEI: https://webstore.iec.ch/searchform&q=61282

4. Fabricación de fibras ópticas

En esta sección se explica cómo se puede utilizar sílice para crear una fibra óptica capaz de transportar miles de millones de bits de información binaria en un solo segundo.

4.1 Principio general de fabricación

En primer lugar, se fabrica una preforma, es decir, una varilla de vidrio de sílice a imagen de la fibra óptica deseada, pero con unas dimensiones mucho mayores, aumentadas entre 300 y 500 veces. A continuación, esta preforma se pasa por un horno para producir la fibra óptica propiamente dicha.

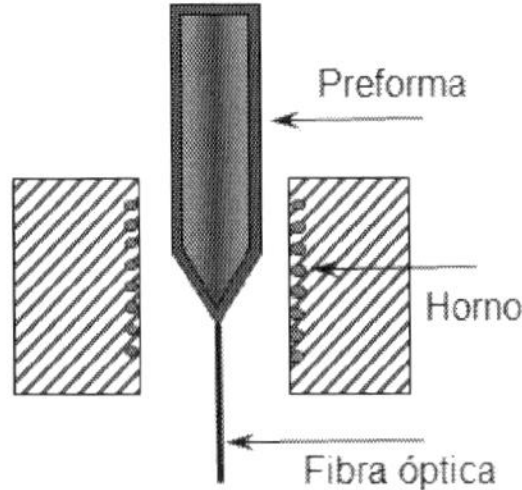

Principio de fabricación de la fibra óptica

Existen varios métodos de fabricación para obtener una preforma. Sin embargo, es el proceso de deposición en fase de vapor el que produce fibras ópticas con valores de atenuación muy bajos.

Un poco de historia

Desde un punto de vista histórico, fue en 1970 cuando Corning Glass Corporation aplicó por primera vez este tipo de proceso. El resultado fue una fibra óptica multimodales de salto de índice con una pérdida de 20 dB por kilómetro y un ancho de banda de 20 MHz.

Ya en 1974, Corning fabricó una fibra óptica multimodales con un ancho de banda de 500 MHz por kilómetro y, en 1979, la primera fibra óptica unimodo ofrecía 1 GHz por kilómetro.

Estas mejoras han continuado y ahora ofrecen la posibilidad de transmitir información a velocidades de varios terabits por segundo.

Vidrio o sílice

Hay que tener cuidado de no confundir las primeras fibras ópticas de "vidrio" con las posteriores, que son fibras ópticas de "sílice", es decir, vidrio ultrapuro. La atenuación de la señal no es, en absoluto, la misma en el vidrio y en el sílice, como se muestra en la siguiente ilustración.

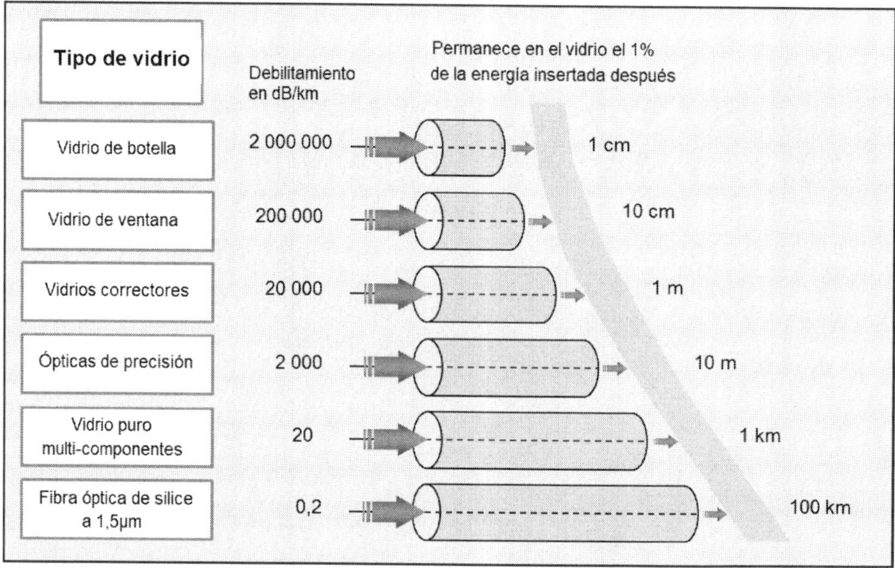

Diferencia de atenuación de la señal según el tipo de vidrio

4.2 Oxidación externa en fase de vapor

Este método, también conocido como OVPO (*outside vapour phase oxidation*, con *vapour* en inglés americano o *vapor* en inglés anglosajón), es un proceso externo en el que los óxidos se obtienen inyectando haluros en un soplete de oxihidrógeno. Se depositan en forma de partículas sólidas sobre una varilla de sustrato de vidrio de cuarzo, grafito o alúmina. Esta varilla gira alrededor de su eje longitudinal y se retira para que el núcleo se cierre al pasar por el horno de vitrificación.

Un haluro es una combinación química que contiene un halógeno, es decir, que contiene cloro y elementos que figuran en la misma columna de la tabla periódica de los elementos, como el flúor, el bromo, el yodo y el astato.

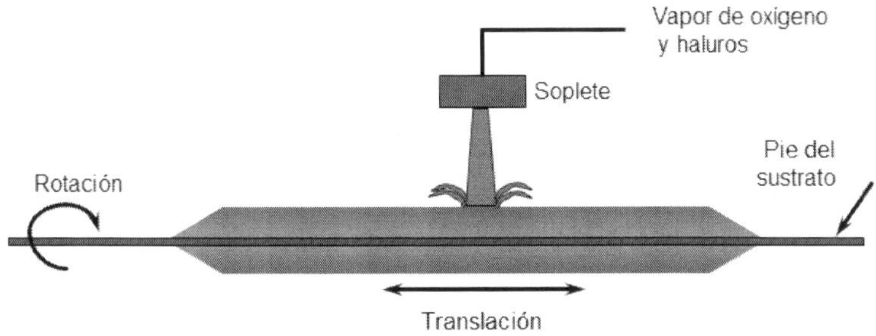

Principio de la oxidación externa en fase de vapor

4.3 Descomposición química modificada en fase vapor

En este método, también conocido por las siglas MCVD (*modified chemical vapour deposition*), las preformas se fabrican en dos etapas.

En la primera etapa, un tubo de vidrio de cuarzo gira sobre un eje longitudinal mientras un soplete oxídico se desplaza a lo largo del tubo para calentar una zona estrecha. Se inyectan oxígeno y compuestos de haluros gaseosos en el tubo, donde se descomponen para formar una capa de vidrio transparente.

Una vez depositada esta capa, el tubo se calienta para reducirlo y formar una varilla de vidrio.

En comparación con el método anterior, que tenía lugar al aire libre, la ventaja de este método es que la reacción y la formación de la varilla de vidrio tienen lugar en el interior del tubo, por lo que se depositan pocas impurezas.

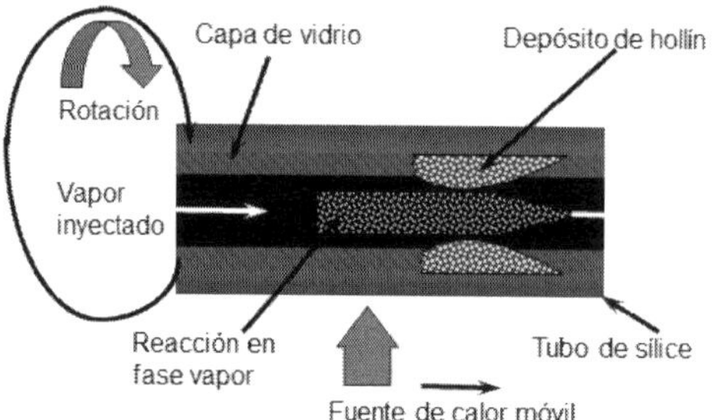

Principio de descomposición química en fase de vapor

Nota: existe otro proceso, muy similar en cuanto a las etapas necesarias, que es la oxidación interior en *fase* de vapor, también llamada IVPO (*inside vapour phase oxidation*).

4.4 Descomposición química de vapores activada por plasma

Este método de fabricación de preformas también se conoce como PCVD o PACVD (*plasma activated chemical vapour deposition*). Es similar al método anterior. La única diferencia radica en las reacciones: en este caso, se hace pasar una mezcla gaseosa de oxígeno y cloruros de silicio y germanio a través de un tubo de cuarzo muy puro.

A partir de esta mezcla, excitada en el campo de un generador de microondas, se obtiene el plasma y luego la formación de las partículas directamente depositadas en forma de capas de vidrio.

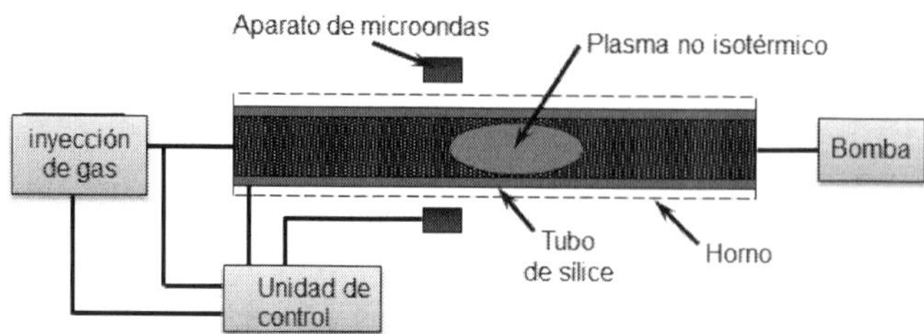

Principio de la descomposición química de vapores activada por plasma

4.5 Otros procesos

También existen otros procesos de fabricación de fibras ópticas:

- La deposición axial en fase de vapor también llamada VAD (*vapour phase axial deposition*), se basa en el uso de dos sopletes, uno para el núcleo y otro para el revestimiento.
- Deposición directa de nanopartículas o DND (*direct nanoparticles deposition*).
- El método del doble crisol, uno para el vidrio del núcleo y otro para el vidrio del recubrimiento.
- Varilla en tubo (*rod in tube*), proceso en el que la varilla de vidrio del núcleo se inserta en el tubo de vidrio del recubrimiento.

4.6 Principio de trefilado

Una vez fabricada la preforma, hay que transformarla en fibra óptica. Para hacer esto, la preforma se fija verticalmente en el aparato de estirado. Su extremo inferior se calienta hasta la temperatura de fusión en un horno de inducción a 2.000°C, para que salga un chorro de vidrio de sílice fundido. Este tiene el mismo perfil de índice de refracción que la preforma a partir de la cual se fabrica.

Un sensor controla el diámetro de la fibra óptica con una precisión de media micra y la fibra de vidrio recibe un revestimiento primario de plástico, para protegerla y reforzarla mecánicamente.

El revestimiento se polimeriza en un horno a 250°C o bajo luz ultravioleta. Por último, un dispositivo de tracción continua enrolla la fibra óptica. Son habituales velocidades de trefilado de más de 300 metros por minuto y la bobina de fibra, puede tener hasta cien kilómetros de longitud.

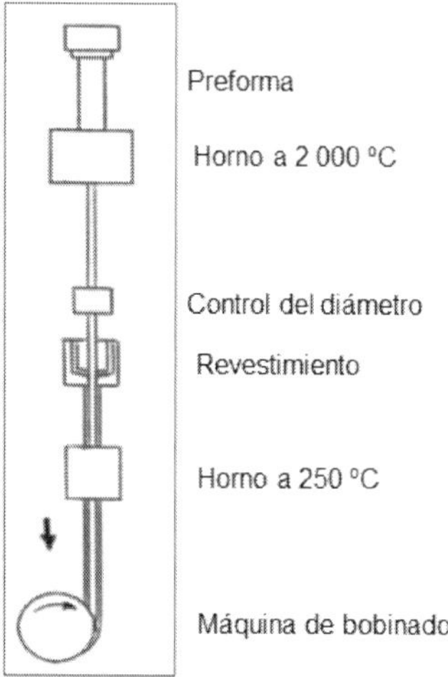

Principio de trefilado

4.7 Principio de dopaje o refuerzo

Las fibras ópticas se fabrican a partir de vidrio de cuarzo ultrapuro, dióxido de silicio (SiO_2). El dopaje consiste en añadir determinados óxidos a la preforma durante la fabricación, para variar el índice de refracción.

Para reducir este índice, se puede utilizar flúor (F) o trióxido de boro (B_2O_3). Para aumentarlo, se puede utilizar pentóxido de fósforo (P_2O_5), dióxido de germanio (GeO_2), trióxido de aluminio (Al_2O_3) o dióxido de titanio (TiO_2).

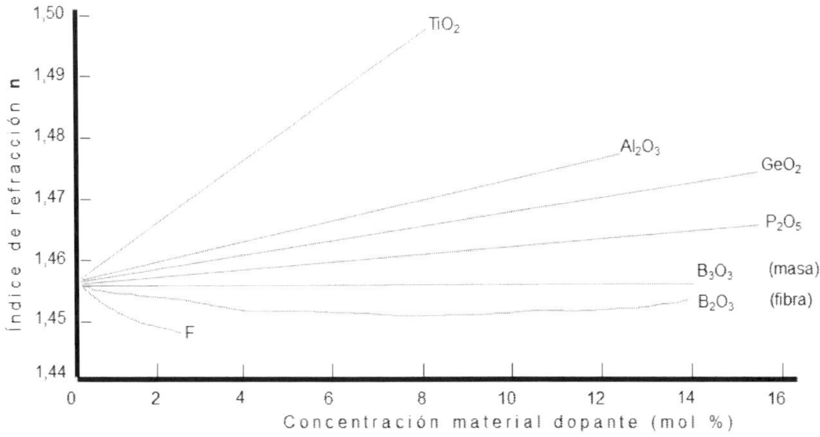

Ejemplos del principio de dopaje

Dopaje y tierras raras

Entre todos los cuerpos químicos, ocupan un lugar especial los lantánidos que, con el itrio y el escandio, forman el grupo de las "tierras raras", muy importantes en el campo de las fibras ópticas. Estos metales altamente reactivos se encuentran en numerosas aplicaciones, como los amplificadores de fibra reforzados con erbio, los láseres de iterbio y otros equipos optoelectrónicos.

Éstas son las cuatro tierras raras más utilizadas:

- Erbio (Er), identificado por Carl Gustav Mosander en 1842. Este metal también se utiliza en metalurgia y sus sales se emplean como pigmentos en vidrio y esmaltes.
- El iterbio (Yt), un metal blando, maleable, dúctil y de color blanco plateado, toma su nombre de la localidad de Ytterby (Suecia), donde fue descubierto en 1878 por J.C. Galissard de Marignac y aislado por primera vez en 1907 por G. Urbain.
- El tulio (Tm), descubierto en 1879 por Per Theodor Cleve. Es un metal raro de color gris plateado, poco duro, maleable y dúctil, difícil de extraer porque se encuentra en minerales como la monacita, que solo contiene un 0,007% de tulio.

- Holmium (Ho), también descubierto en 1879 por Per Theodor Cleve, que le dio el nombre distorsionado de su ciudad natal, Estocolmo. Es un metal raro de color gris plateado, maleable y dúctil, pero que se oxida rápidamente en condiciones húmedas. Es difícil de extraer de minerales como la monacita, que sólo contiene un 0,05%.

La historia de nuestras redes de fibra óptica de muy alta velocidad debe mucho a los descubrimientos realizados por los científicos en siglos anteriores.

Capítulo 3
Estado de las fibras ópticas unimodales

1. Introducción

Las fibras ópticas unimodales se pueden dividirse en dos tipos principales:

- **Las fibras ópticas unimodales convencionales** se desarrollaron e instalaron originalmente en las redes de comunicaciones de los operadores en la década de 1980. Posteriormente, se introdujeron en redes corporativas de gran envergadura, como aeropuertos, campus universitarios, hospitales, etc. Por tanto, es esencial que cumplan las normas reconocidas internacionalmente para garantizar la conectividad y la interoperabilidad entre todas estas redes y la compatibilidad con todos los equipos pasivos y activos (véase la siguiente sección: Organismos de normalización).

  Estas fibras ópticas unimodales clásicas, ampliamente conocidas por sus referencias G.652 a G.657, se presentan en la sección Estado general de las fibras unimodales clásicas.

- Existen **fibras ópticas específicas**, algunas dedicadas a aplicaciones concretas, categoría de las fibras ópticas especiales (FOS) y otras, más recientes, para la evolución de las redes. Estas últimas, fruto de la investigación encaminada a aumentar constantemente la velocidad de transmisión de datos, son las fibras multinúcleo (*multicore fiber* - MCF) y las fibras de pocos modos (*few modes fiber* - FMF).

  Estos FOS, MCF y FMF se presentan en la sección Estado de las fibras unimodales específicas.

2. Organismos de normalización

2.1 Unión Internacional de Telecomunicaciones

En la normalización de las fibras ópticas unimodales participan varios organismos, pero las normas más seguidas a nivel internacional son las contenidas en las "recomendaciones" de la Unión Internacional de Telecomunicaciones (UIT), sector de la normalización de las telecomunicaciones (UIT-T), también conocida como ITU (*International Telecommunication Union*). La UIT, fundada en 1865, es una agencia de las Naciones Unidas especializada en tecnologías de la información y la comunicación. Para todo el mundo, asigna frecuencias de radio y órbitas de satélites y, sobre todo, elabora las normas técnicas –conocidas como "recomendaciones"– que garantizan la interconexión e interoperabilidad de todas las redes de telecomunicaciones y tecnologías asociadas, desde hace más de 160 años.

Estas "recomendaciones" son fundamentales para el interfuncionamiento de las redes de telefonía fija, telefonía móvil, Internet, datos, vídeo, etc. Varios centenares de recomendaciones definen todas las características y limitaciones de los protocolos de transporte, las comunicaciones, los equipos alámbricos o inalámbricos, ya sean profesionales o domésticos, etc.

La principal ventaja de estas recomendaciones es que pueden evolucionar. Aunque no se cuestionan constantemente, siguen el ritmo, incluso se anticipan, a los grandes cambios provocados, entre otras cosas, por el aumento de la velocidad de transmisión y, por supuesto, a los provocados por nuevas tecnologías como la informática en nube(*cloud*), los centros de datos (*data centers*), el Internet de las cosas (*Internet of things*), los megadatos (*big data*), la telefonía móvil 5G y la futura 6G, etc. Estas recomendaciones se agrupan en grandes áreas denominadas "series". Las recomendaciones relativas a las fibras ópticas unimodales forman parte de la serie G "Sistemas y medios de transmisión, sistemas y redes digitales".

Sitio web de la Unión Internacional de Telecomunicaciones:
https://www.itu.int/es/ITU-T/Pages/default.aspx

2.2 Comisión Electrotécnica Internacional

Otro organismo, la Comisión Electrotécnica Internacional (CEI o *International Electrotechnical Commission* - IEC), también participa en la normalización de cables y fibras ópticas.

La CEI está formada por comités técnicos. Uno de ellos es el TC 86 (*technical committee* 86), que se ocupa de fibras ópticas, cables y tecnologías asociadas. El TC 86 se compone de tres subcomités:

- Subcomité SG 86A, encargado de las fibras ópticas y los cables ópticos, que incluye el grupo de trabajo WG 1 (*working group*), para las fibras ópticas y los métodos de medición asociados y el grupo de trabajo WG 3, para los cables ópticos.
- El subcomité SG 86B, encargado de la interconexión de equipos pasivos, que incluye grupos de trabajo sobre conectividad de equipos, mediciones y métodos asociados.
- El subcomité SG 86C, encargado de componentes y sistemas activos, con grupos de trabajo dedicados a sensores, amplificadores, sistemas, etc.

La CEI publica normas que cubren todos los elementos de una red de comunicación de fibra óptica. Por ejemplo, la norma IEC 60793-2- 50, cuya edición 6.0 se actualizó en diciembre de 2018, se titula "Fibras ópticas - Parte 2-50: Especificaciones de producto - Especificación seccional para fibras unimodales de clase B". Se corresponde con diversas recomendaciones del UIT-T. De hecho, cabe señalar que las normas de la CEI se basan en gran medida en las recomendaciones del UIT-T, afortunadamente (véase la sección Correspondencia entre las normas del UIT-T y de la CEI).

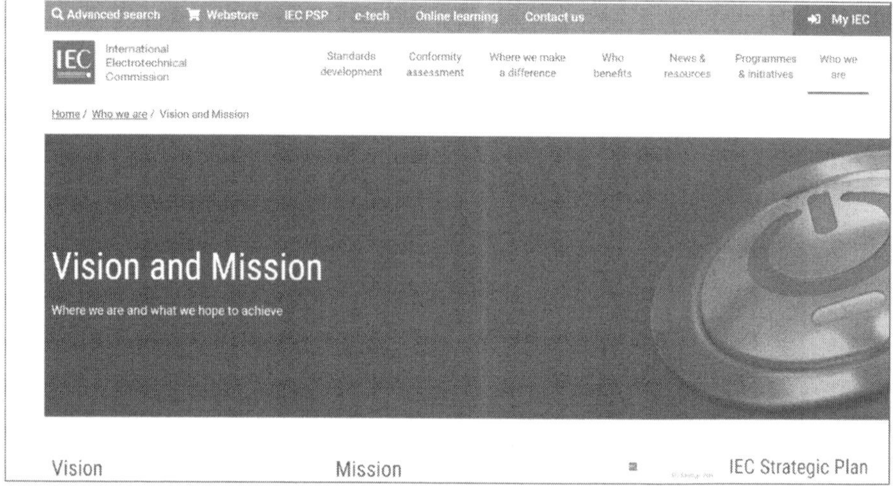

Sitio web de la Comisión Electrotécnica Internacional: https://www.iec.ch/homepage

2.3 Asociación de normalización española

UNE –Asociación de normalización española– está estructurado en torno a cuatro áreas:

- Normalización, actor principal de la normalización española.
- Ediciones, distribuidor oficial de las normas españolas.
- Competencias, organismo de formación en normativa.
- Certificación UNE, asistencia en la evaluación de productos y sistemas.

Entre las ediciones que UNE distribuye, podemos encontrar las normas CEI traducidas al español pocos meses después de su publicación en inglés.

Buscador de normas en UNE:
https://www.une.org/encuentra-tu-norma/comites-tecnicos-de-normalizacion

2.4 Otras organizaciones

Otras organizaciones implicadas en este campo de la normalización son:

- En Estados Unidos, una asociación de fabricantes norteamericanos conocida como TIA - *Telecommunications Industry Association*, página web: https://www.tiaonline.org
- En Europa, un instituto, el ETSI (*European Telecommunications Standards Institute*) con sede en Sophia-Antipolis (06 - Alpes Marítimos), sitio web: https://www.etsi.org
- En España existe una asociación profesional, Facel - Asociación Española de fabricantes de cables, conductores eléctricos y fibra óptica.

Página web de Facel: https://facel.es/facel/que-es-facel/

Para estas organizaciones, el margen de actuación en el ámbito de la normalización es puramente participativo. Para las fibras ópticas unimodales, las recomendaciones del UIT-T y, en menor medida, de la CEI, son la referencia.

3. Estado general de las fibras unimodales clásicas

3.1 Principales recomendaciones para fibras unimodales convencionales

Una decena de recomendaciones principales del UIT-T definen los parámetros y características de las fibras ópticas unimodales, así como los métodos de ensayo asociados. Se trata principalmente de:

- **UIT-T G.650.1**: definiciones y métodos de prueba aplicables a los atributos lineales deterministas de fibras y cables ópticos unimodales.
- **UIT-T G.650.2**: definiciones y métodos de prueba aplicables a los atributos relativos a las características estadísticas y no lineales de las fibras y cables ópticos unimodales.
- **UIT-T G.650.3**: métodos de prueba para secciones instaladas de cable de fibra óptica unimodales.

- **UIT-T G.652**: características de los cables y fibras ópticas unimodales con dispersión no desplazada.
- **UIT-T G.653**: características de las fibras y cables ópticos unimodales con desplazamiento de dispersión.
- **UIT-T G.654**: características de los cables y fibras ópticos unimodales con longitud de onda de corte desplazada.
- **UIT-T G.655**: características de las fibras y cables ópticos unimodales con desplazamiento de dispersión distinto de cero.
- **UIT-T G.656**: características de las fibras y cables ópticos de dispersión no nula para el transporte de banda ancha.
- **UIT-T G.657**: características de los cables y fibras ópticas unimodales insensibles a las pérdidas por flexión para redes de acceso.

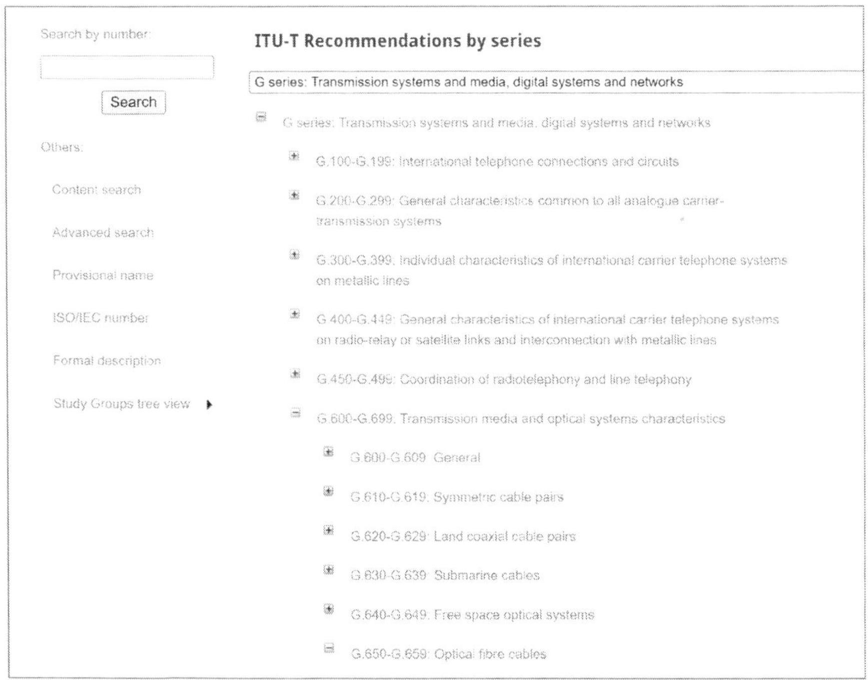

Las recomendaciones de la serie G se pueden descargarse de la página web de la UIT: https://www.itu.int/itu-t/recommendations/index.aspx?ser=G

Antecedentes históricos

Con los numerosos avances en equipos, componentes electrónicos y ópticos, protocolos de transmisión y el aumento constante a velocidades muy altas, como la reciente llegada de 800 Gbit/s por longitud de onda, las fibras ópticas utilizadas en las distintas redes de comunicación –voz, datos, imágenes fijas y en movimiento– han experimentado una evolución paralela. He aquí una retrospectiva.

En los años 80, las transmisiones se realizaban a través de una única longitud de onda y la fibra líder era la G.653, una fibra unimodal de dispersión cambiada (*dispersion shifted fiber* - DSF). Con la llegada de la multiplexación por división de longitud de onda (*wavelength division multiplexing* - WDM), la transmisión se realizaba por varias longitudes de onda simultáneamente. Y entonces, en la G.653, aparecieron nuevas limitaciones, como los efectos no lineales de tipo mezcla de cuatro ondas (*four waves mixing* - FWM), también conocida por algunos como mezcla de cuatro fotones.

En la década de 2000 se crearon las fibras ópticas unimodales G.655 con desplazamiento de dispersión distinto de cero (*non zero* DSF), con diversas variantes –G.655 A, B, C, D y E– definidas entre 2003 y 2009. Estos años también vieron la llegada de G.656, fibras ópticas unimodales de dispersión no nula diseñadas para el transporte de banda ancha, una extensión de G.655 y que admiten aplicaciones de multiplexación densa (DWDM).

Al mismo tiempo, las fibras ópticas unimodales G.652 para enlaces de larga distancia, estaban en auge. Estas fibras, creadas en 1984, son las más comunes y las más instaladas por los operadores de redes. Han pasado por varias versiones, con varias revisiones de sus características. La más importante, de 2003, se refería a las G.652-C y G.652-D y caracterizaba la atenuación para fibras de bajo pico OH^- (*reduced water peak*) y baja dispersión del modo de polarización (*polarization mode dispersion* - PMD) y ampliaba el diafragma para pruebas de macrocurvatura a treinta milímetros. La novena versión, de noviembre de 2016, introduce cambios en las características para que estas fibras puedan seguir cosechando éxitos comerciales.

Un recorrido detallado por esta diversidad en fibras ópticas unimodales.

3.2 Recomendación UIT-T G.652

Esta recomendación se refiere a cables y fibras ópticas unimodales con dispersión no desplazada.

3.2.1 Cambios en la recomendación G.652

Las fibras ópticas unimodales G.652 son las más comunes y esta recomendación describe sus parámetros de transmisión, tanto analógicos como digitales. La **primera versión** de esta recomendación data de octubre de 1984.

Le siguió la **versión 2** en noviembre de 1988: el UIT-T insiste en que las características se recomiendan no sólo para la fabricación de fibras ópticas propiamente dichas, sino también para las fibras ópticas incorporadas a un cable enrollado en un tambor y para las que forman parte de cables en una instalación de cableado.

La **versión 3** se publicó en marzo de 1993 y proporcionaba detalles adicionales para determinadas características.

La **versión 4**, publicada en abril de 1997, introdujo una serie de nuevas funciones, como:

- La longitud de onda de corte del cordón óptico λ_{cj} que complementa la longitud de onda de corte de la fibra aislada λ_c y la longitud de onda de corte del cable λ_{cc}. La correlación de los valores medidos de estas très longitudes de onda de corte puras –λ_c, λ_{cc} et λ_{cj}– dependen de la fibra óptica, del câble y de las condiciones de medición, pero, generalmente tenemos $\lambda_{cc} < \lambda_{cj} < \lambda_c$.
- El soporte de la jerarquía digital síncrona (*synchronous digital hierarchy* - SDH) y multiplexación por división de longitud de onda (WDM).

Transmisión digital síncrona

Los operadores de redes empezaron a investigar la transmisión digital síncrona en redes ópticas en 1984. Los primeros experimentos fueron realizados por los Laboratorios Bell en Estados Unidos a finales de 1986, con el nombre de redes ópticas síncronas ((*synchronous optical network*) o SONET). Al mismo tiempo, se trabajaba en Europa y Japón. A finales de 1988, el UIT-T reunió a todos a través de varias recomendaciones como G.702 - Velocidades binarias de la jerarquía digital; G.703 - Características físicas y eléctricas de las uniones; G.707 - Velocidades binarias de la jerarquía digital síncrona- que pasó a llamarse "Interfaz de nodo de red para la jerarquía digital síncrona" en 1996.

La **versión 5** de UIT-T G.652, publicada en octubre de 2000, incorpora tres tablas de valores recomendados para subcategorías diferenciadas por aplicación:

- G.652.A: para interfaces ópticas para equipos y sistemas relativos a la jerarquía digital síncrona hasta el módulo STM-16;
- G.652.B: para interfaces ópticas con sistemas monocanal STM-64, STM-256 y sistemas multicanal con amplificadores hasta el módulo STM-64;
- G.652.C: para ampliar las transmisiones UIT-T G.957 a partes de la banda comprendidas entre 1.360 nanómetros y 1.530 nanómetros.

Esta versión añade el concepto de pérdida por macrocurvatura y los valores asociados.

Velocidades OC-n y STM-n

Los módulos de velocidad de transmisión de datos se clasifican como OC-n (*optical container* de nivel n) para redes SONET y como STM-n (*synchronous transport module* de nivel n) para redes estándares SDH. La velocidad de transmisión de datos del nivel 1 de SDH, STM-1, corresponde a la velocidad de transmisión de datos del nivel 3 de SONET, OC-3, es decir, 155,52 Mbit/s. Los demás niveles corresponden a velocidades de transmisión que son múltiplos de 4 de esta velocidad básica.

SDH	SONET	Velocidad
STM-1	OC-3	155 Mbit/s
STM-4	OC-12	622 Mbit/s
STM-16	OC-48	2,5 Gbit/s
STM-64	OC-192	10 Gbit/s
STM-128	OC-384	20 Gbit/s
STM-256	OC-768	40 Gbit/s
STM-512	OC-1536	80 Gbit/s
STM-1024	OC-3072	160 Gbit/s

La **versión 6** de la norma UIT-T G.652, publicada en marzo de 2003, elevó el límite superior de la banda L (*long wavelenght*) a 1.625 nanómetros y aclaró la nomenclatura de las distintas categorías de fibras ópticas. Por ejemplo, se han aclarado las características de atenuación de las categorías G.652.C y G.652.D (fibras ópticas con reducción del pico OH^-), se extienden a una gama más amplia de longitudes de onda entre 1.360 y 1.530 nanómetros y los valores se sitúan entre 0,5 dB/km y 0,3 dB/km, según la longitud de onda.

Asimismo, el valor nominal de la dispersión modal de polarización (PMD) se ha reducido de 0,5 ps/$\sqrt{km}$ a 0,2 ps/$\sqrt{km}$ para las categorías G.652.B y G.652.D para tener en cuenta los sistemas con productos de mayor *velocidad binaria x distancia*.

¿RWP, LWP o ZWP?

Durante su fabricación, las fibras ópticas unimodales sufren un fenómeno conocido como "pico de agua". - Se trata de la absorción de iones OH^-, que provoca una atenuación de la señal de aproximadamente 1 dB/km. De una mejora de fabricación a otra, estas fibras ópticas convencionales han permitido el nacimiento de las fibras denominadas RWP por *reduced water peak* y posteriormente, en 1997-1998, a las fibras LWP por *low water peak*. Por último, con la versión 6 de la norma UIT-T G.652, es decir, desde 2002-2003, encontramos fibras denominadas ZWP por *zero water peak*.

Como resultado, las fibras ZWP tienen una atenuación muy baja en la banda E. Esto permite y optimiza su uso en aplicaciones como cámaras de vigilancia IP o monitorización remota y adquisición de datos en tiempo real a través de sistemas de telegestión como SCADA (*supervisory control and data acquisition*).

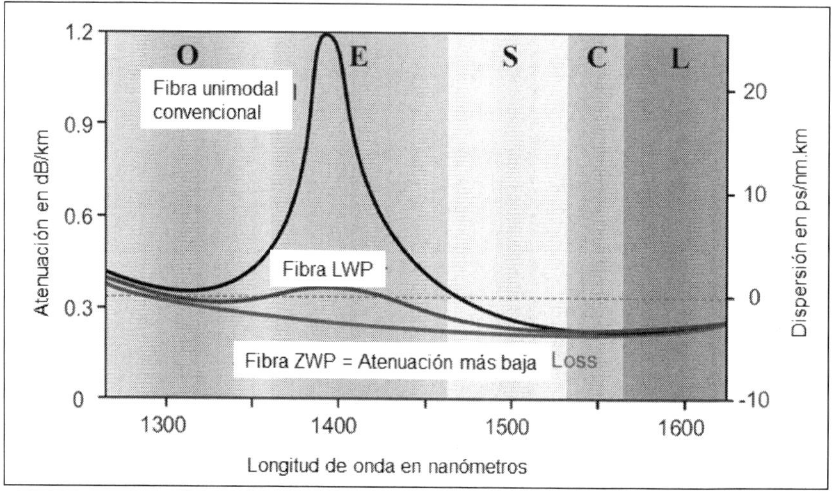

Diferencias de atenuación en función del "pico de agua".

La **versión 7**, publicada en junio de 2005, cubre las interfaces ópticas para aplicaciones de multiplexación por división de longitud de onda ancha (*coarse wavelength divsion multiplexing* - CWDM).

Entre otras modificaciones, podemos observar que ciertas tolerancias se hacen más estrictas, como la reducción de la tolerancia del diámetro del campo de modo a 1310 nm, la pendiente de dispersión máxima en la longitud de onda de dispersión cero, el valor máximo del error de concentricidad del núcleo, el valor máximo de la pérdida por macrocurvatura, etc.

Transmisión CWDM

La recomendación UIT-T G.695 establece las características para la transmisión CWDM de hasta 16 canales de transmisión, a una velocidad máxima de datos de 2,5 Gbit/s utilizando modulación NRZ (*non return to zero*). La separación entre canales se define en la recomendación G.694.2 –Spectral Grids for CWDM Wavelength Division Multiplexing Applications– y cubre una gama de longitudes de onda de 1.271 nanómetros a 1.611 nanómetros, con una separación entre canales de 20 nanómetros (véase el capítulo Multiplexación por longitud de onda, subsección Mallas espectrales CWDM).

La **octava versión** de la recomendación G.652 se publicó en noviembre de 2009. Los valores recomendados para las características principales se condensan en cuatro tablas, correspondientes a cuatro categorías de fibras ópticas – G.652.A, B, C y D– con capacidades de producto *velocidad binaria x distancia* claramente diferenciadas por valores de PMD y atenuación. Ejemplos: aplicaciones de transmisión STM-16 y 10 Gigabit Ethernet (10 GbE) hasta 40 kilómetros.

3.2.2 Novena versión de la recomendación G.652

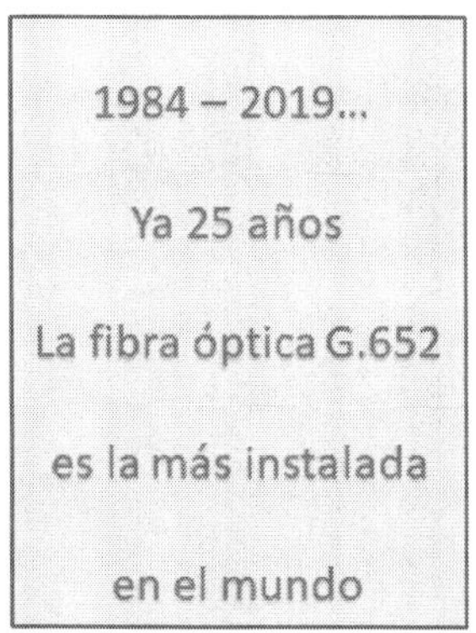

Recomendación UIT-T G.652 para fibras ópticas unimodales: https://www.itu.int/rec/T-REC-G.652/es

La **novena versión** de G.652 se publicó en noviembre de 2016. Entre los principales cambios se encuentra la supresión de las tablas G.652.A y G.652.C, que estaban presentes en la edición de 2009, pero desaparecen aquí. En cambio, se mantienen las tablas G.652.B y G.652.D, ya que sus requisitos para la dispersión modal de la polarización son mayores.

La tabla G.652.B se refiere al coeficiente de dispersión cromática D(λ), esencialmente para transmisiones en la región de 1.300 nanómetros. La tabla G.652.D trata de los parámetros de dispersión cromática en dos regiones: de 1.260 a 1.460 nanómetros y de 1.460 a 1.625 nanómetros.

Observación

De esta manera, de versión en versión, las fibras ópticas G.652 están siempre al día. Gracias a los avances en componentes activos, detección coherente y trabajos sobre modulación de señales, se adaptan perfectamente a las nuevas velocidades de 100 Gbit/s y 400 Gbit/s por longitud de onda (véase el capítulo Ethernet y fibras ópticas).

3.3 Recomendación UIT-T G.653

Esta recomendación se refiere a los cables y fibras ópticas unimodales con dispersión desplazada.

3.3.1 Cambios en la recomendación G.653

La recomendación G.653 describe las características geométricas, ópticas y de transmisión de la fibra óptica unimodales de dispersión desplazada (*singlemode dispersion shifted fiber* - SMF-DSF). Para estas fibras, la longitud de onda de dispersión cero es de unos 1.550 nanómetros, lo que permite utilizarlas en la banda espectral C de 1.500 a 1.600 nanómetros. Con algunas restricciones, también se pueden utilizar en la banda inicial O de 1.300 nanómetros.

La **primera versión** de esta recomendación es de noviembre de 1988. Dos características clave eran el comportamiento a la curvatura a 1.550 nanómetros y un coeficiente máximo de dispersión cromática de 3,5 ps/(nm.km) a 1.550 nanómetros. Este valor permitía longitudes de sección limitadas por la atenuación, para velocidades de datos de 560 Mbit/s.

La **versión 2**, publicada en marzo de 1993, añadió precisión a las longitudes de onda de corte, distinguiendo entre la de una fibra óptica, λ_C, y la de una fibra cableada, λ_{CC}. En general, $\lambda_{CC} < \lambda_C$, pero su correlación depende de la fibra óptica, el diseño del cable y las condiciones de medición. No obstante, para garantizar una transmisión unimodal en el rango de los 1.550 nanómetros, el UIT-T recomienda que λ_{CC} sea inferior a 1.270 nanómetros.

La **versión 3**, de abril de 1997, introdujo la noción de longitud de onda de corte de cordón óptico λ_{Cj}, así como la jerarquía digital síncrona y la multiplexación por longitud de onda, como para la versión 4 de G.652 (véase la sección Recomendación UIT-T G. 652 - Cambios en la recomendación G.652). Además, el valor nominal de la dispersión modal de polarización se ha reducido a un máximo de 0,5 ps/$\sqrt{km}$ para corresponder a una distancia de transmisión de unos 400 kilómetros a la velocidad STM-64.

La **versión 4**, de octubre de 2000, creó la categoría G.653.A de fibras ópticas, con separación desigual de canales en banda espectral de 1.550 nanómetros y utilizada principalmente para enlaces submarinos. También tuvo el mérito de normalizar su presentación con las recomendaciones G.652, G.654 y G.655.

La **versión 5**, de diciembre de 2003, creó la categoría G.653.B de fibras ópticas, con un límite PMD reducido para hacer frente al crecimiento de las velocidades y distancias de transmisión.

En concreto, una PMD de 0,2 ps/$\sqrt{km}$ corresponde a velocidades de 10 Gbit/s en 3.000 kilómetros o 40 Gbit/s en 80 kilómetros y una PMD de 0,1 ps/$\sqrt{km}$ corresponde a velocidades de 10 Gbit/s en 4.000 kilómetros o 40 Gbit/s en 400 kilómetros. Estos valores también se aplican a los sistemas que funcionan con Ethernet de 10 Gbit/s (10 GbE).

La **versión 6**, publicada en diciembre de 2006, se centra en las aplicaciones de multiplexación por división de longitud de onda (CWDM). Para ello, ofrece detalles sobre los valores del coeficiente de dispersión cromática, limitado por dos curvas –una curva de valores mínimos y otra de valores máximos– en función de la longitud de onda, comprendida en el rango de 1.460-1.625 nanómetros.

3.3.2 Séptima versión de la recomendación G.653

La **séptima versión** de la recomendación G.653 se publicó en julio de 2010. Confirma o especifica los valores de las características de las fibras ópticas clasificadas en las dos categorías G.653.A y G.653.B. Cabe señalar que el grupo de trabajo ha estudiado la aparición del fenómeno de mezcla de cuatro ondas, cuya importancia depende del valor absoluto del coeficiente de dispersión cromática.

International Telecommunication Union

ITU-T G.653
TELECOMMUNICATION STANDARDIZATION SECTOR OF ITU (07/2010)

SERIES G: TRANSMISSION SYSTEMS AND MEDIA, DIGITAL SYSTEMS AND NETWORKS
Transmission media and optical systems characteristics – Optical fibre cables

Characteristics of a dispersion-shifted, single-mode optical fibre and cable

Recommendation ITU-T G.653

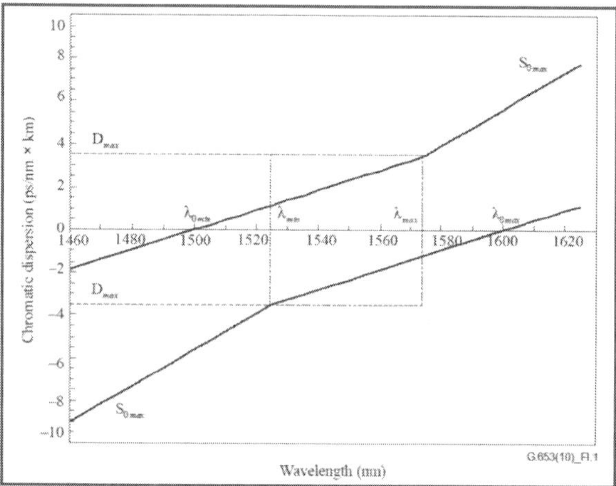

Recomendación UIT-T G.653 sobre fibras ópticas unimodales con dispersión desplazada y límites de la dispersión cromática

Fuente: https://www.itu.int/rec/T-REC-G.653-201007-I/en

Ejemplo de tabla de valores extraída de la recomendación G.653 (07/2010) :

Q PMD máxima en ps/$\sqrt{km}$	Longitud del enlace en kilómetros	DGD máxima en ps	Velocidad máxima por canal
0,5	400	25	10 Gbit/s
0,5	40	19	10 Gbit/s
0,5	2	7,5	40 Gbit/s
0,2	3 000	19	10 Gbit/s

Q PMD máxima en ps/$\sqrt{km}$	Longitud del enlace en kilómetros	DGD máxima en ps	Velocidad máxima por canal
0,2	80	7	40 Gbit/s
0,1	> 4 000	12	10 Gbit/s
0,1	400	5	40 Gbit/s

Como se ha visto en la versión 5, estos valores también se aplican a 10 GbE.

3.4 Recomendación UIT-T G.654

Esta recomendación se refiere a los cables y fibras ópticas unimodales, con longitudes de onda de corte escalonadas.

3.4.1 Cambios en la recomendación G.654

La **primera versión** de la recomendación G.654 es de noviembre de 1988. Describe las características geométricas, ópticas y de transmisión de las fibras ópticas unimodales de muy baja pérdida, necesarias para las redes de telecomunicaciones. Se trata de fibras ópticas con una longitud de onda de dispersión cero en torno a 1.300 nanómetros y una longitud de onda de corte desplazada a 1.550 nanómetros, también conocidas como SMF-CSF (*cut-off shifted fibre*).

Estas fibras ópticas, que derivan de las fibras G.652, están optimizadas para la transmisión en las bandas espectrales C y L. Gracias a sus bajos valores de atenuación, se utilizan especialmente en aplicaciones terrestres de larga distancia o enlaces submarinos con amplificadores ópticos.

La **versión 2**, de marzo de 1993, especifica que los valores de las longitudes de onda de corte deben estar comprendidos entre 1.350 y 1.600 nanómetros para λ_C y menos de 1.530 nanómetros para λ_{CC}. Además, la pérdida de la línea se ha reducido a 0,22 dB/km.

La **versión 3**, de abril de 1997, al igual que G.652 y G.653 al mismo tiempo, introduce la noción de longitud de onda de corte de cordón óptico λ_{cj}, así como la jerarquía digital síncrona y la multiplexación por división de longitud de onda.

La **versión 4**, publicada en octubre de 2000, armoniza su presentación con las demás recomendaciones UIT-T G.652, G.653 y G.655.

Además, introduce una subcategoría, G.654.A. En el apéndice II, se ilustran los principios de diseño de este tipo de SMF-CSF con información de la empresa japonesa KDD y se recomiendan valores para diferentes fibras ópticas: núcleo de sílice puro, núcleo ligero dopado con germanio (Ge), etc.

La **versión 5**, de junio de 2002, añadió una segunda categoría de fibras ópticas SMF-DSF, G.654.B. Introdujo cambios en los atributos de determinadas características, como el diámetro del campo de modo, el coeficiente de dispersión cromática, etc.

Cabe señalar que el límite superior para el uso de estas fibras en la banda L se ha elevado a 1,625 nanómetros.

La **versión 6** de la norma UIT-T G.654, de junio de 2004, determinó las características de una tercera categoría de SMF-CSF, G.654.C, donde la mayoría de las características son similares a las de la categoría G.654.A. Sin embargo, para estas fibras ópticas, el valor de diseño del enlace PMD_Q se ha reducido a $0{,}2\ ps/\sqrt{km}$. Este permite la compatibilidad con sistemas con una *velocidad binaria x distancia* más importante que en revisiones anteriores.

La **versión 7**, publicada en diciembre de 2006, propone una nueva reducción del valor de PMD_Q exigido a $0{,}1\ ps/\sqrt{km}$. En consecuencia, las fibras ópticas G.654.C son adecuados para velocidades binarias aún mayores y/o a distancias aún mayores.

La **octava versión** de la recomendación G.654, publicada en julio de 2010, elimina la definición de la longitud de onda de corte de los cordones ópticos λ_{cj} y añade información sobre la atenuación máxima para cables cortos, como los cordones ópticos.

La **novena versión**, publicada en octubre de 2012, introduce una nueva categoría de fibra óptica: **G.654.D**. El objetivo es mejorar las características de la relación señal/ruido óptico (*optical signal to noise ratio* - OSNR) aplicada a los sistemas de transmisión transoceánica de muy alta velocidad.

La **décima versión**, fechada en noviembre de 2016, incluye los subgrupos G.654.A, G.654.B, G.654.C y G.654.D de versiones anteriores, pero también introduce una nueva categoría, las fibras **G.654.E**. Tiene el mismo objetivo que la versión anterior: mejorar la relación señal/ruido para soportar transmisiones de 100 Gbit/s por longitud de onda y más. Las fibras G.654 están optimizadas para la transmisión en la banda de 1.530 - 1.625 nanómetros y se utilizan en sistemas terrestres y enlaces submarinos con amplificadores ópticos.

3.4.2 Undécima versión de la recomendación G.654

En esta 11ª versión de marzo de 2020 de la norma G.654, se ha modificado el coeficiente de atenuación en función de la longitud de onda de la fibra UIT-T G.654.E. Se ha añadido una nota relativa a la longitud de onda de corte cuando esta fibra se utiliza a las frecuencias de las aplicaciones especificadas en UIT-T G.698.2.

Recomendación UIT-T G.654 sobre fibras ópticas unimodales con longitudes de onda de corte desplazadas para enlaces terrestres de larga distancia y enlaces submarinos: https://www.itu.int/itu-t/recommendations/rec.aspx?rec=14198

Resumen de las fibras G.654

La recomendación G.654 considera cinco categorías principales de fibra óptica:

- La categoría básica, **G.654.A**, para cables y fibras ópticas unimodales de corte desplazado, que transmiten en la gama espectral de 1.550 nanómetros.
- La categoría **G.654.B** es especialmente adecuada para transmisiones de sistemas WDM de alta capacidad a largas distancias, como los enlaces submarinos que funcionan sin repetidores pero con amplificadores ópticos.
- La categoría **G.654.C**, con características similares a las de la G.654.A, pero con un valor de PMD reducido para garantizar mayores velocidades de transmisión en distancias más largas.
- La categoría **G.654.D**, cuyas características son similares a las de la G.654.B, pero con modificaciones relativas a la especificación de las pérdidas por macrocurvatura, un valor de atenuación inferior y un diámetro de campo de modo (*mode field diameter* - MFD) mayor para mejorar las características de OSNR.
- La nueva categoría **G.654.E**, cuyas características son similares a las de G.654.B, pero cuyas pérdidas por macrocurvatura corresponden a las de G.654.D.

En el mejor de los casos, con un coeficiente PMDQ de 0,1 ps/$\sqrt{\text{km}}$, se pueden transmitir 10 Gbit/s a distancias de hasta 4.000 kilómetros o 40 Gbit/s a 400 kilómetros. También es compatible con 10 GbE.

3.5 Recomendación UIT-T G.655

Esta recomendación se refiere a los cables y fibras ópticas unimodales con dispersión desplazada distinta de cero.

3.5.1 Cambios en la recomendación G.655

La **primera versión** de esta recomendación se publicó en octubre de 1996. Describe las características geométricas, ópticas y de transmisión de una fibra óptica unimodales cuya dispersión cromática absoluta es superior a un valor distinto de cero, en la región espectral comprendida entre 1.500 y 1.600 nanómetros. Estas fibras también se conocen como SMF NZ-DSF (*non-zero dispersion shifted fibre*). Esta dispersión elimina la influencia del efecto no lineal de "mezcla de cuatro ondas" que puede perturbar las transmisiones DWDM.

La recomendación exige un coeficiente de atenuación inferior a 0,5 dB/km en el rango de 1.550 nanómetros. Además, recomienda un coeficiente de dispersión modal de polarización inferior a 0,5 ps/$\sqrt{km}$, lo que permite transmisiones a velocidades de datos STM-64 a lo largo de aproximadamente 400 kilómetros.

La **versión 2**, publicada en octubre de 2000, establece las disposiciones recomendadas para garantizar la transmisión de la señal luminosa a longitudes de onda de hasta 1.625 nanómetros. Los nuevos parámetros o nuevos valores que caracterizan dos categorías de fibras ópticas G.655, se recogen en dos tablas: G.655.A y G.655.B.

Separación entre canales

En al primera tabla –G.655.A– la separación mínima entre dos canales de transmisión se limitaría a 200 GHz y proporcionaría módulos de transmisión STM-4 y STM-16 o incluso STM-64, en determinados casos. En la segunda –G.655.B– esta separación se podría reducir a 100 GHz y módulos de transmisión de hasta STM-64 con 10 Gbit/s, a lo largo de aproximadamente 400 kilómetros.

La **versión 3**, de marzo de 2003, introdujo una tercera categoría de fibras ópticas unimodales con desplazamiento de dispersión distinto de cero: G.655.C. Las características son muy similares a las de G.655.B. La principal diferencia es el valor de PMD en el enlace, que se ha reducido a 0,2 ps/$\sqrt{km}$. Esto permite soportar transmisiones a mayores distancias, como con los sistemas STM-64, que podrán superar los 400 kilómetros, o mayores velocidades de datos con las aplicaciones STM-256.

La **versión 4**, de marzo de 2006, suprimió las tablas de categorías de fibras ópticas G.655.A y G.655.B, confirmando así la obsolescencia de estas fibras. Mantuvo las fibras caracterizadas por los valores de la tabla G.655.C. Añadió dos nuevas categorías de fibras caracterizadas en las tablas G.655.D y G.655.E. Para estas dos nuevas categorías, el coeficiente de dispersión cromática está limitado por un par de curvas, en función de la longitud de onda para la gama espectral comprendida entre 1.460 y 1.625 nanómetros. Con ello se pretende proporcionar información para el soporte de las aplicaciones WDM (CWDM y DWDM) pero, lo que es más importante, estas tablas se han incorporado para diferenciar entre las dos principales familias de fibras G.655, comercializadas por diversos proveedores.

La versión 2 anunció que se podrían ofrecer transmisiones a longitudes de onda inferiores a 1.530 nanómetros. Este es el caso de la versión 4, que baja hasta los 1.460 nanómetros para soportar CWDM. **El espectro cubierto va de 1.460 a 1.625 nanómetros.**

3.5.2 Quinta versión de la recomendación G.655

La **quinta versión** de G.655 se publicó en noviembre de 2009. Al igual que con las fibras ópticas G.654, esta edición elimina la definición de la longitud de onda de corte de los cordones ópticos λ_{cj} y añade información sobre la atenuación máxima para cables cortos, como los cordones ópticos.

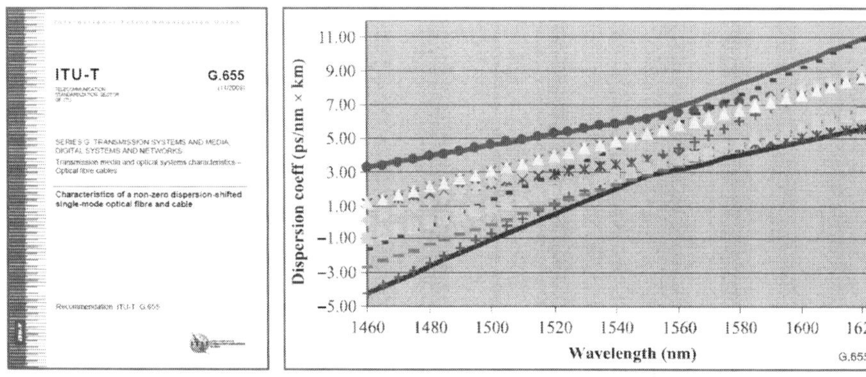

Recomendación UIT-T G.655 para fibras ópticas unimodales con desplazamiento de dispersión distinto de cero y ejemplo de límites de dispersión cromática

Fuente : https://www.itu.int/rec/T-REC-G.655-200911-I/en

Observación

Nota: en esta versión 5, las tablas 1 - G.655.C, 2 - G.655.D y 3 - G.655.D indican las características de las fibras correspondientes exacta y respectivamente a las tablas 3, 4 y 5 de la versión anterior, la versión 4 de marzo de 2006.

En resumen, la recomendación G.655 considera tres categorías principales de fibra óptica:

- La categoría básica, **G.655.C**, para aplicaciones hasta el módulo STM- 64 y hasta 2.000 kilómetros.
- La categoría **G.655.D** está diseñada para aplicaciones CWDM.
- La categoría **G.655.E** es del mismo tipo que G.655.D, pero con sistemas que tienen una separación más estrecha entre los canales de transmisión.

3.6 Recomendación UIT-T G.656

Esta recomendación trata de los cables y fibras ópticas unimodales de dispersión no nula para el transporte de banda ancha.

3.6.1 Cambios en la recomendación G.656

La **primera versión** de esta recomendación G.656, se publicó en junio de 2004. Describe las características geométricas, ópticas y de transmisión de una fibra óptica unimodal con dispersión cromática distinta de cero (es decir, superior a cero) para reducir la influencia de los efectos no lineales, como la mezcla de cuatro ondas o la modulación de fase cruzada, en las transmisiones de multiplexación por división de longitud de onda. Ampliando la gama de fibras ópticas G.655, estas fibras G.656 están especialmente destinadas a aplicaciones CWDM y DWDM en la zona espectral de 1.460-1.625 nanómetros, normalmente con una separación entre canales de transmisión de 100 GHz o menos.

Los distintos coeficientes de PMD_Q de los enlaces, permiten operar sistemas de 10 Gbit/s o 40 Gbit/s a distancias de entre 2 y 4.000 kilómetros.

Por ejemplo, un coeficiente de 0,5 ps/$\sqrt{km}$ permite la transmisión de 10 Gbit/s en 400 kilómetros, pero de 40 Gbit/s en sólo 2 kilómetros. Un coeficiente de 0,2 ps/$\sqrt{km}$ permite la transmisión de 10 Gbit/s en 3.000 kilómetros o de 40 Gbit/s en 80 kilómetros. Por último, un coeficiente de 0,1 ps/$\sqrt{km}$ permite la transmisión de 10 Gbit/s hasta 4.000 kilómetros o de 40 Gbit/s en 400 kilómetros. Estos valores también son válidos para los sistemas que funcionan con Ethernet de 10 Gbit/s (10 GbE).

La **versión 2**, de diciembre de 2006, al igual que la versión 4 de G.655, de marzo de 2006, introduce el hecho de que el coeficiente de dispersión cromática está limitado por un par de curvas. Estas dos curvas son función de la longitud de onda para la gama espectral comprendida entre 1.460 y 1.625 nanómetros. Con ello se pretende proporcionar los datos de interfaz óptica necesarios para soportar aplicaciones WDM (CWDM y DWDM).

Por último, el valor de la PMD requerida es tal que los sistemas STM-64 pueden proporcionar transmisiones a esta velocidad hasta 2.000 kilómetros.

3.6.2 Tercera versión de la recomendación G.656

La **tercera versión** de G.656 se publicó en julio de 2010. Al igual que con las fibras ópticas G.654 y G.655, esta edición elimina la definición de la longitud de onda de corte para los cordones ópticos λ_{cj} y añade información sobre la atenuación máxima para cables cortos, como los puentes ópticos.

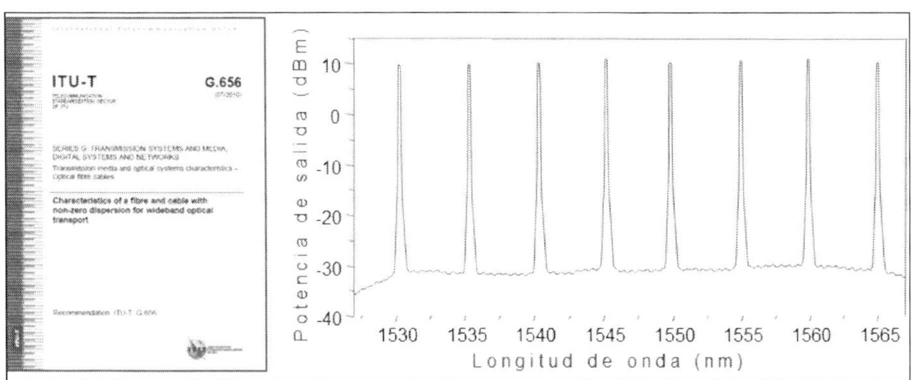

Recomendación UIT-T G.656 sobre fibras ópticas unimodales de dispersión no nula para transporte de banda ancha, basado en multiplexación por división de longitud de onda

Fuente: https://www.itu.int/rec/T-REC-G.656-201007-I/en

En resumen, las fibras ópticas G.656 tienen las siguientes características clave:

- Coeficiente máximo de atenuación lineal:
  - 0,4 dB/km a 1460 nanómetros
  - 0,35 dB/km a 1550 nanómetros
  - 0,4 dB/km a 1625 nanómetros
- Coeficiente máximo de $PMD_Q = 0{,}2\ ps/\sqrt{km}$.

3.7 Recomendación UIT-T G.657

Esta recomendación se refiere a cables y fibras ópticas unimodales insensibles a las pérdidas por flexión para redes de acceso.

3.7.1 Cambios en la recomendación G.657

La **primera versión** de esta recomendación G.657, relativa a las fibras ópticas capaces de responder a la demanda de las redes de acceso de banda ancha, se publicó en diciembre de 2006. Esta demanda impone dos grandes limitaciones: por un lado, garantizar la continuidad con las fibras ópticas de las redes de transporte y, por otro, tener en cuenta el espacio limitado de las redes de distribución y la densidad de los cables de derivación, sinónimo de manipulación delicada y radios de curvatura limitados. Así pues, se han creado dos categorías de fibras: G.657.A y G.657.B.

La categoría **G.657.A** describe las fibras ópticas compatibles con las fibras G.652, la mayoría de las cuales se utilizan en las redes de transporte. Estas fibras G.657.A están destinadas a utilizarse en las bandas espectrales O, E, S, C o L, es decir, la gama de longitudes de onda comprendidas entre 1.260 y 1.625 nanómetros. Con las mismas propiedades de transmisión e interconexión, son un subconjunto de las fibras G.652.D, por lo que también se pueden utilizar en otras partes de las redes. Las diferencias entre estas dos categorías de fibra se refieren a la reducción de las pérdidas por flexión, así como a unas características dimensionales más restrictivas para garantizar una mejor conectividad.

La categoría **G.657.B** caracteriza las fibras ópticas que no son necesariamente compatibles con las fibras G.652 a nivel de empalme o conexión. Sin embargo, tienen valores de pérdida muy bajos, incluso con radios de curvatura pequeños. Estas fibras se pueden utilizar para transmitir señales luminosas a longitudes de onda de 1.310, 1.550 o 1.625 nanómetros a distancias limitadas, en el interior de edificios y viviendas.

La **versión 2**, de noviembre de 2009, creó dos subcategorías para cada categoría A y B, lo que da cuatro subcategorías para las fibras ópticas: G.657.A1, G.657.A2, G.657.B2 y G.657.B3.

Radios de curvatura y vida útil

Sabemos que los pequeños radios de curvatura impuestos a las fibras ópticas en instalaciones de dimensiones limitadas, pueden tener un impacto negativo en la vida útil de estas fibras.

De hecho, la recomendación G.657 tras las demostraciones basadas en las normas CEI –TR 62048 y 60793-2-50– y la norma Telcordia Generic Requirements for Optical Fiber and Optical Fiber Cable –GR-20-CORE– concluye formalmente: "...incluso en las hipótesis relativamente desfavorables, estos ejemplos muestran también que reduciendo el radio de las fibras colocadas del valor de 30 milímetros aplicado actualmente a un valor mucho menor, las características de vida útil de la fibra unimodales especificadas actualmente en UIT-T G.652, son suficientes para garantizar una vida operativa de 20 años.

Enmienda 1

La segunda versión de la norma UIT-T G.657 se completó en junio de 2010 con la **enmienda 1** titulada *Revised Appendix I - Lifetime expectation in case of small radius bending of single-mode fibre*, redactada conjuntamente por el UIT-T y la CEI.

Esta enmienda, con cálculos más detallados, confirma la conclusión de la recomendación G.657, versión 1 de diciembre de 2006: *The examples given support a 20-year operational lifetime for an appropriately installed network with bend radii less than 30 millimeters*.

La **tercera versión** es de octubre de 2012 e introduce algunos cambios menores, en particular para las fibras de categoría B.

3.7.2 Cuarta versión de la recomendación G.657

La **cuarta versión** es de noviembre de 2016. Lo importante es que, a partir de ahora, las fibras G.657.A se podrán instalar en las redes de acceso, así como en las redes de transporte, en lugar de las fibras G.652.D y de manera más sencilla porque tienen mayor resistencia a las pérdidas por flexión.

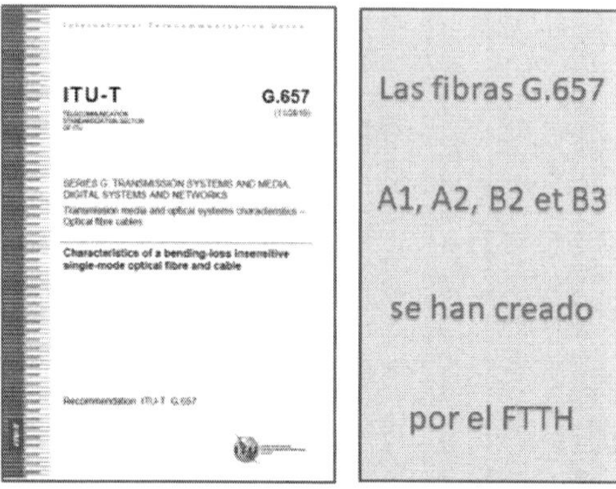

Recomendación UIT-T G.657 sobre fibras ópticas unimodales insensibles a las pérdidas por curvatura para redes de acceso: https://www.itu.int/rec/T-REC-G.657/es

3.7.3 Cuatro subcategorías de fibras G.657

Al igual que la G.657.A, las fibras A.1 y A.2 se utilizan en las bandas espectrales O, E, S, C y L (longitudes de onda entre 1.260 y 1.625 nanómetros). Las fibras B2 y B3, como la G.657.B, son adecuadas para distancias cortas, para transmisiones a 1.310, 1.550 o 1.625 nanómetros. Los principales cambios se refieren a los límites de pérdida debidos a la macrocurvatura y a la reducción de las dimensiones del radio de curvatura.

La subcategoría **G.657.A1** abarca las fibras ópticas destinadas a ser instaladas con radios de curvatura de 10 milímetros. La subcategoría **G.657.A2** abarca las fibras con radios de curvatura de 7,5 milímetros.

A continuación, se muestran las **pérdidas por macrocurvatura** de estas dos nuevas subcategorías A.1 y A.2.

	G.657.A1	G.657.A1	G.657.A2	G.657.A2	G.657.A2
Radio (mm)	15	10	15	10	7,5
Número de vueltas	10	1	10	1	1

	G.657.A1	G.657.A1	G.657.A2	G.657.A2	G.657.A2
Pérdidas máximas a 1550 nm	0,25 dB	0,75 dB	0,03 dB	0,1 dB	0,5 dB
Pérdidas máximas a 1 625 nm	1 dB	1,5 dB	0,1 dB	0,2 dB	1 dB

La subcategoría **G.657.B2** caracteriza las fibras con radios de curvatura de 7,5 milímetros.

La subcategoría **G.657.B3** caracteriza las fibras con radios de curvatura de 5 milímetros.

A continuación, se muestran las **pérdidas por macrocurvatura** de estas dos nuevas subcategorías B.2 y B.3.

	G.657.B2	G.657.B2	G.657.B2	G.657.B3	G.657.B3	G.657.B3
Radio (mm)	15	10	7,5	10	7,5	5
Número de vueltas	10	1	1	1	1	1
Pérdidas máximas a 1550 nm	0,03 dB	0,1 dB	0,5 dB	0,03 dB	0,08 dB	0,5 dB
Pérdidas máximas a 1 625 nm	0,1 dB	0,2 dB	1 dB	0,1 dB	0,25 dB	0,45 dB

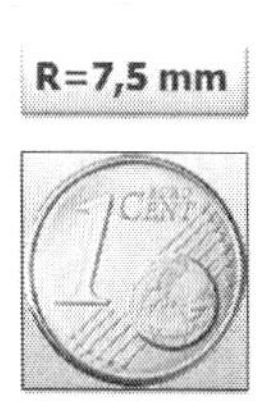

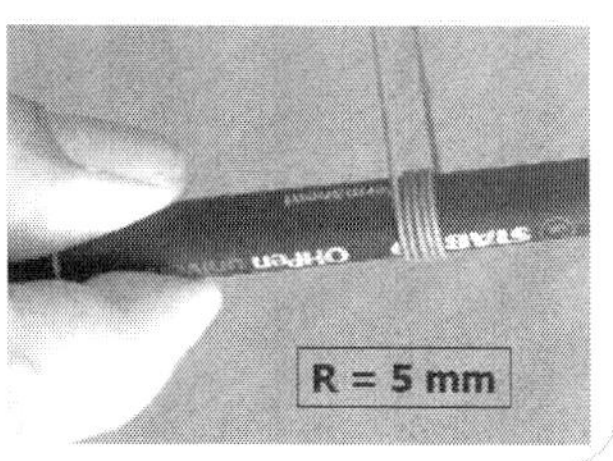

Ilustraciones de radios de curvatura

3.8 Correspondencia entre las normas del UIT-T y la CEI

Las características de los principales tipos de fibra óptica unimodales utilizados por los dos organismos de normalización -UIT-T e IEC- son muy similares. Se pueden consultar en los documentos a los que se hace referencia en la tabla siguiente. Estas "clases IEC" se detallaban en la norma IEC 60793-2-50 pero, a partir de septiembre de 2021, se presentan en la edición 3.0 del documento técnico IEC TR 62000 *Guidelines for combining different single-mode fibre sub- categories*.

Tipo de fibra óptica unimodales	Recomendación UIT-T	Subcategoría IEC
Fibras de dispersión no desplazadas	G.652.B	B-652.B
	G.652.D	B-652.D
Fibras de dispersión desplazada (DSF)	G.653.A	B-653.A
	G.653.B	B.653.B
Fibras de longitud de onda de corte desplazado (CSF)	G.654.A	B-654.A
	G.654.B	B-654.B
	G.654.C	B-654.C
	G.654.D	B-654.D
	G.654.E	B-654.E
Fibras con dispersión desplazada distinta de cero (NZ - DSF)	G.655.C	B-655.C
	G.655.D	B-655.D
	G.655.E	B-655.E
Fibras con dispersión desplazada no nula para banda ancha	G.656	B.656
Fibras insensibles a las pérdidas por curvatura para redes de acceso	G.657.A1	B-657.A1
	G.657.A2	B-657.A2
	G.657.B2	B-657.B2
	G.657.B3	B-657.B3

El documento técnico TR 62000 relativo a las correspondencias entre fibras ópticas unimodales, se puede adquirir en el siguiente sitio web:
https://webstore.iec.ch/searchform&q=62000

4. Estado de las fibras unimodales específicas

Coexisten numerosos tipos de fibras ópticas unimodales específicas dedicadas a aplicaciones de transmisión de información en condiciones ambientales o aplicaciones concretas.

En esta sección se examinan dos tipos principales de fibras: las fibras ópticas especiales (FOS) para aplicaciones específicas, como las fibras que mantienen la polarización, las fibras de alta temperatura y las fibras dopadas con tierras raras y las nuevas fibras para redes de operadores, como las fibras multinúcleo (MCF) y las fibras multimodo (FMF).

4.1 Fibras ópticas especiales (FOS)

4.1.1 Fibras ópticas que mantienen la polarización

Las fibras ópticas que mantienen la polarización son fibras en las que se introducen fuertes compensaciones asimétricas durante la fabricación, para que se comporten como un medio birrefringente uniaxial.

Existen dos tipos principales: las fibras ópticas con núcleo elíptico y las de doble núcleo, conocidas como Panda. Sus principales aplicaciones son los giroscopios, los sensores, los láseres de fibra, los amplificadores y algunas aplicaciones específicas en los sectores del transporte, la aviónica y el ejército.

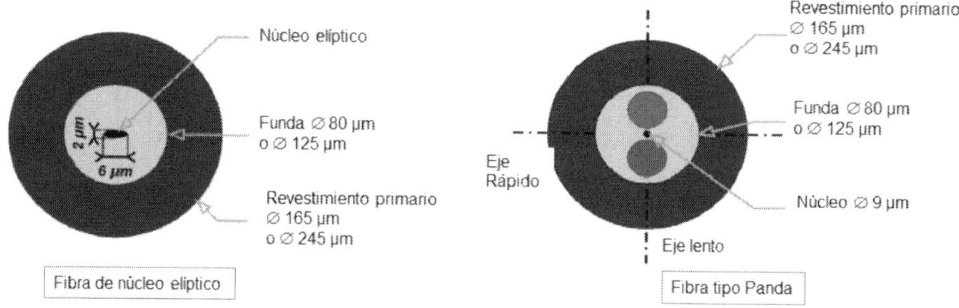

Ejemplos de fibras ópticas que mantienen la polarización

4.1.2 Fibras ópticas resistentes a altas temperaturas

También se comercializan fibras ópticas unimodales o multimodales de índice graduado que soportan altas temperaturas. Tienen un núcleo de vidrio de 200 micras a 1,2 milímetros y un revestimiento de plástico polímero duro. Rodeadas de acrilato, pueden soportar temperaturas de hasta 150°C e incluso de hasta 400°C, con una cubierta de poliamida o un revestimiento hermético de carbono/poliamida. La gama de temperaturas que pueden soportar es muy amplia: en el otro sentido, algunos pueden soportar temperaturas de hasta -65°C.

Se utilizan para transmitir información en láseres médicos, sensores y controladores en las industrias del gas, el petróleo y la petroquímica, así como en redes de comunicaciones a bordo en aviónica.

Según el fabricante, se conocen con los nombres comerciales HCS (*hard clad silica*), TECS (*technology enhanced clad silica*) o PCS (*polymer clad silica*).

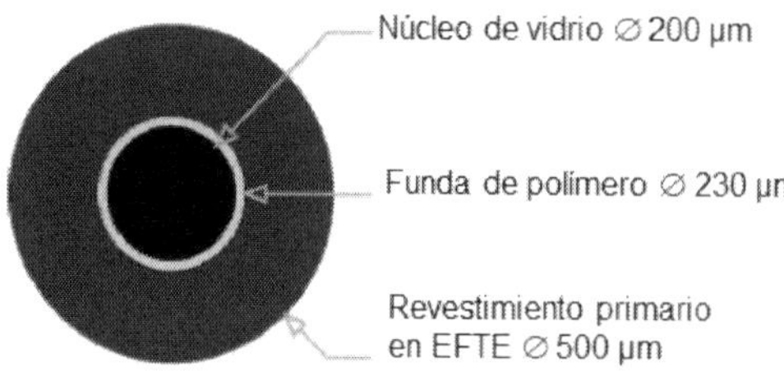

Ejemplo de sección transversal de una fibra óptica para altas temperaturas

Los revestimientos poliméricos primarios para este tipo de fibra óptica suelen incluir etileno tetrafluoroetileno o, más exactamente, poli(etileno-co-tetrafluoroetileno), comúnmente conocido como ETFE.

Obsérvese que a veces aparece el nombre Tefzel. En realidad, se trata del nombre comercial del ETFE, fabricado por la empresa estadounidense DuPont.

4.1.3 Fibras ópticas dopadas con tierras raras

También existen fibras ópticas unimodales dopadas con tierras raras, como el tulio (Tm), el erbio (Er), el iterbio (Yb) y el neodimio (Nd). Algunos ejemplos de aplicaciones:

Las fibras dopadas con tulio se utilizan en aplicaciones que requieren potencia y láseres que emiten en torno a las 2 micras. Se pueden encontrar con núcleos de 4, 6, 12 o 25 micras y revestimientos de 125, 250 o 400 micras.

Las fibras dopadas con iterbio también presentan una amplia gama de características físicas, con diámetros de núcleo de 6, 10, 15, 20 o 25 micras y diámetros de revestimiento de 125 o 250 micras. Su punto fuerte: aperturas numéricas muy bajas, de 0,15 o 0,10 e incluso 0,08.

Las fibras dopadas con erbio suelen funcionar en la banda C, de 1.530 a 1.565 nanómetros o en la banda L, de 1.565 a 1.625 nanómetros. Se utilizan mucho en enlaces de telecomunicaciones terrestres o submarinos a larga distancia.

También se encuentran en preamplificadores y amplificadores (*erbium- doped fiber amplifier* - EDFA) para transmisiones WDM o redes de distribución de CATV, a menudo con diámetros de revestimiento reducidos a 80 o incluso 70 micras para ahorrar espacio. A veces están dopados con aluminio o iterbio.

Las fibras ópticas dopadas con neodimio se utilizan para los láseres de fibra. Funcionan en la ventana de 900 a 950 nanómetros, con un núcleo de diámetro reducido a 5 micras.

Fibras HACC

Las fibras HACC (*hole-assisted carbon coated*) son fibras ópticas cuyo núcleo está dopado con tierras raras, como erbio o iterbio. Además, tienen orificios que incorporan gases –a menudo deuterio y/o hidrógeno– y su revestimiento es de carbono, herméticamente sellado contra los gases mencionados. Todo ello mejora la resistencia de estas fibras a la radiación. Un ejemplo de aplicación: los amplificadores de fibra óptica utilizados en misiones nucleares y espaciales.

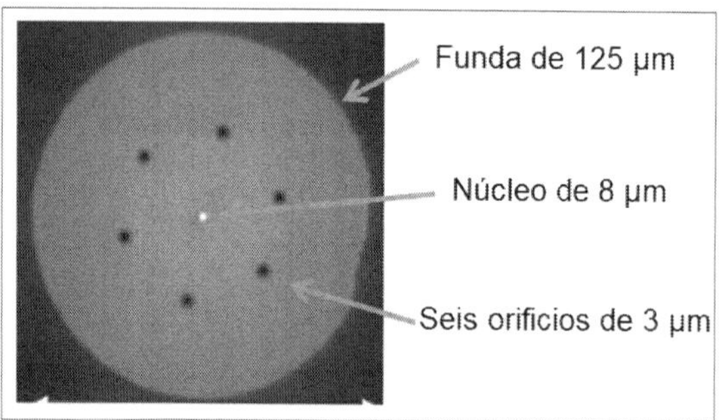

Sección transversal de una fibra HACC

4.1.4 Otros ejemplos de fibras ópticas específicas

Además de las fibras ópticas específicas descritas en los apartados anteriores, podemos añadir otras dedicadas a usos concretos (véanse los ejemplos a continuación).

- Fibras ópticas para entornos radiactivos (rayos gamma, rayos X, neutrones, protones) o para industrias y laboratorios de física que trabajan con altos niveles de energía, a menudo con un doble revestimiento de imprimación de acrilato.
- Fibras ópticas para la transmisión de luz desde el ultravioleta hasta la luz visible, con diámetros de núcleo de 50 a 65 micras y diámetros de revestimiento de 100 a 185 micras, y con un contenido de iones de hidróxido de OH^- comprendido entre 800 y 1.200 ppm.

- Fibras ópticas para la transmisión de luz visible a infrarroja, con las mismas dimensiones que las fibras anteriores, pero con un contenido de iones de hidróxido de OH^- de sólo 2 a 5 ppm.
- Las fibras ópticas con red de Bragg se utilizan en sensores de fibra para aplicaciones específicas como sensores de posición de vehículos, sensores de detección de objetos para aplicaciones submarinas, sensores de gestión de temperatura, sensores de detección de gases, sensores de biodetección, sensores de vigilancia de estructuras para obras públicas, etc.
- Fibras ópticas para aplicaciones médicas, en las que la elección de la forma del extremo de la fibra modifica el haz láser, para adaptar la sonda a las aplicaciones médicas en cuestión.

4.2 Fibras ópticas multinúcleo (MCF)

4.2.1 Multiplexación por división espacial (SDM)

Una forma de aumentar la velocidad de transmisión de datos es utilizar la multiplexación por división espacial (*spatial division multiplexing* - SDM). Se trata de "aumentar" el número de núcleos de una fibra óptica intentando mantener el mismo diámetro de revestimiento en 125 μm: es el concepto de fibra multinúcleo (*multi core fiber* - MCF). Se trata de una fibra óptica de sílice en la que no habrá el núcleo único habitual de 9 μm, sino varios núcleos contenidos en el revestimiento con un diámetro invariable de 125 μm.

El primer ejemplo, con cuatro núcleos y forma de trébol de cuatro hojas, se remonta a varias décadas atrás y fue creado por el CNET en Lannion. Pero en su momento se consideró "exótico" y la investigación se paralizó. Desde la década de 2010, los trabajos se han intensificado. La razón principal de la investigación sobre estas fibras es el crecimiento colosal de las velocidades exigidas a las redes de los operadores. Los usos de Internet y, más concretamente, las aplicaciones de vídeo, están disparando las velocidades.

De ahí la pregunta que se plantean los operadores: ¿cómo absorber estas demandas de flujos exorbitados al menor coste posible? Y una idea relacionada: por la misma inversión en términos de proyecto, instalación, cambio, financiación, etc., ¿sería posible fabricar e instalar fibras ópticas con varios núcleos de forma económicamente viable, multiplicando así la cantidad de información transmitida?

4.2.2 Principales problemas encontrados

Esta nueva tecnología de fibra óptica multinúcleo plantea tres cuestiones principales:

- En primer lugar, la diafonía, es decir, al igual que existe diafonía en las transmisiones por pares de cobre, hay riesgo de diafonía entre los distintos núcleos (véase la figura siguiente).
- Seguidamente, al salir de los laboratorios para ir sobre el terreo, nos enfrentamos a problemas prácticos: ¿cómo garantizar la continuidad de la señal entre dos fibras? ¿Qué conectores utilizar? ¿Qué equipo utilizar para el empalme por fusión? y así sucesivamente.
- Por último, dado que una fibra óptica forma parte de una red, ¿qué ocurre con los distintos equipos activos, como los amplificadores?

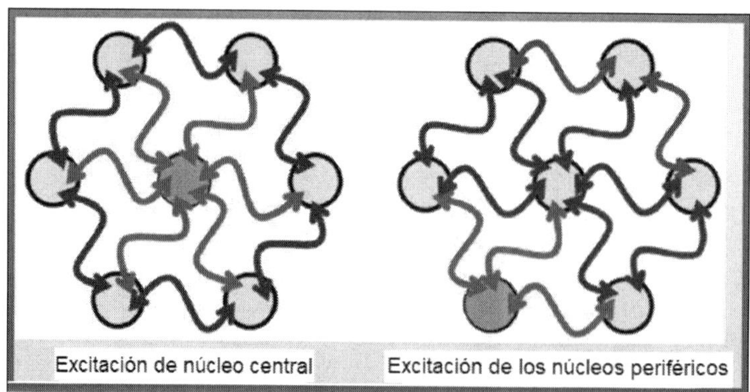

Riesgo de diafonía entre núcleos

Los trabajos prosiguen y parecen dar resultados satisfactorios para hacer viable esta nueva tecnología. Continuará...

4.2.3 Ejemplos de fibras multinúcleo multimodo

En marzo de 2012, en la exposición internacional OFC/NFOEC de Los Ángeles, se hizo una demostración de una fibra óptica multinúcleo que transmitía 120 Gbit/s a más de 100 metros. La demostración se basó en una fibra óptica de siete núcleos y láseres de tipo VCSEL para la transmisión, y fotodiodos para la recepción, todos ellos diseñados para esta operación. El objetivo era demostrar la viabilidad de la transmisión mediante este tipo de fibra multinúcleo, para su posible uso en las redes informáticas de alto rendimiento del futuro, al mismo tiempo que se mejoraba considerablemente la densificación de los cables y cordones ópticos.

La fibra multimodo presentada tenía siete núcleos distribuidos en una superficie hexagonal: uno en el centro y seis en la periferia, cada uno con un diámetro de 26 micras. Cada núcleo periférico transmitía 20 Gbit/s a lo largo de 100 metros. Así, con 6 x 20 Gbit/s, obtenemos 120 Gbit/s transmitidos.

Desde entonces, en cada evento internacional se han ido añadiendo nuevas funciones. Cada laboratorio académico o industrial elige su propio número de núcleos: tres, siete, nueve, etc. Dos ejemplos:

Fibra óptica de 6 núcleos

A continuación, se muestra un ejemplo de fibra óptica de seis núcleos de los laboratorios de redes de acceso del operador japonés NTT. Los núcleos están rodeados de "orificios de aire" que transportan la señal luminosa.

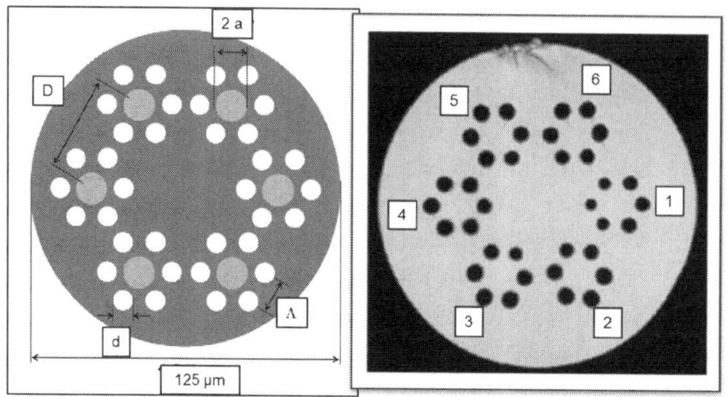

Vistas transversales (diagrama a la izquierda, foto de la fibra a la derecha): $D = 31{,}6\ \mu m$; $d = 6\ \mu m$; $2a = 9{,}8\ \mu m$; $\Lambda = 10\ \mu m$

Fibra óptica de 19 núcleos

Un ejemplo de fibra de 19 núcleos, producto del trabajo de investigación, presentado por el instituto nacional de información y comunicación japonés y el laboratorio fotónico Fitel (Furukawa Electric).

El diseño de la fibra se basa en franjas alrededor de los núcleos, para guiar la luz. En la foto de abajo, el efecto de halo alrededor de los núcleos es la manifestación visible de estas franjas.

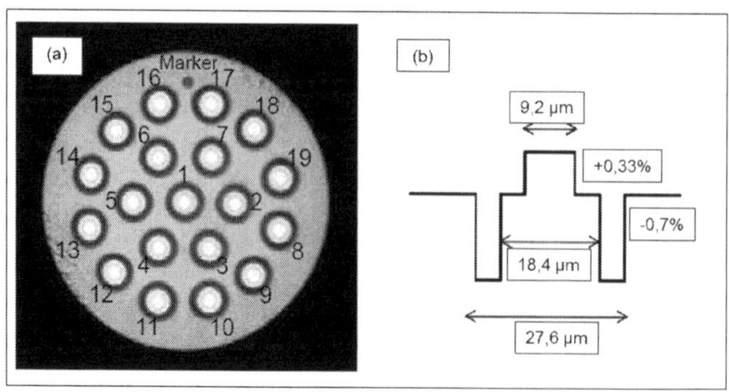

Estructura de una fibra óptica con 19 núcleos: (a) sección transversal, (b) perfil de las franjas alrededor de los núcleos

4.2.4 Ejemplo de componente para fibras multinúcleo

La llegada de las fibras multinúcleo ha propiciado la creación de numerosos componentes asociados. A continuación, se muestra un ejemplo de amplificador propuesto por Furukawa Electric:

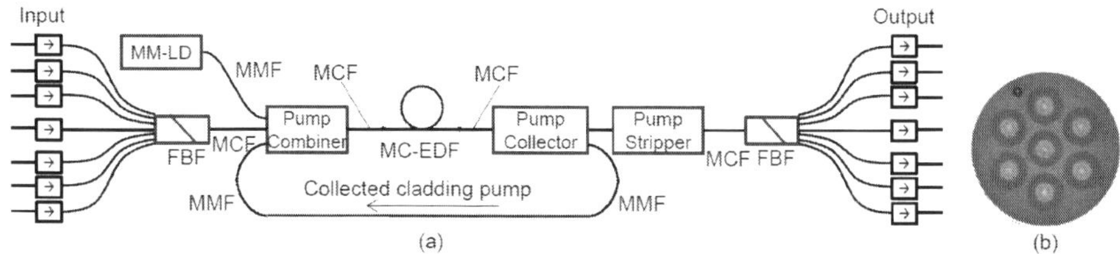

(a) Configuración de un amplificador de fibra dopada con erbio (EDFA)

(b) Sección transversal de una fibra óptica de 7 núcleos

4.3 Fibras ópticas de pocos modos (FMF)

Con el mismo objetivo de aumentar la velocidad de transmisión de datos, otro campo de investigación se refiere a las fibras ópticas con pocos modos de propagación de la señal (*few modes fiber* - FMF).

Se trata de fibras ópticas unimodales, con un diámetro de núcleo de 9 μm, pero en términos de transmisión de señales, se sitúan entre las fibras unimodales, con un único modo de propagación y las fibras multimodales, con múltiples modos.

4.4 Fibras ópticas con núcleo elíptico

Las vistas siguientes ilustran las fibras de núcleo elíptico presentadas por Corning:

a) una fibra con un único núcleo elíptico y transmisión FMF

b) una fibra con cuatro núcleos, cada uno de los cuales permite varios modos de transmisión, es decir, una combinación de las tecnologías MCF y FMF

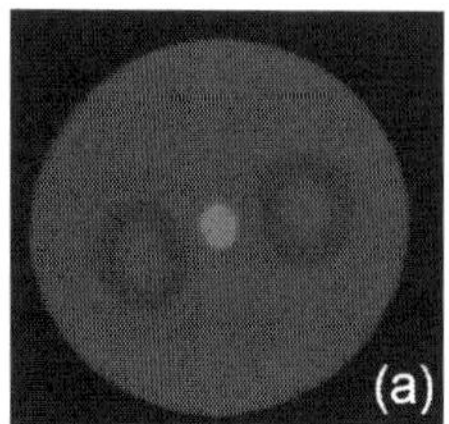

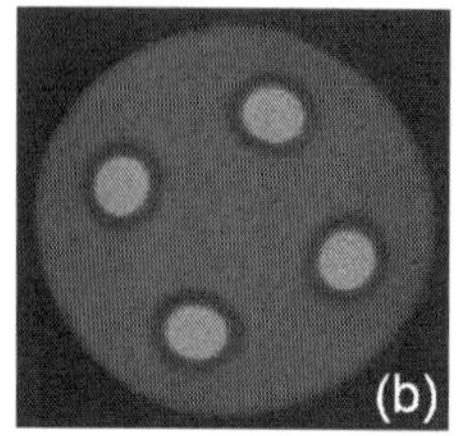

Ejemplos de fibras con pocos modos y núcleos elípticos: a) con un solo núcleo; b) con cuatro núcleos

Capítulo 4
Fibras multimodales de sílice y fibras plásticas

1. Introducción

Las fibras ópticas multimodales, es decir, las fibras con varios modos de transmisión de señales, se pueden dividir en dos tipos principales:

- **Fibras ópticas multimodales de sílice**, que se utilizan principalmente en redes de área local (*local area network* - LAN), centros de datos (*data centers*), almacenes de datos o centros de datos masivos (*data warehouse* o *mammoth data center*), centros de computación de alto rendimiento (*high performance computing* - HPC), etc. Varios organismos participan en su normalización (véase el siguiente apartado: Organismos de normalización). La variedad de estas fibras y sus características asociadas se presentan en la sección Fibras ópticas de sílice multimodales.
- **Fibras plásticas multimodales**, con prestaciones de *velocidad binaria x distancia* muy inferiores, pero muy fáciles de instalar. Han ido ganando terreno, ampliando su gama de aplicaciones y encontrando poco a poco su lugar en las redes gracias a las fibras que soportan 1 Gbit/s. La sección Fibras ópticas plásticas multimodales ofrece una visión general de estas fibras.

2. Organismos de normalización

2.1 Correspondencia entre organismos

Mientras que el UIT-T es el organismo de normalización más importante para las fibras ópticas unimodales, no ocurre lo mismo con las fibras ópticas multimodales. Por supuesto, existe la recomendación UIT-T G.651.1 (véase el apartado Fibras ópticas de sílice multimodales - Recomendación UIT-T G.651.1), que define las características de las fibras ópticas multimodales de 50/125 μm. Sin embargo, existen tres organismos clave en este campo:

- La Organización Internacional de Normalización (OSI u *International standardisation organisation* - ISO) con, entre otras, la norma ISO 11801-1 para sistemas de cableado y fibras ópticas multimodales (OM) de tipo OMx con x = 1, 2, 3, 4 ó 5 (véase el apartado Fibras ópticas de sílice multimodales - Fibras ópticas multimodales OMx para redes locales).
- La CEI, con el documento IEC **60793-2-10:2022**, proporciona las características de un determinado tipo de fibra óptica multimodales identificada como A1-OMx, donde x corresponde a 1, 2, 3, 4 ó 5. Las fibras A1-OM2 a A1-OM5 son fibras 50/125 y existen en dos variantes: a y b. Estas dos variantes definen dos niveles de rendimiento en términos de resistencia a las pérdidas debidas a la macrocurvatura. Las fibras A1-OM1 son 62,5/125 pero con una variante A1d para fibras 100/400.
- ANSI (*American National Standards Institute*) a través de la asociación industrial TIA para sistemas de cableado en EE.UU. con fibras multimodales denominado 492AAAx, donde x = A, B, C, D o E.

ISO 11801	OM1	OM2	OM3	OM4	OM5
IEC 60793-2-10	A1-OM1	A1-OM2	A1-OM3	A1-OM4	A1-OM5
ANSI/TIA	492AAAA	492AAAB	492AAAC	492AAAD	492AAAE
UIT-T	- - -	G.651.1	- - -	- - -	- - -

Tabla de correspondencias entre las categorías de fibras multimodales 62,5/125 y 50/125 según los organismos de normalización

Cabe señalar que el UIT-T reconoce la existencia de fibras OM1 a OM5, pero solo ha normalizado las fibras correspondientes a OM2. Y, desde 2017, las fibras OM1 y OM2 ya no se incluyen en la norma ISO 11801 básica, sino que simplemente se mencionan en un anexo.

2.2 Organización Internacional de Normalización

Formada por una red de institutos nacionales de normalización de 169 países, según el principio de un miembro por país y 45.000 expertos, esta organización es el mayor productor mundial de normas internacionales. Está coordinada por una secretaría con sede en Ginebra.

Como organización no gubernamental, ISO garantiza la comunicación entre los sectores público y privado, ya que sus institutos miembros dependen del gobierno de su país y otros miembros proceden del sector privado. De este modo, las soluciones propuestas logran un consenso entre los intereses económicos y los deseos de la sociedad.

Sitio web de la Organización internacional de normalización: https://www.iso.org/es/home.html

Dentro de esta organización, las normas relativas a las tecnologías y sistemas de la información son elaboradas por el comité técnico ISO/IEC JTC 1 - Tecnologías de la Información. Creado en 1987, este comité ha publicado más de 3.100 normas en este campo. Entre los subcomités implicados, el SC 25 – Interconexión de equipos de proceso de datos– ha desempeñado un papel destacado.

Cabe señalar que este comité ISO/IEC JTC 1/SC 25 cuenta con el apoyo administrativo de la Comisión electrotécnica internacional (CEI o IEC - *International electrotechnical commission*).

ISO/IEC JTC 1/SC 25

Este subcomité ha redactado un gran número y una amplia variedad de normas. Entre ellas figuran las relativas a:

- Diferentes tipos de bus: bus de sistema, VMEbus, Multibus, etc.
- Redes de fibra óptica con interfaces distribuidos (*fiber distributed data interface* - FDDI).
- Interfaces de placa base.
- Interfaz paralela de alto rendimiento, capa física de 6.400 Mbit/s.
- Transmisiones por canal de fibra óptica (*fibre channel*) en centros de datos y entornos de aviónica.
- Implantación y funcionamiento del cableado en redes de usuarios, incluido el control del cableado de fibra óptica.
- Sistemas genéricos de cableado para centros de datos e instalaciones industriales.
- Arquitecturas e interfaces de sistemas electrónicos domésticos (HES).
- Y decenas más... con mención especial para la norma ISO11801 –Generic cabling for user premises– publicada en 2002 y complementada por sus diversas modificaciones y correcciones en 2008, 2010, 2014 y la última versión de 2017.

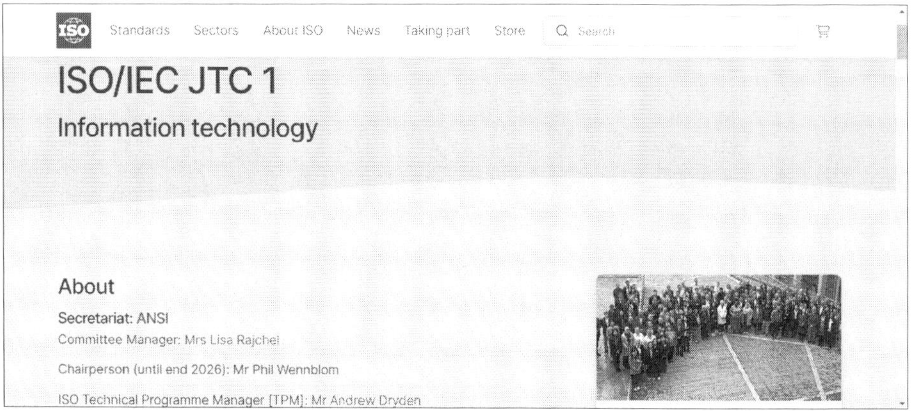

Página web del JTC 1/SC 25: https://www.iso.org/committee/45020.html

3. Fibras ópticas de sílice multimodales

3.1 Antecedentes históricos y antecedentes de gran núcleo

3.1.1 Historia de las fibras de sílice multimodales

Es cierto que las fibras ópticas unimodales han acaparado la mayor parte de las redes de fibra óptica (véase Estado de las fibras ópticas unimodales) y su despliegue se cuenta por cientos de millones de kilómetros. Pero no hay que olvidar que esta aventura comenzó con las fibras ópticas multimodales.

Los **elementos históricos clave** datan de la década de 1960-1970: en primer lugar, en 1960, con la primera demostración de un láser y después, en 1966, con la aparición de la idea de que una fibra óptica podía ser un buen ejemplo de utilización de este equipamiento. En aquella época, la dificultad residía en las pérdidas, que eran del orden de 1.000 dB/km y por tanto, prohibitivas.

El punto de inflexión llegó en 1970 cuando, por un lado, estas pérdidas bajaron a 20 dB/km en una región cercana a los 1.000 nanómetros y, por otro, los láseres pudieron funcionar a temperaturas de oficina. Esto llevó a seguir investigando en el desarrollo de sistemas de comunicación por fibra óptica.

El **primer paso** importante se dio hacia 1975 con un sistema que funcionaba a unos **850 nanómetros** utilizando un láser semiconductor de arseniuro de galio (AsGa) y una fibra óptica multimodal. Tras tres o cuatro años de investigación y ensayo y error, en 1980 se instalaron los primeros sistemas comercialmente viables. Podían transmitir una velocidad de datos de unos treinta megabits por segundo a una distancia de unos diez kilómetros entre repetidores. Fue esta distancia, unas diez veces mayor que la de los sistemas basados en cables coaxiales de cobre, combinada con el menor coste de instalación y mantenimiento de los repetidores, lo que motivó la perseverancia en la investigación.

Las especificaciones del sistema para esta primera etapa se publicaron en dos recomendaciones del UIT-T:

- La recomendación UIT-T **G.651** indica las características de una fibra óptica multimodal que funciona a 850 nanómetros.
- La recomendación UIT-T **G.956** sobre las características de un sistema óptico que funciona a 850 nanómetros y es adecuado para las velocidades binarias de la jerarquía digital plesiócrona (*plesiochronous digital hierarchy* - PDH).

La **segunda etapa** se basó en el desarrollo de sistemas que operaban en la zona espectral de los **1.300 nanómetros**. En esta zona, la pérdida de línea era inferior a 1 dB/km, y la transmisión y recepción de la señal luminosa eran posibles gracias al desarrollo de láseres y fotodetectores basados en semiconductores de fosfuro de indio y arseniuro de galio. En aquella época, estos sistemas estaban limitados a una velocidad de transmisión de datos de 100 Mbit/s debido a la excesiva dispersión en las fibras multimodales. Fue el inicio de la aventura de las fibras unimodales en las redes de larga distancia y alta velocidad, pero las fibras multimodales siguieron utilizándose.

3.1.2 Antecedentes de gran núcleo de fibras multimodales

En primer lugar, hay que recordar que existen dos familias principales de fibras ópticas multimodales: las fibras de índice escalonado y las fibras de índice graduado (véase el capítulo Tipos de fibras ópticas y fabricación, sección Diferentes tipos de fibra óptica). A medida que las necesidades de velocidad y calidad de transmisión se hicieron más críticas, las fibras de índice escalonado fueron dejando paso a las fibras de índice graduado.

A continuación, cabe destacar la denominación de estas fibras ópticas, que se escribe d_c/d_g y cuyos dos números corresponden al diámetro del núcleo (d_c) y al del revestimiento (d_g), cada uno expresado en milésimas de milímetro: micrómetro o micra (μm). Las primeras fibras ópticas multimodales tenían un núcleo relativamente grande. Después, al aumentar las velocidades de transmisión de datos, limitadas por la dispersión intermodal, se sustituyeron por fibras con un núcleo más fino en el que esta dispersión intermodal se redujo significativamente.

Las primeras instalaciones se basaban en fibras multimodales con núcleos de 200 micras de diámetro. Evolucionan hacia fibras con núcleo de 100 micras de diámetro y un revestimiento de 125 o 140 micras, llamadas 100/125 y 100/140. En los últimos años, estas fibras han ido desapareciendo progresivamente del mercado de las redes corporativas, pero siguen instalándose en determinadas aplicaciones industriales, aeronáuticas y hospitalarias en las que se requiere su gran apertura numérica, en torno a 0,30. La última revisión (edición 7.1 de enero de 2022) de la norma IEC 60793-2- 10:2022 sigue refiriéndose a ellas como A1d.

Sin embargo, para las redes locales coexisten las fibras 62,5/125 y 50/125.

Las fibras ópticas multimodales 62,5/125 tuvieron su época de esplendor, pero hoy han llegado al final de su ciclo de vida y ya no se instalan debido al inexorable aumento de las velocidades de las redes. Estaban en el centro del mercado porque su núcleo era suficientemente más fino que el de las fibras 100/140 para soportar velocidades más altas, y ligeramente más grande que el de las fibras 50/125, lo que facilitaba su conexión a los conectores ópticos. Pero la llegada de 10 Gigabit Ethernet (GbE) a 10 Gbit/s supuso su retirada del mercado.

Hoy en día, las fibras multimodales 50/125 se utilizan principalmente en redes locales, centros de datos (*data centers*), centros informáticos, etc. (véase la sección Fibras ópticas multimodales OMx para redes locales, en este capítulo).

3.2 Recomendación UIT-T G.651.1

La recomendación **UIT-T G.651**, cuya primera versión se publicó en noviembre de 1980, trata de las fibras ópticas multimodales de índice graduado de 50/125 μm para redes de acceso. Le siguieron cuatro versiones sucesivas en 1984, 1988, 1993 y 1998. No es necesario insistir en ello, ya que la G.651 ha quedado obsoleta y ha sido sustituida por la recomendación **UIT-T G.651.1**.

La primera versión de esta recomendación UIT-T G.651.1 se publicó en julio de 2007, seguida de la Enmienda 1 en diciembre de 2008. En noviembre de 2018 se publicó una **segunda versión**. Especifica las características de las fibras ópticas multimodales de 50/125 μm para redes de acceso, es decir, en entornos específicos como subredes de bloques de apartamentos, que prestan servicios de banda ancha a apartamentos individuales. Recomienda fibras multimodales capaces de soportar sistemas que transmitan de 10 Mbit/s a 10 Gbit/s.

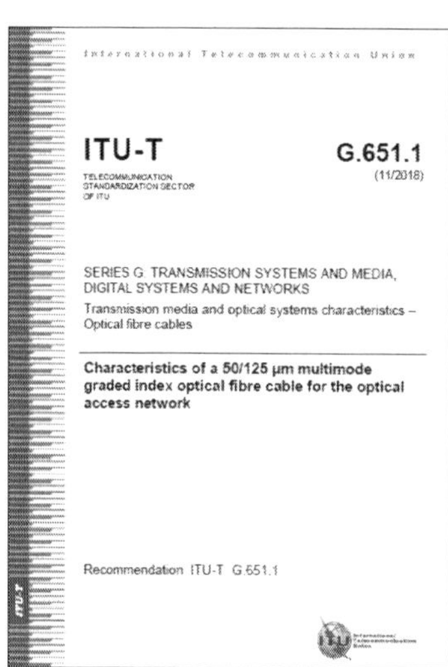
International Telecommunication Union

ITU-T
TELECOMMUNICATION STANDARDIZATION SECTOR OF ITU

G.651.1
(11/2018)

SERIES G: TRANSMISSION SYSTEMS AND MEDIA, DIGITAL SYSTEMS AND NETWORKS
Transmission media and optical systems characteristics – Optical fibre cables

Characteristics of a 50/125 µm multimode graded index optical fibre cable for the optical access network

Recommendation ITU-T G.651.1

Recomendación UIT-T G.651.1 para fibras ópticas multimodales: https://www.itu.int/rec/T-REC-G.651.1-201811-I/en

Las características de esta recomendación hacen que las fibras ópticas que la cumplen puedan soportar sistemas basados en el protocolo Ethernet y conformes a las normas IEEE 802.3 (véase el capítulo Ethernet y fibras ópticas). Por ejemplo, pueden transmitir 1 Gbit/s hasta 550 metros utilizando transceptores que funcionan a 850 nanómetros (1000BASE-SX) o a 1.300 nanómetros (1000BASE-LX), ya sea en una u otra de estas longitudes de onda o en ambas simultáneamente.

Obsérvese que existe una gran correspondencia entre la recomendación UIT-T G.651.1, el documento normativo IEC 60793-2-10 y las normas TIA/EIA. Así lo define el UIT-T en una recomendación complementaria titulada G Suppl. 40, de octubre de 2018, disponible en la siguiente dirección:
https://www.itu.int/rec/T-REC-G.Sup40/es

3.3 Fibras ópticas multimodales OMx para redes locales

Aquí también entra en juego el prólogo, que afirma que "LA" fibra óptica no existe. Inicialmente, se definieron las fibras OM1, OM2 y OM3. Y desde junio de 2016 están en el mercado las fibras OM5, que ofrecen unas prestaciones aún mayores en cuanto a productos de *velocidad binaria x distancia*. Todo esto ha provocado el fin del ciclo de vida de las fibras OM1 y, posteriormente, OM2. Echemos un vistazo a estos cinco tipos.

3.3.1 Fibras ópticas multimodales OM1

Las fibras ópticas multimodales OM1, también conocidas como 62,5/125, tienen un núcleo de 62,5 micras y un revestimiento de 125 micras. El tamaño de este núcleo permite una gran apertura digital (véase el capítulo Información general sobre fibras ópticas, apartado Aplicación a la fibra óptica).

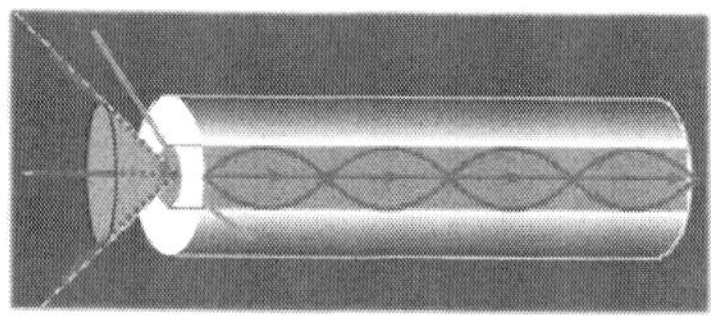

Cono de aceptación de luz

Este amplio cono de aceptación de la apertura digital permite unos costes relativamente bajos para los transmisores y receptores de señales luminosas, así como una instalación más sencilla, gracias a una alineación más fácil de los conectores ópticos y, por tanto, una instalación menos costosa.

Por eso, en los años 1985-1995, gracias a su implantación en redes FDDI, la fibra multimodales 62,5/125 se convirtió en un estándar de facto y se desarrolló en redes de área local corporativas y redes de campus.

Pero en 1998, la llegada de Gigabit Ethernet a 1 Gbps (1 GbE) y de los láseres emisores de superficie de cavidad vertical (*vertical cavity surface emitting laser* - VCSEL) cambió todo. Para esta velocidad de transmisión, una fibra multimodal 62,5/125 con un ancho de banda de 200 MHz*km a 850 nanómetros permite distancias máximas de unos 250 metros. Con una fibra 50/125, con un ancho de banda de 500 MHz*km, la distancia puede alcanzar los 550 metros.

A partir de entonces, las fibras multimodales 62,5/125 fueron sustituidas por las fibras multimodales 50/125 y actualmente se encuentran al final de su ciclo de vida.

3.3.2 Fibras ópticas multimodales OM2, OM3 y OM4

La familia de fibras OM2 se caracterizaba por un ancho de banda de 500 MHz*km, lo que permitía la transmisión a más de 550 metros y, por tanto, la construcción de redes corporativas suficientemente extensas.

Pero en 2002, con la llegada de 10 Gigabit Ethernet a 10 Gbit/s (10 GbE), la historia se repitió. Para las transmisiones a 850 nanómetros, las fibras OM2 estaban limitadas a sólo 80 metros. Fueron sustituidas en el mercado por las fibras 50/125 (OM3), cuyo ancho de banda de 1.500 MHz*km permitía utilizarlas unos 300 metros.

A pesar de estas fibras OM3, los productos de *velocidad binaria x distancia* estaban alcanzando gradualmente sus límites. Por ello, en 2009 se estudiaron, caracterizaron y comercializaron fibras ópticas multimodales 50/125 de rendimiento aún mayor: las fibras **OM4**. Sus principales características son:

- un ancho de banda modal efectivo (*effective modal bandwidth* - EMB) aún mayor, de 4.700 MHz*km a 850 nanómetros, más del doble que el de una fibra OM3;
- un ancho de banda modal con inyección de luz saturada (*overfilled launch bandwidth* - OFL) de 3.500 MHz*km a 850 nanómetros y 500 MHz*km a 1.300 nanómetros.

Como resultado, las distancias de transmisión de 10 GbE a 10 Gbit/s se han ampliado a 550 metros a 850 nanómetros y a 300 metros a 1.300 nanómetros.

Compatibilidad ascendente

La fluida evolución de OM1 a OM2, y luego a OM3, fue posible gracias a que compartían las mismas arquitecturas de red, las mismas técnicas de instalación, los mismos tipos de conectores, equipos de soldadura y equipos de medición, etc.

Se ha mantenido el principio de retrocompatibilidad con las fibras OM4. Esto ha permitido mantener la arquitectura de las redes ya instaladas, aumentando al mismo tiempo sus velocidades de 100 Mbps a 1 Gbps y luego a 10 Gbps.

Como resultado, apenas hubo necesidad de formación adicional para mantener operativos a los técnicos, y se requirieron pocas compras de equipos adicionales.

3.3.3 Llegada de las fibras multimodales OM5

La historia continúa con la llegada en 2016 de las nuevas fibras **OM5**, también conocidas como A1a.4 por la CEI o 492AAAE por ANSI/TIA. El ancho de banda mínimo es idéntico al de OM4 en 850 nanómetros, es decir, 4.700 MHz*km. Sin embargo, las fibras OM5 introducen un nuevo valor mínimo de 2.470 MHz*km a 953 nanómetros. En cuanto a la atenuación a 850 nanómetros, el máximo de 3,5 dB para OM4 se reduce a 3 dB para OM5.

OM5 WBMMF y SWDM

La denominación OM5 de estas fibras multimodales 50/125 se completa con las siglas **WBMMF** (*wideband multimode fiber*), lo que implica que pueden transmitir en una gama bastante amplia de longitudes de onda. Y así es, ya que su principal característica es la posibilidad de transmitir mediante multiplexación por división de longitud de onda corta (*shortwave wavelength division multiplexing* - **SWDM**).

Esta multiplexación SWDM es del tipo CWDM (*coarse wavelength division multi-plexing*). Las longitudes de onda están espaciadas y se denominan cortas porque las transmisiones se realizan entre 840 y 953 nanómetros mediante láseres VCSEL de coste reducido. Esto es muy interesante para aplicaciones de centros de datos.

Las distancias cubiertas son 440 metros a 40 Gbit/s, con 4 longitudes de onda a 10 Gbit/s y 150 metros a 100 Gbit/s, con 4 longitudes de onda a 25 Gbit/s, en ambos casos en una única fibra OM5.

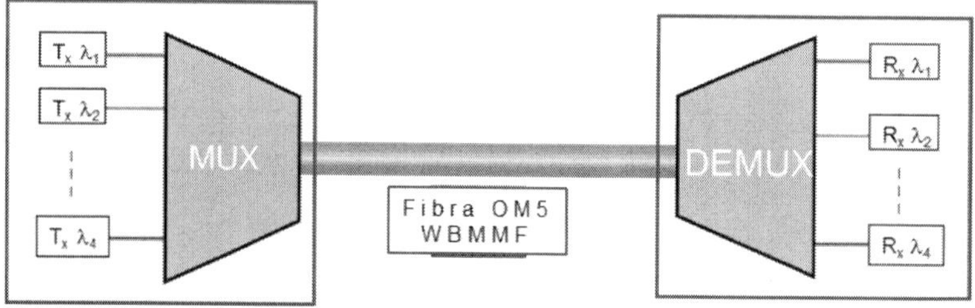

Diagrama de multiplexación de cuatro longitudes de onda para fibra OM5

Ventajas de las fibras OM5

Las principales ventajas de las fibras OM5 son:

- compatibilidad con fibras OM4,
- aumento de la capacidad a 100 Gbit/s por fibra,
- uso de un solo par de fibras para Ethernet a 40 y 100 Gbit/s en ambas direcciones,

- uso de un único par de fibras para Fibre Channel a 128 Gbit/s en ambas direcciones,
- reducción del número de fibras paralelas en un factor de 4,
- ampliación de los usos y aplicaciones de las fibras multimodales, etc.

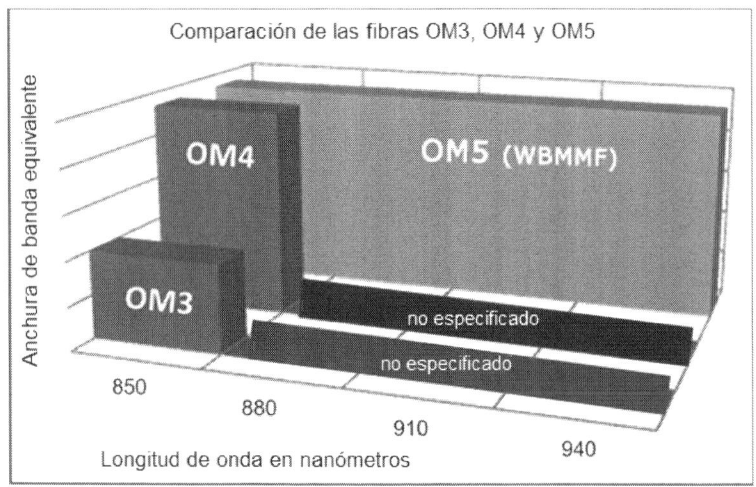

Comparación de los rangos de transmisión de las fibras multimodales OM3, OM4 y OM5

3.3.4 El extremo de las fibras OM1 y OM2

Las fibras OM4 precipitaron el fin de las fibras OM1 y, por las mismas causas que producen los mismos efectos, las nuevas fibras OM5 están provocando el fin de las OM2. Así lo ha confirmado la ISO. En efecto, en la refundición de la norma ISO/IEC 11801-1:2017 "Information technology - Generic cabling of user premises" publicada en noviembre de 2017, las fibras OM1 y OM2 ya no figuran en el cuerpo de la norma, sino que han sido relegadas a un simple anexo informativo. La norma ISO/IEC 11801-1:2017 se puede obtener en el sitio web de ISO: https://www.iso.org/standard/66182.html

Asimismo, en su actualización de 2018, elaborada por el CLC/TC 215, "Aspectos electrotécnicos de los equipos de telecomunicaciones", la norma europea "EN50173-1:2018, Parte 1, Requisitos generales" menciona la su- presión programada de OM1 y OM2.

Las seis partes de ISO 11801 y EN 50173

Especificaciones generales	ISO 11801-1	EN 50173-1
Edificios de oficinas	ISO 11801-2	EN 50173-1
Polígonos industriales	ISO 11801-3	EN 50173-3
Viviendas	ISO 11801-4	EN 50173-4
Centros de datos	ISO 11801-5	EN 50173-5
Edificios inteligentes	ISO 11801-6	EN 50173-6

3.3.5 Fibras 50/125 de bajo radio de curvatura (BIMMF)

Las fibras ópticas multimodales conformes a la norma IEC 60793-2-10, deben poder soportar 100 vueltas con un radio de 37,5 milímetros, induciendo sólo un máximo de 0,5 dB de atenuación, a 850 nanómetros. Para la norma UIT-T G.651.1, deben ser capaces de soportar dos vueltas con un radio de 15 milímetros induciendo, como máximo, sólo un decibelio de atenuación. ¿Es posible reducir el valor de estos radios de curvatura para tener en cuenta ciertas limitaciones de instalación?

La respuesta está en la disponibilidad de fibras multimodales 50/125 que se pueden instalar con pérdidas aceptables a pesar de radios de curvatura menores. Son las fibras multimodales insensibles a la curvatura (*bend insensitive multimode fiber* - **BIMMF**).

Ofrecen tres ventajas:

- Son más fáciles de instalar y manipular y, por tanto, menos costosas.
- Los equipos pasivos más compactos ahorran espacio.
- El presupuesto óptico se ve menos penalizado tanto a 850 nanómetros como a 1.300 nanómetros, por lo que se mantienen las distancias mínimas recomendadas en las normas. Por ejemplo, a 850 nanómetros, para un radio de 15 milímetros, las pérdidas adicionales son sólo de unos 0,1 dB, y, para un radio de 7,5 milímetros, son de unos 0,2 dB, véase el cuadro siguiente.

Radio de curvatura	Número de vueltas	Fibra multimodal estándar	Fibra BIMMF
37,5 mm	100	850 nm ≤ 0,5 dB 1300 nm ≤ 0,5 dB	850 nm ≤ 0,5 dB 1300 nm ≤ 0,5 dB
15 mm	2	850 nm ≤ 1 dB 1300 nm ≤ 1 dB	850 nm ≤ 0,1 dB 1300 nm ≤ 0,3 dB
7,5 mm	2	No definido	850 nm ≤ 0,2 dB 1300 nm ≤ 0,5 dB

Sus cualidades proceden de su diseño, basado en una "franja" que mejora su rendimiento y le confiere un efecto de "halo" en sección transversal.

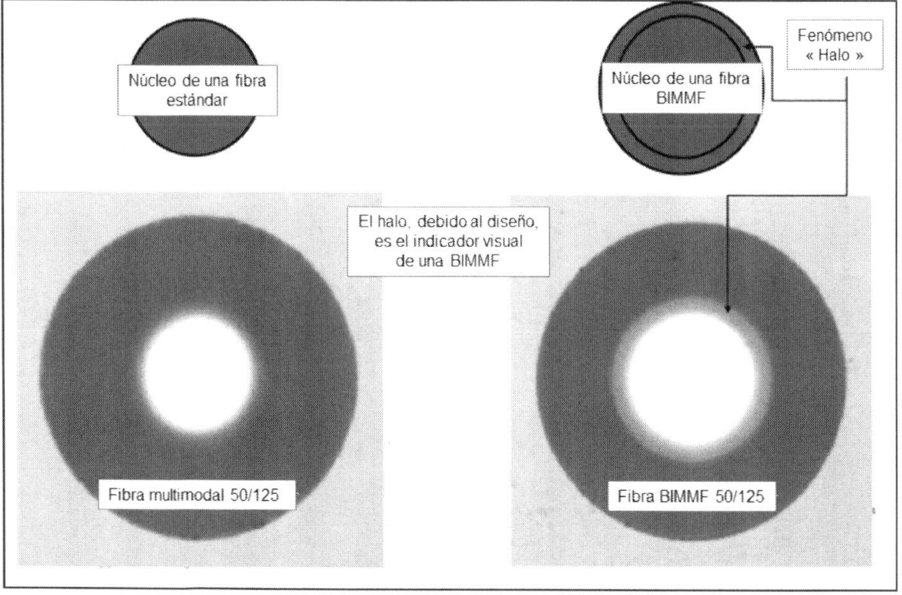

Ilustración del halo de una fibra BIMMF

El ámbito predilecto para estas fibras ópticas, insensibles a las pérdidas debidas a los radios de curvatura, son los centros de datos (*data centers*). Hay una gran concentración de este tipo de fibra –más de 60.000 cables de fibra óptica para algunos ordenadores– y una gran falta de espacio.

Compensación de la dispersión cromática

El fenómeno de la dispersión cromática es bien conocido y controlado en las fibras ópticas unimodales. Hasta ahora, se ha descuidado porque prácticamente no tiene consecuencias en las fibras multimodales. Sin embargo, con el aumento del ancho de banda y la llegada de 10 Gigabit Ethernet, la dispersión cromática entrará en juego. El ensanchamiento de los impulsos debido a esta dispersión limitará la distancia recorrida por la señal luminosa. Habrá que compensarlo. Tenga en cuenta que el resultado también depende de la anchura espectral del láser VCSEL, que debe ser lo más estrecha posible.

3.4 Fibras multimodales con revestimiento reforzado

Para determinadas aplicaciones, las fibras ópticas multimodales se pueden instalar en condiciones ambientales adversas: industria, petroquímica, aviónica, ferrocarril, aplicaciones militares, etc.

Por eso hay fibras con un revestimiento reforzado: el grosor aumenta de 250 μm a 500 μm.

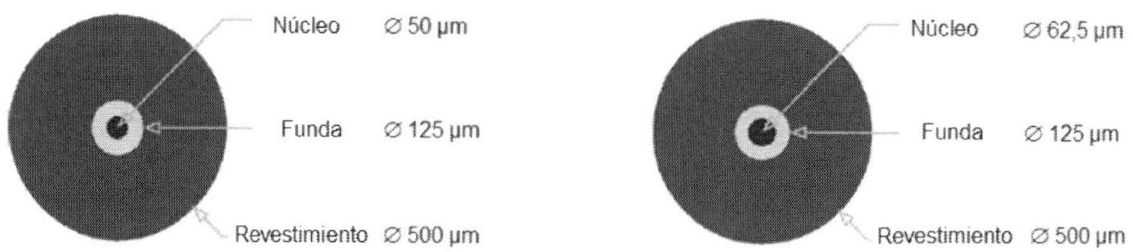

Sección transversal de fibras ópticas multimodales con revestimiento reforzado

3.5 Fibras multimodales con núcleo o revestimiento no circular

Para aplicaciones especiales, se pueden fabricar fibras ópticas multimodales de índice escalonado con núcleo o revestimiento no circular. Se utilizan en aplicaciones médicas o industriales, cuando van acopladas a un diodo láser de flujo cuadrado y para transmisiones con longitudes de onda en el ultravioleta o el infrarrojo cercano.

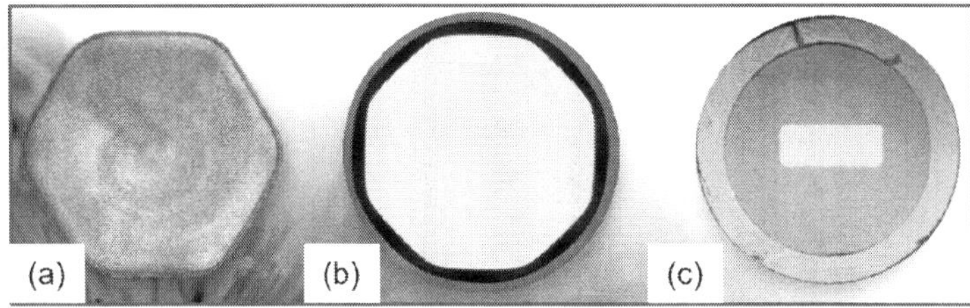

(a) Sección transversal de una fibra con núcleo y revestimiento hexagonales

(b) Sección transversal de una fibra con núcleo hexagonal y revestimiento circular

(c) Sección transversal de una fibra con núcleo rectangular y revestimiento circular

3.6 Enlaces entre fibras de distintos núcleos

Dado que algunas redes están formadas por fibras ópticas multimodales 62,5/125, ¿se pueden terminar con fibras 50/125? La respuesta es "Sí" o "Sí, pero...", dependiendo de uno de los tres escenarios que se ilustran a continuación.

"Sí", si las dos fibras 62,5/125 y 50/125 están unidas por equipos electrónicos como un conmutador, un concentrador, un enrutador o un convertidor de medios. Cada fibra multimodal conservará sus características de ancho de banda y, por tanto, sus velocidades y distancias de transmisión.

Enlace de fibra multimodales 62,5/125 y 50/125 mediante equipos O-E-O

"**Sí**" si hay una conexión entre una fibra 50/125 y una fibra 62,5/125, con transmisión de la primera a la segunda.

Como el cono de aceptación de la luz es mayor en el segundo, toda la luz seguirá siendo guiada.

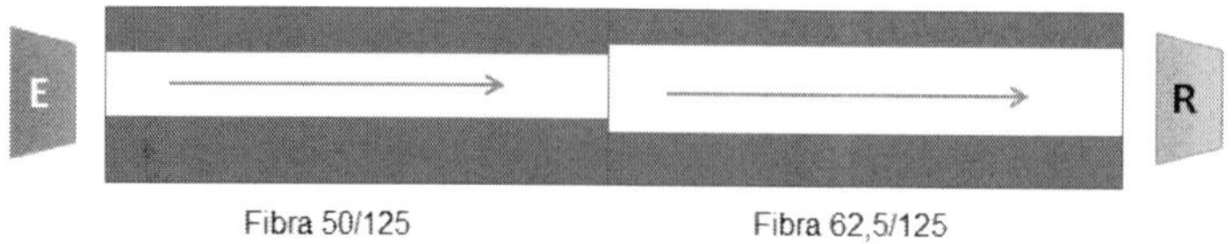

Una fibra 50/125 puede conectarse a una fibra 62,5/125

"**Sí, pero...**" habrá pérdidas si una fibra 62,5/125 se conecta con una fibra 50/125, con transmisión de la primera a la segunda. Esto se debe a que el cono de aceptación de la luz es menor en la segunda, por lo que parte de la luz será absorbida por el revestimiento o se reflejará.

Estas pérdidas pueden alcanzar los 3 dB, es decir, el 50% de la potencia de la señal.

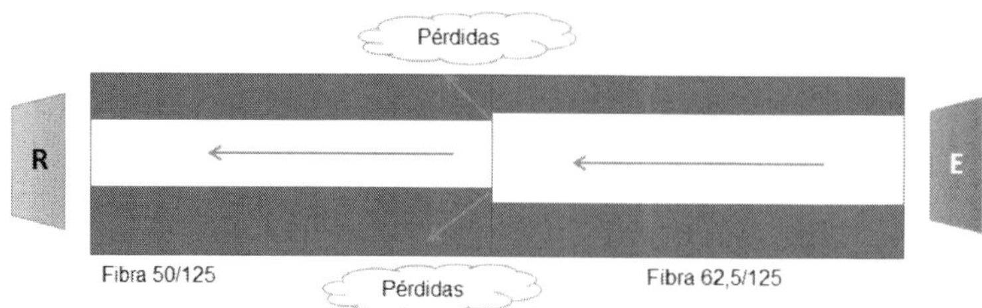

Pérdidas elevadas cuando una fibra 62,5/125 se une a una fibra 50/125

4. Fibras ópticas plásticas multimodales

4.1 Información general sobre fibras ópticas de plástico

En sentido estricto, las fibras ópticas de plástico no tienen núcleo ni revestimiento. Consisten en un tubo de plástico transparente, de uno a dos milímetros de diámetro, rodeado por una funda de plástico negro, de modo que hay reflexión en la interfaz transparente-opaca. Tienen grandes pérdidas, lo que limita mucho la *velocidad binaria x distancia*, pero su coste y facilidad de instalación –las fibras son muy fáciles de conectar– les abren nichos de mercado.

Se utilizan principalmente en iluminación de automóviles, arquitectura interior, decoración de escaparates, señalización, audiovisuales y comunicación voz-datos-imagen en empresas e industria.

Sus principales ventajas son la facilidad de uso e instalación, la inmunidad a las interferencias electromagnéticas, el aislamiento galvánico (sin riesgo de chispas), la verificación inmediata del funcionamiento gracias a la luz visible y la seguridad de transmisión frente a la posible piratería de las líneas de cobre, sin olvidar su amplia apertura digital.

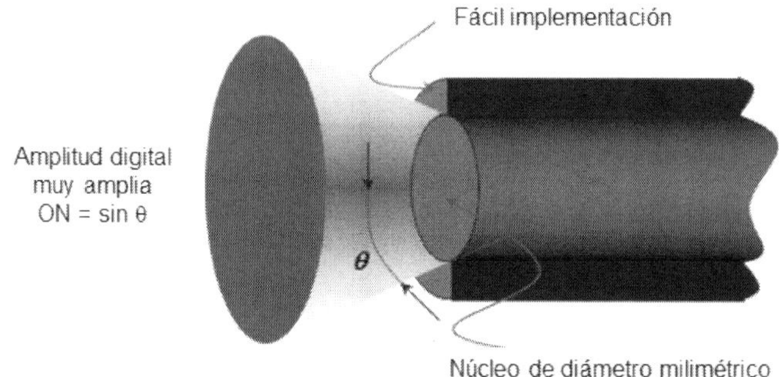

Gran apertura numérica para fibras ópticas de plástico

4.2 Fibras ópticas de plástico de tipo PMMA

Muchos tipos de fibra óptica de plástico están fabricados con el polímero polimetacrilato de metilo (*polymethyl methacrylate* – PMMA). No sólo proporciona una excelente transmisión de la luz –hasta el 92% de la luz visible, más que el vidrio–, sino que es el único polímero transparente a la luz ultravioleta.

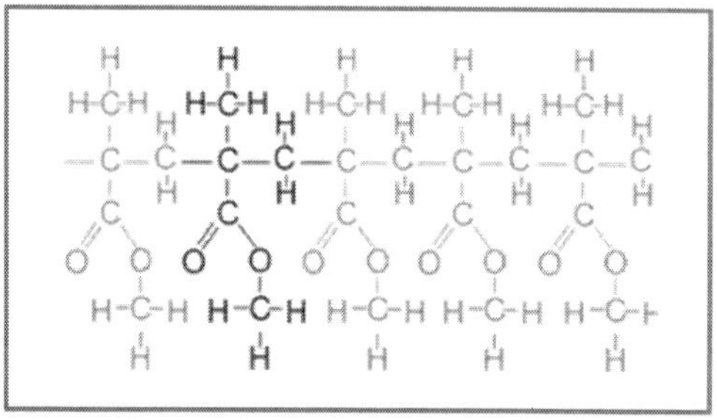

Composición del PMMA

La curva de atenuación espectral de las fibras ópticas de plástico PMMA indica claramente la fuerte atenuación de la señal luminosa. A la vista de esta curva, es fácil entender por qué la luz emitida se sitúa en torno a los 650 nanómetros.

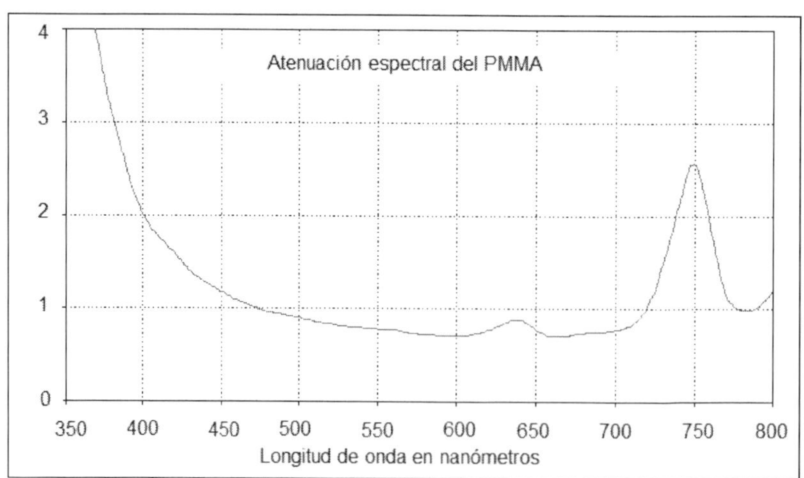

Atenuación espectral de las fibras de plástico PMMA

Algunos ejemplos de fibras ópticas basadas en PMMA

- Fibra con núcleo de poliestireno y cubierta de PMMA
  - Ventana: 650 nanómetros
  - Atenuación: 350 a 400 dB/km
  - Apertura numérica: 0,73
  - Temperatura máxima de funcionamiento: 85°C
  - Aplicaciones: principalmente iluminación y señalización; los núcleos se pueden dopar para producir fibras fluorescentes o centelleantes.
- Fibra con núcleo de PMMA y revestimiento de fluoropolímero
  - Ventana: 650 nanómetros
  - Atenuación: 150 dB/km
  - Apertura numérica: 0,51
  - Temperatura máxima de funcionamiento: 85°C
  - Aplicaciones: iluminación, señalización, transmisión de datos a baja velocidad binaria y distancias cortas (< 40 MHz a 100 metros).
- Fibra con núcleo de PMMA y revestimiento de fluoropolímero de baja apertura numérica
  - Ventana: 650 nanómetros
  - Atenuación: 150 dB/km
  - Apertura numérica: 0,3
  - Temperatura máxima de funcionamiento: 85°C
  - Aplicaciones: fibra hasta el hogar –FTTH– casa o piso, con un ancho de banda de 100 MHz a lo largo de 100 metros.
- Fibras de índice de gradiente con un núcleo de PMMA dopado para obtener el índice de gradiente
  - Ventana: 650 nanómetros
  - Atenuación: 150 dB/km
  - Temperatura máxima de funcionamiento: 85°C
  - Aplicaciones: transmisión de datos con un gran ancho de banda de 1 GHz a más de 100 metros.

4.3 Fibras ópticas plásticas avanzadas

La investigación sobre este tipo de fibra óptica ha dado lugar a fibras de índice graduado con un núcleo de fluoropolímero de tipo teflón. El CYTOP (*cyclic transparent optical polymer*) es un muy buen ejemplo de polímero, que ofrece mejores prestaciones.

Estas fibras ópticas de plástico pueden funcionar en tres longitudes de onda: 650, 850 y 1.300 nanómetros. Tienen una atenuación mucho menor que sus predecesoras, entre 40 y 50 dB/km y, sobre todo, su ancho de banda de 2 GHz permite velocidades de hasta 1 Gbit/s en 100 metros.

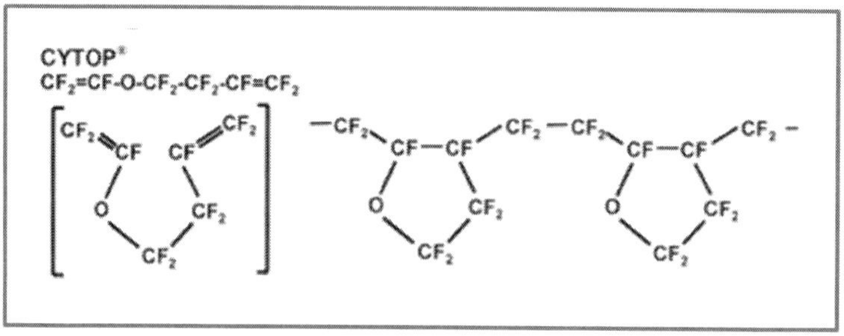

CYTOP®
$CF_2=CF-O-CF_2-CF_2-CF=CF_2$

Polímero CYTOP

4.4 Principales tipos de fibra óptica de plástico

Al igual que ocurre con las fibras ópticas de sílice, no existe "LA" fibra óptica de plástico. De hecho, coexisten varios tipos:

- con índice escalonado único o múltiple o índice graduado;
- mononúcleo o multinúcleo, etc.

En el siguiente diagrama se muestran algunos ejemplos.

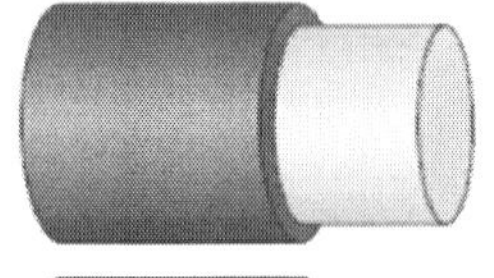

FOP de índice escalonado - ∅ 1 mm
Núcleo homogéneo y revestimiento sencillo

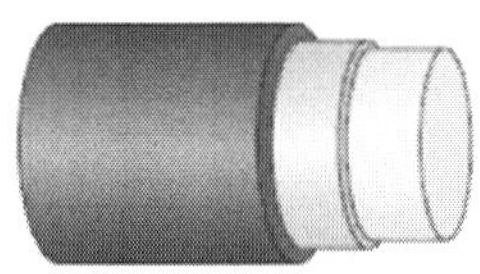

FOP de índice escalonado doble - ∅ 1 mm
Núcleo homogéneo y revestimiento doble
Ancho de banda grande

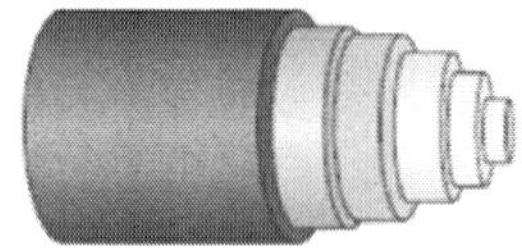

FOP de índice escalonado múltiplo - ∅ 0,75 mm
Varias capas de diferentes índices de refracción. Ancho de banda muy grande

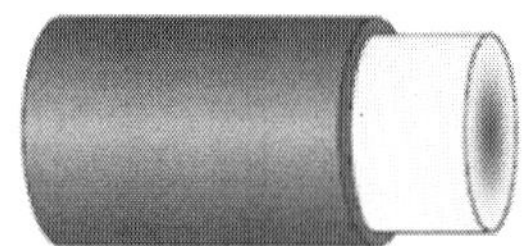

FOP de índice graduado - ∅ 0,9 mm
Perfil de índice parabólico
Hasta 2 Gbit/s en 100 metros

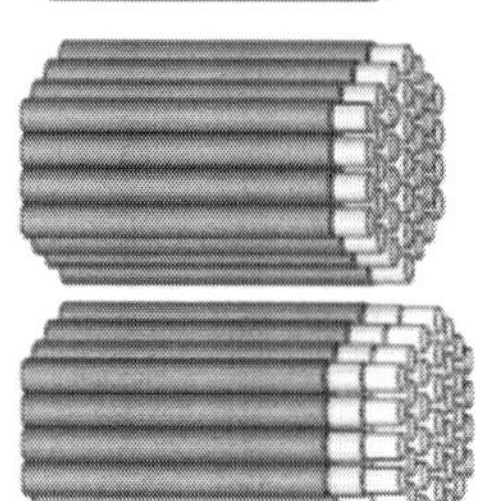

FOP de múltiples núcleos- ∅ 1 mm
Varios núcleos escalonados
Radio de curvatura bajo # 3 mm

FOP de múltiples núcleos - ∅ 1 mm
Varios dobles núcleos revestidos
Ancho de banda muy grande

Principales tipos de fibra óptica de plástico

4.5 Ejemplos de aplicaciones

4.5.1 Velocidades de 1 Gbit/s en FOP

El aumento de la velocidad de transmisión de datos, bien conocido en las aplicaciones soportadas por fibras ópticas de sílice, se da en menor medida en las FOP, hasta 1 Gbit/s.

En octubre de 2015, la asociación europea ETSI publicó una norma para la transmisión de 1 Gbit/s a través de FOP. Se trata de la especificación técnica TS 105 175-1-1 - V1.1.1 titulada: *Access, Terminals, Transmission and Multiplexing (ATTM); Plastic Optical Fibres; Part 1: Plastic Optical Fibre System Specifications for 100 Mbit/s and 1 Gbit/s; Sub-part 1: Application requirements for physical layer specifications for high-speed operations over Plastic Optical Fibres*.

En marzo de 2017, la asociación estadounidense IEEE publicó una norma para 1 Gbit/s sobre FOP: la IEEE 802.3bv *Standard for Ethernet Amendment: Physical Layer Specifications and Management Parameters for 1000 Mb/s Operation Over Plastic Optical Fiber*. Especifica las características de la transmisión de datos a 1 Gbit/s por fibra óptica de plástico. Entre los mercados a los que va dirigida se encuentran los sectores de automoción, industrial y residencial. Esto ha dado lugar a un nuevo acrónimo: **GEPOF** (*gigabit Ethernet Over plastic optical fibre*).

Desde marzo de 2018, estas aplicaciones GEPOF de SI-FOP en Ethernet forman parte del estándar IEEE 802.3, lo que se ha confirmado en la última revisión de mayo de 2022: **IEEE 802.3-2022**. En ella se especifican las características de todas las aplicaciones Ethernet y, en la **Sección 7**, se definen las especificaciones de 1 Gbit/s de la familia de aplicaciones **1000-RHx**: 1000-RHA para hogares y redes domésticas, 1000-RHB para aplicaciones industriales y 1000-RHC para aplicaciones de automoción.

Las transmisiones tienen lugar a través de dos FOP multimodales, una para cada dirección de comunicación, que cumplen los requisitos de la norma IEC 60793-2-40, subcategoría A4a.2. Tienen lugar en la banda de frecuencias de 635 a 665 nanómetros y a distancias de 15, 40 o 50 metros o más, en función de los valores de atenuación del enlace. También se puede aplicar la opción Energy-Efficient Ethernet.

En función del rango de temperatura de funcionamiento, IEEE 802.3-2022 considera tres clases, véase la tabla siguiente:

Clase	Baja temperatura	Alta temperatura
Normal	0 °C	+70 °C
Ámbito I	-40 °C	+85 °C
Gama A	-40 °C	+105 °C

Las aplicaciones e instalaciones reales de los FOP se despliegan regularmente sobre el terreno; véase un ejemplo a continuación.

4.5.2 Rendimiento multigigabit en FOP

El objetivo del grupo de trabajo IEEE P802.3dh Multi-Gigabit Automotive Ethernet over Plastic Optical Fiber, es especificar las características necesarias para aumentar la velocidad de Ethernet en automoción sobre FOP de índice graduado a velocidades de 2,5, 5, 10 y 25 Gbit/s en distancias inferiores a 15 metros.

La publicación de la norma está prevista para el cuarto trimestre de 2024.

Sitio web: https://www.ieee802.org/3/dh/index.html

4.5.3 FOP en el hogar

En noviembre de 2017, el operador español Telefónica probó la instalación de FOP en una red doméstica, *fiber in the home* (**FITH**). Las pruebas se realizaron con una red troncal FOP combinada con Wi-Fi y chips electroópticos de la empresa española KDPOF, compatibles con el estándar IEEE802.3bv para transmisiones Ethernet a 1 Gbit/s (véase el apartado anterior). El cable FOP utilizado tenía un diámetro de 2,2 milímetros y la fibra un núcleo de 1 milímetro.

Telefónica señala que la instalación del cableado FOP es sencilla, ya que sólo requiere un simple cúter. Como resultado, los costes de instalación son mucho más bajos que con la fibra óptica de sílice.

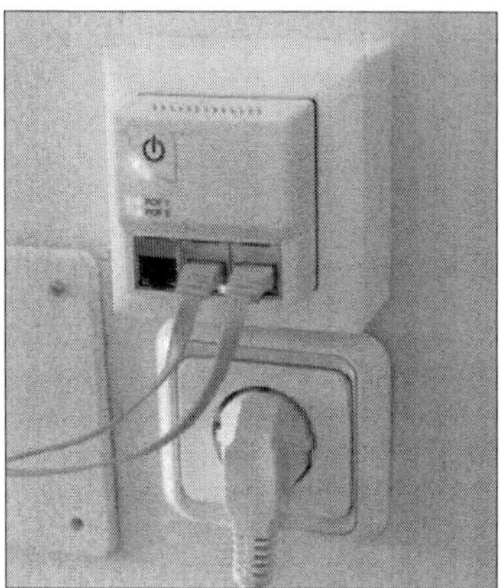

Toma de terminal de abonado FOP de Telefónica

4.6 Asociación POFTO

Las empresas dedicadas al desarrollo de fibras ópticas de plástico se han unido para formar una asociación: *Plastic Optical Fiber Trade Organization* (POFTO).

POFTO se interesa en los mercados de transmisión de datos –redes, cables ópticos activos, etc.– como en otros tipos de aplicación como la audiovisual, médica, transmisión de luz, sensores, etc. En su página web encontrará abundante información sobre nuevos productos, aplicaciones, protocolos, etc.

Algunos ejemplos de fabricantes miembros de POFTO: Avago Technologies, Delphi, Finisar, Hitachi, Hamamatsu, Molex, OFS, Senko, Weinert, etc.

Página web de la organización profesional de fibras ópticas de plástico: http://www.pofto.org

Capítulo 5
Cables de fibra óptica

1. Información general sobre los cables de fibra óptica

La mayoría de las aplicaciones utilizan cables de fibra óptica, es decir, fibras ópticas protegidas mecánicamente. Existe una gama muy amplia de cables ópticos que se adaptan a todas las aplicaciones:

- Cables exteriores entre edificios, instalados aéreos, subterráneos o en conductos.
- Cables para distribución vertical entre plantas.
- Cables para distribución horizontal al puesto de trabajo, en el suelo, en el falso techo o falso suelo.
- Cables de conexión y unión.
- Cables con fundas especiales para protegerlos de roedores, humedad, agentes corrosivos, perdigones de plomo, etc.
- Cables con cubiertas de baja emisión de humos y sin halógenos (*low smoke zero halogen* - LSZH ou LSOH) para edificios abiertos al público.
- Cables para enlaces terrestres, fluviales o submarinos de muy larga distancia, etc.

Una visión general de los distintos tipos de cables de fibra óptica disponibles en el mercado, las limitaciones a las que debe hacer frente un cable y las recomendaciones del UIT-T y las normas de la CEI.

2. Construcción de un cable de fibra óptica

Sea cual sea el tipo de cable, estará formado por una de las tres estructuras posibles –una estructura apretada, una estructura suelta o una estructura de cinta– y contendrá un número muy variable de fibras ópticas, desde una sola fibra hasta varios cientos de fibras.

2.1 Estructura de un cable de fibra óptica

Cables de fibra óptica con estructura apretada

Se dice que la estructura elemental de una fibra óptica es una estructura apretada cuando está íntegramente cubierta por un revestimiento secundario. Este revestimiento protector se extruye directamente sobre la fibra óptica y suele tener un diámetro de 900 micras. A continuación, se añaden a cada fibra refuerzos de poliamida de tipo Kevlar y un revestimiento adicional.

Todo ello confiere a la fibra óptica ventajas en términos de manejo y resistencia mecánica. Además, al ensamblar fibras ópticas de este tipo alrededor de un refuerzo central, es fácil crear un cable fácil de tender y conectar, porque cada fibra se puede conectar directamente.

Dado que los coeficientes de dilatación y contracción de los revestimientos de fibra de vidrio y plástico son diferentes, esta estructura se utiliza principalmente para aplicaciones en el interior de edificios.

Cables de fibra óptica de estructura suelta

En una estructura suelta, la fibra elemental de 250 micras se aloja libremente en un tubo más grande para evitar el riesgo de dilatación o contracción, lo que permite utilizarla en una gama más amplia de temperaturas. Otra ventaja de esta estructura es que se pueden colocar varias fibras ópticas en el mismo tubo, lo que ocupa menos espacio que una estructura apretada con el mismo número de fibras.

En su lugar, el tubo se rellena con un gel especial que actúa como barrera contra la humedad. Esto requiere más tiempo para preparar el cable, tiempos de conexión más largos y una manipulación más delicada. Esta estructura suelta se puede utilizar para caminos exteriores entre edificios o a larga distancia, así como para distribución interior en una versión económica sin gel de sellado.

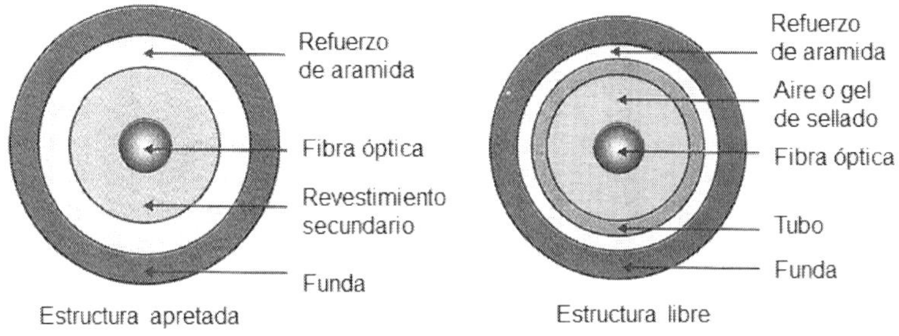

Estructura apretada y suelta

Una fibra óptica elemental con una estructura apretada también se conoce como fibra revestida de 900 micras o fibra flexible. Un cable formado por este tipo de fibras se conoce como fibra *buffer* de 900 micras o estructura *light*. Respecto a los sinónimos de la estructura suelta, tenemos estructura tubular o cable engrasado o *loose tube fiber*.

También existe una variante de la estructura apretada: el principio denominado "microrecubrimiento" en el que varias fibras ópticas están estrechamente encerradas en una vaina. Esta estructura se utiliza con frecuencia para tender cables en conductos.

2.2 Capacidad del cable de fibra óptica

2.2.1 Cables monofibra

Los cables de una sola fibra o monofibra rara vez se utilizan, salvo para las conexiones finales, los cables ópticos o los puentes ópticos de los armarios de conexiones.

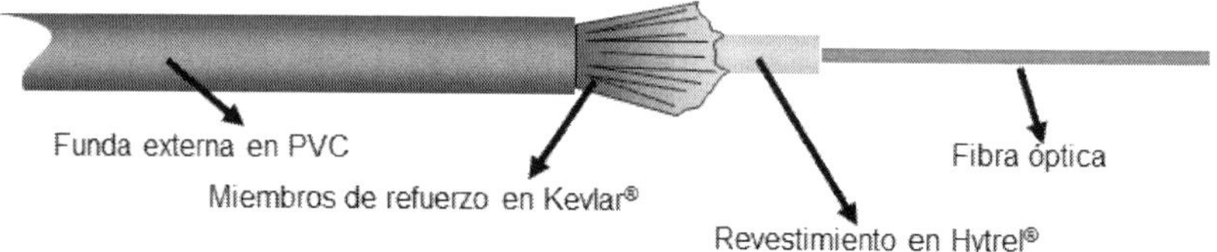

Ejemplo de cable monofibra en una estructura estrecha

2.2.2 Cables de doble fibra óptica

Generalmente, cada enlace de aplicación requiere dos fibras ópticas, una para cada dirección de transmisión. Por ejemplo, los cordones ópticos o cables para conectar equipos o para distribuirlos al punto de acceso, tienen dos fibras ópticas.

Estos cables de dos fibras tienen cubiertas gemelas, como Zipcord, que se pueden separar fácilmente o un solo recubrimiento que contiene ambas fibras ópticas, lo que se conoce como cables dúplex.

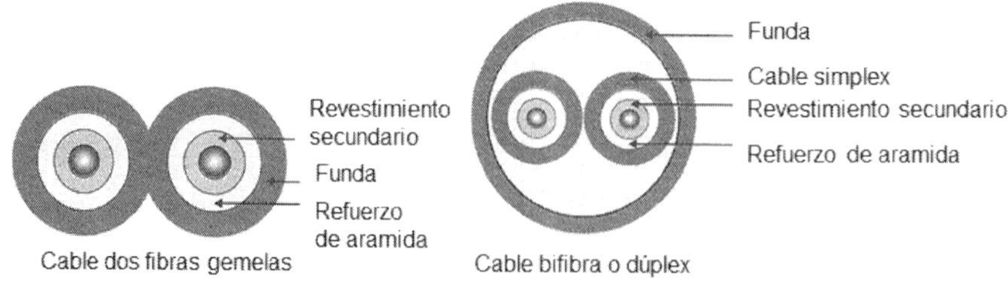

Secciones transversales de dos tipos de cable de dos fibras ópticas

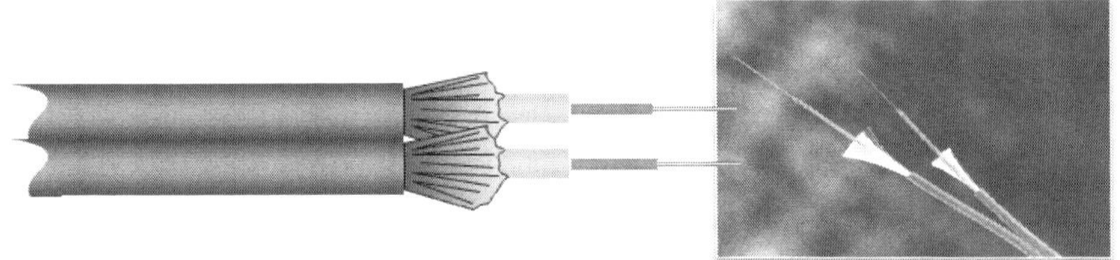

Ejemplo de cable gemelo bifibra en una estructura apretada

2.2.3 Cables multifibra para distribución interior

En la distribución interior, se pueden encontrar cables de seis fibras ópticas que unen la sala técnica de una planta, con un punto de conexión que da servicio a tres puntos de acceso. En instalaciones de fibra media, entre distribuidores de salas técnicas, los cables multifibra suelen estar formados por múltiplos de seis fibras: 6, 12, 18, 24, 30 o 36 fibras ópticas. Para edificios con una alta densidad de fibras, se utilizan cables de mayor densidad, que contienen de 72 a casi mil fibras ópticas.

En todos los casos, el número de fibras ópticas no debe ser demasiado pequeño cuando se diseñe la instalación, y es aconsejable prever fibras ópticas en espera de asignación.

Estos cables de distribución interna están revestidos de plástico y el comportamiento al fuego de estas cubiertas debe cumplir la legislación vigente (cables LSZH).

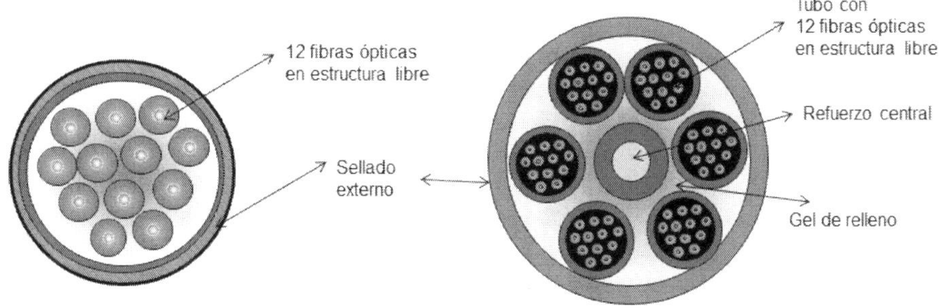

Ejemplos de cables multifibra de interior

2.2.4 Cables multifibra para distribución exterior

En los cables de exterior se suelen encontrar tres tipos de revestimiento: cables no armados para uso general, cables no armados para condiciones severas y cables armados.

Todos los cables no armados son totalmente dieléctricos, por lo que son insensibles a las tormentas eléctricas y no se producen cortocircuitos, chispas ni riesgos de incendio. Además, ofrecen un desacoplamiento galvánico perfecto. Los cables para condiciones severas son ideales para su uso en atmósferas corrosivas o inflamables, como las de la industria petroquímica.

En cuanto a los cables armados, un trenzado protector de acero los hace resistentes a los roedores que, contrariamente a la creencia popular, no se comen los cables por el sabor del recubrimiento, sino sólo cuando se interponen en sus movimientos. Durante la instalación, no olvide conectar a tierra el armazón metálico. Si las limitaciones del emplazamiento prohíben el uso de materiales metálicos, elija un cable reforzado con fibras de vidrio trenzadas o fibras sintéticas.

2.2.5 Cables de fibra óptica dispuestos en cinta

Para emplazamientos con una alta densidad de fibras, como centros de datos (*data centers*) o centros de cálculo de alto rendimiento (*high performance computing*), se ha desarrollado la tecnología de cables de fibra óptica dispuestos en una estructura de cinta. Estos cables se fabrican tendiendo en paralelo 6, 8 o 12 fibras ópticas elementales de 250 micras en un "sándwich".

Hay dos familias principales de cables de fibra óptica dispuestos en cintas: una familia conocida como de borde a borde o cinta fina, en la que las fibras están pegadas y, por tanto, unidas entre sí, y una familia conocida como encapsulada o cinta gruesa, en la que las fibras están inmersas en un revestimiento.

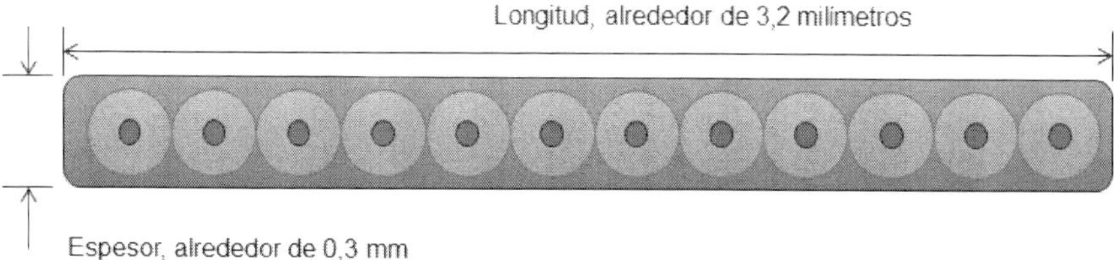

Diagrama de 12 fibras ópticas dispuestas borde a borde

El aumento de la densificación se consigue apilando estos sándwiches. Esto permite, por ejemplo, tener 144 fibras ópticas en un cable de sección cuadrada de 5 milímetros o 216 fibras, en 18 cintas de 12 fibras, en una cubierta exterior de 15 milímetros o, incluso como en el ejemplo siguiente, un cable con 400 fibras ópticas en un diámetro de sólo 20 milímetros.

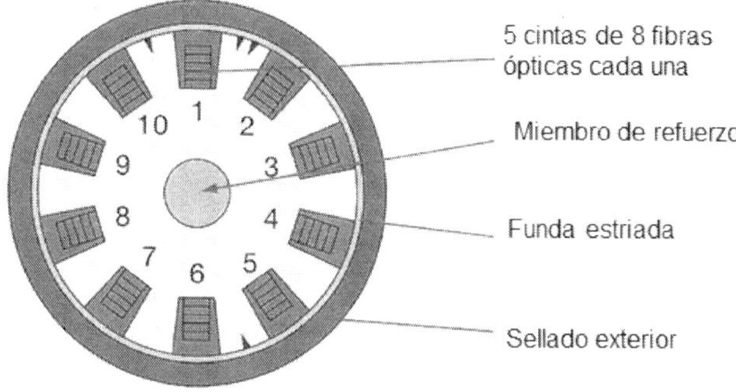

Ejemplo de cable de 400 fibras ópticas

Desde junio de 2021, la norma CEI 60794-1-31 "Especificación general - Elementos de cable óptico - Cintas de fibra óptica" reconoce las fibras ópticas con un diámetro exterior reducido de 250 a 200 micras. Esto permite una densificación aún mayor de los cables de fibra óptica de cinta.

2.2.6 Cables de fibra óptica de diseños específicos

En el campo de las redes de transmisión de información basadas en fibras ópticas, a veces encontramos otras construcciones de cable:

- Cables híbridos, que contienen fibras ópticas multimodo y monomodo.
- Cables híbridos ópticos/metálicos, que contienen fibras ópticas y conductores eléctricos que transportan corriente.
- Cables de sección estriada, estructura autónoma en la que el elemento central es un núcleo cilíndrico estriado de plástico extruido alrededor de un soporte central de alambres de acero trenzados, adecuada para realizar enlaces interurbanos de gran longitud.
- Cables de protección, cables autónomos revestidos de acero galvanizado o aleación de aluminio, tendidos sobre líneas eléctricas aéreas para protegerlas contra rayos y cortocircuitos.
- Cables autoportantes, que se pueden tender de manera aérea entre dos puntos, mediante un soporte central formado por un cordón de alambre de acero galvanizado, etc.

Cables de sección rectangular

También existen en el mercado cables de sección rectangular para la distribución de fibra óptica en interiores, como parte de la aplicación de fibra hasta el hogar (FTTH). Estos cables se anuncian con un bajo coeficiente de fricción, lo que facilita su paso por los diversos conductos técnicos de los edificios.

Hay varias versiones –cables de interior y exterior– con una, dos, cuatro u ocho fibras ópticas.

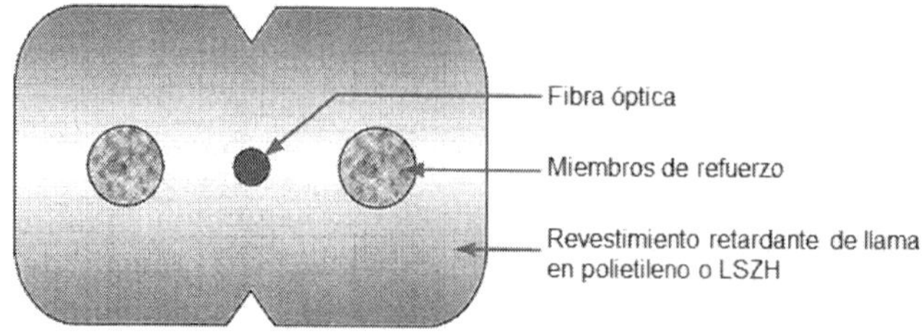

Ejemplo de sección transversal de un cable cuadrado para distribución interior

3. Principales tensiones en un cable de fibra óptica

3.1 Resistencia mecánica

3.1.1 Microcurvas y macrocurvas

Una de las principales funciones de los cables es proteger las fibras ópticas de curvaturas imprevistas, que provocan pérdidas adicionales que son sinónimo de reducción del rendimiento y/o la distancia de transmisión.

Una **microcurvatura** es un fenómeno que provoca un desplazamiento axial local de algunos micrómetros, en distancias cortas. Se puede deber a una deformación mecánica durante la fabricación o la instalación o al efecto de variaciones de temperatura que provocan cambios muy ligeros en las dimensiones de los materiales que componen el cable.

La **macrocurvatura** es la curvatura que sufrirá una fibra óptica una vez fabricado el cable, durante su instalación, por deformación mecánica debida a la tensión ejercida sobre el cable. La elección de los elementos de refuerzo del cable, la determinación de los métodos de instalación y la consideración de los radios de curvatura son los elementos que permiten limitar este problema. Cuanto menor sea el radio de curvatura, mayor será el nivel de pérdidas.

3.1.2 Fuerzas de tracción

Los cables de fibra óptica sufren tensiones de tracción durante su fabricación –por ejemplo, en las bobinas– o durante su instalación. Entre otras cosas, las fibras ópticas se pueden ver sometidas a tensiones por tracciones excesivas o incluso por flexión del cable, al pasar por conductos o canaletas. Lo mismo ocurre en funcionamiento, siendo el caso más evidente el de los cables aéreos, que tienen que soportar grandes variaciones de temperatura, así como la carga impuesta por el viento, la nieve o el hielo. Estas tensiones, unidas al riesgo de oscilación, imponen deformaciones residuales en las fibras ópticas, que también pueden provocar pérdidas adicionales en la señal de transmisión.

Hay dos soluciones obvias: respetar los límites de tracción especificados por el fabricante del cable y fijar el cable aéreo a un cable de suspensión.

3.1.3 Aplastamiento, impacto y torsión

Ya sea durante la instalación o posteriormente, un cable de fibra óptica puede sufrir aplastamientos o impactos. Esto puede aumentar las pérdidas ópticas, en el mejor de los casos temporalmente, hasta que desaparezca la tensión y, en el peor, de forma permanente.

Asimismo, durante la instalación o el funcionamiento, determinadas condiciones pueden hacer que los cables se retuerzan o incluso dañen la envoltura de fibra óptica. Sabiendo que esto ocurrirá inevitablemente, los fabricantes diseñan los cables de modo que puedan soportar un determinado número de torsiones por unidad de longitud sin causar pérdidas adicionales y sin riesgo de desgarro de la envoltura.

3.1.4 Trepidaciones

Se debe prestar especial atención a los métodos y condiciones de instalación de los cables de fibra óptica, cuando se instalen en zonas específicas.

He aquí algunos ejemplos: instalados en canalizaciones o bajo tierra, los cables están sometidos a las vibraciones provocadas por diversos tipos de tráfico rodado o ferroviario; en los puentes, están sometidos a vibraciones de baja frecuencia, cuya amplitud depende del tipo de puente y de la densidad del tráfico; en las zonas mineras, los riesgos se derivan de las operaciones de hundimiento y de la utilización de explosivos, etc. La elección del trayecto seguido por los cables es una de las soluciones.

3.2 Resistencia a las condiciones ambientales

3.2.1 Condiciones acuosas y gaseosas

Un cable de fibra óptica se debe proteger contra tres tipos de riesgos: la penetración de agua, la penetración de humedad y la penetración de hidrógeno.

Penetración de agua

En caso de daños mecánicos, el revestimiento del cable o de un empalme puede permitir que el agua entre en el cable y penetre hasta el núcleo. Para evitarlo, los fabricantes utilizan técnicas como el relleno con materiales específicos, barreras de sellado o cintas expansibles al agua.

Hay que tener en cuenta que, si entra agua en el cable, éste puede congelarse en determinadas circunstancias. En este caso, el paso del estado líquido –agua– al estado sólido –hielo– es sinónimo de dilatación y, por tanto, de riesgo de aplastamiento del cable, con las consiguientes pérdidas para la señal.

Penetración de la humedad

Si la humedad consigue penetrar en el cable de fibra óptica, el mayor riesgo es el deterioro de la resistencia a la tracción, que puede acabar provocando la rotura del cable.

Una solución es utilizar cubiertas fabricadas con materiales hidrófugos que impidan o al menos reduzcan la penetración de humedad en el cable. En algunos casos, se aplica una lámina metálica longitudinalmente para que actúe como barrera contra la humedad.

Permeación de hidrógeno

Esto es menos habitual porque, para que se libere hidrógeno, se necesitan piezas metálicas y humedad. Si esto ocurre, el hidrógeno se difundirá en el cristal y, como consecuencia, aumentará la pérdida de señal óptica.

Es el propio diseño del cable y la elección de sus componentes lo que aportará la solución. Por ejemplo, utilizando materiales absorbentes de hidrógeno, eliminando componentes metálicos o trabajando sobre las cualidades intrínsecas de las cubiertas de estanqueidad.

3.2.2 Resistencia al fuego

La resistencia al fuego significa que el cable puede proteger las fibras ópticas durante un determinado número de minutos, de modo que la transmisión de información puede continuar durante ese tiempo. Esto es especialmente vital para instalaciones de alarma, seguridad o protección por vídeo.

Las normas y reglamentos varían de un país a otro. En general, existen normas internacionales publicadas por la CEI y normas europeas publicadas por el Cenelec (EN).

Además, la decisión 2006/751/CE, publicada en el Diario oficial de la Unión europea el 27 de octubre de 2006, ratificó una directiva europea sobre productos de construcción. Según esta clasificación europea, los cables se agrupan en siete clases: A, B1, B2, C, D, E y F. Su comportamiento en situaciones donde hay fuego, medida por la liberación de calor y la propagación de la llama, es el principal criterio de clasificación, pero el humo que producen y su acidez se consideran criterios de clasificación adicionales.

También hay que tener en cuenta la seguridad de las personas frente al humo y los gases ácidos halogenados.

RPC - 305/2011/UE

Desde julio de 2013, los reglamentos expuestos, incluidas las distintas clases existentes, se han modificado radicalmente, sin quedar totalmente obsoletos. Los cables deberán cumplir los requisitos del reglamento de productos de construcción (RPC o *construction products reglementation* - CPR), reglamento europeo nº 305/2011/UE de 9 de marzo de 2011, publicado en el Diario oficial de la Unión europea el 4 de abril de 2011.

En función de sus características esenciales, como todos los demás productos de construcción, los cables se dividen en "clases de rendimiento", también denominadas "euroclases". Esta clasificación armoniza la seguridad contra incendios de los componentes utilizados en una obra o parte de una obra en todos los países europeos.

En cuanto a la reacción al fuego, es decir, la capacidad de una parte de una estructura para arder o contribuir al desarrollo del fuego, las principales clases de rendimiento son:

- A = productos incombustibles;
- B1 y B2 = combustión muy limitada;
- C = contribución limitada al fuego;
- D = resistencia al fuego aceptable;
- E = resistencia que satisface la prueba de una llama pequeña;
- F = sin requisitos.

Estas clases se subdividen en subclases según criterios específicos de los distintos productos de construcción y criterios adicionales relativos a la producción de humo, partículas inflamables, gases tóxicos, etc.

Es obligatorio marcar con el símbolo "CE", que indica, entre otras cosas, el nombre o la marca del fabricante, su dirección, una descripción de las características del producto y las condiciones de uso, las prestaciones del producto y el número de la norma europea asociada, el número de identificación del organismo de certificación, etc.

3.2.3 Ecodiseño de cables

Hay que considerar las condiciones ambientales en las que se instalan los cables. Pero hay un tema recurrente: el ecodiseño. Se trata de un enfoque adoptado por los fabricantes de cables de fibra óptica que tiene en cuenta criterios medioambientales además de los técnicos, tecnológicos y económicos. Comienza en la fase de diseño del cable y considera todas las etapas de su vida: materias primas, producción, almacenamiento, transporte, instalación, uso, desmantelamiento y eliminación.

Son muchas las formas en que el medio ambiente se ve afectado por nuestro consumo de energía, agua y recursos naturales. Sin ánimo de ser exhaustivos, ya que no es el propósito de este libro, podemos mencionar también: el efecto invernadero, la destrucción de la capa de ozono, la eutrofización del agua, la creación de ozono fotoquímico, la acidificación del aire, así como la producción de residuos peligrosos.

La asociación PEP ecopassport está ahí para ayudarle a diseñar un nuevo cable siguiendo el enfoque del "ecodiseño". Su misión es desarrollar el programa internacional de ecodeclaración de equipos eléctricos, electrónicos y de climatización. PEP ecopassport le puede ofrecer una verificación independiente del cumplimiento del método de ecodiseño y las normas de cálculo del impacto ambiental.

El ecopasaporte PEP se basa en informes técnicos de la CEI:

- Informe técnico TR 62839-1:2014 *Environmental declaration - Part 1: Wires, cables and accessory products - Specific rules*, elaborado por el comité técnico (*technical committee*) TC 46. Este informe, publicado en noviembre de 2014 y anunciado como estable en 2024, incorpora las normas del ecopasaporte PEP para hilos y cables de comunicación y datos.
- El informe técnico TR 62839-2:2019 *Environmental declaration - Part 2: Optical/copper telecom accessories products specific rules*, de enero de 2019, se anunció como estable en 2025. Este informe cubre la instalación, el uso y el final de la vida útil de los productos y accesorios utilizados en los sistemas de información y comunicación.
- Dirección de Internet para estos informes:
  https://webstore.iec.ch/searchform&q= 62839

Estas iniciativas están ayudando a que se reconozca la metodología y el formato del ecopasaporte PEP, como parte del tema de la "comunicación medioambiental".

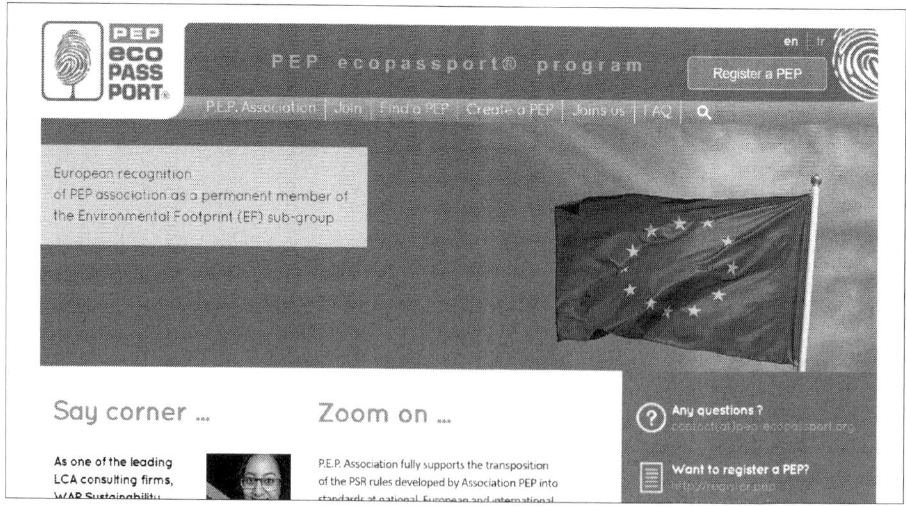

Página web de la asociación PEP ecopassport: http://www.pep-ecopassport.org

4. Recomendaciones del UIT-T para cables de fibra óptica

El sector de normalización de la Unión internacional de telecomunicaciones (UIT-T), ha publicado más de una docena de recomendaciones relativas a las estructuras de los cables de fibra óptica, en función de las aplicaciones para las que se instalan. Estas recomendaciones se agrupan en la serie L "Construcción, instalación y protección de cables y otros elementos externos".

Cambio de numeración

Desde febrero de 2016, en aras de la armonización, el UIT-T ha cambiado la numeración de estas recomendaciones. El cuadro siguiente muestra cómo se corresponden las nuevas referencias con las antiguas.

También se indica el número y la fecha de la última versión de estas recomendaciones, teniendo en cuenta que algunas han permanecido idénticas al cambiar o no su referencia, y que otras han sido modificadas, como la L.103 y la L.108, L.109 y L.110.

Nombre		**Versión**		**Campos de aplicación**
Nuevo	**Ex-n°**	**N°**	**Fecha**	
L.100	L.10	4	05/2021	Cables de fibra óptica para instalaciones en conductos y galerías
L.101	L.43	2	08/2015	Cables de fibra óptica para instalaciones subterráneas
L.102	L.26	3	08/2015	Cables de fibra óptica para instalaciones aéreas
L.103	L.59	3	04/2016	Cables de fibra óptica para aplicaciones interiores
L.104	L.67	1	10/2006	Cables con bajo número de fibras para aplicaciones de interior

Nombre		Versión		Campos de aplicación
Nuevo	Ex-n°	N°	Fecha	
L.105	L.87	Enmienda 1	03/2020	Cables de fibra óptica para conexiones de abonados
L.106	L.58	1	03/2004	Cables de fibra óptica: requisitos especiales para las redes de acceso
L.107	L.78	1.1	06/2010	Estructura de los cables de fibra óptica para su tendido en tuberías de alcantarillado
L.108	L.79	2	03/2018	Elementos de cable de fibra óptica para instalación por soplado en microductos
L.109	L.60	2	11/2018	Estructura de los cables híbridos ópticos/metálicos
L.109.1	---	1	11/2022	Cables híbridos ópticos/metálicos de tipo II
L.110	---	1	08/2017	Instalación directa en superficie
L.111	---	1	10/2020	Cables de fibra para aplicaciones residenciales
L.430	L.28	2	10/2002	Protección externa adicional para cables subterráneos
G.978	G.978	2	07/2010	Características de los cables submarinos de fibra óptica

L series: Construction, installation and protection of cables and other elements of outside plant

- **L.1**: Construction, installation and protection of telecommunication cables in public networks
- **L.2**: Impregnation of wooden poles
- **L.3**: Armouring of cables
- **L.4**: Aluminium cable sheaths
- **L.5**: Cable sheaths made of metals other than lead or aluminium
- **L.6**: Methods of keeping cables under gas pressure
- **L.7**: Application of joint cathodic protection
- **L.8**: Corrosion caused by alternating current
- **L.9**: Methods of terminating metallic cable conductors
- **L.10**: Optical fibre cables for duct and tunnel application
- **L.11**: Joint use of tunnels by pipelines and telecommunication cables, and the standardization of underground duct plans
- **L.12**: Optical fibre splices
- **L.13**: Performance requirements for passive optical nodes: Sealed closures for outdoor environments
- **L.14**: Measurement method to determine the tensile performance of optical fibre cables under load
- Withdrawn: **L.15**: Optical local distribution networks – Factors to be considered for their construction
- Withdrawn: **L.16**: Conductive plastic material (CPM) as protective covering for metal cable sheaths
- **L.17**: Implementation of connecting customers into the public switched telephone network (PSTN) via optical fibres

Las recomendaciones de la serie L pueden descargarse de la página web de la UIT: https://www.itu.int/itu-t/recommendations/index.aspx?ser=L

Un recorrido por las principales recomendaciones de esta zona.

4.1 Recomendación UIT-T L.100/L.10

Esta recomendación se refiere a los cables de fibra óptica para su instalación en conductos y galerías.

La **primera versión** se publicó en noviembre de 1988 y pasó a llamarse L.100 en febrero de 2016. Una actualización dio lugar a una **segunda versión** publicada en diciembre de 2002, seguida de una **tercera versión** en agosto de 2015.

Actualmente, es la 4ª edición de mayo de 2021 la que está activa. Esta recomendación describe las características de los cables de fibra óptica unimodales y de los cables de fibra óptica multimodales de índice graduado, que se deben instalar en conductos o galerías.

Se basa en una treintena de normas preexistentes o referencias informativas del UIT-T y la CEI.

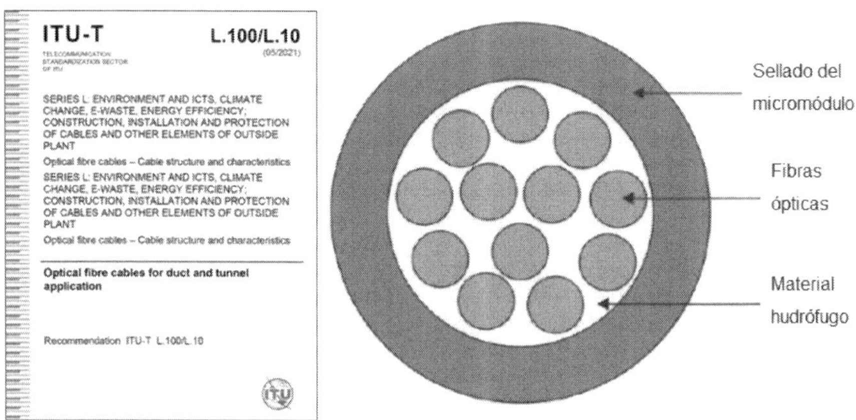

Recomendación UIT-T L.100/L.10 y ejemplo de micromódulo de 12 fibras ópticas

Fuente: https://www.itu.int/rec/T-REC-L.100-202105-S/en

Reitera la buena práctica de instalar cables de fibra óptica con protección estanca en los extremos del cable y en cualquier elemento de empalme, durante las operaciones de transporte y almacenamiento.

Para su instalación, estos cables suelen ser arrastrados por un dispositivo de tracción. Esta recomendación se basa en el hecho de que una tracción excesiva del cable aumenta las pérdidas ópticas y puede imponer deformaciones residuales a la fibra si no se consigue relajarla. Para evitarlo, hay que procurar no superar la tensión máxima definida al construir el cable y diseñar el soporte.

La recomendación se centra en las posibles reacciones de los cables en distintos entornos: penetración de humedad, agua, hidrógeno, etc. También especifica que si se utiliza una cubierta secundaria impermeable, debe ser fácil de retirar para las operaciones de empalme. Además, define las dimensiones del diámetro nominal, que debe estar comprendido entre 800 y 900 micras, con una tolerancia de ± 50 micras y la de la no concentricidad entre la fibra y el revestimiento secundario, que no debe superar las 75 micras.

Uno de los apartados trata de los cables de cinta, ya sean unidos de borde a borde –en cuyo caso las fibras ópticas están unidas de borde a borde con un adhesivo– o encapsulados –en cuyo caso las fibras ópticas están embebidas en un revestimiento.

Se presentan otros elementos mecánicos, como el diseño que utiliza una varilla acanalada para que las fibras ópticas no estén sometidas a una presión directa desde el exterior del cable, o la construcción de tubos que se pueden rellenar con un material impermeabilizante, como un material hidrófugo o expansivo al agua o el principio de los hilos portantes para limitar las tensiones aplicadas directamente a las fibras ópticas o, de nuevo, el concepto de armadura sin elementos metálicos fabricada con hilos de aramida o hebras de fibra de vidrio o cintas de montaje.

La recomendación L.100/L.10 especifica los métodos de ensayo para verificar que el cable instalado cumple las características mínimas. Es interesante señalar que esta recomendación se basa en las publicaciones de la CEI y, más concretamente, en las publicaciones n° 60793-1 y 60794-1.

También hay que señalar que la recomendación hace referencia al riesgo de que se produzcan averías importantes en la red en caso de incendio en las galerías. También hace hincapié en la resistencia al fuego de estos cables y en el hecho de que deben cumplir la legislación vigente en el lugar donde se instalen.

4.2 Recomendación UIT-T L.101/L.43

Esta recomendación se refiere a los cables de fibra óptica para instalaciones enterradas.

La primera **versión**, publicada en diciembre de 2002, ha sido sustituida por la **segunda**, publicada en agosto de 2015. Se refiere a los cables de fibra óptica unimodales o multimodales de índice graduado que se entierran por razones de seguridad contra tormentas, estética urbana o para hacer más rentables las instalaciones subterráneas que implican conductos o galerías. Estos cables deberán estar protegidos por una armadura externa o una cubierta de plástico adicional, o bien adoptarán la forma de varillas cilíndricas ranuradas para que las presiones externas no incidan directamente sobre las fibras.

UIT-T L.101/L.43 se basa en una treintena de referencias normativas o informativas preexistentes del UIT-T y la CEI. Señala que se deben tener en cuenta los riesgos de organismos vivos (daños biológicos) como hongos, termitas, topos y roedores. Una idea, en la medida de lo posible, es modificar el trazado previsto del cable para que no se encuentre en la trayectoria de estos riesgos.

Además del procedimiento de instalación del cable, que tiene en cuenta la fuerza de tracción necesaria, hay que pensar en el procedimiento de retirada del cable. En la práctica, esta operación se ve dificultada por la posible presencia de otros cables o tuberías enterradas en las proximidades, sobre todo si el cable que hay que desenterrar se va a reutilizar.

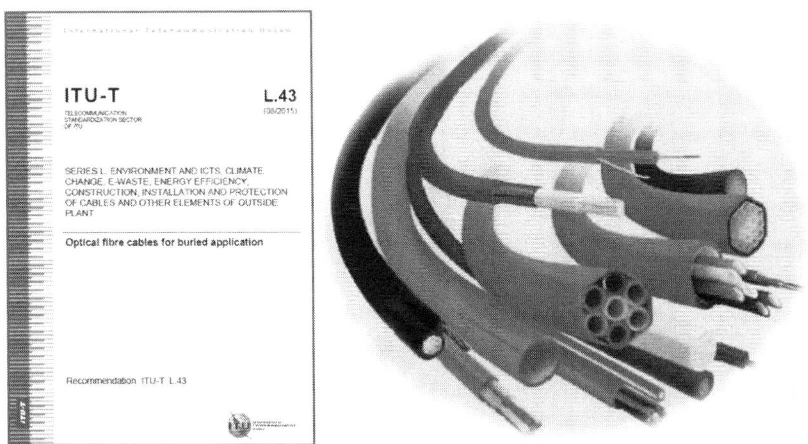

Recomendación UIT-T L.101/L.43: https://www.itu.int/rec/T-REC-L.101/es

4.3 Recomendación UIT-T L.102/L.26

Esta recomendación se refiere a los cables de fibra óptica para instalaciones aéreas.

La **primera versión** se publicó en octubre de 1996. En aquel momento se pretendía considerar que las fibras ópticas para redes de larga distancia, se podían utilizar para redes de tránsito y conexiones de abonados.

De ahí la necesidad de recomendar características físicas de resistencia a las tensiones mecánicas y a los riesgos climáticos para los cables de fibra óptica unimodales que se utilizarán en estos despliegues a través de instalaciones exteriores aéreas. Esto se completa con la recomendación de métodos de ensayo asociados. Los cables considerados pueden llevar o no un conductor de soporte, pero la recomendación no incluye el conductor óptico de tierra (*optical ground wire* - OPGW).

UIT-T L.102/L.26 se ocupa de ciertas características específicas como:

- Doblado del cable: en función de las condiciones dinámicas encontradas durante la instalación, habrá que insertar refuerzos de tracción en el cable y los radios de curvatura deberán ser lo suficientemente grandes como para garantizar que no se produzcan pérdidas o debilitamiento de la señal óptica por macrocurvatura.
- Riesgo de tormentas eléctricas: se recomienda que el cable sea totalmente dieléctrico para minimizar los daños causados por los rayos.
- Los elementos del biotopo: roedores, garras o picos de pájaros e insectos pueden dañar las fibras de un cable insuficientemente protegido.
- El viento y las vibraciones que genera: el riesgo de rotura de las fibras ópticas bajo el efecto de fuertes vientos, se puede reducir considerablemente utilizando hilos de soporte muy resistentes o, al fabricar el cable, separando las fibras ópticas de la funda. El otro riesgo que plantea el viento es la aparición de vibraciones, ya sea debido al flujo anemométrico laminar o a cambios bruscos en la dirección del viento.
- Variaciones de temperatura: provocan una dilatación o contracción considerable del cable. El diseño del cable debe tener en cuenta los datos previsibles.
- Nieve y escarcha: los depósitos de nieve o escarcha alrededor del cable crean un peso que provocará una sobrecarga sinónimo de tensión de tracción adicional. Como mínimo, esto puede provocar pérdidas en las fibras ópticas y, en el peor de los casos, la rotura del cable. La solución está en la elección del cable de soporte o en atar el cable a un torón de soporte.
- Campos eléctricos: aunque los cables sean totalmente dieléctricos, es decir, sin elementos metálicos, las líneas eléctricas de corriente muy elevada pueden crear ciertos fenómenos. Por ello, es aconsejable diseñar el cable con materiales de revestimiento especializados.

Hay un riesgo específico de las regiones de caza: los perdigones.

Una actualización dio lugar a una **segunda versión** publicada en diciembre de 2002. En esta versión, la UIT clasifica tres estructuras:

- Todos los cables dieléctricos autoportantes (*all dielectric self- supporting* - ADSS), en los que los hilos tensores son de aramida, fibra de vidrio o hilos no metálicos similares, con forma exterior circular.
- Los cables autoportantes tienen sección en "8", lo que significa que la cubierta del cable de fibra óptica se completa con un elemento de soporte, que puede ser dieléctrico o metálico.
- Los cables atados son cables no metálicos que están sujetos a un cable portante. Esta sujeción se puede realizar mediante un alambre metálico que se enrolla alrededor del cable, o mediante grapas preformadas en forma de espiral.

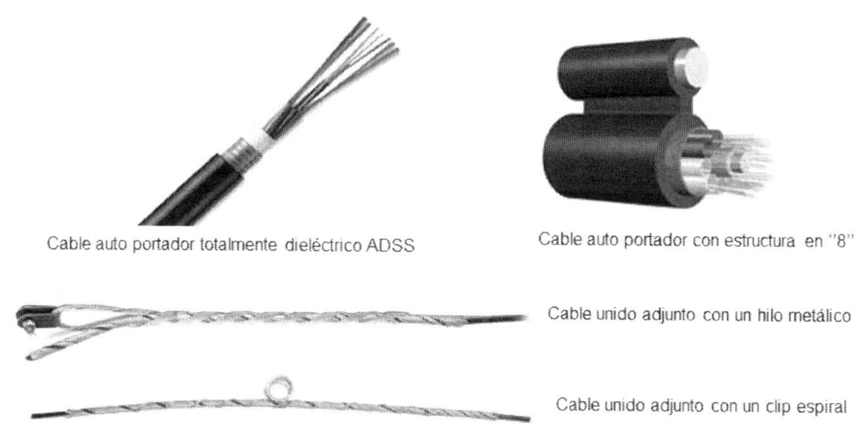

Estructuras de cables aéreos de fibra óptica

La **tercera versión**, publicada en agosto de 2015, tiene en cuenta la llegada de fibras ópticas unimodales con bajas pérdidas por radios de curvatura ITU-T G.657, para satisfacer la demanda de redes de acceso y domésticas.

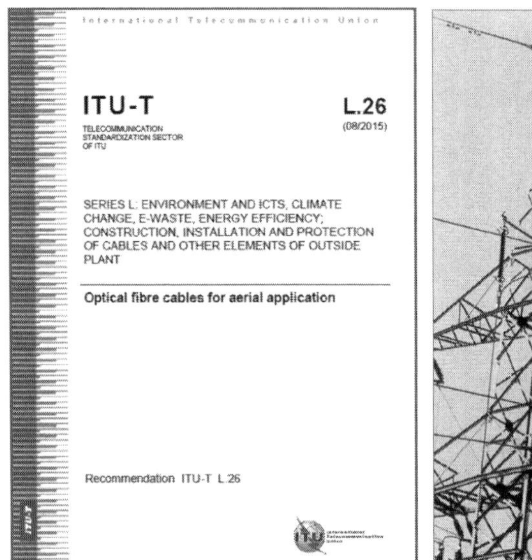

International Telecommunication Union

ITU-T TELECOMMUNICATION STANDARDIZATION SECTOR OF ITU

L.26 (08/2015)

SERIES L: ENVIRONMENT AND ICTS, CLIMATE CHANGE, E-WASTE, ENERGY EFFICIENCY; CONSTRUCTION, INSTALLATION AND PROTECTION OF CABLES AND OTHER ELEMENTS OF OUTSIDE PLANT

Optical fibre cables for aerial application

Recommendation ITU-T L.26

Recomendación UIT-T L.102/L.26: https://www.itu.int/rec/T-REC-L.26-201508-I

4.4 Recomendación UIT-T L.103/L.59

Esta recomendación se refiere a los cables de fibra óptica para aplicaciones interiores.

La **primera versión**, publicada en septiembre de 2004, describe las principales características de los cables de fibra óptica de índice graduado unimodales y multimodales, destinados a su instalación en el interior de edificios, así como los métodos de ensayo correspondientes. Se basa en una treintena de referencias normativas o informativas preexistentes del UIT-T y la CEI.

El punto clave para este tipo de cables es la seguridad de las personas en el edificio y, en particular, la seguridad frente al riesgo de incendio. Por esta razón, la recomendación insiste en que los cables y accesorios requeridos deben ser resistentes al fuego y, en caso de incendio, sólo deben generar poco humo y ningún gas tóxico (*low smoke zero halogen* - LSOH). En cuanto a los métodos de ensayo en este ámbito de la seguridad y el fuego, la recomendación UIT-T L.59 remite a un conjunto de normas de la CEI.

Una actualización dio lugar a una **segunda versión** publicada en enero de 2008. Los cables de fibra óptica para distribución en interiores se clasifican en dos categorías, según el rango de temperatura que pueden soportar:

- La clase A, para temperaturas de -20 °C a +60 °C, se recomienda para la distribución vertical.
- La clase B, para temperaturas de 0 °C a +50 °C, se recomienda para la distribución horizontal.

Por último, se ha actualizado el anexo 1, que enumera las especificaciones de la CEI para los cables de fibra óptica destinados a la distribución en interiores.

Los apéndices 2 y 3 presentan la **experiencia japonesa** y **china** en sistemas de distribución de cables de fibra óptica en interiores, distinguiendo entre la distribución vertical mediante bandejas portacables con o sin cubierta, y la distribución horizontal en el suelo, en falsos suelos o en falsos techos.

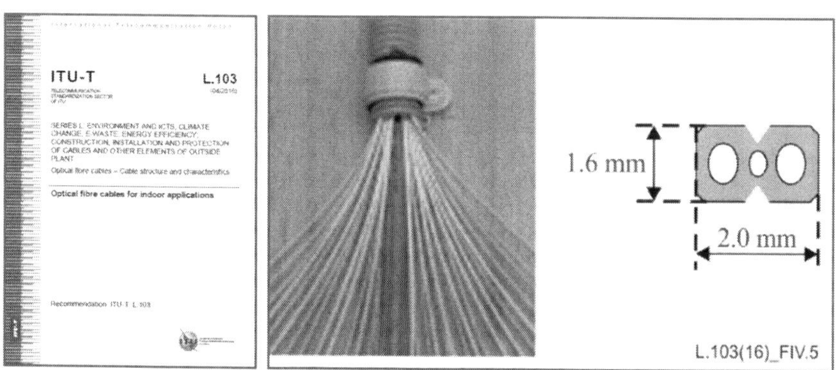

Recomendación UIT-T L.103/L.59 y ejemplo de cable japonés de baja fricción

Fuente: https://www.itu.int/rec/T-REC-L.103/es

La **tercera versión**, publicada en abril de 2016, contiene el anexo 4, que aborda el despliegue de fibra hasta el hogar (*fiber to the home* - FTTH) en el caso de las unidades de viviendas múltiples (en inglés, *multi- dwelling unit* - MDU) en **Japón**.

La primera versión se basaba en una treintena de referencias normativas o informativas preexistentes del UIT-T y la CEI. En cada nueva versión, se indican sus actualizaciones y se completan con otras referencias.

4.5 Recomendación UIT-T L.104/L.67

Esta recomendación se refiere a los cables de bajo número de fibras para aplicaciones interiores.

La **primera versión** se publicó en octubre de 2006. El título podría hacer pensar que duplica la recomendación L.103/L.59 del UIT-T sobre cables de fibra óptica para aplicaciones interiores. En realidad, la complementa, en la medida en que sólo se refiere a los cables que contienen una o dos fibras ópticas, mientras que la L.103/L.59 se refiere a los cables que contienen tres o más fibras ópticas.

Esta recomendación se basa en más de treinta referencias normativas o informativas preexistentes del UIT-T y la CEI. Entre otras cosas, estas normas definen las fibras ópticas en cuestión, que son fibras unimodales y multimodales de índice graduado para aplicaciones de redes y telecomunicaciones en edificios y viviendas. También especifican las características físicas de los cables, así como los métodos de instalación y ensayo.

L.104/L.67 también se refiere a todo lo relacionado con garantizar la resistencia al fuego y limitar la liberación de humo y gases tóxicos en caso de combustión (cables LSOH).

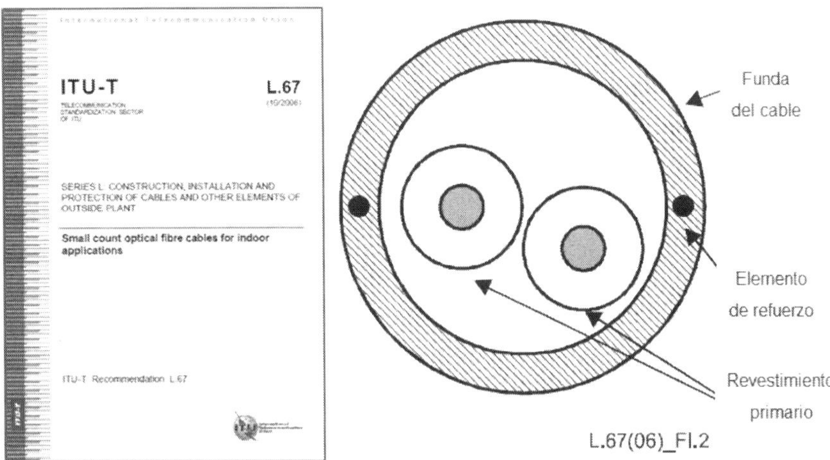

Recomendación UIT-T L.104/L.67 y ejemplo de cable dúplex abierto

Fuente: https://www.itu.int/rec/T-REC-L.67-200610-I

El **anexo 1** de la L.67 ofrece **cinco ejemplos japoneses** de cables para aplicaciones interiores, compuestos por una o dos fibras, instaladas en una estructura suelta o apretada, como cables dúplex o gemelos.

4.6 Recomendación UIT-T L.105/L.87

Esta recomendación se refiere a los cables de fibra óptica para aplicaciones de conexión de abonados.

La **primera versión** se publicó en julio de 2010. Se refiere a los cables de fibra óptica utilizados para conectar a los abonados a la red de acceso. Los puntos de acceso a estas redes pueden estar situados en el exterior o en el interior, en función de la configuración de la red y del lugar al que se preste el servicio: piso, vivienda unifamiliar, edificio, etc. Por ejemplo, en un parque empresarial o para un cliente corporativo de grandes dimensiones, algunos de estos cables pueden tener que instalarse bajo tierra o tendidos en el aire.

La norma UIT-T L.105/L.87 describe las características, la construcción y los métodos de prueba de estos cables, en función de si se deben instalar en interiores o exteriores, con las limitaciones de las condiciones ambientales, que desempeñan su papel y los radios de curvatura, que se pueden reducir considerablemente.

Las fibras ópticas utilizadas en estos cables serán de los siguientes tipos:

- Fibras ópticas monomodo que deben cumplir las recomendaciones UIT-T G.652 y UIT-T G.657 (véase el capítulo Estado de las fibras ópticas unimodales).
- Las fibras ópticas multimodo deben cumplir la norma CEI 60793-2-10.
- Fibras ópticas de plástico que deben cumplir la norma CEI 60793-2-40, ya sean de índice escalonado, de índice escalonado múltiple o de índice graduado.

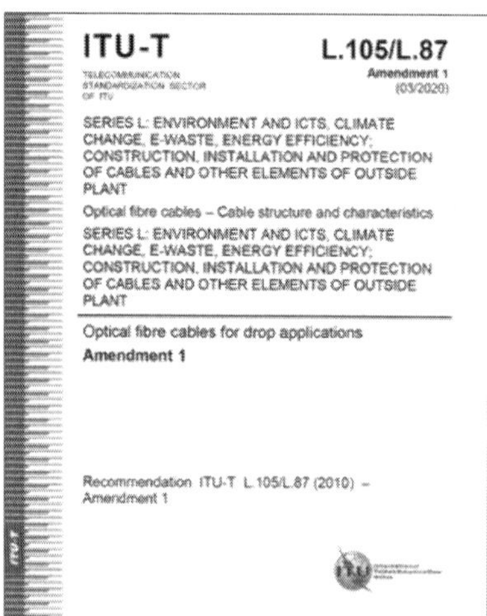

ITU-T

TELECOMMUNICATION STANDARDIZATION SECTOR OF ITU

L.105/L.87

Amendment 1

(03/2020)

SERIES L: ENVIRONMENT AND ICTS, CLIMATE CHANGE, E-WASTE, ENERGY EFFICIENCY; CONSTRUCTION, INSTALLATION AND PROTECTION OF CABLES AND OTHER ELEMENTS OF OUTSIDE PLANT

Optical fibre cables – Cable structure and characteristics

SERIES L: ENVIRONMENT AND ICTS, CLIMATE CHANGE, E-WASTE, ENERGY EFFICIENCY; CONSTRUCTION, INSTALLATION AND PROTECTION OF CABLES AND OTHER ELEMENTS OF OUTSIDE PLANT

Optical fibre cables for drop applications

Amendment 1

Recommendation ITU-T L.105/L.87 (2010) – Amendment 1

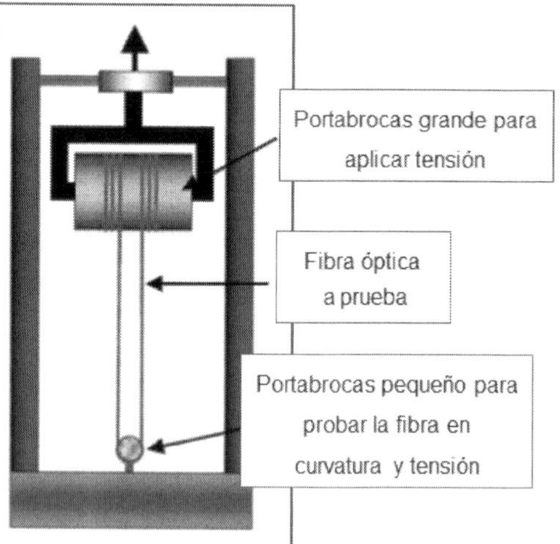

Recomendación UIT-T L.105/L.87 y experiencia de EE.UU. en pruebas de resistencia de la fibra óptica

Fuente: https://www.itu.int/rec/T-REC-L.105-202003-I!Amd1/es

Esta recomendación se completa con cuatro anexos:

- El **anexo 1** muestra un experimento del operador de red Verizon en **Estados Unidos** para instalar cables de fibra óptica insensibles a pequeños radios de curvatura, en una unidad de viviendas múltiples (MDU). Las mediciones se realizaron con fibras ópticas de tres fabricantes diferentes. La principal conclusión fue que la calidad de la instalación del cable es el factor clave de la fiabilidad.
- El **anexo 2** detalla un experimento realizado por Draka, fabricante de fibras y cables ópticos (parte del grupo Prysmian), sobre la fiabilidad y manipulación de fibras ópticas insensibles a radios de curvatura pequeños. La fiabilidad se midió con radios de curvatura decrecientes de 15, 10, 7,5, 5, 2,5 y 2,4 milímetros.
- El **anexo 3** describe un experimento realizado en **Japón** sobre las condiciones de ensayo de los cables de fibra óptica insensibles a los radios de curvatura e instalados en interiores. Para las pruebas realizadas, los radios de curvatura eran iguales o inferiores a 2,5 milímetros y las longitudes de onda utilizadas eran de 1.310 ± 10 nanómetros y 1.550 ± 20 nanómetros.
- El **anexo 4** se refiere a un experimento realizado a petición del **gobierno chino**, que deseaba definir una norma para estos cables de conexión de abonados, ya fueran FTTH, FTTB o FTTO. Las fibras seleccionadas fueron las fibras monomodo G.652 y G.657 y cada cable contenía una, dos o cuatro fibras. Se seleccionaron tres longitudes de cable: 500, 1.000 y 2.000 metros. Las longitudes de onda operativas elegidas fueron 1.310 y 1.550 nanómetros.

El contenido de este anexo 4 se ha corregido y actualizado mediante la enmienda 1 de marzo de 2020. Por ejemplo: se especifica que los cables de cinta deben ser de cuatro fibras ópticas; que las cubiertas de cable autorizadas –LS0H o PVC– también pueden ser de polietileno retardante de llama (*flame-retardant polyehtylene* - FRPE), que los cables deben soportar temperaturas de hasta -15 °C, etc.

4.7 Recomendación UIT-T L.106/L.58

Esta recomendación trata de los cables de fibra óptica y de las necesidades particulares de las redes de acceso.

La **primera versión** se publicó en marzo de 2004 y establece todas las características de los cables unimodales y multimodales de fibra óptica de alto índice, para redes de acceso de fibra hasta el hogar (*fiber to the home* - FTTH). Los dos puntos que los diferencian de otros tipos de cables son la alta densidad de fibras ópticas y la necesidad de un acceso intermedio en el cable.

En cuanto al primer punto, la densidad de fibras ópticas, hay que señalar que el proveedor de acceso a Internet y el abonado, estarán conectados por una o dos fibras ópticas en el caso de las zonas de baja densidad y hasta cuatro fibras ópticas en el caso de las zonas densas. Así pues, cerca del conmutador del operador de red hay una gran concentración de fibras ópticas. Esta concentración está directamente relacionada con el crecimiento del número de abonados a la FTTH que, a finales de 2023, habrá alcanzado más de 20 millones en Francia y más de 500 millones en todo el mundo.

Muy a menudo, para ahorrar tiempo durante la instalación, es necesario considerar la posibilidad de limitar las operaciones de conexión. Con este fin, se instalan cables cuyas fibras ópticas ya tienen enchufes ópticos colocados de fábrica, antes de su entrega. Sin embargo, hay que tener cuidado de proteger estos conectores, sobre todo si están situados en el extremo de tracción del cable.

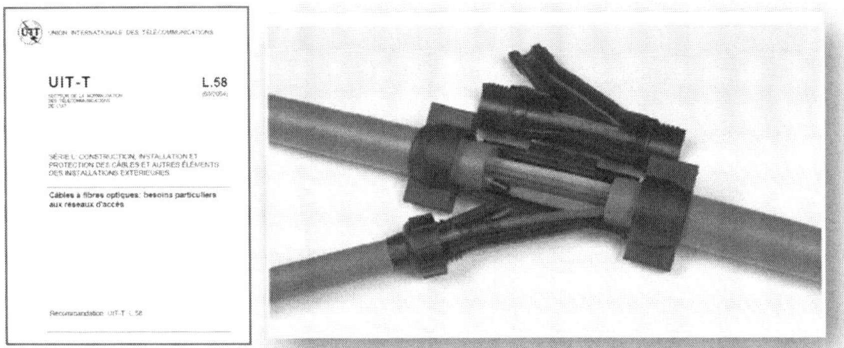

Recomendación UIT-T L.106/L.58: https://register.pep-ecopassport.org/pep/consult

En cuanto al segundo punto, el acceso a las fibras ópticas para las conexiones intermedias, se debe a que es difícil prever las decisiones que tomarán los abonados potenciales. Es cierto que la instalación de cables para las redes de acceso corresponderá a la densidad de viviendas. Sin embargo, son las decisiones del abono y, por tanto, de servir a los abonados, las que siguen siendo imprevisibles. Por ello, es necesario poder acceder a las fibras ópticas desde un punto intermedio del cable y poder realizar las conexiones y empalmes que requiera el recorrido que se vaya a realizar.

La verdadera dificultad reside en realizar estas distintas conexiones sin interferir con otras fibras ópticas que puedan estar operativas y, por tanto, sin interrumpir la transmisión de las señales asociadas.

4.8 Recomendación UIT-T L.107/L.78

Esta recomendación trata de la estructura de los cables de fibra óptica para aplicaciones en alcantarillas.

La **primera versión** se publicó en mayo de 2008 y describe las características, los métodos de fabricación y ensayo de los cables de fibra óptica instalados en alcantarillas y desagües. El crecimiento de las instalaciones de fibra hasta el hogar (FTTH), ha impulsado los trabajos de normalización en este ámbito.

En las zonas urbanas, es difícil multiplicar el número de conductos y canales dedicados a cada tipo de servicio por razones de coste y de perturbación del tráfico, provocada por las obras. La instalación de cables de fibra óptica en alcantarillas o cloacas existentes, es una buena solución a este problema.

Teniendo en cuenta las limitaciones medioambientales inherentes a las alcantarillas, esta recomendación L.107/L.78 completa las recomendaciones L.100/ L.10 para las instalaciones en tuberías y galerías y L.101/L.43, para las instalaciones subterráneas. Se basa en más de treinta referencias normativas o informativas preexistentes del UIT-T y de la CEI. Las fibras ópticas afectadas son fibras unimodales, incluidas las fibras G.657 para aplicaciones FTTH y fibras multimodales de índice graduado.

Además de las características tradicionales de resistencia mecánica y ambiental, la recomendación añade restricciones relativas a los riesgos que plantean los roedores, la humedad, la inmersión acuática y el riesgo de moho. Para protegerse de los roedores, los cables deben ir provistos de una barrera metálica, de cinta de acero o alambre trenzado o de fibras de vidrio. Para protegerse de la humedad, las fibras deben ir rodeadas de un gel hidrófugo específico.

El **apéndice 1** muestra dos tipos de **cables chinos** diseñados para su instalación en alcantarillas, que deben cumplir requisitos de resistencia mecánica, resistencia a la corrosión, propiedades antimoho, etc. Están diseñados sobre la base de una estructura libre con dos cubiertas y utilizan diversos materiales, como alambre de aramida, polietileno de alta densidad (HDPE), cinta de aluminio, etc. Se diseñan sobre la base de una estructura libre con dos recubrimientos y utilizan diversos materiales como alambre de aramida, polietileno de alta densidad (*high density polyethylene* - HDPE), cinta de aluminio, cinta de acero, etc.

Como la atenuación de la señal varía con la temperatura, los cables se han clasificado en tres categorías: A de -40 °C a +60 °C, B de -30 °C a +C de -20°C a +60°C, y tres grados: I, II y III.

El **anexo 2** detalla un **proyecto italiano** que utiliza cables de estructura libre, reforzados con una funda de polietileno e integrados en un tubo de aluminio, protegido a su vez por una funda de polietileno de alta densidad, lo que da un diámetro de 25,5 milímetros. El conjunto consta de seis tubos, cada uno de los cuales puede contener doce o veinticuatro fibras ópticas, lo que da un total de 12 a 144 fibras ópticas. Los cables están diseñados para funcionar a temperaturas comprendidas entre -30 °C y +70 °C.

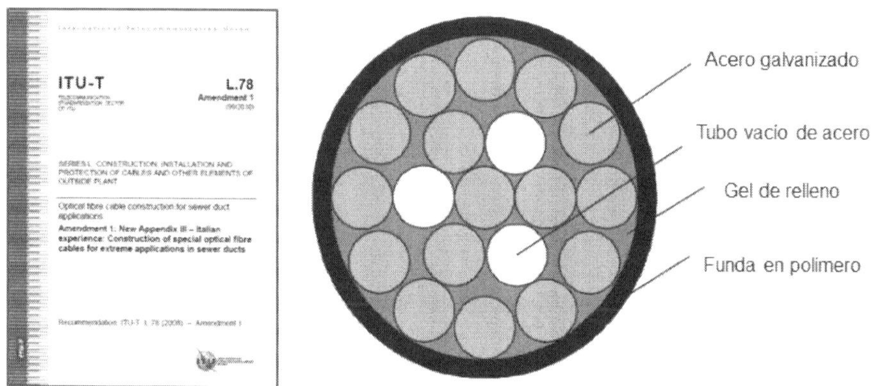

Recomendación UIT-T L.107/L.78 Enmienda 1 y ejemplo de cable italiano

Fuente: https://www.itu.int/rec/T-REC-L.78-201006-I!Amd1/es

La **enmienda 1**, titulada "Nuevo anexo III - **Experiencia italiana**: fabricación de un cable de fibra óptica para aplicaciones extremas en alcantarillas", se publicó en **junio de 2010**. Está dirigida a quienes tengan que instalar cables en zonas con agua a alta presión y materiales muy corrosivos.

En pocas cifras, estos cables pueden estar formados por entre uno y nueve tubos de acero de estructura libre, cada uno de los cuales puede contener entre 4 y 48 fibras, es decir, un máximo de 432 fibras ópticas. La protección se realiza mediante acero, diversos polímeros, un gel hidrófugo, etc.

4.9 Recomendación UIT-T L.108/L.79

Esta recomendación se refiere a los elementos de cable de fibra óptica para instalaciones de microductos soplados.

La **primera versión** se publicó en julio de 2008. En ella se describen las características, fabricación y métodos de ensayo de los cables de fibra óptica que se instalan en microductos mediante la técnica del soplado. Esta técnica se utiliza para cumplir el planteamiento comercial de "Fibra a la carta", es decir, el despliegue de un cable que contiene sólo un pequeño número de fibras ópticas y, por tanto, puede pasar por conductos relativamente pequeños.

En este L.108/L.79, el **anexo 1** describe un **experimento chino** con gran cantidad de información detallada y cifras.

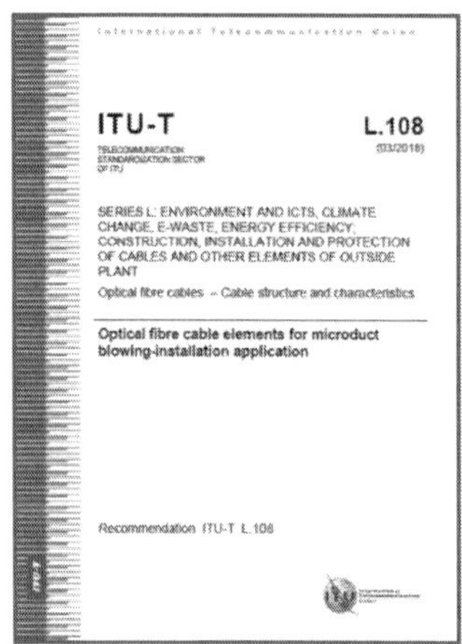

International Telecommunication Union

ITU-T L.108 (03/2018)

TELECOMMUNICATION STANDARDIZATION SECTOR OF ITU

SERIES L: ENVIRONMENT AND ICTS, CLIMATE CHANGE, E-WASTE, ENERGY EFFICIENCY; CONSTRUCTION, INSTALLATION AND PROTECTION OF CABLES AND OTHER ELEMENTS OF OUTSIDE PLANT

Optical fibre cables – Cable structure and characteristics

Optical fibre cable elements for microduct blowing-installation application

Recommendation ITU-T L.108

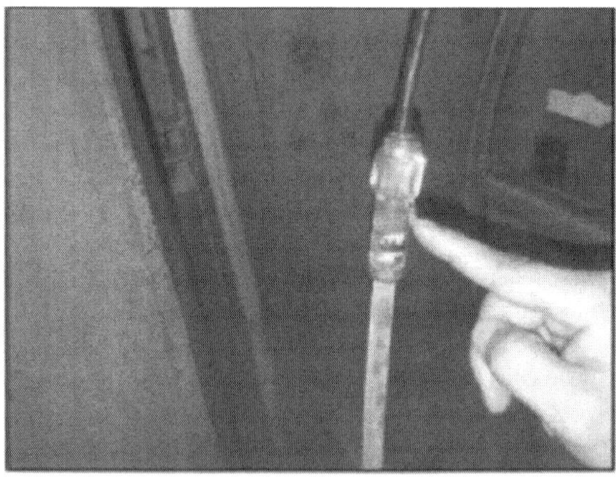

Recomendación UIT-T L.108/L.79 y experimento chino sobre los efectos del agua congelada en la fibra

Fuente: https://www.itu.int/rec/T-REC-L.108-201803-I

En marzo de 2018 se publicó una **segunda versión** de esta recomendación L.108. Además de las actualizaciones de las referencias normativas u otros datos, cabe destacar un nuevo apéndice.

Presenta un experimento chino realizado en condiciones ambientales severas y, más concretamente, con temperaturas muy frías que congelan el agua en el microconducto. El experimento se centró en los cambios en las condiciones de transmisión de la señal, incluidos los coeficientes de atenuación.

4.10 Recomendación UIT-T L.109/L.60

Esta recomendación trata de la estructura de los cables híbridos ópticos/metálicos.

La **primera versión** se publicó en septiembre de 2004 y propone varias recomendaciones para los cables híbridos, es decir, cables compuestos por fibras ópticas para la transmisión de información y conductores metálicos. Estos conductores pueden ser pares de cobre para transmitir información o conductores para transportar la energía eléctrica que utilizarán los equipos activos de la red. Se describen su diseño, fabricación y usos, teniendo en cuenta que algunos requisitos técnicos pueden diferir en función de las condiciones ambientales en las que se utilicen los cables.

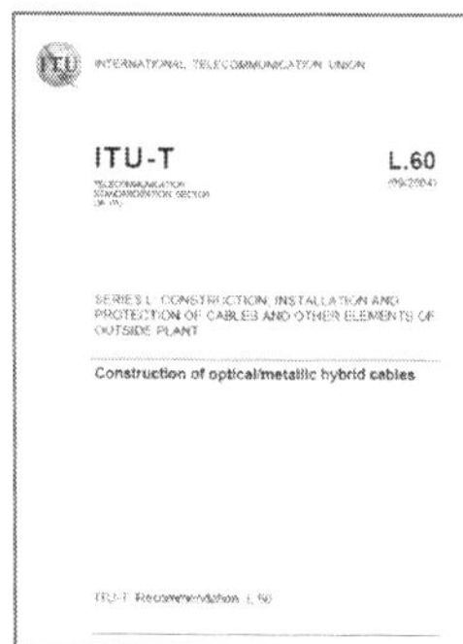
INTERNATIONAL TELECOMMUNICATION UNION

ITU-T

L.60

SERIES L: CONSTRUCTION, INSTALLATION AND PROTECTION OF CABLES AND OTHER ELEMENTS OF OUTSIDE PLANT

Construction of optical/metallic hybrid cables

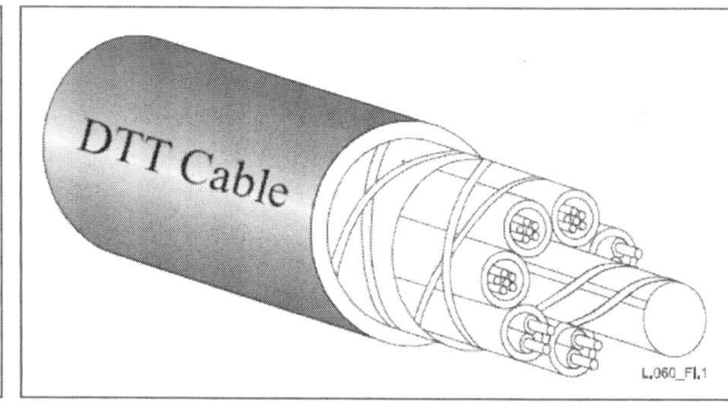

Recomendación UIT-T L.109/L.60 y ejemplo de cable híbrido chino de fibra óptica/cobre

Fuente: https://www.itu.int/rec/T-REC-L.109-201811-S/en

Esta recomendación se basa en una veintena de referencias normativas o informativas preexistentes del UIT-T y de la CEI. Se revisan los distintos parámetros relativos a la transmisión por pares trenzados de cobre: resistencia óhmica, atenuación, diafonía, etc. Define tres tipos de cable híbrido óptico/metálico (véase el cuadro siguiente).

Tipo de cable	Fibras ópticas	Pares de cobre simétricos para información	Conductores metálicos de energía
Tipo I	Sí	Sí	No
Tipo II	Sí	No	Sí
Tipo III	Sí	Sí	Sí

Los tres tipos de cables híbridos de la recomendación UIT-T L.60

La recomendación se completa con un **apéndice** en el que se detalla un proyecto de red de acceso en **China**, que utiliza tres tipos diferentes de cable híbrido óptico/metálico. La presentación se basa en numerosos datos numéricos y muestra los tres tipos (I, II y III) de las diferentes estructuras de cable híbrido utilizadas. Contienen cuatro pares trenzados simétricos con una impedancia de 100 ohmios, pares de categoría 5 o 5e que trabajan a frecuencias de hasta 100 MHz, así como de 2 a 24 fibras ópticas unimodales G.651 o G.652, en función de las ubicaciones a las que se vaya a dar servicio.

Una **segunda versión** fue aprobada en noviembre de 2018 y publicada de nuevo en enero de 2019. En ella se diferencian las limitaciones técnicas debidas a las condiciones ambientales para instalar este tipo de cables.

4.11 Recomendación UIT-T L.109.1

Esta **primera edición** de la recomendación UIT-T L.109.1 *Type II optical/ electrical hybrid cables for access points and other terminal equipment*, publicada en noviembre de 2022, describe las características del cable híbrido óptico/eléctrico (*optical/electrical hybrid cable* - OEHC) de tipo II, en el que se utiliza un par de conductores de cobre para la alimentación y una fibra óptica para la transmisión de datos por encima de 1 Gbit/s.

Este tipo de cable híbrido se utiliza en aplicaciones de alimentación y transmisión de datos, a distancia de los puntos de acceso u otros equipos. Su atractivo reside en sus cualidades intrínsecas: ocupa muy poco espacio, es ligero y fácil de instalar.

La recomendación explica que estos cables se pueden instalar en exteriores y/o interiores y ofrece sugerencias para su fabricación, utilizando fibras ópticas conformes con las normas UIT-T G.652 y UIT-T G.657 de fibras ópticas unimodales y CEI 60793-2-10 de fibras multimodales.

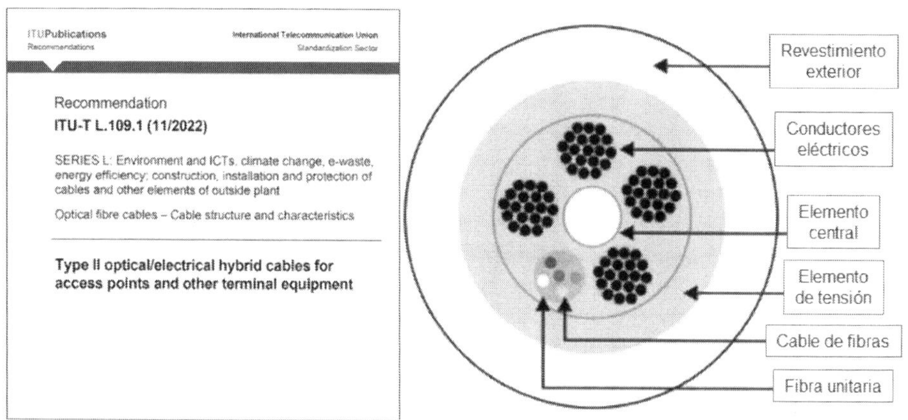
ITUPublications
Recommendations
International Telecommunication Union
Standardization Sector

Recommendation
ITU-T L.109.1 (11/2022)

SERIES L: Environment and ICTs, climate change, e-waste, energy efficiency; construction, installation and protection of cables and other elements of outside plant

Optical fibre cables – Cable structure and characteristics

Type II optical/electrical hybrid cables for access points and other terminal equipment

Recomendación UIT-T L.109.1 y ejemplo de cable exterior híbrido fibra/cobre

Fuente: https://www.itu.int/rec/T-REC-L.109.1-202211-I/en

El **anexo 1** de esta recomendación muestra un proyecto chino que da servicio a un campus a través de una red de área local para los datos y alimentación eléctrica (*power over local area network* - PO-LAN). Las distancias cubiertas van de 100 metros, con una potencia de 71,3 vatios hasta 800 metros, con una potencia de 15 vatios.

4.12 Recomendación UIT-T L.110

Esta recomendación se refiere a la instalación de cables de fibra óptica directamente en la superficie.

La **primera versión** se publicó en agosto de 2017. Describe las características ópticas, mecánicas y estructurales, así como los métodos de construcción y ensayo de los cables de fibra óptica para instalación directa en superficie. Estos cables están ligeramente protegidos y son operativos para instalaciones que no pueden utilizar zanjas, conductos o postes.

Su objetivo principal es crear una red que se pueda instalar fácilmente y funcionar con rapidez. Una de sus finalidades es sustituir temporalmente las redes destruidas en catástrofes como inundaciones o corrimientos de tierra. Otro uso es instalar una red en zonas rurales o remotas con infraestructuras inadecuadas.

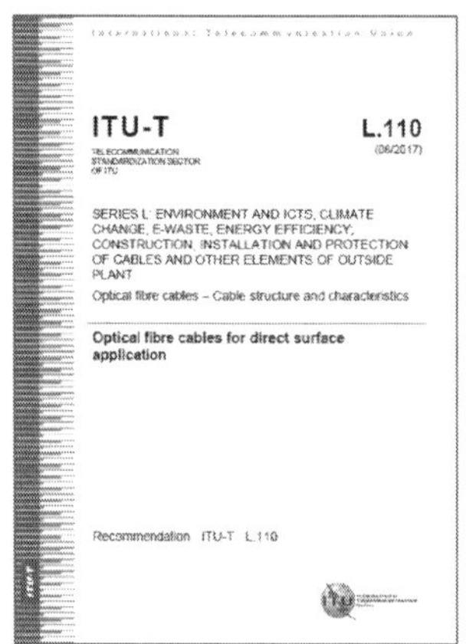

ITU-T

TELECOMMUNICATION STANDARDIZATION SECTOR OF ITU

L.110
(06/2017)

SERIES L: ENVIRONMENT AND ICTS, CLIMATE CHANGE, E-WASTE, ENERGY EFFICIENCY; CONSTRUCTION, INSTALLATION AND PROTECTION OF CABLES AND OTHER ELEMENTS OF OUTSIDE PLANT

Optical fibre cables – Cable structure and characteristics

Optical fibre cables for direct surface application

Recommendation ITU-T L.110

Recomendación UIT-T L.110 sobre cables de superficie resistentes a camiones y maquinaria de construcción

Fuente: https://www.itu.int/rec/T-REC-L.110-201708-I

Un anexo presenta distintos tipos de cables, con diversos grados de armadura, que contienen de 9 a 432 fibras según el modelo. He aquí algunos ejemplos de experimentos en condiciones reales: en **Japón**, con cables para lagos, ríos o en tierra, en **Italia**, con cables que contienen tres tubos de 96 fibras y soportan temperaturas de -40°C a +60°C y en **Estados Unidos**, con cables ultrarresistentes gracias a cubiertas de acero cromado.

4.13 Recomendación UIT-T L.111

Esta **primera edición** de la recomendación UIT-T L.111 "Cables de fibra óptica para aplicaciones domésticas" (*optical fibre cables for in-home applications*) se publicó en octubre de 2020.

Establece los requisitos mecánicos y ambientales de los cables de fibra óptica utilizados para aplicaciones en unidades de vivienda interiores (*indoor living units* - ILU). Anticipa la evolución de la fibra hasta el hogar (*fiber to the home* - FTTH) a la fibra hasta la habitación (*fiber to the room* - FTTR) y la fibra hasta el escritorio (*fiber to the desk* - FTTD).

Esta recomendación proporciona información sobre las características, la construcción de los cables y los métodos de ensayo de los cables de fibra óptica, con visibilidad mínima para aplicaciones domésticas.

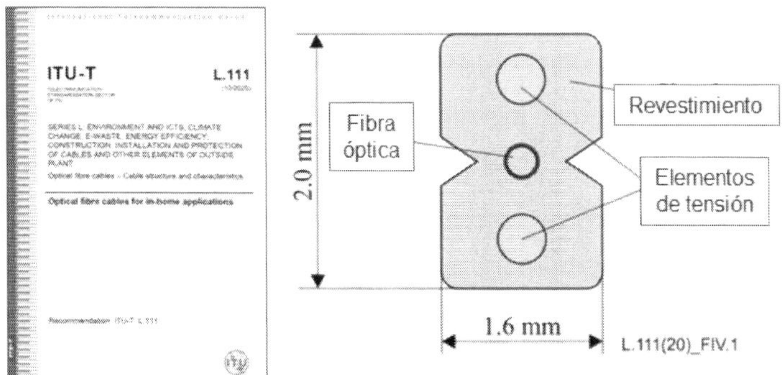

Recomendación UIT-T L.111 y ejemplo de cable de fibra óptica para interiores

Fuente: https://www.itu.int/rec/T-REC-L.111-202010-I/en

Varios apéndices contienen ejemplos de aplicaciones reales: **China** presenta un cable ignífugo y dos ejemplos de cables con corte de mariposa con fibras UIT-T G.657.A2 y B3, **Japón** diferencia entre un cable de interior (edificio), un cable en el hogar y un cordón, cada uno con una fibra óptica UIT-T G.657.B3, **India** ofrece cables de baja emisión de humos y sin halógenos (LS0H) e ignífugos (FR) con fibras UIT-T G.657.A2 y B3 y soportan temperaturas de -20°C a +70°C y **Estados Unidos** dispone de cables para unidades unifamiliares (*single family units* - SFU) y unidades de viviendas múltiples (*multi-dwelling units* - MDU) con fibras ITU-T G.657.B3 y que funcionan en la gama de temperaturas de -40°C a +70°C. Estos ejemplos se ilustran ampliamente.

4.14 Recomendación UIT-T L.430/L.28

Esta recomendación trata de la protección externa adicional de los cables terrestres marinizados.

Lo que se conoce como cable terrestre marinizado (*marinized terrestrial cable* - MTC) no es un cable de fibra óptica submarino como se presenta en este capítulo, dentro del apartado Recomendaciones del UIT-T para cables de fibra óptica - Recomendación UIT-T G.978. De hecho, se trata de un cable de fibra óptica terrestre reforzado porque estará sumergido, pero en aguas relativamente poco profundas.

Para ello, necesitará una protección adicional que le permita soportar las condiciones y tensiones del medio marino. Entre ellas figuran fenómenos naturales como el oleaje y las mareas, posibles terremotos o corrimientos de tierra y sucesos debidos a actividades humanas como la pesca, el fondeo de embarcaciones, el tendido de otros cables u otros servicios como tuberías.

Además del blindaje tradicional utilizado en los cables de fibra óptica terrestres, el cable marinizado llevará una protección externa adicional.

Otra diferencia entre los dos tipos –marino y submarino– es que un cable marino está diseñado para funcionar sin repetidor, amplificador o regenerador de señal óptica. Por tanto, no es necesario suministrarle energía eléctrica. También se conoce como cable submarino.

La **primera versión** de la recomendación UIT-T L.28 para estos cables terrestres adaptados al medio marino se publicó en noviembre de 1988.

Recomendó medidas de protección externa en tres casos:

- En los fondos marinos sueltos, como arena o guijarros, el cable se debe tender sobre el lecho marino al menos un metro bajo tierra.
- Cuando el lecho marino sea rocoso, el cable se deberá fijar y proteger utilizando, por ejemplo, sujeciones de hierro fundido se que deberán fijar al lecho marino, para que no se vean afectadas por el movimiento de las olas.
- Cuando el cable cruce un cable ya tendido o una tubería como un oleoducto o un gasoducto, el cable marinizado se deberá proteger mediante dispositivos de tipo acolchado para evitar el desgaste causado por la fricción mecánica entre la tubería y el cable, como consecuencia de los movimientos del agua. Esto será aún más importante si la tubería se utiliza para transportar fluidos calientes, ya que la temperatura podría provocar daños en la cubierta exterior del cable o incluso la aparición de corrientes galvánicas, a través de la armadura metálica del cable, sinónimo de corrosión.

Una actualización dio lugar a una **segunda versión** publicada en octubre de 2002.

UNION INTERNATIONALE DES TÉLÉCOMMUNICATIONS

UIT-T L.28 (10/2002)

SÉRIE L: CONSTRUCTION, INSTALLATION ET PROTECTION DES CÂBLES ET AUTRES ÉLÉMENTS DES INSTALLATIONS EXTÉRIEURES

Protection externe additionnelle pour câbles terrestres marinisés

Recommandation UIT-T L.28

Recomendación UIT-T L.430/L.28 y ejemplo de cable marino sujeto con sacos de hormigón

Fuente: https://www.itu.int/rec/T-REC-L.28-200210-I

En esta versión, el UIT-T retoma e insiste en las condiciones para el tendido de cables marinos, reforzándolas en los siguientes casos:

- En la costa, el cable tendrá que amarrarse con cadenas a un bloque de anclaje y, hasta el borde del agua, deberá cubrirse con losas de hormigón.
- En la zona costera, que se extiende desde la línea de costa hasta una profundidad de cinco metros, el cable se debe enterrar al menos dos o tres metros y protegerse con anclajes de hierro fundido, pero si el lecho marino es rocoso, el cable se debe sujetar con cadenas cruzadas. En ambos casos, es aconsejable cubrir el cable con sacos rellenos de hormigón.
- En la zona de aguas poco profundas, de cinco a treinta o cuarenta metros, la profundidad de enterramiento y la protección externa adicional dependerán del tipo de lecho marino y de la presencia de actividades humanas:
  - en el caso de arena o guijarros, enterramiento de, al menos, un metro.
  - en el caso de un lecho marino rocoso, el cable se fijará y protegerá mediante anclajes de hierro fundido que, a su vez, pueden estar protegidas por sacos rellenos de hormigón o grava. Un proceso complementario, conocido como entubado, consiste en enrollar alambres de acero alrededor del cable a medida que se va tendiendo. Esto puede servir para anular o limitar los efectos de fricción que puedan producirse.
- En caso de cruce con otro cable, se recomienda que, si es posible, los cruces se realicen a 90° y se eviten los ángulos inferiores a 45° para facilitar las operaciones de mantenimiento. Del mismo modo, se debe procurar evitar el riesgo de abrasión si se tiende un cable reforzado sobre un cable ligero, y se debe prever una protección adicional.
- En caso de cruce con una tubería o cable eléctrico, se tomarán precauciones como material acolchado o pilotes de roca.

El **apéndice 1** de esta versión contiene una serie de diagramas y fotos para ilustrar los casos expuestos.

4.15 Recomendación UIT-T G.978

Esta recomendación trata de las características de los cables submarinos de fibra óptica.

4.15.1 Información general sobre la recomendación G.978

La **primera versión** se publicó en diciembre de 2006. Su ámbito de aplicación abarca las características de los cables submarinos de fibra óptica, tanto si se utilizan en aguas profundas como poco profundas y si se emplean en un sistema de transmisión con o sin repetidores y con o sin amplificadores ópticos.

Una actualización dio lugar a una **segunda versión**, publicada en julio de 2010.

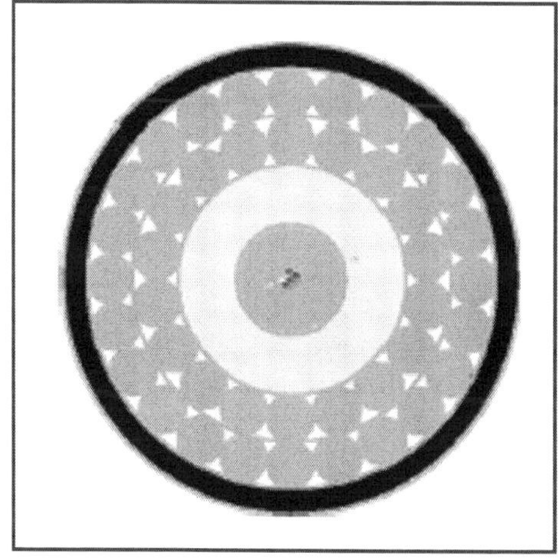

Recomendación UIT-T G.978 para cables submarinos de fibra óptica: https://www.itu.int/rec/T-REC-G.978-201007-I/en

El objetivo principal de estos cables es proteger las fibras ópticas contra elementos ambientales como la compresión y el aplastamiento debidos a la presión del agua, el riesgo de penetración de agua en caso de desgarro de la cubierta exterior y, por supuesto, el riesgo de reacciones químicas debidas a la salinidad del agua de mar.

Las características recomendadas por la norma UIT-T G.978 se refieren tanto a la transmisión como a la resistencia mecánica, eléctrica y medioambiental, independientemente de que el cable esté formado por un único tipo de fibra óptica o sea de construcción híbrida, es decir, que contenga fibras ópticas de varios tipos.

En cuanto a las características mecánicas, la recomendación da una serie de valores para la carga de rotura del cable, la resistencia nominal a la tracción transitoria, la resistencia nominal a la tracción de funcionamiento, la resistencia nominal a la tracción permanente y también un radio de flexión mínimo para el cable.

El segundo objetivo es proteger las fibras ópticas contra las tensiones mecánicas cuando el cable está tendido o enterrado y cuando se levanta, para realizar el mantenimiento necesario durante la vida útil del enlace submarino.

Observación

Atención: esta recomendación está siendo revisada desde septiembre de 2022. La nueva versión está prevista para el segundo semestre de 2024.

Enterramiento, izado y electrolocalización

El **enterramiento** de un cable submarino es su hundimiento en el lecho marino. De este modo, el cable queda mejor protegido de las anclas, las redes de arrastre, las abrasiones de las rocas y las mordeduras de los peces. Esta operación se puede realizar directamente durante el tendido del cable o posteriormente.

El **izado** de un cable submarino es una operación que consiste en recuperarlo del lecho marino, ya sea de forma puntual para operaciones de mantenimiento en un buque cablero o para su recuperación permanente en caso de obsolescencia o deterioro de las fibras ópticas o si se retira la unión. En este caso, la operación de recuperación responde a una obligación legal.

La **electrolocalización** consiste en utilizar equipos submarinos capaces de detectar una modulación de baja frecuencia –de 4 a 40 Hz– de la corriente de alimentación remota del cable. Esto permite localizar fácilmente el cable.

4.15.2 Tipología de los cables submarinos de fibra óptica

Una tipología de cables submarinos de fibra óptica, basada en su tipo de protección, considera cinco familias principales.

Los cables de armadura simple, es decir, recubiertos de una sola capa de alambre de acero de protección, son adecuados para su tendido, enterrado e izado en zonas marinas de 20 a 1.500 metros de profundidad.

Los cables de doble armadura están diseñados para las mismas operaciones que los cables anteriores, pero al estar mejor protegidos, son adecuados para aguas poco profundas –de 0 a 20 metros– con condiciones especiales.

Los cables superarmados son idénticos a los anteriores en cuanto a su uso, pero su armadura se compone a veces de varias capas, la segunda de las cuales se enrolla de manera apretada. Están diseñados para su uso en zonas marinas de alto riesgo, de 0 a 20 metros de profundidad.

Los cables de alta mar no tienen blindaje específico porque están destinados a zonas marítimas consideradas sin riesgo, a profundidades superiores a 1.000 metros.

Por último, los cables de alta mar protegidos se instalarán en zonas marinas a más de 1.000 metros de profundidad, donde puede haber riesgos como la abrasión de las rocas o las mordeduras de peces.

Cabe señalar que todos estos cables se pueden fabricar con una estructura apretada o suelta.

La recomendación también especifica que la sección elemental de un cable, se define como la longitud total del cable entre dos equipos que intervienen en la transmisión de la señal luminosa, como repetidores, unidades de derivación o equipos terminales.

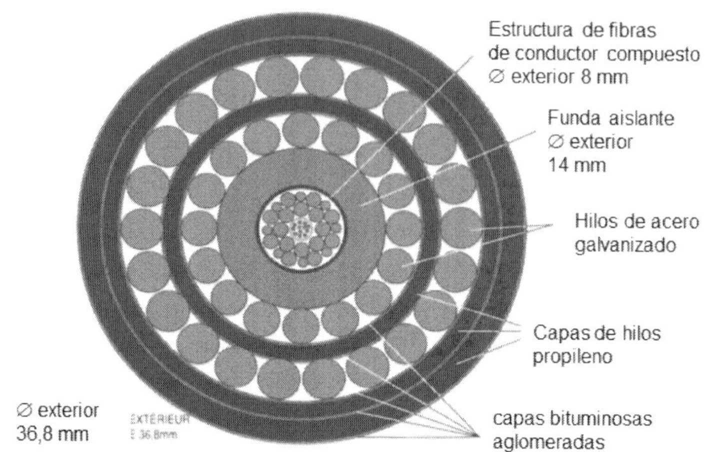

Sección transversal de un cable de fibra óptica submarino minitubo de acero con doble armadura

En el caso de los cables sin repetidores, la tensión eléctrica en los terminales del cable es muy baja: no se necesita corriente para alimentar los amplificadores. El aislamiento del compuesto metálico debe ser suficiente para permitir la introducción de una pequeña corriente que permita localizar el cable o cualquier avería.

5. Cables de fibra óptica para aplicaciones específicas

5.1 Cables de fibra óptica para redes de aviónica

De unos cientos de metros a unos pocos kilómetros, los cables de fibra óptica se van abriendo paso poco a poco en las redes de a bordo de los aviones.

¿Para qué aplicaciones?

La principal razón para implantar la fibra óptica en los aviones es que las cualidades intrínsecas de este medio responden a los cuatro objetivos fundamentales que persigue la industria aeronáutica:

- Seguridad, con insensibilidad a las interferencias electromagnéticas y sin radiaciones.
- Peso reducido, como el cobre.
- Apoyo a las tripulaciones de vuelo, con aplicaciones *in-flight network* (IFN) como la transferencia de archivos de control de calidad (*flight operations quality assurance* - FOQA) y la documentación de la bolsa de vuelo electrónica (*electronic flight bag* - EFB).
- Ocupación de los pasajeros, con aplicaciones *in-flight entertainment* (IFE) como audio y vídeo a la carta (*audio-video on demand* - AVOD) o juegos (*in-flight gaming*) o comunicaciones e información (*in-flight connectivity* - IFC).

¿Con qué fibras ópticas?

Las primeras fibras eran fibras ópticas multimodo con grandes núcleos de 200 µm y revestimiento de 230 µm –los modelos 200/230 µm– y las de núcleo de 100 µm y revestimiento de 140 µm –los modelos 100/140 µm. La mayor ventaja residía en la facilidad de instalación y, por tanto, de mantenimiento en los aeropuertos, estén donde estén, sobre todo porque los caudales requeridos para las aplicaciones de la época eran suficientes.

Poco a poco, como ha sucedido con las redes corporativas, se han ido sustituyendo por fibras multimodo con núcleos y revestimientos más finos: fibras de 62,5/125 µm y 50/125 µm. Un revestimiento más fino ahorra espacio pero, sobre todo, un núcleo más fino permite mayores velocidades de transmisión de datos. En la década de 2000 se instalaron fibras de 62,5/125 con un ancho de banda de 160 a 300 MHz.km y, para la década de 2010, la tendencia es hacia las fibras de 50/125 con anchos de banda de 500 a 1.000 MHz.km o incluso más para determinadas ofertas.

A medida que aumentan las velocidades de transmisión de datos, se instalan fibras ópticas unimodales con núcleo de 9 µm y revestimiento de 125 µm. Un ejemplo es el µlinx SM Avionics de la empresa OFS.

¿Y los cables?

El principal problema que se plantea en el cableado de aviónica no es la fibra en sí, sino que el acoplamiento fibra-cable está en el centro del debate. En las redes empresariales, hay dos tipos de estructura de cable: la estructura apretada que se utiliza en el interior de los edificios y la estructura suelta, que se utiliza en el exterior. En los aviones, no puede haber una estructura suelta debido a las aceleraciones y desaceleraciones, pero también a las vibraciones que podrían provocar tensiones en las fibras y aplastamientos en las caras de contacto. Así pues, encontramos estructuras apretadas, en las que la mayor dificultad es la construcción del cable –una tendencia en Europa–, y estructuras semilibres, más comunes en Estados Unidos.

Otras dificultades técnicas son la necesidad de que los cables de fibra óptica resistan la agresión química de los fluidos, el rango de temperaturas que hay que superar (de -55°C a +125°C e incluso +155°C), las prestaciones mecánicas y, sobre todo, la resistencia mecánica longitudinal, que se consigue con trenzados de aramida o fibra de vidrio, el cumplimiento de la normativa de cero halógenos, etc. En términos de normalización, los cables más corrientes tienen un diámetro exterior de 1,8 mm y coexisten con cables de 2,76 mm, principalmente para interconexiones y, a veces, de más de 5 mm.

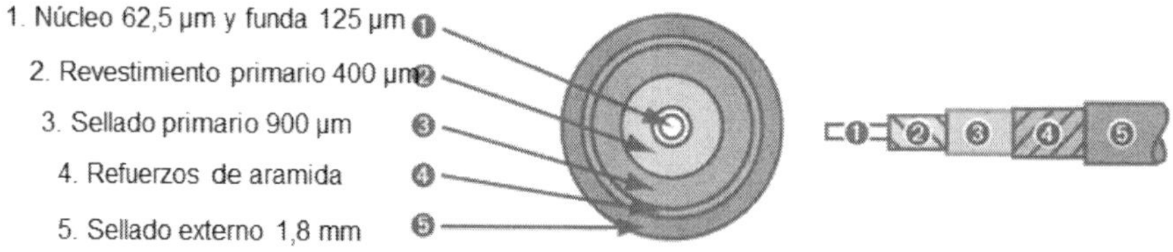

Ejemplo de cable de fibra óptica multimodo 62,5/125 para Airbus

5.2 Cables de fibra óptica para plataformas petrolíferas

Los cables para instalaciones petrolíferas no sólo sirven para proteger las fibras ópticas, sino que también transportan energía. Por ello, deben estar protegidos contra las agresiones físicas –presión del mar, ataques de peces, rozamientos diversos– y químicas debidas a la salinidad del agua de mar y otros elementos que se encuentran durante la prospección petrolífera.

Ejemplo de cable para una plataforma petrolífera

5.3 Cables de fibra óptica para turbinas eólicas marinas

Las nuevas aplicaciones de las turbinas eólicas instaladas en el mar se han beneficiado de la experiencia y los conocimientos adquiridos con las plataformas petrolíferas. Por ejemplo, los cables de fibra óptica, utilizados para enviar y recibir información, se han diseñado para contener tanto las fibras ópticas como los conductores necesarios para transportar la corriente eléctrica.

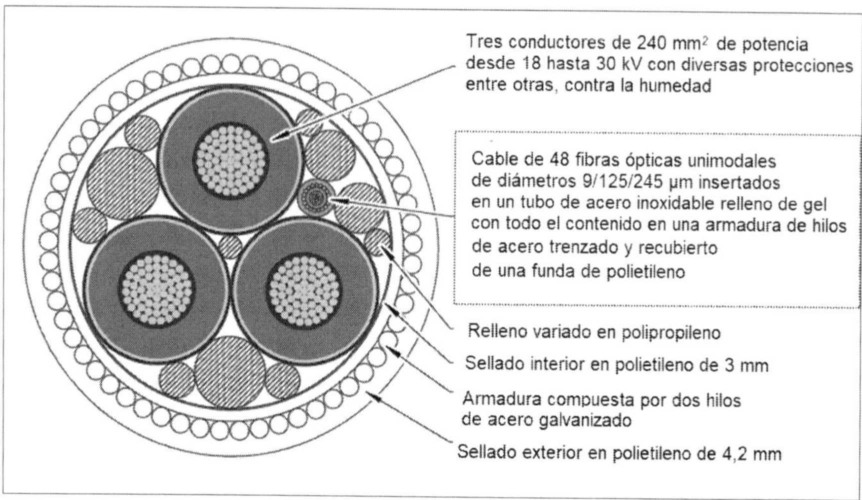

Ejemplo de cable de fibra óptica para aerogeneradores marinos

6. Normalización de cables: visión de la CEI

6.1 Panorama de las normas CEI para cables de fibra óptica

La normalización de los cables de fibra óptica de la CEI se basa en el término genérico CEI 60794 "Cables de fibra óptica".

Bajo este epígrafe, a finales de 2023, el subcomité 86A "Fibras y cables" del comité técnico TC 86 de la CEI, había elaborado **114 normas** interrelacionadas y complementarias. Estas normas se dividen en 6 áreas principales.

Área 1 - Cables de fibra óptica

La norma básica CEI 60794-1-1:2023 "Cables de fibra óptica - Parte 1-1: Especificación genérica", edición 5.0 de mayo de 2023, proporciona especificaciones genéricas e información general sobre los cables de fibra óptica.

Se complementa con más de otras veinte normas como: CEI 60794-1-2, 1-3, 1-21, 1-22, 1-23, 1-24 y la nueva 1-31 de junio de 2021 sobre cables con estructura de cinta. Abarcan los distintos procedimientos aplicados a los ensayos de cables ópticos, los métodos de ensayo básicos, los cálculos de resistencia mecánica, etc.

Observación

La 5ª edición de la norma CEI 60794-1-2 "Procedimientos de ensayo fundamentales para cables ópticos", publicada en enero de 2021, ofrece una actualización de la remuneración de las normas CEI relativas a ensayos y pruebas. Ejemplos:

- IEC 60794-1-21 método E1 para la resistencia a la tracción se convierte en CEI 60794-1- 101

- IEC 60794-1-22 método F5 sobre la penetración del agua se convierte en CEI 60794-1- 205

- IEC 60794-1-23 método G7 relativo a los pliegues se convierte en CEI 60794-1-307

- IEC 60794-1-24 método H2 sobre rayos se convierte en CEI 60794-1-402

Este nuevo sistema de numeración también se utiliza en normas recientes:

- en 2020, la norma CEI 60798-1-215 sobre resistencia a las heladas en exteriores

- en 2021, la norma CEI 60794-1-211 sobre la contracción de los recubrimientos

- en 2023, CEI 60794-1-111 sobre curvaturas; etc.

Área 2 - Cables de fibra óptica para instalaciones interiores

La norma básica CEI 60794-2 ed4.0 de mayo de 2017 trata de los cables de fibra óptica utilizados en interiores para aplicaciones de telecomunicaciones, transmisión de datos y redes de comunicación.

Se complementa con otra docena de normas: CEI 60794-2-10, 2-11, 2-20, 2-21, 2-22, 2-30, 2-31, 2-40, 2-41, 2-42 y 2-50. Cada una de estas normas se ocupa de un tipo concreto de cable de fibra óptica: cables símplex, cables dúplex, cables multifibra, cables de distribución multifibra, cables planos, cables ensamblados, cordones, etc.

Dos ejemplos de cables de interior dispuestos en cintas:

IEC 60794-2-31

Titulada "Cables de interior - Especificaciones particulares para cables de cinta de fibra óptica utilizados en el cableado de locales", la **primera versión** de esta norma se publicó en junio de 2005 y define las principales características de los cables de cinta de fibra óptica. La **segunda edición** se publicó en noviembre de 2012.

La **tercera edición**, publicada el 12 de abril de 2019 y modificada en noviembre de 2020, se prevé estable hasta 2025. En comparación con la edición anterior, los principales cambios técnicos son la inclusión de la fibra multimodo OM5 y la obsolescencia de la fibra multimodo OM1 y OM2. Cabe señalar que esta norma garantiza la compatibilidad con las partes 1 a 6 de la norma ISO/IEC 11801.

IEC 60794-2-30

Con el título "Cables de interior - Especificación de familia para cables de cinta de fibra óptica utilizados en conjuntos de cables conectorizados", existe otra norma en paralelo y como complemento, para familias de cables de cinta de fibra óptica: con la referencia CEI 60794-2-30, la primera versión se publicó en mayo de 2003. Se completó y actualizó con la segunda edición en octubre de 2008. La **tercera edición** se publicó en marzo de 2019 y hace referencia a las normas más recientes relativas a las fibras ópticas.

Área 3: Cables de fibra óptica para instalaciones exteriores

La norma básica CEI 60794-3, edición 5.0 de febrero de 2022, trata de los cables de fibra óptica utilizados en instalaciones exteriores de redes de telecomunicaciones.

Se complementa con una decena de otras normas, entre ellas la CEI 60794-3-10, 3-11 y 3-12 para cables instalados en conductos o directamente enterrados y cables aéreos sujetos; la CEI 60794-3-20 y 3-21 para cables aéreos autoportantes; la CEI 60794-3-30 para cables instalados en lagos, ríos o costas marítimas; la 60794-3-40 para instalaciones en alcantarillas; y la 60794-3-70 para despliegue rápido.

Esta última se titula "Especificación de familia para cables de fibra óptica de exterior para despliegue rápido/múltiple" y se actualizará con una segunda edición en abril de 2021. Presenta las características mecánicas y medioambientales, incluida la resistencia a la infiltración, de estos cables terrestres reforzados en vista de sus ámbitos de uso particulares, como estaciones móviles de radiodifusión y televisión, servicios de rescate de emergencia, fuerzas de seguridad o intervención, operaciones mineras, reparaciones de enlaces dañados por fenómenos climáticos –inundaciones, corrimientos de tierras, terremotos, etc.– y muchos otros casos.

Área 4: Cables de fibra óptica para instalaciones aéreas

La norma básica CEI 60794-4 ed. 2.0 de junio de 2018 trata de los cables de fibra óptica instalados a lo largo de las líneas de transmisión de energía.

Se complementa con otras tres normas para cables más específicos: la 60794-4-10 para cables ópticos de tierra (*optical ground wire* - OPGW), la 60794-4-20 para la familia de cables totalmente dieléctricos autoportantes (*all dielectric self supported* - ADSS) y la CEI 60794-3-30 para cables ópticos aéreos a lo largo de líneas eléctricas de potencia, la familia de conductores de fase de fibras ópticas (*optical phase conductor* - OPPC).

Área 5: Cables de microducto para instalación por soplado

Tres normas simultáneas componen esta parte: CEI 60794-5 "Cableado en microductos para instalación por soplado", CEI 60794-5-10 "Cables de fibra óptica externos en microductos y microductos protegidos para instalación por soplado" y 60794-5-20 "Elementos de fibra en microductos externos y microductos protegidos para instalación por soplado". Definen las características específicas de los cables de fibra óptica insertados en conductos y microconductos, mediante la técnica de soplado.

Se complementan útilmente con la norma CEI 62470 edición 1.0 de octubre de 2011, relativa a las técnicas de medición de los coeficientes de fricción entre cables y conductos.

Área 6 : Cables de fibra óptica de interior/exterior

Cuatro normas, publicadas simultáneamente en 2020, definen las características, prestaciones y métodos de ensayo de los cables que funcionan en entornos interiores y exteriores. Estos cables, conocidos como "cables de interior/ exterior", tienen diversas aplicaciones, como prolongar un cable instalado en una tubería hasta el interior de un edificio o utilizar el mismo tipo de cable en instalaciones de redes locales que cubren grandes áreas, como fábricas, campus, hospitales, etc.

La norma básica es la CEI 60794-6 "Cables de interior/exterior - Especificación seccional para cables de interior/exterior". Se complementa con la norma CEI 60794-6-10, relativa al comportamiento frente al fuego en interiores, la norma CEI 60794-6-20, relativa al principio de retardancia de la llama en exteriores, y la norma CEI 60794-6-30, relativa a la resistencia a la radiación ultravioleta o a la humedad.

Observación

En septiembre de 2017, a través de la norma CEI 62807-1 "Cables híbridos de telecomunicaciones - Especificación genérica", se definieron las especificaciones de los cables híbridos, es decir, los cables que contienen cualquier combinación de elementos de fibra óptica, pares o cuadretes trenzados, coaxiales y conductores eléctricos, todo ello bajo una cubierta exterior común. Estos cables híbridos se encuentran en el cableado de redes y redes de área local, que transmiten servicios de datos, telecomunicaciones y señalización, al mismo tiempo que pueden suministrar energía eléctrica a los equipos.

6.2 ¿Dónde comprar normas CEI para cables de fibra óptica?

Las normas 60794 "Cables de fibra óptica" se pueden adquirir en la tienda en línea de la CEI: https://webstore.iec.ch/searchform&q=60794

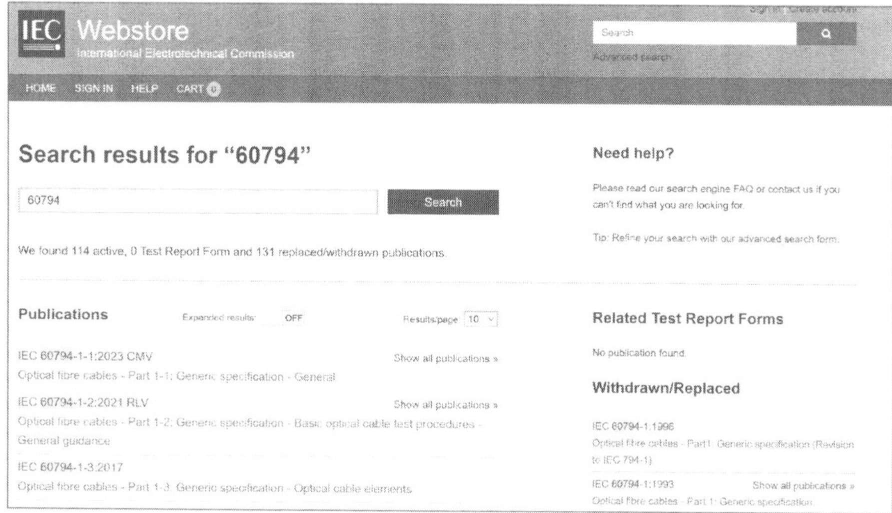

Sitio web de la tienda en línea de normas CEI sobre cables

Capítulo 6
Conectividad de las fibras ópticas

1. Estado de la conectividad de las fibras ópticas

1.1 Problemas encontrados

Problema n° 1: concentricidad

La unión o conexión de extremo a extremo de dos fibras ópticas, consiste en unirlas por sus extremos. El objetivo es garantizar que los ejes de sus respectivos núcleos estén uno frente al otro, es decir, lograr la mejor concentricidad posible. De lo contrario, la señal luminosa procedente del núcleo de una fibra óptica no llegará al núcleo de la otra. Parte de esta luz se perderá en el revestimiento o se reflejará, lo que se traducirá en una pérdida de potencia de la señal y en una reducción de la distancia que se puede recorrer.

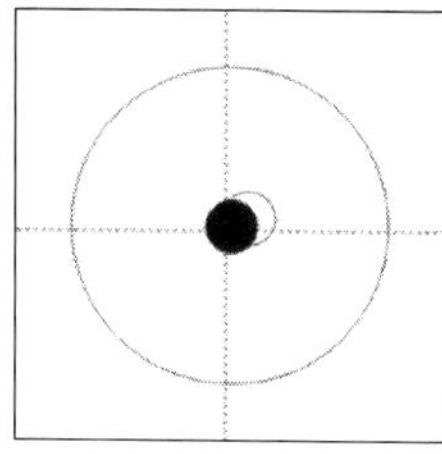

Concentricidad: los núcleos de las dos fibras ópticas deben estar uno frente al otro

Para más información sobre este tema, consulte la sección Acoplamiento entre fibra óptica y conector óptico - Principios de ajuste.

Problema n° 2: las dimensiones en juego

La segunda gran dificultad de conectar dos fibras ópticas, reside en sus dimensiones. En el lenguaje común se dice que "una fibra óptica es tan fina como un cabello". De hecho, una fibra óptica con su revestimiento primario es más gruesa que un cabello. Pero cuando se quiere unirlas de extremo a extremo, nos damos cuenta realmente de la magnitud del problema: se entra en el campo de la microtecnología, con dimensiones que se miden en milésimas de milímetro.

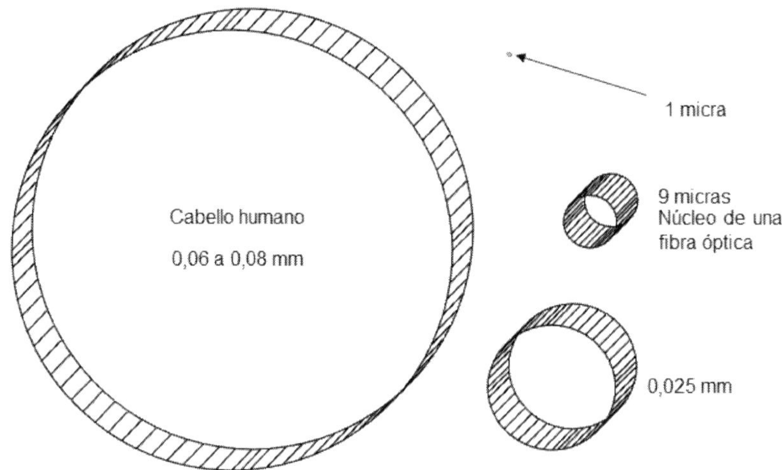

Comparación entre un pelo y el núcleo de una fibra óptica unimodal

Problema n° 3: la distancia longitudinal entre las dos fibras ópticas

Cuando un rayo de luz pasa del núcleo de la fibra óptica –un medio con índice n_1– al aire –un medio con índice n_0–, parte de la luz se refleja. Es lo que se conoce como pérdidas de Fresnel.

Estas reflexiones luminosas inductoras de pérdidas, se producen dos veces: en primer lugar, a la salida del haz luminoso, el trayecto fibra-aire y, en segundo lugar, a la entrada del haz en la otra fibra, el trayecto aire-fibra.

Estas pérdidas serán aún mayores si no hay pegamento, líquido o gel de índice entre las dos fibras ópticas. También dependerán de la apertura digital de las fibras ópticas. Cuanto mayor sea la apertura digital, mayores serán las pérdidas.

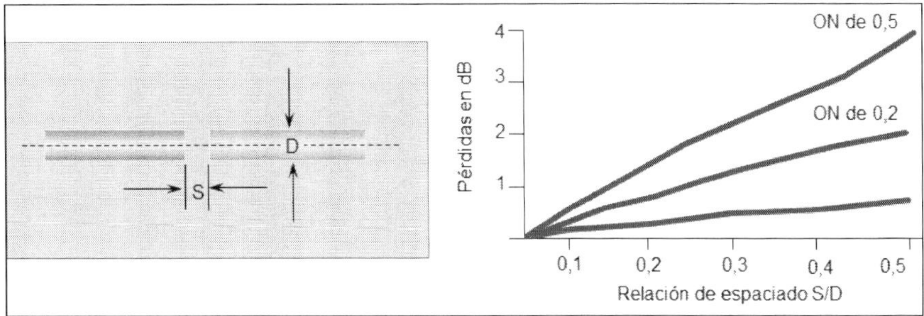

Pérdidas en función de la distancia longitudinal de las fibras ópticas

Problema n° 4: acabado de la superficie

Si las superficies de las fibras ópticas están en mal estado –arañadas, muy rugosas, etc.– los rayos de luz que salen y entran se dispersan. Algunos rayos no entran en la fibra receptora o tienen un ángulo de incidencia demasiado alto. Esto provoca pérdidas adicionales.

Por ello, la operación de pulido de la cara de las fibras ópticas se realiza en varias etapas, cada una de ellas con papeles de pulir abrasivos con granos progresivamente más finos: 15 μm, 9 μm y luego 5 μm para el desbaste, seguidos de 1 μm y luego 0,3 μm para el acabado, garantizando así la planitud de las superficies.

El pulido manual suele ser suficiente, pero si es necesario, se puede recurrir al pulido industrial en máquinas semiautomáticas o al premontaje de conectores (preconectorización), con un pulido realizado en condiciones de laboratorio.

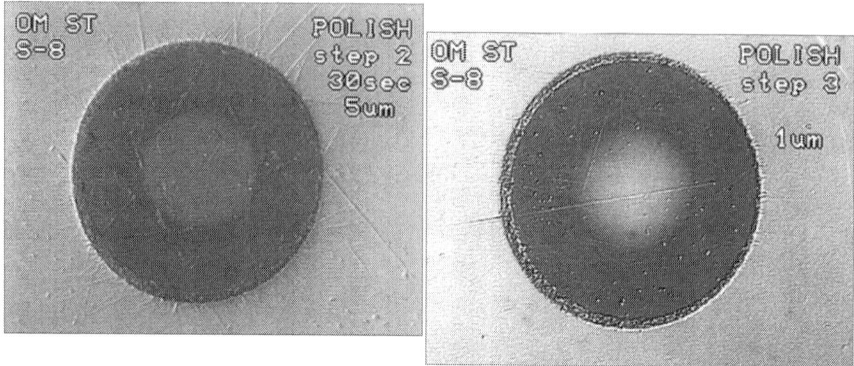

Ejemplos de acabados superficiales deficientes

Problema 5: Desalineación axial

Un desfase entre los ejes de las fibras ópticas hace que determinados modos de la fibra ascendente, pasen al revestimiento de la fibra descendente.

Estos rayos se pierden, siendo las pérdidas proporcionales a la relación de desalineación axial L/D.

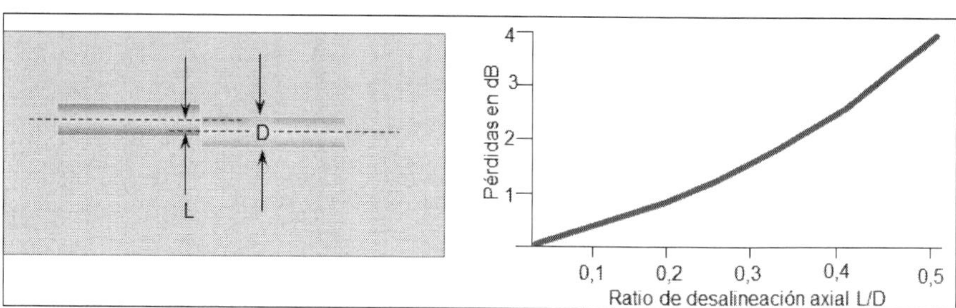

Pérdidas en función de la desalineación axial de las fibras ópticas

Problema 6: Desalineación angular

Una desalineación angular entre los ejes de las dos fibras ópticas que se van a acoplar, provoca pérdidas proporcionales al ángulo de desalineación e inversamente proporcionales a la apertura digital.

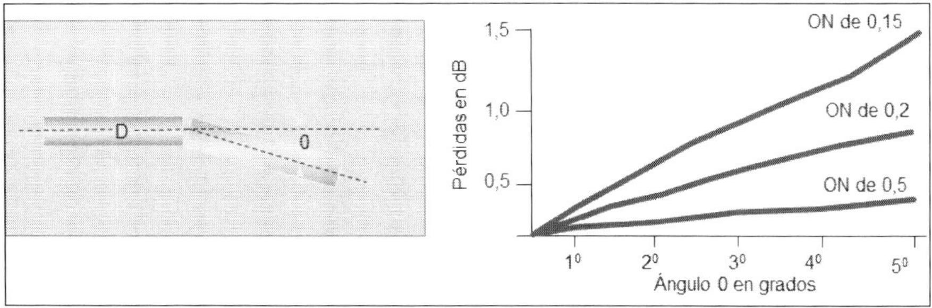

Pérdidas en función de la desalineación angular de las fibras ópticas

1.2 Definiciones básicas de conectividad óptica

Clavijas y conectores ópticos

Normalmente, un enlace entre las caras de dos fibras ópticas requiere tres elementos:

- Un primer conector óptico en el que se inserta la primera fibra óptica.
- Un segundo conector óptico en el que se inserta la segunda fibra.
- Un conector, también conocido como manguito de alineación, que proporciona la unión entre estas dos clavijas.

Este conjunto de tres elementos constituye un conector óptico.

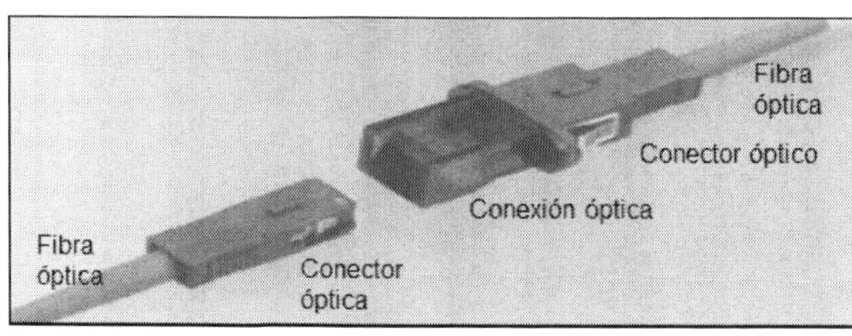

Principio de unión de dos fibras ópticas

Para evitar malentendidos, el término "conector óptico" se utiliza a menudo para referirse sólo al conector óptico.

Conector óptico

También hay un conector óptico formado por sólo dos elementos:

- Una pieza macho, en forma de conector óptico.
- Pieza hembra en la que se inserta el conector óptico.

En el ejemplo siguiente, este conector óptico une dos fibras ópticas insertadas en el conector óptico con dos fibras ópticas insertadas en la parte hembra.

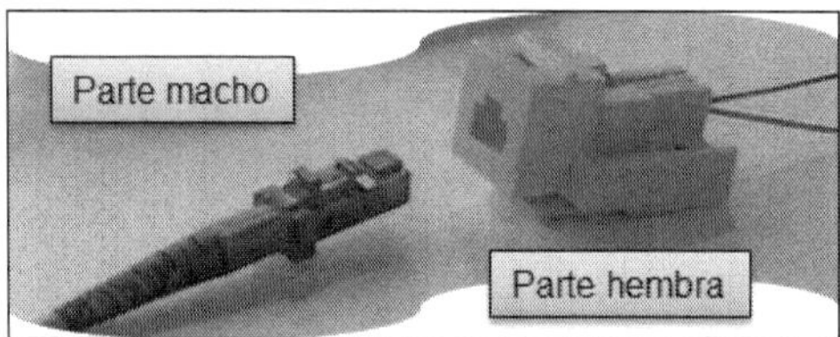

Ejemplo de conector óptico

Base óptica

Cuando se va a conectar una fibra óptica a un equipo optoelectrónico, el conector está formado por dos elementos –el conector óptico y una toma instalada en el equipo– a los que se añade, en algunos casos, un conector también conocido como pasamuros.

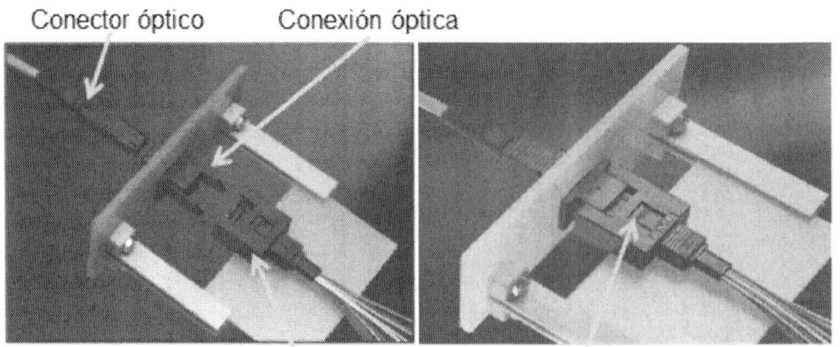

Ejemplo de base óptica

¿Férula o virola?

En la terminología de los conectores ópticos, se debe evitar el término *férula* y sustituirlo por su equivalente español "virola".

Virola y pérdida de inserción

A través de un conector óptico, la señal de luz que pasa de la primera fibra óptica a la segunda, sufrirá un debilitamiento de la señal: pérdida de inserción. Los materiales utilizados para los conectores ópticos desempeñan un papel importante. Pueden ser de cerámica, que ofrece la retención más precisa de la fibra óptica y, como corolario, la menor pérdida de inserción, del orden de 0,2 dB, o de acero inoxidable, con una relación calidad/coste y pérdidas del orden de 0,3 a 0,4 dB o de polímero, el material más barato pero con pérdidas que pueden variar de 0,3 a 0,6 dB y que, por tanto, sólo se debe utilizar cuando el presupuesto óptico sea más que suficiente.

2. Ejemplos de conectores de fibra óptica

2.1 Primeros conectores ópticos

Ya en 1970, cuando se fabricó la primera fibra óptica, se creó el primer conector óptico: **FSMA** (*fiber subminiature type A*), que incorporaba las principales características del conector para cables de cobre. Este conector óptico tenía una virola de acero y un cierre de rosca. Aceptaba fibras ópticas multimodo de 125, 140 o 230 micras, con diámetros de revestimiento de hasta 5,3 milímetros, así como fibras ópticas de plástico de un milímetro.

Después, con el mismo espíritu, llegó **el mini BNC**, que reutilizaba la idea de los conectores coaxiales y la aplicaba a la fibra óptica. Se trata de un conector óptico de acero con cierre de bayoneta que admite fibras ópticas multimodo de 125 o 140 micras, con diámetros de revestimiento de hasta 3,2 milímetros.

Le siguió una línea de conectores ópticos, todos ellos con mejoras sucesivas, algunos dedicados a fibras simples, otros a cables bifibra y otros a cables ópticos multifibra de tipo cinta.

2.2 Ejemplos de conectores para fibra óptica simple

Entre la amplísima variedad de clavijas, conectores y herrajes ópticos, los más conocidos e instalados actualmente son ST, SC y FC (*fiber connector*) para uniones monofibra. Estado:

- Conector **bicónico** de los Laboratorios Bell (1976) para fibras ópticas unimodales o multimodales, con virola cónica y cierre de rosca.
- Conector **Optaball** de la empresa francesa Radiall (1981).
- Conector **ST** de AT&T (1985) para fibras ópticas unimodales o multimodales de 125 o 140 micras, con un diámetro de revestimiento de hasta tres milímetros. Las virolas son de cerámica, acero inoxidable o polímero, con cierre de bayoneta. La fibra óptica se acaba con pulido convexo (*physical contact* - PC).
- La clavija **SC** (*subscriber connector*) de NTT (1986), para fibras ópticas unimodales o multimodales de 125 o 140 micras, con un diámetro de revestimiento de hasta tres milímetros. Suele tener una virola cerámica, bloqueo push-pull y dos opciones de pulido: pulido convexo (PC) y contacto físico angular (*angular physical contact* - APC).
- El conector **FC** se utiliza ampliamente en enlaces Fibre Channel, para fibras ópticas unimodales de 125 micras con un diámetro de revestimiento de hasta tres milímetros, normalmente con una virola de cerámica y cierre de rosca.

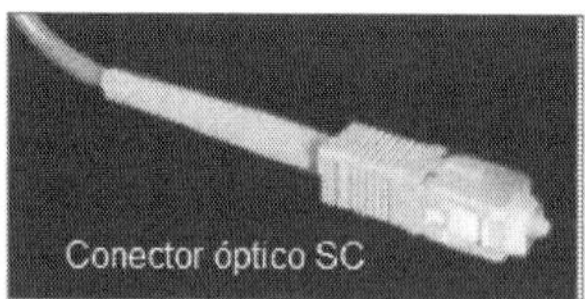

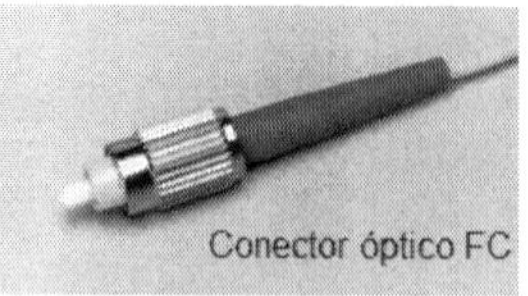

Ejemplos de conectores ópticos para fibra única

2.3 Ejemplos de conectores para cables con dos fibras ópticas

En el caso de uniones de cables con dos fibras ópticas, existen esencialmente dos tipos de conector óptico –FSD y RSD– y un "verdadero" conector óptico - MT.

- El conector **FSD** (*fixed shroud duplex*) de AMP (1984), dedicado esencialmente a las redes FDDI (*fiber distributed data interface*) que funcionaban con dos fibras ópticas con topología en anillo y flujo de transmisión contra rotatorio, por razones de fiabilidad. El conector FSD para fibras ópticas multimodo de 125 ó 140 micras tiene bloqueo lateral y virolas flotantes de cerámica o polímero.
- El conector **RSD** (*retractable shroud duplex*) para enlaces informáticos de alta velocidad, como Escon (*enterprise systems connection architecture*) o Fibre Channel, que admite fibras ópticas multimodo de 125 micras y dispone de virolas cerámicos flotantes.

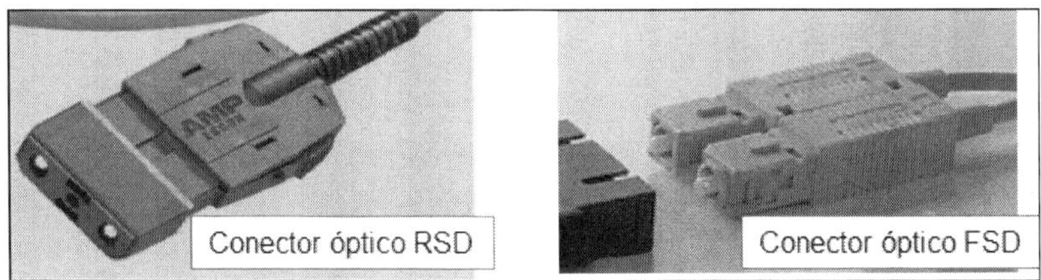

Ejemplos de conectores ópticos para cables bifibra

- El conector **MT**. El desarrollo de las redes de fibra óptica ha aumentado los requisitos de superficie de los locales técnicos y, por tanto, la demanda de conectores ópticos de gran capacidad, junto con la necesidad de simplificar las operaciones de montaje. Esto ha llevado al desarrollo de conectores ópticos, como el conector **MT** para dos fibras ópticas.

  En términos de compacidad, es más pequeño que el conector FSD (véase la foto siguiente).

En términos de simplificación, no hay necesidad de un conector óptico, ya que consta de una parte macho para dos fibras ópticas y una parte hembra ya preinstalada con dos extremos de fibra pulidos en fábrica. Las dos fibras ópticas se insertan en esta pieza mediante una simple llave, gracias a la técnica de empalme mecánico.

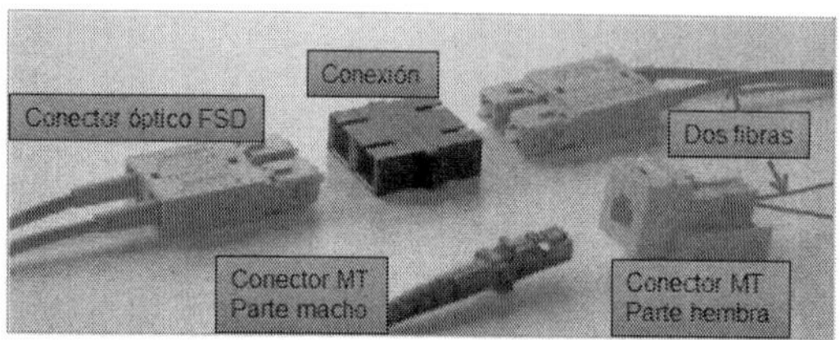

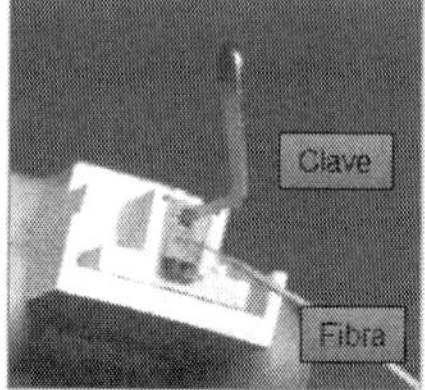

Ejemplos de compacidad y facilidad de montaje

2.4 Conectividad óptica de alta densidad

La historia de los conectores de alta densidad se remonta muy atrás, a 1983, cuando el operador NTT desarrolló y patentó por primera vez el conector MT. Ya en 1988, los primeros conectores "densificados" podían conectar de cuatro a ocho fibras ópticas unimodales.

¿Por qué "alta densidad"?

Un diagrama vale más que mil palabras...

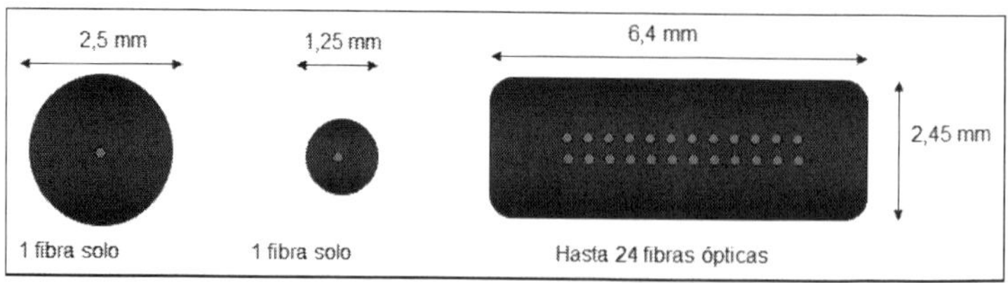

Densificación de la conectividad óptica

2.4.1 MPO-12, un conector normalizado

En 1991, la conectividad de alta densidad se convirtió en el dominio de los conectores ópticos basados en la conectividad MPO (*multifiber push-on*), ideal para las fibras ópticas de cinta. De hecho, esta norma se convirtió en norma de iure en 1996, cuando la CEI la adoptó mediante la norma internacional CEI 61754-7, que definía las dimensiones normalizadas de las interfaces. La primera edición se publicó en diciembre de 1996, seguida de revisión tras revisión y la edición número 3 se adoptó en marzo de 2008.

Esta norma 61754-7 fue **retirada y sustituida** en septiembre de 2014 por la norma **CEI 61754-7-1** *Dispositivos de interconexión y componentes pasivos de fibras ópticas - Interfaces de conectores de fibras ópticas - Parte 7-1 :Familia de conectores de tipo MPO -* ***Una fila*** *de fibras*. Incluye los puntos principales de la norma anterior pero, además, cubre los conectores MPO que aceptan una fila de 4, 8 o 12 fibras ópticas para todo tipo de aplicaciones, incluidos cordsets, backplanes ópticos, interfaces, montaje en placas de circuito impreso o en componentes activos, etc. Se anuncia como estable hasta finales de 2010. Se espera que sea estable hasta 2025.

En diciembre de 2017, la norma 61754-7-1 fue complementada por la norma CEI **61754-7-2** *Dispositivos de interconexión y componentes pasivos de fibra óptica - Interfaces de conectores de fibra óptica - Parte 7-2: Familia de conectores tipo MPO -* ***Dos filas*** *de fibras*. En esta ocasión, se han normalizado los conectores MPO con dos filas de 12 fibras ópticas cada una. Se espera que la norma sea estable hasta 2026.

Y, en abril de 2019, CEI **61754-7-3** *Dispositivos de interconexión de fibra óptica y componentes pasivos de fibra óptica - Interfaces de conectores de fibra óptica - Parte 7-3: Familia de conectores MPO -* ***Dos filas de 16 fibras***, véase la subsección MPO-16 y MPO-32.

Para comprar en: https://webstore.iec.ch/searchform&q=61754-7

2.4.2 Varias versiones de MPO-12

Existen dos versiones habituales de estos conectores ópticos MPO: una para cintas con una fila de 12 fibras ópticas y otra para cintas con dos filas de 12 fibras, es decir, que conectan 24 fibras ópticas. No obstante, hay que señalar que existen versiones para 36 o 72 fibras ópticas. En este caso, la preinstalación de los conectores de fábrica o en un laboratorio es muy recomendable, por no decir prácticamente obligatoria.

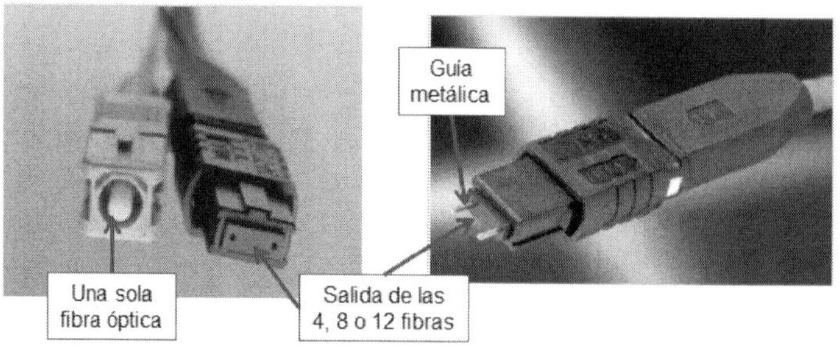

Ejemplos de conectores ópticos de alta densidad

El uso de este tipo de conector requiere una planificación cuidadosa del cableado. De hecho, el uso más interesante es fabricar las longitudes necesarias de todos los cables de distribución y entregarlos de fábrica equipados con estos conectores de alta densidad y, posteriormente, pedir "pulpos". A continuación, se pueden terminar con cualquier otro tipo de conector adecuado para las aplicaciones y los dispositivos que se vayan a conectar.

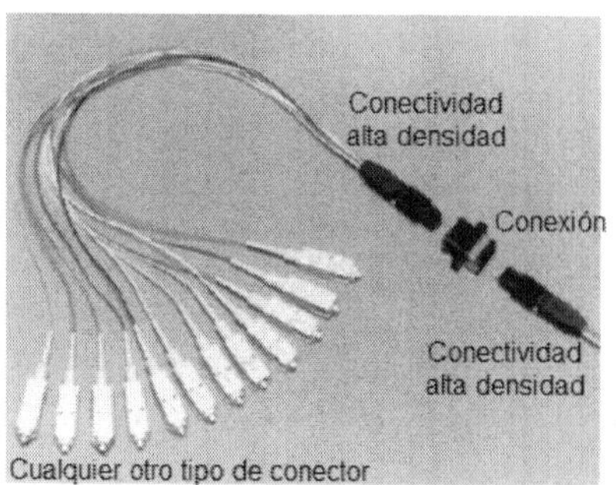

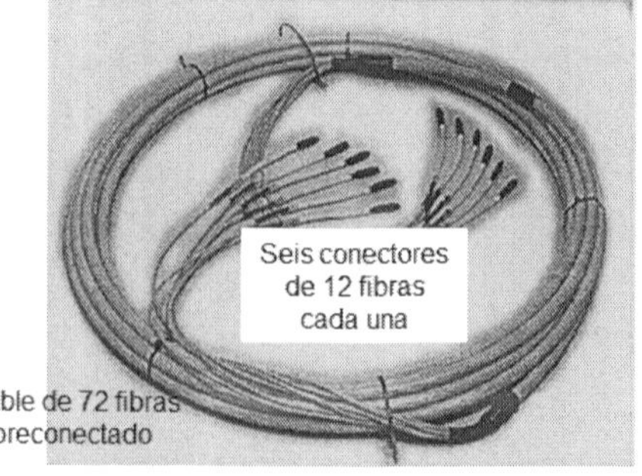

Ejemplos de uso de los conectores de alta densidad

MPO o MTP?

Algunos fabricantes ofrecen una variante de MPO denominada MTP (*mechanical transfer push-on*). ¿En qué consiste exactamente?

El acrónimo MTP es un nombre comercial que el fabricante estadounidense Conec dio su propia interpretación de la norma MPO, que luego han adoptado otros fabricantes. De hecho, se dice que el conector MTP, que también cumple las mismas normas que el MPO, tiene pérdidas de inserción menores, por tanto, menos pérdida de potencia de señal, combinadas con una mayor resistencia mecánica. Algunos fabricantes de conectores ofrecen en el mercado conectores MPO con las mismas prestaciones que los MTP, por ejemplo, mediante el uso de bloqueo elíptico de los pines, una zapata de contacto sobre un muelle ovalado, una virola flotante en dos ejes, termoplástico, etc.

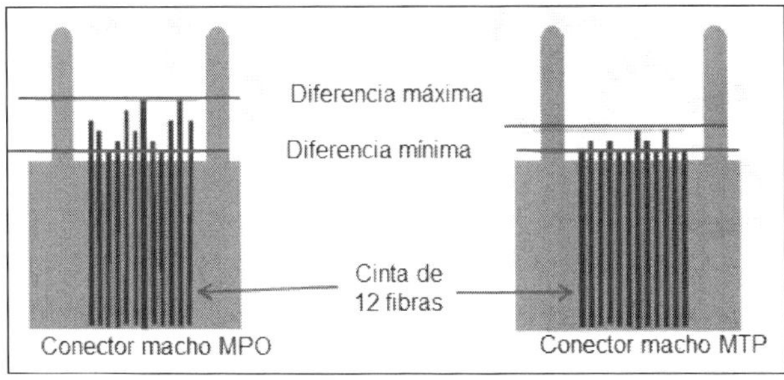

Diferencias en las limitaciones entre los modelos MPO y MTP

2.4.3 MPO-16 y MPO-32

Cuando se utilizaban en redes Ethernet, los MPO-12 utilizaban las cuatro fibras de la derecha para una dirección de transmisión y las cuatro de la izquierda, para la otra. Esto significaba que las cuatro fibras del centro, no se utilizaban. Al aumentar la velocidad de Ethernet, surgió la idea de fabricar conectores con 16 filas de fibras.

De ahí la propuesta en 2013 de la asociación estadounidense TIA de una conectividad para una cinta de una fila de 16 fibras. El objetivo era poder transmitir 400GBASE-SR16, es decir, 400 Gbit/s mediante 16 x 25 Gbit/s en paralelo, a través de dieciséis fibras multimodo. Este MPO-16 se normalizó en noviembre de 2015 con la referencia TIA-604-18 FOCIS-18.

La TIA continuó su trabajo y creó el MPO-32 para dos cintas de 16 fibras cada una o para una cinta de dos filas de 16 fibras. Este nuevo conector óptico permite 400GBASE-SR16 en cualquier dirección de transmisión.

Normalización por la CEI

En abril de 2019, la CEI normalizó MPO-32 mediante la publicación de la norma CEI **61754-7-3** titulada *Dispositivos de interconexión y componentes pasivos de fibra óptica - Interfaces de conectores de fibra óptica - Parte 7-3: Familia de conectores de tipo MPO - Dos filas de 16 fibras*. Se anuncia como estable hasta 2027 y se puede adquirir en el sitio web de la CEI:
https://webstore.iec.ch/en/publication/26692

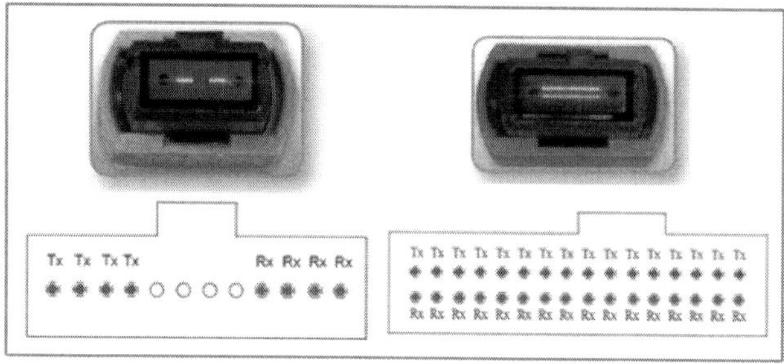

A la izquierda, MPO-12 para 100GBASE-SR4; a la derecha, MPO-32 para 400GBASE- SR16

2.5 Conector óptico VSFF

Los conectores ópticos tradicionales, como LC, MPO, etc., han encontrado su lugar en las redes de fibra óptica y los centros de datos. Sin embargo, el tamaño cada vez mayor de las redes y los centros de datos y el objetivo de aumentar la superficie ocupada, han dado lugar a nuevos conectores ópticos miniaturizados o de factor de forma muy pequeño (*very small form factor* - VSFF). Algunos ejemplos: **MXC** en marzo de 2014, CS (Corning-Senko) en marzo de 2017, posteriormente **MDC** (*mini-duplex connector*) en enero de 2019, **SN** (Senko-Nano) en febrero de 2019 y **MMC** (*mini-multifibers connector*) en 2021.

2.5.1 MXC, la evolución de MPO-16

Dado que el protocolo Ethernet sigue evolucionando en términos de velocidad, US Conec ha desarrollado un conector "terabit": el MXC. Evolución del MPO-16, el MXC conecta 4 filas de 16 fibras. La aplicación clave es Ethernet 400GBASE-SR16 a 25 Gbit/s por fibra. Esto supone un caudal de 25 Gbit/s x 64 = 1,6 Tbit/s.

Este conector lo fabrican otros fabricantes como Molex y Rosenberger, bajo licencia de US Conec.

Evolución del MPO-16, el MXC conecta 4 filas de 16 fibras

2.5.2 Conectores CS

Liderado por las empresas estadounidenses Corning y Senko, el conector CS (Corning-Senko) fue reconocido como un estándar de facto en marzo de 2017 por el QSFP-DD MSA a través de las especificaciones básicas publicadas en *CS Connecter Specification CS-01242017 Rev 0.1*. Estas características se confirmaron en el documento QSFP-DD MSA llamado *QSFP-DD Hardware Rev 5.0* y se publicaron en julio de 2019.

Para convertirse en una norma de *jure*, el conector CS siguió el procedimiento de normalización de estandarización de la asociación americana Telecommunications Industry Association (TIA) y se normalizó con la referencia ANSI/TIA- 604-19 FOCIS 19 (FOCIS para *Fiber Optic Connector Interface Standard*) como conector con dos virolas cerámicas.

En comparación con la conectividad LC, el ahorro de espacio es muy evidente.

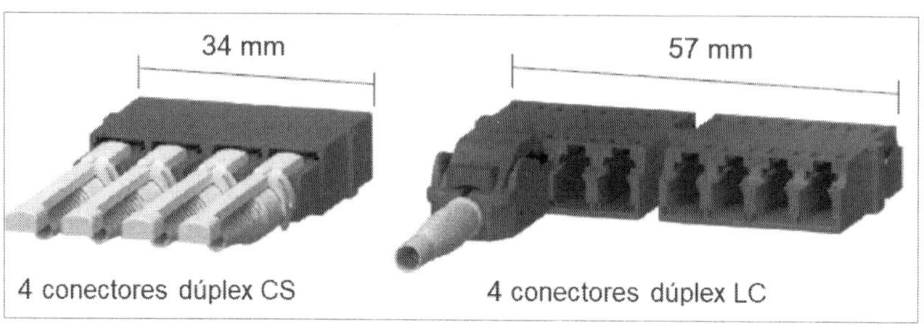

Diferencias de tamaño para 8 puertos entre conectores dúplex CS y LC

Varios fabricantes, entre ellos Eoptolink, Legrand, Molex, Panduit, Senko y GoFoton, han unido sus fuerzas en el CS Consortium para promover este nuevo conector, sus variantes y el desarrollo de sus aplicaciones; véase el sitio web http://www.csconnector.net/.

2.5.3 Conectores MDC

En enero de 2019, el conector MDC (*mini-duplex connector*), impulsado por la empresa estadounidense US Conec, se especificó en el documento titulado *Interface Specification for MDC Receptacle USC11383001*. La revisión 4.0, de febrero de 2020, notificó que las especificaciones para receptáculos de módulos transceptores QSFP-DD también pueden ser adecuadas para receptáculos de módulos OSFP.

En comparación con el conector LC, el ahorro de espacio también es evidente.

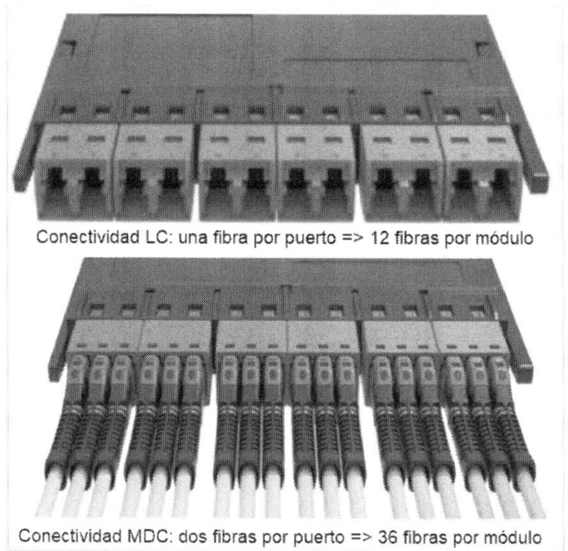

Para el mismo tamaño de módulo, colocamos 12 fibras en conectores LC y el triple, es decir, 36 fibras, en conectores MDC

Varios fabricantes, como Commscope, Corning, Fujikura, Legrand, Reichle & de Massari y Rosenberger, fabrican conectores MDC bajo licencia US Conec.

2.5.4 Conectores SN

Para seguir el ritmo de evolución de los emisores-receptores ópticos e, impulsada únicamente por la empresa estadounidense Senko, la conectividad SN (Senko-Nano también conocida como *Simplified Networks*), fue reconocida como un estándar *de facto* en febrero de 2019 por la asociación QSFP-DD MSA, que refrendó las especificaciones básicas en el documento *SN Connector Specification SN-60092019 Rev 1.0*. Estas especificaciones fueron confirmadas en el documento *QSFP-DD MSA QSFP-DD Hardware Rev 5.0*, publicado en julio de 2019 y por la Revisión 7.0 en octubre de 2023. Además, la conectividad SN está siendo normalizada por la CEI en CEI 61754-36, edición anunciada para septiembre de 2024.

En comparación con la conectividad dúplex LC, la miniaturización es claramente visible.

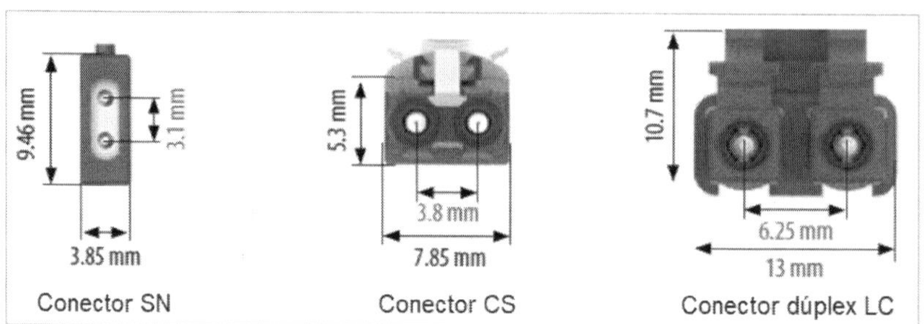

Diferencias de tamaño para conectar dos fibras ópticas entre conectores SN, CS y LC

Los conectores SN están disponibles en varios modelos: SN standard connector, SN junior connector, SN compact/mini connector, SN uniboot connector, SN EZ-flip connector, SN gang-clips, SN-MT16 connector, SN-MT16 junior connector, SN-MT gang-clips, etc. acompañados de una amplia variedad de adaptadores.

Varios fabricantes de conectores como Commscope, Molex, Reichle & de Massari y Rosenberger fabrican conectores SN bajo licencia de Senko.

2.5.5 Conectores MMC

US Conec ha desarrollado el conector MMC (*mini-multifibers connector*) de tipo VSFF para soluciones de cableado multifibra de alta densidad, como las utilizadas en centros de datos (*data centers*). Está disponible en varias versiones: MMC-12, para 12 fibras ópticas, MMC-16, para 16 fibras y MMC-24. Este último puede conectar hasta 24 fibras ópticas unimodales o multimodales, en dos filas de 12 fibras, con una huella tres veces menor que la de un conector MT.

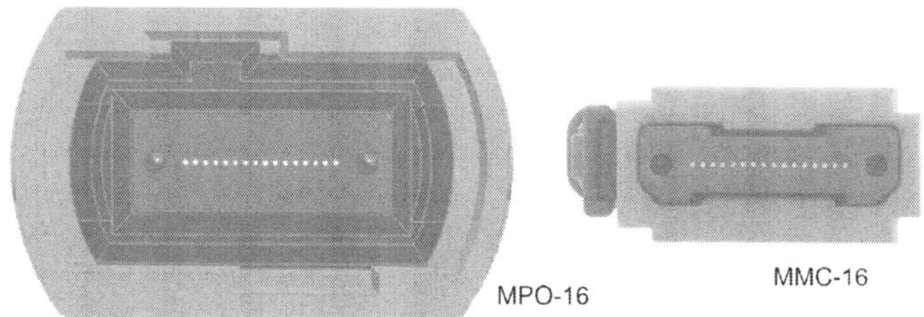

Conectores MMC y comparación con los conectores MT

Varios fabricantes, como DMSI, Fujikura y Sumitomo, fabrican conectores MMC bajo licencia de US Conec.

2.6 Evolución hacia la seguridad

El despliegue de la fibra óptica hasta el hogar (FTTH) está dando lugar a un riesgo bien conocido por los profesionales, pero prácticamente desconocido por el público en general: la pérdida de visión si se mira a un extremo de la fibra óptica, mientras un láser está transmitiendo en el otro extremo.

El mercado también está asistiendo a la aparición de conectores "seguros". Por ejemplo, hay conectores y adaptadores ópticos de tipo LC con un perfil rebajado y una pestaña retráctil para proteger los ojos (véase la vista inferior).

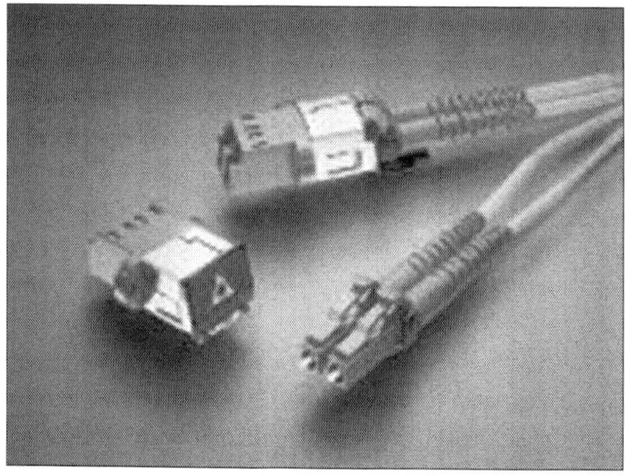

Ejemplo de conexión óptica segura

2.7 Enchufe óptico con fuente de alimentación

Para garantizar un mejor despliegue de la aplicación de fibra hasta el puesto de trabajo (*fiber to the desk* - FTTD), es interesante combinar la fibra óptica y la fuente de alimentación eléctrica en el mismo conector. Esta es una propuesta del fabricante de conectores estadounidense SENKO con el IP-ONE para fibras unimodales o multimodales y con una fuente de alimentación de corriente continua o alterna.

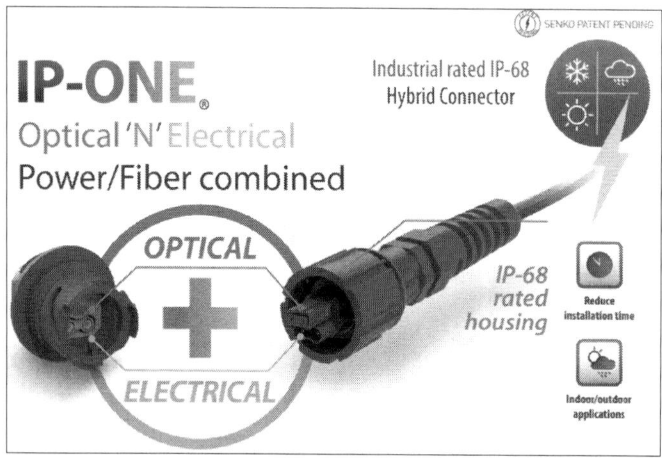

Conectividad combinada de fibra óptica y alimentación eléctrica

2.8 ¿Dónde encontrar las normas de conectividad óptica?

La CEI ha publicado decenas de normas sobre conectividad óptica: **FC** (CEI 61757-13), **SC** (CEI 61754-4), **LC** (CEI 61754-20), LC-RJ (CEI 61754-24), **MT** (CEI 61754-5), **MT-RJ** (CEI 61754-18), **MU** (CEI 61754-6), **MPO-12** (CEI 61754-7-1), **MPO-24** (CEI 61754-7-2), **MPO-32** (IEC 61754-7-3), etc.

A finales de 2023, había **85** publicaciones sobre conectividad óptica disponibles en la tienda en línea de la CEI:
https://webstore.iec.ch/searchform&q=61754

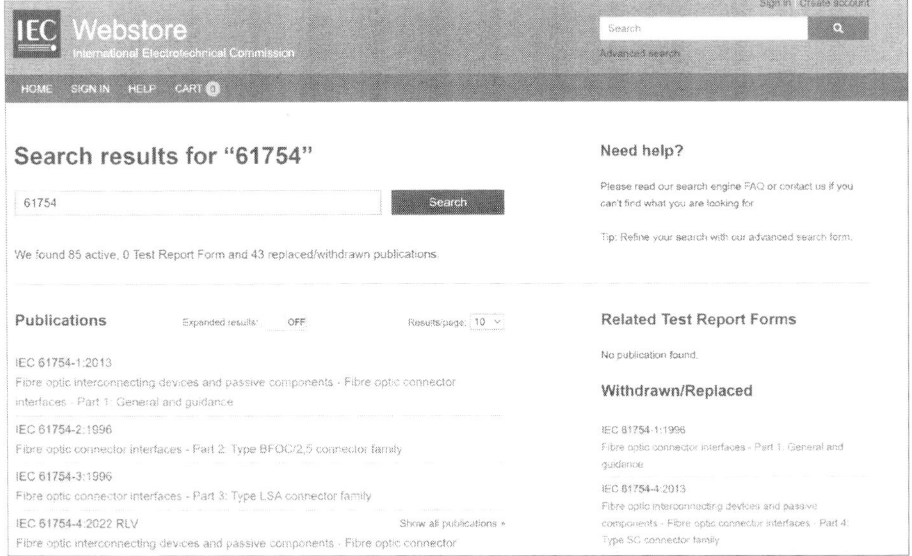

Tienda en línea de normas de conectividad óptica de la CEI

3. Acoplamiento entre fibra óptica y conector óptico

3.1 Principio de conexión convencional

Hay varios pasos para insertar una fibra óptica en un conector óptico:

- Pelado de la fibra óptica.
- Preparación del adhesivo epoxi.
- Inyección del adhesivo e inserción de la fibra óptica en el conector.
- Fijación del cable.
- Polimerización al horno, a menos que se utilice cola fría.
- Corte de la fibra óptica.
- Pulido de la cara de la fibra óptica.
- Y, por último, inspección visual con un microscopio.

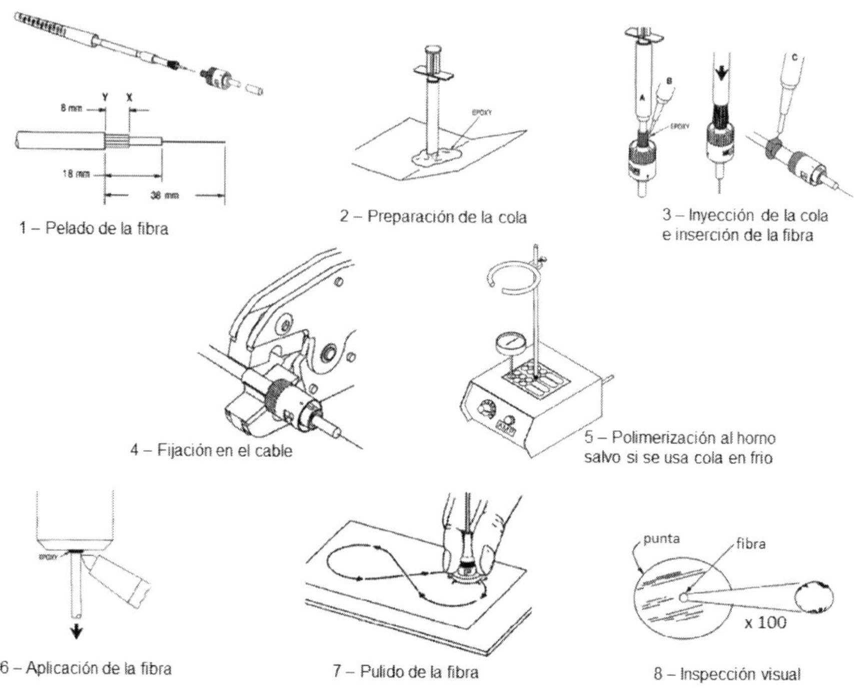

Pasos para conectar una fibra óptica a un conector óptico

3.2 Principio de pegado

En cuanto a la adhesión entre el conector óptico y la fibra óptica, tradicionalmente la fibra se mantiene en el conector mediante pegamento caliente. El pegamento se inyecta primero en el conector óptico con una jeringuilla y luego, se pasa por un horno para que se endurezca.

Estas operaciones no sólo son laboriosas y delicadas sino que, sin ánimo de ser pesimistas, también son fuente de dificultades. Los principales problemas son la elección de la cola y el tiempo de secado. En primer lugar, hay que acordarse de comprobar la fecha de caducidad. En segundo lugar, la cola debe ser del tipo recomendado, de lo contrario no soportará correctamente el paso del tiempo. Si esto ocurre, la junta dejará de mantenerse unida con el tiempo y habrá que rehacer el trabajo al cabo de unos años. En cuanto al tiempo de secado natural, puede durar hasta un día. También se utiliza un horno, que puede reducirse a dos horas o incluso mucho menos, en función del tipo de cola elegido y, sobre todo, de su precio.

Estas operaciones se han simplificado con la llegada de las colas frías, que evitan la necesidad de adquirir e instalar in situ un horno con suministro eléctrico.

3.3 Principio de prensado o crimpado

Desde 1995, esta operación de encolado se ha suprimido en algunos conectores y se ha sustituido por el crimpado. Por ejemplo, para los conectores ST y SC "crimpados", basta con una simple herramienta de crimpado para sujetar la fibra óptica en este tipo de conector.

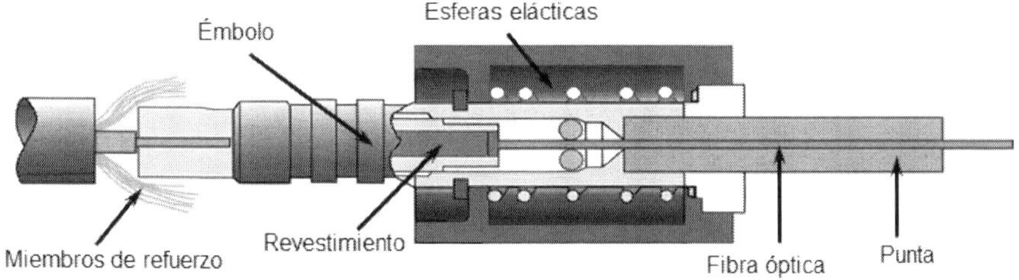

Esquema de un conector óptico antes del crimpado

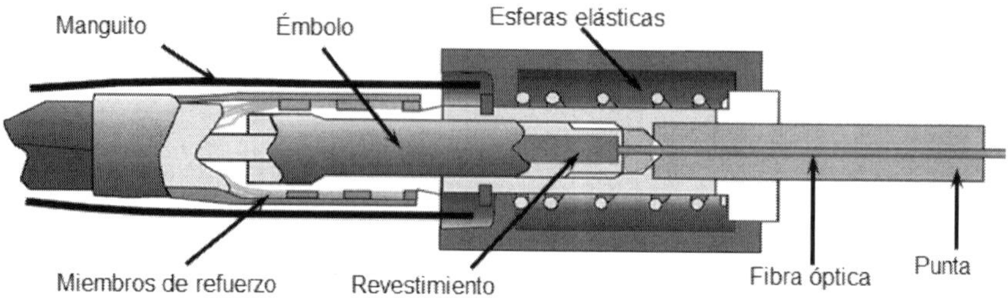

Diagrama de un conector óptico después del crimpado

El crimpado fue una revolución en sí mismo, ya que permitió conectar una fibra óptica en sólo dos minutos, sin cola y sin horno. Otra ventaja es que, en la operación de pegado, había que pulir la fibra óptica y la cola, mientras que en la operación de crimpado basta con pulir la fibra.

Hay que tener en cuenta que deberíamos hablar de multicrimpado, es decir, crimpado en varios puntos: la fibra óptica, el revestimiento, la portadora y el revestimiento exterior.

3.4 Principios del pulido

Pulido convexo

La parte del pulido es muy importante, porque de ella dependerá la calidad del contacto físico entre las caras de las dos fibras ópticas. De hecho, un mal pulido provocará que la señal luminosa se refleje en mayor o menor medida, lo que es sinónimo de un debilitamiento de la potencia transmitida. Esta reflexión se denomina pérdida de reflectancia (*return loss*).

El pulido puede dar como resultado una cara recta, pero una cara convexa permite una mejor alineación con los núcleos.

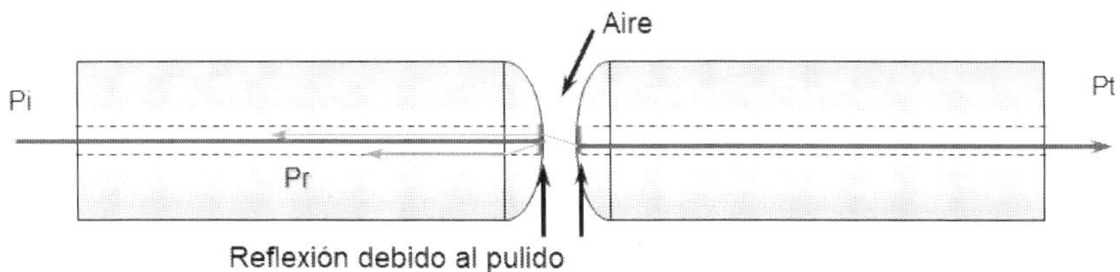

Pérdidas por reflexión en la cara de la fibra óptica

Pulido con acabado angular

Por regla general, las pérdidas debidas al pulido convexo son soportables. Sin embargo, en cuanto trabajamos en redes de fibra óptica unimodal a distancias muy largas o a velocidades binarias muy elevadas, esto se convierte en un problema. Aquí es donde entra en juego una técnica que consiste en pulir las caras con un ángulo de 7° u 8° para eliminar prácticamente este fenómeno. Es lo que se denomina pulido con acabado angular contacto físico angular (*angular physical contact* - APC).

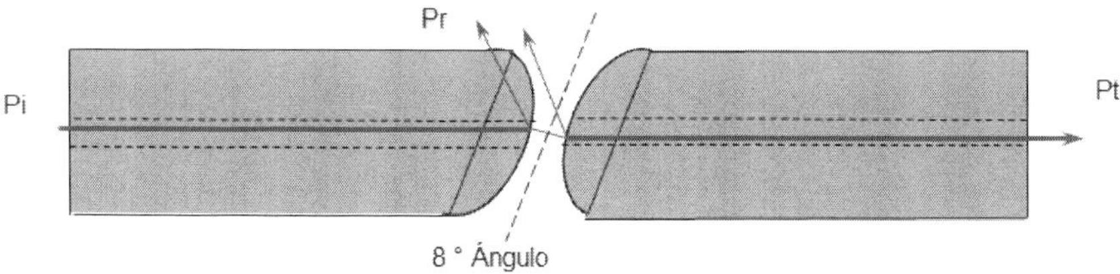

Acabado angular de superficies ópticas

Como orden de magnitud, en valores medios típicos, un pulido recto produce una pérdida de más de 1 dB, un pulido convexo en la región de 0,3 a 0,5 dB y un pulido angular en la región de 0,2 a 0,3 dB.

3.5 Enchufes preequipados

Con el desarrollo de la distribución de fibra hasta la oficina (*fiber to the office* - FTTO) o fibra hasta el puesto de trabajo (*fiber to the desk* - FTTD), se ha producido un nuevo avance en el campo del empalme de dos fibras ópticas: la llegada del conector MT-RJ (véase la sección Ejemplos de conectores para cables con dos fibras ópticas).

En este caso, podemos hablar de conector, porque nos encontramos con el concepto de conector macho o clavija para enchufar en un conector hembra o enchufe.

El conector MT-RJ contiene dos fibras ópticas que coloca frente a frente con las dos fibras que llegan a la toma. De este modo, se ahorra espacio y volumen en comparación con los conectores bifibra de tipo FSD o RSD y se reduce el número de componentes, puesto que ya no es necesario el conector o manguito de alineación.

3.6 Fibras ópticas preconectadas

El mercado de edificios llamados masivamente conectados con fibra óptica, es decir, edificios en los que todos los puestos de trabajo o pisos están provistos de cables de fibra óptica, requiere un planteamiento organizativo diferente.

Para conseguirlo, la técnica utilizada se denomina preconectorización o industrialización de los sistemas de cableado de fibra óptica. El método es sencillo: se trata de definir, con la mayor precisión posible, las necesidades del emplazamiento al que se va a dar servicio en cuanto a número de puntos, premisas técnicas y distancias y posteriormente, encargar los componentes al fabricante como si se tratara de un mecano o un juego de Lego.

Los cables se entregarán en la obra cortados a las longitudes requeridas, equipados con los conectores necesarios y, sobre todo, construidos de fábrica (pulido industrial) y probados antes de la entrega. Cualquier modificación necesaria durante la vida útil de cualquier instalación, se realizará mediante soldadura o empalme mecánico.

Un ejemplo de ello es un cable equipado en un extremo con un conector óptico MPO que, en un volumen reducido, contiene 4, 8 o 12 fibras ópticas simultáneamente y, en el otro extremo, con 4, 8 o 12 conectores ópticos de cualquier tipo, como 4 SC, 4 ST y 2 FSD u otro tipo de mezcla (véase la sección Ejemplos de conectores de fibra óptica - Conectividad óptica de alta densidad).

Ventajas de los cables preconectorizados

La entrega de cables preconectorizados in situ ahorra costes cuando se instala el sistema de cableado.

Esencialmente, se reducirán los costes de mano de obra. Esto se consigue aumentando la productividad, gracias a un despliegue y pruebas de instalación más rápidos y reduciendo el número de instaladores cualificados, al simplificar y normalizar las tareas sin necesidad de una formación exhaustiva en métodos de conexión. También se ahorrará en otros ámbitos, como la ausencia de residuos de cables, el reciclaje de conectores defectuosos, la ausencia de inversiones, los seguros y el riesgo de rotura o pérdida de herramientas específicas.

Observación

Observe que antes de pedir sus cables preconectorizados, es necesario comprobar que la anchura de algunos conductos o revestimientos técnicos, no impida el paso de los conectores asociados a estos cables.

Cajón Blossom

Este sistema de cableado basado en fibras preconectorizadas también incluye una amplia gama de equipos asociados, como cajones separadores, casetes para enrollar las fibras ópticas, etc.

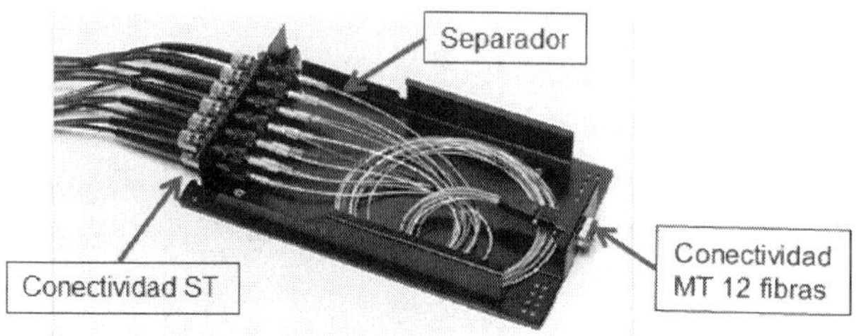

Ejemplo de cajón separador

Observación

Algunas personas se refieren a esto como el "cajón separador", cuando en realidad debería ser el "caja de segregación".

3.7 Principios de ajuste

El problema que hay que resolver es el de la excentricidad del núcleo de la fibra óptica o el desajuste entre la posición teórica del núcleo, el centro geométrico y su posición real, como se muestra en el diagrama siguiente.

En la mayoría de las redes de fibra óptica y aplicaciones asociadas, este desfase no es en absoluto perjudicial. De hecho, se produce en el caso de las fibras ópticas unimodales instaladas en redes de área extensa, redes de larga distancia y que proporcionan transmisiones de muy alta velocidad. La eliminación de este desfase para optimizar el rendimiento de la conectividad óptica, se consigue mediante un método conocido como "principio de ajuste".

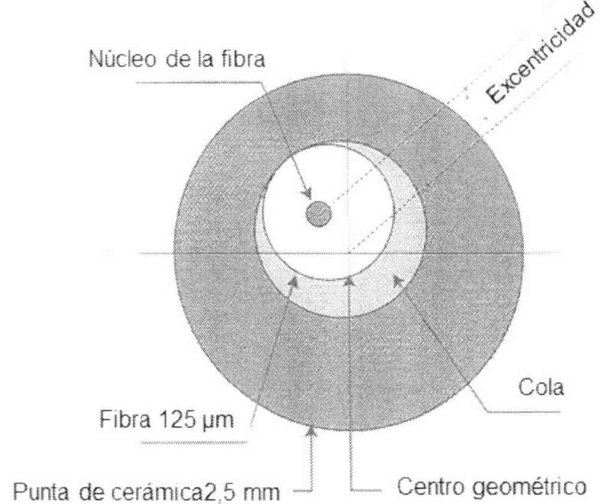

Excentricidad del núcleo de fibra óptica

Hay dos razones complementarias para trabajar según el principio de ajuste de la conectividad óptica: una razón económica y otra técnica.

Desde un punto de vista económico, es interesante obtener el menor balance óptico posible, ya que permite ampliar los pasos de amplificación de la señal. De esta manera, se ahorra en el número de amplificadores ópticos necesarios para proporcionar el enlace.

Desde un punto de vista técnico, la ventaja reside en la mejora de la fiabilidad, por no decir seguridad de la red, ya que este principio reduce la dispersión de los valores de atenuación.

De manera concreta...

En concreto, se trata de dos etapas que responden a dos preguntas: ¿dónde está el núcleo? ¿Dónde queremos que esté?

La primera etapa muestra el famoso desplazamiento o excentricidad del núcleo de la fibra óptica. Es el resultado de la superposición de las tolerancias de fabricación de la fibra óptica y del conector óptico. El ajuste consiste en reducirlo mediante la definición de una zona efectiva en la que se situarán los dos núcleos de las fibras a abastecer.

Esto es lo que ocurre en el paso 2, ilustrado a continuación. El ajuste se realiza girando el núcleo para llevarlo a la zona ajustada. Esta rotación se realiza por aproximaciones sucesivas guiadas por un fotómetro y un conector óptico de referencia, un conector con el núcleo desplazado fabricado a tal efecto. Es lo que se denomina un "offset plug" o descentrado.

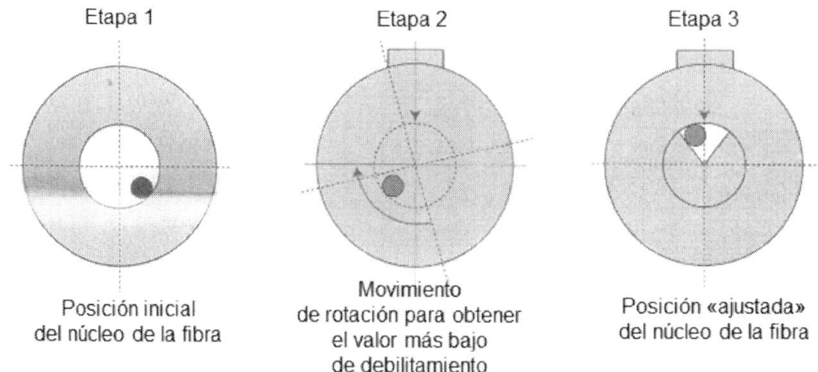

Principio de ajuste de la fibra óptica

Con este principio de ajuste de los conectores ópticos con acabado APC, la atenuación media típica será del orden de sólo una décima de dB.

4. Conectividad óptica para entornos difíciles

4.1 Principio del haz expandido

En entornos difíciles o incluso muy severos, como en campos minados, terrenos militares o incluso en zonas de combate, la solución para empalmar dos fibras ópticas es utilizar la técnica del haz expandido (*expanded beam*).

Se trata de ensanchar el haz de luz que sale de la primera fibra óptica mediante una lente incluida en el conector óptico, después la señal se propaga por una interfaz de aire entre las dos fibras y, por último, una segunda lente la "prensa" para que entre en la segunda fibra óptica.

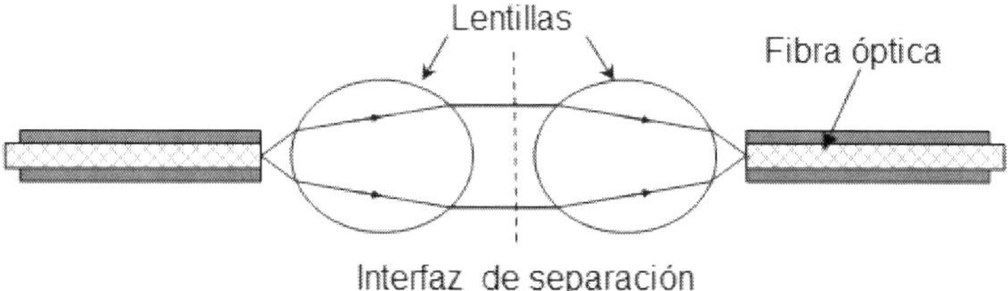

Diagrama esquemático de un conector de haz expandido

El inconveniente es la pérdida de potencia en la señal luminosa, compensada por ventajas en términos de longevidad, ya que no hay desgaste en la interfaz óptica y de fiabilidad, ya que hay mayor tolerancia a las impurezas y es más fácil de limpiar.

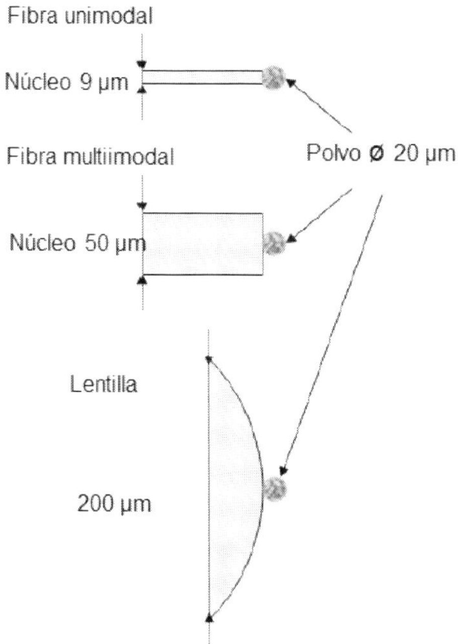

Diagrama que explica la mayor tolerancia de los haces expandidos a las impurezas

Ejemplos de características

En comparación con los conectores ópticos convencionales, los conectores de haz expandido están endurecidos. Algunos ejemplos de características físicas:

- Resistencia a la temperatura: de -55°C a +85°C.
- Corrosión: resistencia a las sales, resistencia a los ácidos, etc.
- Impermeabilización:
  - hasta varios metros de profundidad en el agua,
  - resistencia al barro.
- Resistencia a la presión: 25 kPa a -55°C.

Ejemplos de conectores ópticos de haz expandido

4.2 Conectores ópticos para aviónica

Las redes de fibra óptica son cada vez más comunes en los aviones (véase el capítulo Cables de fibra óptica, sección Cables de fibra óptica para aplicaciones específicas), por lo que los conectores ópticos se pueden encontrar en este entorno.

Las normas aeronáuticas son muy restrictivas y muy difíciles de modificar. Por ello, los conectores ópticos se han integrado en los conectores estándares mediante un "terminus" (plural: termini), es decir, un conjunto formado por una virola (*férula*) y un contacto.

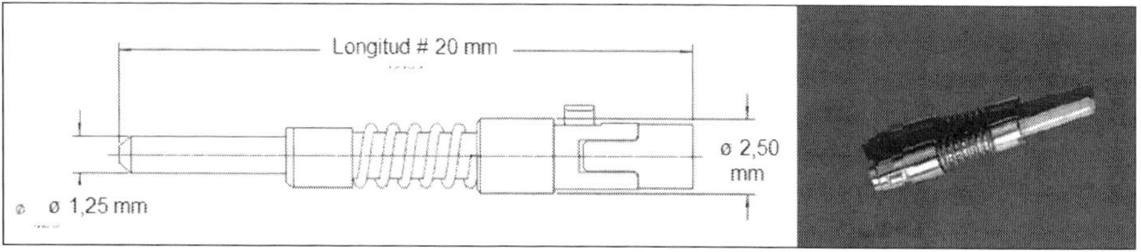

Ejemplo de terminus

Estos termini se alojan en carcasas normalizadas, de forma circular o rectangular, que contienen un número variable de contactos para otros soportes, como los cables de cobre. La normalización permite alojar un terminus en varios tipos de carcasa y a una carcasa aceptar varios tipos de termini. En cierto modo, el fabricante construye una interfaz geométrica, cilíndrica o rectangular, con los contactos adecuados y tres tipos de bloqueo: con tornillo, de bayoneta, preferiblemente de cuarto de vuelta o empujar-tirar (*push-pull*). La restricción clave es la estanqueidad para combatir al enemigo n° 1, el polvo.

Ejemplos de conchas que contienen terminales

4.3 Conectores ópticos en entornos ferroviarios

El desarrollo de los trenes de alta velocidad ha propiciado la aparición de aplicaciones de fibra óptica en este entorno. Sólo un ejemplo: el tren de mantenimiento TGV está equipado con tres cámaras que filman simultáneamente los raíles a más de 300 kilómetros por hora, desde tres ángulos diferentes y son capaces de detectar un defecto en los raíles y localizarlo con una precisión de un centímetro.

Los conectores ópticos utilizados están evidentemente "endurecidos", es decir, adaptados a condiciones muy severas como vibraciones, aceleraciones y deceleraciones. A menudo se denomina híbrido, porque se utiliza tanto para las fibras ópticas como para la alimentación eléctrica. A continuación, algunos ejemplos.

Conectividad óptica tipo LC endurecido

Conectividad híbrida eléctrica/óptica

Ejemplos de conectores ferroviarios

4.4 Conectores ópticos para cables submarinos

Las condiciones ambientales a las que se enfrentan los conectores ópticos submarinos, hacen que su montaje sea algo complejo. Por un lado, estos conectores deben ser estancos, pero por otro tienen que soportar enormes presiones y ataques de las sales marinas.

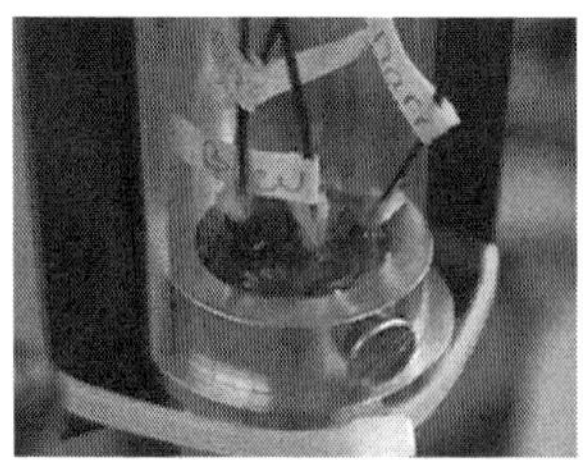

Fundición de resina epoxi

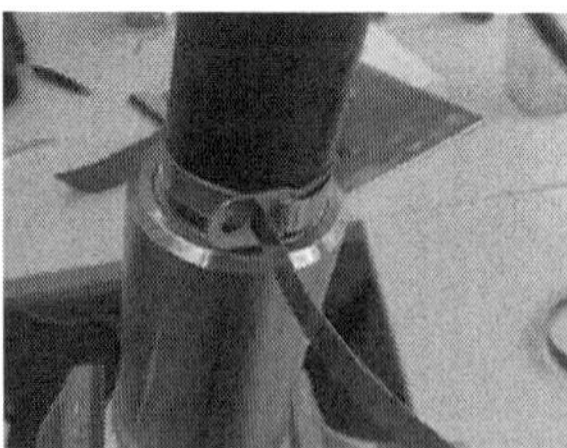

Instalación del manguito

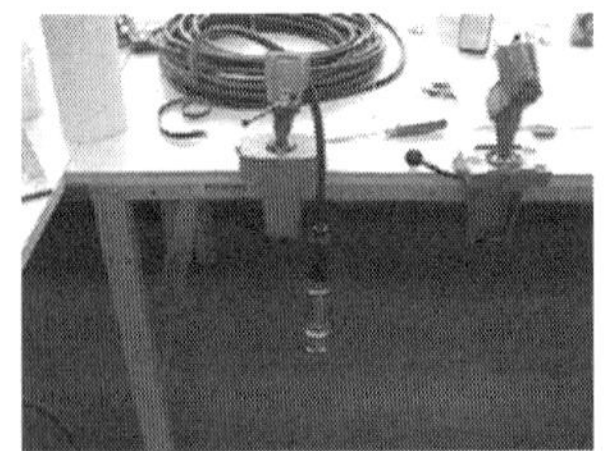

Inyección de resina de poliuretano. en la funda trasera del conector

Tres etapas importantes en el montaje de un conector óptico

4.5 Conectores ópticos para cables multifibra

Por regla general, cuando hay que empalmar dos cables multifibra, la operación clásica es hacer empalmes por fusión, ya que las fibras ópticas se sueldan entre sí con poca pérdida de potencia de la señal óptica. Sin embargo, esta operación une las fibras de forma casi irreversible, a menos que se corten las fibras.

En algunos casos, como en los centros de datos (*data centers*), puede ser útil utilizar conectividad óptica para facilitar la conexión y desconexión entre fibras.

Un ejemplo de este tipo de conector lo ofrece Sumitomo con el SWK, nombre comercial de una gama de conectores ópticos para OS2, ITU-T G.654.D y G.657.A1.

Conector SWK para cables unimodales multifibra

5. Conectores de fibra óptica de plástico

Aspectos generales

Hay varios tipos de conectores para fibras ópticas de plástico normalizados y disponibles para aplicaciones de automoción, audiovisuales, transmisión de voz, datos e imágenes, etc.

Son muy fáciles de montar y sólo requieren herramientas manuales.

Ejemplos de conectores para fibra óptica de plástico

Ejemplo de la red MOST

En el sector del automóvil, las redes MOST (*media oriented system transport*), dedicadas esencialmente a aplicaciones multimedia, son un ejemplo muy bueno del desarrollo de las fibras ópticas de plástico y sus conectores.

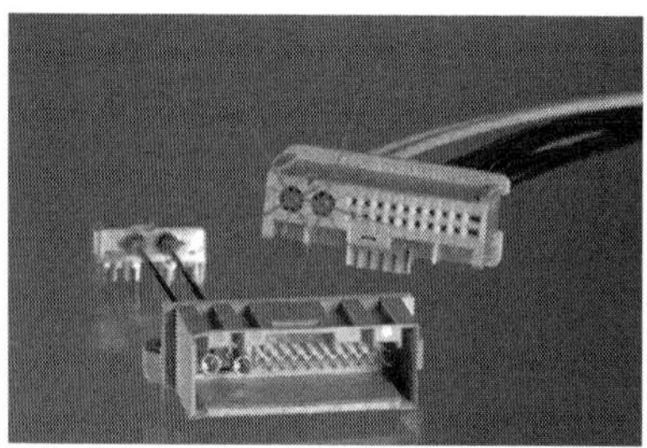

Conectores para 2 fibras ópticas
y 18 contactos eléctricos

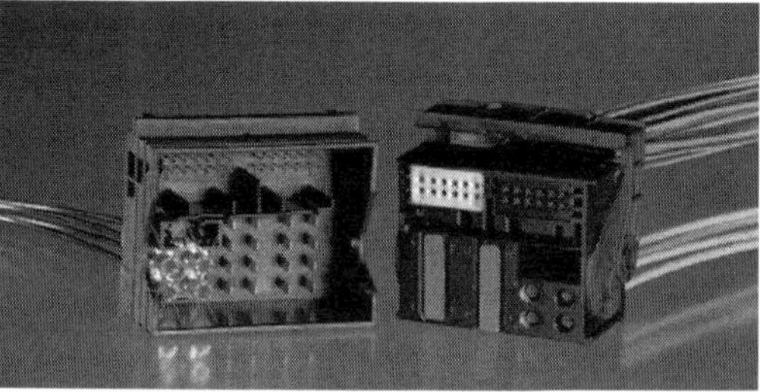

Conectores para radio con 4 fibras ópticas
y 40 contactos eléctricos

Ejemplo de conectores para redes MOST

6. Conexión fija o semifijo

Dos fibras ópticas se pueden unir de forma permanente, semipermanente –es decir, que se pueden separar un número limitado de veces– o se pueden separar tantas veces como sea necesario. He aquí algunos ejemplos:

- Conexión extraíble para equipos de prueba, embutidas en paredes o marcos, conexiones a equipos electrónicos, cables de conexión ópticos o servicios de estaciones de trabajo.
- Conexión semipermanente para permitir la modificación de las configuraciones del sistema de cableado, como en cajones, armarios o bahías ópticas.
- Conexión permanente para ampliar los trayectos ópticos, soldando fibras ópticas entre sí para obtener el equivalente de una fibra óptica de hasta varios miles de kilómetros.

6.1 Prolongaciones y empalmes mecánicos

La operación consiste en empalmar dos fibras ópticas en un dispositivo que se puede desmontar, si es necesario, una docena de veces.

Este puede ser el caso de enlaces temporales, enlaces de prueba, conexiones de fibras trenzadas (*pigtail*), etc. También puede ser adecuado para un enlace fijo si no se puede realizar un empalme por fusión por razones de material, coste o condiciones del emplazamiento.

Los extensores o empalmes mecánicos utilizados ponen las fibras frente a frente de manera correcta, pero sigue habiendo una capa de aire entre ellas. Esta capa es sinónimo de pérdidas por reflexión. Este problema se resuelve utilizando un gel con un índice muy próximo al de las fibras ópticas. Este gel está contenido en el extensor y se introduce entre las fibras en lugar del aire. Reduce las pérdidas por reflexión y aumenta la reflectancia, lo que se traduce en una atenuación relativamente baja, del orden de dos a tres décimas de decibelio, que no penaliza demasiado el equilibrio óptico del enlace.

Esta fiable alternativa al empalme por fusión es rápida, sencilla, rentable y no requiere equipo especializado, al tiempo que ofrece la opción de intervenir para desmontarla y/o reutilizarla.

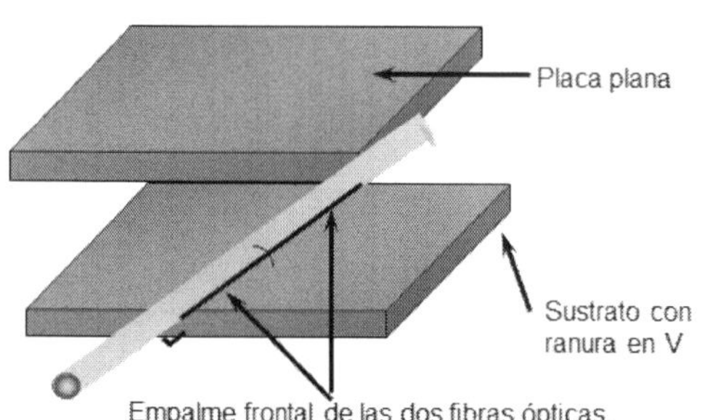

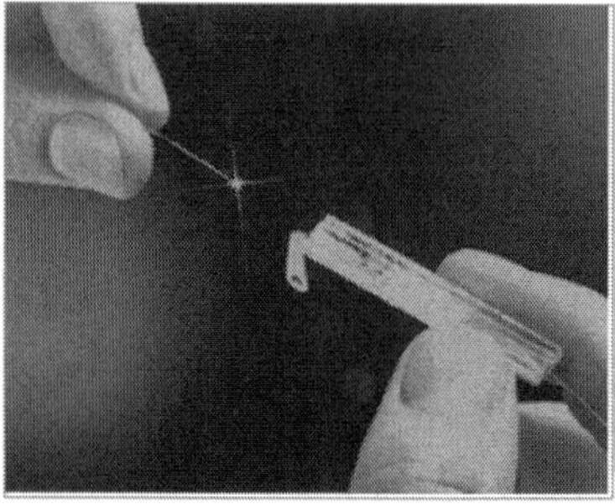

Esquema y ejemplo de un empalme mecánico para empalmar dos fibras ópticas

Caja de empalme, casete y manguito de empalme

Por lo general, existe una diferencia entre una caja de empalmes, que protege uno o varios empalmes y se puede abrir para acceder a ellos y un manguito de empalme, que protege un empalme pero no se puede abrir.

Un casete de empalmes es un tipo de caja de empalme que también proporciona protección a una longitud de fibra óptica enrollada. A veces se denomina "sobrelongitud"y esta longitud de fibra se deja deliberadamente más larga para evitar cualquier necesidad de mantenimiento. El casete de empalme se puede equipar con conectores y trenzas de fibra óptica.

Ejemplos de aplicación

El principio de prolongación de una fibra óptica con un empalme mecánico, se aplica independientemente del tipo de fibra: unimodal o multimodal.

Veamos tres ejemplos de aplicación:

- La fibra óptica se extiende cuando un enlace entre edificios tiene varios kilómetros de longitud, si las longitudes suministradas no son suficientes o si la configuración del terreno o las limitaciones de la ruta no permiten tender un cable óptico de una sola pieza, lo que obliga a dividirlo y luego empalmarlo. Algunas veces, las longitudes más cortas son más fáciles de instalar.
- También se utiliza un prolongador cuando resulta económicamente conveniente utilizar todos los trozos de fibra que quedan en las bobinas que ya se han cortado.
- Este principio se puede encontrar en otros equipos pasivos, como los cajones ópticos o los paneles de conexión. Por ejemplo, cuando se suministran con conectores equipados con trenzados de fibra, el empalme mecánico permite la conexión con los demás componentes del sistema de cableado.

Cabe señalar que este principio de empalme mecánico se ha utilizado para simplificar las operaciones de montaje del conector óptico MT (véase en este capítulo, la sección Ejemplos de conectores de fibra óptica - Ejemplos de conectores para cables con dos fibras ópticas).

6.2 Soldadura o conexión por fusión

6.2.1 Principio de la soldadura

La soldadura, también conocida como empalme soldado o empalme por fusión, permite crear una unión irreversible entre dos fibras ópticas para alargarlas hasta la longitud deseada.

Sin soldadura no hay red. Para conseguirlo, una máquina de soldadura de fibra óptica utiliza un arco eléctrico para producir un empalme por fusión, lo que permite desplegar enlaces ópticos a lo largo de miles de kilómetros. El objetivo es que esta operación se realice con el menor nivel posible de pérdidas típicas, del orden de 0,01 dB a 0,08 dB según el equipo y el tipo de fibra que se suelde.

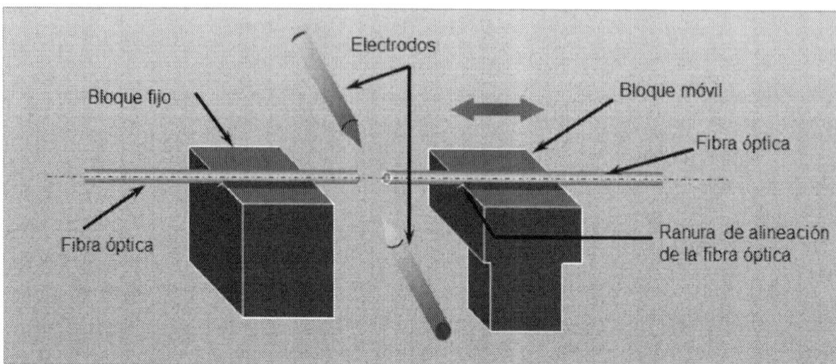

Esquema de una máquina de soldadura por fibra óptica

Varios métodos y tecnologías coexisten para guiar automáticamente las fibras, de modo que queden perfectamente alineadas: detección local por inyección, alineación de perfiles, desplazamiento intencionado de los núcleos, etc. Los dos extremos se fusionan mediante una fuente de calor de arco eléctrico y, gracias a la ausencia de capa de aire, el resultado ofrece un rendimiento notable, incluida una atenuación muy baja.

Por eso, una soldadora de fibra óptica es un compendio de conocimientos tecnológicos en los campos de la óptica, la electrónica y la mecánica.

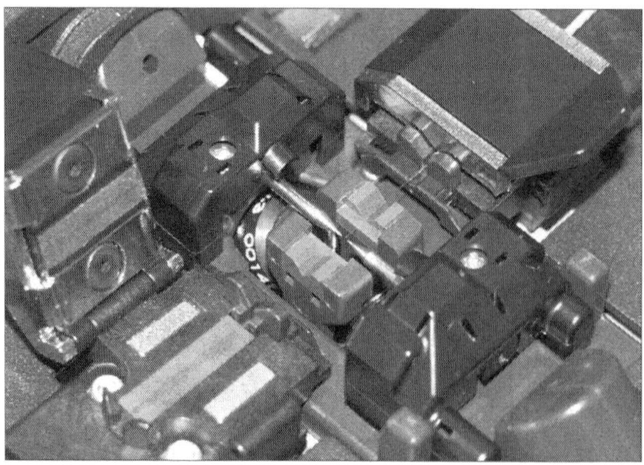

Una soldadora para fibra óptica: compendio de conocimientos tecnológicos

Existen varios tipos de soldadoras y equipos especializados para todos los tipos de fibra óptica unimodal o monomodal, unitaria o de cinta; véase la subsección Soldadura o conexión por fusión - Soldadoras para fibras específicas.

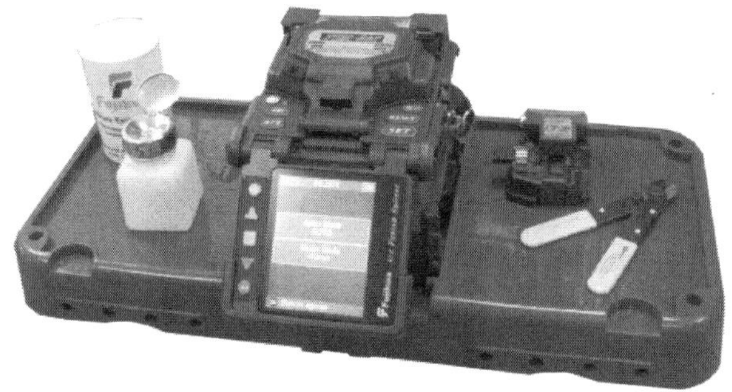

Ejemplo de soldadora con sus accesorios

6.2.2 Soldadoras núcleo a núcleo o revestimiento a revestimiento

Hay dos categorías principales de soldadores: núcleo a núcleo, que son los más caros, y revestimiento a revestimiento, que son más baratos. Pero antes de considerar el precio, es importante pensar en la aplicación para la que se utilizarán las fibras.

Soldadores de núcleo a núcleo

En aplicaciones de larga distancia y/o muy alta velocidad, lo que cuenta es el presupuesto óptico, por lo que son preferibles los empalmadores núcleo a núcleo, ya que producen menos pérdidas. Por regla general, están equipadas con mecanismos que tienen libertad de posicionamiento en tres ejes X, Y y Z –dos de horizontalidad y uno de verticalidad– para gestionar la alineación de las fibras en sus núcleos.

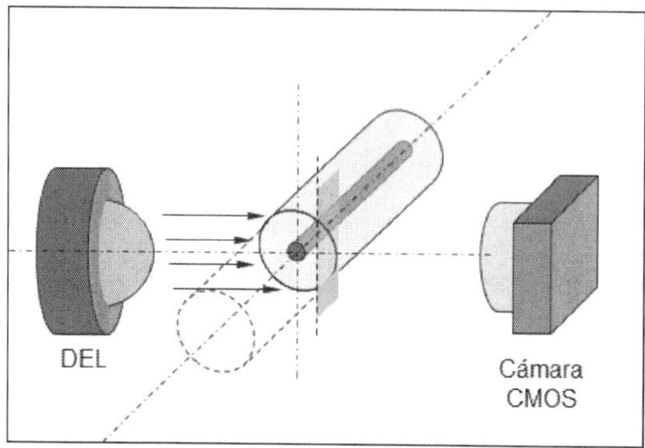

Diagrama de un principio básico de alineación de un núcleo

Soldadoras de revestimiento a revestimiento

En cambio, para las aplicaciones con un presupuesto óptico más bajo, como las redes de área local, las soldadoras de revestimiento a revestimiento, que no gestionan el aspecto de la verticalidad, son suficientes porque el equilibrio óptico puede ser "captado" por los componentes activos.

También se pueden utilizar cuando el espacio de trabajo es limitado, como durante el despliegue de fibra hasta el hogar (FTTH) en huecos de escalera. También existen modelos portátiles para este fin.

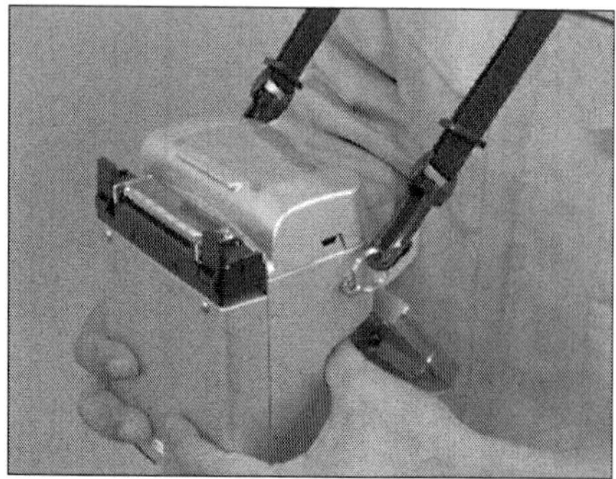

Ejemplo de soldadora portátil de revestimiento a revestimiento

Un punto que hay que comprobar cuando se utiliza una máquina de soldadura de revestimiento a revestimiento: ¿las fibras ópticas que se van a soldar son del tipo de estructura apretada o suelta? Con una estructura apretada, la fibra y el revestimiento están íntimamente unidos y no surgen problemas adicionales. Con una estructura suelta, la fibra se "mueve" en el revestimiento. Para garantizar una buena soldadura, hay que comprobar que la máquina de soldar dispone de un equipo especial, como una punta que "fija" el revestimiento o que tiene una pinza doble, una para el revestimiento y otra para la fibra.

¿Para qué fibras ópticas?

Dicho esto, cada soldadora se anuncia con pérdidas diferentes en función del tipo de fibra óptica, sobre todo porque no todas las soldadoras son adecuadas para todas las fibras, por motivos económicos. Esto se debe a que el fabricante del soldador tiene que comprar las características de la fibra al fabricante de fibra óptica. La mayoría de las soldadoras están diseñadas para las fibras más comunes, como las UIT-T G.652, G.653 y G.655 (véase el capítulo Estado de las fibras ópticas unimodales). Sin embargo, sólo algunas de ellas cumplen determinadas normas, como la capacidad de soldar las nuevas fibras UIT-T G.657. También hay que tener en cuenta el diámetro de las fibras que se van a soldar. Algunas soldadoras aceptan diámetros en una gama muy amplia de 80 a 500 micras, otras en gamas más pequeñas de 80 a 150 micras o de 125 a 400 micras, otras sólo aceptan 125 micras. Lo mismo ocurre con el diámetro del revestimiento. Algunas soldadoras ofrecen una gama de 250 a 900 micras, otras una gama más amplia de 100 micras a 1 milímetro, y algunas incluso aceptan diámetros de revestimiento de hasta 3 milímetros.

6.2.3 Otras características de las soldadoras

Otros criterios para elegir las soldadoras de fibra óptica, son interesantes o anecdóticos. En el lado interesante, algunos soldadores tienen una función llamada "prueba de arco". Esto permite calibrar la soldadora ajustando los parámetros antes de soldar. Esta función, que apenas se utiliza cuando las fibras están en edificios de oficinas, es especialmente útil en emplazamientos al aire libre, sobre todo en verano. Las grandes diferencias de temperatura entre primera hora de la mañana y media tarde, hacen que las condiciones de soldadura cambien considerablemente. Otro criterio es que algunas máquinas de soldar están equipadas con dos hornos separados.

Esto ahorra tiempo cuando el trabajo consiste en soldar las fibras de dos cables que contienen varios centenares de fibras. Otro punto: en el caso de una soldadora de revestimiento a revestimiento para redes FTTH, ¿existe algún equipo que permita trabajar de pie, en el hueco de una escalera por ejemplo, sin más equipo adicional que un arnés adecuado? Otro criterio: ¿puede la máquina de soldar leer una llave USB o se puede conectar a Internet para actualizar las posibilidades de empalme de nuevas fibras?

Entre los criterios no discriminatorios figuran el tiempo de soldadura (de 9 a 15 segundos), el tiempo de contracción (de 30 a 45 segundos), el peso o las dimensiones (bastante similares según el tipo de soldador), el tamaño de la pantalla (de 9 a 10,5 centímetros), la duración del electrodo (de 2.000 a 2.500 arcos aproximadamente), el coste de sustitución del electrodo (unos 100 euros), la duración de la batería (de 80 a 150 ciclos aproximadamente), etc.

Por último, y este es un punto que se debe considerar caso por caso, en función del trabajo en cuestión, es necesario averiguar qué características ambientales puede soportar la máquina de soldar en términos de rangos de temperatura, niveles de humedad, resistencia a los golpes, resistencia al polvo, resistencia a la lluvia, etc.

6.2.4 Soldadoras para fibras específicas

Soldadoras para cintas de fibra óptica

En Estados Unidos y Japón, las fibras denominadas "de cinta", que contienen 4, 8 o 12 fibras ópticas. En Europa, y sobre todo en España, esto es menos frecuente. Así que, según los países, estás soldadoras para fibras de cinta, de tipo revestimiento a revestimiento, están más o menos presentes.

Cabe señalar que existe en el mercado una solución "ribbonizadora" que permite ensamblar fibras individuales para formar una cinta.

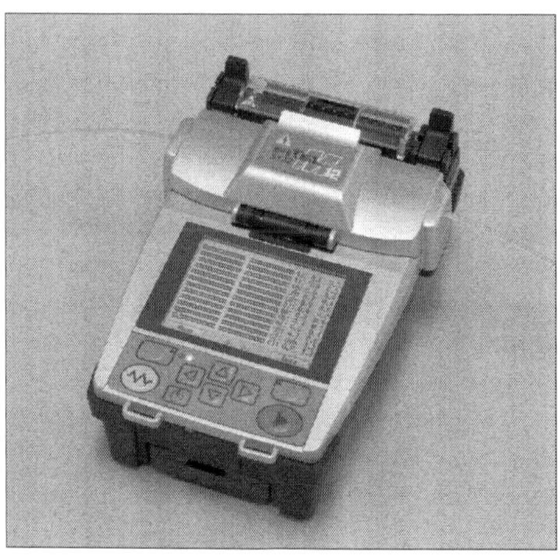

Ejemplo de soldadora para una cinta de 12 fibras ópticas

Soldadoras para otros tipos de fibra óptica

También hay soldadoras disponibles para otros tipos de fibra:

- Soldadoras que mantienen la polarización para fibras ópticas.
- Soldadoras para fibras ópticas de gran revestimiento.
- Para necesidades como trabajos de laboratorio o la fabricación de equipos específicos, existen soldadoras para fibras ópticas más exóticas del tipo Panda, Tiger o Bow-Tie.

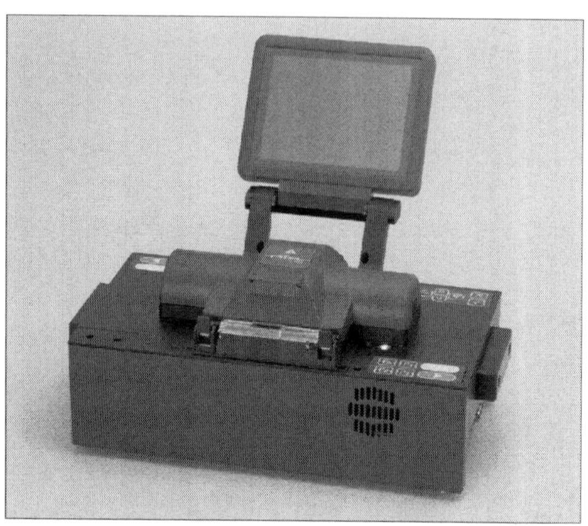

Ejemplo de soldadora para fibras ópticas con mantenimiento de polarización

Tenga en cuenta que el empalme por fusión de una fibra óptica unimodal convencional con fibras más exóticas, da lugar a pérdidas típicas más elevadas, del orden de 0,05 dB a 0,15 dB.

Soldadora de tres electrodos

Recientemente lanzadas al mercado, las soldadoras de tres electrodos crean un plasma homogéneo mediante la tecnología *Ring of Fire*, equivalente a un "anillo de fuego". Este plasma es más amplio y ajustable que con una soldadora de dos electrodos. Puede soldar fibras de distintos diámetros, de 80 micras a 1,2 milímetros. La alineación se realiza en los tres ejes XYZ y un eje de rotación y la fibra se encuentra en el centro del arco, por lo que se calienta de forma más uniforme.

Estas soldadoras se pueden adaptar prácticamente a cualquier tipo de fibra óptica, simplemente cambiando los electrodos y los soportes de fibra.

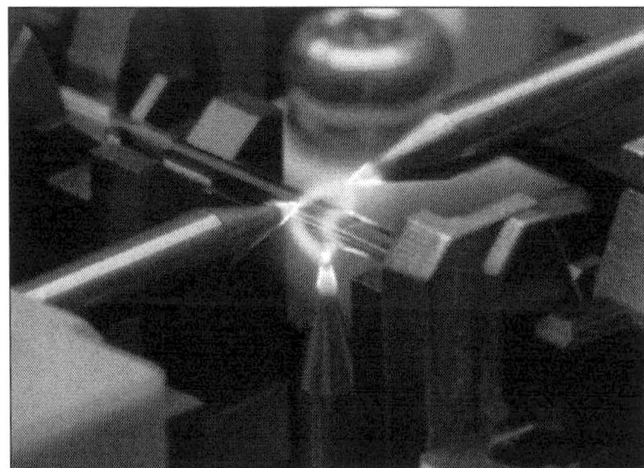

El "anillo de fuego" de una máquina de soldar de tres electrodos

Plataformas de fusión

Por último, existe un equipo muy específico –la plataforma de fusión– para realizar aplicaciones que los soldadores convencionales no pueden. Una plataforma de fusión está equipada con software de procesamiento de vídeo y potentes ópticas de alto contraste. Su diseño mecánico de precisión permite la alineación XYZ de la fibra pero, lo que es más importante, la alineación angular a lo largo de dos o tres ejes de rotación, según la opción elegida. Esto garantiza una alineación precisa junto con la tecnología *Ring of Fire*.

Una plataforma de fusión puede soldar fibras ópticas con revestimiento de entre 125 micras a unos pocos milímetros, así como prismas, lentes y otros componentes ópticos.

Entre las funciones opcionales se incluyen la inspección de las caras de las fibras para lograr la alineación theta (θ) de las fibras, que mantienen la polarización con una estructura interna o no circular y una cuchilla integrada en el sistema para realizar hendiduras adyacentes al punto de soldadura.

Ejemplo de plataforma de fusión

7. Polvo, enemigo n° 1

Sería imposible concluir un capítulo sobre las conexiones, sea cual sea, es decir, se haya hecho como se haya hecho, sin mencionar a su enemigo número 1 que es el polvo, un invitado indeseado en la superficie de una fibra óptica.

Los problemas de la alineación del núcleo y el contacto físico entre las caras de las fibras ópticas, son bien conocidos y comprendidos. El reto de la limpieza sigue pendiente.

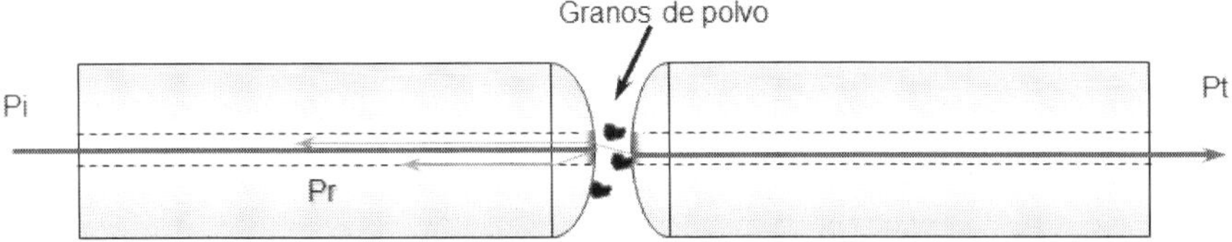

Polvo, enemigo nº 1

Unas pocas motas de polvo pueden provocar la retrodispersión de la señal luminosa, lo que podría dañar el equipo transmisor. Pero, sobre todo, aumentan mucho las pérdidas por inserción, reduciendo así el presupuesto óptico del enlace.

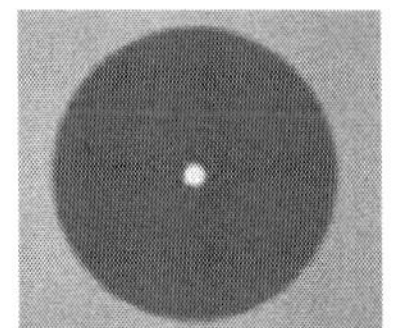

Superficie óptica limpia
Pérdida # 0,25 dB

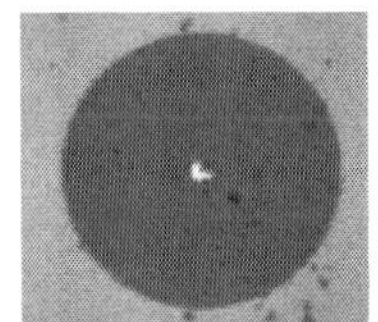

Superficie óptica sucia
Pérdida# 4,5 dB

Ejemplo de pérdida de inserción debida al polvo

7.1 Contaminación de una superficie óptica

Un punto que a veces se pasa por alto es la contaminación de la superficie de una fibra óptica, que se produce en las terminaciones mediante conectores o empalmes mecánicos. De hecho, cada vez que se desconecta y se vuelve a conectar una conexión óptica, los granos de polvo se desplazan, creando arañazos en la superficie de la fibra óptica. También se desintegrarán en partículas más finas, contaminando gradualmente toda la superficie óptica, incluido el núcleo.

Además, si no tomamos la precaución de limpiar las superficies de las fibras ópticas cada vez que se conectan o desconectan, las pérdidas serán cada vez más importantes, afectando a la calidad de la señal en cuanto a su rendimiento en términos de distancia y/o velocidad.

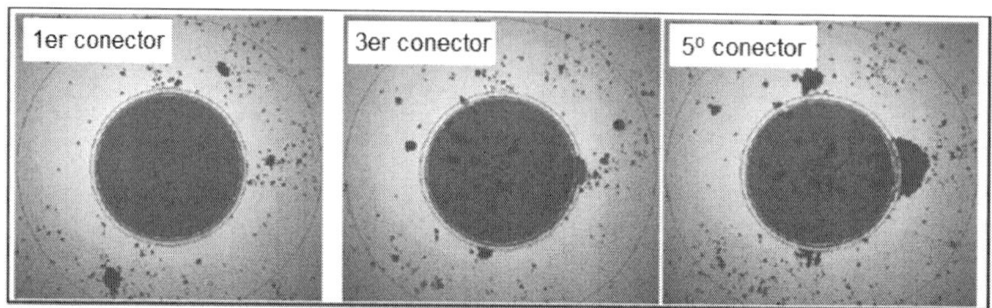

Medidas en dB	Medida inicial	Después 1er conector	Después 3er conector	Después 5º conector
Debilitamiento	0,11	0,12	0,23	0,57
Pérdidas por reflexión (RL)	53	53	28	20
Estado	Bueno	Bueno	Medio	Fallo

Cada vez que se enchufa, el polvo se desplaza hacia el centro de la boquilla.

7.2 Riesgo de contaminación global

Estas pérdidas de rendimiento pueden llegar a ser prohibitivas si el problema de contaminación se produce en la parte superior de la red. Estas pérdidas se reflejarán en las fibras ópticas que salen del concentrador. Esto se traduce en bajadas de la señal posteriores, de forma que el servicio de transporte de información puede no llegar al abonado final.

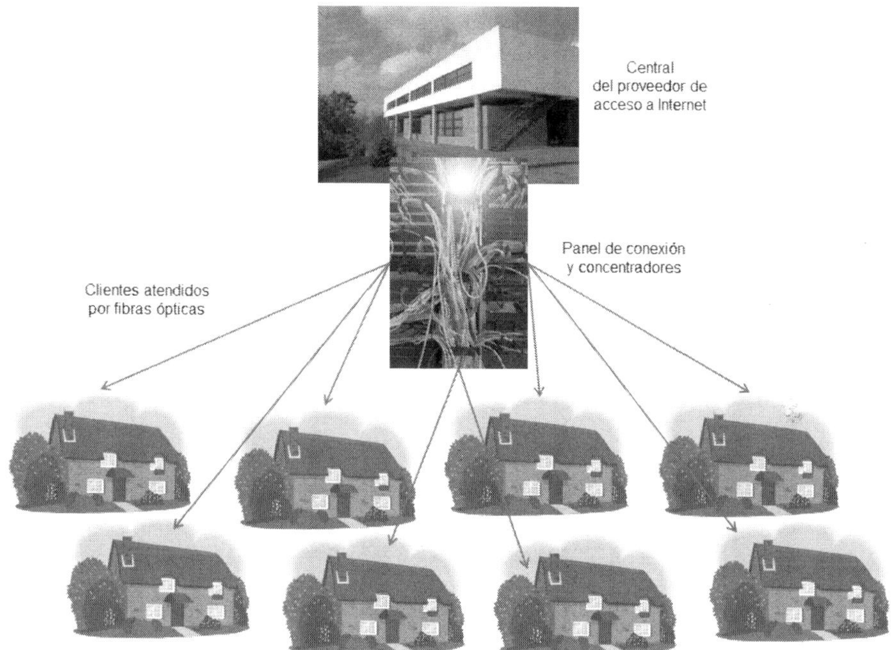

Las pérdidas debidas al polvo en la parte inicial de la fibra, repercutirán al final de la línea.

Si la arquitectura de la red de fibra óptica es punto a punto, con un único enlace entre el proveedor de servicios y el abonado, el diagnóstico se puede realizar con bastante rapidez y el problema será bastante fácil de reparar, tanto en términos de servicio como de imagen del proveedor, ya que sólo afecta a un único abonado.

Por otra parte, la transmisión por una sola fibra óptica se puede realizar en varias longitudes de onda simultáneamente, utilizando la multiplexación por longitud de onda (véase el capítulo Multiplexación por longitud de onda), con 32, 64, 128 o incluso más longitudes de onda. Y la arquitectura de la red puede ser de tipo red óptica pasiva (véase el capítulo Redes de operadores de fibra óptica, sección Redes ampliadas) con acopladores en cascada, que dan servicio hasta a 128 abonados por longitud de onda. En este caso, la situación es mucho más grave, ya que una superficie óptica demasiada sucio en las instalaciones del proveedor de servicios, puede hacer que uno o varios centenares de abonados se vean afectados y, por tanto, estar descontentos.

7.3 Algunas normas de la CEI

Para limitar en gran medida la subjetividad y la aproximación en la idea que cada cual tiene de la limpieza de las superficies ópticas, diversos organismos han publicado normas al respecto. He aquí algunos ejemplos.

IEC 62627-05 - Impacto en el rendimiento

La norma IEC TR 62627-05:2013 titulada *Fibre optic interconnecting devices and passive components – Part 05: Investigation on impact of contamination and scratches on optical performance of single mode (SM) and multimode (MM) connectors* se publicó en octubre de 2013. Se espera que se mantenga estable hasta 2026.

Dirección de Internet: https://webstore.iec.ch/publication/7282

IEC 61300-3-1 - Inspección visual

La norma IEC 61300-3-1:2005, titulada *Fibre optic interconnecting devices and passive components – Basic test and measurement procedures – Part 3-1: Examinations and measurements – Visual examination*, se creó en 1995. Revisada en septiembre de 2005, se espera que permanezca estable hasta 2030.

Dirección de Internet: https://webstore.iec.ch/publication/5208

IEC 61300-3-35 - Control visual de conectores

La norma IEC 61300-3-35:2022 titulada *Fibre optic interconnecting devices and passive components – Basic test and measurement procedures – Part 3-35: Examinations and measurements – Visual inspection of fibre optic connectors and fibre-stub transceivers* se creó en 2002. Se revisó en junio de 2015 y de nuevo en septiembre de 2022, y se espera que permanezca estable hasta junio de 2031.

Dirección de Internet: https://webstore.iec.ch/publication/64254

IEC TR 62627-01 - Limpieza de conectores

La norma IEC TR 62627-01:2023 titulada *Fibre optic interconnecting devices and passive components – Part 01: Fibre optic connector cleaning methods* se creó en 2010. Revisada en enero de 2016 y de nuevo en enero de 2023, se espera que permanezca estable hasta 2027.

Dirección de Internet: https://webstore.iec.ch/publication/72878

IEC TR 62572-4 - Limpieza de bases

La norma IEC TR 62572-4:2020 titulada *Fibre optic active components and devices – Reliability standards – Part 4: Guidelines for optical connector end-face cleaning methods for receptacle style optical transceivers* se creó en noviembre de 2013. Revisada en septiembre de 2020, se espera que permanezca estable hasta 2025.

Dirección de Internet: https://webstore.iec.ch/publication/67604

7.4 Herramientas para la limpieza

Existen varias herramientas para ayudar a los técnicos a mantener limpias las superficies ópticas. He aquí algunos ejemplos:

- Un kit de limpieza, que incluye toallitas, líquido limpiador, pulverizadores de aire, etc.
- Un microscopio óptico, para la inspección directa de las superficies. Tenga en cuenta que se necesitan adaptadores diferentes para cada tipo de conector.
- Una sonda de inspección con varios componentes y funciones, incluida la captura automática de imágenes y la publicación de informes.
- Una sonda de inspección para conectores multifibra que proporciona una visión global de las fibras conectadas y una visión individual de cada fibra.
- Software de tratamiento de imágenes que tiene en cuenta los defectos de las superficies ópticas y los arañazos existentes, y evalúa su impacto según criterios predefinidos.

Ejemplo de sonda de inspección multifibra

Capítulo 7
Medidas en una red de fibras ópticas

1. Características ópticas que se deben medir

Una red de fibra óptica garantiza la transmisión de información a una velocidad determinada, que dependerá, entre otras cosas, del presupuesto óptico de la red. Por supuesto, este presupuesto puede calcularse teóricamente. Pero intervienen tantos factores, desde la fabricación de la propia fibra óptica, hasta el final de la vida útil de la red y es necesario realizar mediciones para verificar todo esto.

Entre estas medidas, se deben tener en cuenta tres tipos principales de características:

- Las características geométricas específicas de la fibra que se mide.
- Características funcionales relativas al recorrido de la señal luminosa en la fibra óptica.
- Características específicas del tipo de transmisión de la señal luminosa.

1.1 Características geométricas

Las características geométricas de una fibra óptica las proporciona el fabricante de la fibra. Incluyen los datos siguientes:

- El diámetro del núcleo de la fibra óptica.
- El diámetro del revestimiento de la fibra óptica.
- La concentricidad o excentricidad del núcleo en el revestimiento.
- La no circularidad del núcleo de la fibra óptica.
- La no circularidad del revestimiento de la fibra óptica.

Por supuesto, estas características geométricas tienen valores de tolerancia, cuyos límites se establecen en las distintas normas vigentes.

1.2 Características funcionales

Las principales características funcionales de la modificación de la señal se presentaron en el capítulo Tipos de fibras ópticas y fabricación - subsección Características de transmisión. Además, se dan más detalles sobre las mediciones.

Debilitamiento

Las mediciones se refieren a la atenuación de la señal o a la atenuación lineal que comprende varios elementos:

- La atenuación debida a las cualidades intrínsecas de la propia fibra óptica, medida en dB/km.
- Pérdidas debidas a enchufes y conectores ópticos, en dB.
- Pérdidas debidas la conexión mecánica y por fusión, en dB.
- Pérdidas totales del enlace, en dB.
- Así como la pérdida y la ubicación de cada fallo, en dB.

Este conjunto de medidas permite controlar la dinámica de funcionamiento de la red a través del presupuesto óptico y los márgenes de seguridad. Está asociado a la sostenibilidad del rendimiento, que se podría ver afectado por el envejecimiento de un conector en mal estado, un empalme defectuoso o una o varias limitaciones de la propia fibra óptica.

Reflexiones

Cuando se inyecta luz en una fibra óptica, parte de ella se refleja. Esta luz reflejada suele proceder de enchufes o conectores ópticos, conexiones deficientes, desalineación de las fibras ópticas, cambios en el índice de refracción, etc.

En general, se distingue entre reflexión total (*optical return loss* - ORL), que describe la potencia total reflejada por un sistema óptico completo y reflectancia, que describe la potencia reflejada por un punto concreto de un sistema óptico, como un conector, un componente, etc. Ambas medidas se expresan en dB, con un valor positivo para la reflexión total y un valor negativo para la reflectancia.

Hay que prestar atención al riesgo de interferencia de la modulación del transmisor y a la calidad de la transmisión.

Ancho de banda

Entre estas características funcionales, el ancho de banda es un elemento clave en una red óptica. Las mediciones que se refieren a esta característica son esencialmente:

- Dispersión cromática, medida en ps.nm.km.
- La dispersión modal de polarización de primer orden o PMD, en ps/$\sqrt{\text{km}}$.
- La dispersión modal de la polarización de segundo orden, en ps.nm.km.

1.3 Características de transmisión

El tercer gran tipo de características que hay que medir son las de transmisión. Éstas dependen de los protocolos utilizados:

- Protocole Internet IP y modo de transferencia asíncrono (*asynchronous transfer mode* - ATM).
- Jerarquía digital síncrona (*synchronous digital hierarchy* - SDH).
- Conmutación multiprotocolo a través de etiquetado (*multiprotocol label switching* - MPLS).
- Multiplexación por división de longitud de onda (WDM) o *wavelength division multiplexing* (WDM) y sus variantes CWDM (*coarse* WDM), DWDM (*dense* WDM) y SWDM (*short-wave* WDM).
- Redes Ethernet de gigabits como 10 GbE, 40 GbE, 100 GbE, 400 GbE, 800 GbE y la futura de 1,6 Tbit/s.
- Y muchos otros, como los diversos protocolos de redes ópticas pasivas (*passive optical network* - PON).

Hay que tener en cuenta que, en el contexto del despliegue de redes de alta velocidad, la potencia reflejada se convierte en una limitación: crea interferencias con la fuente óptica, lo que puede provocar daños y variaciones en la potencia emitida y la longitud de onda; se transmite menos luz, por lo que la distancia recorrida es limitada; se crean mayores tasas de error (*bit error ratio* - BER), etc.

1.4 Métodos de medición

¿Cómo se miden estas características? Existen cuatro tipos principales de métodos, desde los más básicos hasta los más completos, utilizados para probar y medir una red de fibra óptica:

- La transmisión de la propia señal luminosa a través de herramientas de prueba ópticas ligeras.
- Fotometría óptica, que mide el balance óptico de un enlace de fibra óptica, es decir, la diferencia entre la potencia emitida en un extremo y la potencia recibida en el otro.

- Reflectometría óptica en el dominio temporal (*optical time domain reflectometer* - OTDR), que permiten determinar los distintos eventos que se producen a lo largo del enlace, como macrocurvaturas, pérdidas por inserción debidas a conectores ópticos, pérdidas debidas a acopladores ópticos, roturas de fibra óptica, etc.
- Análisis en profundidad de las distintas características de la señal transmitida mediante equipos como analizadores de espectro óptico, analizadores de dispersión cromática y modo de polarización, analizadores de protocolos y comprobadores de tasa de error.

2. Herramientas de prueba ópticas ligeras

La propia transmisión de la señal se puede comprobar fácilmente con tres tipos de herramientas ligeras de prueba óptica.

2.1 Pinza de detección de tráfico óptico

Se trata de una herramienta básica para los técnicos que trabajan en una red de fibra óptica en servicio, que se debe utilizar antes de realizar cualquier trabajo en una fibra. Esta pinza permite detectar la transmisión de una señal en la fibra sin tener que desconectarla. Un simple "pellizco" de la fibra desvía una pequeña parte de la señal hacia dos fotodetectores, proporcionando el sentido de circulación y el nivel de potencia de la señal.

Las pinzas de detección de tráfico óptico se suelen suministrar con adaptadores para su uso en revestimientos de fibra con diámetros convencionales de 250 o 900 μm, o de 2 a 3 milímetros.

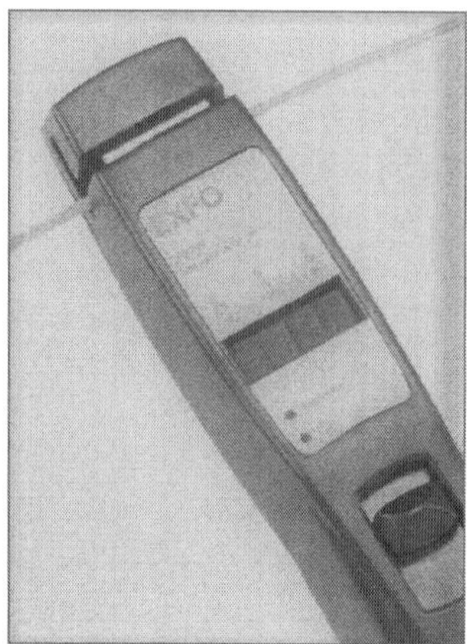

Ejemplo de pinza de detección de tráfico óptico

2.2 Bolígrafo óptico

También conocido como **localizador visual de fallos ópticos** (*visual fault locator* - **VFL**), el lápiz óptico es un equipo ligero que se utiliza para identificar la continuidad de la fibra de extremo a extremo, roturas de fibra, tensiones como aplastamiento de fibra, macrocurvaturas, empalmes o conectores defectuosos, así como roturas o pinzamientos de fibra.

Funciona con un rayo láser rojo de unos 650 nanómetros, que se puede ver a través de la mayor parte del revestimiento amarillo que protege la fibra. Esto permite localizar curvas, conectores defectuosos, empalmes y otras causas de debilitamiento de la señal. Compacto y ligero, el lápiz óptico se presenta en dos modelos: uno en modo pulsado para una mejor visibilidad y otro que emite de forma continua. Algunos VFL son capaces de medir longitudes de fibra que oscilan entre sesenta metros y veinte kilómetros. También pueden medir en distancias cortas, en aplicaciones LAN corporativas o en redes ópticas pasivas.

Ejemplo de bolígrafo óptico o VFL

2.3 Sonda de inspección óptica

Una sonda de inspección óptica es un equipo ligero diseñado para visualizar la calidad de conectores y enchufes ópticos. Tiene forma de microscopio óptico digital portátil para inspeccionar los extremos de las fibras en conectores ópticos. Su objetivo principal es certificar si los conectores ópticos cumplen o no las normas vigentes.

En función de sus características específicas y del software adecuado, estas sondas son compatibles con una serie de equipos como reflectómetros, teléfonos móviles multifunción (smartphones), tabletas digitales, ordenadores portátiles, etc. Además, algunas sondas ópticas están dedicadas a conectores de alta densidad como el MPO-12 y el MPO-24 para 12 o 24 fibras ópticas simultáneamente.

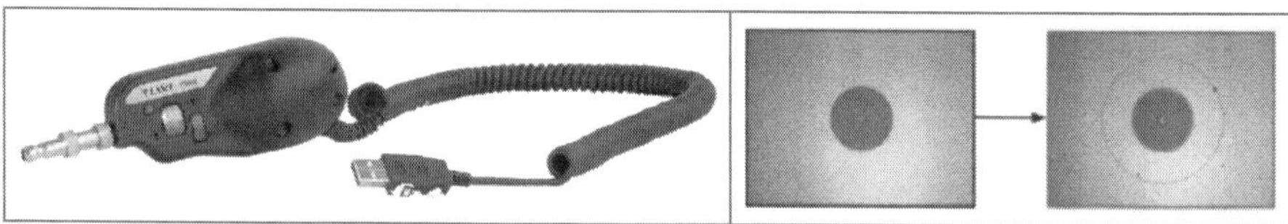

Ejemplo de sonda de inspección óptica

2.4 Comprobador de polaridad multifibra

Un comprobador de polaridad multifibra o *multifiber polarity tester* (MPT) es un equipo utilizado para comprobar la polaridad de los conectores multifibra MPO, es decir, para identificar fibras ópticas rotas o invertidas en una cinta de 4, 8 ó 12 fibras ópticas.

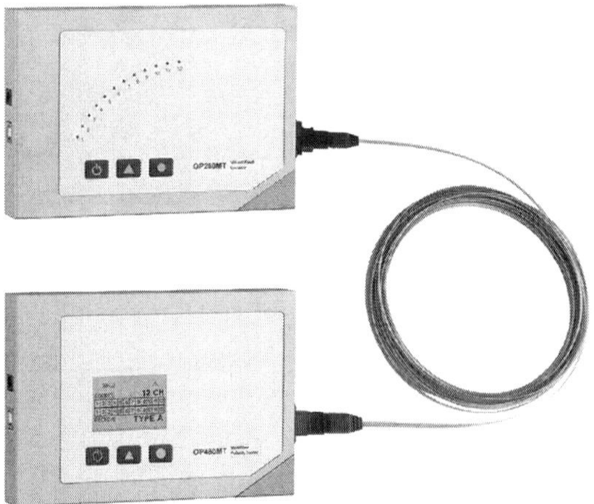

Ejemplo de comprobador de polaridad multifibra

2.5 Comprobador de atenuación

Un equipo de prueba de pérdidas ópticas (*optical loss test set* - OLTS) combina dos funciones: un medidor de potencia y una fuente de luz. Mide la atenuación total de un enlace óptico en toda su longitud. Sin embargo, para mediciones más precisas y completas que tengan en cuenta la atenuación debida a empalmes o conectores ópticos, es aconsejable utilizar un reflectómetro óptico, véase Reflectometría y reflectómetros.

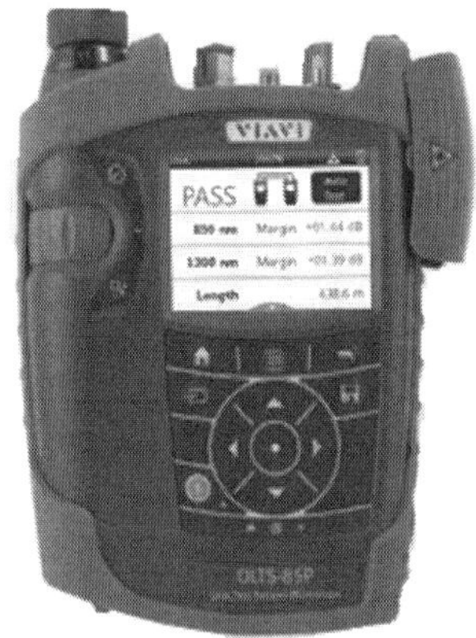

Ejemplos de OLTS

3. Fotometría óptica

3.1 Construcción de un fotómetro

En primer lugar, hay que señalar que el término "fotómetro" se utiliza comúnmente, a pesar de que se trata de dos partes distintas del equipo:

- El fotómetro propiamente dicho, también conocido como radiómetro óptico, es un fotodetector y da nombre al método de medición.
- La fuente de luz, que puede ser un diodo emisor de luz (LED) o un diodo láser.

En general, se utilizan tres tipos principales de semiconductores en los materiales fotodetectores: silicio, germanio y arseniuro de germanio de indicum. El fabricante los elige en función de las longitudes de onda que se van a comprobar y de la amplitud máxima de las energías que se van a medir.

En cuanto a la fuente de luz, se utiliza cuando la fibra no está "iluminada", es decir, no hay ningún equipo transmisor activo. En la mayoría de los casos, esta fuente luminosa será un LED para una fibra óptica multimodo o un diodo láser para una fibra unimodal. Estará calibrada en función de la longitud de onda que se vaya a medir: 650, 850, 1.300, 1.550 nanómetros u otras, hasta treinta longitudes de onda diferentes para algunos dispositivos.

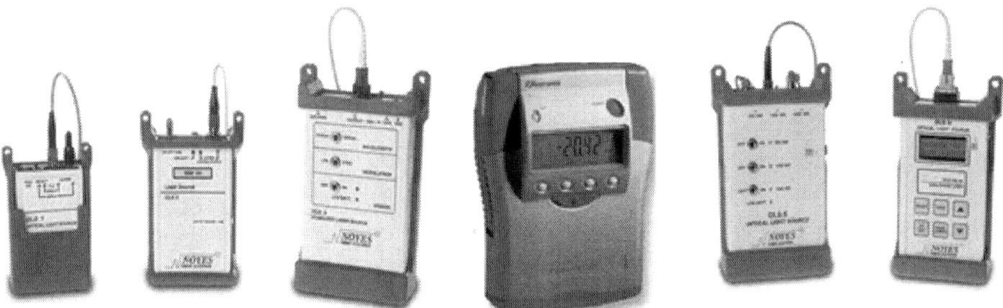

Ejemplos de fotómetros

3.2 ¿Qué estamos midiendo?

La fotometría es válida para todos los tipos de redes de fibra óptica –redes de área local, redes de telecomunicaciones, FTTx, etc. – sea cual sea la fibra óptica, unimodal o multimodal, y sea cual sea la longitud del enlace, incluidos los simples cables ópticos.

Echemos un vistazo a la fotometría, empezando por la medición más sencilla: en un extremo del enlace óptico, un equipo activo envía una señal luminosa; ¿cuánta potencia tiene esta señal en el otro extremo o cuál es la pérdida real del punto A al punto B? La potencia óptica recibida, y por tanto la pérdida, se puede medir simplemente con un fotómetro, que indica la potencia de la señal luminosa recibida en dBm, de +20 dBm a -70 dBm o en milivatios.

Así pues, la medición es rápida y sencilla y, en función de los niveles de pérdida autorizados, se aprueba o no. No hay nada sofisticado a la hora de analizar el resultado, que es un simple número. Si la emisión de la fuente luminosa es estable, la medición es relativamente precisa, con una precisión de ± 0,2 dB.

3.3 ¿Cómo se mide?

Existen dos técnicas: el método de fibra cortada y el método de inserción. El primero se utiliza relativamente poco porque es destructivo. Como su nombre indica, requiere cortar un trozo de fibra del enlace. En el método de la pérdida por inserción, se realiza una primera medición de referencia en una fibra del mismo tipo que la fibra óptica que se va a probar. A continuación, se realiza una segunda medición del enlace completo.

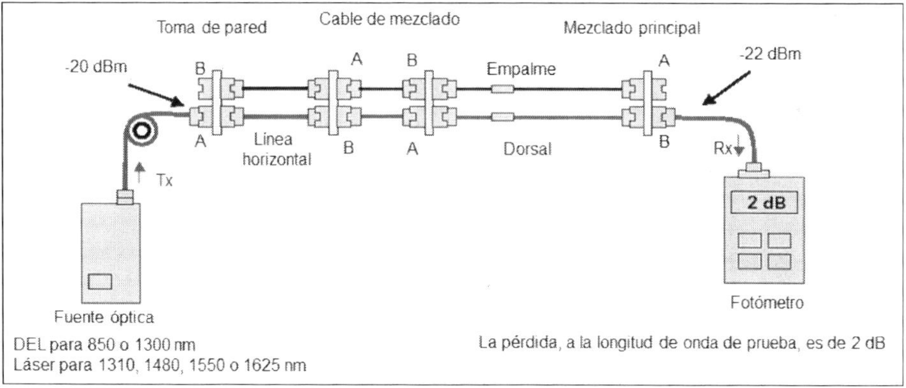

Diagrama de medición del enlace óptico

3.4 Opciones para un fotómetro

En el mercado existe toda una gama de fotómetros y hay muchas opciones. Por ejemplo, los fotómetros necesitan una fuente de alimentación eléctrica, pero algunos se pueden equipar con baterías recargables. En otras variantes, algunos equipos disponen de funciones adicionales como registro de datos, medición automática en ambas direcciones, como enlace ascendente a 1.310 nanómetros y enlace descendente a 1.490 o 1.550 nanómetros, filtrado para redes FTTX/PON, medición de pérdidas ópticas de retorno o reflexión (*optical return loss* - ORL), integración de estándares, recuperación de datos en una plataforma óptica, etc.

3.5 Límites de la fotometría

Dicho todo esto, si la potencia medida recibida no se corresponde en absoluto con la potencia calculada que se debería recibir, ¿qué ha ocurrido? El resultado es una medición global, sin que la fotometría indique el detalle o la localización de las pérdidas y que impide determinar la contribución a las pérdidas de la propia fibra óptica, los conectores ópticos, las juntas de soldadura, etc. La fotometría es sólo el primer nivel de las pruebas.

Observación

Atención: aunque el resultado medido corresponda al esperado, la simple observación de un balance óptico puede ocultar un mal empalme, un mal conector, una tensión en la fibra, etc. que inevitablemente no superará correctamente el paso del tiempo.

Dado que la fotometría está limitada en cuanto al uso que se puede hacer de sus resultados, las mediciones completas entran en el ámbito de la reflectometría.

4. Reflectometría óptica

4.1 Reflectometría y reflectómetros

4.1.1 Principio de la reflectometría

La reflectometría se basa en un aparato, el reflectómetro, que funciona como un ecómetro. Envía un pulso de luz, mide lo que recibe y lo presenta en forma de curvas, cuyos datos se pueden recuperar, almacenar y procesar.

La prueba se realiza desde un extremo y caracterizará la fibra de extremo a extremo, localizando y midiendo cada evento.

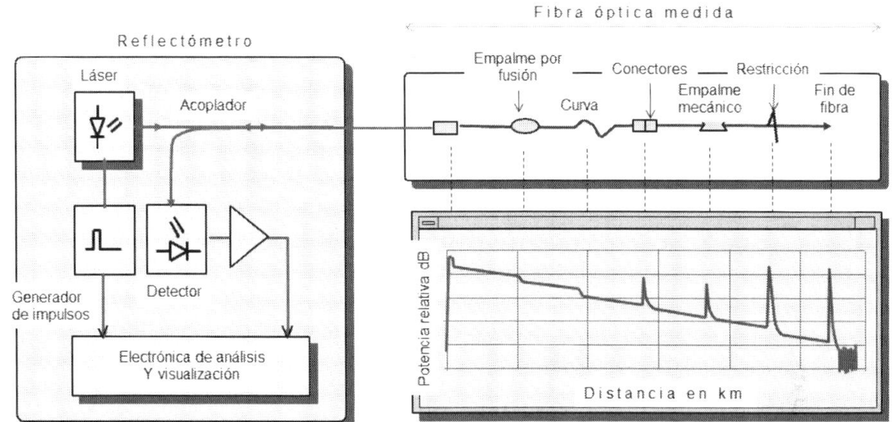

Esquema de la reflectometría

Traza típica de reflectómetro

Vinculado a una base temporal, el reflectómetro permite calificar en términos de distancia los distintos eventos que se producen en la fibra óptica:

- Longitud total de la fibra o roturas.
- Atenuación total o seccional.
- Pérdidas y localización de empalmes mecánicos y por fusión.
- Pérdidas, reflectancia y ubicación de los conectores ópticos.
- Pérdidas y localización de las tensiones que sufre la fibra óptica, en comparación con otros tipos de pérdidas, etc.

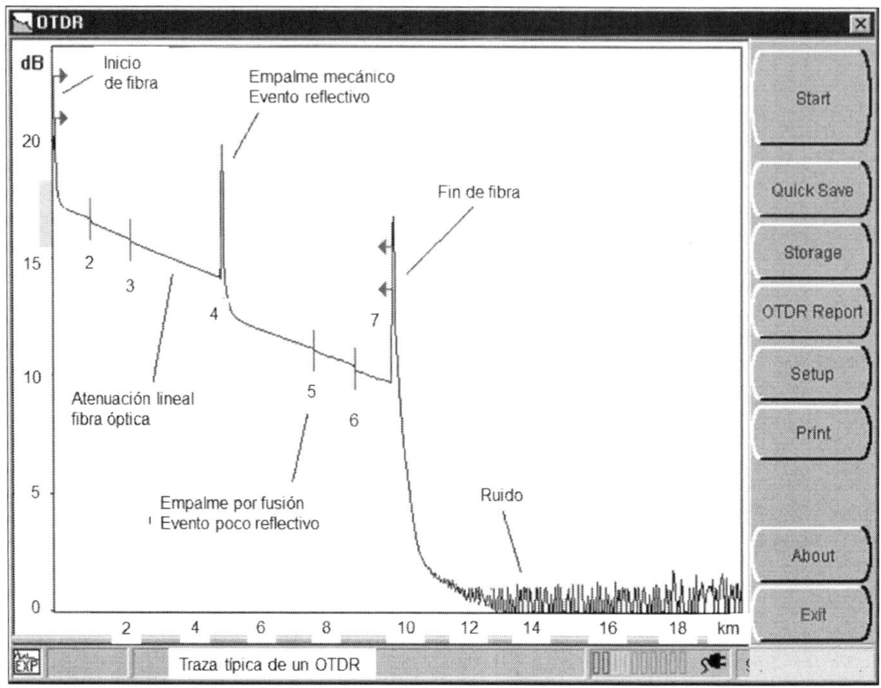

Ejemplo de traza de un enlace óptico

Por tanto, esta traza es un "mapa" real de la fibra óptica probada.

Aplicaciones típicas

Un reflectómetro se utiliza en varias etapas de la vida de una red de fibra óptica:

- Instalación de fibra óptica.
- Localización de posibles defectos.
- Mantenimiento preventivo mediante la comparación de mediciones entre dos lecturas.
- Supervisión de enlaces críticos.
- Evolución de los datos en la red, etc.

4.1.2 Información general sobre los reflectómetros

Para este tipo de equipos, el plural es importante. De hecho, los reflectores ópticos de dominio temporal forman parte de los tipos de equipos que se consideran bien conocidos y dominados, pero para los que existen criterios muy diferentes.

Por un lado, el rendimiento de un OTDR procede principalmente de su tecnología. Esto incluye el láser y la calidad de su potencia óptica, el diseño de la electrónica, una pantalla con suficiente contraste y legibilidad satisfactoria, un software de adquisición y procesamiento de datos eficiente que sea intuitivo y fácil de usar, todo lo cual se puede complementar con una serie de otras funciones.

Antes de elegir un reflectómetro, debe tener claro para qué quiere utilizarlo. Es decir, ¿para qué tipos de fibra óptica, para qué ventanas de transmisión, para qué protocolos, etc lo necesitas?

Coexisten varios modelos, como los OTDR dedicados utilizados para la certificación y el mantenimiento de redes del mismo tipo de fibra óptica. Otras gamas ofrecen modelos muy miniaturizados –micro OTDR–, otros son portátiles y otros consisten en una plataforma en la que se enchufan módulos específicos para las redes, protocolos o mediciones que se deben realizar: módulo de medición de la dispersión, módulo de transporte Sonet/SDH, módulo Ethernet 1 GbE y 10 GbE, módulo Ethernet 40 GbE, etc.

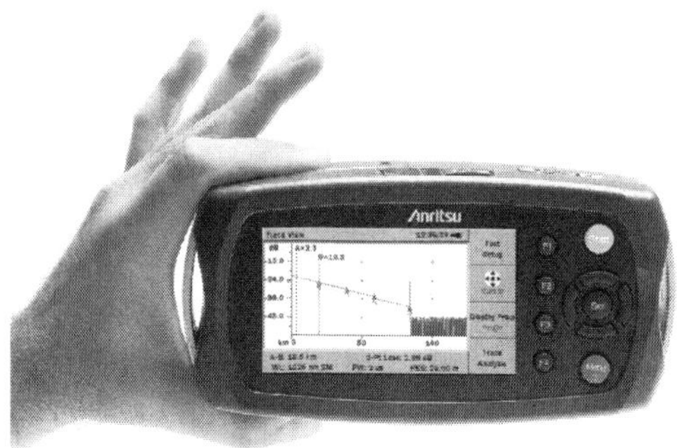

Ejemplo de micro-OTDR

El problema de la elección es aún más agudo para los grandes retos que plantean las grandes distancias de las redes de área extensa (alcance dinámico), los enlaces cortos de las redes locales de empresa (o incluso los enlaces muy cortos, como en el caso de las redes de aviación), el concepto de zonas muertas, la medición en las redes ópticas pasivas con el desarrollo de la fibra óptica hasta el abonado y, por último, las dos novedades: la llegada de la nueva versión del direccionamiento de Internet -IPv6- y el desarrollo de la computación en nube.

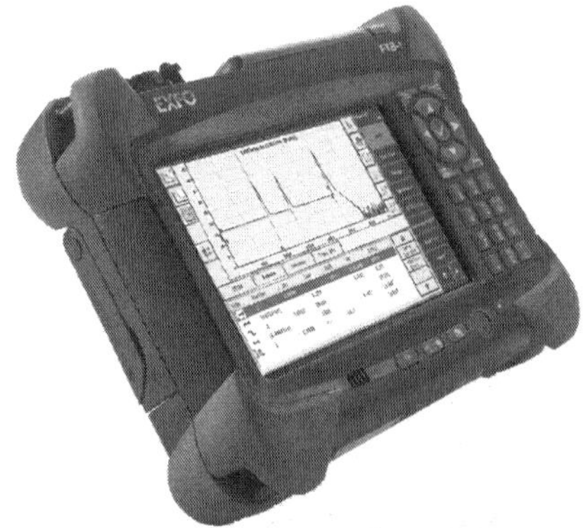

Ejemplo de reflectómetro "plataforma" que admite varios módulos en función de las mediciones que se deban realizar

Veamos más de cerca la reflectometría y los reflectómetros mediante diversos métodos de medición.

4.2 Métodos de medición por reflectometría

De hecho, existen varios métodos de medición, en función de lo que haya que medir. He aquí algunos ejemplos.

4.2.1 Debilitamiento de la fibra

El pulso de luz emitido por el láser OTDR se ve afectado por la retrodispersión de Rayleigh que provienen desde todos los puntos de la fibra.

Proporcional al ancho de pulso de la señal, mide la atenuación de la fibra óptica.

Esta retrodispersión varía en función de la longitud de onda del láser; cuanto más corta es la longitud de onda, mayor es la retrodispersión.

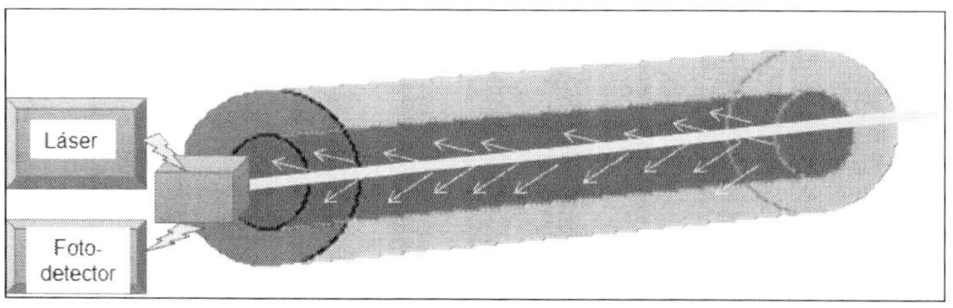

Retrodispersión de Rayleigh

4.2.2 Suceso repentino

El pulso de luz sufrirá cambios bruscos cuando se encuentre con determinados acontecimientos. Es el fenómeno de la reflexión de Fresnel.

Esto ocurre, por ejemplo, cuando el índice de refracción cambia como resultado del paso del pulso de luz del vidrio al aire. Esto es sinónimo de rotura de la fibra o del cruce de un conector o un empalme mecánico o de la llegada al extremo de la fibra que se va a probar, etc.

En la traza del OTDR, esto se indicará con un pico.

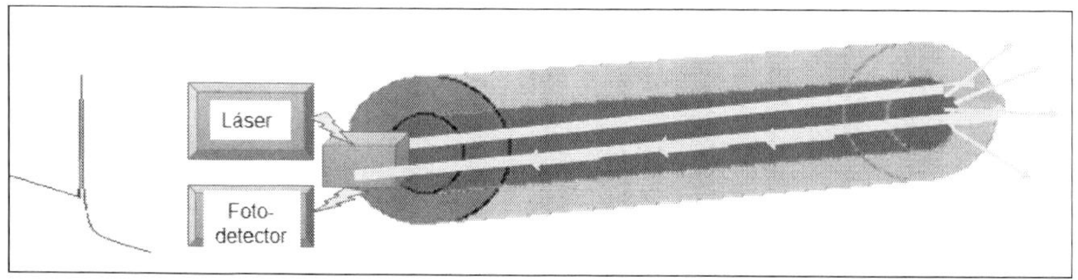

Pico en la traza OTDR debido a la reflexión de Fresnel

4.2.3 Dispersión cromática

Existen dos tipos de métodos para medir la dispersión cromática:

- Métodos temporales: método basado en los impulsos (*pulse delay method*) o retrodispersión (OTDR) o recuento de fotones y redes de Bragg (*photon counting & Bragg gratings*).
- Métodos de frecuencia: método de desplazamiento de fase (*phase-shift method*) y método de desplazamiento de fase diferencial (*differential phase-shift method*).

4.2.4 Dispersión del modo de polarización

Existen dos tipos principales de métodos para medir la dispersión del modo de polarización (PMD):

- Métodos temporales como el método de desplazamiento de fase de modulación (*modulation-phase-shift method*), el método de retardo de impulsos (*pulse-delay method*) y el método interferométrico (*interferometric method*).
- Métodos de frecuencia basados en longitudes de onda, con un analizador fijo (*fixed-analyser method*) o una matriz de Jones (*Jones-matrix method*).

4.3 Reflectometría y aplicaciones específicas

4.3.1 Largas distancias y alcance dinámico

El concepto de "alcance dinámico" se utiliza para determinar la longitud de las distancias en matrices ampliadas. Esta idea de alcance dinámico consiste, en cierto modo, en considerar la potencia y la anchura del impulso luminoso. De ahí, como corolario, la longitud de los enlaces ópticos para los que será operativo un reflectómetro.

Existen dos escenarios: enlaces muy largos con repetidores y enlaces sin repetidores. Las distancias muy largas, como los enlaces submarinos con repetidores, requieren una familia especial de OTDR coherentes (C-OTDR) capaces de medir a través de estos repetidores. Algunos C-OTDR pueden realizar enlaces de hasta 20.000 kilómetros.

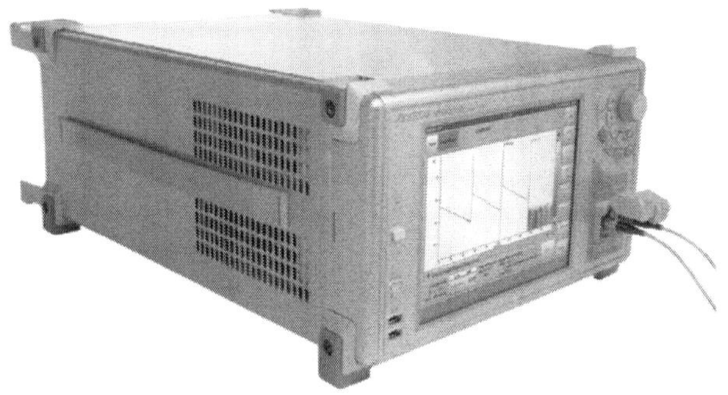

Ejemplo de reflectómetro óptico coherente C-OTDR

¿Cómo pasar los repetidores?

En una línea óptica submarina, hay una fibra de salida y otra de retorno para cada enlace. La señal de retrodispersión del canal de salida sometido a prueba, pasa a través de la fibra del canal de retorno. Esto significa que debe haber un acoplador en cada amplificador para permitir el cruce de la información (véase el diagrama siguiente).

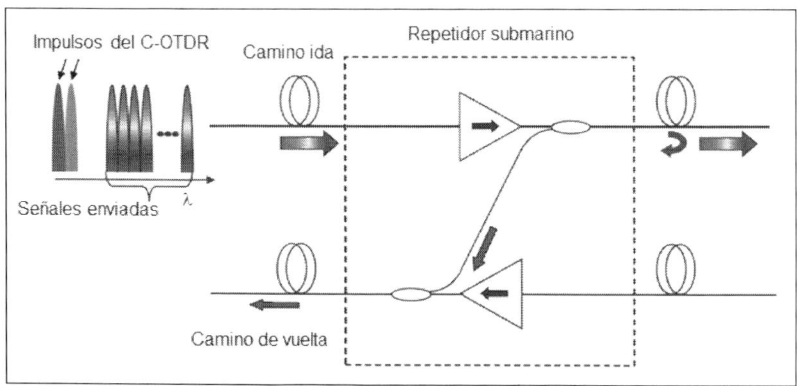

Esquema del principio para pasar los repetidores submarinos

Cálculo de la distancia recorrida

Para otras distancias, los reflectómetros convencionales pueden medir eventos a más de 160, 180 e incluso más de 200 kilómetros. Esto repercutirá en el precio de compra, porque al coste de la plataforma hay que añadir varios miles de euros por los módulos específicos para distancias determinadas.

Tenga en cuenta que las distancias indicadas por los fabricantes no son erróneas. Pero dependen de la calidad de la fibra óptica.

Para acercarse a las posibilidades reales, recuerde que el alcance se define por un cociente: el alcance dinámico máximo del reflectómetro dividido por la pérdida óptica por kilómetro de la fibra óptica.

Así, por ejemplo, un reflectómetro de rango dinámico de 40 dB utilizado para una fibra óptica unimodal con una pérdida de 0,35 dB/km a 1310 nm tendrá un rango de 40/0,35, es decir, 114 km. Para una fibra óptica con una pérdida de 0,25 dB/km, a la misma longitud de onda, el mismo reflectómetro podría funcionar a una distancia de 40/0,25, es decir, 160 km.

Esto significa que las distancias pueden diferir de las que a veces se anuncian en las hojas de especificaciones técnicas. Y como el cálculo se hace de punto a punto, esta distancia disminuye si hay pérdidas debidas a conexiones ópticos o empalmes mecánicos o por fusión.

4.3.2 Distancias cortas y zonas muertas

En el extremo opuesto se encuentran las distancias cortas e incluso muy cortas. El concepto utilizado es el de "zonas muertas". En términos técnicos, las zonas muertas se definen como áreas -de hecho, tiempos- en las que el sistema de detección ya no responde realmente a la señal, sino que está en proceso de volver a su punto de funcionamiento.

EDZ y ADZ

Hay dos zonas muertas diferentes:

- La zona muerta de eventos (*evenemential death zone* - EDZ), que limita la separabilidad de dos sucesos, muestra un doble pico. Es más o menos independiente de la altura de los reflejos.
- La zona muerta por atenuación (*attenuation death zone* - ADZ), que es mayor. Se necesita al menos esta distancia entre dos eventos para poder caracterizar cada uno por separado, como la pérdida de inserción y la reflectancia de un conector.

  Esta zona depende mucho de la altura de las reflexiones. En las fibras ópticas multimodo puede haber fuertes reflexiones, mientras que en las aplicaciones de fibra óptica unimodal las reflexiones suelen ser menores.

Tamaño de la zona

A título orientativo, los OTDR de mejor rendimiento tienen una zona muerta de eventos de 10 a 20 centímetros y una zona muerta de atenuación de 30 a 40 centímetros, incluso para reflexiones fuertes. Cuanto más pequeñas sean las zonas muertas, más precisa será la localización de fallos, pérdidas y eventos de reflexión.

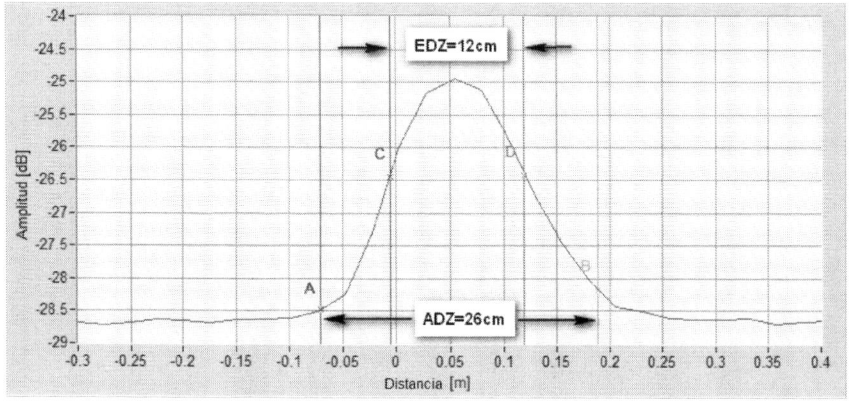

Ejemplos de zonas muertas EDZ y ADZ para un reflectómetro de alto rendimiento en este campo

Para aplicaciones muy específicas, existen modelos de gama alta con una resolución milimétrica y prácticamente sin zona muerta. Los reflectómetros contadores de fotones no tienen zona muerta.

4.3.3 Caso de redes ópticas pasivas

La fibra hasta el hogar (*fiber to the home* - FTTH) se puede desplegar punto a punto –desde la central del proveedor de acceso a Internet hasta el abonado– o mediante redes ópticas pasivas (*passive optical network* - PON). Éstas comparten una única fibra óptica en varias ramas divergentes mediante acopladores multirrama. Aquí surgen dos problemas: ¿cómo medir, a pesar de las elevadas pérdidas y cómo utilizar el reflectómetro cuando el enlace está en servicio?

La primera cuestión se enfrenta a la doble restricción de poder medir una pérdida puntual muy elevada, de hasta 20 dB y la necesidad de disponer de un pulso de luz lo más corto posible, para obtener el máximo detalle en las distintas secciones del enlace.

La respuesta está en el campo de los reflectómetros "optimizados para PON". Algunos podrán medir el PON de una fibra que dé servicio a 16 abonados, mientras que otros reflectómetros podrán medir 32 o incluso 64 abonados y hasta 128 abonados en el caso de los OTDR más potentes. Esto es posible gracias a nuevos reflectómetros con zonas muertas de atenuación más pequeñas, esencialmente porque ahora están definidos para reflexiones más bajas: hemos pasado de -35 dB a -45 dB.

Para la segunda cuestión, la medición durante el servicio, es necesario y suficiente que el OTDR pueda funcionar en las longitudes de onda dedicadas a las pruebas, es decir, 1.490, 1.625 o 1.650 nanómetros.

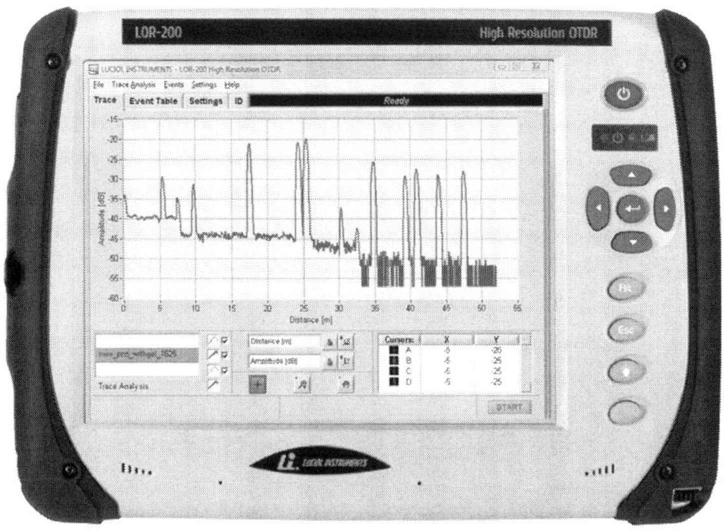

Ejemplo de traza mini-PON, con dos acopladores 1x4 en cascada y cuatro reflexiones en el extremo de la fibra óptica

4.3.4 Caso de cables de alta densidad

Los cables de fibra óptica son cada vez más densos y cada vez es más frecuente encontrar cables que contienen varios centenares de fibras ópticas.

Las dificultades encontradas son tres:

- ¿Cómo puede mejorar la productividad?
- ¿Cómo orientarse tras una interrupción del proceso?
- ¿Cómo se puede rehacer la reflectometría de una sola fibra óptica si se ha detectado un fallo?

Para muchos reflectómetros, existen dos tipos de solución: el modo "macro" o macroinstrucción y el modo "proyecto".

Modo macro

En el modo macro, la primera etapa requiere cierta experiencia, ya que implica la preprogramación de procedimientos de prueba para una a cinco tareas diferentes. La segunda etapa, la parte de ejecución de las pruebas, es relativamente sencilla, ya que prácticamente sólo es necesario pulsar una tecla del aparato. Esto permite que el reflectómetro pueda ser utilizado por personal menos experimentado.

Modo proyecto

En modo proyecto, las fibras ópticas aparecerán simbolizadas en una tabla. Visualizarlas junto con las acciones a realizar permitirá progresar en las operaciones. Esto facilitará el trabajo sobre una fibra óptica determinada.

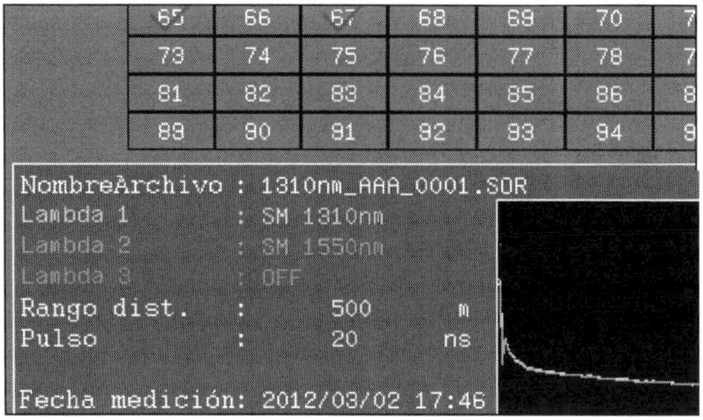

Ejemplo de tabla con las fibras ópticas de un mismo cable

4.3.5 Caso de multiplexación por división de longitud de onda

El uso de la multiplexación por división de longitud de onda (*wavelength division multiplexing* - WDM) ha llevado a la creación de reflectómetros especiales capaces de medir enlaces de fibra óptica, pasando por multiplexadores y demultiplexadores de longitud de onda (Mux-Demux).

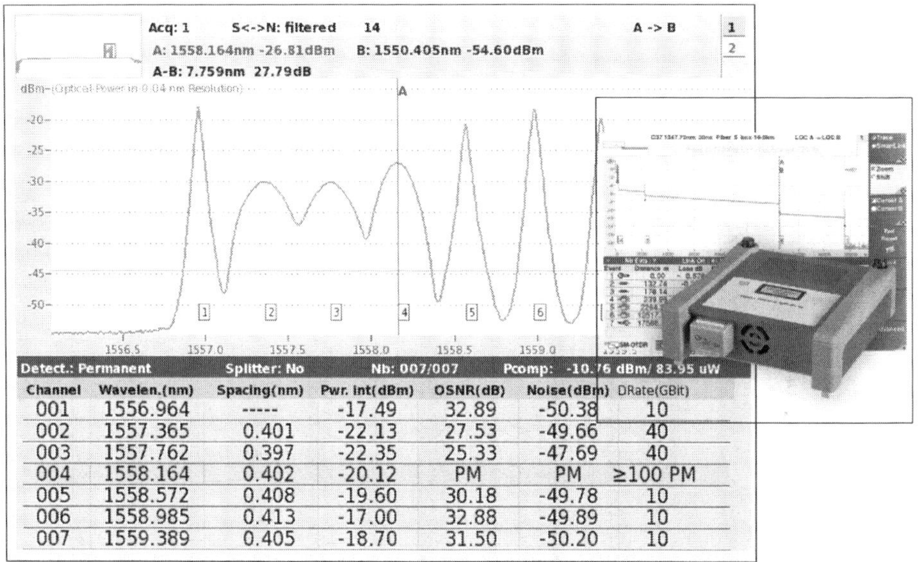

Channel	Wavelen.(nm)	Spacing(nm)	Pwr. Int(dBm)	OSNR(dB)	Noise(dBm)	DRate(GBit)
001	1556.964	-----	-17.49	32.89	-50.38	10
002	1557.365	0.401	-22.13	27.53	-49.66	40
003	1557.762	0.397	-22.35	25.33	-47.69	40
004	1558.164	0.402	-20.12	PM	PM	≥100 PM
005	1558.572	0.408	-19.60	30.18	-49.78	10
006	1558.985	0.413	-17.00	32.88	-49.89	10
007	1559.389	0.405	-18.70	31.50	-50.20	10

Ejemplo de traza y reflectómetro para transmisión en WDM

4.4 Otros factores de reflectometría

Otros factores pueden influir en la elección de un reflectómetro óptico.

4.4.1 Computación en nube e IPv6

La computación en nube (*cloud computing*) se está desarrollando tanto para datos corporativos como privados. El campo de los reflectómetros no podía permanecer expectante.

Así, además de sus tradicionales enlaces Ethernet por cable o llaves USB, muchos OTDR ofrecen ahora una serie de funciones de comunicación como Bluetooth, Wi-Fi, conexiones 3G, etc. para transferir archivos de adquisición de datos y compartirlos a través de una nube privada.

Otros también permiten el control remoto para asistencia o mando a distancia. No cabe duda de que todos los fabricantes van a subirse al carro y de que esto cambiará radicalmente nuestra forma de trabajar.

En cuanto al direccionamiento de Internet, el IPv4, con sus direcciones de 32 bits, está siendo sustituido por el nuevo IPv6, de 128 bits.

Los reflectómetros ya están "preparados para IPv6".

4.4.2 Características funcionales

Otro criterio de selección se refiere a las características funcionales directamente relacionadas con la ergonomía y el uso del reflectómetro.

Ejemplo de reflectómetro portátil en su maletín de transporte

Algunos ejemplos de estas características funcionales: configuración automática de los parámetros de prueba, adquisición y visualización de múltiples longitudes de onda, evaluación automática de trazas y visualización de los eventos detectados en una tabla de resultados, detección de tensiones mediante la comparación de dos longitudes de onda, etc.

Otras funciones son la medición bidireccional, el registro automático de curvas y resultados, la generación de informes de ensayo directamente en el reflectómetro, etc.

Todo esto quiere decir que antes de elegir un reflectómetro, y más allá de sus características técnicas, hay que familiarizarse con él y realizar varios ejemplos de mediciones en la vida real.

5. Espectrometría óptica

5.1 Análisis del espectro óptico

Justificación del análisis espectral

El despliegue de nuevas redes ópticas implica nuevos tipos de modulación de las señales de transmisión, la instalación de multiplexores de inserción-extracción de longitudes de onda, el riesgo de solapamiento del espectro para 40 Gbit/s, la modulación basada en la multiplexación por polarización para 100 Gbit/s y otros tipos de modulación, lo que obliga a analizar más a fondo estas señales y sus modificaciones durante la transmisión.

El objetivo principal de un analizador de espectro óptico es caracterizar una red WDM (véase el capítulo Multiplexación por longitud de onda). Este tipo de red es relativamente compleja, por lo que es aconsejable probarla en la fase de diseño y también durante el mantenimiento periódico.

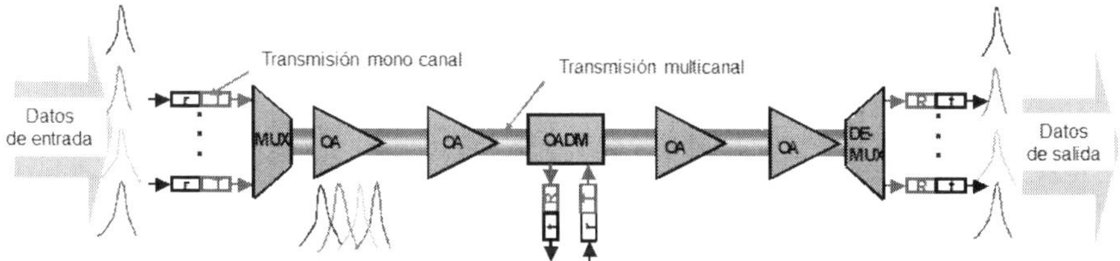

Principio de transmisión multicanal

¿Qué medir?

El análisis del espectro WDM se basa en un receptor calibrado para una longitud de onda precisa y una potencia mínima. Para garantizar una buena comunicación transmisor-receptor, es necesario medir:

- La longitud de onda central es la característica más importante, porque determina una buena comunicación emisor-receptor. La precisión de esta medida aumenta de forma inversa a la separación entre canales, por ejemplo, en sistemas a 25 GHz o 50 GHz.

- La deriva, porque la estabilidad de las fuentes ópticas no es perfecta. Siempre hay una ligera deriva en la longitud de onda y la potencia.
- La relación señal óptica/ruido (*optical signal to noise ratio* - OSNR) a una longitud de onda determinada. El ruido procede principalmente de la emisión espontánea amplificada (*amplified spontaneous emission* - ASE) de los amplificadores de fibra dopada con erbio (*erbium doped fiber amplifier* - EDFA). Por ejemplo, la señal que pasa a través de un EDFA degrada la OSNR entre 3 y 7 dB.
- La ganancia de los amplificadores EDFA, que puede variar en función de la longitud de onda. Por eso hay que medir la potencia total y la de cada canal, antes y después del amplificador y posteriormente, tomar la diferencia entre ambas mediciones.

5.2 Analizadores ópticos de espectro

En función de sus necesidades, los técnicos disponen de varios tipos de analizadores de espectro óptico. He aquí algunos ejemplos.

Analizador de canales ópticos

El analizador de canales ópticos (*optical canal checker*) es una herramienta ligera y compacta, ideal para análisis espectrales de bajo coste. En cierto modo, es un medidor de potencia de longitud de onda selectiva dedicado a los técnicos que despliegan redes. Sin embargo, sus prestaciones lo limitan al análisis de señales en el contexto de la multiplexación de longitudes de onda densa (*coarse* WDM) CWDM.

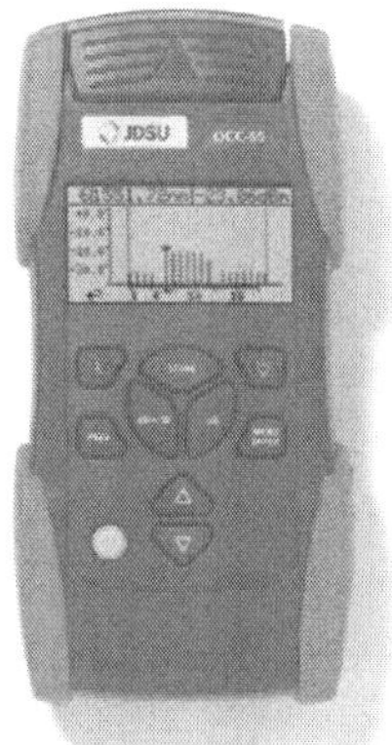

Ejemplo de analizador de canales ópticos

Analizador de espectro óptico compacto

Las redes ópticas que transportan transmisiones basadas en la multiplexación por división de longitud de onda densa (DWDM) son el dominio de los analizadores de espectro óptico (*optical spectrum analyzer* - OSA).

Según el fabricante, existen varias versiones: analizador básico, analizador de alta potencia, analizador para redes con multiplexores de extracción de longitud de onda de inserción, etc.

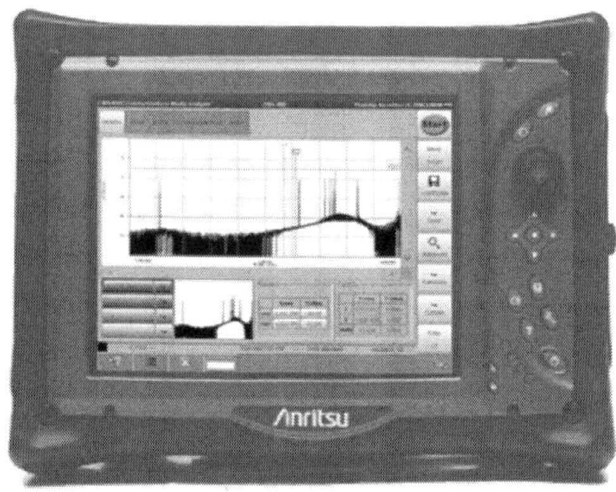

Ejemplo de analizador de espectro óptico compacto

Analizador de espectro óptico de alta resolución

Este OSA evolucionado, se utiliza principalmente en laboratorios y fábricas. Se puede utilizar como analizador de espectro óptico convencional o en otros modos de análisis, como láser unimodal o multimodal, multiplexación de longitudes de onda, fuente de banda ancha, etc.

Tiene una gran cantidad de nuevas funciones, como una amplia gama de opciones de conectividad (USB 2.0, USB 3.0, HDMI, etc.), mando a distancia, pantalla táctil, control de zoom, mando a distancia para pantallas externas, etc.

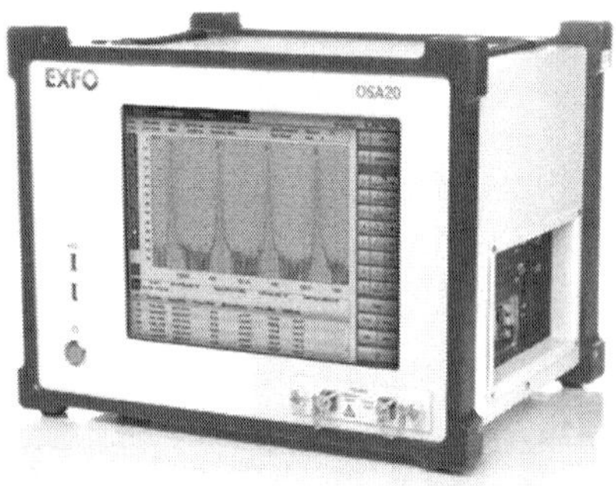

Ejemplo de analizador de espectro óptico

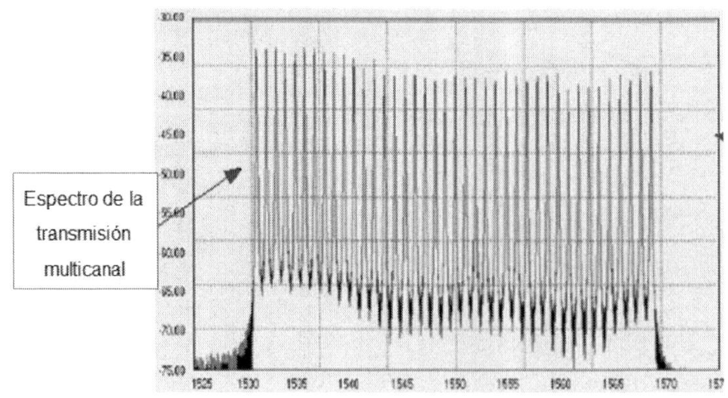

Visualización de un espectro óptico en la banda de frecuencias de 1.530 a 1.570 nanómetros

5.3 Analizadores de dispersión cromática y modo de polarización

La dispersión cromática y la dispersión del modo de polarización, son factores importantes para controlar la calidad de transmisión en una red de fibra óptica. Existen equipos específicos para medirlas: los analizadores de dispersión cromática y de modo de polarización. La principal diferencia entre los modelos radica en las distancias que cubren y si pueden atravesar o no amplificadores ópticos.

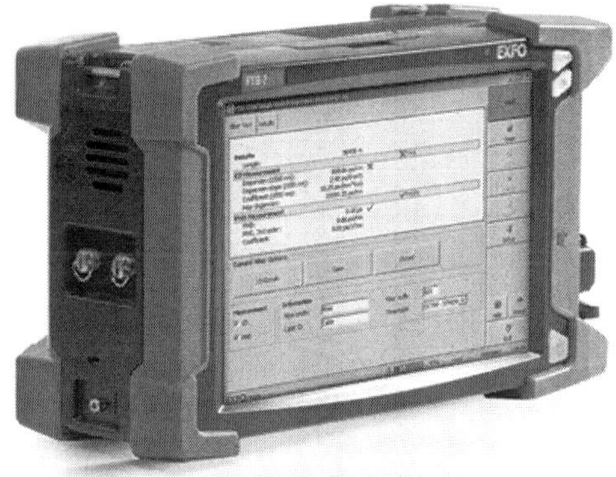

Ejemplo de analizador de dispersión cromática para distancias de hasta 120 kilómetros

5.4 Analizadores de protocolos

Un analizador de protocolos estará dedicado a un protocolo específico y a una velocidad de datos concreta, por ejemplo, para el protocolo Ethernet con velocidades de datos de 1, 10, 100, 200 o 400 Gbps. Tenga en cuenta que no existe ningún dispositivo universal que mida las distintas velocidades Ethernet desde 1 GbE hasta 400 GbE. Tendrá que elegir bien los módulos que utiliza.

En el mercado existen otros muchos ejemplos para supervisar la evolución de los protocolos y velocidades de red. Las principales aplicaciones de este tipo de analizadores son la generación de tráfico, la validación de la calidad del servicio (QoS) y del nivel de servicio (SL), las pruebas de configuración de la red, la verificación del triple o cuádruple servicio (*triple or quadruple play*), etc.

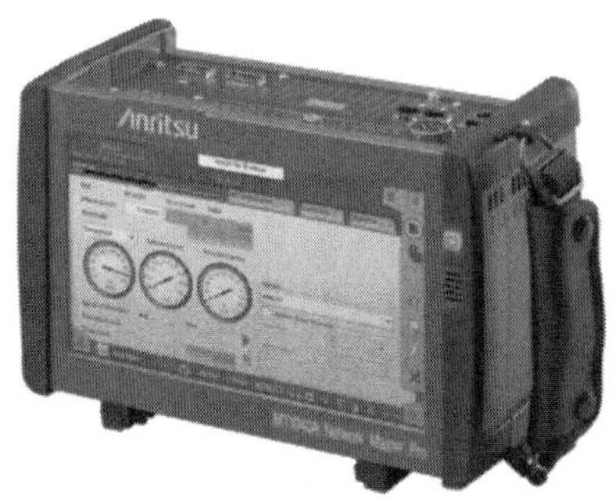

Ejemplo de analizador de redes Ethernet equipado con un módulo (izquierda) o dos módulos (derecha)

5.5 Analizador de la tasa de errores binarios

Un analizador de la tasa de errores binarios, también conocido por las siglas BERT de *bit error ratio tester*, ofrece rangos de procesamiento de señal de distintos tamaños. Por ejemplo, un equipo puede procesar una gama de 1,5 Gbit/s a 40 Gbit/s en 1 a 4 canales. Han evolucionado para adaptarse al aumento de la velocidad de transmisión de datos y ahora pueden realizar pruebas de hasta 400 Gbit/s.

Hay dos opciones para estos analizadores: una con un analizador en cada extremo del enlace y otra con un analizador sólo en un extremo y un loopback en el otro.

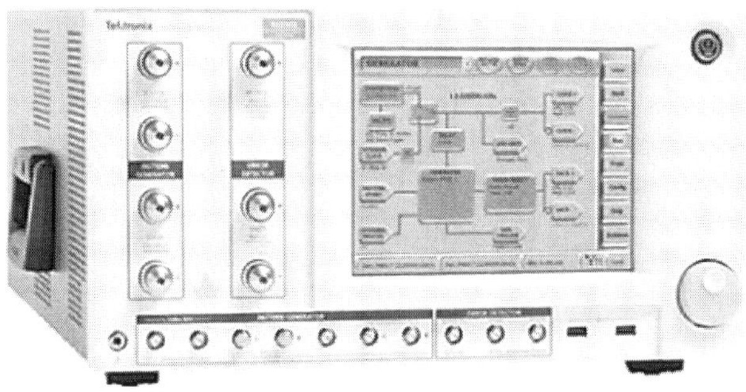

Ejemplo de analizador de tasa de errores binarios

6. Equipos de medición y normalización

Los fotómetros, reflectómetros y analizadores de espectro deben cumplir los requisitos establecidos por la comisión electrotécnica internacional (CEI). Estas es una visita guiada.

6.1 Normalización para los fotómetros

La primera norma, numerada CEI 61315 ed1.0 y titulada *Calibration of fibre-optic power meters*, se publicó en abril de 1995. En ella se detallaban todas las etapas de la calibración de fotómetros dedicados a las comunicaciones por fibra óptica. Establecía las condiciones de referencia, calculaba e indicaba los márgenes de error, controlaba la trazabilidad, etc. También normalizaba las especificaciones utilizadas para comparar fotómetros de distintos proveedores.

Fue sustituida por una nueva versión: CEI 61315 ed2.0, publicada en octubre de 2005.

La nueva versión CEI 61315 ed3.0 se publicó el 29 de marzo de 2019 y se ha anunciado como estable hasta 2024 (véase https://webstore.iec.ch/publication/64898).

6.2 Normalización para los reflectómetros

La primera norma, la CEI 61746, se publicó en 2005. Posteriormente, se dividió en dos partes: CEI 61746-1 para OTDR dedicados a fibras unimodales e CEI 61746-2 para los dedicados a fibras multimodales.

Calibración de los reflectómetros para fibras monomodo

Para la calibración de los reflectómetros para fibras ópticas monomodo, la CEI ha publicado la norma **CEI 61746-1:2009** titulada *Calibration of optical time-domain reflectometers (OTDR) - Part 1: OTDR for single mode fibres*. Esta norma está en vigor desde 2009.

En 90 páginas, esta norma detalla todos los elementos que se deben tener en cuenta en estos OTDR para fibras ópticas unimodales. Se espera que sea estable hasta 2024 (véase https://webstore.iec.ch/publication/5748).

Calibración de los reflectómetros para fibras ópticas multimodales

Para la calibración de reflectómetros para fibras ópticas multimodales, la norma actual es la CEI 61746-2:2010, titulada *Calibration of optical time- domain reflectometers (OTDR) - Part 2: OTDR for multimode fibres*.

Proporciona información sobre estos OTDR. Se espera que sea estable hasta 2024 (véase https://webstore.iec.ch/publication/5749).

6.3 Normalización de los analizadores de espectro óptico

La primera norma para estos equipos, *Calibration of optical spectrum analyzers*, se publicó en marzo de 2004 con el número CEI 62129. Proporcionaba procedimientos para calibrar un analizador de espectro óptico utilizado en comunicaciones por fibra óptica. Quedó obsoleta con la publicación, en enero de 2006, de una nueva edición: **CEI 62129 ed1.0**. Esta edición de 101 páginas, completaba la anterior al exigir que el analizador dispusiera de un número mínimo de funciones, incluida la representación del espectro óptico en una pantalla, respetando el valor absoluto de las longitudes de onda. Esta versión pasó a denominarse CEI 62129-1:2016.

CEI 62129-1:2016

Titulada *Calibración de instrumentos de medida de longitudes de onda/instrumentos de medida de frecuencias ópticas - Parte 1: Analizadores ópticos de espectro*, la norma ahora en vigor data de enero de 2016. Incluye cambios técnicos, términos y definiciones actualizados y condiciones de calibración actualizadas. También especifica cambios en el cálculo de las incertidumbres relacionadas con la dependencia de la longitud de onda, la linealidad de la potencia y la dependencia del nivel de potencia, todo ello en función de la temperatura.

Se espera que se mantenga estable hasta 2028 (véase https://webstore.iec.ch/publication/24042).

CEI 62129-2:2011

La norma CEI 62129 ed1.0 anterior se completó con una segunda parte en mayo de 2011. Con el número CEI 62129-2:2011, se titula *Calibración de instrumentos de medida de longitudes de onda/instrumentos de medida de frecuencias ópticas - Parte 2: Instrumentos de medida de longitud de onda simple con interferómetro de Michelson*.

En 98 páginas, abarca, entre otras cosas, las distintas fuentes que emiten en las redes de comunicación por fibra óptica, como los diodos láser de realimentación distribuida (*distributed feedback* - DFB) y los láseres de cavidad externa. Se espera que sea estable hasta 2028 (véase https://webstore.iec.ch/publication/6499).

CEI 62129-3:2019

Esta norma es del 12 de febrero de 2014. Se titula *Calibration of wavelength/optical frequency measurement instruments - Part 3: Optical frequency meters using optical frequency combs*. Se ha hecho necesaria por el despliegue de nuevas redes de telecomunicaciones ópticas, que exigen que las mediciones dedicadas a las frecuencias ópticas sean extremadamente precisas. Por consiguiente, la calibración de los instrumentos de medida se debe basar en una metodología que tenga en cuenta este aspecto.

En 40 páginas, esta especificación técnica describe la calibración de instrumentos que miden las frecuencias ópticas emitidas por fuentes ópticas típicas, en redes de fibra óptica unimodales.

La versión actual se publicó el 20 de mayo de 2019 y se ha anunciado como estable hasta 2023 (véase https://webstore.iec.ch/publication/34200).

6.4 Acreditación de laboratorios

Los laboratorios que deseen garantizar la correcta calibración de estos equipos dependen de una norma, la CEI 17025 ed1.0, titulada *Requisitos generales para la competencia de los laboratorios de ensayo y calibración*. Publicada en mayo de 2005, fue corregida en agosto de 2006 para convertirse en la norma CEI 17025 ed2.0.

Esta norma especifica las competencias necesarias y los métodos que se deben seguir. Se aplica a todo tipo de laboratorios: industriales, gubernamentales, acreditados, etc. Explica la posibilidad de aplicarla a laboratorios de terceros, sea cual sea el número de personas implicadas y la diversidad de los equipos que se deben calibrar. Tiene en cuenta la trazabilidad de las intervenciones y el respeto de los intervalos de tiempo entre dos calibraciones.

Se actualizó en noviembre de 2017 como CEI 17025:2017
(véase https://webstore.iec.ch/publication/62135).

Capítulo 8
Componentes optoelectrónicos

1. Emisores electroópticos

1.1 Un poco de historia

No podemos empezar este capítulo sin recordar un poco lo que debemos a los descubridores del siglo pasado.

Máser y láser

Maser es el acrónimo de *microwave amplification by stimulated emission of radiation*, es decir, en español amplificación de microondas por emisión estimulada de radiación.

La teoría del máser y su invención en 1954 se deben, casi simultáneamente, al estadounidense Charles Townes (Greenville, 1915 - Oakland, 2015) y su equipo y a dos físicos rusos, Alexander Mikhailovich Prokhorov (Atherton, 1916 - Moscú, 2002) y Nikolai Gennadyevich Bassov (Usman, 1922 - Moscú, 2001).

Los tres fueron galardonados con el Premio Nobel de Física en 1964: "por sus trabajos fundamentales en electrónica cuántica, que condujeron a la construcción de osciladores y amplificadores basados en el principio máser-láser".

El funcionamiento de los máseres se basa en el fenómeno de la emisión inducida, sugerido por Albert Einstein (Ulm, 1897 - Princeton, 1955) en 1917:

- Al cabo de cierto tiempo, los átomos excitados pueden volver al estado de reposo emitiendo una onda en cualquier dirección, con cualquier estado de polarización y cualquier fase: es la emisión espontánea.
- La onda que emiten tiene la misma dirección, el mismo estado de polarización y la misma fase que la onda incidente: es la emisión inducida o coherente.

El láser toma su nombre de las siglas en inglés de *light amplification by stimulated emission of radiation*, es decir, en español amplificación de la luz por emisión estimulada de radiación. Los láseres son una variedad de máseres utilizados como fuentes de luz que producen ondas monocromáticas coherentes.

Los primeros láseres

Fue en 1958 o 1960 (según la publicación) cuando Theodore Maiman (Los Ángeles, 1927 - Vancouver, 2007) desarrolló el primer máser óptico, es decir, el primer láser. Lo fabricó a partir de una barra de rubí sintético, plateada en los extremos. Este cristal se somete a la luz de un destello verde, que mueve los electrones de los átomos de cromo hacia órbitas inestables. Un débil rayo rojo, actuando por resonancia, hace que estos electrones vuelvan a su órbita estable, dando lugar a la emisión de un destello rojo muy intenso de luz coordinada.

Más tarde, en 1960, apareció el primer láser de gas y, en 1961, dos investigadores del Centro nacional de estudios de telecomunicaciones (CNET) –Maurice Bernard y Georges Duraffourg– descubrieron las condiciones necesarias para convertir la absorción en semiconductores en ganancia de amplificación óptica. Estos trabajos condujeron al desarrollo de los láseres semiconductores.

Después se tardó unos años en descubrir la estructura del diodo láser, que permitiera un funcionamiento continuo a temperatura ambiente, lo que no era posible con las estructuras de diodo convencionales.

Láseres y telecomunicaciones por fibras ópticas

En 1970 se produjeron dos avances decisivos: la fabricación de fibras de sílice con una atenuación de 20 dB/km por Corning Glass Works, y el desarrollo de láseres semiconductores de arseniuro de galio (AsGa), que funcionan en régimen continuo a temperatura ambiente por Bell Telephone Laboratories.

En aquella época, estos láseres tenían características propias de los componentes semiconductores. Además, su longitud de onda de emisión de 870 nanómetros se aproximaba a la atenuación mínima de 850 nanómetros de las fibras multimodo de la época.

Nacen las telecomunicaciones por fibra óptica.

1.2 Información general sobre los emisores

Emisores optoelectrónicos

Los emisores electroópticos u optoelectrónicos (según el autor) son fuentes luminosas. Su función es transformar la señal eléctrica en señal luminosa. Los principales tipos que existen son muy diferentes y, sin ánimo de ser exhaustivos, podemos dar algunos ejemplos de las diferencias:

- Por su medio activo, como un sólido (cristal como rubí, zafiro, granate de itrio y aluminio - YAG, etc.), un gas (nitrógeno, helio-neón, dióxido de carbono, argón, etc.), un líquido o un plasma.
- Por su potencia, desde unos pocos milivatios hasta varios gigavatios y, en el caso de ciertos láseres "intensos", ésta puede alcanzar los petavatios, es decir, 10^{15} vatios.
- Por su longitud de onda, de un centenar de nanómetros a varios micrómetros.
- Por su duración de impulso, desde unos pocos femtosegundos (1 fs = 10^{-15} s) hasta una duración continua.

Estas características únicas las hacen ideales para aplicaciones específicas: audiovisual, comunicación, información (almacenamiento, lectura, impresión), industria, medios de comunicación y cirugía, entretenimiento y espectáculos, etc.

En el ámbito de las redes ópticas y las telecomunicaciones, los emisores encontrados son principalmente:

- los diodos emisores de luz (DEL) o *light emitting diode* (LED),
- los láseres de emisión superficial de cavidad vertical (*vertical cavity surface emitting laser* - VCSEL) y su evolución con los láseres de emisión superficial de cristal fotónico (*photonic crystal surface-emitting lasers* - PCSEL),
- los diodos láser emisores por franja o emisión lateral (*edge emitting laser* - EEL),
- los láseres Fabry-Perot (FP),
- los láseres de realimentación distribuida (*distributed feedback* - DFB), etc.

Sus cualidades de transmisión son diferentes y, por tanto, las aplicaciones que abarcan también lo serán. He aquí un resumen.

1.3 Transmisión y calidad de la señal

Una diferencia importante entre los DEL, los VCSEL y los diodos láser es que los DEL emiten luz incoherente por emisión espontánea, mientras que los láseres emiten luz coherente por emisión estimulada. Esto explica la diferencia en los espectros de emisión y, por la misma razón, las grandes diferencias en las velocidades de transmisión de datos y las distancias cubiertas.

Diodo emisor de luz

El diodo emisor de luz tiene un espectro de emisión relativamente amplio e iluminará por completo el núcleo de la fibra óptica. Esto significa que se excitarán todos los modos, lo que, unido al tiempo de respuesta de un DEL –unos diez nanosegundos– limita el ancho de banda. Esto limita el uso de los DEL a la transmisión de señales a velocidades de entre 100 y 300 Mbit/s.

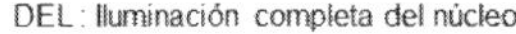

Iluminación DEL

VCSEL

El VCSEL, laser de cavidad vertical y emisión por la superficie, es un emisor con un cepillo de luz más fino que sólo iluminará la parte central del núcleo. Esto significa que se excitarán menos modos de transmisión de luz. Como resultado, la dispersión modal será menor y, teóricamente, el ancho de banda será mayor si el perfil del núcleo no tiene defectos.

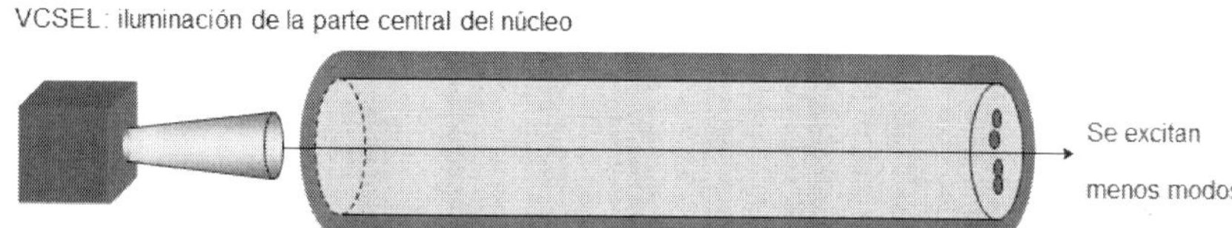

Iluminación mediante un VCSEL

Diodo láser

El diodo láser es un láser semiconductor construido en torno a una estructura de diodo. Se utiliza una gran variedad de materiales –arseniuro de galio, fosfuro de indio, etc.– depende de la longitud de onda de emisión. La coherencia de la luz transmitida, propiedad inherente a la radiación láser, es tal que el número de modos excitados se reduce considerablemente. Como corolario, la señal luminosa puede recorrer una distancia mayor.

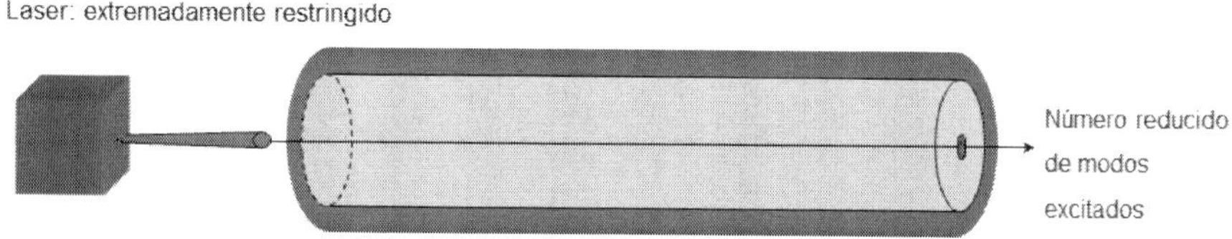

Iluminación por diodo láser

Diodo láser Fabry-Perot

Es uno de los diodos más antiguos y toma su nombre del homenaje rendido a dos politécnicos, Maurice Paul Auguste Charles **Fabry** (Marsella, 1867 - París, 1945, X 1885) y Jean-Baptiste Alfred **Perot** (Metz, 1863 - París, 1925, X 1882). De hecho, parte de su trabajo condujo a la creación de un interferómetro, cuyo corazón era una cavidad formada por dos espejos semirreflectantes, entre los que la luz pasaba varias veces de un lado a otro. Este interferómetro se puede considerar un precursor del láser, en la medida en que el principio de la cavidad óptica resonante fue retomado por los diseñadores de láseres para producir luz coherente.

Los diodos láser Fabry-Perot se utilizan principalmente en redes de comunicaciones que operan a longitudes de onda de unos 1.300 nanómetros. Parece que ya no se utilizan con tanta frecuencia y que serán sustituidos por los VCSEL.

Diodo láser DFB

Este tipo de diodo con realimentación distribuida o repartida (según el autor) produce un espectro unimodal. Funciona a corriente constante y requiere un modulador de luz. Además, como su rendimiento varía con la temperatura, requiere una temperatura de funcionamiento estable.

Su coste es proporcional a la precisión de la longitud de onda a la que transmite. Los DFB típicos tienen anchos de línea de 30 MHz, es decir, en el rango de los picómetros (1 pm = 10^{-12} m).

Ejemplos de láseres

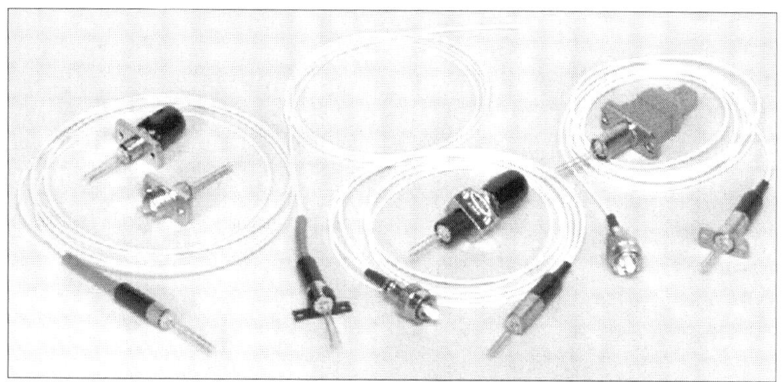

Ejemplos de láseres para telecomunicaciones ópticas

1.4 Unas palabras sobre los VCSEL

Los VCSEL se fabrican con semiconductores de película fina. Se colocan dos espejos multicapa a ambos lados de un medio amplificador de slots cuánticos. Esto define una cavidad óptica a la que se superpone una estructura de diodos mediante dopaje, lo que permite bombear eléctricamente el medio amplificador.

Los VCSEL se fabrican en sustratos de arseniuro de galio, para emisiones entre 840 y 980 nanómetros o de fosfuro de indio, para emisiones entre 1.300 y 1.550 nanómetros.

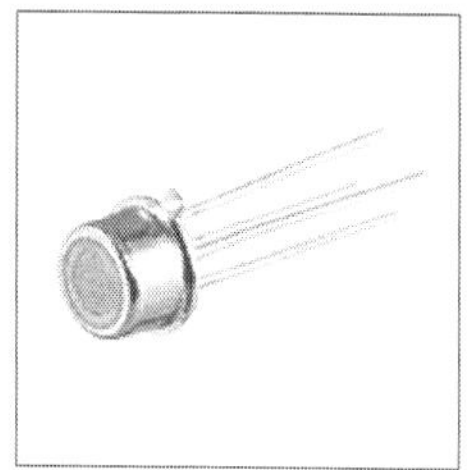  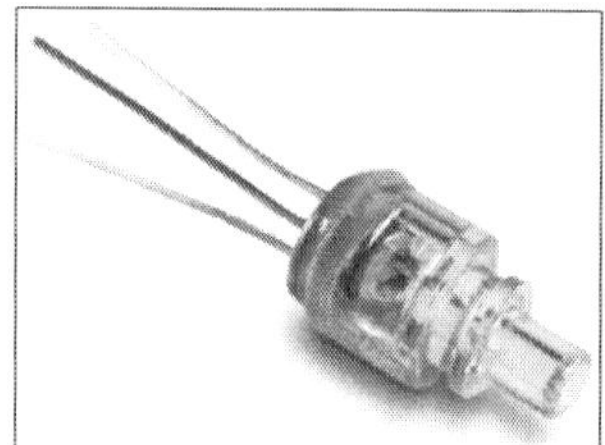

Ejemplos de VCSEL

Los VCSEL, al igual que los diodos láser emisores laterales, combinan una modulación directa rápida y eficaz con un bajo consumo de energía. Además, ofrecen otras tres ventajas fundamentales:

- Un perfil de haz circular para facilitar el acoplamiento con una amplia gama de sistemas ópticos.
- Una arquitectura que permite fabricar y probar a bajo coste células láser a escala de sustrato (véase más abajo).
- Fácil creación de redes láser para sistemas de múltiples haces láser.

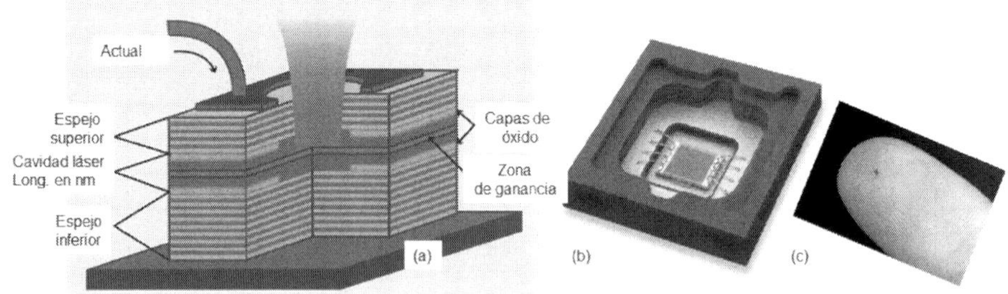

VCSEL - (a) Esquema de diseño; (b) Forma de los componentes; (c) Idea de tamaño

Las aplicaciones preferidas de los VCSEL son las comunicaciones ópticas para distancias relativamente cortas y velocidades de datos relativamente bajas, como Gigabit Ether-net o 10 GbE. Se pueden suministrar con conectores ST, FC o SC, etc.

¿Por qué un láser de emisión vertical suele ser más barato que un láser de emisión lateral?

La respuesta está en los procedimientos de prueba utilizados durante la fabricación: el VCSEL se puede probar directamente sobre el sustrato, en un proceso automatizado, mientras que para probar los láseres emisores laterales, hay que fabricarlos primero y luego probarlos individualmente. Por tanto, estos costes adicionales de ensayo se reflejan en el precio final del producto.

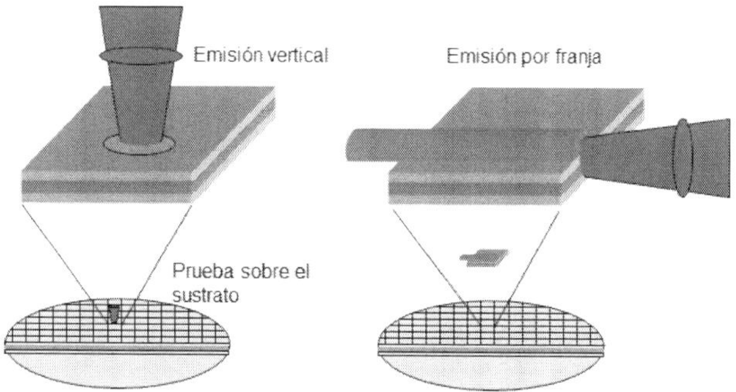

Diagrama esquemático de las pruebas con láser

1.5 Anchura espectral y distancia

Anchura espectral

En una imagen, para completar el apartado sobre Transmisión y calidad de la señal, la diferencia entre un DEL y un diodo láser, se hace explícita cuando comparamos su espectro, es decir, la distribución de su potencia en función de la longitud de onda o la frecuencia. El espectro de un DEL puede oscilar entre 40 y 100 nanómetros a media altura.

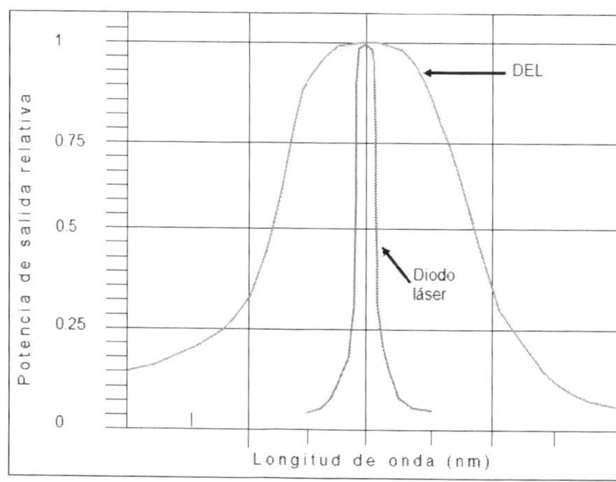

Anchuras espectrales típicas

Par emisor-distancia

La diferencia, tal y como se muestra en el diagrama anterior, es precisamente la razón por la que se eligen emisores optoelectrónicos para las redes ópticas y las telecomunicaciones. La distancia que debe recorrer la señal luminosa será el criterio decisivo en la elección del emisor.

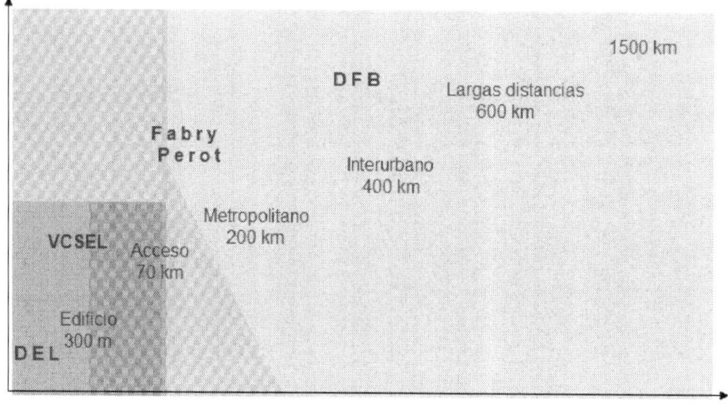

Aplicaciones de los emisores ópticos

1.6 Evolución de los láseres

Los principales avances en láseres para telecomunicaciones ópticas, han seguido tres direcciones principales.

- Los **materiales**: los primeros láseres de arseniuro de galio emitían en torno a los 800-900 nanómetros. Después, con sucesivas modificaciones, las aleaciones cuaternarias de arseniuro de galio y fosfuro de indio permitieron fabricar láseres que emitían en las bandas de 1.100, 1.300 y 1.550 nanómetros, ideales para las comunicaciones a larga distancia.

- El **consumo de energía**: se han realizado esfuerzos constantes para reducir el consumo de energía, gracias al confinamiento electrónico, los slots cuánticos, las cajas cuánticas, etc. También se han reducido las corrientes umbral gracias a los diodos de cinta. Esto es tanto más necesario cuanto que el despliegue de la fibra hasta el hogar puede requerir varios kilovatios por hora y por bastidor.
- La **emisión monofrecuencia**: o la búsqueda de la "pureza espectral" del láser, necesaria para obtener una buena calidad de transmisión de la señal. Esto se consigue utilizando láseres de cavidad externa, luego láseres de cavidad acoplada y después láseres de realimentación distribuida (DBF).
- La **modulación externa**: mediante un modulador de niobato de litio (NbO_3Li), se aumentan las distancias y la velocidad de transmisión de datos. Después, la integración de un láser y un modulador de electroabsorción, permitió su despliegue en las redes el plexing multi-longitud de onda. Al mismo tiempo, se desarrolló el concepto de láser "ajustable", como respuesta a la transmisión basada en la detección coherente y la multiplexación por división de longitudes de onda.
- Las **tecnologías de fabricación**: con mejoras en el grosor del revestimiento, la composición del sustrato, los índices de refracción de las guías ópticas, el grabado a nanoescala, los recipientes más pequeños, etc.

En el momento de escribir estas líneas, los pasos que se están dando son, como siempre, reducir costes y aumentar las velocidades por longitud de onda para transmisiones de red a 100 Gbit/s, 400 Gbit/s u 800 Gbit/s y más.

Pero el trabajo más importante se centra en la integración, cada vez más avanzada; véase un ejemplo ilustrado a continuación.

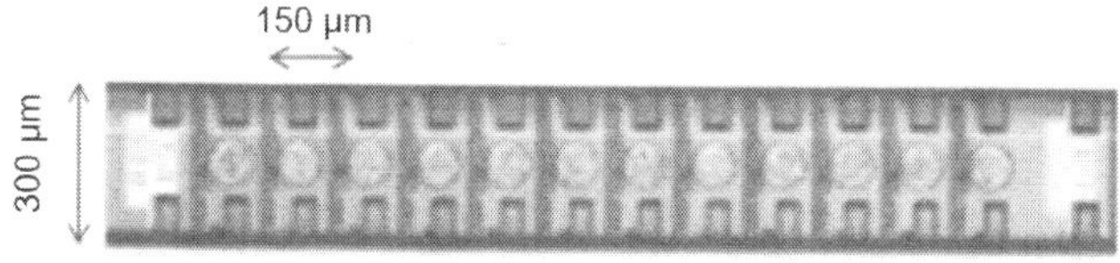

Ejemplo de chip con 12 láseres DFB

1.7 Nuevo tipo de láser: PCSEL

A medida que evolucionan los láseres semiconductores, un recién llegado intenta hacerse un hueco. Se trata del PCSEL –*photonic crystal surface-emitting laser* o láser emisor de superficie y cristal fotónico– desarrollado por investigadores de la Universidad de Glasgow y fabricado bajo licencia por Vector Photonics.

Este nuevo tipo de láser presenta las ventajas del VCSEL en cuanto a facilidad y coste de fabricación, pruebas e integración en diversos conjuntos electrónicos y las ventajas de los láseres convencionales DFB (*distributed feedback*) y Fabry-Perot en términos de rendimiento, como potencia y velocidad asociadas a una amplia gama de longitudes de onda.

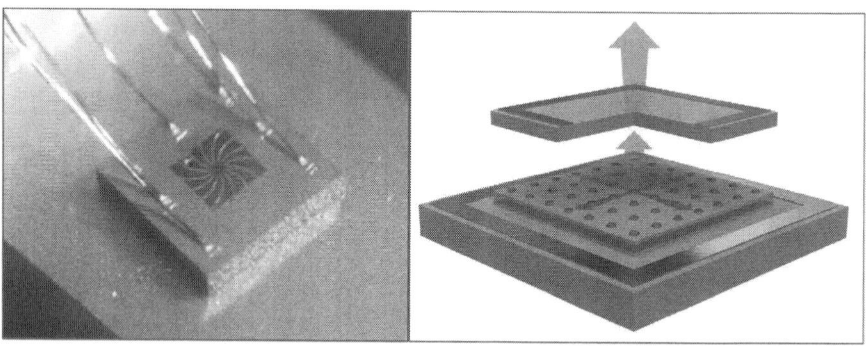

La estructura de red 2D utilizada en los PCSEL dispersa la luz linealmente, en el plano y, ortogonalmente, fuera del plano.

1.8 Ejemplos de normas para los láseres

Aunque este campo está en constante evolución, la CEI ha intentado normalizar en cierta medida los diodos láser. Cuatro ejemplos:

- CEI 62572-3:2016

  Esta norma abarca los diodos láser utilizados en las redes de telecomunicaciones. La primera edición data de 2011 y la tercera edición actual, publicada en febrero de 2016, se espera que sea estable hasta 2024.

- CEI 62149-3:2023

  Esta norma se publicó en 2014 y cubre los diodos láser con moduladores integrados utilizados en sistemas de transmisión por fibra óptica de 2,5 Gbit/s a 40 Gbit/s. La cuarta edición se publicó en julio de 2023 y se espera que sea estable hasta 2026.
- CEI 62149-2:2014

  Esta norma está dedicada a los láseres VCSEL que emiten en la ventana de 850 nanómetros. La primera edición se publicó en 2009 y la versión actual, edición 2.0, data de mayo de 2014 y se espera que sea estable hasta 2025.
- CEI 62149-7:2012

  Esta norma se creó en 2012 para los láseres VCSEL que trabajan en la ventana de 1310 nm, es decir, la ventana de transmisión de las nuevas velocidades gigabit, y se espera que sea estable hasta 2025.

Estas normas se pueden adquirir a través de la tienda en línea de la CEI: https://webstore.iec.ch/

2. Receptores optoelectrónicos

2.1 Información general sobre receptores optoelectrónicos

La función de un receptor optoelectrónico o fotodetector es transformar una señal óptica en una señal eléctrica.

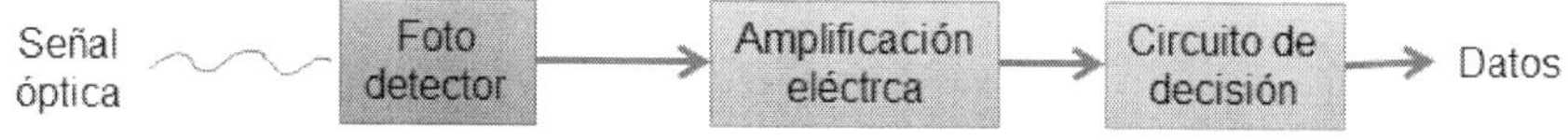

Función de un receptor optoelectrónico

En el contexto de las comunicaciones ópticas, los fotodetectores deben tener tres cualidades principales:

- Muy buena respuesta temporal en la longitud de onda considerada.
- Una rapidez que permite la recepción a velocidades de varias decenas de gigabits por segundo.

- Y muy buena detección del ruido térmico, del ruido de generación-recombinación, que es predominante y del ruido de fluctuación de llegada de fotones.

Existen dos tipos principales de fotodetectores semiconductores utilizados en telecomunicaciones ópticas: los fotodiodos PIN y los fotodiodos de avalancha.

2.2 Fotodiodos PIN

En primer lugar, un semiconductor "intrínseco" es un sólido cristalino cuya conductividad aumenta con la temperatura. Para mejorar esta conductividad, estos semiconductores se potencian introduciendo impurezas en la red cristalina. Se obtienen así semiconductores extrínsecos. El dopaje con impurezas "donantes" aumenta la densidad de cargas negativas, tipo N; el dopaje con impurezas "aceptoras" aumenta la densidad de cargas positivas, tipo P.

Un fotodiodo PIN es una estructura en la que el semiconductor intrínseco I, que absorbe fotones, está encerrado entre dos placas: P y N. La característica principal: un fotón incidente crea como máximo un fotoelectrón.

Principales tipos de fotodiodos PIN:

- De silicio, para longitudes de onda en torno a 800 nanómetros.
- De germanio, para longitudes de onda de 1.300 y 1.550 nanómetros.
- Basado en arseniuro de galio y fosfuro de indio, para un espectro óptico que va de 1.000 a 1.600 nanómetros.
- Basados en la aleación ternaria de indio, galio y arsénico (InGaAs), para nuevos fotodiodos. Cubren un espectro óptico muy amplio, del visible hasta cerca del infrarrojo (*visible-near infrared* o Vis-NIR), es decir, de 900 a 1.700 nanómetros para los utilizados en telecomunicaciones, e incluso de 500 a 2.600 nanómetros para algunos. Sus características son muy superiores a las de los fotodiodos de germanio.

Tenga en cuenta que los fotodiodos se pueden preequipar con salidas en fibras ópticas desnudas –unimodales o multimodales– o en conectores ópticos FC, ST o SC, con diámetros de núcleo de 9 a 62,5 micras. Un criterio de elección es la velocidad de transmisión del enlace: 155 o 622 Mbit/s, 1,25 o 2,5 Gbit/s, etc.

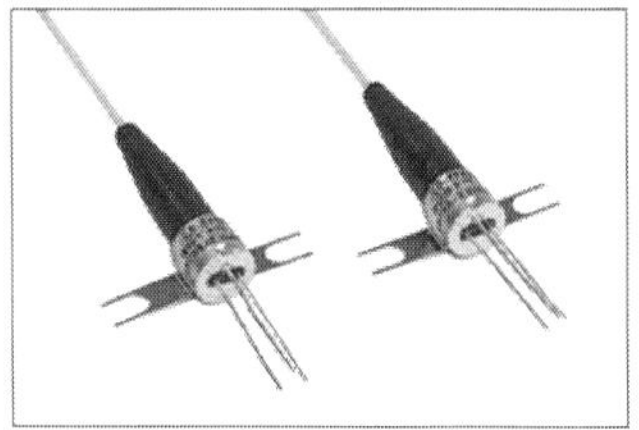

Ejemplos de fotodiodos PIN

2.3 Fotodiodos de avalancha

Este tipo de fotodiodo aborda el siguiente problema: dada la atenuación lineal de la señal luminosa a grandes distancias, cuando se recibe al final de su recorrido es relativamente débil. ¿Se puede amplificar?

Se basa en el efecto "de avalancha": bajo un campo eléctrico intenso en el interior del semiconductor, el fotoelectrón creado genera a su vez un número aleatorio de fotoelectrones secundarios.

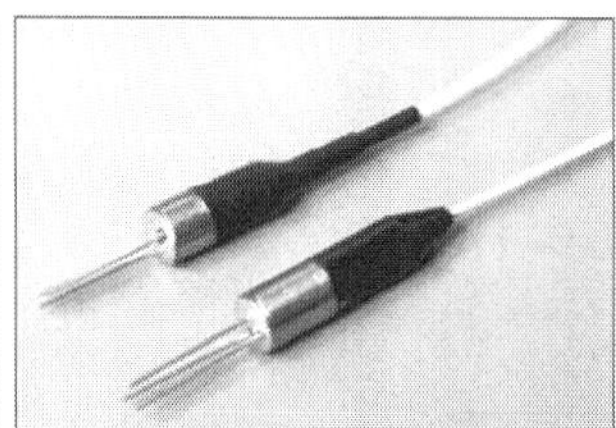

Ejemplos de fotodiodos de avalancha

Espectro operativo

Los fotodiodos de avalancha se utilizan para detectar intensidades de luz extremadamente bajas. Están disponibles para un espectro muy amplio, de 250 nanómetros a 1.700 nanómetros. Normalmente, el silicio se utiliza para una banda entre 250 y 1.100 nanómetros, el germanio entre 800 y 1.600 nanómetros, el arseniuro de galio entre 900 y 1.700 nanómetros y el compuesto ternario indio-galio-arsénico entre 1.100 y 1.700 nanómetros.

Acoplamiento en fibra

Los fotodiodos de avalancha acoplados a fibras ópticas se utilizan para detectar niveles bajos de luz en una fibra. Durante el montaje, las fibras se ajustan a tolerancias estrechas, del orden de unas pocas micras, para lograr eficiencias de acoplamiento de salida cercanas al 100%. La tecnología de fibra trenzada es muy flexible, y algunos fotodiodos aceptan fibras ópticas con diámetros de núcleo de hasta 600 micras.

Ejemplos de las ventajas del acoplamiento de fibras: desplazamiento del detector de la zona de medición, como en las aplicaciones médicas o en la tecnología de medición analítica, protección frente a señales perturbadoras, como en el recuento de fotones, transmisión a largas distancias en la industria, etc.

3. Módulos emisores-receptores ópticos

Los módulos ópticos emisores-receptores ópticos (*transmitter-receiver o transceiver*) que se insertarán en ubicaciones dedicadas de servidores, rúteres, conmutadores, en el extremo de cables ópticos activos, etc., cumplen los siguientes "estándares" específicos. La mayoría de estas normas son ideadas por asociaciones industriales cuyos nombres se completan con las siglas MSA (*multiple source agreement*), que implican la intercambiabilidad e interoperabilidad de estos módulos. Echemos un vistazo a los módulos más comunes.

3.1 XFP

Definido en 2002 por la asociación industrial XFP-MSA, este módulo óptico **XFP** (**X** de 10 en números romanos, **F** de *form-factor* y **P** de *pluggable*) permite velocidades de datos de hasta 10 Gbit/s, como con Ethernet 10 GbE. Es enchufable mediante conectores LC. La asociación se disolvió en 2009. Fabricantes como Cisco han anunciado que estos productos dejarán de comercializarse a partir de julio de 2024.

3.2 CXP y CXP2

Creado en 2009, el módulo óptico **CXP** (**C**, en hexadecimal, significa 12, **X** de *extended capability* y **P** de *pluggable*), es una interfaz que ofrece 12 canales a 10 Gbit/s por canal para proporcionar un ancho de banda total de 120 Gbit/s en teoría y 96 Gbit/s en la realidad. Presenta conectividad MPO 12+12 (12 fibras para transmisión y 12 fibras para recepción) y se utiliza para aplicaciones Ethernet de 100 Gbit/s, 100 GbE y protocolo InfiniBand.

La versión **CXP2** se desarrolló en 2016 y ofrece una mejora significativa en términos de espacio y velocidad. Puede alcanzar 26 Gbit/s por enlace, es decir, 300 Gbit/s (12 x 25 Gbit/s). Los conectores son MPO 12 + 12, como en el CXP. Estos módulos CXP y CXP+ funcionan con fibras multimodo OMx en distancias cortas.

3.3 Emisores-receptores SFP y SFP-DD

3.3.1 Familia SFP

Originalmente, los **SFP** (**S** de *small*, **F** de *form-factor* y **P** de *pluggable*) se diseñaron para velocidades de 100 Mbit/s a 4 Gbit/s. Más tarde, los desarrollos **SFP+** (*enhanced SFP*), como **SFP10** y **SFP16**, permitieron velocidades de 1 Gbit/s hasta 16 Gbit/s.

Estos módulos se han complementado con los **SFP28** y **SFP56**, que admiten la transmisión en serie a 25 Gbit/s y 50 Gbit/s de los protocolos Ethernet y Fibre Channel, respectivamente.

El **SFP112** admite ahora una velocidad agregada de 112 Gbit/s, lo que permite transmisiones Ethernet y Fibre Channel de 100 Gbit/s.

3.3.2 Familia SFP-DD

Para ahorrar espacio en las instalaciones, se han introducido los módulos emisores-receptores ópticos **SFP-DD**, es decir, los SFP de doble densidad. El SFP-DD tiene doble interfaz eléctrica, lo que permite una velocidad de transmisión de datos de 50 Gbit/s (2 x 25 GBd en modulación NRZ) o 112 Gbit/s (2 x 25 GBd, en modulación PAM4).

Los SFP-DD se complementan con los **SFP-DD112**, que ofrecen un rendimiento de 224 Gbit/s mediante la agregación de 2 x 112 Gbit/s.

3.3.3 Especificaciones de SFP-DD MSA

En 2017, más de veinte fabricantes unieron sus fuerzas para desarrollar especificaciones para estos nuevos módulos. Estas especificaciones se actualizan periódicamente y, por ejemplo, la revisión *5.2 de SFP-DD Hardware Specification for SFP DOUBLE DENSITY 2X PLUGGABLE TRANSCEIVER* se publicó en octubre de 2023.

Puede descargarse gratuitamente del sitio web:
http://sfp-dd.com/wp-content/uploads/2023/10/SFP-DDrev5.2.pdf

Página web de SFP-DD MSA: http://sfp-dd.com/

3.4 Emisores-receptores CFP

La interfaz CFP (**C** de 100 (*centum*) en números romanos, **F** de *form-factor* y **P** de *pluggable*) admite 100 Gbit/s, al igual que sus actualizaciones CFP2 y CFP4 en términos de compacidad y menor consumo de energía. La gama se ha ampliado con un modelo más potente, el CFP8.

3.4.1 Familia PPC

El emisor-receptor óptico CFP, diseñado a partir del SFP (*small form-factor pluggable*), pretendía seguir el ritmo de las crecientes velocidades de 40 y 100 Gbit/s Ethernet. Las especificaciones y características fueron definidas por un grupo de fabricantes que se unieron en marzo de 2009 para formar la asociación **CFP-MSA** (*multi-source agreement*).

Esta asociación prosiguió sus estudios con el aumento de las velocidades de transmisión de datos y aportó sus respuestas a través del CFP2, el CFP4 y el CFP8. Hay que señalar que estos trabajos también han permitido reducir el tamaño y el consumo de energía, pasando de unos 20 vatios para el CFP a 8 vatios para el CFP2 y después a sólo 5 vatios para el CFP4.

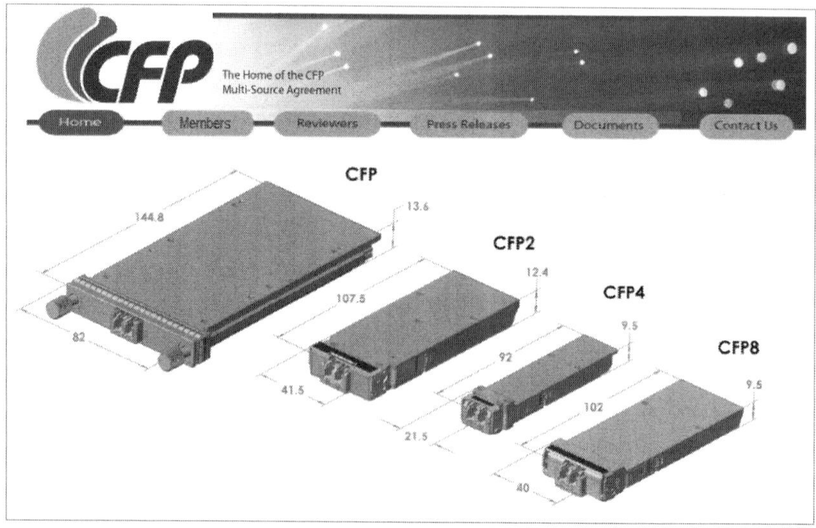

La familia CFP en la página web de la asociación CFP-MSA: http://www.cfp-msa.org

En términos de velocidad, los **CFP2** y **CFP4** son adecuados para 40 Gbit/s a través de 4 x 10 Gbit/s y para 100 Gbit/s a través de 4 x 25 Gbit/s o 10 x 10 Gbit/s, garantizando aplicaciones 100GBASE-SR10, -LR10, -SR4, -LR4 hasta 10 kilómetros y 100GBASE-ER10 y -ER4 hasta 40 kilómetros.

El **CFP8** proporciona ocho veces más ancho de banda que el CFP y cuatro veces más que el CFP2. Se puede equipar con conectores LC para fibras unimodales o conectores MPO-12, MPO-16 o MPO-32 para fibras de cinta multimodales. Admite 400 Gbit/s en aplicaciones Ethernet 400GBASE-SR16 de 16 x 25 Gbit/s, 8 x 50 Gbit/s o 4 x 100 Gbit/s, -FR8, -LR8, -DR4... y, más concretamente, soporta 16 emisores + 16 receptores, cada uno a 26,5625 Gbit/s en codificación NRZ, u 8 emisores + 8 receptores, cada uno a 26,5625 GBd en codificación PAM4.

3.4.2 Especificaciones CFP-MSA

Los trabajos iniciales sobre la CFP8 comenzaron en julio de 2016 y han culminado con la publicación de las especificaciones necesarias y sus revisiones. Ejemplos:

- La especificación *CFP MSA Management Interface Specification - 100/40 Gigabit Transceiver Package Multi Source Agreement* ha sufrido varias actualizaciones sucesivas y la versión 2.6 r06a se publicó en marzo de 2017.
- La especificación *CFP8 Hardware Specification* tiene una versión 1.0, publicada en marzo de 2017.

Estas especificaciones se pueden descargar del sitio web de la CFP-MSA: http://www.cfp-msa.org

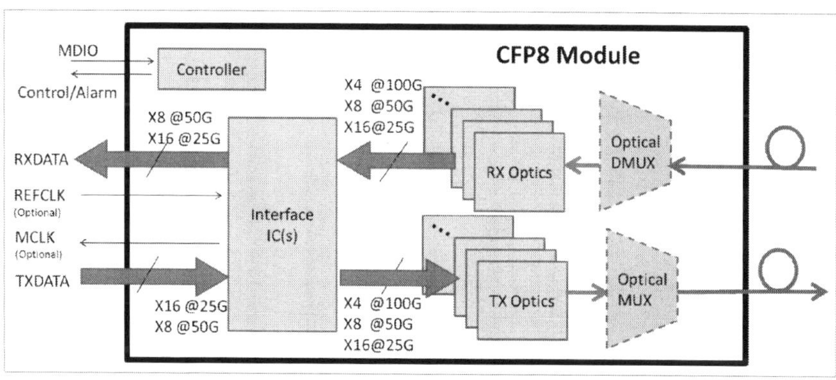

Diagrama del CFP8 definido por el CFP-MSA

3.5 Emisores-receptores QSFP

Más allá de los 10 Gbit/s, existe **QSFP** (cuádruple SFP), una generación de intercaras con 4 canales de 10 Gbit/s, lo que da un total de 40 Gbit/s. Algunos fabricantes ofrecen la variante **QSFP+** para 40 o 56 Gbit/s.

3.5.1 Familia QSFP

Los distintos **QSFP28** –QSFP28-SR4, -LR4, -ER4 y -ZR4– admiten velocidades de 4 x 28 Gbit/s, es decir, 100 Gbit/s efectivos.

Las variantes **QSFP56** –QSF56-SR4, -FR4, -LR4 y -ER4– se deben instalar para velocidades de datos de 4 x 56 Gbit/s para aplicaciones con protocolos Ethernet (200 GbE), Fibre Channel (64GFC), Infiniband (HDR), estaciones base de radio 5G, etc.

El reciente **QSFP112**, normalizado en 2021, es la evolución del QSFP56 pero para garantizar una velocidad de 4 x 112 Gbit/s, que requieren aplicaciones como Ethernet, Fibre Channel e InfiniBand a velocidades de 40 Gbit/s, 100 Gbit/s, 200 Gbit/s y hasta 400 Gbit/s.

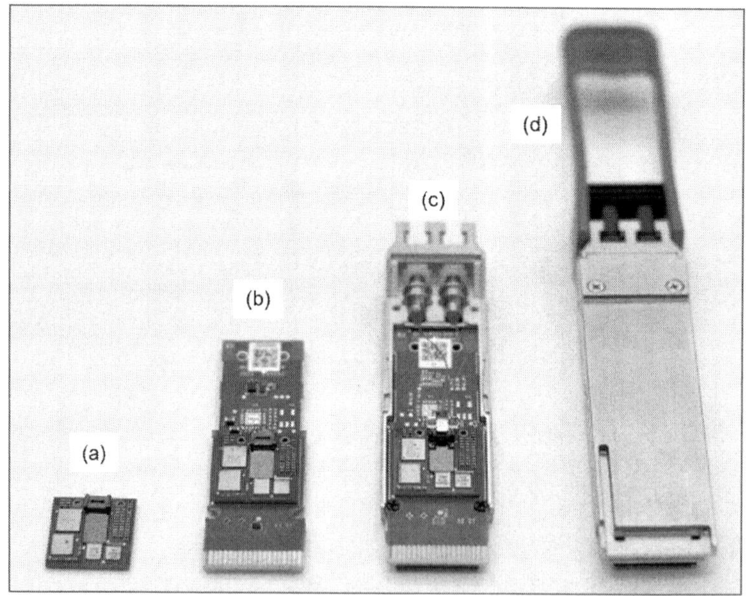

De componente a módulo emisor-receptor óptico:
(a) componentes ópticos, (b) placa de circuito montada en superficie,
(c) adición de conectores de fibra óptica, (d) módulo QSPF28 montado

3.5.2 Especificaciones del MSA QSFP112

Fabricantes como Amphenol, II-VI, Molex, TE Connectivity, US Conec, ZTE, etc. se han unido en la asociación QSFP112 MSA para definir las características de este tipo de emisores-receptores. Las especificaciones iniciales de 2011 se han actualizado con el documento *Specification for quad small form factor pluggable module 112 - QSFP112 Published Specification - Rev. 2.1.1* que se publicó en octubre de 2022.

Información en el sitio web: http://www.qsfp112.com/

3.6 Emisores-receptores QSFP-DD

Hay que prestar especial atención al QSFP-DD, el *quad small form-factor pluggable - doble densidad*. Se trata de una evolución más ajustada del QSFP, que permite reducir sus dimensiones y, por tanto, aumentar la densificación de los puertos de los equipos, cumpliendo al mismo tiempo las especificaciones de distancia de transmisión exigidas por la norma IEEE 802.3-2022.

3.6.1 Familia QSFP-DD

La familia QSFP-DD incluye:

- QSFP-DD SR8 (*short reach*) para unos 100 metros en fibras multimodo.
- QSFP-DD FR8 (*far reach*) hasta dos kilómetros en fibras unimodales.
- QSFP-DD LR8 (*long reach*) hasta diez kilómetros en fibras unimodales.
- QSFP-DD ER8 (*extended reach*) hasta cuarenta kilómetros sobre fibras unimodales.
- QSFP-DD ZR, para transmisión punto a punto de 400 Gbit/s hasta 120 kilómetros.
- QSFP-DD Open ZR+, para transmisión punto a punto de 100 a 400 Gbit/s hasta 500 kilómetros con reamplificación de la señal.
- QSFP-DD800 con 8 x 100 Gbit/s para aplicaciones de 800 Gbit/s.
- QSFP-DD1600 con 8 x 200 Gbit/s para aplicaciones de 1,6 Tbit/s.

3.6.2 Especificaciones del QSFP-DD MSA

Varios fabricantes, como Cisco, Coherent, Corning, Huawei, Intel, Molex, TE Connectivity, etc., han unido sus fuerzas a través del Grupo QSFP-DD MSA para promover este tipo de soluciones.

La primera especificación *QSFP-DD specification for QSFP double density 8x pluggable transceiver* se publicó en 2016. Para seguir el ritmo de la creciente velocidad de las aplicaciones, le siguieron varias revisiones, que culminaron en la revisión 7.0, definida en el documento *QSFP-DD/QSFP-DD800/QSFP-DD1600 Hardware Specification for QSFP double density 8x and 4x pluggable transceivers*, que se publicó en septiembre de 2023.

Sitio web del Grupo MSA QSFP-DD: http://www.qsfp-dd.com/

3.7 Emisores-receptores OSFP

Los emisores-receptores OSFP (*octal small form factor pluggable*), con octal como base 8, se han desarrollado para satisfacer la necesidad de mayores velocidades de transmisión de datos en los centros de datos. Inicialmente, proporcionan transmisiones de 400 Gbit/s a través de ocho enlaces paralelos a 50 Gbit/s por enlace, y luego, en una segunda fase, evolucionan hasta transmisiones de 800 Gbit/s a través de 8 x 100 Gbit/s y luego de 1,6 Tbit/s. Son más pequeños que los QSFP y existe un adaptador para compatibilidad retroactiva entre módulos OSFP y QSFP.

3.7.1 Familia OSFP

La familia OSFP ha evolucionado en consonancia con las nuevas especificaciones tras el aumento de la velocidad de los centros de datos. Hay tres revisiones clave: revisión 3.0, 4.0 y 5.0.

La **revisión 3.0**, de marzo de **2020**, se centró en la velocidad de **400 Gbit/s** con varias versiones:

- Versiones 400G-DR4, 400G-SR8 y 400G-SR4.2, en fibras ópticas paralelas.
- Versiones 400G-FR4 y 400G-FR8/LR8, en fibras unimodales dúplex.
- Versiones 2x200G-2xFR4 y 2x100G-2xCWDM4, fibras unimodales dúplex dobles.

La **revisión 4.0**, de mayo de **2021**, introduce las especificaciones para **OSFP800** dedicada a aplicaciones de 800 Gbit/s, con diversas variantes:

- A través de 8 fibras, es decir, 8 x 100 Gbit/s,
  - con una longitud de onda, el 800G-DR8, en fibras unimodales y el 800G-SR8, en fibras multimodales;
  - con dos longitudes de onda, el 800G-BD4.2 en fibras unimodales o multimodales;
  - con 4 longitudes de onda, el 800G-FR4 en fibras monomodo dúplex;
  - con 8 longitudes de onda, el 800G-FR8/LR8 en fibra monomodo.
- En 2 fibras, es decir, 2 x 400 Gbit/s, con 4 longitudes de onda, los módulos 2x400G-2xFR4 en fibras unimodales y 2x400G-2xSWDM4 en fibras multimodales.

La **revisión 5.0**, fechada en febrero de **2022**, define las especificaciones para **OSFP1600**, que proporcionan transmisiones hasta aplicaciones que requieren velocidades de datos de 1,6 Tbit/s con varias "soluciones" (nombre dado en la especificación OSFP-MSA):

- Sobre fibras multimodales,
  - con una longitud de onda, solución 1600G-SR16,
  - con cuatro longitudes de onda, solución 1600G-4xSWDM4.
- Sobre fibras unimodales,
  - con una longitud de onda, soluciones 1600G-DR8, 1600G-Coherent, 1600G-2x800G-Coherent, 1600G-4x400G-Coherent,
  - con cuatro longitudes de onda, soluciones 1600G-2xFR4, 1600G-FR4 y 1600G-4x400G-ZR4,
  - con ocho longitudes de onda, solución 1600G-FR8/LT8.
- Bidireccional,
  - con dos longitudes de onda, la solución 1600G-BD4.2 en fibras unimodales y la solución 1600G-BD8.2 en fibras unimodales o multimodales.

Interfaces ópticas

En función de la velocidad –400 Gbit/s, 800 Gbit/s o 1,6 Tbit/s– y del tipo y número de fibras, las interfaces ópticas pueden ser LC dúplex, MPO-12 y MPO-16 de una fila, MPO-12 de dos filas, MXC, mini-LC doble, LC dúplex doble, CS doble, MDC cuádruple, SN cuádruple, MPO doble, MXC doble, 8 x MDC, 8 x SN.

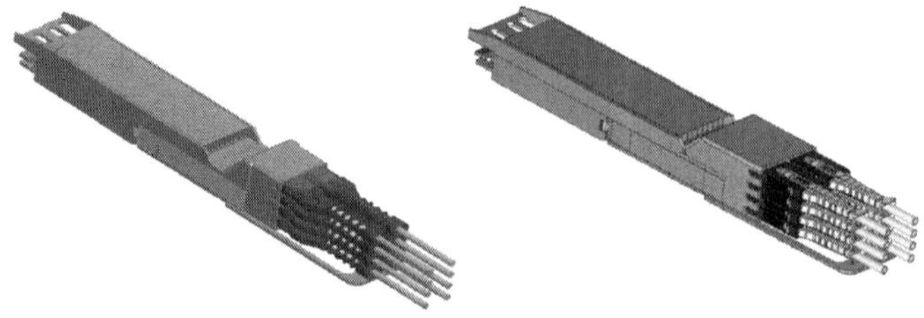

Ejemplos de interfaces ópticas para OSFP con 8 fibras ópticas: conector 8 x MDC (izquierda) y conector 8 x SN (derecha)

3.7.2 Especificaciones de OSFP MSA

Creado en noviembre de 2016, el consorcio OSFP-MSA (*octal small form-factor pluggable multisource agreement*) está formado por más de ochenta fabricantes que trabajan para desarrollar módulos OSFP, mediante la publicación de especificaciones técnicas.

Su primer documento *Rev 1.0: Specification for OSFP Octal Small Form Factor Pluggable Module* se publicó en marzo de 2017. Le han seguido regularmente varias actualizaciones, incluida la revisión 5.0 en febrero de 2022.

En marzo de 2023, un nuevo tipo de módulo conocido como **OSFP-XD**, u OSFP extra denso, se hará oficial en el documento *Specification for OSFP-XD, eXtra Dense Octal Small Form Factor Pluggable Module – Rev 1.0*.

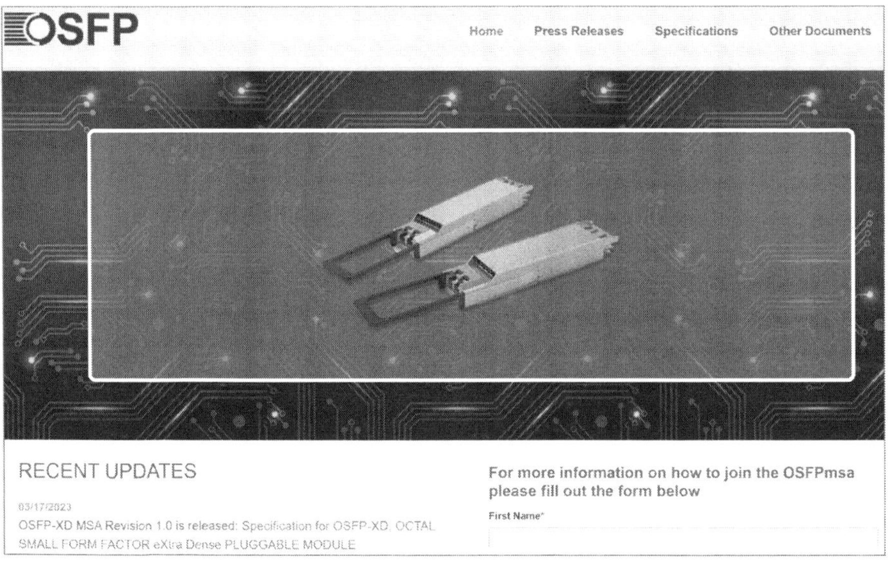

Página web de la OPSF MSA: https://www.osfpmsa.org/

3.8 Emisores-receptores BiDi

Todos los módulos descritos anteriormente utilizan dos fibras ópticas: una para la transmisión y otra para la recepción. De ahí la idea de utilizar el principio de multiplexación por longitud de onda para ofrecer módulos llamados **BiDi**, de **bidirectionnel** (a veces escrito BD pero pronunciado bidi), que permiten la transmisión por una fibra óptica en los dos sentidos: una señal se transmite del punto A al punto B, en una longitud de onda y otra señal se transmite del punto B al punto A, en otra longitud de onda. Por tanto, un par de módulos BiDi puede duplicar la velocidad de transmisión de datos por fibra óptica.

Dos familias de emisores-receptores BiDi: 1) en una sola fibra óptica; 2) en varias fibras ópticas.

Módulos BiDi para fibra óptica

Por ejemplo, en el punto A, la transmisión al punto B tiene lugar a 1.310 nm y la recepción a 1.550 nm. En la otra dirección, desde el punto B, la transmisión al punto A tiene lugar a 1.550 nm y la recepción a 1.310 nm.

Módulos multifibra BiDi

Estos módulos utilizan el mismo principio que para una sola fibra, pero las señales se envían a través de varias fibras para aumentar la velocidad de transmisión.

Un ejemplo: en la aplicación Ethernet de 40 Gbit/s, con dos fibras ópticas multimodales, un módulo óptico bidireccional envía, del punto A al punto B, una velocidad de datos de 20 Gbit/s en la primera fibra, a 850 nm, y de 20 Gbit/s en la segunda fibra, a 900 nm. En el punto A, se reciben 20 Gbit/s en la primera fibra a 900 nm y 20 Gbit/s en la segunda fibra a 850 nm.

Ejemplos de módulos BiDi

Los módulos **40G-BD** se utilizan en aplicaciones Ethernet de 40 Gbit/s (40GbE) con dos fibras ópticas multimodo, conectividad óptica dúplex LC, transmisión doble de 20 Gbit/s, en una gama de longitudes de onda de 832 nm a 918 nm, para distancias de 100 metros en fibra OM3 y 150 metros en fibra OM4 y OM5.

Los módulos **100G-BD** se basan en el mismo principio, pero transmiten a 2 x 50 Git/s y, por tanto, a distancias más cortas: 70 metros en OM3, 100 metros en OM4 y 150 metros en OM5.

Los módulos **400G-BD** transmiten 8 x 50 Gbit/s y están disponibles en varios modelos. Un ejemplo: para la aplicación Ethernet 400GBASE-SR4, un módulo 400G QSFP-DD BiDi SR4, con conectividad MPO-MTP, proporciona transmisión a 850 nm y 910 nm, hasta 70 metros en 8 fibras OM3 multimodo, 100 metros en OM4 y 150 metros en OM5.

El módulo **800G-BD**, para aplicaciones de 800 Gbit/s, y el módulo **1,6T-BD**, para aplicaciones de 1,6 Tbit/s, han sido desarrollados por la asociación industrial Terabit BiDi MSA.

Se definen cuatro modelos: 800G-VR4.2, 800G-SR4.2, 1.6T-VR8.2 y 1.6T-SR8.2, con diferentes distancias en función de las fibras ópticas multimodales utilizadas.

Tipo de módulo	Fibra OM3	Fibra OM4	Fibra OM5
800G-VR4.2 1.6T-VR8.2	De 0,5 m a 30 m	De 0,5 m a 50 m	De 0,5 m a 70 m
800G-SR4.2 1.6T-SR8.2	De 0,5 m a 45 m	De 0,5 m a 70 m	De 0,5 m a 100 m

4. Componentes ópticos

Componentes como los DEL, VCSEL o diodos láser necesitan energía eléctrica, pero otros componentes ópticos son pasivos y funcionan sin ella. He aquí algunos ejemplos de acopladores y atenuadores ópticos utilizados en redes de comunicaciones ópticas.

4.1 Acopladores ópticos

Un acoplador óptico (en inglés, *splitter*) es un componente pasivo que no afecta al contenido de la señal luminosa. Su función es simplemente distribuir la potencia de una fibra principal a otra u otras fibras o, a la inversa, devolver las señales de varias fibras para enviarlas a otra.

Existen varios tipos de acoplador: en forma de X con dos entradas y dos salidas, en forma de Y con una entrada y dos salidas o viceversa, en forma de estrella con n entradas y n o p salidas, etc. Los valores más comunes son 1 x 2, 1 x 8, 1 x 16, 1 x 32 o 1 x 64. Las dimensiones externas de las fibras suelen ser de 250 μm o 900 μm. Hay que tener en cuenta que muchos fabricantes ofrecen acopladores preconectorizados para evitar tener que hacer empalmes in situ.

Otra clasificación considera los acopladores independientes de la polarización y los acopladores dependientes de la polarización, que a su vez se clasifican en acopladores que mantienen la polarización o acopladores que la separan.

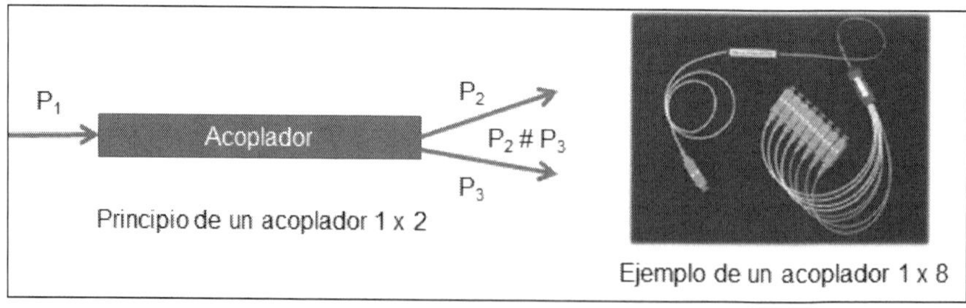

Principio y ejemplo de un acoplador óptico

La principal área de desarrollo se refiere a los acopladores en "estrella" que, como parte de las redes ópticas pasivas, darán servicio a varias decenas de abonados FTTH con el fin de compartir el ancho de banda necesario para la distribución de contenidos multimedia, de la forma más eficaz posible. Esta aplicación ha llevado al desarrollo de acopladores ópticos para instalar en bastidores de 19 pulgadas con configuraciones de 1 x 2 a 1 x 32 en 1U y de 2 x 32 a 2 x 64 en 2U.

CEI 60875-1:2015

La CEI ha publicado la norma IEC 60875-1:2015 titulada *Dispositivos de interconexión de fibras ópticas y componentes pasivos - Dispositivos de acoplamiento para fibras ópticas no dependientes de la longitud de onda - Parte 1: Especificación genérica*. La primera versión se publicó en 1986. Después, de revisión en revisión, la sexta edición se publicó en 2015 y se anunció como estable hasta 2025.

Se puede comprar la versión de mayo de 2015:
https://webstore.iec.ch/publication/22396

Esta norma se aplica a los dispositivos de acoplamiento para fibras ópticas que no dependen de la longitud de onda y que tienen las características de ser pasivos, es decir, que no contienen elementos optoelectrónicos ni transductores, tener tres o más puertos para la entrada y/o salida de potencia óptica y repartir esta potencia óptica entre estos puertos, que serán fibras ópticas o conectores ópticos. Además, la norma especifica los requisitos relativos a las propiedades ópticas, mecánicas y medioambientales.

4.2 Atenuadores ópticos

Los atenuadores ópticos se utilizan para reducir la potencia de la señal luminosa en las redes de fibra óptica. Se utilizan de dos maneras: o bien para simular la atenuación de una fibra óptica de gran longitud, facilitando así la comprobación del margen del presupuesto de transmisión óptica o bien, para atenuar una señal luminosa demasiado potente, enviada por el emisor óptico, para que esta señal no sature el receptor.

Existen dos tipos principales de atenuadores: atenuadores de valor fijo y atenuadores de valor variable (*variable optical attenuator* - VOA). Por ejemplo, se pueden obtener atenuaciones de 1 a 20 decibelios en las ventanas convencionales de 1310 o 1550 nanómetros. Se pueden suministrar con distintos conectores ópticos: SC, FC, LC, MU, etc.

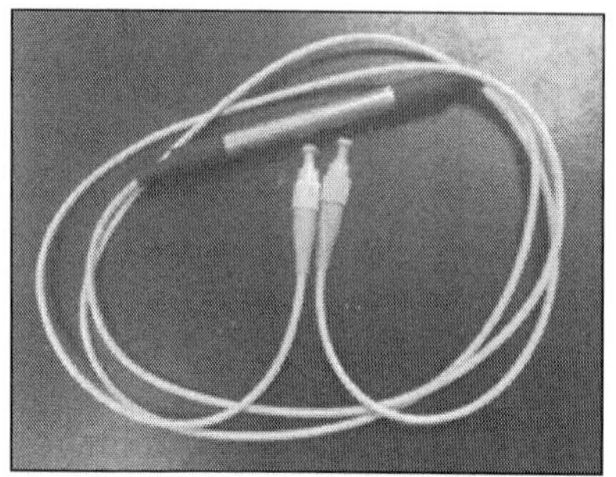

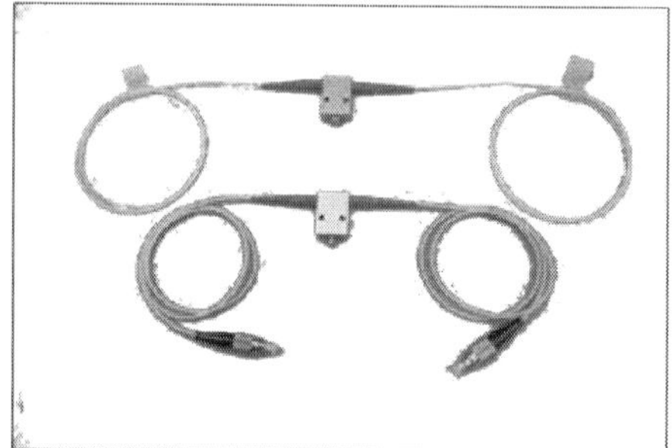

Ejemplos de atenuadores ópticos

CEI 60869-1:2018

En 1988, la CEI publicó la norma IEC 60869-1, titulada *Dispositivos fibrónicos pasivos de control de potencia - Parte 1: Especificación genérica*. Tras las ediciones de 1994, 1999 y 2012, la quinta edición se publicó en noviembre de 2018 y se anunció como estable hasta 2029.

Se aplica a los dispositivos de control de potencia por fibra óptica que tienen las características generales de los componentes pasivos, ya que no contienen ningún elemento optoelectrónico, están provistos de dos puertos para la transmisión de potencia óptica y controlan la energía transmitida de forma fija o variable, siendo dichos puertos fibras trenzadas sin conectores ópticos o fibras trenzadas terminadas con conectores ópticos.

La norma CEI 60869-1:2018 proporciona requisitos genéricos para dispositivos ópticos pasivos tales como atenuadores ópticos fijos, atenuadores ópticos variables (*variable optical attenuator* - VOA), fusibles ópticos y limitadores de potencia óptica. Se aplica a los atenuadores ópticos, equipos pasivos sin elementos optoelectrónicos ni transductores, que tienen dos puertas para la transmisión de potencia óptica y atenúan la energía transmitida de forma fija o variable y cuyas puertas son fibras ópticas o conectores ópticos.

En un apéndice se ofrecen ejemplos de la tecnología utilizada en un VOA de sistema microelectromecánico (MEMS), un VOA de circuito óptico planar (PLC) y termoóptico (TO) y un VOA magnético-óptico (MO).

Sitio web para comprar la versión de noviembre de 2018: https://webstore.iec.ch/publication/64221

5. Cables ópticos activos

5.1 ¿Por qué cables ópticos activos?

En los centros informáticos, ya sean centros de datos (*data centers*), almacenes de datos (*data warehouse* o *mammoth data center*) o centros de computación de alto rendimiento (*high performance computing* - HPC) equipados con superordenadores, los cables que unen las distintas unidades de computación y almacenamiento han experimentado dos grandes cambios:

- Por un lado, estos cables han pasado de ser simples elementos pasivos a equipos activos, que intervienen en la señal transmitida.
- Por otro lado, el aumento regular de la velocidad de transmisión les ha llevado a pasar del cobre a la fibra óptica.

A modo de ejemplo, el aumento de la potencia de cálculo en los centros de computación de alto rendimiento (HPC) es tal que se denominan ordenadores exescala, es decir, con una potencia de cálculo superior a un exaflop (mil millones de millones de operaciones en coma flotante por segundo). Estas máquinas se presentan en forma de agrupaciones de varios miles de servidores (*computer cluster*) que deben estar conectados entre sí y a unidades de almacenamiento y otros equipos.

Fue en noviembre de 2022 cuando se rompió por primera vez la barrera del exaflop. Fue con el superordenador Frontier, basado en la arquitectura HPE Cray EX235a, que utiliza procesadores AMD EPYC 64C a 2 GHz y cuenta con 8.699.904 núcleos.

Puede encontrar más información aquí: https://www.top500.org

Como resultado, las fibras ópticas han encontrado un campo de aplicación clave en los cables ópticos activos (*active optical cable* - AOC).

5.2 Visión general de un cable óptico activo

Un cable óptico activo es un enlace de cableado entre equipos eléctricos. Acepta las mismas entradas y salidas eléctricas que un cable de cobre activo, pero su soporte entre conectores es una fibra óptica. Los cables ópticos activos constan de cuatro partes:

- Módulos emisor-receptor ópticos (*optical transmitter-receive*, condensado en un transceptor).
- Conectores para enlace con equipos electrónicos.
- Enchufes ópticos en el extremo de las fibras ópticas.
- Las propias fibras ópticas.

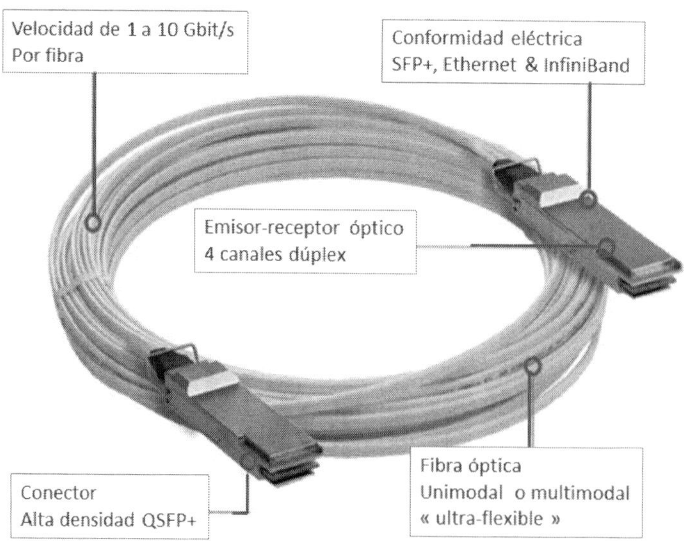

Ejemplo de cable óptico activo

5.2.1 Módulos emisores-receptores ópticos

Los módulos emisores-receptores ópticos ofrecen conversión eléctrica-óptica y conversión óptica-eléctrica en ambos extremos, al tiempo que mantienen la compatibilidad con las interfaces eléctricas estándar.

Por razones de coste, alrededor del 80% de los emisores son láseres VCSEL que trabajan en la ventana de 850 nanómetros, mientras que los receptores son fotodiodos PIN.

Por razones de velocidad de transmisión o de distancia a cubrir, alrededor del 20% de los cables ópticos activos están formados por emisores, que son diodos láser que emiten en las ventanas de 1310 o 1550 nanómetros, y receptores, que son fotodiodos de avalancha.

Los módulos ópticos, que se insertan en ranuras específicas de servidores, rúteres, conmutadores, etc., cumplen "normas" específicas. La mayoría de estas normas han sido concebidas por los fabricantes bajo el acrónimo MSA (*multiple source agreement*). Los módulos más comunes se presentan más arriba, en la sección Módulos emisores-receptores ópticos.

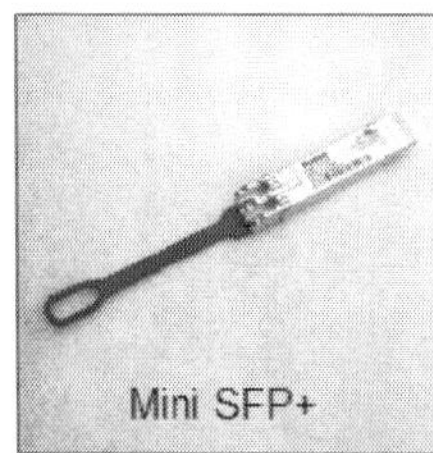

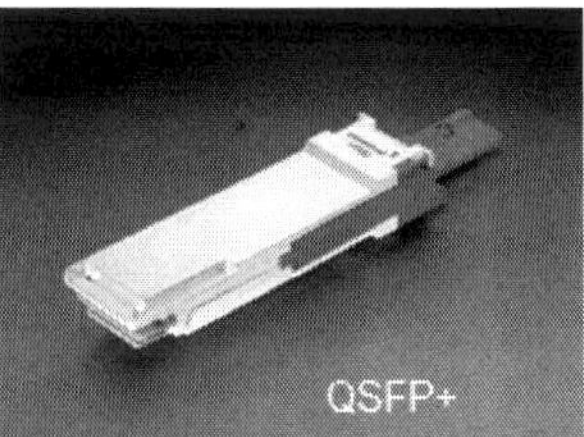

Ejemplos de interfaces para cables ópticos activos

Mezcla

Ten en cuenta que un cable óptico activo puede tener distintos tipos de conector en cada extremo. Por ejemplo, un CXP con 12 canales en un extremo puede tener 3 QSFP con 4 canales cada uno en el otro extremo.

5.2.2 Enchufes ópticos

Los enchufes ópticos suelen ser de dos tipos:

- Los conectores del modelo LC se utilizan en versión simplex, para una fibra óptica o en versión dúplex, para dos fibras ópticas.
- Enchufes basados en el conector MPO-12 (*multifiber push-on*) o su variante MTP-12 (*mechanical transfer push-on*) para cables de 12 fibras (redondos o de cinta) y MPO-16 o MPO-32 para cables de 16 o 32 fibras.

Para más información sobre los tapones ópticos, consulte la sección sobre reducción de fibras ópticas.

5.2.3 Fibras ópticas

En cuanto a la elección del tipo de fibra óptica utilizada, es el producto de la *velocidad binaria x la distancia* que lo definirá.

Fibras de sílice multimodales

Para distancias cortas –de 1 a 33 metros– con velocidades de datos de 1 a 10 Gbit/s, el cable óptico activo podría estar compuesto por fibras ópticas multimodo con un diámetro de núcleo de 50 o 62,5 micras y un ancho de banda de 200 MHz.km. Dada la evolución de las velocidades de transmisión de datos, este tipo de cable se utiliza en los centros informáticos, pero ha llegado al final de su ciclo de vida.

Para velocidades de 10 Gbit/s y superiores, se utilizan fibras ópticas multimodo con un núcleo de 50 micras, pero con anchos de banda superiores, de 1.500 MHz.km a 4.700 MHz.km. Estas fibras multimodo también se conocen como OM3, OM4 y OM5 (norma ISO/IEC 11801-1). Cuanto mayor sea el índice, mayor será el producto *velocidad binaria x distancia*. Hay que señalar que las fibras instaladas en algunos cables ópticos activos pueden superar la distancia estándar, hasta 550 metros. Con el desarrollo de los conectores MPO/MTP, los fabricantes de cables ofrecen ahora cables de 12 fibras en forma redonda o de cinta.

Fibras de sílice unimodales

Cuando la distancia es mayor, de hasta varios kilómetros, los cables ópticos activos se construyen con fibras ópticas unimodales con un núcleo de 9 micras, cuyo ancho de banda ofrece productos de *velocidad binaria x distancia* muy superiores. Para instalaciones como campus universitarios, zonas portuarias, aeropuertos, etc., es decir, para distancias de hasta cuatro kilómetros, la tendencia es utilizar fibras ópticas convencionales del tipo ITU-T G.652 o ITU-T G.657, favorecidas por sus radios de curvatura muy pequeños.

Fibras ópticas de plástico

La fibra óptica plástica es un medio sencillo y suficiente para 100 Gbit/s a lo largo de 100 metros. Por ejemplo, cables ópticos activos como HDMI (*high definition multimedia interface*), una interfaz multimedia de alta definición dedicada al mundo audiovisual digital y que transporta, entre otras cosas, señales de televisión por Internet (TVoIP) entre la pasarela (*box*) del proveedor de servicios y el televisor del abonado.

Cabe destacar que la fibra óptica de plástico ha evolucionado. Ahora admite una velocidad de 1 Gbit/s a 100 metros, lo que es más que suficiente para televisores 4K y 8K.

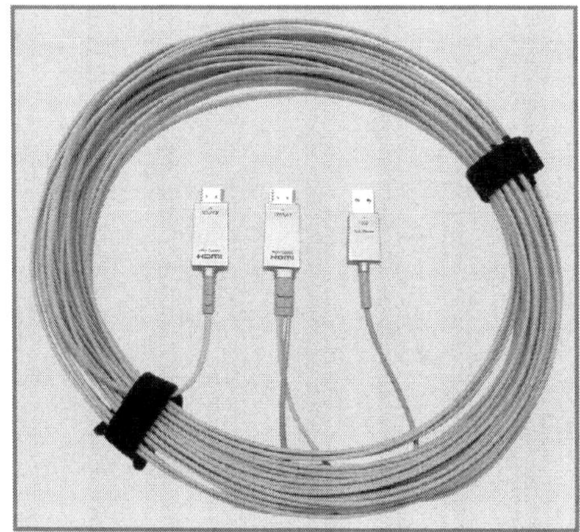

Ejemplo de cable óptico activo HDMI de fibra óptica plástica

Observación

Encontrará más información sobre fibras ópticas en el capítulo Estado de las fibras ópticas unimodales y en el capítulo Fibras multimodales de sílice y plásticas.

5.3 Criterios para elegir un cable óptico activo

Los criterios para elegir un cable óptico activo son, al mismo tiempo, claros y discriminantes en cuanto a características y cifras y abiertos al cuestionamiento del cumplimiento de las prestaciones anunciadas.

Las características discriminantes incluyen el tipo de conexión, las velocidades de datos soportadas, las distancias recorridas, etc., todas ellas fácilmente identificables o medibles.

Otras características son más difíciles de verificar, pero los proveedores las anuncian con orgullo. Por ejemplo, todos insisten en la tasa de errores de transmisión (*bit error ratio* - BER), que es de 10^{-12} para el cobre y de 10^{-15} para la fibra óptica. Otros dan cifras sobre los tiempos de latencia debidos a las conversiones eléctricas a ópticas o viceversa. En general, estos tiempos son del orden de 2 nanosegundos. Sin embargo, algunos afirman que son de 300 picosegundos por extremo e incluso de 275 picosegundos. Hay que señalar que estos datos son interesantes para distancias muy cortas, pero se pueden considerar superfluos en cuanto el cable supera los veinte metros.

Otras características exigen una lectura atenta de las instrucciones. Es el caso, por ejemplo, cuando hay que tener en cuenta las obligaciones legales: los cables ópticos activos instalados en edificios abiertos al público deben tener un cable de fibra óptica clasificado LSZH (*low smoke zero halogen*) y no es el caso de todos. Del mismo modo, mientras que algunos anuncian con orgullo una clasificación 6/6 para el cumplimiento de las normas medioambientales RoHS y sin plomo, otros no parecen ser tan formales.

Entre los temas que pueden causar molestias están los factores físicos de la conectividad, como la extrema precisión requerida en cuanto a dimensiones, resistencia a la tracción, buena resistencia incluso tras varios ciclos de enchufado y desenchufado, etc. Por eso, algunos grandes fabricantes informáticos sostienen que sus soluciones sólo están garantizadas si se instalan sus propios cables ópticos activos. Ni que decir tiene que esto supone un coste mucho mayor para el cliente. Otro truco o estrategia de marketing consiste en modificar un poco la norma con el pretexto de mejorarla. Por ejemplo, un gran fabricante de conmutadores ha creado, junto a los SFP, un SFP miniaturizado, el mSFP, así como un mini SFP LC, todos ellos de tamaño ligeramente inferior. Presenta esta compacidad como una gran ventaja, ya que permite conectar sus chasis con cables ópticos activos dedicados.

6. Circuitos integrados fotónicos

6.1 Historia de los circuitos integrados fotónicos

Para hacer frente al crecimiento casi exponencial de los flujos de información, las redes gigabit de comunicación por fibra óptica, que antes transportaban varios centenares de gigabits por segundo, se están convirtiendo en redes terabit. En otras palabras, son capaces de transportar flujos de información del orden de un terabit por segundo, es decir, un caudal de mil billones de bits binarios de información –0 o 1– transmitidos en un solo segundo, a través de una sola fibra óptica.

¿Cómo se produce este "milagro"? La respuesta se puede resumir en tres palabras: circuito fotónico integrado (*photonic integrated circuit* - PIC) o dos palabras: *optochip* y una definición: "Un PIC es un dispositivo sobre un sustrato plano en el que la luz es guiada en el plano del sustrato desde un componente óptico, hasta al menos otro componente óptico".

Aspectos generales

Estos circuitos integrados fotónicos reflejan las tendencias y la evolución que hemos observado en las últimas décadas en el campo de los circuitos y componentes electrónicos: cada vez más pequeños porque cada vez están más condensados, cada vez son más eficientes, cada vez consumen menos energía, etc. En cierto modo, ilustran la continuidad de la aplicación de la ley de Gordon Moore en el campo de la fotónica.

Estos circuitos representan un verdadero avance tecnológico, ya que en un par de PIC se integran varias docenas de funciones: una de transmisión y otra de recepción. Las funciones clave son la modulación de la señal, como QPSK (*quadrature phase shift keying*), DWDM (*dense wavelength division multiplexing*), la compensación de la dispersión cromática, el tratamiento de la dispersión en el modo de polarización, la corrección de errores (*forward error correction* - FEC), etc. Y, sobre todo, la drástica reducción de las conversiones O-E-O (óptico-eléctrico-ópticas) y de los costes asociados.

Año de despegue

En septiembre de 2004, la start-up estadounidense Infinera Corporation provocó el despegue de los chips fotónicos. La empresa presentó un estudio sobre los PIC, junto con un prototipo, en la 30ª edición de la conferencia europea sobre comunicaciones opticas (*European conference and exhibition on optical communications* - ECOC), en Estocolmo (Suecia).

Y en 2005, la integración fotónica se aceleró realmente para los PIC, con una nueva presentación de Infinera Corp en ECOC 2005, en Glasgow (Escocia): *A novel uncooled 100 Gbit/s photonic integrated circuit capable of operating over wide temperature range*. Esta novedad estaba destinada a encontrar su lugar en los equipos de redes de transporte digital de los operadores de redes.

Fechas clave

En 2011, los PIC causaron sensación. Los dos aspectos más destacados de su desarrollo fueron la integración y el producto de rendimiento unitario por número de canales transmitidos. En términos de integración o densificación, la tendencia ha sido pasar de circuitos híbridos a chips monolíticos, a escala nanométrica. Estos chips se pueden fabricar en diversos sustratos, como arseniuro de galio, niobato de litio y silicio. Pero el fosfuro de indio es el más eficiente, en el rango de 1.310 - 1.550 nanómetros, dedicado al transporte de señales por fibras ópticas unimodales.

En cuanto al número de canales, se pasó de los PIC monocanal a los multicanal, empezando por diez canales que transmitían 10 Gbit/s cada uno, es decir, 100 Gbit/s en WDM. A continuación, se anunciaron los PIC de cinco canales a 100 Gbit/s cada uno, es decir, 500 Gbit/s en WDM. Esta velocidad de medio terabit por segundo marcó el verdadero despegue del interés por estos componentes.

Evolución de los PIC (photonic integrated circuits)

La empresa Infinera (https://www.infinera.com/) es un buen ejemplo del desarrollo histórico de los PIC en el ámbito de las redes de fibra óptica. En 2012, la fabricación y la instalación se hicieron económicamente viables para impulsar las redes de fibra óptica. A ello siguieron trabajos sobre nuevos formatos de modulación de señales como QAM (*quadrature amplitude modulation*), detección coherente DWDM, transporte de paquetes DWDM, agregación de aplicaciones en redes metropolitanas para su transmisión por redes de larga distancia, etc.

En 2014, los PIC eran capaces de transmitir un terabit por segundo a través de 10 canales a 100 Gbit/s. En 2015, Infinera anunció el lanzamiento de dos nuevos productos: un PIC mejorado (*enhanced*) de 500 Gbit/s, ePIC-500 y un PIC optimizado de 100 Gbit/s, oPIC-100. Las evoluciones continuaban. Por ejemplo, en noviembre de 2018, Infinera presentó una demostración de transmisión de 4 Tbit/s basada en la 4ª generación de su solución Infinite Capacity Engine (ICE4).

En 2022, la sexta generación del *Infinite Capacity Engine de Infinera* –ICE6– está dedicada a la máxima velocidad de datos de 1,6 Tbit/s (2 x 800 Gbit/s) a través de dos longitudes de onda independientes a 800 Gbit/s cada una. También puede soportar velocidades de datos inferiores de 600 Gbit/s o 400 Gbit/s, es decir, 1,6 Tbit/s en 4 x 400 Gbit/s. La distancia máxima anunciada es de 1.000 km. El dispositivo utiliza tecnologías fotónicas de vanguardia, como un procesador de señales fabricado en grabado CMOS de 7 nm.

Módulo Infinera ICE6 Infinite Capacity Engine para 1,6 Tbit/s

En 2023 se dio un paso más con el anuncio de la séptima generación (ICE 7), que admite 1,2 Tbit/s en una sola longitud de onda. Mediante multiplexación densa en todas las bandas C y L, el fabricante afirma que el caudal máximo podría alcanzar los 100 Tbit/s en un par de fibras ópticas.

Otros fabricantes de chips ópticos

Además de Infinera, como se ha descrito anteriormente, hay otros fabricantes activos en el campo de los chips fotónicos. Entre ellos figuran:

AOI (https://ao-inc.com/), Discovery semiconductors (https://www.discoverysemi.com/), Effect photonics (https://effectphotonics.com/), Enablence (https://www.enablence.com/), Eopto-link (https://www.eoptolink.com/), II-VI Coherent (https://ii-vi.com/optical-communications-products/), IBM (https://research.ibm.com/), Lionix (https://www.lionix-international.com/), Lipac (https://www.lipac.co.kr/), Lumentum (https://www.lumentum.com/en), Photonic (https://photonic.com), VLC Photonics (https://www.vlcphotonics.com/), etc.

6.2 Principales tipos de tecnología y acoplamiento

Principales tipos de tecnología

Coexisten varias tecnologías de integración fotónica y, para simplificar, podemos considerar tres tipos principales:

- Circuitos planares (*planar lightwave circuit* - PLC):
  - Circuitos ópticos de guía de longitud de onda fabricados con diferentes tecnologías planares.
  - Componentes ópticos pasivos basados en materiales transparentes.
  - Silicio sobre silicio, polímeros, silicio sobre aislante.
- Circuitos integrados fotónicos (*photonic integrated circuit* - PIC):
  - Componentes y guías ópticas de longitud de onda fabricados con tecnologías de fabricación de semiconductores.
  - Componentes pasivos y activos, materiales transparentes y opacos.
  - Semiconductores de fosfuro de indio o similares (III-V).
- Circuitos integrados optoelectrónicos (*optoelectronic integrated circuit* - OEIC):
  - Componentes electrónicos y fotónicos combinados en un chip fabricado con diferentes tecnologías de fabricación de franjas semiconductoras.
  - Componentes ópticos pasivos y activos unidos a componentes electrónicos.
  - Semiconductores III-V (fosfuro de indio o arseniuro de galio), silicio en CMOS (*complementary metal-oxide-semiconductor*) o sobre aislante (SOI).

Eficacia de acoplamiento

La eficacia del acoplamiento es un problema difícil de resolver en la fabricación de chips fotónicos. Esto se debe a las reducidas dimensiones del núcleo de la fibra óptica, de ocho o nueve micras y la guía de ondas, cuya superficie es de una décima de micrómetro cuadrado.

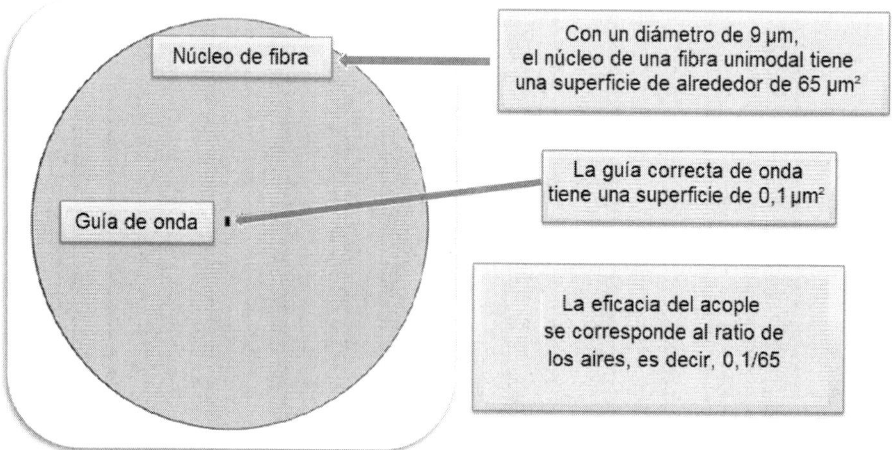

Cuestión clave: la eficacia del acoplamiento

6.3 Factores de desarrollo de los chips fotónicos

Los factores clave del éxito de los chips fotónicos son los costes de desarrollo y fabricación en relación con el crecimiento del tamaño del mercado.

Costes de desarrollo y fabricación

Es cierto que los costes de desarrollo de los chips fotónicos son elevados, pero los costes de fabricación los compensan con creces. De hecho, en comparación con los componentes discretos, representan un verdadero avance tecnológico porque integran varias decenas de funciones (véase la sección Chips fotónicos en redes - Emisión y recepción de señales, de este capítulo).

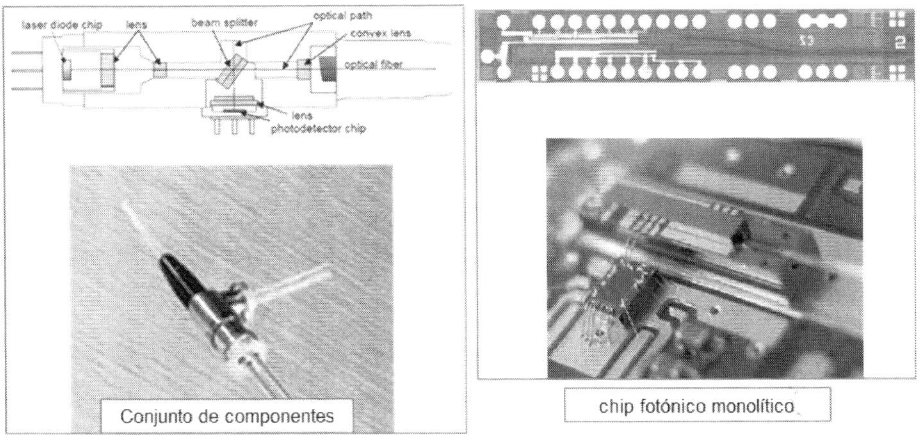

Conjunto de componentes

chip fotónico monolítico

La integración, factor de simplificación

En el ejemplo anterior, para montar los componentes hay que ensamblar una veintena de elementos y realizar varias pruebas. En el caso del chip fotónico, todas las funciones están integradas en el chip y la prueba se realiza en el sustrato.

Principales mercados en crecimiento

Los mercados ya están ahí, a través de tres aplicaciones:

- Redes de comunicación de fibra óptica a velocidades de terabit.
- Redes de acceso que utilizan fibra hasta el hogar (*fiber to the home* - FTTH), con PIC emisores-receptores, incluidas unidades de red óptica (*optical network unit* - ONU) y terminaciones de línea óptica (*optical line termination* - OLT) para redes ópticas pasivas (*passive optical network* - PON).
- Centros informáticos a través de centros de datos (*data centers*), almacenes de datos (*data warehouse*), centros de computación de alto rendimiento (*high performance computing* - HPC) o macroordenadores muy grandes (*macrocomputer*), véase la sección Chips fotónicos y centros informáticos, de este capítulo.

6.4 Chips fotónicos en las redes

Veamos algunos ejemplos de aplicaciones de estos chips fotónicos en redes de comunicación por fibra óptica.

Emisión y recepción de señales

Para emitir señales luminosas, un chip fotónico se compone de varios láseres sintonizables y, para recibir señales, otros tantos fotodiodos. Otras funciones clave son la modulación de la señal, incluida la modulación de fase de cuatro estados (QPSK), la multiplexación por división de longitud de onda densa (DWDM), la compensación de la dispersión cromática, el tratamiento de la dispersión del modo de polarización, la corrección de errores (FEC), etc.

Por supuesto, la mayor ventaja de los chips fotónicos es la drástica reducción de las conversiones O-E-O (óptica-eléctrica-óptica) y, por tanto, de los costes que conllevan.

Multiplexación de señales

En el contexto de las redes de comunicación por fibra óptica, los chips fotónicos también tienen cabida a dos niveles, en el campo de la multiplexación de señales. Se encuentran en los multiplexores ópticos aditivos configurables a distancia (*remotely configurable optical add-drop multiplexer* - ROADM). Obsérvese que *remotely configurable* se abrevia a veces como *reconfigurable* y que, en el lenguaje corriente, ROADM se pronuncia "Rodam".

Los fabricantes ofrecen varios ROADM en forma de fotochips. Suelen tener capacidades conocidas por el acrónimo CDC (*colorless*, *directionless*, *contentionless*). Se pueden acoplar a un conmutador selectivo de longitud de onda (*wavelength selective switch* - WSS) para dirigir cualquier longitud de onda a cualquier puerto (*colorless*).

Algunos ejemplos: un ROADM en configuración doble 8 × 16, es decir, con dieciséis puertos de inserción-extracción que se pueden dirigir en ocho direcciones, u otras configuraciones como 8 × 12 u 8 × 24.

Enrutamiento de señales

Investigadores de fotónica de la Universidad de Santa Bárbara (California) han desarrollado el primer router óptico monolítico sintonizable (*monolithic tunable optical router* - MOTOR) para ocho canales. Basado en un chip fotónico, el rendimiento anunciado es de 40 Gbit/s por puerto.

Enrutador sintonizable MOTOR

6.5 Chips fotónicos y centros informáticos

Razones para utilizar chips fotónicos en los centros informáticos

Sea cual sea el tipo de centro de datos –centro de datos, almacén de datos, centro de cálculo de alto rendimiento u ordenador a muy gran escala–, los problemas son los mismos: reducir la superficie ocupada por la densificación de los puertos de entrada/salida, reducir los costes de inversión y explotación, disminuir el consumo de energía y alargar las distancias a recorrer.

Para lograrlo, las soluciones tradicionales de cableado de cobre han dado paso a soluciones totalmente ópticas.

Por ejemplo, el superordenador Roadrunner de IBM necesita 40.000 enlaces ópticos para interconectar los chasis de los servidores. Más recientemente, el Blue Waters de IBM, por National center for supercomputing applications de la Universidad de Illinois, requiere varios cientos de miles de enlaces ópticos. En este contexto, los chips fotónicos tienen su lugar en este entorno, como en los emisores-receptores incorporados en los cables ópticos activos.

Historia de los chips fotónicos en los centros informáticos

Se considera que la historia de la integración de componentes fotónicos en la informática comenzó, de forma "prospectiva", en 2003. Por aquel entonces, IBM y Agilent Research Laboratories iniciaron estudios en el marco de un proyecto denominado Terabus. Después, en 2005, IBM tomó su propio camino, siguiendo dos vías: la primera con láseres que trabajan a 985 nanómetros, la segunda con láseres para transmisiones a 850 nanómetros.

Sin embargo, en ambos casos, la tecnología elegida fue la de los láseres emisores de superficie de cavidad vertical (VCSEL) de Emcore Corp. La primera solución, láseres a 985 nanómetros, se abandonó por dos razones fácilmente cuantificables: los láseres costaban más porque se fabricaban en menor cantidad y había más pérdidas lineales de la señal en el polímero de la guía de ondas. El resultado de estos trabajos fue la creación de emisores-receptores para varios enlaces ópticos en paralelo. Éstos adoptaron la forma de chips ópticos, a los que se dio el nombre de "Optochip".

El desarrollo de los chips

Desde entonces, los chips fotónicos han invadido las redes de comunicación por fibra óptica, incluidas las aplicaciones en centros de datos, ya sea como backplanes, entre módulos o interconectando servidores.

A continuación, un ejemplo del programa europeo **Cosmic** (*CmOs Solutions for Mid-board Integrated transceivers with breakthrough Connectivity at ultra-low Cost*), un emisor óptico a 2,4 Tbit/s mediante 50 Gbit/s por longitud de onda, cuatro longitudes de onda de multiplexación espaciada (CWDM) por fibra y doce fibras para la transmisión y doce fibras para la recepción.

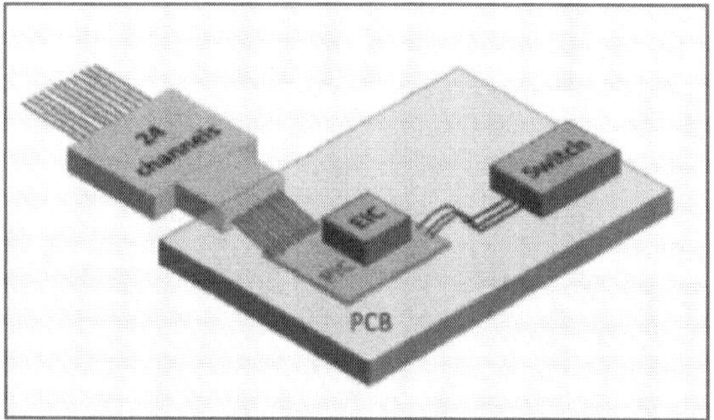

Esquema de un emisor óptico en una tarjeta Cosmic

Sistema en un chip

Por último, cabe señalar que la integración cada vez más avanzada ha dado lugar al concepto de "Sistema en un chip". En este contexto, todos los componentes de un sistema de comunicación multicanal por fibra óptica se incluyen en un único chip; véase el ejemplo siguiente de EFFECT Photonics.

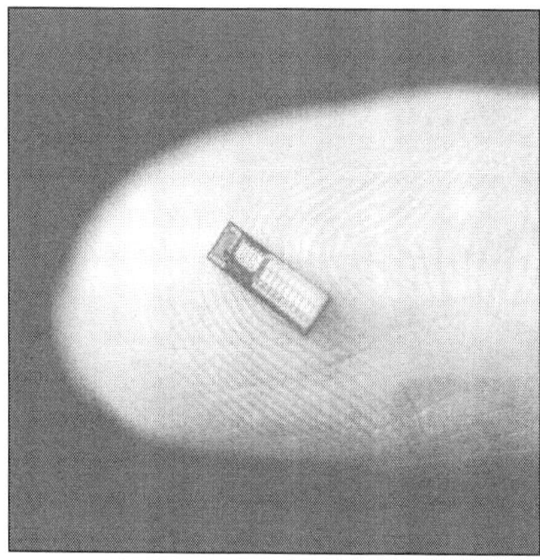

"System on Chip" óptico de EFFECT Photonics

6.6 APC, Advanced Photonics Coalition

Para desarrollar módulos ópticos que se puedan montar en placas de circuitos impresos, los fabricantes se han unido en una coalición denominada *Advanced Photonics Coalition* (APC).

El principal objetivo de esta organización es definir especificaciones para la intercambiabilidad e interoperabilidad de los módulos ópticos. La evolución de los futuros módulos ópticos se puede seguir directamente a través de las especificaciones que se pueden descargar de su sitio web, pero también, y sobre todo, a través de las presentaciones realizadas por los miembros del APC en conferencias internacionales.

Página web de APC: https://www.advanced-photonics.org/

6.7 ¿Los chips del mañana?

Grafeno: ¿un avance disruptivo?

Las propiedades del grafeno lo convierten en el material ideal para la próxima generación de sistemas de comunicaciones optoelectrónicos y electroópticos. Sus excelentes propiedades eléctricas y de absorción óptica, son muy codiciadas para los equipos ópticos y se puede integrar rápidamente en componentes fotónicos basados en silicio. Además, su flexibilidad, robustez y estabilidad ofrecen la posibilidad de crear nuevos dispositivos.

Las tecnologías basadas en el grafeno demostrarán su valía para las nuevas generaciones de sistemas de comunicación, como el 5G. Permitirán crear nuevos equipos de comunicaciones ópticas de alto rendimiento en términos de velocidad y compacidad. Del láser a los conmutadores ópticos y las comunicaciones inalámbricas, el grafeno desempeñará un papel destacado en el campo de la optoelectrónica.

Ejemplo de progreso

Investigadores del programa europeo de investigación Graphene Flagship presentaron una aplicación de este material en un sistema de comunicación de datos a 50 Gbit/s. En el lado del emisor, un modulador de grafeno suministraba los datos codificando los flujos eléctricos en una señal óptica. En el receptor, un fotodetector de grafeno convertía la señal óptica en eléctrica.

Equipamiento para el programa de investigación Graphene Flagship

El programa Graphene Flagship cuenta con un presupuesto de 1.000 millones de euros para cubrir la investigación sobre aplicaciones del grafeno durante el periodo 2013-2023. Para más información: https://graphene-flagship.eu

Observación

Otros componentes ópticos y electroópticos, como los conmutadores selectivos de longitud de onda, los multiplexores de inserción-extracción de longitud de onda y los multiplexores de inserción-extracción de longitud de onda reconfigurables a distancia, se presentan en el capítulo Multiplexación por longitud de onda.

Capítulo 9
Multiplexación por longitud de onda

1. Principio de la multiplexación por división de longitud de onda

Durante mucho tiempo, la multiplexación por división de longitud de onda se estudió bajo el acrónimo **MLO**, que se puede encontrar en cualquier obra científica escrita en español. Pero hay que decir que, sobre el terreno, este acrónimo ha caído en el olvido. Lo más habitual es sustituirlo por **WDM**, el acrónimo de *wave-length division multiplexing*, que estamos obligados a utilizar.

Esta sección presenta el principio de la multiplexación por división de longitud de onda o **WDM**, su historia y la definición de los cuatro tipos principales:

- El inicial, multiplexación por división de longitud de onda ancha, o **WWDM** por *wide WDM*.
- La multiplexación por división de longitud de onda densa o **DWDM** por *dense WDM*.
- Multiplexación por división de longitud de onda o **CWDM** por *coarse WDM*.
- Multiplexación por división de longitud de onda corta o **SWDM** por *shortwave WDM*, creado para fibras multimodo OM5.

1.1 Canal de transmisión, malla espectral y principio

Un canal de transmisión se caracteriza por su frecuencia central ν, o longitud de onda y la separación regular entre canales Δν o Δλ.

Los distintos canales de transmisión así caracterizados $-\nu_1$, ν_2... νn o λ_1, λ_2... λ_n– determinan una malla espectral, también llamada malla de frecuencias. Este conjunto de frecuencias de referencia es el que se utiliza para indicar las frecuencias centrales nominales que se pueden utilizar para definir las aplicaciones.

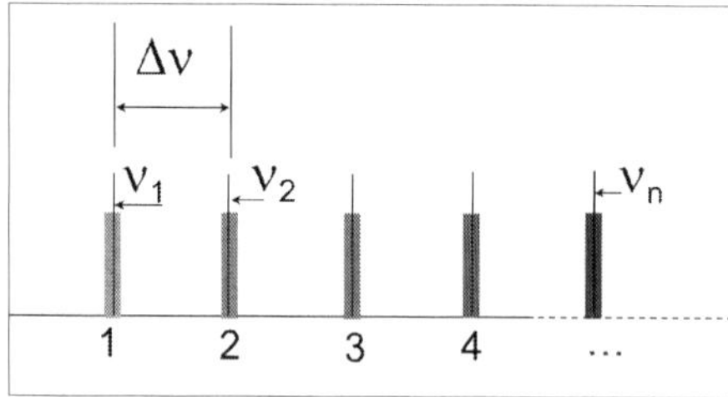

Ejemplo de malla espectral

El principio de la multiplexación por división de longitudes de onda es utilizar varios canales de transmisión simultáneamente en la misma fibra óptica.

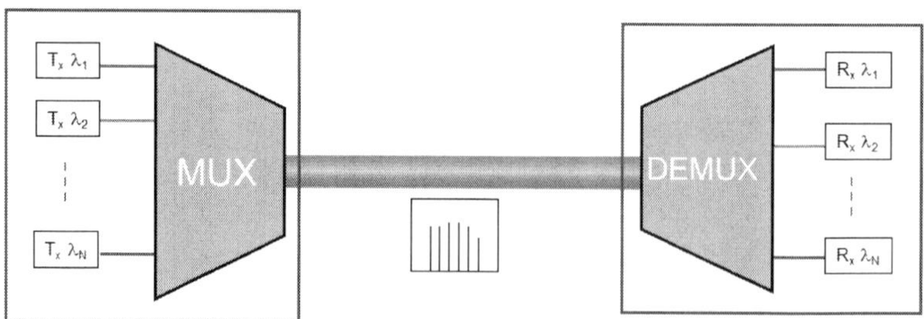

Principio de la multiplexación por división de longitud de onda

1.2 Antecedentes históricos

El concepto de multiplexación por longitud de onda fue propuesto al IEEE en 1958 por Denton y Kinsel (*Optical multi-demultiplexing*). Este concepto fue confirmado al IEEE en 1970 por De Lange: *Wideband optical systems*.

La teoría dio lugar a los primeros componentes multiplexores pasivos, con los siguientes protagonistas sucesivos: "Grin Rod component" de Tomlinson (1977), *Fiber Bragg grating* de Hill (1978), "Stimax stigmatic WDM component" del francés Jean-Pierre Laude (1980), etc.

Ya en 1983 se comercializaron en Francia los primeros sistemas WDM, como el sistema de dos longitudes de onda de SAT para el tristemente famoso "Plan Cable", o el sistema de cuatro longitudes de onda comercializado por las empresas de la época: CGCT - Compagnie générale de constructions téléphoniques (París) y CIT - Compagnie internationale de télécommunications (Marcoussis), que sufrieron posteriormente reveses debido a la llegada de la conmutación por división de tiempo.

Luego, en 1987, llegó el enrutamiento pasivo por longitud de onda, con dieciséis longitudes de onda. Se había lanzado la WDM.

Primer paso

El primer enfoque, o tecnología básica, consistía en utilizar dos canales muy espaciados: uno a 1.310 nanómetros y otro a 1.550 nanómetros.

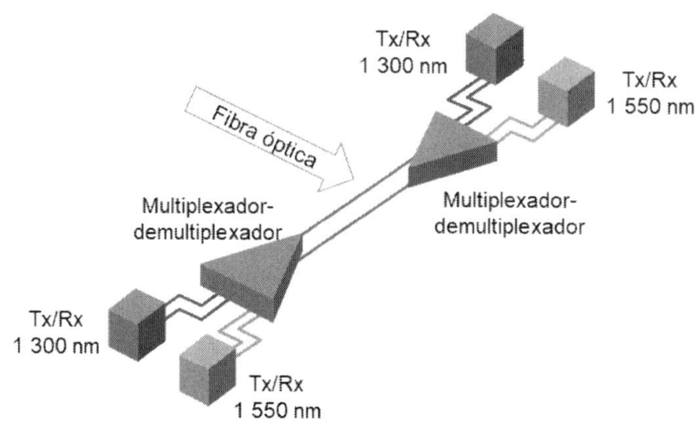

Enfoque básico de la multiplexación por división de longitud de onda

A continuación, se aumentó el número de canales en función de las ventajas de esta tecnología.

Ventajas de la multiplexación por división de longitud de onda

La ventaja número uno, claramente visible, es que optimiza y rentabiliza los costes de instalación y mantenimiento de una fibra óptica, al permitir el paso simultáneo de varios canales de transmisión.

Pero hay otra ventaja al menos igual de importante: si dividimos la velocidad de transmisión por n canales, aumentamos en la misma proporción la distancia que puede cubrir la transmisión.

Esto se debe a que las limitaciones del producto velocidad binaria x distancia son mucho menos severas cuando se transmiten cuatro veces 25 Gbit/s en paralelo, que una vez 100 Gbit/s.

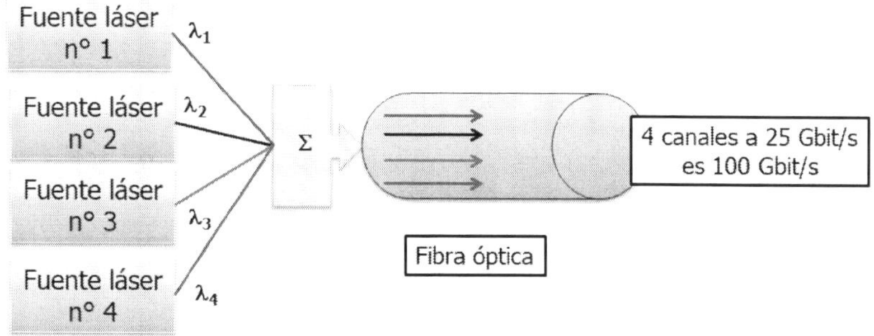

Ventaja para el producto velocidad binaria x distancia

1.3 Familia WWDM, CWDM, DWDM y SWDM

La WDM se ha convertido en una práctica habitual y se ha desarrollado a lo largo de varias décadas en tres variantes:

- La primera, llamada **WWDM** por *wide WDM*, es la que se define en la sección Principio de la multiplexación por división de longitud de onda - Antecedentes históricos - Primer paso, con dos longitudes de onda en dos ventanas muy espaciadas, una en torno a los 1.310 nanómetros, la otra en torno a los 1.550 nanómetros. Las siglas:
  - **WDM-L**, que representa la función WDM en el lado de terminación OLT, separando y combinando las regiones de 1310 nanómetros y 1550 nanómetros.
  - **WDM-N**, para la función WDM en el lado de la unidad ONU, que separa y combina las regiones de 1310 nanómetros y 1550 nanómetros.
- La segunda variante, la **DWDM**, consiste en aumentar el número de longitudes de onda utilizadas simultáneamente. A partir de unas quince longitudes de onda, se habla de multiplexación por división de longitud de onda densa o DWDM, acrónimo del inglés *dense wavelength division multiplexing*. Las redes de los operadores utilizan redes de un centenar de longitudes de onda.

- La tercera variante, **CWDM**, surgió de la necesidad de utilizar WDM para transportar más canales sin incurrir en costes de instalación. Así surgió la multiplexación por división de longitud de onda gruesa o CWDM, acrónimo del inglés *coarse wavelength division multiplexing*. La CWDM comprende generalmente entre 2 y 8 longitudes de onda, con un máximo de 16.

Las siglas **UWDM** y **UDWDM** significan ambas alta densidad WDM, el acrónimo **HDWM** signifie *high dense WDM*. No son más que nombres nacidos de la creatividad de servicios comerciales deseosos de presumir de la densificación en el número de longitudes de onda de sus soluciones.

SWDM

En 2016, las clásicas CWDM y DWDM se complementaron con **SWDM** (*shortwave wavelength division multiplexing*) o multiplexación por división de longitud de onda corta.

La SWDM apareció con la llegada de las fibras ópticas multimodales de sílice **OM5**, también denominadas A1-OM5 por la CEI o 492AAAE por la ANSI/TIA (véase el capítulo Fibras multimodales de sílice y fibras plásticas). Una característica de estas OM5 es la posibilidad de transmisión mediante multiplexación SWDM, que es CWDM: las longitudes de onda están espaciadas y se denominan cortas porque las transmisiones se realizan entre 840 y 953 nanómetros utilizando láseres VCSEL a bajo coste. Esto es muy interesante para aplicaciones de centros de datos. Las distancias mínimas cubiertas son 440 metros a 40 Gbit/s, con 4 longitudes de onda a 10 Gbit/s y 150 metros a 100 Gbit/s, con 4 longitudes de onda a 25 Gbit/s, en ambos casos sobre una única fibra OM5.

1.4 Unidireccional o multidireccional

Las señales multiplexadas se pueden transmitir en multiplexación unidireccional o bidireccional.

Multiplexación unidireccional

En la multiplexación unidireccional, todos los canales ópticos se transmiten simultáneamente en la misma dirección del punto A al punto B.

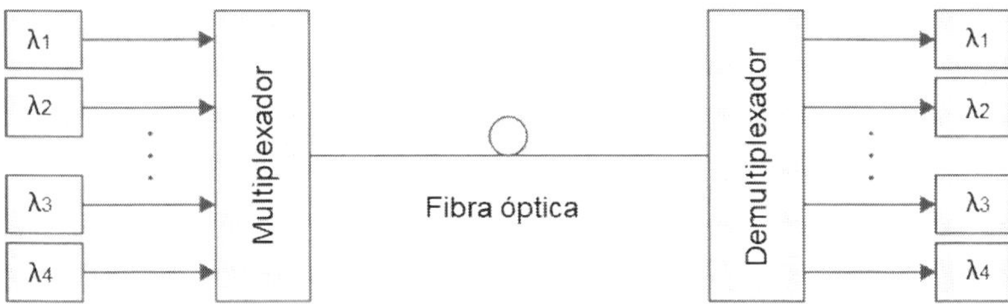

Diagrama de multiplexación unidireccional

Multiplexación bidireccional

En la multiplexación bidireccional, todos los canales ópticos se transmiten simultáneamente en ambas direcciones, del punto A al punto B y de B al A.

La multiplexación bidireccional es deseable cuando el número de canales necesarios es relativamente pequeño. Esto reduce el número de fibras y amplificadores en comparación con la multiplexación unidireccional.

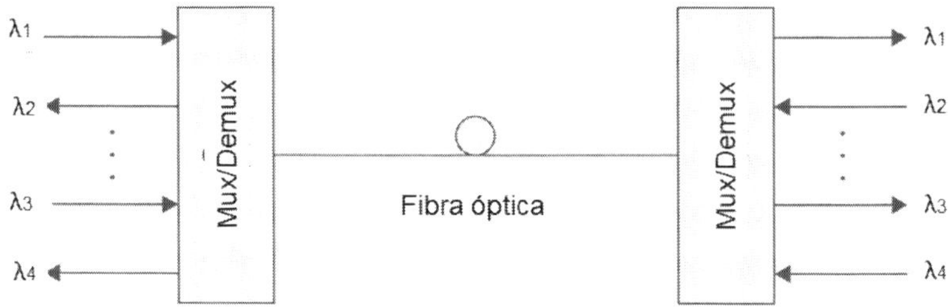

Diagrama de multiplexación bidireccional

1.5 Principales recomendaciones del UIT-T

Los distintos WDM y sus principales características están normalizados en varias recomendaciones UIT-T pertenecientes a la serie G "Sistemas y medios de transmisión, sistemas y redes digitales". Para la DWDM y la CWDM, se trata, más concretamente, de las Recomendaciones UIT-T G.694 a UIT-T G.698:

- **G.694.1** "Spectral grids for WDM applications: DWDM frequency grid"
- **G.694.2** "Spectral grids for WDM applications: CWDM wavelength grid"
- **G.695** "Optical interfaces for coarse wavelength division multiplexing applications"
- **G.696.1** "Longitudinally compatible intra-domain DWDM applications"
- **G.697** "Optical monitoring for dense wavelength division multiplexing systems"
- **G.698.1** "Multichannel DWDM applications with single-channel optical interfaces"
- **G.698.2** "Amplified multichannel dense wavelength division multiplexing applications with single channel optical interfaces"
- **G.698.3** "Multichannel seeded DWDM applications with single-channel optical interfaces"
- **G.698.4** "Multichannel bi-directional DWDM applications with port agnostic single-channel optical interfaces"

- **G.650-G.659**: Optical fibre cables
- **G.660-G.679**: Characteristics of optical components and subsystems
- **G.680-G.699**: Characteristics of optical systems
  - G.680: *Physical transfer functions of optical network elements*
  - G.691: *Optical interfaces for single channel STM-64 and other SDH systems with optical amplifiers*
  - G.692: *Optical interfaces for multichannel systems with optical amplifiers*
  - G.693: *Optical interfaces for intra-office systems*
  - G.694.1: *Spectral grids for WDM applications: DWDM frequency grid*
  - G.694.2: *Spectral grids for WDM applications: CWDM wavelength grid*
  - G.695: *Optical interfaces for coarse wavelength division multiplexing applications*
  - G.696.1: *Longitudinally compatible intra-domain DWDM applications*
  - G.697: *Optical monitoring for dense wavelength division multiplexing systems*
  - G.698.1: *Multichannel DWDM applications with single-channel optical interfaces*
  - G.698.2: *Amplified multichannel dense wavelength division multiplexing applications with single channel optical interfaces*
  - G.698.3: *Multichannel seeded DWDM applications with single-channel optical interfaces*
- **G.700-G.799**: Digital terminal equipments
- **G.800-G.899**: Digital networks
- **G.900-G.999**: Digital sections and digital line system

Principales recomendaciones del UIT-T sobre WDM:
https://www.itu.int/ITU-T/recommendations/index.aspx?ser=G

Eche un vistazo a dos de ellas: la UIT-T G.694.1, dedicada a la DWDM, y la UIT-T G.694-2, para la CWDM.

2. Multiplexación por división de longitud de onda densa

2.1 Características generales de la DWDM

La DWDM se caracteriza por una separación entre canales muy estrecha, del orden de 100 o 50 GHz y, en los casos más densos, de sólo 25 o incluso 12,5 GHz. Esto significa que los transmisores deben estar equipados con mecanismos de control para cumplir las normas de estabilidad de frecuencia.

Recordatorio de correspondencias:

100 gigahercios	0,8 nanómetros
50 gigahercios	0,4 nanómetros
25 gigahercios	0,2 nanómetros
12,5 gigahercios	0,1 nanómetros

2.2 Mallas espectrales DWDM

En la recomendación **UIT-T G.694.1** "Mallas espectrales para aplicaciones de multiplexación por división de longitud de onda: malla de frecuencias DWDM" se detallan las mallas de longitud de onda que deben utilizarse para DWDM.

Esta recomendación se publicó en junio de 2002. En ella se detallaba una malla de frecuencias centrada en 193,1 THz con una separación entre canales de 100 GHz. A partir de ahí, se definieron otros valores de espaciado:

- En primer lugar, subdividiendo la malla base por factores de dos. Así se obtienen separaciones de 50 o 25 e incluso 12,5 GHz.
- Por otro lado, considerando múltiplos enteros de 100 GHz.

Ejemplos a 100 GHz

La tabla siguiente ofrece algunos ejemplos de frecuencias centrales nominales en terahercios para separaciones de 100 gigahercios o más, en pasos de 100 gigahercios.

Frecuencias centrales nominales en terahercios (THz)	Longitudes de onda centrales nominales en nanómetros (nm)
195,9	1530,33
195,8	1531,12
195,7	1531,9
193,2	1551,72

Frecuencias centrales nominales en terahercios (THz)	Longitudes de onda centrales nominales en nanómetros (nm)
193,1	1552,52
193	1553,33
184,7	1623,13
184,6	1624,01
184,5	1624,89

Extracto de la "Tabla 1/G.694.1 - Ejemplos de frecuencias centrales nominales para la red DWDM".

Esta recomendación evolucionó en 2012 para introducir el concepto de red DWDM flexible; véase la subsección Malla DWDM flexible.

Y en octubre de 2020, se publicó una revisión menor "Edición 3.0". En ella se ofrecen definiciones de los términos "slots de frecuencia" (en inglés, *frequency slot*) y "anchura de slots" (en inglés, *slot width*).

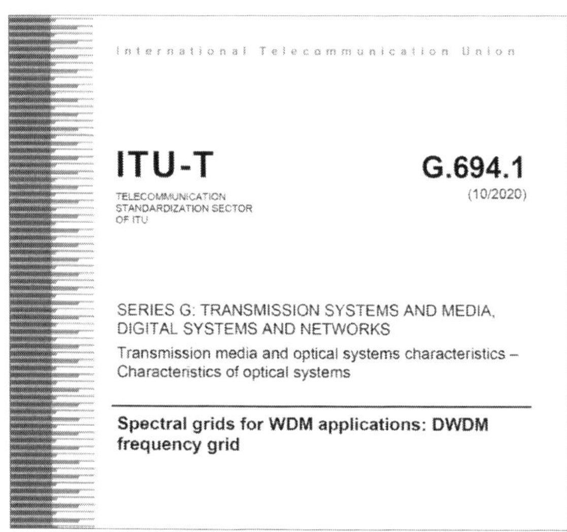

Recomendación UIT-T G.694.1 por DWDM

Fuente: https://www.itu.int/rec/T-REC-G.694.1-202010-I

2.3 Malla DWDM flexible

La recomendación UIT-T G.694.1 se revisó en febrero de 2012. El cambio más significativo es la inclusión de una red DWDM "flexible" o "adaptable" flexible (en inglés, *flexible DWDM grid*).

La recomendación define los siguientes términos clave:

- **Malla de frecuencias**: es un conjunto de frecuencias de referencia utilizadas para asignar frecuencias centrales nominales a aplicaciones definidas.
- **Slot de frecuencia**: es el ancho de banda de las frecuencias asignadas a un slot y prohibidas a otros slots en una malla flexible. Un slot de frecuencia se define por una frecuencia central nominal y su propio ancho de banda.
- **Anchura de slot**: es la anchura total de un slot de frecuencia en una malla flexible.

De ahí la definición de red DWDM flexible:

- Los slots de frecuencia asignadas tienen una frecuencia central nominal, expresada en THz, definida por 193,1 + (n x 0,00625), donde n es positivo, negativo o cero y expresa la granularidad, en THz, de las frecuencias centrales nominales.
- La anchura de un slot se define por 12,5 x m, donde m es positivo y 12,5 es el ancho de banda expresado en GHz.
- Se permite cualquier combinación de franjas de frecuencia, siempre que no haya solapamiento entre ellas.

El siguiente ejemplo muestra el uso simultáneo de dos slots de ancho de banda de 50 GHz y dos slots de ancho de banda de 75 GHz.

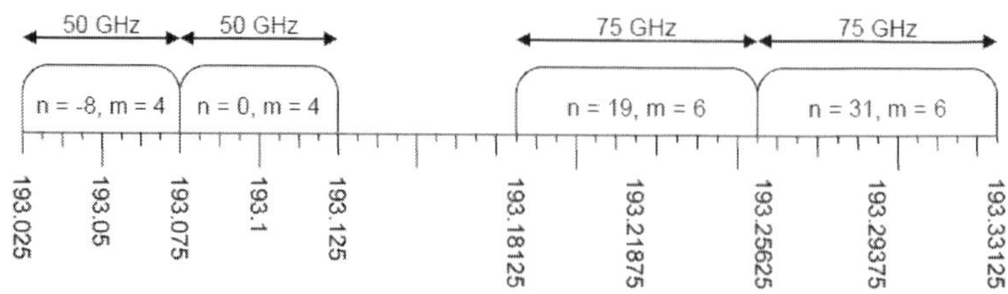

Ejemplo de uso de la malla flexible

3. Multiplexación por división de longitud de onda

3.1 Características generales de la CWDM

La CWDM se caracteriza por una separación entre canales de unos 20 nanómetros, relativamente amplia en comparación con la DWDM.

La principal ventaja es que se pueden utilizar emisores menos complejos y filtros de gran ancho de banda, lo que abarata los equipos. Por ejemplo, los láseres utilizados pueden tener una longitud de onda variable de ± 6 a 7 nanómetros alrededor de la longitud de onda nominal. Como resultado, pueden tener una mayor intensidad de campo y se relajan sus restricciones y/o tolerancias de fabricación.

Los sistemas CWDM se utilizan sobre todo en redes de transporte urbano para diversos clientes, servicios y protocolos.

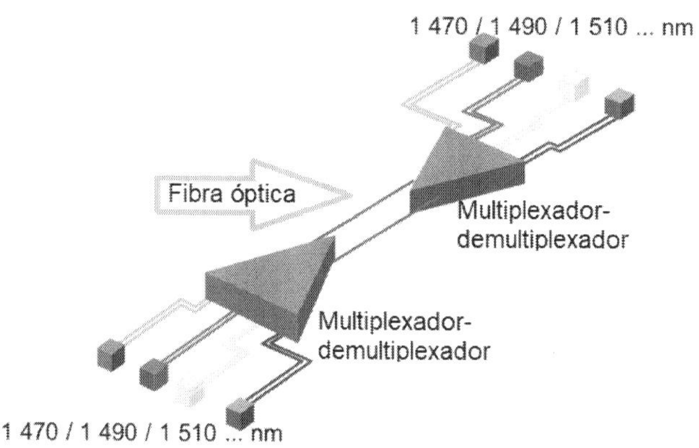

Ejemplo de combinación de ocho longitudes de onda diferentes en una fibra óptica

3.2 Mallas espectrales CWDM

En la recomendación UIT-T G.694.2 "Mallas espectrales para aplicaciones de multiplexación por división de longitud de onda: malla espaciada CWDM" se detallan las mallas de longitud de onda que deben utilizarse para CWDM.

La primera versión se publicó en junio de 2002.

En diciembre de 2003 se realizó una actualización. El punto principal de esta revisión se refería a los valores de la malla espectral, que se desplazaron un nanómetro con respecto a la versión anterior. De este modo se ajustan a las prácticas del sector. Se mantuvo la simetría de las desviaciones nominales de la longitud de onda central.

Una tabla incluida en esta recomendación muestra las longitudes de onda centrales nominales, en nanómetros, para una separación de 20 nanómetros, de 1.271 nanómetros a 1.611 nanómetros.

3.3 Interfaces ópticas para CWDM

Además de la recomendación UIT-T G.694.2, cabe señalar la recomendación **UIT-T G.695** *Optical interfaces for coarse wavelength division multiplexing applications*.

La primera edición data de febrero de 2004 y, de una nueva versión a la siguiente, ha seguido el ritmo de los avances en fibras y protocolos de transmisión. En la **séptima edición**, publicada en julio de 2018, la transmisión PAM4 (*pulse amplitude modulation with 4 levels*) a 50 Gbit/s se añade a las aplicaciones NRZ (sin retorno a cero) a 1,25, 2,5, 10 y 25 Gbit/s en 16 canales. Las distancias mínimas cubiertas –de 2 a 90 kilómetros– dependen no sólo de la aplicación, sino también de las fibras ópticas en cuestión: UIT-T G.652, G.653, G.655 y G.657.

UNION INTERNATIONALE DES TÉLÉCOMMUNICATIONS

UIT-T **G.694.2**

SECTEUR DE LA NORMALISATION DES TÉLÉCOMMUNICATIONS DE L'UIT (12/2003)

SÉRIE G: SYSTÈMES ET SUPPORTS DE TRANSMISSION, SYSTÈMES ET RÉSEAUX NUMÉRIQUES

Caractéristiques des supports de transmission – Caractéristiques des composants et sous-systèmes optiques

Grilles spectrales pour les applications de multiplexage par répartition en longueur d'onde: grille espacée CWDM

Recommandation UIT-T G.694.2

International Telecommunication Union

ITU-T **G.695**

TELECOMMUNICATION STANDARDIZATION SECTOR OF ITU (07/2018)

SERIES G: TRANSMISSION SYSTEMS AND MEDIA, DIGITAL SYSTEMS AND NETWORKS

Transmission media and optical systems characteristics – Characteristics of optical systems

Optical interfaces for coarse wavelength division multiplexing applications

Recommendation ITU-T G.695

Recomendación UIT-T G.694.2 para CWDM:
https://www.itu.int/rec/T-REC-G.694.2-200312-I

Recomendación UIT-T G.695 para interfaces ópticas CWDM:
https://www.itu.int/rec/T-REC-G.695-201807-I/en

4. Multiplexación por división de longitud de onda corta

4.1 Características generales de SWDM

Como se ha visto anteriormente, en la sección de la familia WWDM, CWDM, DWDM y SWDM, SWDM es la multiplexación por división de longitud de onda corta para fibras ópticas multimodales. Esta multiplexación es unidireccional, con todas las transmisiones en la misma dirección, de tipo CWDM, es decir, las longitudes de onda están espaciadas (30 nanómetros en el caso de SDWM4).

Se llaman de onda corta porque se transmiten a longitudes de onda de 850, 880, 910 y 940 nanómetros mediante láseres VCSEL de coste reducido.

El uso clave es aumentar la velocidad de las aplicaciones en los centros de datos, utilizando sólo dos fibras: de 10 Gbit/s a 40 o 100 Gbit/s. Recordemos que, tradicionalmente en Ethernet, 40 Gbit/s requieren 8 fibras (4 x salida y 4 x retorno a 10 Gbit/s cada una, 40GBASE-SR4) o 100 Gbit/s requieren 8 fibras (4 x salida y 4 x retorno a 25 Gbit/s cada una, 100GBASE-SR4) o 20 fibras (10 x salida y 10 x retorno a 10 Gbit/s cada una, 100GBASE-SR10).

Con SWDM4, basta con una fibra de salida y otra de retorno, con 4 longitudes de onda a 10 Gbit/s cada una para 40 Gbit/s o 25 Gbit/s cada una para 100 Gbit/s. En función de la fibra óptica multimodal utilizada y de la velocidad de datos deseada, las distancias varían, como se indica en la tabla siguiente:

Flujo	Emisor-receptor	Fibra OM3	Fibra OM4	Fibra OM5
40 Gbit/s	QSFP+ y SWDM4	300 m	400 m	500 m
100 Gbit/s	QSFP28 y SWDM4	100 m	150 m	180 m

Distancias mínimas de transmisión SWDM4 en función de la velocidad binaria y la fibra utilizada

4.2 Emisores-receptores para SWDM4

En función de la velocidad binaria para cada longitud de onda, el módulo emisor-receptor óptico utilizará una tecnología diferente, por ejemplo, QSFP+ para 40 Gbit/s y QSFP28 para 25 Gbit/s. Cabe señalar que el uso de SWDM elimina la necesidad de conectores MPO y se basará en dúplex LC.

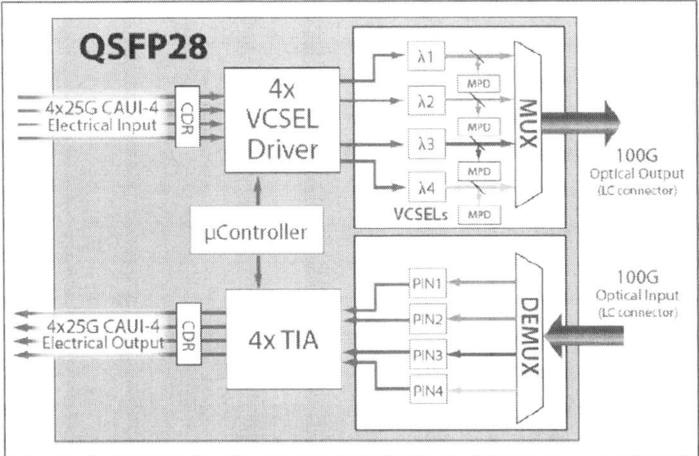

Diagrama esquemático de un módulo emisor-receptor óptico QSFP28 para SWDM4 de 100 Gbit/s

Los fabricantes interesados en implantar esta tecnología se han unido en la alianza SWDM4: http://www.swdm.org.

5. Principales equipos WDM

5.1 Multiplexor-demultiplexor

Los multiplexores-demultiplexores, comúnmente denominados mux-demux, se presentan en un gran número de modelos con características diferentes, como el tipo de multiplexación (CWDM o DWDM), el número de canales, los métodos de instalación (el más común es un cajón empotrado 1U), la posibilidad de conectar en cascada dos mux-demux, la disponibilidad de un puerto adicional opcional, etc.

Otros factores a tener en cuenta son el nivel de pérdida de inserción, el nivel de aislamiento de los canales adyacentes y no adyacentes, el funcionamiento con una o dos fibras, las conexiones ópticas, el cumplimiento de las normas RoHS, etc.

Ejemplos: (a) mux-demux CWDM de 18 canales, (b) mux-demux DWDM de 40 canales

5.2 Multiplexor de inserción-extracción de longitud de onda

Los multiplexores ópticos de inserción-extracción de longitud de onda, estudiados bajo el acrónimo MOIE y ahora más conocidos como *optical add-drop multiplexer* (OADM), son dispositivos utilizados en redes de comunicación de fibra óptica basadas en la multiplexación de longitudes de onda. Permiten extraer una señal de longitud de onda λ_i –la función *drop*– del conjunto de señales transportadas en una fibra óptica para enviarlas a otro equipo y sustituirla por otra señal de la misma longitud de onda λ_i –la función *add*– procedente de otro equipo. En cierto modo, un OADM se puede considerar un tipo especial de conmutación óptica.

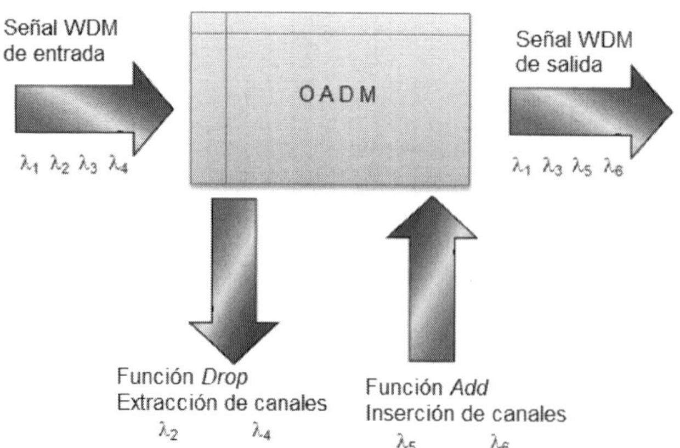

Esquema de un OADM

Un OADM suele constar de tres funciones: demultiplexado óptico de las señales que llegan a la fibra óptica, multiplexado óptico para las señales salientes y, entre medias, los elementos necesarios para reconfigurar los trayectos entre el demultiplexador, el multiplexador y todos los puertos de extracción e inserción de señales. Diferentes tecnologías permiten estas operaciones y se dice que el OADM es "pasivo" porque no hay otras modificaciones de las señales.

Ejemplo de multiplexor de extracción-inserción de longitud de onda

5.3 Multiplexor de inserción-extracción reconfigurabilidad remota de la longitud de onda

Los multiplexores de inserción-extracción de longitud de onda han evolucionado hasta convertirse en multiplexores ópticos configurables a distancia o *remotely configurable optical add-drop multiplexer*. Esta denominación a veces se condensa apresurada y erróneamente en OADM reconfigurables, olvidando la noción de distancia.

La evolución de OADM a ROADM (se puede pronunciar rodam) implica la combinación de multiplexación por división de longitudes de onda, enrutamiento óptico y reconfiguración remota de la red según su estado o las necesidades del cliente.

5.3.1 ¿Por qué ROADM?

Durante años, un "servicio" entregado a un abonado por un proveedor o que circulaba por las redes de voz-datos-imagen de las empresas, era un servicio "unido" a una longitud de onda.

Los operadores de redes se enfrentan periódicamente a nuevas demandas y nuevos servicios de transporte y/o acceso. Estos requieren la agregación de ampliadores de anchos de banda (*virtual concatenation* - VCAT) y el ajuste de los enlaces a velocidades de datos excesivamente variables y no predictivas (*link capacity adjustment scheme* - LCAS).

En cierto modo, los operadores de redes tienen que responder a una demanda de flexibilidad en términos de velocidades (en el caso de la transmisión de acontecimientos deportivos de alcance mundial, por ejemplo) y soportar nuevos servicios en términos de protocolos. He aquí algunos ejemplos: servicios de un gigabit Ethernet (1 GbE), con "sub-longitudes de onda" multiplexadas en la red; servicios a 2,5 Gbit/s de longitud de onda; otros a 10 Gbps con diversos formatos Ethernet sobre Sonet/SDH, como 10 GbE con la interfaz WAN PHY, que se ajusta en el OC-192/STM-64 a 9,9 Gbps, 10 GbE LAN PHY a 10,3 Gbps; servicios a 40 Gbps, etc.

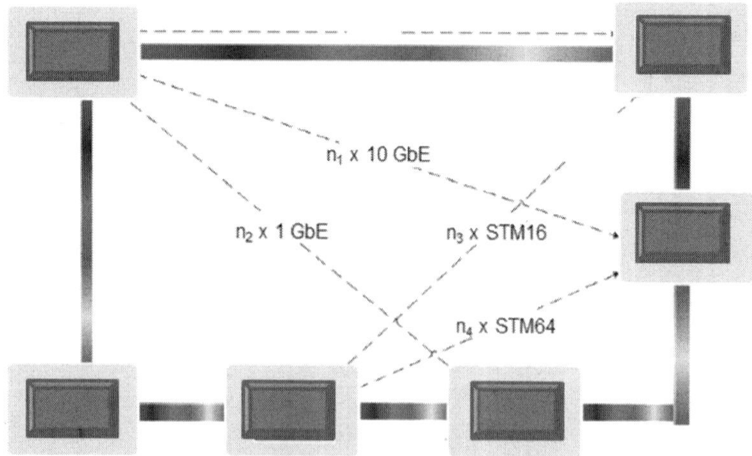

Ejemplo de anillo multiservicio metropolitano basado en ROADM sobre fibras ópticas UIT-T G.652

En el contexto de estas redes de nueva generación (*new generation networks* - NGN) y, más concretamente, de las redes de transporte óptico (*optical transport networks* - OTN), una respuesta es la tecnología ROADM.

Permite a los proveedores de servicios definir y reconfigurar a distancia las longitudes de onda, al tiempo que añade flexibilidad el modo aw2aw (*any wavelength to anywhere* - cualquier longitud de onda a cualquier lugar) a su infraestructura de red sin afectar al tráfico existente. Esta capacidad de automatización en la capa óptica les permite optimizar sus costes operativos (OPEX), que son esencialmente costes técnicos y reducir, en gran medida, la necesidad de desplazarse sobre el terreno para actualizar y supervisar las redes metropolitanas y regionales.

5.3.2 ¿Cómo funciona un ROADM?

Al igual que los OADM pasivos, los ROADM extraen una señal en una o varias longitudes de onda y la sustituyen por otra señal en la misma longitud o longitudes de onda.

El primer punto de interés es que esto tiene lugar en un nodo totalmente óptico, lo que significa que no hay necesidad de conversiones ópticas-electrónicas-ópticas. Además, las longitudes de onda extraídas e insertadas en un nodo óptico, pueden ser de cualquier número y distribuirse de cualquier manera. En cierto modo, ROADM es la redirección automática de cualquier longitud de onda.

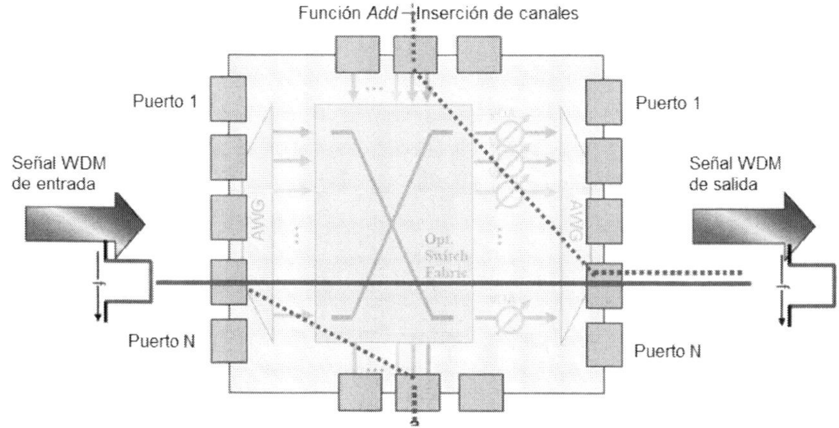

Un ROADM se puede ver como una sucesión de filtros configurables

La señalización y el control no lo son todo. En los equipos ROADM se integran otras tecnologías, como la multiplexación, la conmutación y la ecualización de nivel. En el lado de la multiplexación, hay un demultiplexor de longitud de onda a la entrada y, a la inversa, un multiplexor de longitud de onda a la salida. En el lado de la conmutación, la matriz tendrá cuatro grupos de acceso: el grupo de canales entrantes, el grupo de canales extraídos (función *drop*), el grupo de canales insertados (función *add*) y el grupo de canales salientes.

Un poco de semántica

Hay que tener cuidado de no confundir el componente ROADM en sí, con el equipo ROADM completo. Un componente ROADM no puede funcionar solo, del mismo modo que un microprocesador aislado no es un microordenador. Mientras que los OADM son dispositivos pasivos que no necesitan alimentación ni señales de control, los ROADM necesitan ser accionados por señales. Estas señales proceden del sistema de gestión de red (*network management system* - NMS) mediante canales de señalización independientes de los canales de datos. En el caso de las redes OTN, una longitud de onda específica transporta la señalización (*optical supervisory channel* - OSC).

Función drop & continue

Para las aplicaciones de difusión de tipo *broadcast*, la función *drop & continue* permite extraer algunos canales, mientras los demás continúan su camino.

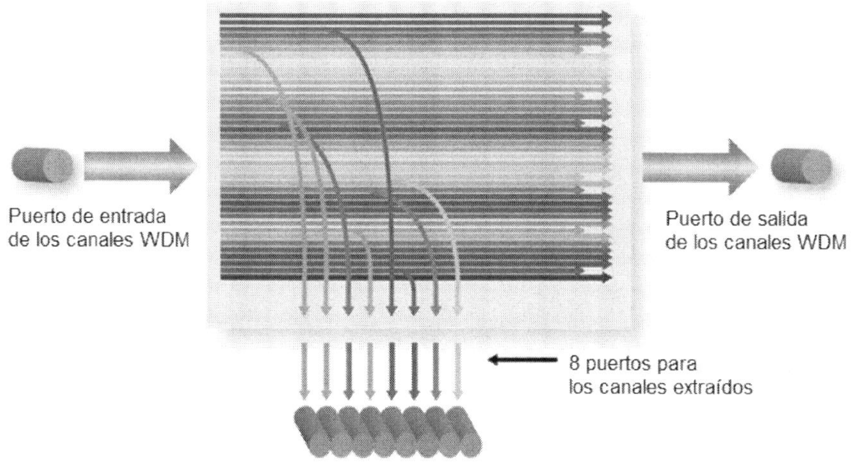

Diagrama de la función "drop & continue" para aplicaciones de radiodifusión

Función commutation

En cada grupo de la matriz, un canal se corresponde con una longitud de onda fija. Si tenemos en cuenta que los ROADM pueden manejar 40 longitudes de onda (matriz de 100 GHz) o incluso 80 (matriz de 50 GHz), es fácil imaginar la complejidad de esta conmutación. Los primeros conmutadores se basaban en tecnologías elementales como MEMS (*micro-electrical mechanical structure*) u óptica integrada con control térmico o incluso bloqueadores de longitud de onda (*wavelength bloker* - WB).

La tendencia actual es la conmutación óptica con conmutadores de longitud de onda selectiva (*wavelength selective switch* - WSS).

Y, para completar este recorrido por las tecnologías ROADM, hay atenuadores ópticos variables (*variable optical attenuator* - VOA) para la ecualización automática de nivel, un dispositivo de control de nivel para cada longitud de onda y electrónica de comando para los conmutadores y atenuadores.

5.3.3 ¿Qué novedades hay para ROADM?

El primer cambio se refiere a la tecnología de conmutación: los MEMS y la óptica integrada pierden terreno, mientras que los WSS se desarrollan rápidamente. La explicación es sencilla: los WSS son capaces de soportar las velocidades de datos de 40 Gbit/s y 100 Gbit/s de las redes actuales o en fase de instalación.

Factor de integración

Tras la "revolución" de los primeros WSS, la evolución se ha centrado en la integración cada vez más avanzada de este componente clave. Esta integración va de la mano de un menor espacio ocupado y, sobre todo, de un menor consumo de energía, lo que facilita la refrigeración de los equipos.

Número de puertos

Otra evolución se refiere al número de puertos. Los ROADM han sido tradicionalmente de 1 x 9, lo que significa que hay dos áreas de desarrollo: hacia 1 x 18, para algunos puntos de concentración en las grandes redes de los operadores y hacia 1 x 2 y 1 x 4 para las redes de acceso.

Estos ROADM ofrecen un mercado prometedor en términos de número de instalaciones, lo que es sinónimo de importantes reducciones de precio. Todo ello sin olvidar la investigación para reducir la separación entre canales, que ha pasado de 100 GHz (40 canales) en el pasado a 50 GHz (80 canales) en la actualidad y se podría reducir a 25 GHz mañana, permitiendo 160 canales. Rodam es la palabra clave en redes ópticas.

Ejemplos de WSS: a) para ROADM 1 x 9; b) para ROADM 1 x 35

ROADM CDC

Otra novedad son los ROADM llamados CDC (*colorless-directionless-contentionless*). Se trata de una tecnología ROADM que permite extraer cualquier longitud de onda, en cualquier nodo de la red, en cualquier momento, pero también enviar cualquier longitud de onda (*colorless*) en cualquier dirección (*directionless*) utilizando cualquier puerto de red disponible (*contentionless*). Esto da a los operadores una gran flexibilidad a la hora de archivar sus redes.

Ejemplo de un ROADM de configuración variable 2x9, 2x20 o 2x32

5.3.4 Recomendaciones UIT-T sobre OADM

La Unión internacional de telecomunicaciones (UIT-T) publica y actualiza periódicamente recomendaciones relativas a los multiplexores por división de longitud de onda. He aquí algunos ejemplos.

UIT-T G.671 *Características de transmisión de componentes y subsistemas ópticos*, publicada en agosto de 2019, aborda los aspectos y las características de transmisión de misión de los principales tipos de componentes ópticos utilizados en redes de área extensa y de acceso.

Dirección de Internet: https://www.itu.int/rec/T-REC-G.671-201908-I

ITU-T G.672 *Characteristics of multidegree reconfigurable optical add/drop multiplexers*, publicada en octubre de 2020, presenta las características de los multiplexores ópticos de suma/reducción reconfigurables en varios grados (MD-ROADM) dedicados a redes ópticas que utilizan multiplexación por división de longitud de onda densa (DWDM). Esta G.672 también contiene criterios de clasificación y una lista de parámetros de transferencia óptica para multiplexores MD-ROADM, para aplicaciones que utilizan una malla DWDM fija o que utilizan una malla DWDM adaptable.

Dirección de Internet: https://www.itu.int/rec/T-REC-G.672-202010-I

La recomendación **UIT-T G.680**, *Funciones de transferencia física de los elementos de red óptica*, publicada en julio de 2007, especifica una "función de degradación" para los elementos de red óptica, como los conectores cruzados fotónicos, los **multiplexores ópticos por división de longitud de onda** (OADM), etc. Se define mediante una lista de parámetros que caracterizan las degradaciones físicas (ruido óptico, dispersión cromática, etc.). Para cada uno de estos elementos, G.680 proporciona una descripción funcional y un diagrama de referencia.

Dirección de Internet: https://www.itu.int/rec/T-REC-G.680-200707-I

6. Ejemplos de aplicaciones WDM

6.1 Aplicación de la WDM en el centro de datos

La transmisión por fibra óptica en centros de datos, en Ethernet, se puede realizar en paralelo o mediante multiplexación por división de longitud de onda (WDM). La multiplexación de cuatro longitudes de onda significa que se utiliza un solo par de fibras ópticas (una fibra en una dirección de transmisión, la segunda para la otra dirección), mientras que se necesitan cuatro pares de fibras para 40 GbE y 10 pares de fibras para 100 GbE.

Tipo de Ethernet	Transmisión	Nº de pares de fibras	Flujos transmitidos
40GBASE-SR4	En paralelo	4	4 x 10 Gbit/s
40GBASE-LR4	**WDM**	1	40 Gbit/s
100GBASE-SR4	En paralelo	10	10 x 10 Gbit/s
100GBASE-LR4	**WDM**	1	100 Gbit/s

6.2 Aplicación de CWDM entre dos centros de datos

La tecnología WDM se aplica a menudo entre dos centros de datos. La principal aplicación es la copia de seguridad de datos: un centro refleja al otro. Esto requiere una transmisión de datos relativamente pesada y, por tanto, lenta, a menos que se utilicen altas velocidades de transmisión. Por ejemplo, un WDM con cuatro longitudes de onda a 25 Gbit/s cada una puede transmitir a 100 Gbit/s.

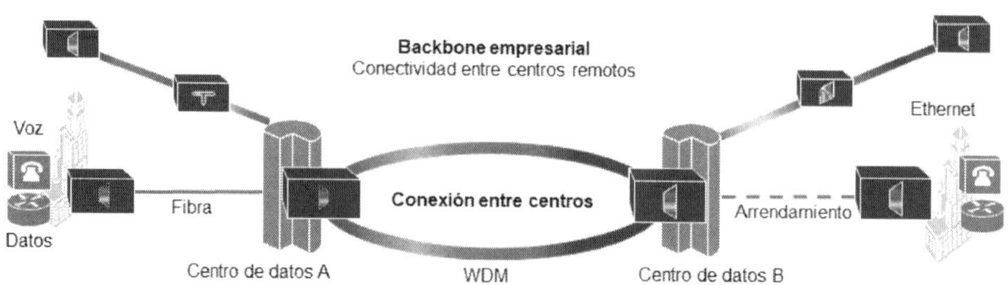

Conectividad entre dos centros de datos

6.3 Aplicación de WDM en una red óptica pasiva

La red óptica pasiva (*passive optical network* - PON) permite transportar varias señales de transmisión por la misma fibra óptica a varios destinatarios distintos. Un acoplador óptico pasivo dirigirá la información correcta a los clientes adecuados.

La multiplexación por división de longitud de onda aplicada a una red óptica pasiva de este tipo, multiplicará la capacidad de transporte de la fibra óptica, haciendo que la inversión merezca la pena.

La presentación de la multiplexación por división de longitud de onda aplicada a la red óptica pasiva (WDM-PON) se encuentra en el capítulo Redes de operadores de fibra óptica.

7. Organizaciones que trabajan en WDM

Como ocurre con cualquier tecnología, se utilizan dos tipos de normas: las normas de *jure*, es decir, las publicadas por los organismos competentes y las normas *de facto*, que son las "novedades" o los "nuevos" equipos que un grupo de industriales trata de imponer.

7.1 Organismos de normalización

En el campo de la multiplexación por división de longitud de onda, hay tres niveles principales de organizaciones de normalización:

- Organismos internacionales como la Unión internacional de telecomunicaciones (UIT) y la Organización internacional de normalización (ISO).
- Organismos continentales como la Comisión electrotécnica internacional (CEI) y el Instituto europeo de normas de telecomunicaciones (ETSI).
- Organismos nacionales como la Asociación española de normalización (UNE) en España o la *Telecommunications industry association* (TIA) en Estados Unidos.

7.2 Grupos industriales

El más conocida es la asociación estadounidense *The Institute of Electrical and Electronics Engineers*, más conocida por las siglas IEEE => https://www.ieee.org/.

Sin embargo, en el caso de la WDM coexisten varios grupos más, con el acrónimo MSA (*multisource agreement*) adjunto a su nombre. El objetivo principal es llegar a un acuerdo sobre características aceptadas por todos para "imponer" estas novedades en el mercado. Algunos ejemplos verificados a mediados de junio de 2024:

- 100G lambda MSA => https://100glambda.com/
- 4WDM MSA => https://4wdm-msa.com/
- MSA enchufable 800G => https://www.800gmsa.com/
- CFP MSA => https://cfp-msa.org/
- CWDM4 MSA => https://cwdm4-msa.org/
- CW-WDM MSA => https://cw-wdm.org/
- DSFP MSA => https://dsfpmsa.org/
- NGFSP MSA => https://dsfpmsa.org/
- OpenROADM MSA => http://www.openroadm.org/

- OSFP MSA => https://osfpmsa.org/
- QSFP112 MSA => http://qsfp112.com/
- QSFP-DD => http://www.qsfp-dd.com/
- SFP-DD => http://sfp-dd.com/
- Smart tunable MSA => https://smarttunable-msa.org/
- SWDM Alliance => https://www.swdm.org/
- Terabit BiDi MSA => https://terabit-bidi-msa.com/

Capítulo 10
Ethernet y fibras ópticas

1. Introducción

El campo de los "Protocolos para redes de fibra óptica" es de naturaleza cambiante. El punto más importante se refiere a la evolución hacia velocidades muy altas, es decir, hacia redes multigigabit y terabit. Esto es válido para todos los protocolos. Algunos ejemplos son bien conocidos, como los que se suelen instalar en los centros de datos, como InfiniBand o Fibre Channel (véase el capítulo Redes de operadores de fibra óptica). Pero el ejemplo más representativo es Ethernet, con la llegada de 1,6 TbE a 1,6 Tbit/s. Haga una visita guiada.

2. Ethernet y su evolución

2.1 Creación de Ethernet

Bob Metcalfe, ingeniero del centro de investigación de Xerox en Palo Alto (California), buscaba una solución para conectar los ordenadores a las nuevas impresoras láser de la empresa. Se dice que sus primeras ideas, en 1973 en la paradisíaca isla de Aloha, describían el concepto de "The Ether" a 3 Mbit/s, de ahí "Ethernet". Concebía esta red a través de un cable coaxial compartido y, más concretamente, la velocidad era de 2,94 Mbit/s o 367 Kb/s por segundo.

El protocolo de control de acceso al medio (*media access control* - MAC) es el acceso múltiple con detección de colisión, conocido con el acrónimo CSMA/CD (*carrier sense multiple access with collision detection*).

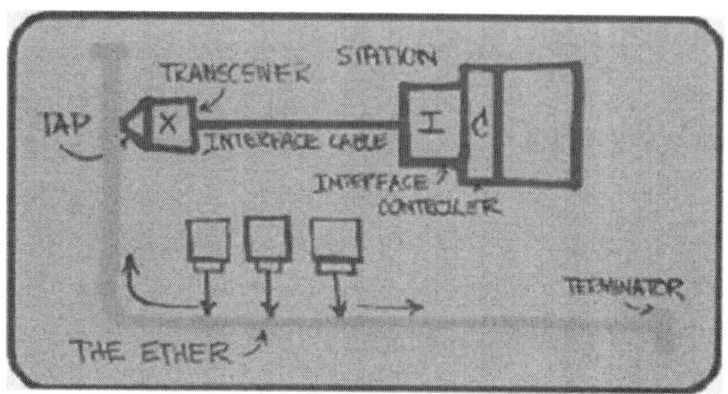

Primer diagrama Ethernet en 1973

En 1976, Bob Metcalfe y David Boggs publicaron un artículo titulado *Ethernet: distributed packet switching for local computer networks*. En él describían un sistema de transmisión de datos en forma de paquetes, un sistema multipunto basado en el principio de detección de colisiones.

En 1979, Bob Metcalfe abandonó Xerox y fundó 3Com. Al año siguiente, publica el *Ethernet blue book*, que define Ethernet a 10 Mbit/s. Esta norma también se conoce como DIX, acrónimo de sus tres integrantes: Digital (ordenadores), Intel (microprocesadores) y Xerox (ofimática).

Evolución de las velocidades Ethernet

De evolución en evolución, la Ethernet original ha dado lugar a una familia que ha crecido con el tiempo: 10 Mbit/s, luego 1 Gbit/s, después 10, 40, 100, 200 y 400 Gbit/s y ahora 600 y 800 Gbit/s y 1,2 y 1,6 Tbit/s.

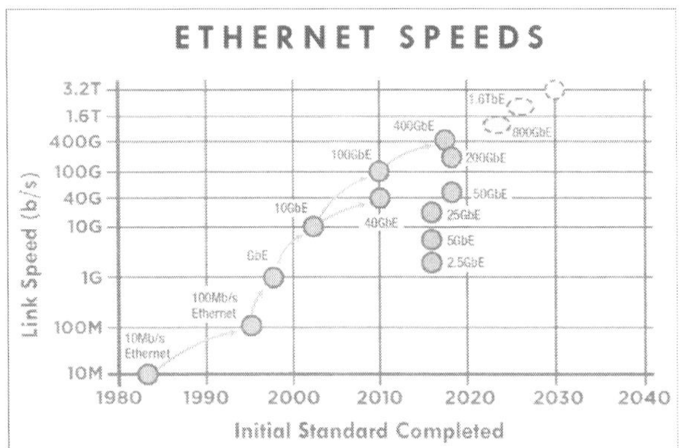

Evolución de las velocidades Ethernet
Fuente: https://www.ethernetalliance.org

2.2 Ethernet de 1985 a 2018

2.2.1 En 1985, la organización oficial del IEEE

En 1985, la organización IEEE se convirtió en el organismo oficial de normalización de Ethernet y publicó la primera norma sobre el tema: IEEE 802.3. Desde entonces, todas las normas IEEE relacionadas con Ethernet utilizan el nombre IEEE 802.3 seguido de un sufijo que indica el tipo y el año de publicación.

He aquí algunos ejemplos:

- IEEE 802.3d-1987 se refería a los enlaces entre repetidores por fibra óptica (*fiber optic inter-repeater link* - FOIRL).
- IEEE 802.3u-1995 se refería a Ethernet de 100 Mbit/s, también conocida como *Fast Ethernet*.
- IEEE 802.3z-1998 se refería a Ethernet a 1.000 Mbit/s, también conocida como Gigabit Ethernet o 1 GbE.
- IEEE 802.3ae-2002 se refería a Ethernet a 10 Gbit/s o 10 GbE.
- IEEE 802.3ah-2004 se refería a Ethernet en redes de acceso, también conocida como *Ethernet in the first mile* (EFM), etc.

2.2.2 En 2008, la primera revisión de las normas: IEEE 802.3-2008

En 2008, todas las normas Ethernet publicadas anteriormente se reelaboraron y reunieron bajo el nombre IEEE 802.3-2008, se publicaron en diciembre de 2008 y se dividieron en cinco secciones.

- **Sección 1**: Ethernet de 10 Mbit/s incluyendo 10BASE-F, 10BASE-FP, etc. sobre fibra.
- **Sección 2**: Ethernet 100 Mbps, incluido 100BASE-FX sobre fibra.
- **Sección 3**: Gigabit Ethernet incluyendo 1000BASE-LX y 1000BASE-SX sobre fibra.
- **Sección 4**: 10 Gigabit Ethernet, incluida 10GBASE-W para redes de área extensa.
- **Sección 5**: redes de acceso de abonados de 512 kbit/s a 1 Gbit/s, especificaciones de la capa física de 10 GbE y backplanes de 1 y 10 Gbit/s.

2.2.3 En 2012, la segunda revisión de las normas: IEEE 802.3-2012

Las normas de Ethernet publicadas en diciembre de 2008 y sus posteriores ampliaciones se estaban revisando. En diciembre de 2012 serían sustituidas por una nueva versión publicada bajo la referencia IEEE 802.3-2012. Esta incluye las cinco secciones de la norma IEEE 802.3-2008, con adiciones y actualizaciones.

Y lo que es más importante, IEEE 802.3-2012 añade **una sexta sección para dejar constancia de la llegada de 40 Gbit/s y 100 Gbit/s**. La sección 6 analiza la eficiencia energética de Ethernet, la organización del protocolo de la capa de enlace, las distintas piezas de información y las especificaciones de la capa física para estas nuevas velocidades de datos de 40 Gbit/s y 100 Gbit/s.

2.2.4 En 2015, la tercera revisión de las normas: IEEE 802.3-2015

Como los desarrollos continuaron, esto llevó a la reedición de los estándares Ethernet en una nueva edición llamada IEEE 802.3-2015. Se publicó en septiembre de 2015 e incluye las seis secciones de IEEE 802.3-2012, completadas y actualizadas.

- **Sección 1**: especificaciones de uso del protocolo Ethernet de 10 Mbit/s, control de acceso al medio (*medium access control* - MAC), formato de trama e interfaces de servicio.
- **Sección 2**: atributos de gestión del protocolo, información necesaria para la transmisión y especificaciones de la capa física hasta 100 Mbit/s.
- **Sección 3**: Ethernet de 1 Gbit/s e información útil y especificaciones de la capa física.
- **Sección 4**: Ethernet de 10 Gbit/s y, también en este caso, información para garantizar la transmisión de esta velocidad de datos a través de varias capas físicas.
- **Sección 5**: redes de acceso de abonados a velocidades de 512 kbit/s a 1 Gbit/s, con los elementos de protocolo para los intercambios de tramas, las especificaciones de la capa física de 10 GbE y las de los backplanes de 1 y 10 Gbit/s.
- **Sección 6**: eficiencia energética de Ethernet, organización del protocolo de la capa de enlace, diversos elementos de información y especificaciones de la capa física para velocidades de datos de 40 Gbit/s y 100 Gbit/s.

2.2.5 En 2018, cuarta revisión de las normas: IEEE 802.3-2018

Como los desarrollos continuaron, esto llevó a la refundición de los estándares Ethernet en una nueva edición llamada IEEE 802.3-2018. Con un grosor de 5.600 páginas, se publicó en junio de 2018. Incluye las seis secciones de IEEE 802.3-2015 (véase la sección anterior), que se han complementado con dos nuevas secciones.

- **Sección 7**: además de diversas especificaciones para el uso del protocolo Ethernet a través de pares trenzados o cables coaxiales, como para las redes de distribución E-PON, cabe destacar las siguientes novedades: especificaciones de la capa física para velocidades de **25 Gbit/s** en fibra óptica de sílice y de **1 Gbit/s** para fibra óptica de **plástico**.

- **Sección 8**: en esta sección se exponen los principales cambios del protocolo Ethernet, con especificaciones para las capas físicas y operaciones para velocidades **de 200 Gbit/s y 400 Gbit/s**, así como de 2,5 y 5 Gbit/s.

2.3 Ethernet en 2022 (IEEE 802.3-2022) y posterior

2.3.1 Norma IEEE 802.3-2022

Como los desarrollos continuaron, el resultado fue una nueva edición IEEE 802.3- 2022. Se publicó en mayo de 2022 y consta de 7.025 páginas. Consolida las ocho secciones presentes en la versión IEEE 802.3-2018 (véase más arriba) y añade una novena sección.

Sección 9

Esta parte especifica las redes ópticas pasivas (PON) en Ethernet, simétricas y asimétricas, que funcionan en canales con una velocidad de transmisión de datos de 25 Gbit/s cada uno. Contiene información adicional sobre la capa física para transmisiones a 10 Mbit/s, 2,5, 5 y 10 Gbit/s a través de un único par trenzado.

Incluye especificaciones adicionales para la capa física de 400 Gbit/s, transmisiones de multiplexación por división de longitud de onda (WDM) de 100 Gbit/s y las especificaciones de la capa física para transmisiones bidireccionales de 10, 25 y 50 Gbit/s o *Multi-Gigabit Ethernet BiDi PHYs*.

2.3.2 Obtener la norma IEEE 802.3-2022

La norma IEEE 802.3-2022 se puede consultar en el sitio web del IEEE:
https://standards.ieee.org/ieee/802.3/10422/

Observe que el IEEE ha puesto en marcha un programa *IEEE Get access program* para facilitar la descarga de las normas y enmiendas del protocolo Ethernet.

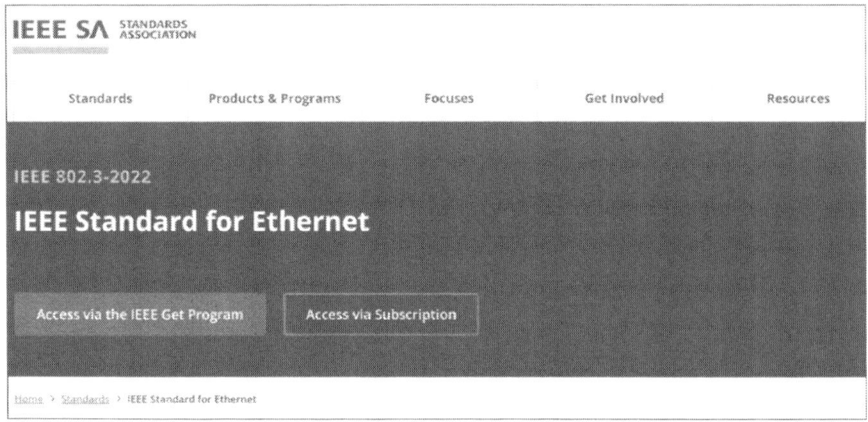

La norma Ethernet está disponible en el sitio web del IEEE

2.3.3 Ejemplos de enmiendas desde 2022

Desde su publicación en mayo de 2022, la norma IEEE 802.3-2022 se ha complementado con diversas enmiendas. He aquí algunos ejemplos:

IEEE **802.3ck-2022** - *IEEE Standard for Ethernet Amendment 4: Physical Layer Specifications and Management Parameters for 100 Gb/s, 200 Gb/s, and 400 Gb/s Electrical Interfaces Based on 100 Gb/s Signaling*, aprobada en septiembre de 2022.

IEEE **802.3cs-2022** - *IEEE Standard for Ethernet Amendment 2: Physical Layers and Management Parameters for Increased-Reach Point-to-Multipoint Ethernet Optical Subscriber Access (Super-PON)*, aprobada en septiembre de 2022.

IEEE **802.3db-2022** - *IEEE Standard for Ethernet - Amendment 3: Physical Layer Specifications and Management Parameters for 100 Gb/s, 200 Gb/s, and 400 Gb/s Operation over Optical Fiber using 100 Gb/s Signaling*, aprobada en septiembre de 2022.

IEEE **802.3cx-2023** - *IEEE Standard for Ethernet Amendment 6: Media Access Control (MAC) Service Interface and Management Parameters to Support Improved Precision Time Protocol (PTP) Timestamping Accuracy*, aprobada en marzo de 2023.

IEEE **802.3cz-2023** - *IEEE Standard for Ethernet Amendment 7: Physical Layer Specifications and Management Parameters for Multi-Gigabit Glass Optical Fiber Automotive Ethernet*, aprobada en marzo de 2023.

2.3.4 Grupos de trabajo

Los grupos de trabajo (*working group*) del IEEE pueden definir las evoluciones de la norma a través de "proyectos" dedicados a diversos campos como los centros de datos, las telecomunicaciones, la industria, la automoción, la aeronáutica, etc. He aquí algunos ejemplos:

- IEEE **P802.3cw** - *400 Gb/s over DWDM systems Task Force.*
- IEEE **P802.3da** - *10 Mb/s Single Pair Multidrop Segments Enhancement Task Force.*
- IEEE **P802.3df** - *400 Gb/s y 800 Gb/s Ethernet Task Force.*
- IEEE **P802.3dg** - *100 Mb/s Long-Reach Single Pair Ethernet Task Force.*
- IEEE **P802.3dh** - *Multi-Gigabit Automotive Ethernet over Plastic Optical Fiber Task Force.*
- IEEE **P802.3dj** - *Grupo de trabajo de Ethernet de 200 Gb/s, 400 Gb/s, 800 Gb/s y 1,6 Tb/s.*
- IEEE **P802.3dk** - *Greater than 50 Gb/s Bidirectional Optical Access PHYs Task Force.*

IEEE 802.3 ETHERNET WORKING GROUP

- The IEEE 802.3 Working Group develops standards for Ethernet networks. We have a number of active projects, study groups, and ad hocs as listed
  - IEEE P802.3cw 400 Gb/s over DWDM systems Task Force.
  - IEEE P802.3da 10 Mb/s Single Pair Multidrop Segments Enhancement Task Force.
  - IEEE P802.3df 400 Gb/s and 800 Gb/s Ethernet Task Force.
  - IEEE P802.3dg 100 Mb/s Long-Reach Single Pair Ethernet Task Force.
  - IEEE P802.3dh Multi-Gigabit Automotive Ethernet over Plastic Optical Fiber Task Force.
  - IEEE P802.3dj 200 Gb/s, 400 Gb/s, 800 Gb/s, and 1.6 Tb/s Ethernet Task Force.
  - IEEE P802.3dk Greater than 50 Gb/s Bidirectional Optical Access PHYs Task Force.
  - IEEE P802.3.1 (IEEE 802.3.1b) Revision to IEEE Std 802.3.1-2013 Ethernet MIBs Task Force.
  - IEEE P802.3.2 (IEEE 802.3.2a) Revision to IEEE Std 802.3.2-2019 YANG Data Model Definitions Task Force.
  - IEEE 802.3 Ethernet for Automotive Imaging Sensors Study Group.
  - IEEE 802.3 New Ethernet Applications Ad Hoc.
  - IEEE 802.3 PDCC Ad Hoc.

Página web de los grupos de trabajo del IEEE que trabajan en el desarrollo de Ethernet: http://www.ieee802.org/3/

Los ejemplos anteriores demuestran la cantidad y variedad de proyectos que llevan a cabo grupos que trabajan en paralelo y reúnen a expertos de distintos ámbitos. Así pues, ser un estándar "abierto" de Ethernet le ha permitido dominar el mercado de las redes, y sigue haciéndolo gracias al trabajo que se ha realizado ininterrumpidamente durante décadas para desarrollar aplicaciones y aumentar la velocidad de transmisión.

2.4 Ecosistema y vocabulario Ethernet

El protocolo Ethernet ha extendido su influencia a un gran número de arquitecturas de red (véase la sección Ecosistema Ethernet), y también ha desarrollado su propio lenguaje en forma de palabras, acrónimos y abreviaturas (véase la sección ¿Habla usted Ethernet?).

2.4.1 Ecosistema Ethernet

Originario de una simple LAN corporativa, Ethernet se ha tragado todos los demás protocolos: enterrados por Ethernet de 10 Mbit/s están Apple Talk o StarLan de 1 Mbit/s o los anillos de token (*token ring*) de 4 Mbit/s de IBM; los anillos de token de 16 Mbit/s han desaparecido ante Fast Ethernet de 100 Mbit/s; FDDI y 100BaseVG de 100 Mbit/s han sido sustituidos por Ethernet de 1 Gbit/s, y así sucesivamente.

Convertida prácticamente en la única ganadora de las LAN corporativas y las redes de campus, Ethernet ha alcanzado la madurez y ha extendido su alcance a las LAN industriales, las redes de operadores, las redes de aviónica, etc., hasta el punto de que podemos hablar de un "ecosistema Ethernet". Para muchos operadores de red, Ethernet ha suplantado al modo de transferencia asíncrono (*asynchronous transfer mode* - ATM) o a la retransmisión de tramas (*Frame Relay*) y, en las redes de área metropolitana, el acrónimo MAN *–metropolitan area network–* se ha convertido en MEN *–metropolitan Ethernet network*.

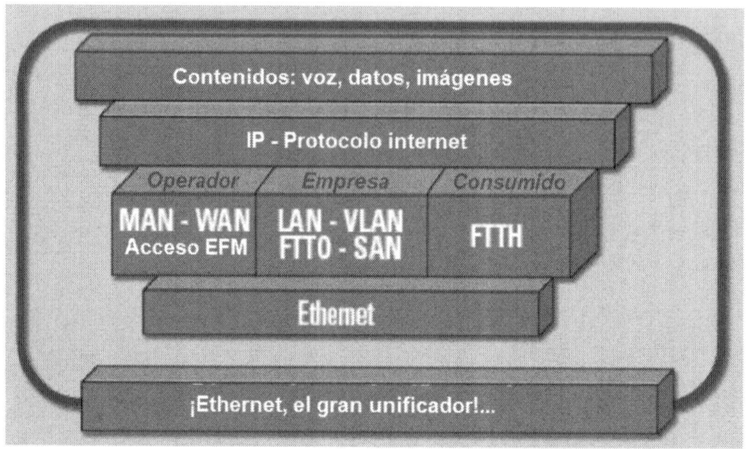

Diagrama del ecosistema Ethernet

2.4.2 ¿Habla usted Ethernet?

Las respuestas a esta pregunta se encuentran en la norma **IEEE 802.3-2022**. A primera vista, puede parecer reservada a los especialistas. Es cierto, pero los principiantes en este campo encontrarán muy buenas herramientas para "hablar de Ethernet" y empezar a familiarizarse con este protocolo. He aquí algunos ejemplos:

Interfaces compatibles

En IEEE 802.3-2022, de la página 167 a la página 172, explica las interfaces y su lugar en la arquitectura de la capa física.

Entre ellas se incluyen MDI (*medium dependent interfaces*), AUI (*attachment unit interface*), MII (*media independent interface*), para versiones de 10 Mbit/s, 100 Mbit/s, 1 GbE, 10 GbE, etc., hasta interfaces de 200 Gbit/s como 200GMII, 200GAUI-n (con n = 4 u 8), e interfaces de 400 Gbit/s como 400GMII y 400GAUI-n (con n = 8 o 16). Cada una de estas entidades se describe con gran detalle en varias líneas.

Definiciones de acrónimos

De la página 187 a la 198, se desarrollan los numerosos acrónimos de Ethernet y se explica su lugar en la norma.

Van desde la simple 1000BASE-BX10, que especifica la capa física punto a punto de Ethernet a 1.000 Mbit/s sobre fibra óptica unimodal, o la 1000BASE-H, para las subcapas de Ethernet a 1.000 Mbit/s sobre dos fibras ópticas de plástico, hasta las redes ópticas pasivas (*passive optical network* - PON) como 10/10G-EPON, una arquitectura que funciona a 10 Gbit/s simétricos, es decir, 10 Gbit/s en sentido descendente (*downstream*) y 10 Gbit/s en sentido ascendente (*upstream*) y 400 Gbit/s Ethernet con versiones como 400GBASE-LR8, 400GBASE-FR8, 400GBASE-SR16, etc.

Diccionario

De la página 199 a la 227, un diccionario define los principales términos utilizados en la norma.

En orden alfabético, empezando por *ability, acknowledge bit, advertised ability, agent*, etc., la lista es muy larga pero está muy bien explicada, hasta *WAN Interface Sublayer* (WIS), *weight of 6T code group, worst-case modal bandwidth* (WCMB), *zero dispersion wavelength*. Uno de los puntos fuertes de este diccionario es que, para la mayoría de las palabras, se indica el párrafo de la norma en la que aparecen por primera vez, por ejemplo, para *ability:See* IEEE Std 802.3, 28.2.1.2.2.

Desarrollo de abreviaturas

De la página 227 a la 234, se amplían las abreviaturas utilizadas en la norma IEEE 802.3-2022 para eliminar cualquier riesgo de ambigüedad.

Primero veremos una serie de abreviaturas numéricas y cómo se desarrollan, y después se explicarán en detalle las abreviaturas alfabéticas. La lista comienza con ACRF (*attenuation to crosstalk ratio, far-end*), AFEXT (*alien FEXT*), AIS (*alarm indication signal*), ALSNR (*alien limited signal-to-noise ratio*), etc. y termina con XNP (*extended next page*), XS (*extender sublayer*), XSBI (*10 Gigabit sixteen-bit interface*), XTALK (*crosstalk*). Una herramienta extremadamente útil para quienes no estén familiarizados con esta forma de escritura condensada en unas pocas letras.

2.4.3 Acceso, transmisión y codificación

Tres elementos clave caracterizan el protocolo Ethernet: el método de acceso al medio, la transmisión full-duplex y la codificación.

Acceso a ayudas soporte

Existen varios métodos para acceder al soporte de transmisión de la información. En el protocolo Ethernet, el medio -par trenzado, cable coaxial o fibra óptica- es compartido por varios dispositivos. Por tanto, hay que definir un método de acceso al soporte. El método elegido es el *Carrier sense multiple access/collision detection*, conocido habitualmente por su acrónimo **CSMA/CD**:

- *Carrier sense* significa que el equipo transmisor "escucha" lo que se transmite por el soporte antes de enviar su propia trama de información,
- *Multiple access* confirma que el protocolo admite varios dispositivos que pueden acceder al soporte, la noción de soporte compartido,
- *Collision detection* se produce cuando dos equipos transmiten simultáneamente. Se produce una "colisión" entre sus respectivas tramas. Se establece un tiempo de espera aleatorio para cada equipo, de modo que sus respectivas transmisiones no se puedan reanudar al mismo tiempo.

Transmisión full-duplex

Hay varias formas de transmitir información en un soporte:

Transmisión símplex: un soporte conecta un equipo transmisor a un equipo receptor y la transmisión o emisión tiene lugar en un solo sentido.

Transmisión *full dúplex*, es decir, una unidad emisora/receptora está conectada a otra unidad emisora/receptora por dos soportes separados; por ejemplo, dos fibras ópticas o dos longitudes de onda diferentes, una para cada sentido de transmisión; es el caso del protocolo Ethernet.

La transmisión semidúplex o *half duplex* se realiza sobre un único soporte compartido por los equipos emisor y receptor. Así, la transmisión se realiza de uno a otro, alternativamente.

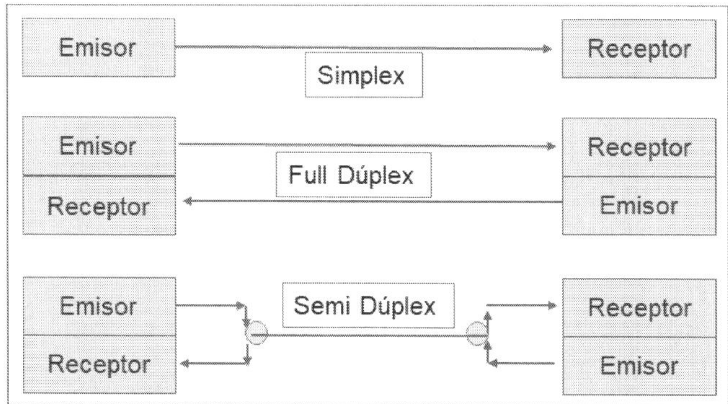

Los tres tipos de transmisión de señales

Codificación PAM4

Las aplicaciones de protocolo Ethernet como 200GBASE-R en 4 fibras ópticas (200GBASE-DR4) o 400GBASE-R con 4 fibras ópticas (400GBASE-LR4 y 400GBASE-FR4) u 8 fibras (400GBASE-LR8 y 400GBASE-FR8) utilizan codificación PAM4 (*pulse amplitude modulation 4 levels*) de cuatro niveles.

En la transmisión en serie, estos cuatro niveles duplican la tasa de bits transmitidos en comparación con la codificación convencional NRZ (*no- return to zero*), que sólo utiliza dos niveles. Así, una transmisión de 25 gigabaudios (GBd) corresponde a una transmisión de 50 Gbit/s.

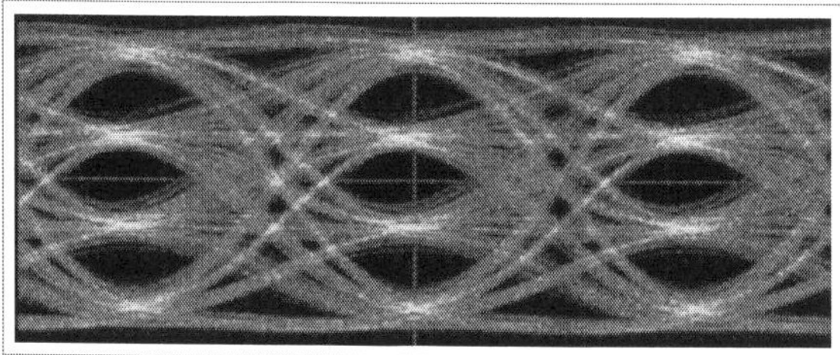

Una señal de transmisión modulada con PAM4 a cuatro niveles y tres ojos

2.4.4 Ethernet de bajo consumo

En 2015, la sección 6 de la norma IEEE 802.3-2015 introdujo el concepto de ahorro de energía a través de *Energy-Efficient Ethernet* o **EEE**.

Esta capacidad opcional combina la subcapa de control de acceso al medio (MAC) con una familia de capas físicas para soportar el modo *low power idle* (LPI). Cuando LPI está operativo, se reduce el consumo de energía de los enlaces y los equipos asociados. La norma incluye una tabla en la que se enumeran los medios físicos -pares trenzados, cables coaxiales, fibras ópticas y backplanes- y sus interfaces. Sin ser exhaustiva, incluye XGXS para 10 Gbit/s, XLAUI para 40 Gbit/s, CAUI-10 o CAUI-4 para 100 Gbit/s, etc.

Todo esto se conserva y completa en la norma IEEE 802.3-2022, cláusula 78 - *Energy-Efficient Ethernet* (EEE), con 200GAUI-n y 200GXS para 200 Gbit/s y 400GAUI-n y 400GXS para 400 Gbit/s.

3. FOIRL, Ethernet a 10 Mbit/s y 100 Mbit/s

Por supuesto, Ethernet empezó con el cobre como medio de transmisión de la señal. Primero llegó el cable grueso, un cable amarillo que parecía una manguera de jardín, posteriormente el cable fino (*thin cable*) y, por último, el par trenzado (*twisted pair*), con características que evolucionaron con el tiempo a medida que aumentaba la velocidad de transmisión de datos. Pero muy pronto, la fibra óptica supo imponer sus cualidades intrínsecas para convertirse en esencial.

3.1 FOIRL

La primera norma que formaliza la aplicación de Ethernet utilizando fibras ópticas como soporte, data de diciembre de 1987: IEEE 802.3d, más conocida como FOIRL (*fibre optic inter-repeater link*). El objetivo era ampliar la distancia entre dos equipos. Limitada a 185 metros en cobre, se podía ampliar hasta **un kilómetro** entre estos aparatos, mediante un repetidor en cada extremo.

Las fibras ópticas recomendadas son las multimodales de 62,5/125 micras, pero también se aceptan las de 50/125 micras, 85/125 micras y 100/140 micras.

En la reciente edición de IEEE 802.3-2022 se sigue haciendo referencia a FOIRL, en la parte *9.9 Medium attachment unit and baseband medium specification for a vendor independent FOIRL*, para velocidades de datos de hasta 10 Mbit/s.

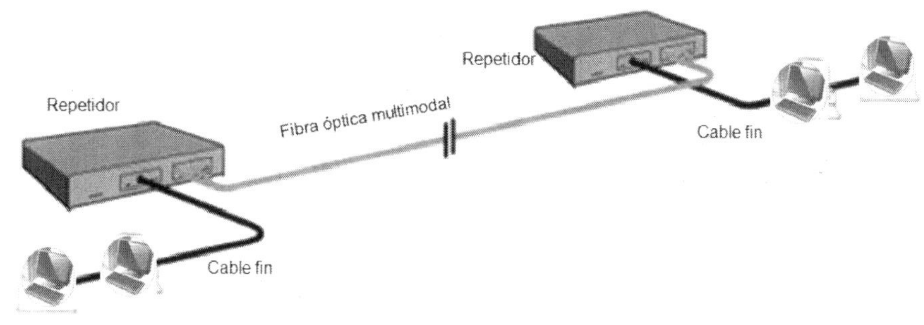

Diagrama FOIRL típico

3.2 Ethernet de 10 Mbit/s

La limitada distancia de FOIRL exigió un desarrollo normalizado en septiembre de 1993: la norma IEEE 802.3j, más conocida como 10BASE-F. La distancia se amplió a **dos kilómetros** para una velocidad de 10 Mbit/s.

3.2.1 Diversidad de Ethernet de 10 Mbit/s por fibra óptica

Estas redes se utilizan para diversas aplicaciones:

- **10BASE-F**, que especifica la capa física de una red de área local de fibra óptica de 10 Mbit/s y las unidades de conexión al medio (*medium attachment unit* - MAU).
- **Puerto 10BASE-FB**, B de *backbone*, entrada en un repetidor que contiene una unidad de acoplamiento de medios (MAU), que se puede conectar a una entrada similar en otro repetidor.

- **Segmento 10BASE-FB**, enlace de fibra óptica que establece una conexión punto a punto entre dos puertos de repetidor de hasta dos kilómetros por segmento o para varios repetidores en cascada.
- **Segmento 10BASE-FL**, L por *link*, enlace de fibra óptica que establece una conexión punto a punto entre dos MAU, hasta dos kilómetros y garantiza la compatibilidad con un sistema FOIRL ya instalado, hasta un kilómetro.
- **Segmento 10BASE-FP**, P por pasivo, topología de fibra óptica que mezcla una estrella 10BASE-FP y todos los pares de fibra conectados, hasta un kilómetro por segmento.
- **Estrella 10BASE-FP**, equipo pasivo que utiliza un par de fibras ópticas para formar un segmento 10BASE-FP con un radio de hasta 500 metros.

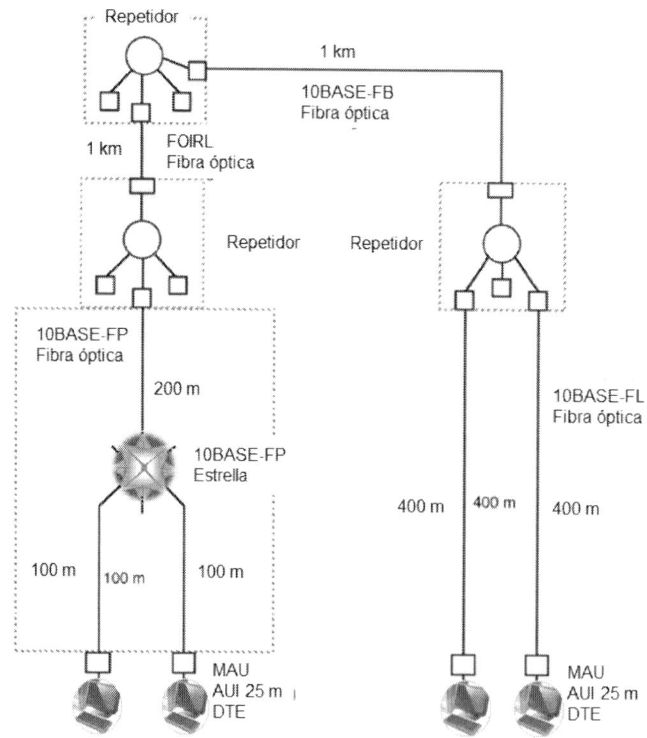

Diversidad de aplicaciones en Ethernet de 10 Mbit/s

3.2.2 Fibras ópticas y conectividad

La norma **IEEE 802.3-2022**, en su cláusula 15 (*Fiber optic medium and common elements of medium attachment units and star, type 10BASE-F*) recomienda fibras multimodo de 62,5/125 micras con una pérdida inferior a 3,75 dB/km y un ancho de banda de, al menos, 160 MHz.km a 850 nanómetros. La tolerancia de transmisión y recepción se sitúa entre 790 y 910 nanómetros.

El anexo D.4 (*Type FOIRL and 10BASE-F applications; alternative fiber optic medium applications*) permite el uso de otros tipos de fibras ópticas multimodo, como 50/125, 85/125 y 100/140, con sujeción a los mismos límites sobre presupuestos ópticos, pérdidas ópticas, potencias ópticas, etc. que los impuestos a las fibras 62,5/125.

En la cláusula 15, § 15.3.2 (*Optical medium connector plug and socket*), el conector óptico asociado se basa en clavijas BFOC/2.5, pero en la práctica se utilizan clavijas ST o SC. La norma exige que la pérdida de inserción sea inferior a 1 dB.

Una pieza interesante del equipo es la interfaz entre la unidad de conexión (*attachment unit interface* - AUI), que es la interfaz entre la unidad de conexión de medios (MAU) y el equipo terminal (*data equipment terminal* - DTE). La AUI transmite señales codificadas y proporciona transmisión de datos dúplex.

3.2.3 Convertidor multimedia

Además, esta Ethernet que utiliza la fibra óptica ha dado lugar a un desarrollo de los equipos activos: el convertidor de medios, que permite pasar de los medios de cobre a los de fibra óptica. Desde entonces, estos equipos se han desarrollado y los fabricantes del sector ofrecen hoy una gama completa de convertidores -convertidores de velocidad de transmisión de datos en el mismo medio, convertidores de cobre a fibra, convertidores de fibra a fibra, etc.- en diversas formas, como convertidores autónomos, convertidores de chasis modular y convertidores montables en carril DIN. También hay convertidores gestionables para entornos en los que la seguridad de la red es primordial.

Ejemplos: (a) convertidor autónomo, (b) convertidor de chasis

3.3 Ethernet a 100 Mbit/s

1994 marcó el inicio del desarrollo de Ethernet en centros de datos y redes, y la acuciante demanda de mayores velocidades de transmisión de datos. Los trabajos al respecto dieron lugar a la Ethernet de 100 Mbit/s normalizada mediante la norma IEEE 802.3u, publicada en junio de 1995. Esta Ethernet recibió el sobrenombre de Fast Ethernet.

Tras las diversas revisiones de las normas, debe hacerse referencia a IEEE 802.3- 2022, cláusula 21 - *Introduction to 100 Mb/s baseband networks, type 100BASE-T*, para soporte de par trenzado y parte 24 - *Physical Coding Sublayer (PCS) and Physical Medium Attachment (PMA) sublayer, type 100BASE-X*, para las fibras ópticas.

3.3.1 Variedad de Ethernet de 100 Mbit/s por fibra óptica

Las aplicaciones de estas redes son muy variadas:

- **100BASE-X**, nombre común de los equipos de conexión para los equipos que admiten tanto la transmisión 100BASE-TX a través de dos pares trenzados, como la transmisión 100BASE-FX a través de dos fibras ópticas.
- **100BASE-BX10**, cf. sección 2 de la norma IEEE 802.3-2018 que especifica la capa física de un enlace punto a punto de 100 Mbit/s a través de **una única fibra óptica unimodal**, gracias a un multiplexor que divide la señal en dos longitudes de onda diferentes para la transmisión y la recepción: 1.310 y 1.550 nanómetros con dos variantes:
  - **100BASE-BX10-D**, que transmite a 1.550 nanómetros y recibe a 1.310 nanómetros, utilizada para la dirección descendente (D = *downstream*) desde el centro de la red hacia la periferia.

- **100BASE-BX10-U**, que transmite a 1.310 nanómetros y recibe a 1.550 nanómetros, utilizado para la dirección ascendente (U = *upstream*).

La distancia máxima original era de diez kilómetros, pero algunas opciones de equipamiento permiten distancias de hasta veinte, cuarenta o incluso sesenta kilómetros.

- **100BASE-FX**, parte de la norma IEEE 802.3 que especifica la capa física de un enlace punto a punto de 100 Mbit/s a través de **dos fibras ópticas multimodo**, una para la transmisión y otra para la recepción. Las señales se transmiten a 1.300 nanómetros y pueden alcanzar una distancia de 400 metros en **100BASE-FXHD** semidúplex (HD = *half duplex*) y hasta dos kilómetros en **100BASE-FXFD** dúplex completo (FD = *full duplex*).
- **100BASE-LX10**, con L por *long wavelength* láser, parte de la norma IEEE 802.3 que especifica la capa física de un enlace punto a punto de 100 Mbit/s a través de **dos fibras ópticas unimodales**. La longitud de onda nominal es de 1310 nanómetros y la distancia máxima es de diez kilómetros.

3.3.2 Fibras ópticas y conectividad

Las fibras ópticas pueden ser fibras multimodo de 62,5/125 micras o 50/125 micras o fibras unimodales de 9/125 micras.

La interfaz de conexión de medios recomendada por IEEE 802.3-2022, cláusula 26, § 26.4.1 - *Medium Dependent Interface* (MDI) es el conector óptico dúplex SC, tal y como se especifica en la norma IEC 61754-4:2022. No obstante, también se aceptan el conector óptico comúnmente conocido como ST, el conector FSD (tipo FDDI), el conector LC y el conector MT-RJ.

4. Ethernet de 1 Gbit/s y 10 Gbit/s

El *Fast Ethernet* ha tenido su apogeo. Sin embargo, la demanda de redes gigabit ha quedado demostrada.

Como resultado del aumento de la velocidad de transmisión de datos y del desarrollo del protocolo, en 1998 se introdujeron Ethernet de 1 Gb/s (1 GbE) y Ethernet de 10 Gb/s (10 GbE). Las especificaciones se siguen detallando en la edición de 2022 de la norma IEEE 802.3-2022, cláusula 34 - *Introduction to 1000 Mb/s baseband networks*, para el 1 GbE, clausula 44 - *Introduction to 10 Gb/s baseband networks*, para el 10 GbE, y clausula 56 - *Introduction to Ethernet for subscriber access networks* para redes de acceso.

4.1 Ethernet de 1 Gbit/s

4.1.1 Diversidad de Ethernet a 1 Gbit/s por fibra

Estas redes se utilizan para diversas aplicaciones:

- **1000BASE-X**, para una red local que trabaja a 1.000 Mbit/s en CSMA/ CD, con **1000BASE-XFD**, para *full duplex*, y **1000BASE-XHD**, para *half duplex*.
- **1000BASE-BX10**, para un enlace punto a punto a 1.000 Mbit/s sobre fibra óptica unimodal, con **1000BASE-BX10D** con D por *downstream*, el flujo descendente desde la central del ISP hasta el abonado y **1000BASE-BX10U** con U de *upstream*, el flujo ascendente desde el abonado hasta la central.
- **1000BASE-LX**, con L por *long wavelength laser*, es decir, un 1000BASE-X que utiliza diodos láser que emiten entre 1.270 y 1.355 nanómetros, sobre dos fibras ópticas multimodo o unimodales, con **1000BASE-LXFD** (*full duplex*), y **1000BASE-LXHD** (*half duplex*).
- **1000BASE-LX10**, para un enlace punto a punto a 1.000 Mbit/s a través de dos fibras ópticas multimodales o unimodales de hasta diez kilómetros de longitud.
- **1000BASE-PX10**, para un enlace punto a punto a 1.000 Mbit/s a través de una fibra óptica unimodal de hasta diez kilómetros, con **1000BASE-PX10D** (flujo *downstream*), y **1000BASE-PX10U** (flujo *upstream*), flujo ascendente.

- **1000BASE-PX20**, parte de la norma IEEE 802.3-2022 que especifica la capa física de un enlace punto a punto de 1.000 Mbit/s a través de una fibra óptica unimodal de hasta veinte kilómetros y un acoplador 1:16, con **1000BASE- PX20D** (*downstream*), y **1000BASE-PX20U** (*upstream*).
- **1000BASE-PX30**, parte de la norma IEEE 802.3-2022 que especifica la capa física de un enlace punto a punto de 1.000 Mbit/s a través de una fibra óptica unimodal de hasta veinte kilómetros y un acoplador 1:32, con **1000BASE-PX30D** (*downstream*), y **1000BASE-PX30U** (*upstream*).
- **1000BASE-PX40**, parte de la norma IEEE 802.3 que especifica la capa física de un enlace punto a punto de 1.000 Mbit/s a través de una fibra óptica unimodal de hasta veinte kilómetros y un acoplador 1:64, con **1000BASE-PX40D** (*downstream*), y **1000BASE-PX40U** (*upstream*).
- **1000BASE-SX**, con S por *short wavelength laser*, es decir, un 1000BASE- X que utiliza láseres que emiten entre 770 y 860 nanómetros, sobre fibras ópticas multimodo, con **1000BASE-SXFD** (*full duplex*) y **1000BASE-SXHD** (*half duplex*).
- **1000BASE-RHA**, para un enlace de 1.000 Mbit/s a través de dos fibras ópticas de plástico que utilizan diodos emisores de luz roja (R de *red*), ventana de 650 nanómetros y dedicado a aplicaciones domésticas y de otros consumidores.
- **1000BASE-RHB**, similar a 1000BASE-RHA para aplicaciones industriales.
- **1000BASE-RHC**, similar a 1000BASE-RHA para aplicaciones autoportantes.
- **1000BASE-RHx**, similar a 1000BASE-RHA para aplicaciones de presupuesto óptico variable.

4.1.2 Fibras ópticas y conectividad

Para Ethernet de 1 Gbit/s, el IEEE recomienda tres tipos de fibra óptica que cumplen las especificaciones de la norma IEC 60793-2-10:2022.

Las fibras A1-OM1 son multimodales con un índice de gradiente de 62,5/125 micras, las A1a A1-OM2, OM3, OM4 y OM5 son multimodales con un índice de 50/125 micras, y las B-652.B y B-652.D son unimodales con un índice de 9/125 micras. Hay varias versiones disponibles, que ofrecen distintos niveles de rendimiento en términos de distancias recorridas.

El conector recomendado es SC dúplex, con los conectores ópticos normalmente de color beige para fibras multimodo y azul para fibras unimodales.

Se especifican los niveles de pérdida por inserción. Por ejemplo, las distancias máximas recorridas por la señal en fibras ópticas multimodo se han calculado con una tolerancia de 1,5 dB de pérdida acumulada, debida al conector y la pieza de empalme. Esto puede representar, por ejemplo, tres conexiones con una pérdida de 0,5 dB (o menos) o dos conexiones con una pérdida de 0,75 dB (o menos). En cuanto a las distancias en fibras ópticas unimodal, se han calculado con un margen de 2 dB de pérdida acumulada debida al conector y a la pieza de empalme. Esto podría representar, por ejemplo, cuatro conexiones con una pérdida de 0,5 dB (o menos).

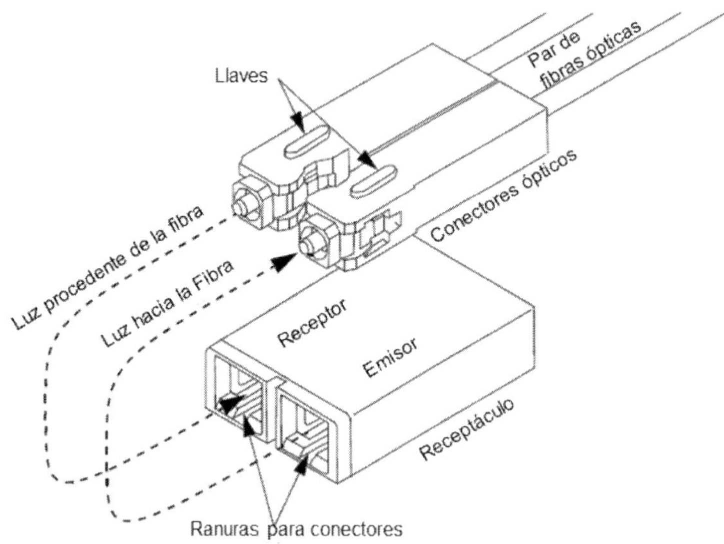

Diagrama esquemático de un conector dúplex SC

4.1.3 Distancias mínimas cubiertas

Distancias en 1000BASE-X

En **1000BASE-SX**, dependiendo del tipo de fibra óptica multimodal instalada, la distancia mínima recorrida será diferente, como se indica en el cuadro siguiente. Hay que tener en cuenta que las distancias máximas dependerán de las distintas prestaciones ofrecidas por los fabricantes, cuyos productos suelen ser mucho mejores que los mínimos impuestos.

Tipo de fibra óptica	Ancho de banda a 850 nm	Distancia mínima
Multimodal 62,5/125 μm	160 MHz.km	2 a 220 m
Multimodal 62,5/125 μm	200 MHz.km	2 a 275 m
Multimodal 50/125 μm	400 MHz.km	De 2 a 500 m
Multimodal 50/125 μm	500 MHz.km	2 a 550 m
Unimodal 10/125 μm	No aplicable	No aplicable

En 1000BASE-SX, las distancias cubiertas dependen de las fibras ópticas

Distancias en 1000BASE-LX

En **1000BASE-LX**, dependiendo del tipo de fibra óptica instalada, la distancia mínima cubierta será diferente, véase la tabla siguiente. La distancia máxima dependerá de las distintas características de las fibras ofrecidas por los fabricantes.

Tipo de fibra óptica	Ancho de banda a 1300 nm	Distancia mínima
Multimodal 62,5/125 μm	500 MHz.km	2 a 550 m
Multimodal 50/125 μm	400 MHz.km	2 a 550 m
Multimodal 50/125 μm	500 MHz.km	2 a 550 m
Unimodal 10/125 μm	No aplicable	De 2 a 5.000 m

En 100BASE-LX, las distancias cubiertas dependen de las fibras ópticas

4.1.4 Ejemplos de topología de red Ethernet de 1 Gbit/s

Una red de 1 GbE se puede desplegar de forma homogénea –totalmente a 1 Gbit/s– o heterogénea, enlazándose con otros segmentos Ethernet de 10 Mbit/s o 100 Mbit/s mediante puentes y/o rúteres. La topología de red se puede construir con un único dominio de colisión, pero se conseguirá mayor flexibilidad diseñando múltiples dominios de colisión.

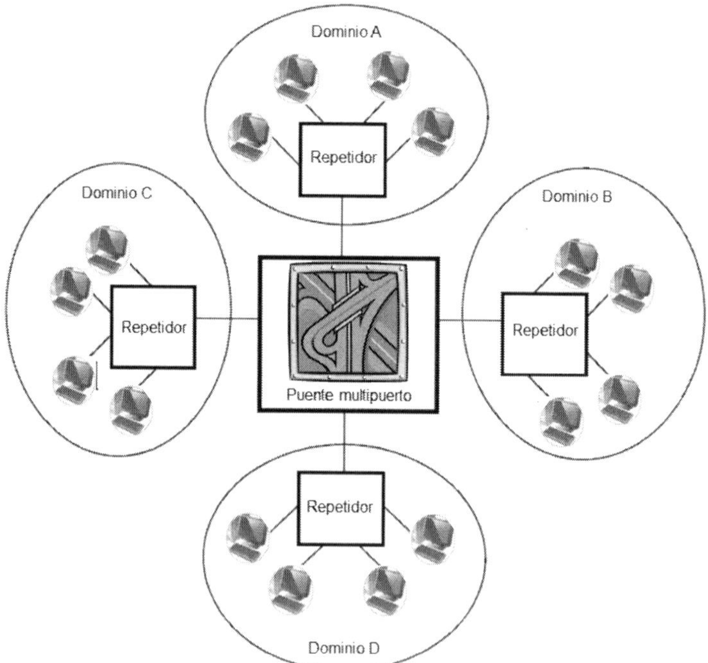

Ejemplo de topología con cuatro dominios de colisión unidos por un puente multipuerto y las fibras ópticas adecuadas

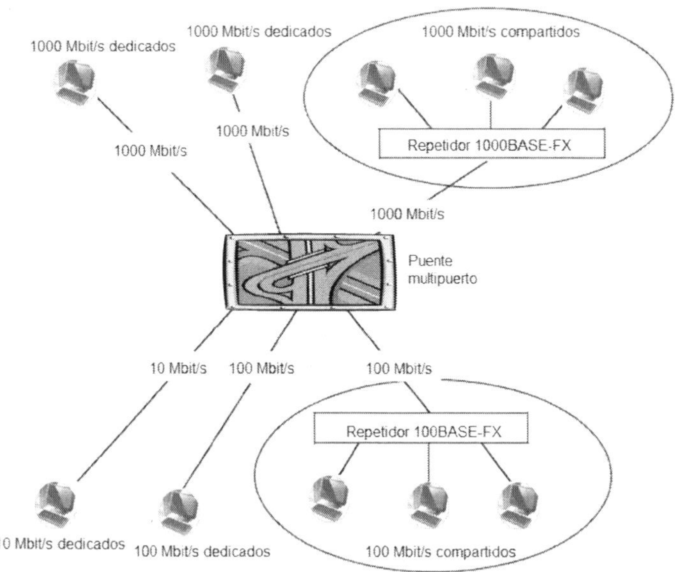

Ejemplo de topología multidominio y multivelocidad basada en un puente multipuerto y fibras ópticas adecuadas

4.1.5 Ethernet de 1 Gbit/s sobre fibras de plástico o 1000-RHx

Cláusula 115 - *Physical Coding Sublayer (PCS), Physical Medium Attachment (PMA) sublayer, and Physical Medium Dependent (PMD) sublayer, types 1000BASE-RHA, 1000BASE-RHB, and 1000BASE-RHC*, de la norme IEEE 802.3-2022 detalla las especificaciones para aplicaciones Ethernet de 1 Gbit/s en fibras ópticas de plástico (FOP), la familia **1000BASE-RHx**:

- **1000BASE-RHA**: para hogares y redes domésticas.
- **1000BASE-RHB**: para aplicaciones industriales.
- **1000BASE-RHC**: para aplicaciones de automoción.

Estas aplicaciones funcionan en dúplex sobre un par de fibras ópticas multimodales de plástico de salto de índice, una fibra por sentido de transmisión (véase el capítulo Fibras multimodales de sílice y fibras plásticas, Ejemplos de aplicaciones).

4.2 Ethernet de 10 Gbit/s

Ethernet a 10 Gb/s (10 GbE) se describe en la cláusula 44 - *Introduction to 10 Gb/s baseband networks*, del estándar IEEE 802.3-2022. Funciona exclusivamente en full dúplex. Permite desplegar redes de área local de 10 Gb/s o redes de área ampliada de hasta cuarenta kilómetros, a la velocidad máxima SONET STS-192c especificada por ANSI o SDH VC- 4-64 definida por ITU-T. La tasa de error de transmisión aceptable (*bit error ratio* - BER) aceptable es relativamente restrictiva, ya que la norma la fija en 10-12.

Observación

SONET = synchronous optical network, red óptica síncrona; STS = synchronous transport signal, señal de transporte síncrona; SDH = synchronous digital hierarchy, jerarquía digital síncrona; VC = virtual container, contenedor virtual; STS-192c y VC-4-64 corresponden a una velocidad de datos de unos 10 Gbit/s.

4.2.1 Diversidad de Ethernet a 10 Gbit/s por fibra

Estas redes se utilizan para diversas aplicaciones.

10GBASE-X

Cláusula 48 - *Physical Coding Sublayer (PCS) and Physical Medium Attachment (PMA) sublayer, type 10GBASE-X*, define el nombre **10GBASE-X**. Se refiere a una familia específica de implementaciones en la capa física, basadas en el método de codificación 8B/10B. Abarca 10GBASE-CX4 (para cobre) y 10GBASE-LX4 para fibras ópticas:

- **10GBASE-LX4**, descrito en la cláusula 53 - *Physical Medium Dependent (PMD) sublayer and baseband medium, type 10GBASE-LX4*, utiliza multiplexación por división de longitud de onda con cuatro canales WWDM (*wide wavelength division multiplexing*) para la transmisión a través de una fibra óptica multimodo de 1310 nm.

10GBASE-R

Cláusula 49 - *Physical Coding Sublayer (PCS) for 64B/66B, type 10GBASE-R*, introduce el nombre **10GBASE-R**, que se refiere a una familia específica de implementaciones de capa física basadas en el método de codificación 64B/66B y transmisión en serie a 10 Gbit/s. Incluye 10GBASE-SR, 10GBASE-LR, 10GBASE-ER y 10GBASE-LRM:

- **10GBASE-SR**, especificaciones de la capa física para 10 Gbit/s utilizando codificación 10GBASE-R con S de *short wavelength*, es decir, 850 nm.
- **10GBASE-LR**, especificaciones de capa física para 10 Gbit/s utilizando codificación 10GBASE-R con L de *long wavelength*, es decir, 1310 nm.
- **10GBASE-ER**, especificaciones de capa física para 10 Gbit/s utilizando codificación 10GBASE-R con E de *extra long wavelength*, es decir, 1.550 nm.
- **10GBASE-LRM**, especificaciones de capa física para 10 Gbit/s utilizando codificación 10GBASE-R con L de *long wavelength*, es decir, 1310 nm, y M para fibras ópticas multimodales.

10GBASE-W

Cláusula 50 - *WAN Interface Sublayer (WIS), type 10GBASE-W*, detalla la denominación **10GBASE-W**. Este tipo está destinado a redes de área extensa (*wide area network* – WAN) y se refiere a una familia específica de implementaciones de capa física, basadas en el método de codificación de datos 64B/66B de 10GBASE-R encapsulado en SONET **STS**-192c **SDH** VC-4-64c.

La familia 10GBASE-W se compone de 10GBASE-SW, 10GBASE-LW y 10GBASE-EW, que transmiten información a 10 Gbit/s:

- **10GBASE-SW**, especificaciones de la capa física para 10 Gbit/s utilizando la codificación 10GBASE-W con S de *short wavelength*, es decir, 850 nm.
- **10GBASE-LW**, especificaciones de la capa física para 10 Gbit/s utilizando la codificación 10GBASE-W con L de *long wavelength*, es decir, 1310 nm.
- **10GBASE-EW**, especificaciones de la capa física para 10 Gbit/s utilizando la codificación 10GBASE-W con E de extra *long wavelength*, es decir, 1.550 nm.

10GBASE-BR

Cláusula 158 - *Physical Medium Dependent (PMD) sublayer and medium, types 10GBASE-BR10, 10GBASE-BR20 and 10GBASE-BR40*, detalla la designación **10GBASE-BR** con B de bidireccional.

En la edición IEEE 802.3-2022 coexisten tres tipos que transmiten en una fibra óptica unimodal en las ventanas de 1.320 a 1.340 nm (para la emisión) y de 1.260 a 1.280 nm (para la recepción), para la dirección descendente (*downstream*), y en las ventanas de 1.260 a 1.280 nm (emisión) y de 1.320 a 1.340 nm (recepción), para la dirección ascendente (*upstream*). Las variantes son:

- 10GBASE-BR10, con 10GBASE-BR10 D de *downstream* y 10GBASE- BR10 U de *upstream*, para distancias de hasta 10 kilómetros.
- 10GBASE-BR20, con 10GBASE-BR20 D (*downstream*) y 10GBASE-BR20 U (*upstream*), para distancias de hasta 20 kilómetros.
- 10GBASE-BR40, con 10GBASE-BR40 D (*downstream*) y 10GBASE-BR40 U (*upstream*), para distancias de hasta 40 kilómetros.

Resumen

Transmisión en serie a 850 nm	**Transmisión en serie a 1310 nm**	**Transmisión en serie a 1 550 nm**	**Transmisión WDM a 1310 nm**	**Transmisión en serie a 1310 nm**
10GBASE-SR	10GBASE-LR	10GBASE-ER	10GBASE-LX4	10GBASE-LRM
10GBASE-SW	10GBASE-LW	10GBASE-EW		

Tabla resumen de varias fibras ópticas 10 GbE

4.2.2 Ethernet PON de 10 Gbit/s

Las aplicaciones Ethernet también se encuentran en las rede ópticas pasivas punto a multipunto (*passive optical network* - PON), véase el capítulo Redes de operadores de fibra óptica. Por tanto, sólo se mencionarán aquí las siguientes:

- **1G-EPON**, término genérico para 1 Gbit/s Ethernet PON.
- **10G-EPON**, término genérico para Ethernet PON de 10 Gbit/s.

- **10/1GBASE-PRX**, arquitectura punto a multipunto en una única fibra óptica unimodal, transmisión asimétrica con 10 Gbit/s de bajada y 1 Gbit/s de subida con 10/1GBASE-PRX D (*downstream*) y 10/1GBASE-PRX U (*upstream*).
- **10GBASE-PR**, arquitectura PON simétrica con 10 Gbit/s de bajada 10GBASE-PR D (*downstream*) y 10 Gbit/s de subida 10GBASE-PR U (*upstream*).

4.2.3 Fibras ópticas y distancias Fibras ópticas unimodales

Las fibras ópticas unimodales son las clásicas, de eficacia probada, conocidas como G.652.B y G.652.D (UIT-T) o B-G.652.B y B-G.652.D (CEI).

Dependiendo de la aplicación 10 GbE y de la longitud de onda utilizada, las distancias máximas cubiertas serán de 10 o 40 kilómetros.

Aplicación	Longitud de onda de transmisión	Distancia máxima recorrida
10GBASE-LR y -LW	1310 nm	10 km
10GBASE-LX4	1 269 a 1 356 nm	10 km
10GBASE-ER y -EW	1 550 nm	40 km

Distancias máximas cubiertas en función de la aplicación y la longitud de onda

Fibras ópticas multimodales

Las fibras ópticas multimodales aceptadas son las de tipo OMx de 62,5/125 μm y 50/125 μm con x = 1 a 5.

En función del ancho de banda modal de la fibra utilizada, la aplicación y la longitud de onda, las distancias máximas de enlace oscilarán entre 33 y 400 metros.

Aplicación	Longitud de onda de transmisión	Longitud de enlace por fibra	
		Núcleo de 62,5 μm	Núcleo de 50 μm
10GBASE-SR y -SW	840 a 860 nm	33 m	400 m
10GBASE-LX4	1 269 a 1 356 nm	300 m	300 m
10GBASE-LRM	1310 nm	220 m	220 m

Distancias máximas cubiertas en función de la aplicación, la longitud de onda y el diámetro del núcleo de la fibra multimodo

4.2.4 Diversidad de interfaces

En cuanto a las interfaces, varían según el medio de transmisión y la aplicación: red de área local o de área extendida. La norma utiliza la letra X, por 10 en números romanos y considera los siguientes elementos:

- **XAUI**, o 10 gigabit *attachment unit interface*, interfaz entre dos **XGXS**, 10 gigabit *extended sublayer*, para ampliar la distancia operativa del 10 GbE entre dos XGMII.
- **XGMII**, o *media independent interface* de 10 gigabits, interfaz entre la subcapa RS (*reconciliation sublayer*) y la subcapa de codificación PCS (*physical coding sublayer*).
- **XSBI**, o *sixteen-bit interface* de 10 gigabit, interfaz entre la subcapa PCS en 10BASE-R o la subcapa WIS (WAN *interface sublayer*) en 10BASE-W y el medio físico de conexión (*physical medium attachment* - PMA), subcapa para 10 Gbit/s.

5. Ethernet de 25 Gbit/s y 50 Gbit/s

5.1 Ethernet de 25 Gbit/s o 25 GbE

Las características de Ethernet a 25 Gb/s se pueden consultar en el estándar **IEEE 802.3-2022**, cláusula 105 - *Introduction to 25 Gb/s networks*.

La Ethernet de 25 Gigabits o 25 GbE tiene diversas aplicaciones. Dependen de los medios físicos (cables de cobre, pares trenzados, fibras ópticas) capaces de transportar los 25 Gbit/s.

25 GbE se presenta en las siguientes formas: 25GBASE-CR, 25GBASE-CR-S, 25GBASE-KR, 25GBASE-KR-S, 25GBASE-T, 25GBASE-R, 25GBASE-SR, 25GBASE-LR, 25GBASE-ER, 25GBASE-BR, 25/10GBASE-PQ y 25GBASE-PQ.

5.2 Aplicaciones básicas de 25 GbE

Para aplicaciones básicas de Ethernet a 25 Gbit/s, la fibra óptica es el medio utilizado en los siguientes casos:

- **25GBASE-SR** (SR = *short reach*) para un par de fibras ópticas **multimodales** OM3, OM4 u OM5 (notación ISO) o A1-OM3, A1-OM4 o A1-OM5 (notación CEI).
- **25GBASE-LR** (LR = *long reach*) para un par de fibras ópticas **unimodales**.
- **25GBASE-ER** (ER = *extended reach*) para un par de fibras ópticas **unimodales**.

Los modelos 25GBASE-LR y 25GBASE-ER son interoperables con equipos específicos. La familia 25BASE-R, que incluye -SR, -LR y -ER, utiliza codificación 64B/66B y transmisión full-duplex, con una velocidad binaria nominal de 25,78125 GBd. *Energy-Efficient Ethernet* está disponible como opción.

	25GBASE-SR	
Fibras ópticas	Fibras multimodales A1-OM3 u OM3	Fibras multimodales A1-OM4 u OM4
	Fibras especificadas en la norma IEC 60793-2- 10:2022	
Longitud de onda	850 nm	
Ancho de banda modal efectivo	2 000 MHz*km	4 000 MHz*km
Distancias recorridas	De 0,5 a 70 metros	De 0,5 a 100 metros

Observación

En la cláusula 112.5 de IEEE 802.3-2022 no se menciona la fibra óptica multimodal A1-OM5 u ***OM5****. Sin embargo, cumple los requisitos y, además, como sus capacidades son mejores, permite mayores distancias, por lo que se suele instalar.*

	25GBASE-LR	25GBASE-ER
Fibras ópticas	Fibras unimodales de tipo B-652.B, B-652.D o B-657.A1 especificadas en la norma CEI 60793-2-50:2018	
Longitudes de onda	1295 - 1325 nm	1295 - 1310 nm
Distancias recorridas	De 2 metros a 10 kilómetros	De 2 metros a 30 kilómetros, o de 2 m a 40 km según el equipo

Observación

En otras palabras, las fibras B-652.B, B-652.D o B-657.A1 son, respectivamente, las fibras UIT-T G.652.B, G.652.D y G.657.A1 (véase el capítulo Estado de las fibras ópticas unimodales).

El 25 GbE se basa en varias interfaces como:

- **25GMII** o *25 gigabits media independent interface*, para la conexión a 2 Gbit/s entre el acceso al medio (MAC) y la capa física.
- **25GAUI** o *25 gigabits attachment unit interface*, interfaz física para conexión de 25 Gbit/s con dos variantes:
  - 25 GAUI C2C, para conexiones de componente a componente;
  - 25GAUI C2M, para conexión componente-módulo.

5.3 Otras aplicaciones de 25 GbE

Otras **aplicaciones** para 25 GbE son:

- Ethernet **100GBASE-SR4**, con 4 pares de fibras ópticas multimodales a 25 Gbit/s por fibra, full dúplex (4 fibras por dirección de transmisión).
- Ethernet **400GBASE-SR16** con 16 pares de fibras multimodales a 25 Gbit/s por fibra, full dúplex (16 fibras por dirección de transmisión).
- Ethernet **25GBASE-BR** para transmisión bidireccional a 25 Gbit/s a través de una única fibra óptica, con diferentes versiones:
  - 25GBASE-BR 10 D y 25GBASE-BR 10 U (con D de *downstream* y U de *upstream*), hasta 10 kilómetros;
  - 25GBASE-BR 20 D y 25GBASE-BR 20 U, hasta 20 kilómetros;
  - 25GBASE-BR 40 D y 25GBASE-BR 40 U, hasta 40 kilómetros.
- La aplicación E-PON (*Ethernet passive optical network*) para transmisiones en redes de acceso de abonados (*subscriber access network*) para servicios de Internet, servicios de telefonía, etc., con dos variantes:
  - **25/10GBASE-PQ** con una velocidad de datos asimétrica de 25 Gbit/s en sentido descendente y 10 Gbit/s en sentido ascendente;
  - **25GBASE-PQ** con una velocidad de datos simétrica de 25 Gbit/s en sentido descendente y 25 Gbit/s en sentido ascendente.

5.4 Ethernet a 50 Gbps o 50 GbE

Las características de Ethernet a 50 Gb/s pueden consultarse en el estándar **IEEE 802.3-2022**, cláusula 131 - *Introduction to 50 Gb/s networks*.

Estos 50 Gigabit Ethernet o 50 GbE se utilizan para diversas aplicaciones. Dependen de los medios físicos (cables de cobre, pares trenzados, fibras ópticas) capaces de transportar los 50 Gbit/s.

El 50 GbE se presenta en las siguientes formas: 50GBASE-CR, 50GBASE-CR2, 50GBASE-CR4, 50GBASE-CR10, 50GBASE-KR, 50GBASE-R, 50GBASE-ER, 50GBASE-FR, 50GBASE-LR, 50GBASE-SR, 50GBASE-BR, 50/10GBASE-PQ, 50/25GBASE-PQ y 50GBASE-PQ.

5.5 Aplicaciones básicas de 50 GbE

Para aplicaciones básicas de Ethernet a 50 Gbit/s, la fibra óptica es el medio utilizado en los siguientes casos:

- **50GBASE-SR** (SR = *short reach*) sobre un par de fibras ópticas **multimodales** A1-OM3, A1-OM4 y A1-OM5 (notación IEC) u OM3, OM4 y OM5 (notación ISO). Las distancias máximas de transmisión son de 70 metros para OM3 y 100 metros para OM4 u OM5.
- **50GBASE-FR** (FR = *fiber reach*) en una fibra óptica **unimodal** de tipo B-652.B, B-652.D o B-657.A1 (norma CEI 60753-2-20:2018) que corresponden respectivamente a las fibras UIT-T G.652.B, G.652.D y G.657.A1. La transmisión se garantiza a una distancia máxima de dos kilómetros.
- **50GBASE-LR** (LR = *long reach*) como 50GBASE-FR pero hasta 10 kilometros.
- **50GBASE-ER** (ER = *extended reach*) como 50GBASE-FR hasta 40 kilómetros.

Las 50GBASE-FR, 50GBASE-LR y 50GBASE-ER son interoperables utilizando equipos específicos. La codificación es 64B/66B y las transmisiones son full dúplex. *Energy-Efficient Ethernet* está disponible como opción.

5.6 Otras aplicaciones de 50 GbE

Entre las **otras aplicaciones** de 50 GbE tenemos:

- Ethernet a **100**, **200** y **400 Gbit/s**, sobre fibras ópticas **multimodales**, en codificación PAM4 y full dúplex, con distancias máximas cubiertas de 70 metros en OM3 y 100 metros en OM4 u OM5, con:
  - **100GBASE-SR2**, en un par de fibras multimodo;
  - **200GBASE-SR4**, sobre dos pares de fibra multimodo;
  - **400GBASE-SR8**, sobre cuatro pares de fibras multimodo.
- Ethernet a **200** y **400 Gbit/s**, sobre fibras ópticas **unimodales**, en codificación PAM4 y full dúplex, con:
  - **200GBASE-DR4** sobre 4 fibras unimodales en paralelo, es decir, 4 x 50 Gbit/s, hasta 500 metros;
  - **200GBASE-FR4** a través de una única fibra unimodal con multiplexación por división de longitud de onda de 4 x 50 Gbit/s, hasta 2 kilómetros;
  - **200GBASE-LR4** como 200GBASE-FR4 pero hasta 10 kilómetros;
  - **400GBASE-FR8** sobre una única fibra unimodal con multiplexación por división de longitud de onda de 8 x 50 Gbit/s, hasta 2 kilómetros;
  - **400GBASE-LR8** como 400GBASE-FR8 pero hasta 10 kilómetros.
- Ethernet **50GBASE-BR** para transmisión bidireccional a 50 Gbit/s a través de una única fibra óptica, con diferentes versiones:
  - 50GBASE-BR 10 D y 50GBASE-BR 10 U (con D de *Downstream* y U de *Upstream*), hasta 10 kilómetros;
  - 50GBASE-BR 20 D y 50GBASE-BR 20 U, hasta 20 kilómetros;
  - 50GBASE-BR 40 D y 50GBASE-BR 40 U, hasta 40 kilómetros.
- La aplicación E-PON (*Ethernet passive optical network*) para transmisiones en redes de acceso de abonados (*subscriber access network*) para servicios de Internet, servicios de telefonía, etc., con tres variantes:
  - **50/10GBASE-PQ** con una velocidad de datos asimétrica de 50 Gbit/s en sentido descendente y 10 Gbit/s en sentido ascendente;
  - **50/25GBASE-PQ** con una velocidad de datos asimétrica de 50 Gbit/s en sentido descendente y 25 Gbit/s en sentido ascendente;

- **50GBASE-PQ** con una velocidad de datos simétrica de 50 Gbit/s en sentido descendente y 50 Gbit/s en sentido ascendente.

5.7 Ethernet Technology Consortium

En 2015, varios fabricantes se unieron en un consorcio para desarrollar Ethernet a 25 Gbit/s y 50 Gbit/s: el consorcio 25 Gigabit Ethernet. El consorcio cambió de nombre en abril de 2020 para ampliar su alcance e incluir 800 Gbit/s, y ahora se llama ***Ethernet Technology Consortium***.

Ethernet technology consortium es una organización cuyos miembros tienen como objetivo promover Ethernet a 25, 50 y 100 Gbit/s y normalizar las interfaces de los productos dedicados a estas aplicaciones. Este grupo de fabricantes se ha ampliado para seguir el ritmo del aumento de las velocidades del protocolo Ethernet. Ahora trabaja en aplicaciones de 200, 400 y 800 Gbit/s.

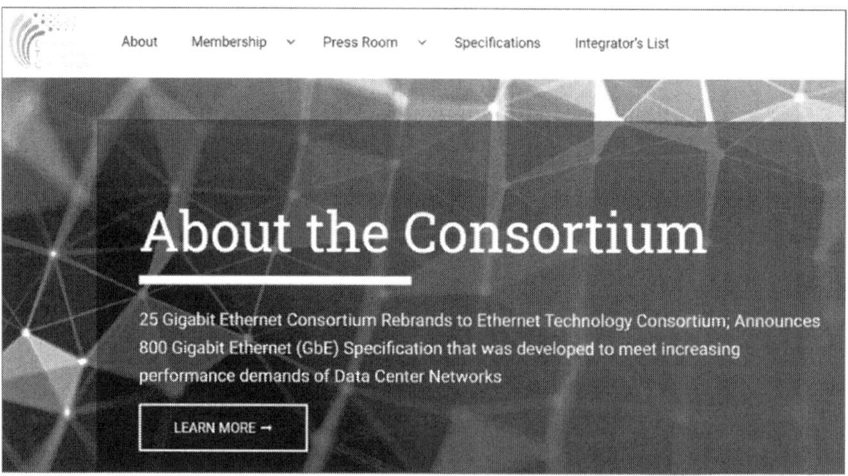

Sitio web del consorcio tecnológico Ethernet:
https://ethernettechnologyconsortium.org/

6. Ethernet de 40 Gbit/s y 100 Gbit/s

En junio de 2010 llegó la norma IEEE 802.3ba-2010 para las versiones de 40 Gbit/s (40 GbE) y 100 Gbit/s (100 GbE). Desde entonces, la norma a tener en cuenta ha sido **IEEE 802.3-2022**, cláusula **82** *Physical Coding Sublayer (PCS) for 64B/66B, type* ***40GBASE-R*** *and* ***100GBASE-R***.

Esta cláusula especifica los parámetros para la capa de control de acceso al medio (media access control - MAC), las especificaciones para la capa física, los parámetros para gestionar la transmisión de tramas en formato IEEE 802.3 a velocidades binarias de 40 Gbit/s y 100 Gbit/s, y la tasa de errores de (*bit error ratio* - BER) que debe ser mayor o igual a 10^{-12}.

Estas redes de 40 Gbit/s y 100 Gbit/s tienen diversas aplicaciones que utilizan cobre, backplanes y fibra, incluidas las de la familia 40GBASE-R y las de la familia 100GBASE-R, todas ellas correspondientes a entidades de capa física que utilizan codificación 64B/66B. Veamos las basadas en fibra óptica.

6.1 Fibras ópticas para 40 GbE

En las aplicaciones de transmisión Ethernet de 40 Gbit/s (40 GbE) se utilizan dos tipos de fibra óptica:

- Fibras ópticas multimodales 50/125 denominadas A1-OM3, A1-OM4 y Ai-OM5 (IEC 60792-2-10:2022) correspondientes a las fibras OM3, OM4 y OM5 de la norma ISO 11801.
- Fibras ópticas unimodales denominadas B-652.B, B-652.D o B-657.A1 (norma CEI 60753-2-50:2018), que se corresponden respectivamente con las fibras UIT-T G.652.B, G.652.D y G.657.A1.

Aplicaciones principales:

- **40GBASE-SR4** (SR4 = *short reach, 4 lanes*), para transmisión a través de cuatro pares de fibras ópticas **multimodales** en paralelo a 10 Gbit/s por fibra (cuatro fibras por dirección de transmisión), en la ventana de 840 a 860 nanómetros, hasta 100 metros en OM3 o 150 metros en OM4 y OM5.
- **40GBASE-LR4** (LR4 = *long reach, 4 lanes*), para transmisión WDM de cuatro longitudes de onda (4 x 10 Gbit/s), sobre dos fibras ópticas **unimodales** (una fibra por dirección de transmisión), a 1.310 nanómetros, hasta 10 kilómetros.
- **40GBASE-ER4** (ER4 = *extended reach, 4 lanes*), igual que 40GBASE-LR4 pero la distancia se amplía a 40 kilómetros.
- **40GBASE-FR** (FR = *fiber reach*), para transmisión en serie a través de dos fibras ópticas unimodales (una fibra por dirección de transmisión), en la ventana de 1.530 a 1.565 nanómetros, hasta 2 kilómetros.

En resumen...

40GBASE-R			
40GBASE-SR4	**40GBASE-LR4**	**40GBASE-ER4**	**40GBASE-ES**
Cuatro pares de fibras multimodales	Dos fibras unimodales	Dos fibras unimodales	Dos fibras unimodales
Transmisión en paralelo	Transmisión WDM	Transmisión WDM	Transmisión estándar
4 x 10,31 GBd	4 λ x 10,31 GBd	4 λ x 10,31 GBd	41,25 GBd
100 ó 150 m	10 km	40 km	2 km

GBd = gigabaudios; λ = longitud de onda

Las especificaciones de 40GBASE-R se especifican en el estándar IEEE 802.3-2022 en las siguientes cláusulas:

- Cláusula **86** - *Physical Medium Dependent (PMD) sublayer and medium, type **40GBASE-SR4** and 100GBASE-SR10*
- Cláusula **87** - *Physical Medium Dependent (PMD) sublayer and medium, type **40GBASE-LR4** and **40GBASE-ER4***
- Cláusula **89** - *Physical Medium Dependent (PMD) sublayer and medium, type **40GBASE-FR***

Hay que tener en cuenta que las distancias anteriores están especificadas por la norma IEEE 802.3-2022, pero los fabricantes pueden suministrar fibras ópticas para llegar más lejos.

Interfaces

La norma IEEE 802.3-2022 define varias interfaces para **40 GbE** y se utiliza el número romano **XL** para 40, de ahí las siglas que empiezan por estas dos letras.

- **XLGMII** o *40 gigabits media independent interface*, para la conexión de 40 Gbit/s entre el acceso al medio (MAC) y la capa física.
- **XLAUI** o *40 gigabits attachment unit interface*, interfaz física para conexión de 40 Gbit/s de componente a componente o de componente a módulo. La codificación de datos es 64B/66B y la velocidad nominal de datos es de 10,3125 GBd por fibra.
- **XLPPI** o *40 gigabits parallel physical interface*, una interfaz paralela de cuatro canales utilizada para diseñar módulos transceptores ópticos compactos, sin recuperación de reloj ni datos, para 40GBASE-SR4 y 40GBASE-LR4.

6.2 Fibras multimodales para 100 GbE

En el protocolo Ethernet de 100 Gbps (100 GbE), las fibras ópticas multimodales utilizadas son las 50/125 denominadas A1-OM3, A1-OM4 y Ai-OM5 (norma IEC 60792-2-10:2022), que se corresponden con las fibras OM3, OM4 y OM5 de la norma ISO 11801 y la transmisión tiene lugar en la ventana de 840 a 860 nanómetros.

Tres aplicaciones principales:

- **100GBASE-SR10** (SR10 = *short reach, 10 lanes*) para transmisión a través de diez pares de fibras ópticas **multimodales** en paralelo, a 10 Gbit/s por fibra (10 fibras por dirección de transmisión), hasta 100 metros en fibras OM3, o 150 metros en fibras OM4 u OM5.
- **100GBASE-SR4** (SR4 = *short reach, 4 lanes*) para transmisión a través de cuatro pares de fibras **multimodales** en paralelo, a 25 Gbit/s por fibra (4 fibras por dirección de transmisión), hasta 70 metros en fibras OM3, o 100 metros en fibras OM4 u OM5.
- **100GBASE-SR2** (SR4 = *short reach, 2 lanes*) para la transmisión a través de dos pares de fibras ópticas **multimodales** en paralelo, a 50 Gbit/s por fibra (2 fibras por dirección de transmisión), hasta 70 metros, en fibras OM3, o 100 en fibras OM4 u OM5.

En resumen:

100GBASE-R		
100GBASE-SR10	**100GBASE-SR4**	**100GBASE-SR2**
Diez pares de fibras multimodales	Cuatro pares de fibras multimodales	Dos pares de fibras multimodales
Transmisión en paralelo	Transmisión en paralelo	Transmisión en paralelo
10 x 10,31 GBd	4 x 25,78 GBd	2 λ x 51,56 GBd
100 ó 150 m	70 ó 100 m	70 ó 100 m

GBd = gigabaudios; λ = longitud de onda

Las especificaciones para 100GBASE-SRn se establecen en el estándar IEEE 802.3-2022 en las siguientes cláusulas:

- Cláusula **86** - *Physical Medium Dependent (PMD) sublayer and medium, type 40GBASE-SR4 and **100GBASE-SR10***
- Cláusula **95** - *Physical Medium Dependent (PMD) sublayer and medium, type **100GBASE-SR4***
- Cláusula **138** - *Physical Medium Dependent (PMD) sublayer and medium, type 50GBASE-SR, **100GBASE-SR2**, 200GBASE-SR4, 400GBASE-SR8*

6.3 Fibras unimodal para 100 GbE

En el protocolo Ethernet de 100 Gbps (100 GbE), las fibras ópticas unimodales utilizadas son las B.652.B, B.652.D y B.657.A (norma IEC 60793- 2-50:2018), que se corresponden con las fibras ITU-T G.652.B, G.652.D y G.657.A1. La ventana de transmisión y recepción está comprendida entre 1.304,5 y 1.317,5 nanómetros.

Aplicaciones principales:

- **100GBASE-LR4** (**LR4** = *long reach, 4 lanes*) para la transmisión de cuatro longitudes de onda en WDM (4 x 25 Gbit/s), a través de dos fibras ópticas **unimodales** (una por dirección de transmisión), hasta 10 kilómetros.
- **100GBASE-ER4** (**ER4** = *extended reach, 4 lanes*), ídem 100GBASE-LR4 pero la distancia se amplía a 30 kilómetros o incluso 40 kilómetros en función del equipo.
- Transmisión **100GBASE-DR** de 100 Gbit/s en modo serie, modulación PAM4 en una sola longitud de onda de una fibra óptica unimodal (por tanto, dos fibras, una para cada dirección de transmisión), hasta 500 metros.
- **100GBASE-FR1** (FR1 = *fiber reach, 1 lane*) igual que 100GBASE-DR pero hasta 2 kilómetros.
- **100GBASE-LR1** (LR1 = *long reach, 1 lane*) igual que 100GBASE-DR pero hasta 10 kilómetros.

Un caso especial es el de **100GBASE-ZR**, una transmisión por fibra óptica **unimodal** de 100 Gbit/s que utiliza DWDM (multiplexación por división de longitud de onda densa), DP-DQPSK (*dual polarization differential quadrature phase shift keying*) y detección coherente a distancias de hasta 80 kilómetros.

En resumen:

100GBASE-R				
100GBASE-LR4	**100GBASE-ER4**	**100GBASE-DR**	**100GBASE-FR1**	**100GBASE-LR1**
Transmisión WDM	Transmisión WDM	Modulación PAM4		
4 λ x 25,78 GBd	4 λ x 25,78 GBd	53,125 GBd		
10 km	30 km o 40 km	500 m	2 km	10 km

GBd = gigabaudios; λ = longitud de onda

Las especificaciones para estos 100GBASE-R se establecen en el estándar IEEE 802.3-2022 en las siguientes cláusulas:

- Cláusula **88** - *Physical Medium Dependent (PMD) sublayer and medium, type **100GBASE-LR4** and **100GBASE-ER4***
- Cláusula **140** - *Physical Medium Dependent (PMD) sublayer and medium, type **100GBASE-DR**, **100GBASE-FR1**, and **100GBASE-LR1***
- Artículo **154** - *Physical Medium Dependent (PMD) sublayer and medium, type **100GBASE-ZR***

Interfaces

La norma IEEE 802.3-2022 define varias interfaces para **100 GbE**. La norma utiliza la letra **C**, que significa cien en números romanos (*centum*), de ahí las siglas.

- **CGMII** o *100 gigabits media independent interface* de 100 gigabits, para la conexión de 100 Gbit/s entre el acceso a los medios (MAC) y la capa física.
- **CAUI** o *100 gigabits attachment unit interface*, una interfaz física para conexiones de componente a componente o de componente a modelo de 100 Gbit/s, en dos versiones:
  - CAUI-10 para 100GBASE-SR10 a una velocidad de datos nominal de 10,3125 GBd por fibra,
  - CAUI-4 para 100GBASE-SR4 a una velocidad de datos nominal de 25,78125 GBd por fibra.
- **CPPI** o *100 gigabits parallel physical interface*, una interfaz paralela de diez canales utilizada para diseñar módulos emisores-receptores ópticos compactos, sin reloj ni recuperación de datos, para la 100GBASE-SR10.

6.4 Conectividad óptica para 40 GbE y 100 GbE

En el estándar IEEE 802.3-2022, la conectividad se especifica en cada una de las cláusulas específicas de cada aplicación en el apartado titulado "Medium dependant interface".

Por ejemplo, para 40GBASE-SR4 y 100GBASE-SR10, en la cláusula 86, el conector óptico es el conector de alta densidad de tipo MPO-12 o MTP-12 (véase el capítulo Conectividad de las fibras ópticas - subsección Conectividad óptica de alta densidad).

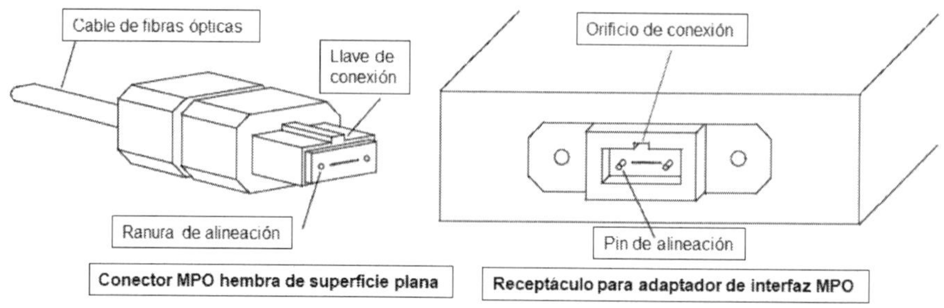

IEEE 802.3-2022: conectividad MPO-12

Las características se especifican en IEC 61754-7-1:2014 *Fibre optic connector interfaces - Part 7-1: Type MPO connector family - One fibre row et CEI 61754-7-2:2017 Fibre optic connector interfaces - Part 7-2: Type MPO connec- tor family - Two fibre rows*.

La norma IEEE 802.3-2022 define las alineaciones para transmisores y receptores, ya sea con 4 pares de fibras para 40GBASE-SR4 o con 10 pares de fibras para 100GBASE-SR10.

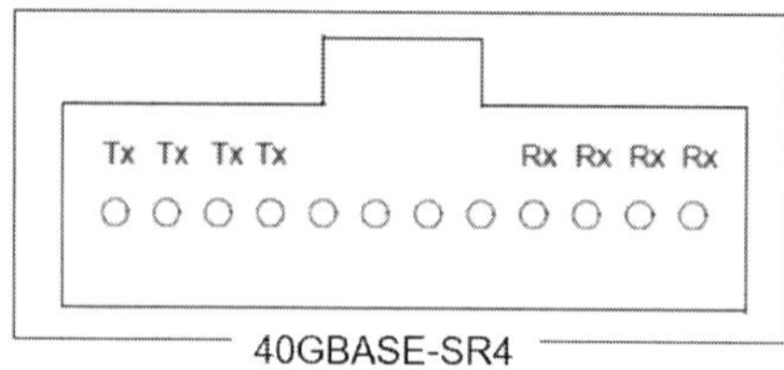

Colocación de emisores (Tx) y receptores (Rx) 40GBASE-SR4

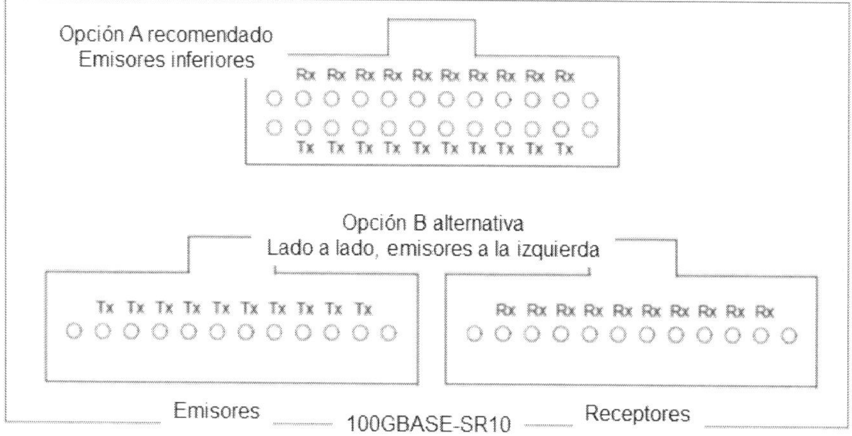

Colocación de emisores (Tx) y receptores (Rx) 100GBASE-SR10

6.5 Mallas de multiplexación por división de longitud de onda

Para la multiplexación por división de longitud de onda, la norma IEEE 802.3-2022 define rejillas tomadas de dos recomendaciones del UIT-T:

- Recomendación UIT-T G.694.1 *Spectral grids for WDM applications: DWDM frequency grid.*3, es decir, multiplexación densa.
- Recomendación UIT-T G.694.2 *Spectral grids for WDM applications: CWDM wavelength grid*, es decir, multiplexación espaciada.

Red de multiplexación para 40GBASE-LR4 y -ER4

El estándar iEEE 802.3-2022, en la cláusula 87, § 87.6 - *Wavelength-division-multiplexed lane assignments* define una malla extraída de ITU-T G.694.2 (CWDM) y las longitudes de onda están separadas 20 nanómetros.

	Longitud de onda	Horquilla
L0	1 271 nm	1 264,5 a 1 277,5 nm
L1	1 291 nm	1 284,5 a 1 297,5 nm

	Longitud de onda	Horquilla
L2	1 311 nm	1 304,5 a 1 317,5 nm
L3	1 331 nm	1 324,5 a 1 337,5 nm

Los enlaces 40GBASE-LR4 y 40GBASE-ER4 se pueden conectarse entre sí en determinadas condiciones definidas en la norma IEEE 802.3-2022.

Malla de multiplexación para 100GBASE-LR4 y -ER4

El estándar iEEE 802.3-2022, en la cláusula 88, § 88.6 - *Wavelength-division-multiplexed lane assignments* define una malla extraída de ITU-T G.694.1 (DWDM).

	Longitud de onda	Horquilla
L0	1 295,56 nm	1 294,53 a 1 296,59 nm
L1	1300,05 nm	1 299,02 a 1 301,09 nm
L2	1 304,58 nm	1 303,54 a 1 305,63 nm
L3	1 309,14 nm	1.308,09 a 1.310,19 mn

6.6 100G lambda MSA

El consorcio de unos cincuenta fabricantes de **100G lambda MSA** (*multi-source agreement*) pretende desarrollar interfaces ópticas dedicadas a aplicaciones 100GbE y 400GbE, que transmitan 100 Gbit/s por longitud de onda en modulación PAM4.

Su primer objetivo era superar el límite de transmisión de 500 metros para 100GbE en fibras unimodales dúplex 100GBASE-DR4 con dos variantes:

- 100G-FR, transmisión de hasta 2 kilómetros;
- 100G-LR, transmisión de hasta 10 kilómetros.

En diciembre de 2020, el consorcio anunció tres nuevas variantes:

- 100G-LR1-20, transmisión hasta 20 kilómetros;
- 100G-ER1-30, transmisión hasta 30 kilómetros;
- 100G-ER1-40, transmisión de hasta 40 kilómetros.

El segundo objetivo es desarrollar soluciones 400GbE, para ir más allá de los 500 metros de transmisión 100GBASE-DR4 sobre fibras unimodales dúplex de 4 longitudes de onda a 100 Gbit/s cada una. Este objetivo se ha logrado con las soluciones:

- 400G-FR4, hasta 2 kilómetros en septiembre de 2018;
- 400G-LR4-10, hasta 10 kilómetros en octubre de 2020;
- 400G-ER4-30, hasta 30 kilómetros en febrero de 2023.

Página web: https://100glambda.com/

7. Ethernet a 200 Gbit/s y 400 Gbit/s

El desarrollo de las velocidades Ethernet de 200 Gbit/s (200 GbE) y 400 Gbit/s (400 GbE) sobre fibras ópticas sigue, como para las velocidades inferiores vistas anteriormente, dos direcciones complementarias: una sobre fibras multimodo, para distancias cortas y otra sobre fibras unimodales, para cubrir distancias más largas. Todas las especificaciones básicas para 200 GbE y 400 GbE se pueden encontrar en la cláusula 119 - *Physical Coding Sublayer (PCS) for 64B/66B, type* ***200GBASE-R*** *and* ***400GBASE-R*** del estándar IEEE 802.3-2022.

Estas familias de redes Ethernet de 200 Gbit/s y 400 Gbit/s (véase más abajo) tienen diversas aplicaciones. Comparten características comunes de transmisión, como full dúplex, codificación 64B/66B que se puede transcodificar a 256B/257B para reducir la longitud de los encabezados, codificación PAM4 para algunas de ellas y ofrecen la opción Energy-Efficient Ethernet (EEE).

7.1 Fibras para 200 GbE

La familia 200 Gbit/s Ethernet 200GBASE-R incluye una aplicación para fibras multimodo –200GBASE-SR4– y cuatro aplicaciones para fibras unimodales – 200GBASE-DR4, -FR4, -LR4 y -ER4:

- **200GBASE-SR4**, transmisión sobre 4 fibras **multimodales** a 50 Gbit/s por fibra y por dirección de transmisión (8 fibras en total), en modulación PAM4, en la ventana de 840 a 860 nanómetros, sobre una distancia de 70 metros con fibras OM3 y de 100 metros con fibras OM4 y OM5.
- **200GBASE-DR4**, con 4 fibras ópticas **unimodales** por dirección de transmisión, a 26,5625 GBd por fibra (es decir, 8 fibras ópticas), codificación PAM4, longitudes de onda de 1304,5 a 1317,5 nanómetros, conectividad MPO-12, distancia de hasta 500 metros.
- **200GBASE-FR4**, con multiplexación de 4 longitudes de onda (CWDM) en una fibra óptica unimodal por dirección de transmisión (es decir, 2 fibras ópticas), a 26,5625 GBd por longitud de onda, codificación PAM4, distancia de hasta 2 kilómetros.
- **200GBASE-LR4**, similar a 200GBASE-FR4 pero a una distancia de hasta 10 kilómetros.

- **200GBASE-ER4**, similar a 200GBASE-FR4 pero a una distancia de 30 o 40 kilómetros según los equipos.

200GBASE-DR4	200GBASE-FR4	200GBASE-LR4	200GBASE-ER4
Fibras unimodal de tipo B.652.B, B.652.D y B.657.A (especificadas en la norma IEC 60793-2-50:2018) correspondientes a ITU-T G.652.B, G.652.D y G.657.A1			
4 pares de fibras	2 fibras		
25,5625 GBd - PAM4			
1304,5 a 1317,5 nm	Véase la siguiente tabla		
500 metros	2 kilómetros	10 kilómetros	30 o 40 kilómetros

Unas palabras sobre las interfaces:

- **200GMII** o *200 Gbit/s Media Independent Interface*. Se trata de una interfaz independiente del medio para conectar componentes de la capa de acceso al medio (MAC) y de la capa física (PHY), a una velocidad de datos de 200 Gbit/s.
- **200GMII *Extender***: esta interfaz, una variante de la interfaz 200GMII, amplía la distancia cubierta por la aplicación Ethernet a 200 Gbit/s. Consta de dos subcapas 200GXS con una 200GAUI-n insertada entre ellas.
- **200GXS** o *200GMII Extender Sublayer*. Es una subcapa, parte del *Extender* 200GMII, funcionalmente idéntica a la 200GBASE-R PCS (*physical coding sublayer*). Se definen dos tipos de 200GXS: el DTE 200GXS, para el equipo y el PHY 200GXS, para la capa física.
- **200GAUI-n** o *200 Gbit/s Attachment Unit Interface*. Esta interfaz se utiliza para conexiones de componente a componente y de componente a módulo. Está disponible en dos versiones: 200GAUI-4, para 4 fibras ópticas, y 200GAUI-8, para 8 fibras ópticas.

7.2 Fibras multimodales para 400 GbE

La familia 400 Gbit/s Ethernet 400GBASE-R incluye tres aplicaciones de fibra óptica multimodo:

- **400GBASE-SR16**, con dos cintas de dieciséis fibras ópticas multimodales 50/125 cada una: una para transmitir 16 x 26,5625 GBd, la otra para recibir 16 x 25 Gbit/s (es decir, 32 fibras ópticas), transmisión en la ventana de 840 a 860 nanómetros, conector MPO-16, distancia de hasta 70 metros (OM3) o 100 metros (OM4 y OM5).
- **400GBASE-SR8**, muy similar a 400GBASE-SR16 pero en 8 pares de fibras ópticas, transmisión de 8 x 50 Gbit/s, con dos opciones:
  - 400GBASE-SR8 opción A, con una MDI (*medium dependant interface*) para dos filas de 12 fibras cada una, es decir, para una conexión MPO-12;
  - 400GBASE-SR8 opción B con una interfaz MDI para una única fila de 16 fibras, es decir, para un conector de tipo MPO-16.
- **400GBASE-SR4.2**, muy similar a la anterior pero sobre 4 pares de fibras con 2 longitudes de onda por fibra y una distancia ampliada a 150 metros sobre fibras OM5.

<table>
<tr><th>400GBASE-SR16</th><th>400GBASE-SR8</th><th>400GBASE-SR4.2</th></tr>
<tr><td colspan="3">Fibras multimodales A1-OM3, A1-OM4 y A1-OM5 (norma IEC) correspondientes a OM3, OM4 y OM5 (norma ISO)</td></tr>
<tr><td>16 pares de fibras</td><td>8 pares de fibras</td><td>8 pares de fibras</td></tr>
<tr><td>16 x 25 Gbit/s por fibra</td><td>8 x 50 Gbit/s por fibra</td><td>(4 x 50 Gbit/s) x 2 λ por fibra</td></tr>
<tr><td colspan="2">Hasta 70 metros (fibras OM3) y 100 metros (fibras OM4 y OM5)</td><td>Hasta 70 m (OM3), o 100 (OM4) y 150 m (OM5)</td></tr>
</table>

7.3 Fibras unimodales para 400 GbE

En el protocolo Ethernet de 400 Gbit/s, las fibras ópticas unimodales utilizadas son las B.652.B, B.652.D y B.657.A (norma IEC 60793-2- 50:2018), que se corresponden con las fibras ITU-T G.652.B, G.652.D y G.657.A1. La ventana de emisión y recepción de las transmisiones está comprendida entre 1.304,5 y 1.317,5 nanómetros.

La familia 400 Gbit/s Ethernet 400GBASE-R incluye seis aplicaciones sobre fibras ópticas unimodales:

- **400GBASE-DR4**, con 4 fibras ópticas unimodales por dirección de transmisión, a 53,125 GBd por fibra (es decir, 8 fibras ópticas), codificación PAM4, transmisión entre 1304,5 y 1317,5 nanómetros, conectividad MPO-12, distancia de hasta 500 metros.
- **400GBASE-FR8** con multiplexación de 8 longitudes de onda en una fibra óptica unimodal por dirección de transmisión (es decir, 2 fibras ópticas), a 26,5625 GBd por longitud de onda, distancia de hasta 2 kilómetros.
- **400GBASE-LR8** con multiplexación de 8 longitudes de onda en una fibra óptica unimodal por dirección de transmisión (es decir, 2 fibras ópticas), a 26,5625 GBd por longitud de onda, distancia de hasta 10 kilómetros.
- **400GBASE-ER8**, muy similar a 400GBASE-LR8 pero con un alcance de hasta 40 kilómetros.
- **400GBASE-FR4**, muy similar a 400GBASE-FR8 pero con la multiplexación de 4 longitudes de onda a 53,125 GBd (en lugar de 8 λ a 26,5625 GBd) y una distancia de hasta 2 kilómetros.
- **400GBASE-LR4-6**, muy similar a 400GBASE-FR4 pero con un alcance ampliado a 6 kilómetros.

Unas palabras sobre las interfaces:

- **400GMII** o *400 Gbit/s Media Independent Interface*. Se trata de una interfaz independiente del medio para conectar componentes de la capa de acceso al medio (MAC) y de la capa física (PHY) a una velocidad de datos de 400 Gbit/s.
- **400GMII *Extender***: esta interfaz, una variante de la interfaz 400GMII, amplía la distancia cubierta por la aplicación Ethernet a 400 Gbit/s. Consta de dos subcapas 400GXS con una 400GAUI-n insertada entre ellas.
- **400GXS** o *400GMII Extender Sublayer*. Es una subcapa, parte del 400GMII *Extender* , funcionalmente idéntica a la 400GBASE-R PCS (*physical coding sublayer*). Se definen dos tipos de 400GXS: el DTE 400GXS, para el equipo, y el PHY 400GXS, para la capa física.
- **400GAUI-n** o interfaz de unidad de conexión de 400 Gbit/s. Esta interfaz se utiliza para conexiones de componente a componente y de componente a módulo. Está disponible en dos versiones: 400GAUI-8, para 8 fibras ópticas, y 400GAUI-16, para 16 fibras ópticas.

7.4 Mallas de multiplexación por división de longitud de onda

Para la multiplexación por división de longitud de onda, el estándar IEEE 802.3-2022, cláusula 122 § 122.6 *Wavelength-division-multiplexed lane assignments* define mallas extraídas de dos recomendaciones del UIT-T:

- Recomendación UIT-T G.694.1 *Spectral grids for WDM applications: DWDM frequency grid.3*, es decir, multiplexación densa.
- Recomendación UIT-T G.694.2 *Spectral grids for WDM applications: CWDM wavelength grid*, es decir, multiplexación espaciada.

Más información en el capítulo Multiplexación por longitud de onda.

7.4.1 Malla de multiplexación para 200 GbE

Malla de multiplexación para 200GBASE-FR4

La malla se ha tomado de la norma UIT-T G.694.2 (CWDM) y las longitudes de onda son 20 nanómetros de distancia.

	Longitud de onda	Horquilla
L0	1 271 nm	1 264,5 a 1 277,5 nm
L1	1 291 nm	1 284,5 a 1 297,5 nm
L2	1 311 nm	1 304,5 a 1 317,5 nm
L3	1 331 nm	1 324,5 a 1 337,5 nm

Malla de multiplexación para 200GBASE-LR4 y 200GBASE-ER4

La mall se ha tomado de la norma UIT-T G.694.1 (DWDM) y las longitudes de onda están separadas 800 GHz.

	Longitud de onda	Horquilla
L0	1295,56 nm	1294,53 a 1296,59 nm
L1	1300,05 nm	1299,02 a 1301,09 nm
L2	1304,58 nm	1303,54 a 1305,63 nm
L3	1309,14 nm	1308,09 a 1310,19 nm

7.4.2 Malla de multiplexación para 400 GbE

Malla de multiplexación para 400GBASE-FR8, -LR8 y -ER8

La malla se ha tomado de la norma UIT-T G.694.1 (DWDM) y las longitudes de onda están separadas 800 GHz.

	Longitud de onda	Horquilla
L0	1273,54 nm	1272,55 a 1274,54 nm
L1	1277,89 nm	1276,89 a 1278,89 nm
L2	1282,26 nm	1281,25 a 1283,27 nm
L3	1286,66 nm	1285,65 a 1287,68 nm
L4	1295,56 nm	1294,53 a 1296,59 nm
L5	1300,05 nm	1299,02 a 1301,09 nm
L6	1304,58 nm	1303,54 a 1305,63 nm
L7	1309,14 nm	1308,09 a 1310,19 nm

Malla de multiplexación para 400GBASE-FR4 y 400GBASE-LR4-6

La malla está tomada de la norma UIT-T G.694.2 (CWDM) y las longitudes de onda están separadas por 20 nanómetros.

	Longitud de onda	Horquilla
L0	1 271 nm	1 264,5 a 1 277,5 nm
L1	1 291 nm	1 284,5 a 1 297,5 nm
L2	1 311 nm	1 304,5 a 1 317,5 nm
L3	1 331 nm	1 324,5 a 1 337,5 nm

7.5 Evolución de 100, 200 y 400 GbE

La norma IEEE 802.3-2022 se publicó en mayo de 2022, pero eso no significa que todo esté fijado. Para desarrollar nuevas soluciones, varios grupos de trabajo del IEEE trabajan para mantenerse al día de las demandas del sector, como los dos ejemplos de grupos que se presentan a continuación.

Grupo IEEE P802.3db

Este grupo, denominado *100 Gb/s, 200 Gb/s and 400Gb/s Short Reach Fiber Task Force*, se centra en la demanda de soluciones para centros de datos (*data centers*) en torno a estas altas velocidades, que requieren enlaces de corta distancia –hasta 50 o 100 metros– sobre 1, 2 o 4 pares de fibras multimodales, transmisión full-duplex a 25 o 50 GBd en codificación PAM4, alta densidad de equipos y bajo coste.

Las propuestas del grupo de trabajo fueron aprobadas por el IEEE en septiembre de 2022.

Dirección de Internet: https://www.ieee802.org/3/db/index.html

Grupo IEEE P802.3cw

Este grupo, denominado *400 Gb/s over DWDM Systems Task Force*, se centra en las necesidades de interconexión de centros de datos de aplicaciones (aplicación *data center interconnect* - DCI), distribuidos y separados por distancias de hasta 80 kilómetros. Esta interconexión requiere transmisión full-duplex y multiplexación por división de longitud de onda densa (DWDM).

Las propuestas del grupo de trabajo fueron aprobadas por el IEEE en junio de 2023.

Dirección de Internet: https://www.ieee802.org/3/cw/index.html

8. Ethernet a 800 Gbit/s y 1,6 Tbit/s

La norma IEEE 802.3-2022 se detiene en las especificaciones para aplicaciones de 400 Gbit/s. No obstante, se está trabajando en el desarrollo de velocidades de datos superiores con el objetivo de normalizar Ethernet a 800 Gbps (800 GbE) y Ethernet a 1,6 Tbps (1,6 TbE). Esta labor se lleva a cabo en la organización IEEE, a través de los grupos de trabajo IEEE P802.3df e IEEE P802.3dj, o en grupos industriales como el *800G Pluggable MSA (multisource agreement)* y el *Terabit BiDi MSA*.

8.1 Grupo de trabajo IEEE P802.3df

El grupo IEEE P802.3df, denominado *400 Gb/s and 800 Gb/s Ethernet Task Force*, tiene como objetivo definir especificaciones para:

- 400 GbE, sobre 4 pares de fibras unimodales de hasta 2 kilómetros;
- 800 GbE, sobre 8 pares de fibras multimodales de hasta 50 o 100 metros y sobre 8 pares de fibras unimodales de hasta 500 m o 2 kilómetros.

La normalización está prevista para junio de 2024.

Dirección de Internet: https://www.ieee802.org/3/df/index.html

8.2 Grupo de trabajo IEEE P802.3dj

El grupo de trabajo IEEE P802.3dj, titulado *200 Gb/s, 400 Gb/s, 800 Gb/s, and 1.6 Tb/s Ethernet Task Force*, tiene como objetivo definir las especificaciones de las nuevas capas físicas para aplicaciones de 200 GbE, 400 GbE, 800 GbE y 1,6 TbE basadas en tecnologías de señalización para 200 GbE o más.

Los flujos, fibras y distancias a los que se dirige son:

- 200 GbE sobre 1 par de fibras unimodales de hasta 500 metros o 2 kilómetros;
- 400 GbE, sobre 2 pares de fibras unimodales de hasta 500 metros o 2 kilómetros;

- 800 GbE, sobre 4 pares de fibras unimodales de hasta 500 metros o 2 kilómetros;
- 800 GbE, a través de 4 longitudes de onda de fibra unimodal, en cada dirección de transmisión, hasta 2 o 10 kilómetros;
- 800 GbE, sobre 1 longitud de onda de fibra unimodal, en cada dirección de transmisión, hasta 10 o 40 kilómetros;
- 1,6 TbE, a través de 8 pares de fibras unimodal de hasta 500 metros o 2 kilómetros.

La normalización está prevista para marzo de 2026.

Dirección de Internet: https://www.ieee802.org/3/dj/index.html

8.3 800G Pluggable MSA

El *800G Pluggable MSA* es un grupo industrial creado en septiembre de 2019. Su objetivo es establecer especificaciones para desarrollar aplicaciones de 800 Gbit/s mediante la transmisión paralela de 8 x 100 Gbit/s o 4 x 200 Gbit/s por longitud de onda.

Este grupo se basa en los trabajos y especificaciones para Ethernet definidos por el IEEE, pero quiere ir más rápido que esta organización. Por ejemplo, se centra en los centros de datos (*data centers*) y tiene como objetivo distancias de hasta 100 metros mediante **8 x 100 G-PSM8** (especificaciones v1.0 publicadas en agosto de 2020, transmisión en PAM4 en la ventana de 1304,5 a 1317,5 nm) o de hasta 2 kilómetros mediante **4 x 200 G-FR4** (especificaciones v1.0 publicadas en junio de 2021, transmisión CWDM a 4 longitudes de onda (1.271, 1.291, 1.311 y 1.331 nm).

Página web: https://www.800gmsa.com/

8.4 Terabit BiDi MSA

El Terabit BiDi MSA es un grupo de fabricantes, entre ellos Broadcom, Cisco, Cohe- rent, Commscope, Corning, Lumemtum, OFS, Panduit, etc., creado en febrero de 2022 para ofrecer conectividad en centros de datos a velocidades muy altas –800 Gbit/s y 1,6 Tbit/s– y a costes controlados.

Su objetivo es desarrollar especificaciones de interfaz basadas en los trabajos del IEEE para que el protocolo Ethernet garantice la transmisión de 100 Gbit/s por canal de transmisión, en la ventana de 842 a 916 nm, en codificación PAM4 a 53,125 GBd, en tecnología bidireccional (BiDi), sobre fibras ópticas multimodales. Alcanzar este objetivo implica velocidades de conmutación muy elevadas: 25,6 Tbit/s y, en un futuro próximo, 51,2 Tbit/s.

En enero de 2023, este grupo publicó la primera versión de las especificaciones técnicas buscadas: *800G-VR4.2, 800G-SR4.2, 1.6T-VR8.2, y 1.6T-SR8.2 Multi-mode Fiber Technical Specifications*, resumidas en la tabla siguiente.

	Distancias operativas		
Tipo	Fibras OM3	Fibras OM4	Fibras OM5
800G-VR4.2 1,6T-VR8.2	De 0,5 m a 30 m	De 0,5 m a 50 m	De 0,5 m a 70 m
800G-SR4.2 1.6T-SR8.2	De 0,5 m a 45 m	De 0,5 m a 70 m	De 0,5 m a 100 m

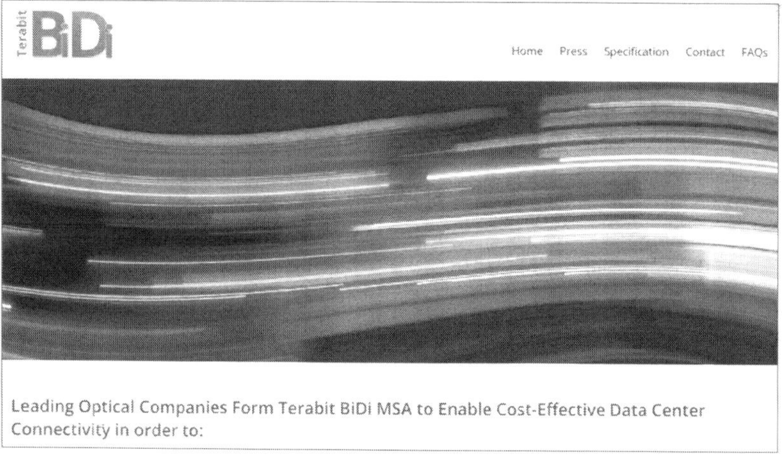

Página web: https://terabit-bidi-msa.com/

Capítulo 11
Redes empresariales e industriales

1. Tipología de redes empresariales

Existen varias formas de clasificar las redes de comunicación por fibra óptica en las empresas. La siguiente tipología es un ejemplo de los principales tipos de red, que se ofrece a título meramente informativo.

- **Redes fijas**:
  - Redes de campus para grandes zonas como campus universitarios, grandes hospitales, zonas portuarias o aeroportuarias, refinerías, etc.
  - Redes de área local para dar servicio a todas las estaciones de trabajo orientadas a la oficina o a estaciones de trabajo científicas como centros de investigación, centros de computación de alto rendimiento (*high performance computing* - HPC) o para la gestión administrativa y financiera.
  - Redes de almacenamiento de información centros informáticos de tipo centro de datos (*data centers*) o almacenes de datos (*data warehouse* o *mammoth data center*).
  - Sistemas de gestión técnica de edificios (GTB), gestión administrativa y control de edificios (GAC) y redes de videovigilancia.
  - Redes industriales locales para unidades de fabricación con limitaciones específicas, redes de infraestructuras viarias o ferroviarias, redes de sensores de fibra óptica (CFO).

- Redes muy pequeñas, también conocidas por las siglas So-Ho (*small office - home office*).
- Redes domésticas como las redes ópticas de área local doméstica (RLDO).

- **Redes móviles**:
  - Redes de transmisión de información en vehículos de motor personales o utilizados para el transporte de personas o mercancías, aeronaves civiles y militares, buques civiles y militares, ferrocarriles, etc.
  - Redes semimóviles desplegadas sobre el terreno durante periodos limitados de tiempo en grandes acontecimientos deportivos, catástrofes naturales, operaciones militares, etc.

2. Redes locales de empresas

2.1 Topologías

Numerosos libros presentan, con todas las características necesarias, las distintas topologías de red de área local (*local area network* - LAN) que se pueden encontrar. Esta sección es simplemente un recordatorio de las más comunes.

Topología en estrella

Primera topología instalada en la que los equipos terminales están conectados directamente a un dispositivo maestro. Por ejemplo, las primeras instalaciones informáticas, antes conocidas como maestro-esclavo o, ahora, principal-secundario, así como muchas redes industriales.

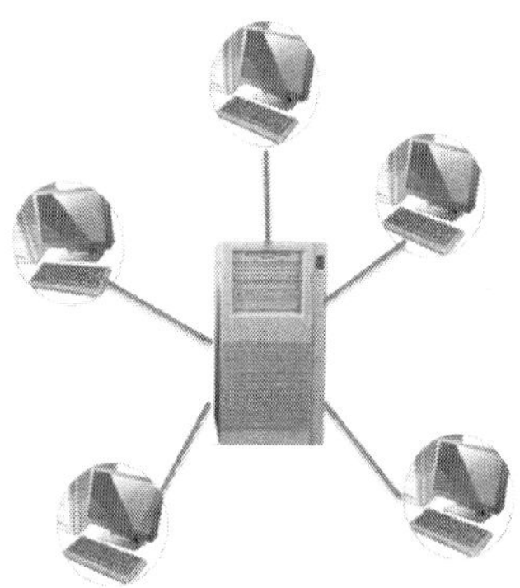

Esquema del modelo principal-secundario

Topología de bus

También conocida como topología en línea, se trata de una topología en la que cada estación de trabajo o servidor se conecta directamente a los medios de transmisión.

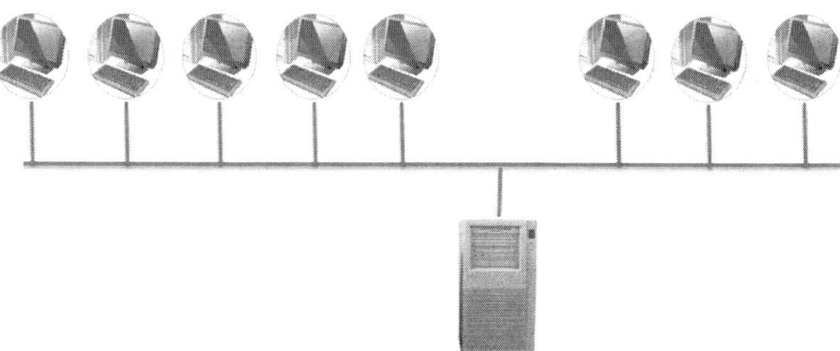

Un ejemplo: Ethernet y su transmisión CSMA/CD

Topología en anillo

Esta topología tuvo su momento de gloria gracias al protocolo de anillo (*token ring*) popularizado por IBM.

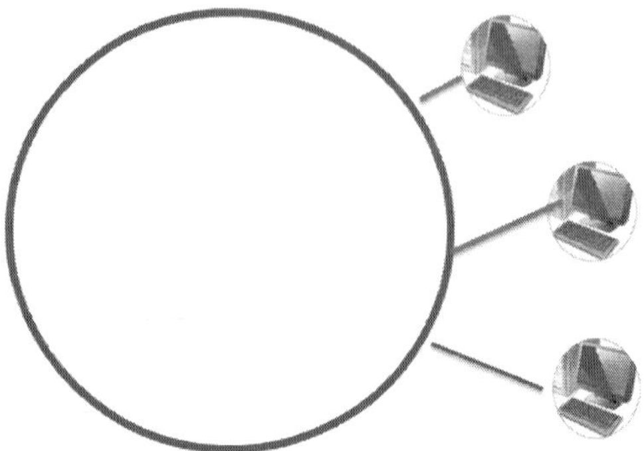

Otras topologías

Estas estructuras primarias dan lugar a otras topologías:

- Topología **puente**, en la que un dispositivo central actúa como unión entre dos o más buses.
- Topología en **árbol**, en la que varias estrellas están unidas por un bus.
- Una topología en **clúster**, bien conocida, para dar servicio a un clúster de terminales remotos con un único enlace.
- Topología de **doble anillo** contrarrotante desarrollada para FDDI, que proporciona un enlace de reserva en caso de fallo de una estación de trabajo conectada a la red.
- Topología de **red en malla**, basada en múltiples rutas y enlaces redundantes, para máxima seguridad, etc.

2.2 Doble anillo contrarrotante (FDDI)

Sólo unas líneas para recordar lo que las redes de fibra óptica deben a la FDDI. Ya en 1986, esta red de fibra óptica funcionaba a una velocidad de 100 Mbit/s con una distancia máxima de 200 kilómetros. Gracias a ello, se podía instalar en redes locales de empresas, redes de campus e incluso redes metropolitanas. Fue normalizada por ANSI con el nombre de X3T9.5 y después por ISO mediante la norma ISO 9314. Los derechos de acceso se basan en el principio del *token ring* y se pueden conectar hasta 500 dispositivos.

La otra ventaja de FDDI es que dispone de dos anillos de fibra óptica contrarrotantes, lo que significa que la transmisión tiene lugar en una dirección en un anillo y en la dirección opuesta en el otro: el primero, conocido como anillo primario, se utiliza para la transmisión de datos, mientras que el segundo, conocido como anillo secundario, es una solución de reserva. Esta elección se debe a que las estaciones FDDI se comportan como repetidores activos. Por eso, si se averían o pierden potencia, el anillo se interrumpe. De este modo, la topología de doble anillo contrarrotante garantiza la continuidad del servicio.

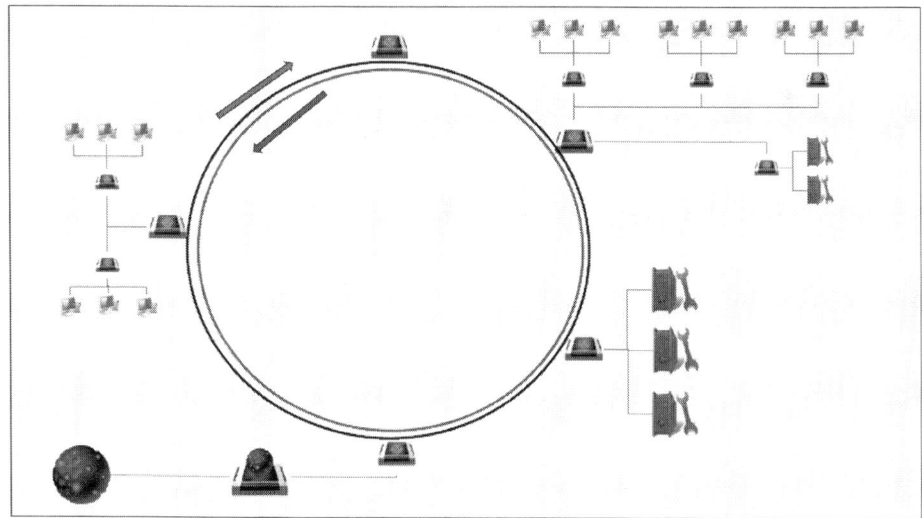

Principio de continuidad de servicio del doble anillo contrarrotante

En la versión inicial, el medio de transmisión eran esencialmente fibras ópticas multimodales, principalmente fibras de 62,5/125 micras que permitían una separación máxima entre equipos de dos kilómetros. Coexistieron otras variantes que utilizaban diversas fibras multimodales, como 50/125, 80/125 o 100/140 micras.

Para distancias de hasta cuarenta kilómetros entre equipos, éste era el dominio de las fibras unimodales de 8/125 micras.

En cuanto a los cables, la mayoría eran de fibra óptica multimodo doble y estaban equipados con conectores FSD (*fixed shroud duplex*).

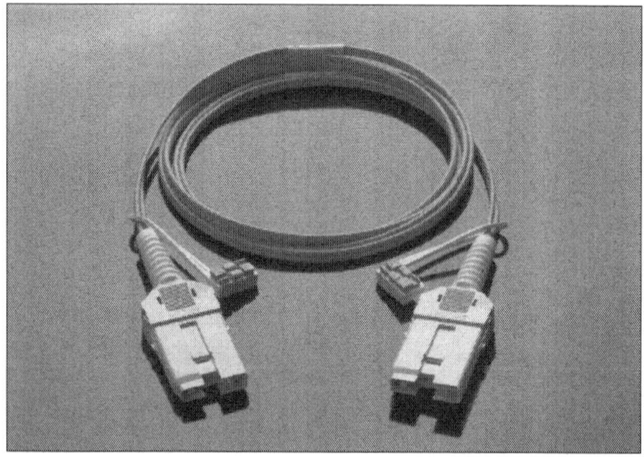

Ejemplo de cable de dos fibras con conectividad FSD

Una evolución, denominada FDDI 2, permitió añadir el transporte de voz al transporte de datos inicial. Esto no fue suficiente para que este tipo de red sobreviviera.

2.3 FTTO, FTTD y FTTS

En los inicios de las instalaciones de redes corporativas, el medio rey era el cable coaxial, seguido del par trenzado. Al aumentar la velocidad de transmisión, se instalaron las fibras ópticas: primero como red troncal y luego, poco a poco, en cableado horizontal, cada vez más cerca del puesto de trabajo. Son las aplicaciones FTTO (*fiber to the office* - fibra hasta la oficina), FTTD (*fiber to the desk* - fibra hasta el escritorio) y FTTS (*fiber to the screen* - fibra hasta la pantalla o puesto de trabajo).

2.3.1 Tipos de arquitectura FTTO

Para esta aplicación FTTO coexisten varios tipos de arquitectura.

He aquí algunos ejemplos:

- **Fibra de anillo**: el "anillo" es un enlace de fibra óptica de alta velocidad al que se conectan los subdistribuidores; el problema es el riesgo de congestión del tráfico cuando se agregan los flujos de transmisión.
- **Fibra punto a punto** (p2p): el cableado punto a punto o FTTD no ahorra cableado porque requiere un puerto óptico por usuario y una interfaz óptica/electrónica en el lado del usuario. Esta baja tasa de compartición es sinónimo de rendimiento controlado y, por tanto, de buena calidad de servicio (QoS). Además, se puede aumentar en línea para aumentar la escalabilidad.
- **Cableado Plenum**: se basa en conmutadores montados en falsos techos y equipos adaptados sin ventiladores; la limitación es una tasa de compartición baja para evitar la congestión de los enlaces. Un fabricante lo denomina *digital ceiling* – DICE.
- **Fibra y punto de consolidación**: este modelo se basa en una infraestructura de red de cableado descentralizada y puntos de consolidación activos (PCA). Un fabricante lo denomina FTTACP (*fibre to the active consolidation point*).

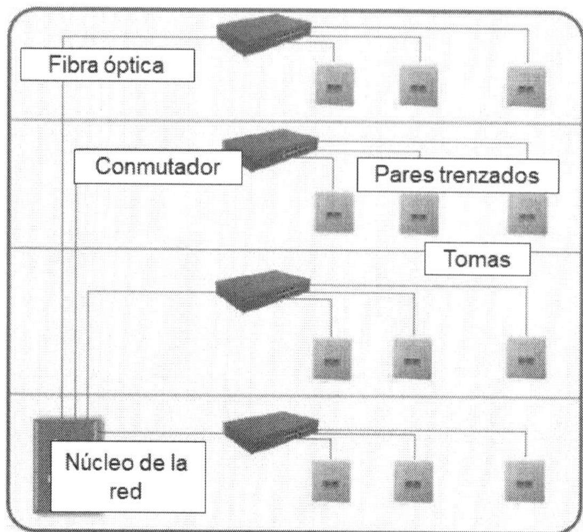

Esquema de cableado plenum mixto fibra óptica/par trenzado

2.3.2 Red óptica pasiva de área local (POL)

Arriba, en la arquitectura "Fibra punto a punto", se necesita una fibra por usuario. ¿Cómo hacerlo de forma más económica? Una idea es crear un cableado punto a multipunto (p2mp) basado en la tecnología de red óptica pasiva (*passive optical network* - PON) habitual en las redes de operadores y duplicarla en las redes locales. Es la red local óptica pasiva o *passive optical lan* (POL).

Por ejemplo, una fibra da servicio a una treintena de usuarios, basándose en el acoplamiento y la multiplexación de longitudes de onda. La desventaja es el uso de un protocolo de enlace adicional.

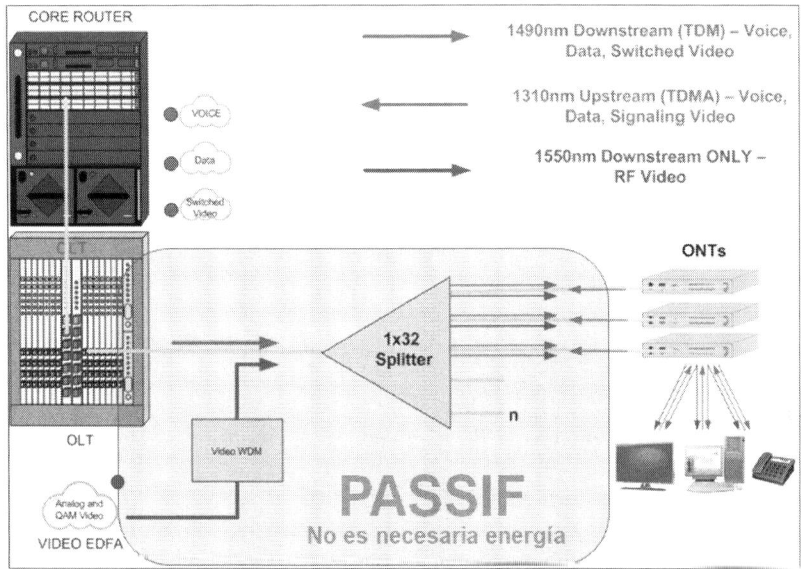

Esquema básico de una red óptica pasiva de área local (POL)

2.4 Redes de campus - CAN

El diseño y despliegue de una red de área de campus (*campus area network* - CAN) de fibra óptica, da una buena idea del abanico de dificultades que hay que superar en el campo de las redes de comunicaciones.

2.4.1 Información general sobre las CAN

Tipología

Tradicionalmente, una red de campus se refiere a un campus universitario. Sin embargo, este concepto se amplía a menudo para incluir hospitales, puertos, aeropuertos, grandes complejos industriales como fábricas de automóviles o aviones, refinerías y unidades petroquímicas, explotaciones mineras, etc., es decir, una vasta zona geográfica, un vasto dominio privado conectado al dominio público a través de redes de operadores y acceso a Internet.

Diversidad de redes

Una red de campus puede incluir varios tipos de redes: redes locales de empresa en cada edificio, redes informáticas en centros de computación de alto rendimiento (*high-performance computing* - HPC) y/o centros de datos (*data centers*), redes de recogida entre edificios, redes de gestión de la información (control de acceso, etc.), redes de gestión de la información técnica (GTB - sistemas de gestión de edificios - para calefacción, aire acondicionado, circulación de fluidos, etc.), y redes de visualización en paneles de información y/o pantallas de vídeo, redes de protección por vídeo, etc.

Miles de usuarios y miles de sensores y otros equipos están conectados a una red de campus. Pero las distintas aplicaciones están compartimentadas, y las interconexiones necesarias las proporciona una arquitectura basada en una red troncal y conmutadores. Todo ello se realiza mediante una infraestructura de cableado y trazados de cables de fibra óptica que, en función del campus, cubren un amplio abanico: aéreos, subterráneos, en conductos, en fachadas, en sótanos, en galerías, en canaletas, en falsos suelos y/o falsos techos, con distribuciones verticales y horizontales, etc.

Evolución de las velocidades

Para determinadas aplicaciones intensivas en información (por ejemplo, servicios informáticos, investigación farmacéutica, etc.), el aumento regular de la potencia de los puestos de trabajo conlleva un incremento de las velocidades de datos transportados, sinónimo de despliegue de enlaces de fibra óptica en la empresa.

Así es como las primeras redes a unos pocos megabits por segundo basadas en medios de cobre - cable coaxial o pares trenzados - dieron paso a las redes multigigabit, ayer a 10 Gbit/s y hoy a 400 o incluso 800 Gbit/s, desplegadas mediante cables de fibra óptica que, al principio, eran fibras ópticas multimodo y luego, cada vez más, son fibras ópticas unimodales.

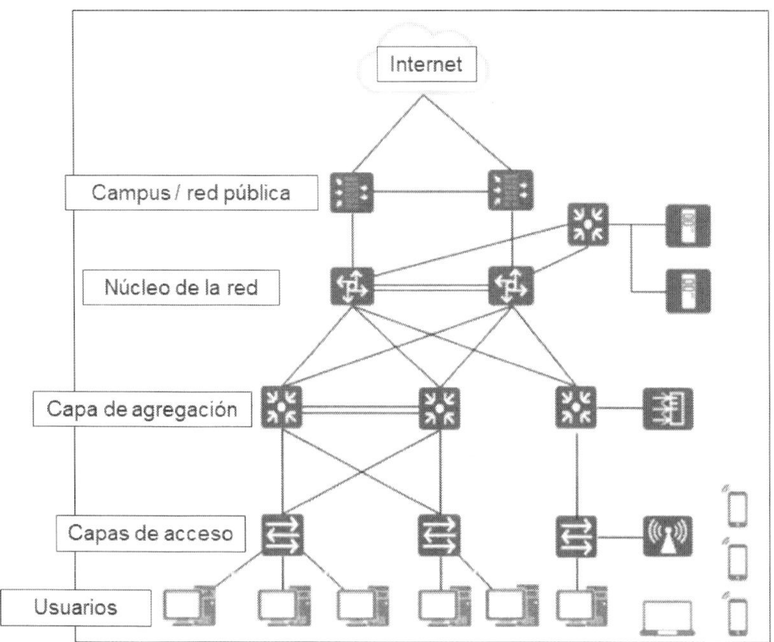

Diagrama esquemático de una pequeña red de campus

2.4.2 Zonas con riesgo de explosión - ATEX

Tenga en cuenta que las zonas con riesgo de explosión (explotaciones petrolíferas y de gas, plantas químicas, fabricación de fuegos artificiales, municiones, explosivos, etc.), conocidas como zonas **ATEX** (ATmosphères EXplosives), están sujetas a la Directiva 2014/34/UE de la Unión Europea de febrero de 2014 (refundición de la antigua 94/9/CE). Sus disposiciones se refieren a los aparatos y sistemas de protección utilizados en atmósferas potencialmente explosivas y son aplicables desde el 20 de abril de 2016.

En estas zonas, sólo se pueden instalar productos que hayan sido certificados como conformes a la directiva y que hayan sido fabricados en una fábrica certificada como conforme.

3. Centro informático, de datos y de cálculo

La misma idea –reunir equipos y equipamientos informáticos en un mismo lugar–, pero los tres tipos de centros tienen finalidades distintas: centros de datos (*data centers*), centros de computación y centros de computación de alto rendimiento (*high performance computing* - HPC).

3.1 Centros informáticos

Un centro informático o servicio informático nos retrotrae a los primeros tiempos de la informática, a los días de las tarjetas perforadas, las cintas magnéticas, el hardware y el software informáticos. Entre ellos, una gama de discos giratorios, software Fortran, Cobol y PL/1, el sistema operativo DOS, los IBM 360 y 1130, etcétera. Siguieron mejoras e innovaciones. La más importante se refiere a la arquitectura.

Al principio, la arquitectura era maestro-esclavo, es decir, un ordenador central (*mainframe*) que "dirigía" los terminales pasivos. Cabe señalar que esta arquitectura se sigue utilizando hoy en día, pero la connotación de maestro-esclavo hace que se prefieran otras denominaciones, como controlador y periféricos, primario y secundario, etc.

La arquitectura evolucionó hacia el cliente-servidor, un método de transmisión de información a través de una red. El número de "clientes" aumentó, lo que se tradujo en mayores requisitos de enlace y arquitecturas diferenciadas. A continuación, el desarrollo de las velocidades de enlace condujo a un cambio en los medios de transmisión de cobre, abriendo el camino a la fibra óptica y sus componentes asociados. Siguieron los protocolos, que ofrecían enlaces virtualizados y otras facilidades para el usuario.

3.2 Centros de datos

Los centros de datos y la computación en nube (*cloud computing*), han pasado a formar parte de nuestro vocabulario cotidiano, pero siguen siendo un "misterioso" para el gran público. De hecho, los centros de datos no son más que equipos y material informático y de telecomunicaciones para registrar, almacenar y proteger datos y, sobre todo, facilitar el acceso a esos datos.

3.2.1 Ecosistema de centros de datos

Los centros de datos de todos los tamaños han proliferado, creando un ecosistema entre actores de distintos ámbitos como :

- Equipos electrónicos e informáticos, fabricantes de servidores, rúters, discos duros y SSD.
- Redes de comunicación y sus arquitecturas, operadores de redes y operadores que garantizan la conexión con el exterior para el intercambio de datos y con un centro de datos de reserva, por ejemplo con líneas alquiladas y transmisión por multiplexación de señales (WDM).
- Los medios de transmisión de datos, ayer con medios de cobre, dieron paso a las fibras ópticas multimodo, primero fibras OM1 y OM2 y ahora fibras OM3, OM4 y OM5. Estas fibras multimodo están siendo sustituidas progresivamente por fibras ópticas unimodales.
- Protocolos específicos como Ethernet, InfiniBand, Fibre Channel y otros, con velocidades que han pasado del megabit al gigabit (por ejemplo, 800 GbE, es decir, 800 Gbit/s Ethernet), están llamados a superar la frontera del terabit por segundo.
- Componentes activos, incluidos los emisores-receptores ópticos (*optical transceiver*), que han evolucionado para seguir el ritmo del aumento de la velocidad de transmisión de datos –SFP, QSFP, OSFP, BiDi, etc.– y los cables ópticos activos (AOC).
- Una infraestructura y equipos pasivos con divisores, bastidores, armarios, cajones y una conectividad óptica cada vez más densa con conectores MPO-32, CS, SN, MDC, MMC, etc.
- Equipos y sistemas de prueba y medición para cables monofibra y multifibra.

- Y todo ello teniendo en cuenta el suministro eléctrico y la alimentación de reserva, los sistemas de aire acondicionado/refrigeración, la seguridad de los datos y de los locales, etc.

3.2.2 Tipología de los centros de datos

Existen varios tipos de centros de datos. He aquí algunos ejemplos:

- Centros de datos de baja capacidad, de 100 m^2 a 500 m^2.
- Centros de datos de mediana y gran capacidad, de 500 m^2 a 5.000 m^2.
- Centros de datos de hasta varios miles de metros cuadrados, que contienen varios cientos de kilómetros de cable de fibra óptica, decenas de miles de cables ópticos, etc. También se conocen como almacenes de datos (*data warehouse*) o *mammoth data centre* o incluso *hyperscale data center* (HDC).
- Centros de datos Edge (*edge data center* - EDC), en los que parte del centro de datos principal se traslada a un centro de datos satélite, cercano a los usuarios.
- Centros de datos en contenedores para instalaciones ligeras que respondan a las nuevas necesidades (por ejemplo, el despliegue de la telefonía móvil 5G). Basta con colocarlo en un terreno con redes de telecomunicaciones y energía.
- Centros de datos modulares, semi-industrializados, prefabricados, integrados y autónomos para satisfacer las crecientes necesidades.
- Centros de datos móviles para instalaciones de reserva, y muchos otros tipos.
- Los microcentros de datos deben estar lo más cerca posible de los usuarios.
- Centros de datos multiusuario, etc.

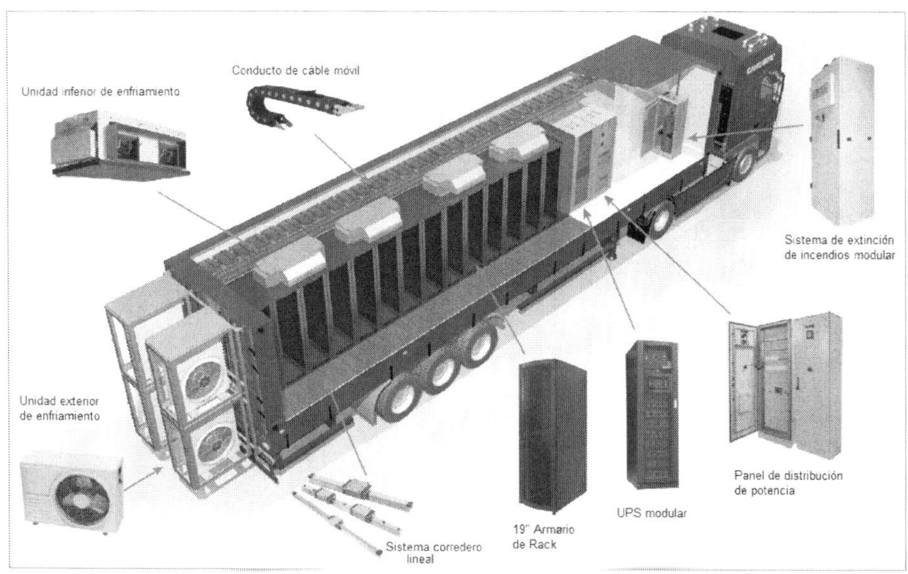

Sección transversal de un centro de datos móvil

Para más información, consulte el libro *Los Centros de datos - Nociones fundamentales*, escrito por Jean-Michel Mur (publicado por ENI).

3.3 Centros de computación avanzada

Los centros de computación avanzada, centros de potencia de cálculo o centros de computación de alto rendimiento (*high performance computing* - HPC) son el dominio de los superordenadores. Al igual que en los centros de datos, aquí también las fibras ópticas, la conectividad óptica y los cables ópticos activos se cuentan por miles.

La organización **Top 500** incluye prácticamente todos los superordenadores del mundo, algunos de los cuales no facilitan información por motivos de seguridad. Dos veces al año (junio y noviembre) publica su clasificación según su potencia de cálculo. En la 62ª edición de este ranking, en noviembre de 2023, el superordenador más potente era *Frontier Systems*, el único que ha superado la barrera simbólica del exaflops con 1,194 exaflops/s. Está instalado en un laboratorio del departamento de energía estadounidense, el Oak Ridge National Laboratory (https://www.ornl.gov/), situado en el estado de Tennessee. El fabricante es Hewlett-Packard Enterprise (HPE), la arquitectura es HPE Cray EX235a, está equipado con procesadores AMD y contiene cerca de 8.700.000 núcleos.

Observación

***FLOPS** o flops o flop/s son siglas de floating-point operation per second (operaciones de coma flotante por segundo). Es una unidad de medida que designa un número de operaciones por segundo, que se puede medir en precisión simple, es decir, sobre 32 bits o en precisión doble sobre 64 bits. Estos métodos de cálculo están normalizados por el IEEE. Los múltiplos son gigaflops (GFlops) o mil millones de operaciones por segundo, teraflops (TFlops), petaflops (PFlops) y ahora exaflops (EFlops) o ¡un billón de billones de operaciones por segundo.*

Direcciones de Internet: https://www.top500.org/

4. Equipo de distribución física

El único objetivo de esta sección es presentar mediante ilustraciones algunos de los elementos necesarios para desplegar redes de fibra óptica.

En función de la configuración de la propia red y de las limitaciones ambientales de su ubicación, fabricantes, distribuidores, integradores y electricistas o instaladores de fibra óptica pueden ofrecer decenas de soluciones para este y otros equipos.

4.1 Metro frente a pulgada

El sistema métrico internacional está luchando por imponerse en el campo de los equipos pasivos: las dimensiones expresadas en milímetros (mm) se están cambiando por dimensiones expresadas en múltiplos de 19 pulgadas (19"), es decir, múltiplos de 482,6 mm.

4.1.1 Dimensiones 19"

Para definir las estructuras mecánicas coexisten varias normas. Entre otras cosas, especifican las dimensiones básicas de paneles frontales (*front panel*), *subracks*, chasis (*chassis*), bastidores (*racks*) y armarios.

Ejemplo: norma CEI 60297-3-100:2008

La norma CEI 60297-3-100:2008 se titula *Estructuras mecánicas para equipos electrónicos - Dimensiones de estructuras mecánicas de la serie 482,6 mm (19 pulgadas) - Parte 3-100: Dimensiones básicas de paneles frontales, subracks, chasis, bastidores y armarios*. Se publicó en noviembre de 2008 y se anunció como estable hasta 2024. Se detallan todas las dimensiones, incluida la definición de la posición de los orificios de montaje del panel frontal (*front panel mounting holes position*), la malla de montaje del bastidor/armario (*rack/cabinet mounting grid*), la dimensión de la anchura de las estructuras de bastidores fijos (*width dimension of fixed rack structures*), etc.

Dirección de Internet: https://webstore.iec.ch/publication/1283

4.1.2 Dimensiones métricas

Al igual que ocurre con las dimensiones de 19", existen varias normas para las dimensiones métricas.

Ejemplo: norma CEI 60917-1:2019

La norma CEI 60917-1:2019 se titula *Orden modular para el desarrollo de estructuras mecánicas para infraestructuras eléctricas y electrónicas - Parte 1: Norma genérica*. La primera versión data de 1998. Fue sustituida por una segunda edición en 2019, que se espera que sea estable hasta 2024.

Esta norma detalla las especificaciones de las estructuras mecánicas para infraestructuras electrónicas y eléctricas: paso básico (*base pitch*) y paso múltiple (*multiple pitch*) para infraestructuras, paso de montaje (*mounting pitch*), unidades enchufables (*plug-in unit*), correderas (*slide*), etc.

Dirección de Internet: https://webstore.iec.ch/publication/65735

4.2 Equipos pasivos

Bahías, armarios y cajas

Bahías, armarios, cajas... toda una gama de equipamientos de este tipo permite responder a las distintas funcionalidades y dimensiones de las redes de fibra óptica. Los criterios de elección tienen en cuenta las características ofrecidas – dimensiones, tipo de apertura, cierre seguro, etc.– pero también las limitaciones medioambientales: polvo, humedad, ambientes salinos, etc.

Ejemplo de patchbays

Señalización

La señalización debe ser especialmente legible para facilitar los cambios de uso, las ampliaciones y los cambios de equipamiento.

Señalización en un panel

Cajones de desarrollo

El acceso a las bahías y armarios se ve facilitado por la movilidad de los cajones de desarrollo, con dos opciones mecánicas: cajones deslizantes o cajones pivotantes.

Cajón deslizante

Cajón giratorio

Cajones de desarrollo

Portacables

Los cables se pueden pasarse por falsos techos o suelos, zócalos o "portacables" del mismo modo que los sistemas de cableado de cobre.

Caja de empalmes en un portacables

4.3 Convertidor multimedia

Un conversor de medios es un equipo de una red de comunicaciones cuya finalidad es convertir un protocolo de tipo Ethernet o de otro tipo, para garantizar la continuidad de la transmisión de la señal de un tipo de medio a otro.

El ejemplo más común es la conversión de fibra óptica en cable de par trenzado. Este tipo de cableado híbrido se puede considerar el concepto de fibra hasta la oficina (*fiber to the office* - FTTO): la fibra pasiva va desde el conmutador central activo hasta el convertidor de medios, que toma el relevo para garantizar la continuidad de la transmisión a través del cableado de par trenzado que da servicio a la estación de trabajo u otros equipos de la oficina.

Por ejemplo, el paso del cableado de cobre al de fibra óptica se puede hacer en varias etapas para limitar los costes de inversión. En efecto, es económicamente comprensible no cambiar los puestos de trabajo, la inmensa mayoría de los cuales disponen de puertos para cables de cobre -muy a menudo puertos de 10-100-1000 Mbit/s-, pero pocos de los cuales tienen puertos de fibra óptica.

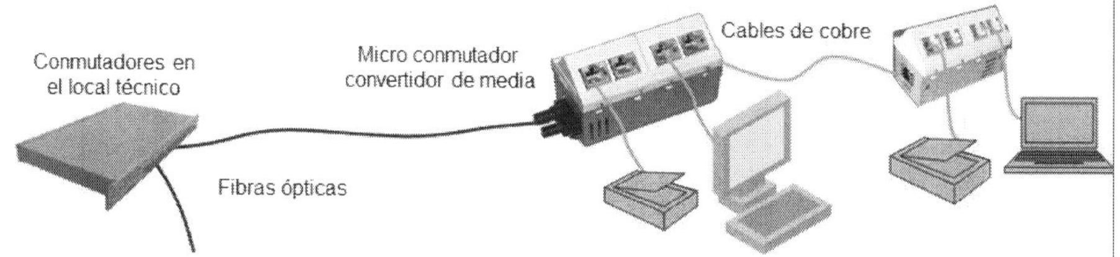

Diagrama conceptual de FTTO

Además de convertir entre fibra y cobre, los convertidores de medios de fibra se pueden utilizar para ampliar la distancia de transmisión de una red de fibra óptica o para conectar una red de fibra monomodo a una red de fibra multimodo.

Existen más de cien modelos diferentes de conversores multimedia. Ejemplos de algunos tipos genéricos:

- Conversión de medios de cobre a fibra multimodo o unimodal con diferentes velocidades de transmisión de datos de 10 Mbit/s a 10 Gbit/s, con diferentes transmisores SFP, SFP+, XFP y diferentes conectores ST, SC, LC, etc.
- Conversión de modo de fibra a fibra –unimodal a multimodal o multimodal a multimodal– para una sola fibra óptica o un par de fibras ópticas con slots para transmisores SFP o SFP+ y diversos conectores ST, SC, LC, etc. en forma de conector simple o doble.
- Conversión de modo de fibra a fibra o de fibra dual a fibra simple (transmisión dúplex a transmisión simple bidireccional - BiDi) a protocolos Ethernet, SDI, vídeo, canal de fibra, ATM / SONET OC-X, SDH STM-X, FDDI, etc.
- Conversión de medios PoE (*power over Ethernet*) que enlaza cobre y fibra a la vez que proporciona alimentación PoE, PoE+ o Hi-PoE.

Microinterruptor

Un conversor de medios es pasivo y no se gestiona, pero puede tener funciones activas y gestionarse y protegerse de forma centralizada. Es un "convertidor de medios de conmutación" o microconmutador. Puede adaptar la velocidad del enlace a una gran variedad de tareas de conversión. Este tipo de equipo está miniaturizado, con unas dimensiones que permiten encajarlo en un canal de distribución eléctrica convencional de 45 x 45 mm o en una caja de suelo. En la mayoría de los casos, se puede manejar a distancia. Esto facilita la supervisión y el mantenimiento, pero sobre todo mejora enormemente la seguridad de la red.

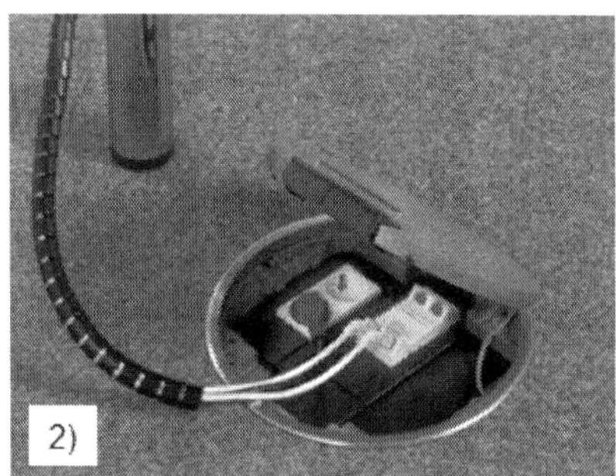

Micro conmutador Gigabit Ethernet convertidor fibras ópticas/cables de cobre
1) Montado sobre un zócalo 2) Instalado en una caja de suelo

Ejemplo de microinterruptor de convertidor de medios

5. Protocolos InfiniBand y Fibre Channel

5.1 Ethernet

El protocolo Ethernet, normalizado por el IEEE bajo la referencia IEEE 802.3, es el gran triunfador en el despliegue de redes informáticas. En el capítulo anterior sobre Ethernet y fibras ópticas, recorrimos la saga Ethernet desde el primer modelo de 3 Mbit/s en 1973, hasta los 400 Gbit/s de la nueva revisión de las normas en mayo de 2022 –IEEE 802.3-2022– y el trabajo hacia los 1,6 Tbit/s.

Sin embargo, esto no debe eclipsar a FDDI a 100 Mbit/s ni a los protocolos dedicados a aplicaciones informáticas de muy alta velocidad, como InfiniBand, Fibre Channel y otros.

5.2 InfiniBand

5.2.1 InfiniBand

InfiniBand, un bus informático de alta velocidad apto para comunicaciones internas y externas, cuenta con el apoyo del grupo industrial InfiniBand Trade Association (**IBTA**), véase más abajo. Es ideal para su uso en grandes centros de datos mediante cables ópticos activos y para interconectar centros de datos mediante fibras ópticas unimodales. Este equipo se puede encontrar en aplicaciones que conectan directamente unidades de disco a servidores (*direct attached storage* - DAS) con un modo de conexión SCSI (*small computer system interface*) o SATA (*serial advanced technology attachment*).

Desde la primera InfiniBand en 1999, con una velocidad de datos de 2,5 Gbit/s denominada **SDR** (*single data rate*), la industria pasó a 5 Gbit/s o **DDR** (*double data rate*) en 2004, y luego a 10 Gbit/s, o **QDR** (*quad data rate*) en 2008.

Desde 2011 están disponibles los productos **FDR** (*fourteen data rate*) de 14 Gbit/s y **EDR** (*enhanced data rate*) de 26 Gbit/s. Este último ofrece 312 Gbit/s a través de 12 fibras ópticas paralelas.

Y la carrera por velocidades más altas continúa, con **HDR** (*high data rate*) a mediados de 2018, que permitirá el transporte de más de 600 Gbit/s a través de 12 enlaces paralelos, y NDR (*next data rate*) para 1,2 Tbit/s a través de 12 enlaces paralelos en 2021.

En octubre de 2023, la IBTA anunció la nueva XDR (*extended data rate*) para 2,4 Tbit/s en 12 enlaces paralelos, basada en las especificaciones actualizadas *Volume 1, Release 1.7*. Estas especificaciones ocupan 2.090 páginas y se publicaron en julio de 2023.

Hay que señalar que este aumento de velocidad va acompañado de un cambio en el método de codificación de la información –de 8B/10B a 64B/66B– y de un nuevo mecanismo de corrección de errores (*forward error correction* - FEC).

5.2.2 De 10 Gbit/s a 3,2 Tbit/s

Preste atención, porque en el lenguaje de InfiniBand, 20 Gbit/s significa 20 Gbit/s acumulativos. De hecho, con la transmisión paralela a través de varias fibras ópticas, 20 Gbit/s puede significar 8 x 2,5 Gbit/s o 4 x 5 Gbit/s o 2 x 10 Gbit/s. De hecho, hay que tener en cuenta dos factores:

- ¿De qué InfiniBand estamos hablando? ¿SDR, DDR, QDR, FDR, EDR, HDR o NDR?
- ¿De cuántas fibras ópticas paralelas constan los cables ópticos activos? ¿De 4 fibras, 8 fibras o 12 fibras?

De ahí el cuadro siguiente.

InfiniBand	**Rendimiento total en función del número de fibras ópticas paralelas**			
Tipo	**Rendimiento por enlace**	**4 fibras**	**8 fibras**	**12 fibras**
SDR	2,5 Gbit/s	10 Gbit/s	20 Gbit/s	30 Gbit/s
DDR	5 Gbit/s	20 Gbit/s	40 Gbit/s	60 Gbit/s
QDR	10 Gbit/s	40 Gbit/s	80 Gbit/s	120 Gbit/s
FDR	14 Gbit/s	56 Gbit/s	112 Gbit/s	168 Gbit/s
EDR	26 Gbit/s	104 Gbit/s	208 Gbit/s	312 Gbit/s
HDR	52 Gbit/s	208 Gbit/s	416 Gbit/s	624 Gbit/s
NDR	100 Gbit/s	400 Gbit/s	800 Gbit/s	
XDR	200 Gbit/s	800 Gbit/s		

Las siguientes evoluciones en la velocidad se llaman **GDR** a 1,6 Tbit/s, prevista para 2027 y la **LDR** a 3,2 Tbit/s, que podría llegar en 2030.

Esto se ilustra en la hoja de ruta elaborada por la IBTA y reproducida a continuación. El número de enlaces más utilizado es de 4 fibras ópticas o 4 longitudes de onda en una fibra óptica, lo que da, por ejemplo, velocidades de 200 Gbit/s en HDR, 400 Gbit/s en NDR y 800 Gbit/s en XDR.

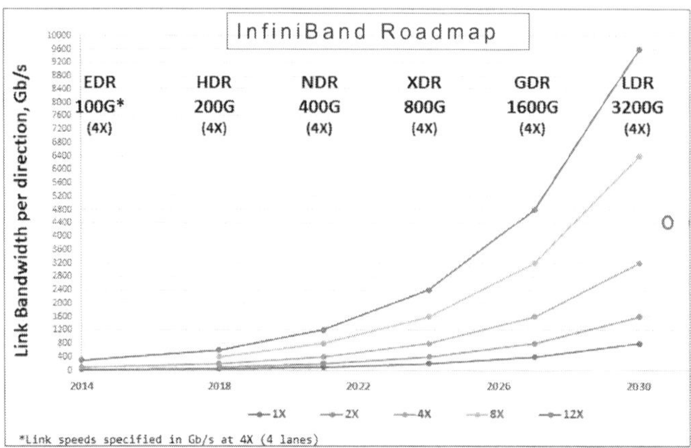

Velocidades de transmisión de datos del protocolo InfiniBand para 4 enlaces: 4 fibras ópticas o 4 longitudes de onda en una fibra a 100 Gbit/s por enlace.

5.2.3 Cables de fibra óptica para InfiniBand

Varios fabricantes ofrecen cables ópticos activos (*active optical cables* - AOC) con 4, 8 o 12 fibras ópticas en paralelo, equipados con módulos transceptores ópticos y conectores diferenciados según el tipo de InfiniBand.

Encontrará más información sobre los equipos terminales de cable óptico activo en el capítulo Componentes optoelectrónicos, sección Módulos emisores-receptores ópticos.

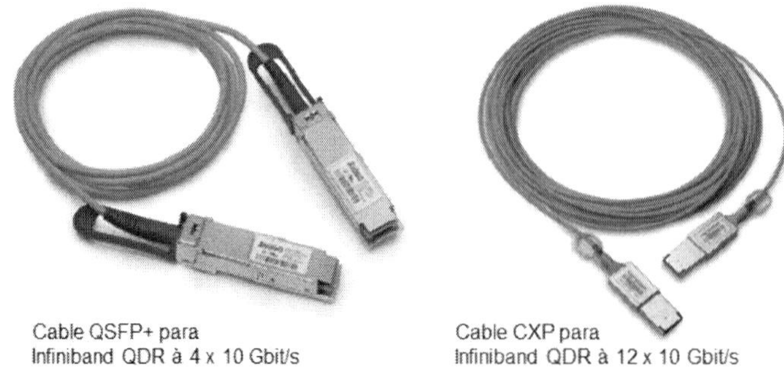

Ejemplos de cables ópticos activos

5.2.4 InfiniBand Trade Association

Los fabricantes e integradores informáticos implicados en el protocolo InfiniBand se han reunido en la *InfiniBand Trade Association* (IBTA).

Los trabajos de sus miembros se centran principalmente en definir la evolución de las velocidades de transmisión de datos del protocolo y las fechas de su implantación en el mercado. Para los vendedores, esto significa que el rendimiento del protocolo InfiniBand está en fase con los cambios en el rendimiento de los sistemas informáticos que lo utilizan, y para los compradores, les da una visión clara de la amortización de sus inversiones.

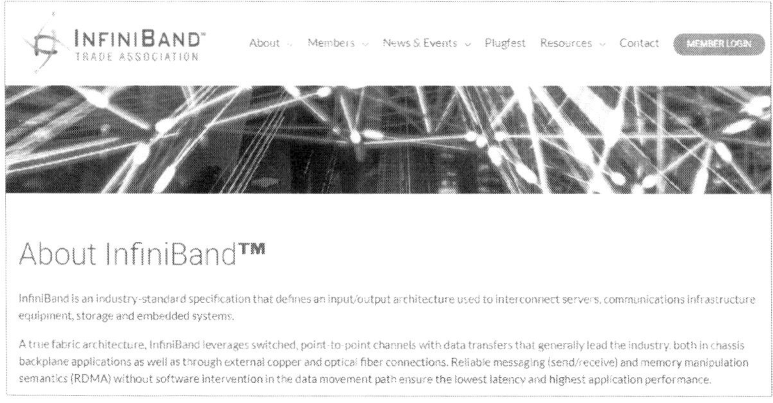

Página web de la asociación de integradores de InfiniBand: https://www.infinibandta.org/

5.2.5 InfiniBand: HPC y RoCE

InfiniBand y HPC

Una de las aplicaciones clave del protocolo InfiniBand se encuentra en los centros de cálculo de alto rendimiento (*high performance computing* - HPC), tales comoorganizaciones de investigación públicas y privadas, organismos gubernamentales y otros. Requieren grandes anchos de banda de transmisión, altas velocidades de transmisión de datos y un número muy elevado de procesadores complejos para los cálculos y la gestión de datos. Todo lo necesario para desplegar fibras ópticas y cables ópticos.

A modo de ejemplo, en julio de 2022, la InfiniBand Trade Association anunció que este protocolo estaba instalado en 60 de los 100 mayores superordenadores y en 200 de los 500 mayores superordenadores. Por ejemplo, en julio de 2023, InfiniBand estaba instalado en los 6° mayor superordenador del mundo (Leonardo Bull Sequana XH 2000) con la solución **HDR** a 100 Gbit/s por enlace, en el 7° (Summit IBM Power System) con enlaces **EDR** y en el 8° (Mare Nostrum 5ACC Bull Sequana XH 3000) con enlaces **NDR** a 200 Gbit/s por enlace.

La lista Top 500, que se publica dos veces al año y se puede consultar en el sitio web: https://www.top500.org/

InfiniBand y RoCE

Remote Direct Memory Access (RDMA) es una tecnología fundamental en el corazón de los superordenadores ultrarrápidos y los mayores centros de datos (data centers) del mundo. Se ha desarrollado y adoptado ampliamente en redes Ethernet.

De ahí la creación de *RDMA over Converged Ethernet* o **RoCE** (pronunciado "rocky") para gestionar las arquitecturas de los centros de datos "eliminando" las redes de almacenamiento (*storage area network*) dedicadas y para hacer converger el cálculo, redes y almacenamiento. Los arquitectos de centros de datos que utilicen RDMA en una infraestructura Ethernet pueden esperar una mejora de la productividad.

RoCE se siente como en casa en las distancias cortas que se encuentran en los centros de datos, pero las tramas RoCE pueden viajar por cualquier tipo de fibra óptica que acepte tramas Ethernet. Esto se aplica a enlaces entre plantas o entre edificios en los distintos sistemas nGBASE-LR4 o -ER4, así como a distancias de hasta 10 kilómetros para Ethernet metropolitana. RoCE está normalizado por la IBTA: la primera especificación data de 2010 y el despliegue de 2013.

Desde entonces, las especificaciones han evolucionado y en 2018 se publicó la 2a edición de la *RoCE Deployment Guide*. Esta RoCE v2 permite, entre otras cosas, la comunicación entre subredes IP, el control prioritario de los flujos de datos y la gestión de la congestión del tráfico.

Página web de la asociación RoCE: http://www.roceinitiative.org/

5.3 Fibre Channel

5.3.1 Generaciones de Fibre Channel

El protocolo Fibre Channel (con "Fibre" en inglés y no Fiber Channel con "Fiber" en americano) fue definido por ANSI bajo la norma **X3T11** en 1994. Proporciona una conexión de alta velocidad entre un ordenador, sus unidades de almacenamiento y otros equipos periféricos. Una de las opciones más utilizadas es la transmisión en modo canal para transportar el protocolo SCSI en la aplicación de red de área de almacenamiento (*storage area network* - SAN). La fibra óptica y los cables de fibra óptica activa para canal de fibra están muy extendidos en las distintas generaciones de SAN.

Ambos tipos de canal de fibra han visto cómo se disparaban sus velocidades respectivas. En la generación "Base 2", la duplicación periódica del rendimiento de 2 a 4, luego 8 y después 16 Gbit/s era la norma. Lo mismo ocurrió con la generación "Base 10", que pasó de 10 a 20 y a 40 Gbit/s.

Después, en el primer trimestre de 2014, se anunció la **generación 6** de Fibre Channel. Dos puntos a destacar: el aumento de las velocidades, con la llegada de **32GFC** a 32 Gbit/s y la posibilidad opcional de transmitir cuatro canales 32GFC en paralelo, para obtener el nuevo 128GFC a 128 Gbit/s. Los primeros productos llegaron en 2016.

El aumento de la velocidad continuó con la llegada de la **generación 7 –64 GFC**– de Fibre Channel en noviembre de 2018. Tres características clave: transmisión en modo serie a través de un único enlace a 64 Gbit/s o 256 Gbit/s a través de cuatro enlaces en paralelo, compatibilidad con las dos generaciones anteriores -16 GFC y 32 GFC- y el uso de módulos transceptores ópticos de la familia SFP en fibras ópticas multimodo OM3, OM4 y OM5 o unimodales. En diciembre de 2018 se presentaron los primeros equipos de la generación 7, que se comercializarán a principios de 2019.

La generación actual, la **8** o **128GFC**, transmite 128 Gbit/s en modo serie a través de un único enlace. Se normalizó en 2021 y los primeros productos se entregarán en 2022.

Todo ello a la espera de los futuros **256GFC** a 256 Gbit/s, anunciados para 2025, **512GFC** a 512 Gbit/s, para 2029-2030, y **1 TFC** o 1 Tbit/s para 2033-2035, según el plan de desarrollo de la Fibre Channel Association (FCIA).

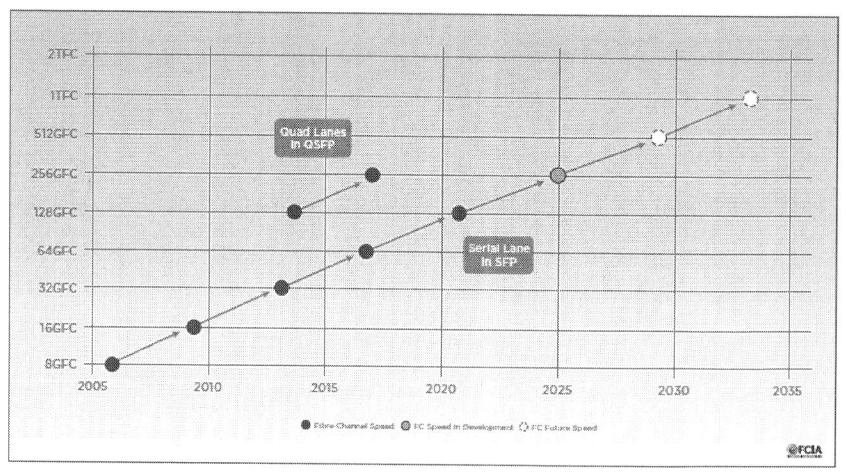

Visión general de las distintas generaciones de Fibre Channel

INCITS/T11

El comité T11.3 del INCITS (*International Committee on Information Technology Standards*, pronunciado *insights*) define las especificaciones del Fibre Channel, conocido como INCITS/Fibre Channel. Supervisa los grupos de trabajo *INCITS/Fibre Channel Physical Variants* e *INCITS/Fibre Channel Interconnection Schemes*.

Sin embargo, desde el 1 de enero de 2022, INCITS/Fibre Channel ha pasado a denominarse **INCITS/T11**. Este nombre ahora lo utilizan otras organizaciones, la industria y otras partes interesadas, para referirse a las tecnologías Fibre Channel. El grupo de trabajo *INCITS/Fibre Channel Physical Variants* pasa a llamarse INCITS/T11.2 y el grupo *INCITS/Fibre Channel Interconnection Schemes* se convierte en INCITS/11.3.

Página web del INCITS/11: https://www.incits.org/

5.3.2 Fibra y componentes para Fibre Channel

Fibras ópticas para Fibre Channel

En el **90%** de los casos, la información se transmite por fibras ópticas **multimodales** OM3, OM4 u OM5, para distancias de 100 a 300 metros, que se corresponden con las arquitecturas de centros de datos más habituales, con láseres VCSEL de unos 850 nanómetros.

Para el **10%** restante, las transmisiones se realizan a 1310 nanómetros mediante láseres DFB, sobre fibras **unimodales** que permiten distancias de hasta 2 kilómetros para las transmisiones en 4 enlaces paralelos y de 2 a 10 kilómetros, e incluso hasta 25 kilómetros según la opción extended, para las transmisiones en modo serie.

En cada configuración, las distancias cubiertas dependen de la fibra óptica utilizada y de la velocidad de transmisión de datos requerida. Por ejemplo, para la generación actual –128 GFC– las distancias son de 100 metros en fibras multimodales OM4 u OM5 (128GFC-SW), 2 kilómetros (128GFC- LI) o 10 kilómetros (128GFC-LW) en fibras unimodales.

Componentes para Fibre Channel

Los módulos transceptores ópticos utilizados dependen de la velocidad de transmisión de datos requerida, como SFP+, SFP28, QSFP28, SFP56, SFP112 y otros.

Los conectores ópticos suelen ser del tipo MPO-12, para las transmisiones a través de 4 enlaces paralelos y enlaces entre conmutadores (*inter-switch link* - ISL) y del tipo LC para los demás.

Las conexiones entre los servidores y la red Fibre Channel se realizan a través de adaptadores como el *host bus adapter* (HBA), equivalente a una tarjeta de interfaz de red (*network interface card* - NIC) para Ethernet, o el *converged network adapter* (CNA).

Para las interconexiones de centros de datos (*data center interconnect* - DCI), Fibre Channel utiliza el protocolo Fiber Channel Internet (*Fiber Channel Internet protocol* - FCIP) y la multiplexación por división de longitud de onda densa (DWDM) en la red de transporte óptico (*optical transport network* - OTN).

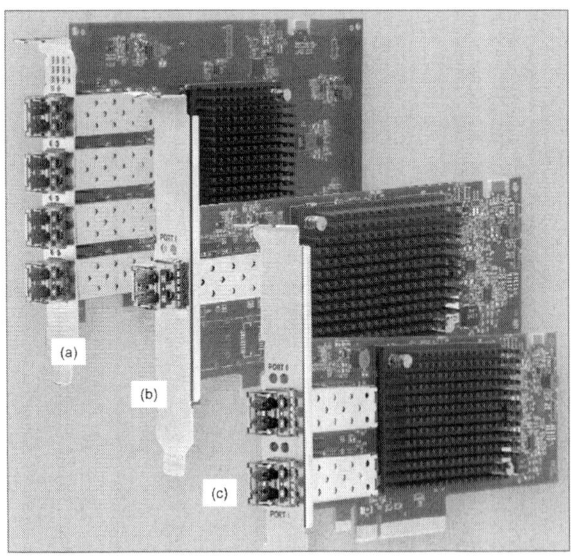

Ejemplo de adaptadores Fibre Channel Generación 7: (a) con cuatro puertos 32GFC y conectividad LC, (b) un puerto y (c) dos puertos

5.3.3 Fibre Channel Industry Association

El protocolo Fibre Channel está siendo desarrollado por una asociación de fabricantes, integradores, desarrolladores y clientes –la Fibre Channel Industry Association o FCIA– que se creó en 1999 y cuenta con un centenar de miembros.

Grupos de trabajo y diversos comités trabajan para definir la tecnología, la infraestructura, la escalabilidad, la gestión, etc y otros aspectos necesarios para las aplicaciones soportadas, incluidas las SAN en particular.

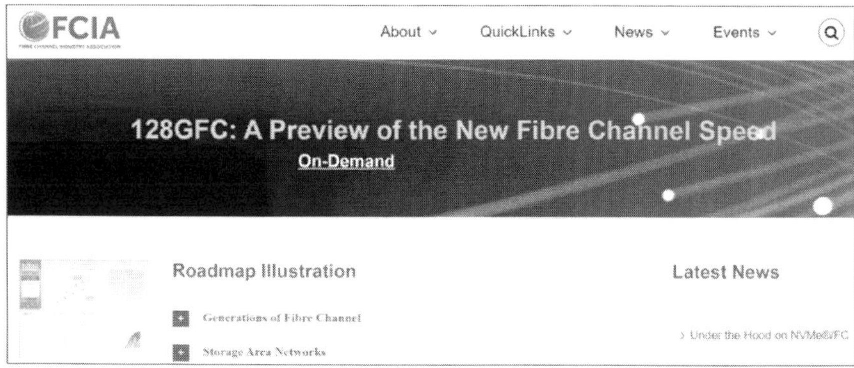

Página web de la Fibre Channel Industry Association: https://fibrechannel.org/

5.3.4 NVMe over FC

NVMe (*non-versatile memory express*) es una interfaz de controlador de host que permite a un servidor acceder a un dispositivo de almacenamiento de datos SSD (*solid-state storage*) desde un bus PCIe (express), una evolución de PCI (*peripheral component interconnect*), un bus de topología punto a punto para interconectar las entradas y salidas de los equipos informáticos.

La combinación de NVMe y Fibre Channel –NVME sobre FC o NVMe/FC o FC-NVMe– comenzó en 2014, tras los trabajos realizados por el comité INCITS T11.3, que quería ofrecer a los equipos NVMe un mejor rendimiento que el almacenamiento tradicional basado en SCSI. Las especificaciones técnicas se publicaron en 2017 y las primeras instalaciones empezaron a aparecer en 2018.

Desde entonces, se ha lanzado una nueva versión, FC-NVMe-2, con mejoras en la optimización del transporte para el tráfico NVMe y una mejor recuperación de errores de transmisión. Existe compatibilidad con versiones anteriores entre las 2 versiones. Por tanto, no es necesario cambiar los equipos instalados.

6. Redes industriales

6.1 Problemas de las redes industriales

La característica número uno de las redes industriales es la necesidad imperiosa de que funcionen continuamente. Esto explica la instalación de redes redundantes y la investigación sobre tiempos de recuperación del orden de unas decenas de milisegundos.

Dicho esto, las redes industriales también se caracterizan por el tamaño de la información que hay que procesar, que es específico de la función que hay que realizar, y va desde unos pocos bits hasta archivos completos.

Funciones	**Sistemas**	**Información**
Gestión empresarial	Ordenadores	Archivos
Control de producción	Microordenadores	Tablas
Control centralizado Supervisión	Microordenadores	Mensajes
Automatización	Autómatas Controladores	Palabras o bytes
Datos	Sensores Actuadores	Bits

El tamaño de la información a procesar difiere según la función

En cuanto a los problemas de las redes industriales, existen tres limitaciones:

- Los plazos de tratamiento de la información varían en función de la solicitud de que se trate.
- Numerosos protocolos exclusivos, específicos de los distintos equipos industriales y funciones a realizar.
- Un entorno perturbado por interferencias electromagnéticas, riesgo de ataques químicos, temperaturas a veces elevadas, etc.

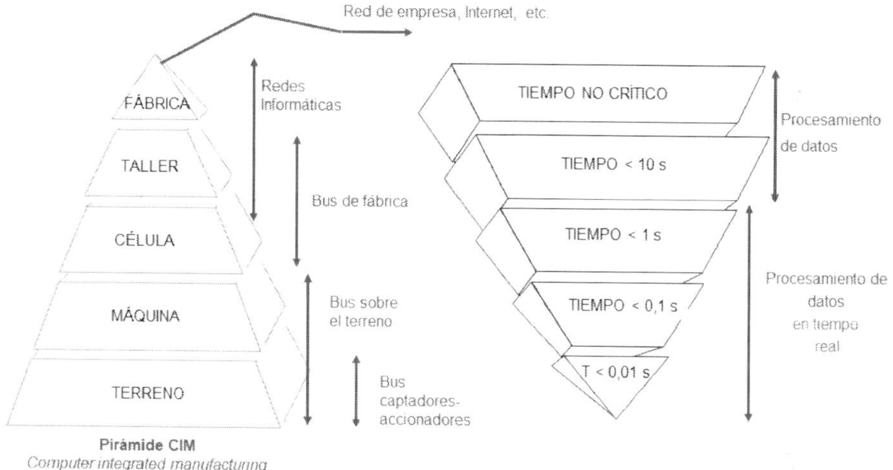

Pirámide CIM y paralelo con los tiempos de reacción

Los cables de cobre se utilizaban mucho en las redes industriales de área local. Sin embargo, la fibra óptica de sílice o plástico está encontrando su lugar gracias a su inmunidad a las interferencias electromagnéticas, las distancias cubiertas y el desarrollo de Ethernet en el contexto de la fabricación integrada por ordenador (*computer integrated manufacturing* - CIM).

Equipos para redes industriales

Se puede utilizar una amplia gama de equipos para construir redes industriales y algunos de estos equipos se pueden utilizar para crear pasarelas entre distintos tipos de redes. He aquí dos ejemplos.

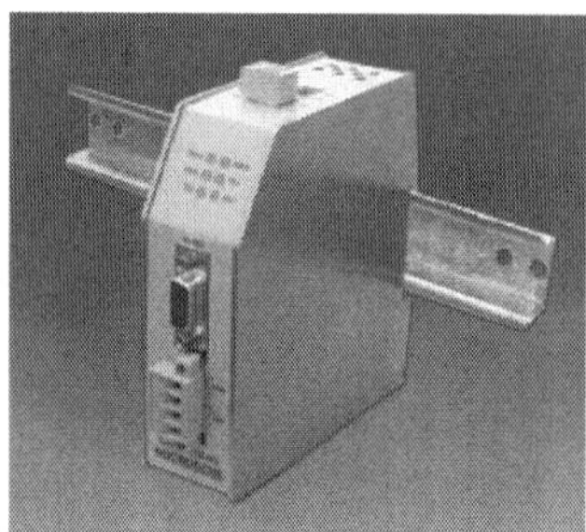

Convertidor sobre rail DIN para bus industriales RS-485 o RS-422 o RS-232 hacia una fibra óptica

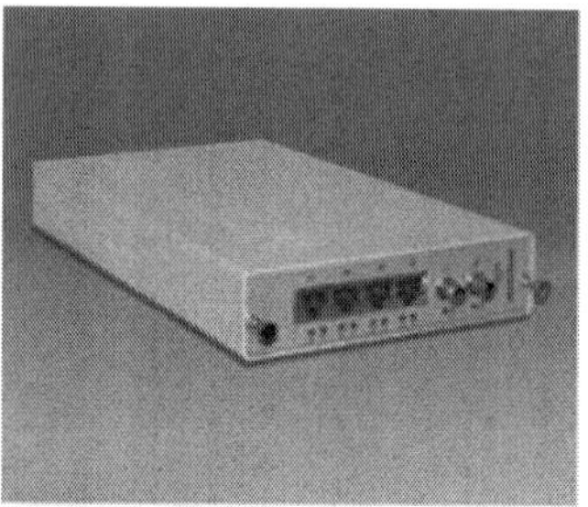

Multiplexador/demultiplexador 4 x RS-232 en un par de fibras

Ejemplos de equipos para redes industriales

6.2 Bus sobre el terreno: normas 61158

La CEI ha normalizado los sistemas de bus sobre el terreno bajo el término general CEI 61158, que reúne una serie de más de 90 normas, cada una para un dominio o perfil concreto. Se actualizan periódicamente. Por ejemplo, la primera norma, CEI 61158-1 *Industrial communication networks - Fieldbus specifications - Part 1: Overview and guidelines of the IEC 61158 and IEC 61784 series*, se creó en 2004, está en versión 1.0 desde mayo de 2014, la versión 2.0 se publicó en abril de 2019 y la versión 3.0 se publicó en marzo de 2023, se renumeró CEI 61158-1-0:2023 y se anunció como estable hasta 2028.

Este documento define el concepto genérico de bus sobre el terreno y proporciona directrices para la serie CEI 61158, explicando su estructura y contenido. Relaciona la estructura de la serie CEI 61158 con la norma ISO/IEC 7498-1 y presenta la estructura lógica de la serie CEI 61784. También explica cómo utilizar las partes de la serie CEI 61158 en combinación con la serie CEI 61784. Explica aspectos comunes y específicos, incluidos los conceptos para describir la capa de aplicación de servicio y los distintos tipos de datos de bus de campo.

El índice de cada norma de la serie CEI 61158 se puede consultar en https://webstore.iec.ch/searchform&q=61158.

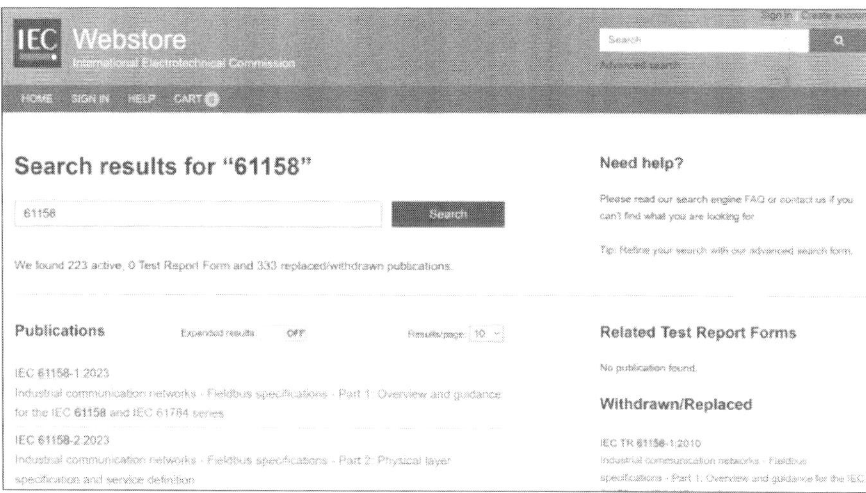

Página web para la compra en línea de las normas CEI 61158: https://webstore.iec.ch/searchform&q=61158

6.3 Ethernet industrial y EtherCAT

Ethernet Industrial ha encontrado su lugar en este campo porque ofrece interoperabilidad entre las operaciones de fabricación, los servicios administrativos y los enlaces externos, incluido Internet.

En función de las condiciones ambientales, los equipos serán idénticos a los utilizados para las redes Ethernet instaladas en edificios de oficinas, o estarán reforzados para cumplir las normas de protección adecuadas (antipolvo, antihumedad, salpicaduras de agua, etc.), como IP65, IP67, etc. (IP significa *Ingress protection*, no *International protection* o "Indice de protección"). Otra dificultad reside en el recorrido que seguirán los cables, que depende de la ubicación de los distintos equipos industriales y del flujo de productos fabricados.

Nota: cuidado con las posibles confusiones en los nombres. Por ejemplo, en el caso de EtherNet/IP, creado en los años 90 por Rockwell Automation y todavía en uso en 2024, las letras IP no significan *Internet protocol*, sino *industrial protocol*. EtherNet/IP puede ser soportado por cables de cobre, fibra óptica de sílice (unimodal o multimodal), fibra óptica de plástico e incluso inalámbricos (norma IEEE 802.11b).

Asociación EtherCAT

Una organización que trabaja por el desarrollo de Ethernet Industrial es la *Asociación Tecnológica de Automatización de Ethernet para Control* (EtherCAT). EtherCAT cuenta con más de 7.400 miembros en todos los continentes.

En abril de 2003 se creó esta asociación y, en noviembre, el grupo "Tecnología EtherCAT" tomó forma. Como resultado de este trabajo, el prototipo EtherCAT se ha descrito y normalizado por completo en la serie de normas CEI 61158-1:2023 y las 90 normas asociadas, así como en la serie de normas CEI 61784-1-0:2023 y las cerca de cuarenta normas asociadas. Un avance notable es EtherCAT G, que lleva la funcionalidad hasta el nivel gigabit y es compatible con la norma Ethernet IEEE 802.3-2022.

Página web de la asociación EtherCAT:
https://www.ethercat.org/default.htm

6.4 Organización ODVA

Creada en 1995, existe una organización –*Open DeviceNet's Vendor Association* (ODVA)– que sirve de enlace entre las distintas tecnologías de red basadas en el *Common Industrial Protocol* (CIP). El CIP INCLUYE todos los mensajes y servicios de control, seguridad, energía, sincronización, información y gestión de redes para cuatro aplicaciones industriales:

- DeviceNet, la aplicación de la tecnología CAN (*control area network*) y el transporte de energía eléctrica;
- EtherNet/IP, la aplicación Ethernet aplicada a un entorno industrial, basada en la norma IEEE 802.3;
- CompoNet, el uso de la tecnología CTDMA (*critical time division multiple access*) para el transporte de alta velocidad en tiempo crítico;
- ControlNet, para transmitir pequeños paquetes de datos entre controladores, sensores y actuadores.

Página web de ODVA: https://www.odva.org/

ODVA y EtherNet/IP

Los trabajos sobre EtherNet/IP comenzaron en 2001 en el seno de la organización ODVA. Hoy en día, es la solución industrial más utilizada. En el sitio web de ODVA hay numerosos documentos disponibles. Cabe destacar el manual *EtherNet/ IP Media planning and installation manual* que, en 124 páginas, ofrece toda la información necesaria para diseñar e implantar una red EtherNet/IP. Entre los temas tratados, el capítulo *Planning your EtherNet/ IP Fiber Optic Cabling* aborda la elección de fibras ópticas –unimodal, multimodal, sílice, plástico y HCS– modelos de conectores –ST, SC y LC– cables, procedimientos de instalación, etc. Otro documento que se puede consultar en el sitio web de ODVA es *Network infrastructure for EtherNet/IP: introduction and considerations* que, en 118 páginas, ofrece una visión general de las tecnologías de despliegue de infraestructuras para redes industriales EtherNet/IP.

Gama de productos para ODVA

A través del sitio web de ODVA, los miembros ofrecen una amplia gama de productos –cables, conectores, componentes, módulos de entrada/salida, routers, controladores, etc.– compatibles con las especificaciones de las cuatro aplicaciones DeviceNet, EtherNet/IP, CompoNet y ControlNet. - compatible con las especificaciones de las cuatro aplicaciones DeviceNet, EtherNet/IP, CompoNet y ControlNet. En la siguiente ilustración se muestra un ejemplo.

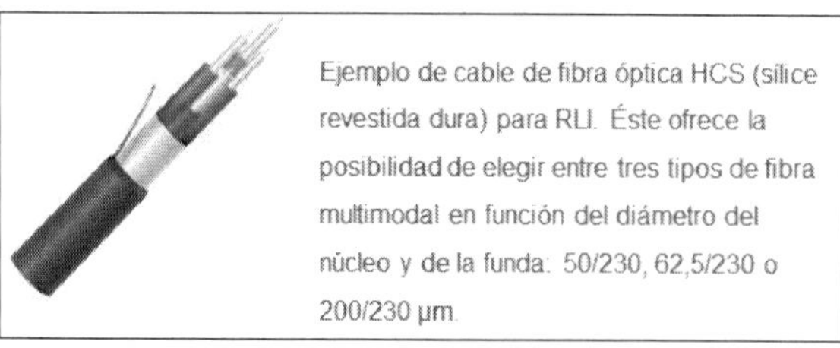

Ejemplo de cable de fibra óptica HCS (sílice revestida dura) para RLI. Éste ofrece la posibilidad de elegir entre tres tipos de fibra multimodal en función del diámetro del núcleo y de la funda: 50/230, 62,5/230 o 200/230 µm.

Dirección de la página web de la ODVA: https://marketplace.odva.org/

7. Redes de protección de vídeo

7.1 Una aplicación para redes industriales

Una red de vídeoprotección (*closed-circuit television* - CCTV) o de videovigilancia se puede considerar una aplicación especial de las redes industriales, tanto si se instala en un ámbito privado como público. El problema de una red de CCTV es la continuidad del servicio a pesar de una interrupción del enlace.

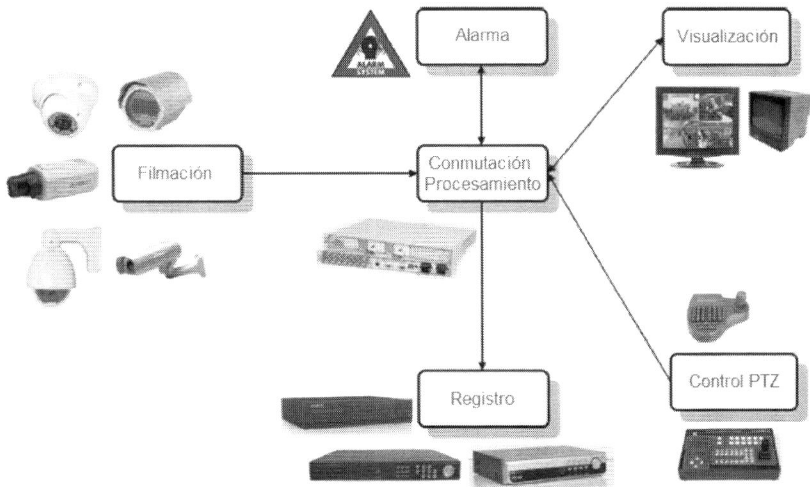

Esquema de una red de vídeoprotección

PTZ = pan-tilt-zoom, panorámica y zoom de controles remotos

7.2 Transición a digital e IP

7.2.1 Transición digital

En los inicios de las redes de videovigilancia, se utilizaban tecnologías analógicas. Pero poco a poco, la digitalización de las señales se ha ido desarrollando y ahora es mayoritaria, desde la adquisición de imágenes hasta su visualización. Algunas de las ventajas de las soluciones digitales: la videovigilancia se puede situar dentro del sistema de información de la entidad, lo que permite poner en común equipos y recursos, superar las limitaciones geográficas en términos de distancia y localización de los recursos centrales, y actualizar la arquitectura y las aplicaciones del sistema.

El paso del cobre a la fibra óptica requiere equipos tradicionales, como convertidores de medios. Además, hay que tener en cuenta las distancias cortas –menos de 3 kilómetros–, que son el dominio de las fibras ópticas multimodo, como las fibras 50/125 OM4 u OM5 y las distancias más largas, que son el dominio de las fibras ópticas monomodo, como las UIT-T G.652 o G.657, debido a sus radios de curvatura más pequeños.

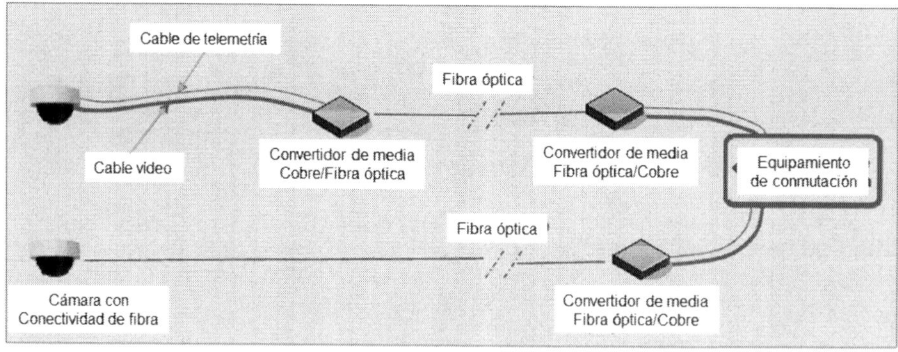

Ejemplo de vídeoprotección mixto de cable de cobre y fibra óptica

Transición a IP

En este contexto, la noción de conmutación se sustituye por la de enrutamiento, ya que esta función será desempeñada directamente por los componentes activos, como enrutadores y servidores, de la LAN. La red debe tener un alto nivel de disponibilidad, es decir, una elevada calidad de servicio (QoS). Se utiliza el protocolo IP transportado por Ethernet.

El sistema de videovigilancia puede ser unitario, como en el caso de una RLE que utiliza cámaras IP o puede estar distribuido en diferentes locales técnicos remotos. De este modo, se crean puntos de presencia en red (PoP) para dar servicio a las cámaras de una o varias zonas extendidas; un PoP se asimila a un punto de entrada en la red local de la empresa (RLE o LAN).

Ventajas de la vídeoprotección en IP

La vídeoprotección basada en IP se puede integrar en la RLE, lo que permite distancias prácticamente ilimitadas y la grabación desde cualquier punto de la red. Las imágenes se transportan en alta definición y se pueden ampliar sin pérdida de calidad. Las cámaras pueden realizar funciones avanzadas como la gestión de zonas de enmascaramiento, el envío de mensajes de correo electrónico o SMS en caso de detección, etc., y las imágenes se pueden visualizar a distancia en un teléfono móvil, tableta o PC.

Por último, la vídeoprotección IP integrada en la RLE facilita la copia de seguridad mediante la función *network video recorder* (NVR). La función NVR la realizan sistemas informáticos estándar con una gran capacidad de almacenamiento interno o externo (NAS, SAN, etc.) y una arquitectura de software que suele ser de tipo cliente-servidor.

7.3 ONVIF

Open network video interface forum (ONVIF)

Creado en 2008, la asociación Open network video interface forum (**ONVIF**) se ha fijado como misión proporcionar y promover interfaces normalizadas para garantizar la interoperabilidad de los productos de seguridad basados en IP. ONVIF está abierto a cualquier empresa u organización que trabaje en este campo, incluidos fabricantes, desarrolladores de software, consultores, integradores de sistemas y usuarios finales.

ONVIF ha definido varios tipos de "perfil" correspondientes a las especificidades de las interfaces con la red. Ejemplos: perfil A para configurar el control de acceso, perfil C para gestionar eventos en el control de puertas, perfil G para almacenar sistemas de vídeo basados en IP, perfil S para la grabación básica de secuencias de vídeo, etc. En marzo de 2023, ONVIF celebró el hito de los 25.000 productos conformes con las especificaciones de la organización.

Más información en la web de la asociación: https://www.onvif.org/

Capítulo 12
Redes de operadores de fibra óptica

1. Tipología de las redes de fibra óptica

En primer lugar, hay que señalar la evolución de la terminología de influencia estadounidense en este ámbito. El término "explotador" se refiere al hombre o empresa que "hace uso de (algo)". Desde entonces, se habla de explotadores de tierras agrícolas, redes de agua, líneas marítimas, ferrocarriles, luego de gas, electricidad y, por último, redes de telecomunicaciones.

En cuanto a la palabra *operator*, se utilizaba en Norteamérica para las redes de telecomunicaciones no automatizadas. Era la persona encargada de ponerle en contacto con su corresponsal. Por extensión, esta palabra se utilizó para designar a los operadores de las redes de telecomunicaciones americanas, que poco a poco se convirtieron en *operators*. Esta palabra, que antes definía a un empleado encargado de las operaciones, se utiliza ahora para designar a una empresa de telecomunicaciones o de servicios similares.

Despidámonos, pues, de los explotadores de redes de telecomunicaciones, y demos la bienvenida a los operadores de redes.

Para dar una visión de conjunto de estas redes de operadores, la tipología más común se basa en la distancia recorrida: la más larga son las redes submarinas transoceánicas, seguidas de las redes terrestres ampliadas(*wide area network* - WAN), las redes de área metropolitana (*metropolitan area network* - MAN), las redes de distribución y, por último, las redes de servicios. La fibra óptica ha dado lugar a la terminología FTTx *–fiber to the x–*, véase el apartado sobre redes de distribución punto a punto. Todo ello se completa con redes de distribución a antenas de servicios de telefonía móvil (*fiber to the antenna* - FTTA) y redes corporativas para sus propias necesidades (*local area network* - LAN, *data centers*, etc.).

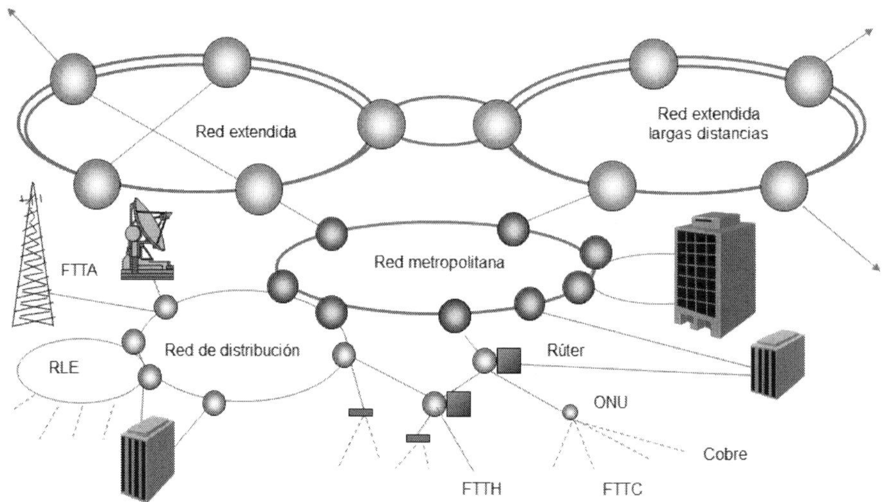

Interconexión de los principales tipos de redes de operadores

Después de los operadores encargados de las redes físicas, aparecieron los operadores de redes virtuales. Venden a los clientes servicios de comunicaciones o afines y utilizan redes físicas, que alquilan total o parcialmente, para transportar estos servicios. Un ejemplo son los operadores móviles virtuales (*mobile virtual network operator* - MVNO).

Veamos los principales tipos de redes de fibra óptica.

2. Redes ampliadas

2.1 Redes transoceánicas y marítimas

2.1.1 Un poco de historia

Ya en la década de 1850 se hicieron los primeros intentos de instalar un cable submarino de cobre para el telégrafo, con resultados infructuosos. Pero finalmente, en 1858, se consiguió. Le siguió una larga serie de instalaciones complementarias con diversas evoluciones técnicas. Un cambio importante se produjo en 1955 con la puesta en marcha del TAT-1, el primer sistema transatlántico de telefonía por cable. El TAT-1 podía transportar simultáneamente 48 circuitos de telefonía analógica. La serie creció constantemente hasta el TAT-6, instalado en 1976 y que transmitía 4.000 canales.

Entonces llegaron los cables de fibra óptica. El primer sistema se instaló en 1982 en las Islas Canarias y, en 1988, llegó el momento de cruzar el Atlántico. En 1992, otra fecha clave, los amplificadores óptico-eléctrico-ópticos fueron sustituidos por amplificadores totalmente ópticos.

Otra fecha importante en las redes transoceánicas de fibra óptica fue 1998, cuando se puso en servicio el cable transatlántico AC-1. Se trataba de la primera red de este tipo diseñada específicamente para la transmisión multiplexada de longitudes de onda. Fue la primera red de este tipo diseñada específicamente para la transmisión por multiplexación de longitudes de onda. Esto permitió transportar 40 Gbit/s a través de cuatro pares de fibras ópticas que unían Nueva York con el Reino Unido, Alemania y los Países Bajos.

La explosión de la demanda de tráfico, impulsada entre otras cosas por Internet y las aplicaciones de vídeo, no hace sino amplificar el despliegue de estas redes que unen continentes. Con velocidades de 100 Gbit/s por longitud de onda, multiplexación de longitudes de onda, repetidores de banda ancha y la llamada tecnología de transmisión "coherente", velocidades de varios terabits por segundo son ya habituales en estas redes.

2.1.2 Algunas cifras

A finales de 2022, había casi 490 cables submarinos de fibra óptica en servicio, que cubrían más de 1,3 millones de kilómetros. Este mercado, valorado en unos 3.500 millones de dólares, está creciendo gracias a proveedores de contenidos como los estadounidenses GAFAMI (Google, Amazon, Meta-Facebook, Apple, Microsoft e IBM), los chinos BATX (Baidu, Alibaba, Tencent y Xiaomi) y empresas indias (Bahrti Airtel, Reliance y Tata Communications). Estos proveedores de contenidos quieren utilizar sus propias redes en detrimento de los operadores tradicionales.

Armadores o instaladores de cables

Este mercado beneficia a los armadores que tienden los cables submarinos, cuya clasificación en 2022 fue:

- 1er ASN - Alcatel submarine network (antigua empresa francesa comprada por Nokia) con una cuota del 33% del mercado mundial de tendido de cables submarinos de fibra óptica;
- 2° SUBCOM, una empresa estadounidense, con el 30%;
- 3° NEC, operador japonés, con un 26%;
- 4° Hengton Marine Networks (antes Huawei), empresa china, con un 10%.

Ejemplos de récords en redes submarinas

Las distancias más largas

- **2Africa**, desplegada por ASN y financiada por el consorcio Orange, Meta (Facebook) y Google. Con **45.000 kilómetros** de longitud y operativa en 2024, unirá tres continentes –Europa, África y Asia– y llevará el acceso a Internet y la telefonía móvil 4G y 5G a una treintena de países africanos.
- **Southern Cross Cable Network** (SCCN), desplegada por ASN y Fujitsu. Tiene **30.500 kilómetros** de longitud y serpentea por el Océano Pacífico para unir Australia, Nueva Zelanda, las islas de la Polinesia y la costa oeste de Estados Unidos.

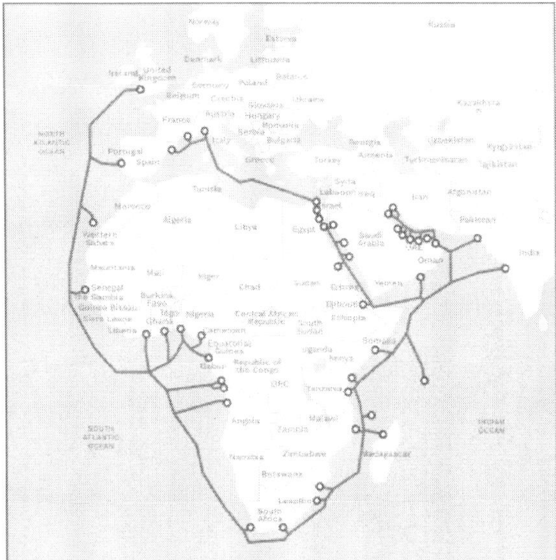

Trazado del cable submarino 2Africa

Las mayores velocidades

- **Amitié**, instalada por ASN en julio de 2023, ofrece un caudal de **400 Tbit/s**. Los principales socios son Meta (antes Facebook), Microsoft, Orange y Vodafone. Atraviesa el océano Atlántico y une Francia (en Le Porge, cerca de Burdeos) y Gran Bretaña con Estados Unidos.
- **Dunant**, instalado por SubCom en enero de 2021, tiene una velocidad de **250 Tbit/s**. Es propiedad exclusiva de Google, que le ha dado el nombre de Henri Dunant, fundador de la Cruz Roja y Premio Nobel de la Paz. Une Saint-Hilaire de Riez (Francia) con Virginia Beach (Estados Unidos).

El mayor número de fibras de un cable

Las fibras ópticas utilizadas en los cables submarinos suelen ser las UIT-T G.654 "Fibras ópticas unimodales de longitud de onda desplazada", también conocidas como SMF-CSF (*singlemode fiber cut-off shifted fiber*) y a veces las UIT-T G.652 "Fibras unimodales de longitud de onda desplazada sin dispersión" (véase Estado de las fibras ópticas unimodales).

La tendencia es aumentar el número de fibras ópticas de un cable para que sea rentable financiar todas las demás operaciones (estudios, costes de tendido en el mar y trabajos en tierra, equipos activos, etc.). A mediados de 2019, Nexans presentó **Odin**, su cable submarino que contiene **2.016** fibras ópticas.

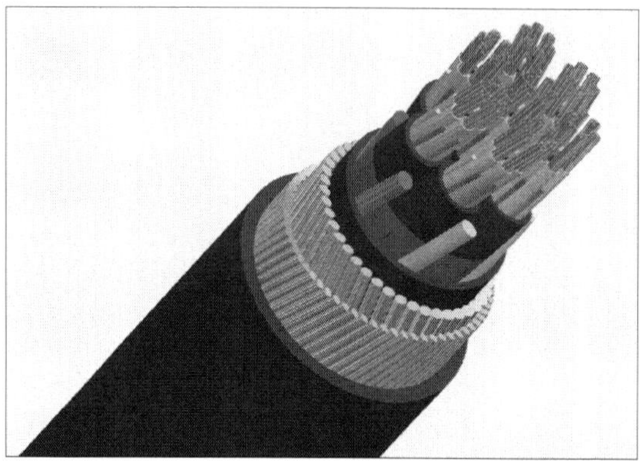

Sección transversal del cable Odin de Nexans

2.1.3 Ejemplos de equipos

Para comprender mejor las redes transoceánicas, he aquí una visión basada en algunos ejemplos: un buque de cableado, un arado submarino, la evolución de los transpondedores, la arquitectura de festones y aterrizaje de un cable en un lago. A este respecto, la palabra "aterrizado" procede del verbo "aterrizar", palabra utilizada en el ámbito marítimo para indicar el hecho de llegar al lecho marino, es decir, a tierra. Con demasiada frecuencia se sustituye por "aterrizaje", del verbo "aterrizar", que procede del ámbito aeronáutico.

Ejemplo de buque de cableado

Los cables submarinos de fibra óptica se tienden en el fondo del océano utilizando buques especializados: los buques de cableado. Las principales diferencias con un buque mercante son los depósitos de cables para su almacenamiento, los desbobinadores de cables, las grúas de pórtico para el lanzamiento de los aparejos, los propulsores giratorios para la maniobrabilidad y una posición estacionaria para operaciones delicadas, etc. Cabe señalar que el puente de mando clásico alberga las últimas tecnologías de navegación y posicionamiento dinámico, pero se complementa con un puesto de mando "cables" para supervisar todas las operaciones de despliegue y mantenimiento.

Sección transversal de un buque cablero

Ejemplo de arado subacuático

Según el tipo de buque de tendido de cables, en la proa o en uno de los costados, hay un ojo de buey. Esto permite lanzar al agua equipos teledirigidos, como flotadores para trazar surcos para enterrar cables, herramientas de desenterramiento y/o elevación de cables, tractores de fondos marinos, vehículos de reparación, robots submarinos, etc.

Ejemplo de equipamiento para cables submarinos

Los pórticos también se utilizan para lanzar las boyas de cable, que pesan hasta cuatro toneladas y se utilizan durante la fase de aterrizaje del cable.

Evolución de los transpondedores

Todos los equipos ópticos, electroópticos y optoelectrónicos utilizados en las redes de transporte por fibra óptica han seguido el ritmo de la evolución específica de este tipo de equipos. He aquí un ejemplo: entre 2002 y 2017, el volumen de armarios transpondedores de una estación terrestre se dividió por cuatro y su rendimiento se multiplicó por diez, por no hablar de la fuerte reducción del consumo de energía.

Evolución de los transpondedores multiterabit para redes submarinas de fibra óptica

2.1.4 Dos ejemplos de instalación Arquitectura de festones

En las arquitecturas de cables transoceánicos, la continuidad del servicio cuando se produce una rotura del cable es un prioritario. Hay varias formas de "rescatar" enlaces: respaldo en anillo, respaldo terrestre, cables de respaldo adicionales, etc.

Destaca la llamada arquitectura "festón", que va de puerto en puerto, con sistemas sin transpondedor. Su principal ventaja es que evita la complejidad de instalar una red terrestre en zonas costeras densamente pobladas o donde el terreno es difícil de excavar.

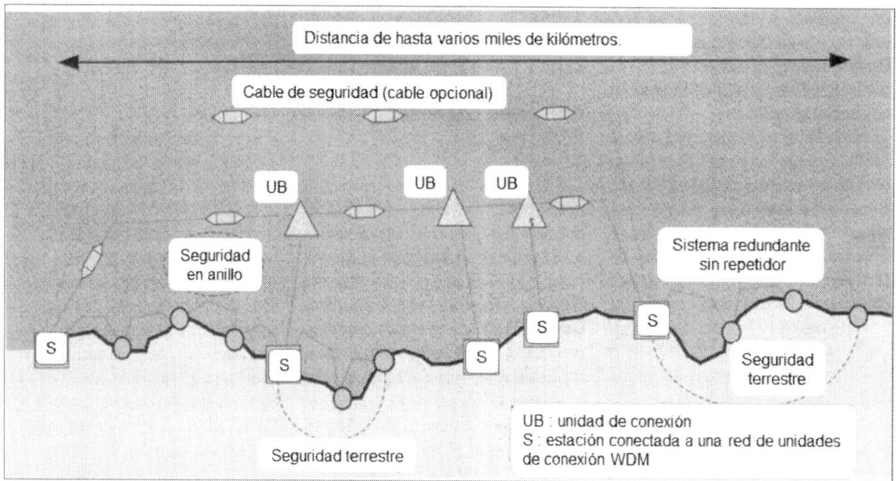

Diagrama esquemático de una red transoceánica, con tramos en retroceso y un ejemplo de festón

Instalación de lagos

Otro ejemplo de instalación en un entorno como un lago: los cables no se pueden tender simplemente en el fondo del mar, sino que se deben proteger y anclar en el lecho del lago. La parcela de aterrizaje incluye la cámara y los equipos necesarios para conectarse a las redes existentes.

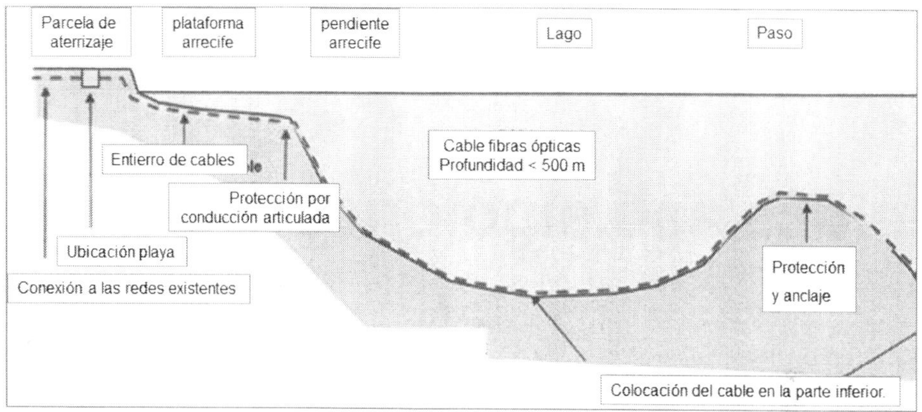

Esquema de instalación de cables en un lago del Pacífico

2.2 Redes terrestres, fluviales y aéreas

2.2.1 Redes terrestres

La primera dificultad para construir redes terrestres es la cantidad de terreno necesario, que es sinónimo de limitaciones jurídicas, administrativas y económicas para el tendido de cables. Algunas soluciones son muy interesantes. Por ejemplo, cuando las redes se pueden instalar junto a otras redes existentes: ferrocarriles, autopistas, ríos y canales, distribución de electricidad, etc.

Las máquinas utilizadas para excavar las zanjas en las que se enterrarán los cables son de tipos muy diferentes, en función de la constitución del suelo y del subsuelo y de los condicionantes medioambientales, urbanos y suburbanos.

Cabe señalar que los equipos para las redes de cables de telecomunicaciones se desarrollaron a partir de las primeras máquinas utilizadas en la agricultura: las ruedas zanjadoras para el drenaje. En las zonas rurales, la zanjadora de cadenas sirve para abrir grandes zanjas. Del mismo modo, una zanjadora de ruedas se puede utilizar, desplazada o no, para hacer zanjas y tender simultáneamente.

Este proceso se complementa con el minicorte y luego microcorte de las sierras, en zonas urbanas, para el despliegue de cables de fibra óptica, que tienen diámetros mucho menores que sus homólogos de cobre. También se utilizan otras cortadoras, en función de las condiciones específicas.

Ejemplo de subsolador para zonas rurales

Ejemplo de microzanjadora para redes FTTx

2.2.2 Redes fluviales

La utilización de vías navegables interiores permite desplegar redes de fibra óptica, pero este inconveniente se compensa con una ventaja muy importante: en el lado negativo, los cables se deben construir teniendo en cuenta las condiciones del agua y su coste será proporcionado. En el positivo, las obras serán más fáciles de planificar y realizar.

El proceso de despliegue de la red se basa en una barcaza motorizada. Esta embarcación arrastra el material necesario para abrir la zanja en el lecho del río, que luego es cortado por una máquina portadora sobre orugas equipada con una reja vibratoria o una rueda zanjadora. Con la reconstrucción natural del lecho del río, el paso de las redes respeta el ecosistema.

Ejemplo de barcaza para redes fluviales

2.2.3 Redes aéreas

La instalación de cables aéreos de fibra óptica es una profesión en sí misma. Requiere el uso de una amplia gama de equipos, como dispositivos de enrollado, conjuntos de anclaje, conjuntos de suspensión, abrazaderas de anclaje, amortiguadores de vibraciones, consolas de suspensión, consolas de fijación, telémetros-clinómetros para medir la luz y la pendiente, etc., por no mencionar los equipos específicos para trabajar en altura, como góndolas e incluso helicópteros.

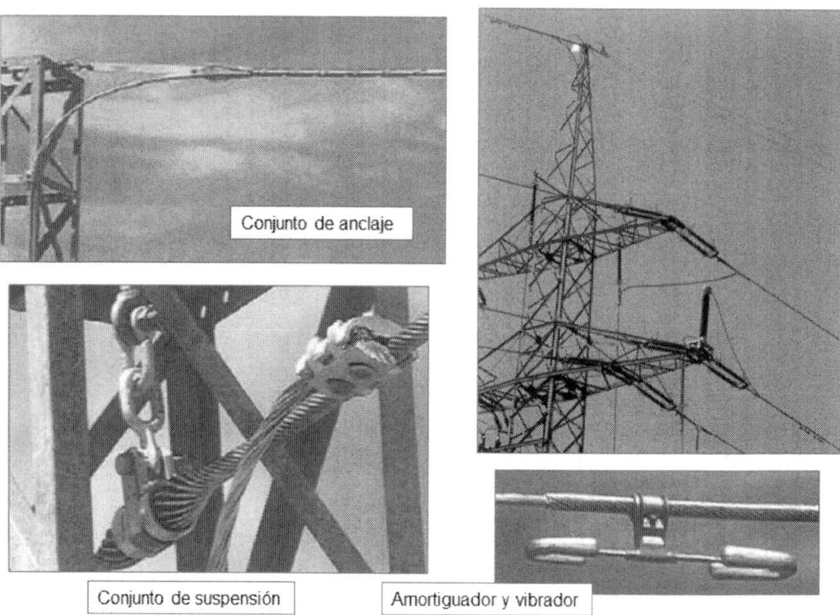

Ejemplos de equipos para cables aéreos de fibra óptica

Hay que tener en cuenta que, a la hora de calcular las cargas en las zonas rurales, hay que tener en cuenta que los cables de fibra óptica son más pesados porque su cubierta está provista de un fusible antiplomo.

2.3 Redes metropolitanas

2.3.1 Una amplia gama de equipos

Las redes metropolitanas son un mundo en sí mismas, un auténtico católogo, con cables instalados en alcantarillas, aéreos, en fachadas, en zanjas dedicadas o compartidas, en recubrimientos dedicados o compartidos, con pasos en zonas urbanizadas y otros en zonas rurales, etc. Lo mismo ocurre con las instalaciones propiedad de un operador de red y otras que serán compartidas en cuanto a fibras ópticas o incluso longitudes de onda con los equipos adecuados.

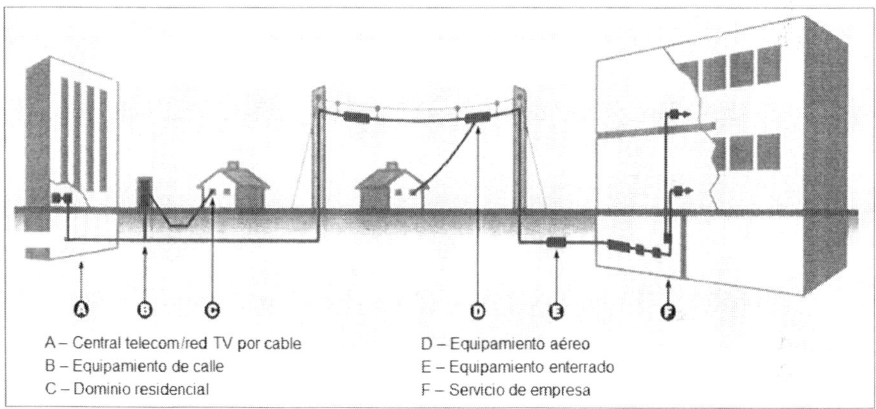

Ejemplo de diversidad en una red metropolitana

En consecuencia, los equipos utilizados para desplegar redes metropolitanas son del mismo orden de diversidad. Para ilustrarlo, elija una caja de empalmes:

- Utilización de la caja de conexiones:
  - Conexión sencilla.
  - Caja de derivación o distribución.
- Características de la caja:
  - Configuración: ramas rectas, de cable o de fibra.
  - Número de entradas y tipo de cables.
  - Disposición de las fibras, número de soldaduras.

– Instalación: en habitación, subterránea, en poste, etc.

Ejemplo de caja de empalmes

2.3.2 Nodo de conexión óptica (ONN)

Uno de los elementos clave de las redes metropolitanas es el nodo de conexión óptica (ONN). De hecho, se trata de una sala de puntos de presencia de los operadores de red compuesta por una gran cantidad de equipos. Se trata de componentes activos como los módulos transceptores ópticos, los puntos de llegada y salida de cables en los emplazamientos a cubrir, los cables ópticos preparados con cada fibra conectada en un cajón en formato 19", ETSI u otros, todo ello combinado con la capacidad de las bahías de distribución para gestionar un gran número de conexiones. Al igual que los centros de datos (*data centers*), el NRO cuenta con una fuente de alimentación de reserva y un sistema de climatización duplicado.

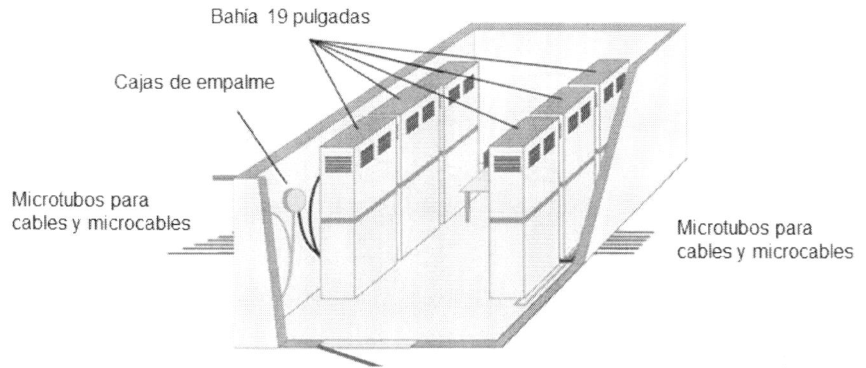

Esquema de un nodo de conexión óptica

2.3.3 Metro Ethernet Forum (MEF)

En todas las redes metropolitanas coexisten diversas arquitecturas y protocolos. En el "ecosistema Ethernet" destaca el Metro Ethernet Forum, una asociación de más de 200 operadores de redes. Esta asociación trabaja por el desarrollo de Ethernet en las redes metropolitanas. De ahí la coexistencia de tres siglas: MAN por *metropolitan area network*, MON, por *metropolitan optical network* y MEN por *metropolitan Ethernet network*.

Las características específicas de estas redes se especificaron en 2005 en una versión inicial de la certificación de servicios de operador de red Ethernet **CE 1.0** (*carrier Ethernet*). Con la versión **CE 2.0** de 2012, se amplió a cientos de productos y servicios certificados por más de 150 operadores de red. Por último, en 2017, la versión **MEF 3.0** introdujo la noción de red de área extensa definida por software (*software-defined wide area network* - **SD-WAN**).

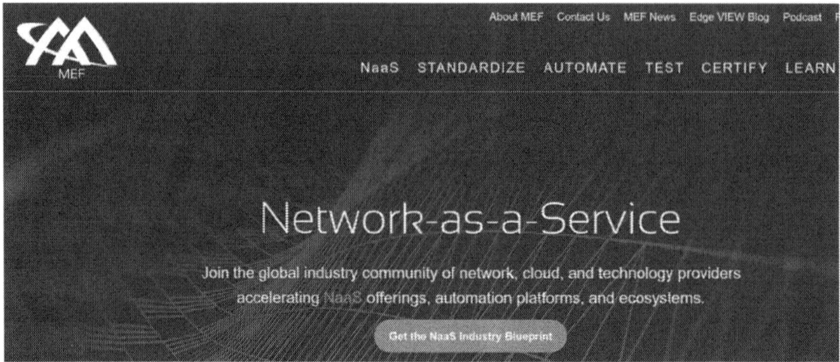

Página web de Metro Ethernet Forum: http://www.mef.net/

Certificación MEF 3.0 SD-WAN

En el primer trimestre de 2019 se adoptó la especificación MEF 3.0 SD-WAN. Esto acelera la adopción y certificación de muchos servicios a través de un ecosistema global de redes automatizadas. Esto está impulsado por la definición de diferentes escenarios de casos que garantizan el equivalente de una estandarización que permite la interoperabilidad entre las soluciones de los distintos actores.

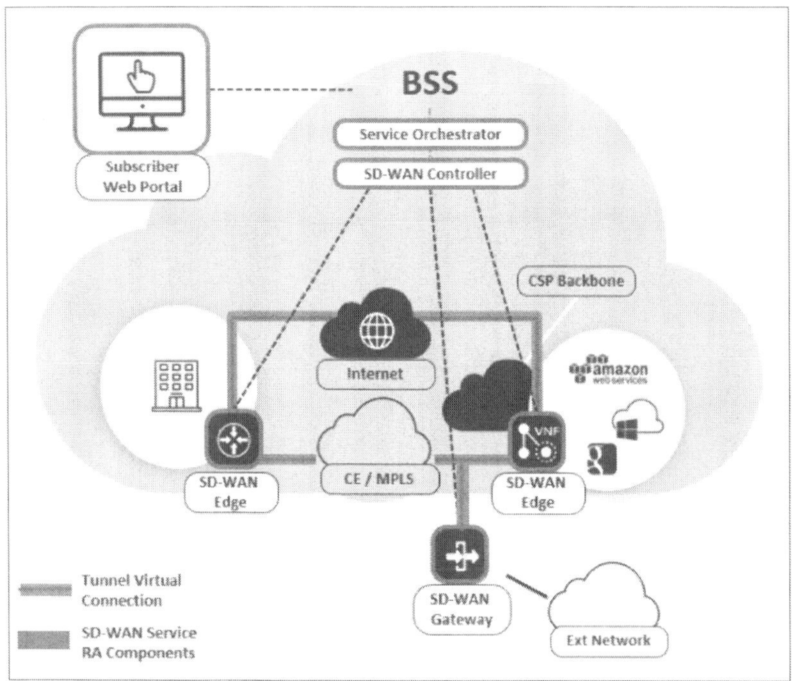

Diagrama de los principales componentes de una SD-WAN

Red como servicio (NaaS)

La siguiente evolución fue considerar una nueva arquitectura basada en la red ofertada (comercializada) como servicio: *Network-as-a-Service* - **NaaS**. Esta nueva generación combina conectividad a la carta, aplicaciones de seguridad y ciberseguridad y servicios basados en la nube (*cloud*) a través de un ecosistema estandarizado. Esto permite a las organizaciones alcanzar sus objetivos sin tener que construir y mantener su propia infraestructura.

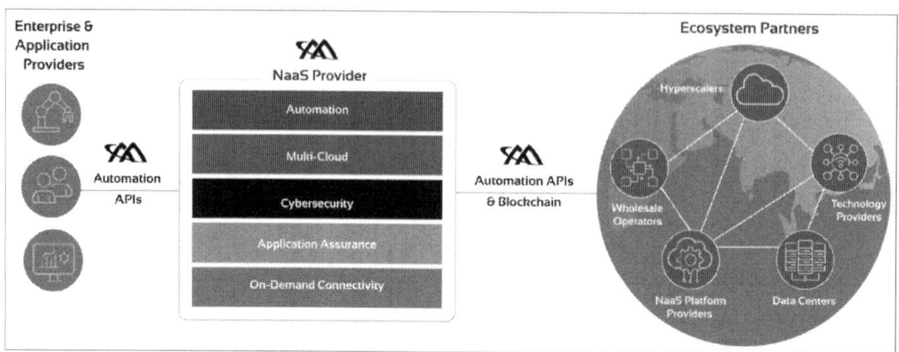

La visión de MEF sobre NaaS

3. Redes de distribución punto a punto

La fuerte demanda de los clientes de servicios que requieren una verdadera banda ancha en el hogar, está impulsando a los proveedores de acceso a internet a ampliar su oferta de servicios de fibra óptica. Y, del mismo modo, el despliegue y la flexibilidad de sus redes de acceso óptico (*optical access network* - OAN), que transportan servicios entre la interfaz usuario-red y la interfaz nodo de servicio y sus redes de distribución óptica (*optical distribution network* - ODN), simbolizadas en inglés por **aw2aw**, es decir, *any wavelength to anywhere*.

Existen dos técnicas principales para llevar la fibra óptica hasta el abonado: tender un par de fibras ópticas desde la central hasta el hogar, lo que se conoce como arquitectura punto a punto o llevar unas pocas fibras lo más cerca posible de un grupo de hogares, para luego dar servicio a los abonados desde este punto, lo que se conoce como tecnología punto a multipunto o red óptica pasiva (*passive optical network* - PON), descrita en la sección Redes ópticas pasivas.

3.1 Punto a punto v/s multipunto

Las arquitecturas activas punto a punto requieren grandes obras de ingeniería civil. Por ello, se despliegan sobre todo en redes nuevas. Sin embargo, sus costes de despliegue se ven compensados, a medida que entran en funcionamiento, por unos costes de mantenimiento mucho menores.

En el modo punto a multipunto, la fibra óptica que une el equipo del ISP con el acoplador óptico pasivo será utilizada por servicios dedicados a varios abonados. Desde el acoplador óptico pasivo, cada abonado será atendido por su propio enlace de fibra óptica.

En consecuencia, los operadores de redes optan por el punto a punto para las redes nuevas y por el punto a multipunto, para rentabilizar toda o parte de una red existente. Hay que señalar que el punto a punto puede evolucionar hacia el punto a multipunto, en función de la evolución de la densidad demográfica.

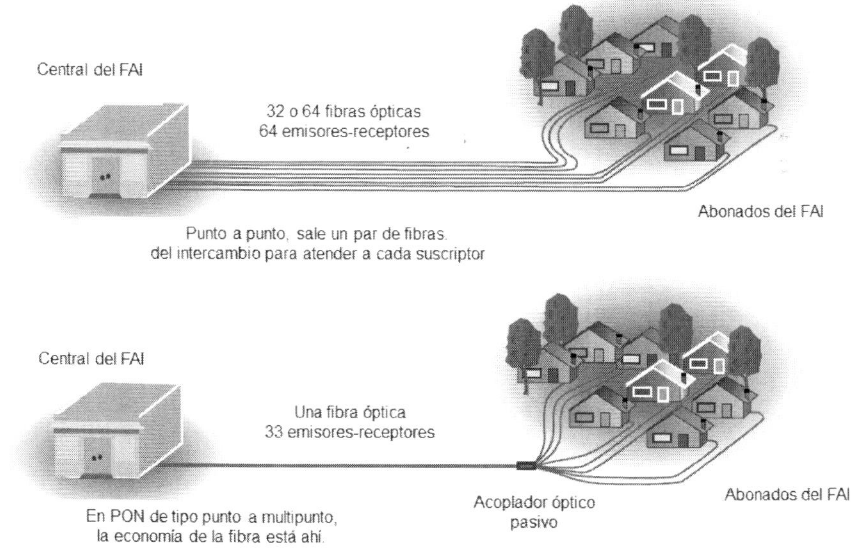

Arquitectura punto a punto frente a arquitectura punto a multipunto

3.2 ¿FTTx?

Existen varios acrónimos para indicar hasta dónde ha desplegado el operador de red sus fibras ópticas. La fibra óptica puede llegar hasta el domicilio del abonado, o casi.

El primero es la fibra hasta el hogar (*fiber to the home* - FTTH). En el segundo caso, los últimos metros, decenas de metros o cientos de metros estarán servidos por cableado de cobre. Este es el caso cuando la fibra llega a los pies del edificio (*fiber to the building* - FTTB), al bordillo o la cuneta (*fiber to the curb* - FTTC, también conocida como *fiber to the kerb* -- FTTK) o al armario de la calle (*fiber to the cabinet* - FTTCab, también conocida como *fiber to the street* - FTTS).

También hay fibra hasta la antena (*fiber to the antenna* - FTTA), fibra hasta el último amplificador (*fiber to the last amplifier* - FTTLA), fibra hasta la oficina (*fiber to the office* - FTTO o el despacho: *fiber to the desk* - FTTD) y la nueva FTTR (*fiber to the room*).

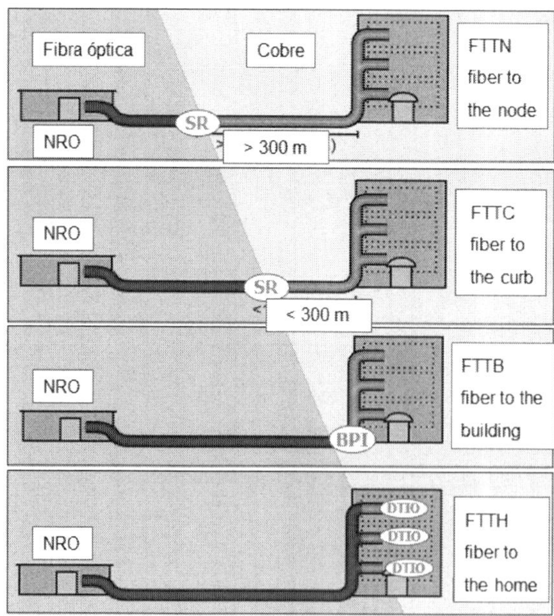

Visión general de algunos FTTx

NRO: nodo de conexión óptica

BPI: caja a pie de edificio

SR: subdistribuidor

DTIO: dispositivo óptico de terminación interna

Díplex o dúplex

Hay que diferenciar entre el funcionamiento **díplex**, que es la comunicación bidireccional que utiliza una longitud de onda diferente para cada dirección de transmisión en una única fibra óptica, y el funcionamiento **dúplex**, que es la comunicación bidireccional que utiliza la misma longitud de onda para ambas direcciones de transmisión en una única fibra óptica.

3.3 Punto a punto de alta velocidad - HS-PtP

3.3.1 Información general sobre HS-PtP

Las redes punto a punto de alta velocidad interesan a:

- los **proveedores de acceso**, que están desplegando ampliamente redes de acceso bidireccionales de fibra óptica para diversas aplicaciones, como fibra hasta el edificio (*fiber to the building*), fibra hasta la empresa (*fiber to the business*), fibra hasta el hogar (*fiber to the home*), fibra hasta la red inalámbrica (*fibre to the wireless*), etc,
- numerosos **fabricantes** ofrecen módulos, subconjuntos, equipos y sistemas de prueba y medición para las transmisiones bidireccionales por fibra óptica,
- los **usuarios** con perfiles muy diversos, como operadores de redes tradicionales, operadores de cable, proveedores de infraestructuras de telefonía móvil, operadores independientes, autoridades locales, organizaciones...

3.3.2 Punto a punto a 10 Gbit/s

Los expertos del UIT-T siempre se han interesado por las redes punto a punto, la arquitectura básica de las redes de telecomunicaciones. Sus trabajos han continuado con las redes de fibra óptica de alta velocidad. Culminaron con la recomendación G.9806, titulada *Higher-speed bidirectional, single fibre, point-to-point optical access system* (***HS-PtP***), publicada en junio de **2020**.

La presente recomendación describe una red de acceso óptico que proporciona un enlace punto a punto desde la central del proveedor de acceso, el terminal de línea óptica (*optical line terminal* - OLT), hasta la toma del abonado (*optical network unit* - ONU), tanto si se trata de un particular como de una organización. La transmisión es bidireccional (BiDi), sobre una única fibra óptica unimodal del tipo UIT-T G.652 o G.657, con una longitud de onda de 1.330 ± 10 nm para el flujo descendente (*downstream*), desde el OLT hasta el ONU, y de 1.270 ± 10 nm para el flujo ascendente (*upstream*), desde el ONU hasta el OLT.

La velocidad de datos soportada es superior a las disponibles hasta ahora, **10 Gbit/s**. Las especificaciones cubren la red de distribución óptica (*optical distribution network* - ODN), la capa física, los requisitos de servicio y las funciones de operación, administración y mantenimiento (*operation, administration and maintenance* - OAM). La modulación es sin retorno a cero (NRZ) y la codificación es 64B/66B, es decir, codificación de un bloque de 8 bytes, o sea, 64 bits codificados en 66 bits. Dependiendo de las pérdidas ópticas del enlace y del rendimiento de los transmisores y receptores, se pueden cubrir distancias de hasta 10, 20 o 40 kilómetros.

Dirección de Internet para la recomendación G.9806:
https://www.itu.int/rec/T-REC-G.9806-202006-I

3.3.3 Punto a punto a 25 Gbit/s

Cuatro meses después, en **octubre de 2020**, la citada recomendación G.9806 se complementó con la **enmienda 1** para aumentar la velocidad a **25 Gbit/s**.

Las especificaciones generales de la recomendación cambian poco con esta modificación. Un ejemplo es la asignación de la gama de longitudes de onda, que es diferente (véase el cuadro siguiente).

Dirección de Internet para la recomendación G.9806 + enmienda 1:
https://www.itu.int/rec/T-REC-G.9806-202010-I!Amd1

3.3.4 Punto a punto a 50 Gbit/s por el UIT-T

En **mayo de 2021**, la recomendación G.9806 anterior se completó con una **enmienda 2** para aumentar la velocidad a **50 Gbit/s**.

Un ejemplo de modificación de las especificaciones generales de la recomendación: la modulación es una modulación de amplitud de impulsos de 4 niveles, es decir, PAM-4 (*pulse amplitude modulation* - 4 levels).

Longitudes de onda

Los rangos de longitud de onda de transmisión de enlace descendente y ascendente se muestran en la siguiente tabla.

Longitud de onda / Velocidad de transmisión	**10 Gbit/s**	**25 Gbit/s**	**50 Gbit/s**
Flujo descendente	1 330 ± 10 nm	1 314 ± 8 nm	1 314 ± 8 nm
Flujo ascendente	1 270 ± 10 nm	1 289 ± 8 nm	1 289 ± 8 nm

Asignación de longitudes de onda de transmisión

Nombres

La recomendación define aplicaciones bidireccionales punto a punto a 50 Gbit/s, según la dirección (descendente o ascendente) y la clase del presupuesto óptico, con distancias de hasta 20 o 40 kilómetros.

Escrito: **nnGBase-B-x-y** donde **nn** = velocidad de datos de 10, 20 o 50 Gbit/s, **Base** = transmisión en banda base, **B** = bidireccional, **x** = clase de presupuesto óptico, es decir, S, A o Bm, **y** = dirección del flujo de información, es decir, D para *downstream* y U para *upstream*.

Clase de presupuesto óptico	Flujo	Flujo descendente (downstream)	Flujo ascendente (upstream)
S	10 Gbit/s	10GBase-B-S-D	10GBase-B-S-U
	25 Gbit/s	25GBase-B-S-D	25GBase-B-S-U
	50 Gbit/s	50GBase-B-S-D	50GBase-B-S-U
A	10 Gbit/s	10GBase-B-A-D	10GBase-B-A-U
	25 Gbit/s	25GBase-B-A-D	25GBase-B-A-U
	50 Gbit/s	50GBase-B-A-D	50GBase-B-A-U
Bm	10 Gbit/s	10GBase-Bm-D	10GBase-B-Bm-U
	25 Gbit/s	25GBase-Bm-D	25GBase-B-Bm-U
	50 Gbit/s	50GBase-Bm-D	50GBase-B-Bm-U

Nombre del PON PtP de 50 Gbit/s:
https://www.itu.int/rec/T-REC-G.9806-202105-I!Amd2

Hay que señalar que los trabajos del UIT-T continúan. Por ejemplo, en marzo de 2023, los expertos presentaron una red bidireccional punto a punto de 100 Gbit/s denominada **100G BiDi PtP**.

3.3.5 Punto a punto a 50 Gbit/s por el IEEE

Desde septiembre de 2022, el proyecto del IEEE titulado *Higher-speed bidirectional, single fibre, point-to-point optical access system* (***HS-PtP***), ha sido confiado al grupo de trabajo **802.3dk**. Su cometido es estudiar las especificaciones de una red punto a punto de **50 Gbit/s**, bidireccional y simétrica, sobre una única fibra óptica unimodal y cubriendo una distancia de hasta 10 kilómetros. Los resultados se esperan para mayo de 2025. Cabe señalar que este proyecto se basa en los trabajos realizados por el UIT-T, incluida la Recomendación UIT-T G.9806 - **Enmienda 2**, vista anteriormente.

Las primeras especificaciones se propusieron para 50 Gbit/s con las versiones 50GBASE-BR10, 50GBASE-BR20 y 50GBASE-BR40 para distancias de 10, 20 y 40 kilómetros respectivamente y con los nombres 50GBASE-BRx-D (*downstream*) para flujos descendentes y 50GBASE-BRx-U (*upstream*) para flujos ascendentes.

A más largo plazo, el grupo de trabajo estudiará la posibilidad de transmitir a velocidades de 100 Gbit/s y 200 Gbit/s y, al mismo tiempo, la posibilidad de ampliar las distancias a 20 kilómetros y luego a 40 kilómetros, la futura **enmienda 3**. Estos trabajos dan lugar a intercambios regulares con el grupo de trabajo del UIT-T dedicado a la misma investigación, el GT 100G BiDi PtP.

En este contexto, Huawei hizo una presentación sobre las redes **100GBASE-BR10** y **100GBASE-BR20**, es decir, la transmisión a 100 Gbit/s en modo bidireccional hasta 10 o 20 kilómetros se garantizó mediante multiplexación de tipo espaciado (CWDM) con cuatro longitudes de onda.

Para más información, visite la página web del grupo de trabajo del IEEE: https://www.ieee802.org/3/dk/index.html

4. Redes ópticas pasivas

Las arquitecturas punto a multipunto son el dominio de las redes ópticas pasivas. Se desarrollan principalmente en las redes de los operadores históricos. Ello obedece a dos razones principales: en primer lugar, por razones económicas, ya que las PON permiten aprovechar al máximo las fibras ópticas ya instaladas, con relativamente pocas limitaciones de ingeniería civil para su despliegue y, en segundo lugar, por razones comerciales, para responder lo mejor posible a la demanda de los usuarios de Internet de mayores velocidades y servicios más diversificados.

4.1 Historia de los PON

No existe UNA red óptica pasiva, sino una familia que ha ido evolucionando con el tiempo para seguir el ritmo del aumento del ancho de banda. Así se desplegaron A-PON, B-PON, E-PON, G-PON, WDM-PON, XG-PON, G.HSP, etc. que coexisten y corresponden a la evolución de las tecnologías y las normas en los últimos veinte años.

Una breve historia de estos avances:

- 1990, primeros pasos hacia la A-PON (ATM PON).
- 1995, creación de FSAN (*full service access networks*) por siete operadores de red: BellSouth, British Telecom, Deutsch Telekom, France Télécom, GTE, NTT y Telecom Italia.

  Primer trabajo formal de la FSAN sobre los PNT, con el objetivo de normalizar los equipos comunes.
- 1998, primeras especificaciones FSAN sobre B-PON (*broadband PON*) adoptadas por la UIT en la recomendación UIT-T G.983.1 y primeros despliegues de B-PON.
- 1999, aparición de IEEE E-PON (*Ethernet PON*) en Estados Unidos.
- En 2000, el IEEE creó un grupo especializado: EFM 802.3ah (*Ethernet first mile*).
- En 2001, la UIT y la FSAN iniciaron los trabajos sobre G-PON (*Gigabit-capable PON*).
- 2003, primeras especificaciones G-PON presentadas en ITU-T G.984.1 y ITU-T G.984.2.
- En 2004, el IEEE aprobó la norma IEEE 802.3ah para E-PON.
- 2005, mejoras de las características G-PON, recomendación G.983.1 del UIT.
- En 2006, Korea Telecom empezó a desplegar WDM-PON o λ-PON.
- 2008, normalización por el IEEE de la evolución de E-PON (o GE-PON) hacia 2,5GE-PON para competir con G-PON.
- En 2009, el IEEE aprobó la norma IEEE 802.3av para 10G-EPON a 10 Gbit/s.
- En 2010, el UIT-T publicó la recomendación G.987 sobre sistemas PON de 10 Gbit/s, conocidos como XG-PON (la letra X significa 10 en números romanos).
- En 2013, la UIT publicó la recomendación G.989.1 sobre PON de 40 Gbit/s, conocida como PON de nueva generación NG-PON2.
- En 2013, el IEEE publicó la enmienda 1 a la norma IEEE 802.3-2012, denominada IEEE 802.3bk-2013.

- 2015, la Recomendación UIT-T G.989.1 de 2013 sobre NG-PON2 de 40 Gbit/s se complementa con las recomendaciones G.989, G.989.2 y G.989.3.
- En 2015, el UIT-T publicó la recomendación G.9802 sobre PON de longitud de onda múltiple, o MW-PON.
- 2015, un año prolífico, el IEEE lanza un grupo de trabajo sobre la viabilidad de la actualización de 10G-EPON a 25 Gbit/s o 25G-EPON y 50 Gbit/s o 50G-EPON.
- En 2016, la UIT definió la PON simétrica de 10 Gbit/s, XGS-PON, en los recomandos G.9807.1 y G.9807.2.
- 2018, la cuarta revisión de las normas Ethernet en ocho secciones, incluida la sección 5 que trata de las redes de acceso de abonados, EFM, 1G-EPON y 10G-EPON.
- 2019, la UIT define G.HSP (*gigabit high-speed PON*), redes PON de 25 y 50 Gbit/s, en la recomendación G.9804.1.
- En 2021, la UIT completará la recomendación G.9804.1 del G.HSP con las recomendaciones G.9804.2 y G.9804.3.
- En 2022, la UIT publicó la recomendación G.9805 "Coexistencia de sistemas de redes ópticas pasivas", que propone tres métodos para la coexistencia de distintas generaciones de PON en una red de distribución óptica.
- 2022, la quinta revisión de las normas Ethernet en nueve secciones. La nueva sección 9, con las cláusulas 141 a 144 y los anexos asociados, establece las especificaciones para las redes ópticas pasivas Nx25G-EPON, tanto simétricas como asimétricas, que transmiten a 10, 25 y 50 Gbit/s.

4.2 Primeros PON

A-PON

El primero del mercado, en los años 90, fue A-PON o ATM PON (*asynchronous transfer mode PON*). Transportaba flujos de datos en modo de transferencia asíncrono dentro de encapsulaciones. Dedicada a aplicaciones profesionales, fue pionera, pero muy pronto fue sustituida por la B-PON.

B-PON

B-PON o *Broadband PON* (PON de banda ancha), se ha implantado ampliamente en lugar de A-PON gracias a sus características mejoradas, como mayor ancho de banda y asignación dinámica a distintos flujos de datos. Sus características son fruto del trabajo entre la UIT y el grupo FSAN (*full service access network*) de fabricantes y proveedores de servicios de telecomunicaciones.

La UIT normalizó los sistemas B-PON mediante la recomendación UIT-T G.983.1, publicada en octubre de 1998 y modificada y enmendada en 2005. Los sistemas B-PON pueden ser simétricos o asimétricos: la velocidad nominal de línea descendente es de 155 Mbit/s, 622 Mbit/s o 1,25 Gbit/s y la velocidad nominal de línea ascendente es de 155 o 622 Mbit/s.

E-PON

Paralelamente, en Estados Unidos se creó E-PON o *Ethernet PON*, una red basada en el protocolo Ethernet y normalizada por el IEEE a mediados de 2004 bajo la referencia IEEE 802.3ah. Se definió en el contexto del "primer kilómetro", la que va del abonado al equipo central del ISP, el marco del primer kilómetro o EFM (*Ethernet First Mile*).

Los flujos ascendente y descendente tienen velocidades simétricas de 1,25 Gbit/s. El concepto EFM consiste en combinar el protocolo Ethernet con el principio PON para ofrecer una tecnología de red de acceso de bajo coste.

1GE-PON (1 gigabit Ethernet PON) es otro nombre para E-PON.

G-PON

Después llegó G-PON (*Gigabit-capable PON*), una evolución de B-PON desarrollada por las mismas partes interesadas, la UIT y la FSAN.

G-PON tenía un triple objetivo: admitir el protocolo Ethernet además del ATM; aumentar el caudal escalable a 2,5 Gbit/s y mejorar el nivel de seguridad del transporte de información.

En 2004, la UIT ratificó el trabajo en su conjunto a través de dos recomendaciones: UIT-T G.984.1 y UIT-T G.984.2, que han sido actualizadas periódicamente y completadas por las recomendaciones G.984.3, G.984.4 y G.984.5, G.984.6 y G.984.7.

ITU-T G.984.1 *Gigabit-capable passive optical networks (GPON): General characteristics*, describe las características generales de un sistema óptico pasivo capaz de velocidades de datos de gigabit por segundo, actualizada en 2008 y modificada en 2009 y 2012.

UIT-T G.984.2 *Gigabit-capable Passive Optical Networks (G-PON): Physical Media Dependent (PMD) layer specification*, define una red de acceso de fibra óptica que se puede escalar para satisfacer las necesidades de ancho de banda de clientes empresariales y residenciales, a velocidades de datos simétricas o asimétricas. Estas especificaciones se han complementado con la introducción de la gestión de terminales de red óptica (*optical network terminal* - ONT) a través de la interfaz óptica de gestión y control (*optical management & control interface* - OMCI). En la edición de 2019 se ha publicado una actualización.

UIT-T G.984.3 *Gigabit-capable passive optical networks (G-PON): Transmission convergence layer specification* describe las especificaciones de la capa de convergencia de transmisión. Su tercera edición se publicó en 2014.

La especificación **UIT-T G.984.4** *Gigabit-capable Passive Optical Networks (G-PON): ONT management and control interface specification* de 2008 trata de la gestión de las entidades que participan en las transmisiones de estas redes gigabit. En 2014 se publicó una actualización, seguida de una enmienda en 2020.

ITU-T G.984.5 *Gigabit-capable passive optical networks (GPON): Enhancement band* de 2007 define longitudes de onda adicionales reservadas para la transmisión de señales de servicio adicionales mediante multiplexación por división de longitud de onda en redes ópticas pasivas, con el fin de mejorar la rentabilidad de las redes de distribución óptica (*optical distribution network* - ODN). Esta recomendación solo se refiere a las llamadas transmisiones **dúplex**, es decir, transmisiones bidireccionales que utilizan dos longitudes de onda diferentes en la misma fibra óptica. En 2014 se publicó una nueva versión con anexos.

En particular, detalla las funciones de multiplexación por división de longitud de onda que permiten combinar o aislar segmentos de longitud de onda dedicados a TWDM-PON y PtP-WDM-PON. Esta recomendación se modificó en 2018 y 2020, y en 2022 se publicó una tercera edición.

Los primeros productos G-PON se comercializaron en 2005. El despliegue masivo sobre el terreno en 2006 puso de manifiesto la necesidad de cubrir distancias más largas, de ahí que el **UIT-T G.984.6** *Gigabit-capable passive optical networks (GPON): Reach extension*. Mediante el uso de amplificadores ópticos, la aplicación G-PON "extendida" proporcionará una cobertura de hasta 60 kilómetros. Para ofrecer una mayor flexibilidad, el UIT-T ha publicado una recomendación complementaria, **UIT-T G.984.7** *Gigabit-capable passive optical networks (GPON): Long reach* en 2010. Cubre distancias de entre 0 y 40 kilómetros.

Dado el interés suscitado por G-PON, con una velocidad de datos de 2,5 Gbit/s, se creó un grupo de trabajo en el IEEE para estudiar la viabilidad de actualizar E-PON o GE-PON a estas mismas velocidades de datos: era el **2,5GE-PON**.

4.3 PON de 10 Gbit/s

Dos normas se reparten el "mundo" de los PON a 10 Gbit/s: la **10G-EPON** del IEEE y la **XG-PON** del UIT-T, que se presenta en dos tipos: XG-PON1, que admite 10 Gbit/s de bajada y 2,5 Gbit/s de subida, y XG-PON2, que ofrece 10 Gbit/s simétricos de bajada y subida. El más reciente, el NG-PON2 de 40 Gbit/s, completa la gama.

4.3.1 10G-EPON

En 2009, el IEEE publicó la norma IEEE 802.3av-2009, enmienda 1 a la norma IEEE 802.3-2008. Define las especificaciones y los parámetros de gestión de la capa física de las redes ópticas pasivas de 10 Gbit/s, conocidas como 10G-EPON.

Esta enmienda define las transmisiones simétricas, 10 Gbit/s en sentido descendente y 10 Gbit/s en sentido ascendente o asimétricas, con 10 Gbit/s en sentido descendente y 1 Gbit/s en sentido ascendente.

Todo ello se recogió y recopiló en la reelaboración de todas las normas Ethernet en 2012, luego en 2015 y, finalmente, en 2018: **IEEE 802.3-2018**, una edición compuesta por ocho secciones. La **sección 5** trata de las redes de acceso de abonados. Entre otras cosas, define **10GBASE-PR** (simétrica con 10 Gbit/s de bajada y subida), también conocida como 10/10G-EPON, y **10GBASE-PRX** (asimétrica con 10 Gbit/s de bajada y 1 Gbit/s de subida), también conocida como 10/1G-EPON.

La edición de 2022 –**IEEE 803.2-2022**– añadió una sección 9 pero reforzó las demás secciones de 2018, incluidas las presentadas anteriormente.

Para tener en cuenta los presupuestos ópticos, estos PON se dividen a su vez en ocho tipos, en función de las distancias cubiertas y las relaciones de acoplamiento, de ahí el cuadro siguiente con D = *downstream* (flujo descendente) y U = *upstream* (ascendente).

Tipo de PNT		**Flujo descendente**	**Flujo ascendente**	**Distancia mínima**	**Relación de acoplamiento**
10GBASE-PR-D1	10GBASE-PR-U1	10 Gbit/s	10 Gbit/s	10 km	1:16
10GBASE-PR-D2	10GBASE-PR-U2	10 Gbit/s	10 Gbit/s	20 km	1:16
				10 km	1:32
10GBASE-PR-D3	10GBASE-PR-U3	10 Gbit/s	10 Gbit/s	20 km	1:32
10GBASE-PR-D4	10GBASE-PR-U4	10 Gbit/s	10 Gbit/s	20 km	1:64
10/1GBASE-PRX-D1	10/1GBASE-PRX-U1	10 Gbit/s	1 Gbit/s	10 km	1:16
10/1GBASE-PRX-D2	10/1GBASE-PRX-U2	10 Gbit/s	1 Gbit/s	20 km	1:16
10/1GBASE-PRX-D3	10/1GBASE-PRX-U3	10 Gbit/s	1 Gbit/s	20 km	1:32
10/1GBASE-PRX-D4	10/1GBASE-PRX-U4	10 Gbit/s	1 Gbit/s	20 km	1:64

Las fibras ópticas utilizadas en esta enmienda son fibras unimodales correspondientes a CEI 60793-2 B-652 e CEI 60793-2 B-657, similares a ITU-T G.652 e ITU-T G.657.

4.3.2 XG-PON

En 2010, el UIT-T publicó la recomendación G.987 sobre sistemas PON a 10 Gbit/s, conocida como XG-PON (en números romanos, X = 10), a la que siguieron rápidamente la edición 2 y una nueva versión aprobada en 2012. Esta recomendación **UIT-T G.987** *10-Gigabit-capable passive optical network (XG- PON)*, no se utiliza por sí sola, sino junto con otras cuatro recomendaciones complementarias:

- **UIT-T G.987.1** *Gigabit-capable passive optical networks (XG-PON) : General requirements*, publicada en 2010 y modificada en 2012 para describir la interoperabilidad de XG-PON con el protocolo IEEE 1588 (*precision timing protocol* - PTP), también conocido como "relojes distribuidos" (*distributed clocks* - DC). La versión de 2016 amplía la gama de servicios prestados a empresas y consumidores.
- **UIT-T G.987.2** *10 Gigabit-capable passive optical networks (XG-PON) : Physical media dependent (PMD) layer specification*, publicada en 2010 y anulada y sustituida por la versión de 2010, modificada a su vez en 2012. La versión de 2016 especifica las limitaciones de las redes de distribución óptica (*optical distribution network* - ODN). La enmienda 1 de 2017 aporta actualizaciones técnicas. En 2023 se publicó una nueva edición que introduce, entre otras cosas, límites de ruido fuera de banda de las unidades ONU con el fin de reducir el impacto en otros sistemas PON.
- **UIT-T G.987.3** *10 Gigabit-capable passive optical networks (XG-PON) : Transmission convergence (TC) layer specification*, publicada en 2010 y modificada en 2012 para aclarar la cláusula de seguridad de la red e introducir facilidades de gestión, identificación y autenticación. La versión 2 se publicó en 2014 y, en 146 páginas, recoge y completa todas las especificaciones. La enmienda 1, de 2020, explica la compatibilidad con el concepto de asignación dinámica de ancho de banda (*dynamic bandwidth assignment* - DBA) y la enmienda 2, de 2021, armoniza la tabla de clases de la red de distribución óptica (*optical distribution network* - ODN).

- **ITU-T G.987.4** *10 Gigabit-capable passive optical networks (XG-PON) : Reach extension*, publicada en 2012. Dependiendo del tipo de XG-PON y de los presupuestos ópticos considerados, las distancias pueden alcanzar los 20 o 40 kilómetros. Sin embargo, la función *Reach extension*, a través de equipos como regeneradores o amplificadores ópticos, permite alcanzar distancias de hasta 60 kilómetros.

Existen dos tipos principales de XG-PON: **XG-PON1**, con velocidades de 10 Gbit/s en sentido descendente y 2,5 Gbit/s en sentido ascendente y **XG-PON2**, con velocidades simétricas de 10 Gbit/s en cada sentido. En cuanto a las relaciones de acoplamiento, las recomendaciones anteriores recomiendan las relaciones convencionales de 1:32 o 1:64. Sin embargo, no prohíben las relaciones de 1:32 o 1:64. Sin embargo, no prohíben 1:128 o incluso 1:256, lo que algunos operadores de red se permiten hacer, ¡para disgusto de los abonados!

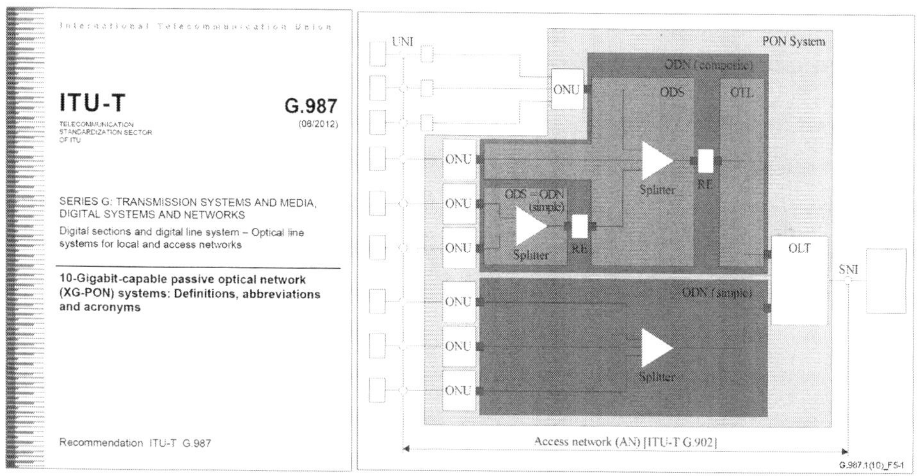

Recomendación UIT-T G.987 para XG-PON:
https://www.itu.int/rec/T-REC-G.987-201206-I/en

4.3.3 XGS-PON

XGS-PON, con S de simétrico, es una variante de XG-PON. Se trata de una red óptica pasiva para redes de acceso, con velocidades de datos simétricas de 10 Gbit/s en sentido descendente y 10 Gbit/s en sentido ascendente. La XG-PON asimétrica o disimétrica está dedicada a aplicaciones de "gran público", mientras que la XGS-PON simétrica puede satisfacer mejor las necesidades de las empresas y los servicios de estaciones base de radio. Está normalizado por el UIT-T mediante dos recomendaciones y una enmienda.

- **ITU-T G.9807.1** *10-Gigabit-capable symmetric passive optical network (XGS-PON)*, 2016, aconseja que, en la medida de lo posible, las recomendaciones para las capas de red G-PON, XG-PON y NG-PON2 se mantengan para las capas de red XGS-PON. Esto se aplica en términos de características o rendimiento. Por ejemplo, las transmisiones tienen lugar en las mismas longitudes de onda que las PON existentes, lo que garantiza la coexistencia con estas redes.

  Se admiten tramas Ethernet, como las de 10GE-PON y servicios Ethernet del *Metropolitan Ethernet Forum* (MEF). La XGS-PON también proporciona sincronización de tiempo y frecuencia entre la OLT (primaria) y las ONU (secundarias), tal como se define en la norma IEEE 1588.

  Una nueva versión en 2023 especifica, entre otras cosas, los límites de ruido fuera de banda de las unidades de red óptica (ONU), para reducir el impacto en otros sistemas de la misma red de distribución óptica (ODN).

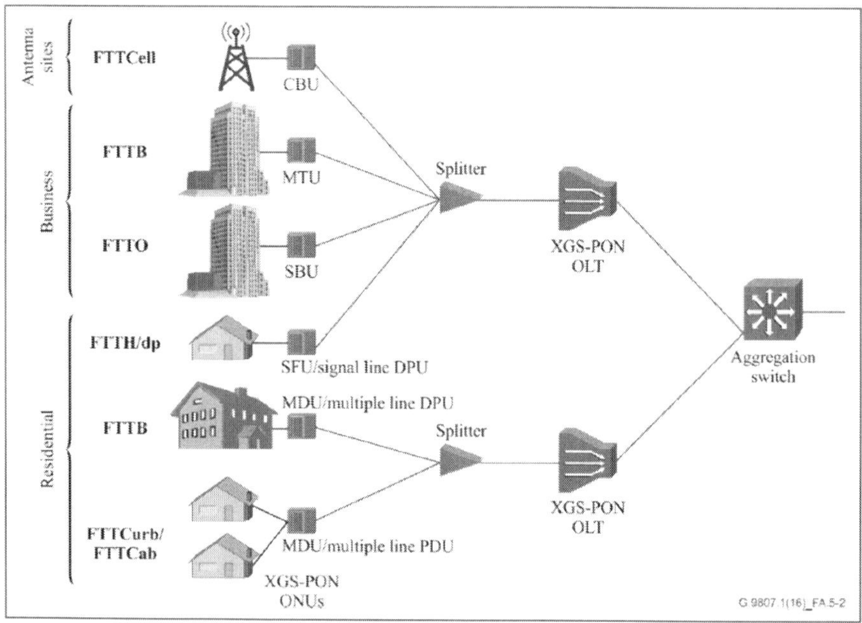

UIT-T G.9807.1: Algunos escenarios de arquitectura de red XGS-PON: https://www.itu.int/rec/T-REC-G.9807.1-202302-I

- **ITU-T G.9807.2** *10-Gigabit-capable symmetric passive optical network (XGS-PON): Reach extension*, de 2017, proporciona la información necesaria para que las distancias cubiertas, entre el LTO y las ONUs del XGS-PON, puedan alcanzar hasta 60 kilómetros, gracias al uso de equipos de tipo regenerador o amplificador óptico.
- La **enmienda 1**, de 2018, añade detalles como la ampliación del alcance (*reach extension*) y el ancho de banda. Aclara el ancho de banda de las longitudes de onda opcionales, de 1.480 a 1.500 nanómetros en sentido descendente y de 1.300 a 1.320 nanómetros en sentido ascendente, además de las longitudes de onda básicas de 1.260 a 1.280 nanómetros.

4.4 MW-PON y WDM-PON

4.4.1 Arquitectura WDM-PON

La técnica de multiplexación por división de longitud de onda MLO (*wavelength division multiplexing* - WDM), presentada en el capítulo de Multiplexación por longitud de onda, se aplica a los PON. Consiste en proporcionar dos longitudes de onda –una de bajada y otra de subida– para cada cliente, posiblemente en una única fibra óptica. De este modo, ya no es necesario agregar los flujos ascendentes de los abonados a la central y se simplifican los componentes de la red. Este es el principio en el que se basa WDM-PON, también conocido como λ-PON.

A mediados de 2007, Korea Telecom se convirtió en el primer operador en instalar una WDM-PON. A la hora del despliegue, el reto no era técnico, sino económico. Por ejemplo, para la transmisión, la WDM requería costosos láseres DFB (*distributed feedback*) o láseres sintonizables de banda estrecha. Una de las formas de reducir costes era utilizar la multiplexación gruesa (*coarse* WMD - CWDM), que tiene una mayor separación entre longitudes de onda, pero requiere láseres menos potentes.

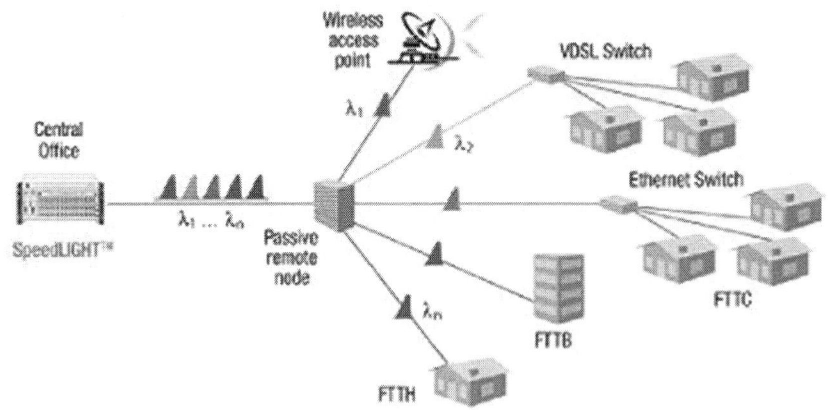

Arquitectura del WDM-PON

En 2013, con la llegada de los PON de alta velocidad, la multiplexación por división de longitud de onda cobró protagonismo y encontró sus mercados. Los operadores combinan una arquitectura lógica punto a punto, que proporciona a los clientes una longitud de onda segura, cuya velocidad se puede aumentar en caso necesario, con una topología física de fibra punto a multipunto. Como resultado, los operadores de red obtienen un mayor rendimiento de la fibra instalada. Además, el uso de amplificadores ópticos del tipo EDFA (*erbium-doped fiber amplifier*) permite distribuir la señal a distancias muy largas.

Además, en 2015, el UIT-T publicó la recomendación UIT-T G. 9802 para redes ópticas pasivas de longitud de onda múltiple o **MW-PON**. A esta le siguieron en 2021 dos nuevas recomendaciones UIT-T G.9802.1 y G.9802.2 para redes ópticas pasivas multiplexadas por división de longitud de onda o WDM-PON.

4.4.2 MW-PON

La recomendación **UIT-T G.9802** *Multiple-wavelength passive optical networks (MW-PONs)* de 2015 describe los requisitos generales y la arquitectura de las redes ópticas pasivas de longitudes de onda múltiples. Especifica la asignación de longitudes de onda en estos sistemas, así como las funcionalidades para la gestión de recursos, el rendimiento del canal de transmisión y la supervisión.

Las especificaciones de esta recomendación se pueden aplicar a diversos sistemas PON, como:

- Múltiples sistemas de multiplexación por división de tiempo (TDM-PON) en una única red de distribución (ODN), asignando diferentes longitudes de onda a cada sistema TDM-PON con equipos sintonizables por longitud de onda para los transceptores ópticos.
- Un sistema TDM-PON mejorado mediante control dinámico o semidinámico de la asignación de carga de tráfico, suspensión de puertos, etc.
- Una WDM-PON en la que las ONU no comparten longitudes de onda para ofrecer una conectividad lógica punto a punto.
- Sistemas híbridos que combinan las opciones anteriores u otras.

Además, esta recomendación G.9802 considera tres posibilidades para ajustar las longitudes de onda que sirven a las ONU: longitud de onda fija, controlada eléctricamente o controlada ópticamente. En el **anexo A** se describen las mejoras introducidas en XG-PON por la transmisión en multi longitud de onda; en el **anexo I** se describen las mejoras introducidas en 10GE-PON.

La **enmienda 1**, de 2015, proporciona detalles y aclaraciones adicionales a la recomendación G.9802, y también indica que las especificaciones de esta G.9802 se pueden aplicar a la NG-PON2 definida por la recomendación G.989.2.

Esta enmienda incluye un a**nexo B** titulado *Multiple wavelength PONs with WM-based ODN*. En él se describe la arquitectura de las redes de acceso óptico MW-PON con una ODN basada en multiplexación-demultiplexación por división de longitud de onda (WM). Se pueden utilizar equipos opcionales para ampliar las distancias cubiertas. Existen varios tipos de arquitectura, con o sin acopladores ópticos, que se pueden incorporar antes o después de los multiplexores-demultiplexores. Cada unidad óptica de cliente (ONU) debe estar servida por un par de longitudes de onda, una para el flujo descendente y otra para el ascendente; las ONU no pueden compartir ninguna longitud de onda.

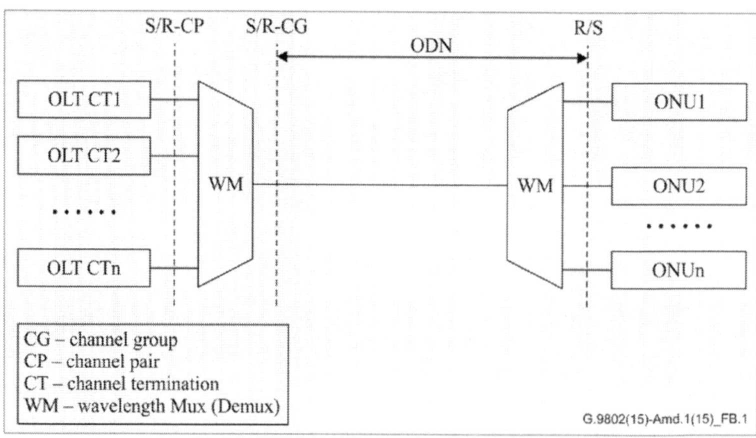

Ejemplo de arquitectura MW-PON con una red de distribución (ODN) basada en multiplexores-demultiplexores por división de longitud de onda (WM): https://www.itu.int/rec/T-REC-G.9802-201504-I

4.4.3 WDM-PON

Dos recomendaciones del UIT-T especifican las redes ópticas pasivas basadas en multiplexación por división de longitud de onda o WDM-PON: G.9802.1 y G.9802.2.

UIT-T G.9802.1

La recomendación UIT-T G.9802.1 titulada *Wavelength division multiplexed passive optical networks (WDM PON): General requirements*, se publicó en 2021. Fue complementada por la enmienda 1 en 2023.

Describe los requisitos de la WDM-PON encaminada en longitudes de onda por la red de distribución óptica (*optical distribution network* - ODN) en términos de arquitectura y sistema: velocidades de línea, número de canales, número de terminales de línea óptica (*optical line terminal* - OLT), unidades de red óptica (*optical network unit* - ONU), modularidad y seguridad. La velocidad de datos simétrica nominal admitida permite combinaciones de 10 o 25 Gbit/s por longitud de onda. Se detallan otros requisitos, como los relativos a las interfaces, la capa física, el funcionamiento, la sincronización y las opciones de resiliencia y protección.

La **enmienda 1** añade requisitos para la protección contra fallos de terminación de canal (*channel termination* - CT), redes de distribución ODN o ambas en WDM-PON.

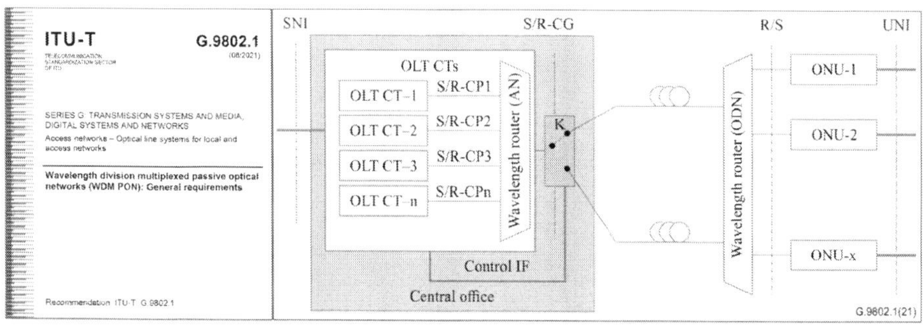

Recomendación G.9802.1 para WDM-PON:
https://www.itu.int/rec/T-REC-G.9802.1-202108-I

UIT-T G.9802.2

La recomendación UIT-T G.9802.2, titulada *Wavelength division multiplexed passive optical networks (WDM PON): physical media dependent (PMD) layer and transmission convergence (TC) layer specification*, se publicó en 2023.

Describe una red de distribución óptica enrutada por longitud de onda (*wavelength routed optical distribution network* - WR-ODN) basada en WDM-PON. Forma parte de la recomendación WM-PON G.9802, vista anteriormente, que especifica una PON que utiliza multiplexación por división de longitud de onda en una ODN.

La norma UIT-T G.9802.2 también tiene en cuenta la capa dependiente del medio físico (*physical media dependent* - PMD) con arquitectura, longitudes de onda, pérdidas del camino óptico, especificaciones del transmisor y del receptor, así como la capa de convergencia de transmisión (*transmission convergence* - TC) con codificación de corrección de errores (*forward error correction* - FEC), métodos de implementación para funciones de gestión, proceso y mensajes, etc.

Recomendación G.9802.2: https://www.itu.int/itu-t/recommendations/rec.aspx?rec=15548

5. PON de alta velocidad

Hay cinco tipos principales de PON de alta velocidad:

- **NG-PON2** de l'UIT-T a 40 Gbit/s, definida en 2013, PON de longitud de onda múltiple, ampliamente instalada y cuyas características se actualizan periódicamente para seguir el ritmo de la evolución de estos sistemas.
- **25G-PON** a 25 Gbit/s y **50G-PON** a 50 Gbit/s del UIT-T, PON basadas en velocidades de más de 10 Gbit/s por longitud de onda, definidas en 2008.
- Los IEEE **25GE-PON** a 25 Gbit/s y **50GE-PON** a 50 Gbit/s cuyos trabajos de normalización se han publicado en la quinta revisión de las normas Ethernet - IEEE 802.3-2022 - en la sección 9 cláusulas 141 a 144 y anexos asociados.
- Los *higher speed PON* (**HSP**) del UIT-T.

– Los **Super-PON** de la IEEE.

5.1 NG-PON2 à 40 Gbit/s

De marzo de 2013 a junio de 2023, de recomendación en recomendación y de enmienda en enmienda, estas redes evolucionan y se despliegan regularmente. En pocas palabras, las principales características de la NG-PON2 son una arquitectura TWDM con 4 a 8 pares de longitudes de onda, un flujo descendente a 2,5 o 10 o 40 Gbit/s, un flujo ascendente a 2,5 o 10 Gbit/s, una distancia entre la central y el abonado de hasta 20, 40 o 60 km, una tasa de acoplamiento de 1 para 32, 64 y hasta 256 abonados. Visita guiada.

UIT-T G.989.1

Para seguir el ritmo de la demanda de mayores velocidades, la UIT publicó en 2013 una recomendación sobre redes capaces de realizar transmisiones a 40 Gbit/s, la recomendación **UIT-T.989.1** titulada: *40-Gigabit-capable passive optical networks 2 (NG-PON2): General requirements*.

Especifica las características de una red óptica pasiva que proporciona un flujo descendente de 40 Gbit/s, mediante la agregación de cuatro veces 10 Gbit/s y un flujo ascendente de 10 Gbit/s. Esta red de nueva generación, la NG-PON2, es una red de acceso "flexible" capaz de soportar las demandas de ancho de banda de los servicios a empresas, abonados individuales y redes troncales de aplicaciones de telefonía móvil.

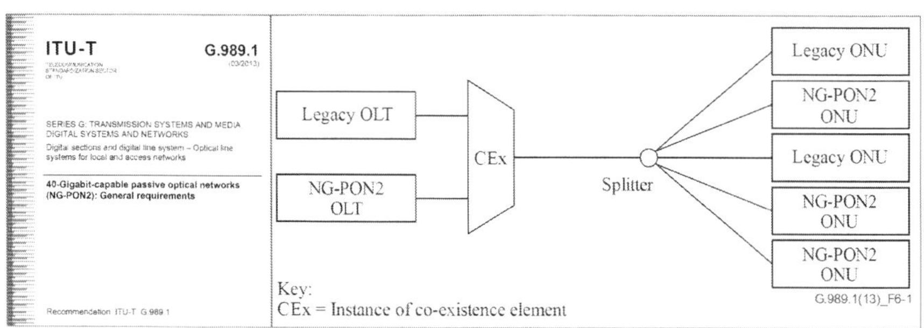

Recomendación UIT-T G.989.1 para NG-PON2:
https://www.itu.int/rec/T-REC-G.989.1-201303-I/en

La **enmienda 1**, de agosto de 2015, proporciona más información sobre la protección y restauración de estas redes NG-PON2 utilizando sistemas de acceso de longitud de onda múltiple y esquemas de longitud de onda flexibles.

UIT-T G.989.2

En 2014, la recomendación G.989.1 fue complementada por la recomendación **UIT-T G.989.2** *40-Gigabit-capable passive optical networks 2 (NG-PON2): Physical media dependent (PMD) layer specification*.

Especifica las características de la multiplexación híbrida de canales de transmisión –multiplexación por división de tiempo y longitud de onda– conocida por las siglas **TWDM PON** (*time and wavelength division multiplexing - passive optical network*). Funciona a velocidades de 10 Gbit/s y 2,5 Gbit/s en los flujos descendente y ascendente. Obviamente, las longitudes de onda utilizadas por la NG-PON2 coexisten con las de las PON tradicionales y las redes de infraestructura, como las de distribución o las metropolitanas.

Una opción muy interesante es que esta red punto a multipunto se puede transformar en una red punto a punto en una de las longitudes de onda utilizadas, que se puede elegir en función de las necesidades, de ahí el acrónimo **PtP WDM PON** (*point-to-point - wavelength division multiplexing - passive optical network*) con un par de longitudes de onda por abonado. Las velocidades de transmisión son de 1,25 Gbit/s, 2,5 Gbit/s o 10 Gbit/s, según el WDM del cliente.

La **enmienda 1**, de 2016, retoma la totalidad de G.989.2 y la completa garantizando la evolución de las características de la capa física de los medios (fibras ópticas unimodales G.652 y G.657). Entre otras cosas, proporciona tablas de parámetros para los ocho canales TWDM, correcciones de errores en PtP WDM, interfaces ópticas, etc. La **enmienda 2**, de 2017, sigue en la misma línea que la enmienda 1: garantizar el futuro a largo plazo de las redes NG-PON2. Dos ejemplos: Anexo X *Upstream PMD examples for TWDM PON* y asignación dinámica de banda ancha (*dynamic bandwidth assignment* - DBA).

Y estos cambios, para seguir el ritmo de la evolución, han continuado y se han materializado en 2019 con la publicación de una nueva versión, ITU-T **G.989.2 Rev2**, para la evolución de las especificaciones de la capa PMD. Posteriormente, en 2020, una **enmienda 1** a esta última versión actualizará algunos de los valores utilizados en la capa PMD.

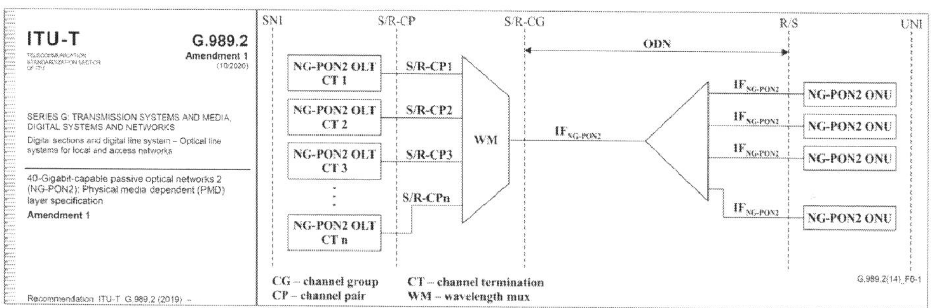
ITU-T G.989.2
TELECOMMUNICATION STANDARDIZATION SECTOR OF ITU
Amendment 1 (10/2020)
SERIES G: TRANSMISSION SYSTEMS AND MEDIA, DIGITAL SYSTEMS AND NETWORKS
Digital sections and digital line system – Optical line systems for local and access networks
40-Gigabit-capable passive optical networks 2 (NG-PON2): Physical media dependent (PMD) layer specification
Amendment 1
Recommendation ITU-T G.989.2 (2019) –

Recomendación UIT-T G.989.2 para NG-PON2: https://www.itu.int/rec/T-REC-G.989.2-201902-I

UIT-T G.989.3

Las características de las redes NG-PON2 se completan con la recomendación G.989.3 *40-Gigabit-capable passive optical networks (NG-PON2): Transmission convergence layer* de 2015. Esta capa de convergencia de transmisión (*transmission convergence* - TC) es la capa de protocolo del sistema NG-PON2 que se sitúa entre la capa dependiente del medio físico (*physical media dependent* - PMD) y los servicios del cliente.

Esta recomendación también recomienda las subcapas para la adaptación a los servicios, incluido el método de encapsulación en los sistemas ópticos pasivos de 10 Gigabits (*10-Gigabit passive optical network encapsulation method* - XGEM) y las estructuras de trama. El anexo III trata de la transmisión de datos en ráfaga.

La **enmienda 1**, de 2016, incorpora la totalidad de la recomendación G.982.3 y proporciona detalles y aclaraciones adicionales, como para la corrección de errores de transmisión con la inserción de bytes de paridad.

La **enmienda 2**, de 2018, sigue en la misma línea. Por ejemplo, especifica los enlaces entre canales TWDM, así como adiciones y cambios en el funcionamiento y capa física de gestión (*physical layer operation and management* - PLOAM) entre la terminación de línea óptica (*optical line termination* - OLT) y la unidad de red óptica (*optical network unit* - ONU).

La **enmienda 3**, de 2020, especifica el uso de números de secuencia (*sequence number* - SeqNo) en los mensajes PLOAM ascendentes y la distinción entre contadores y parámetros para controlar la calidad de funcionamiento. También garantiza la actualización periódica de las especificaciones.

En 2021 se publicó una nueva **ITU-T G.989.3 Rev2**. Destaca que esta recomendación es parte integrante de la serie UIT-T G.989, que comprende G.989, G.989.1 y G.989.2, junto con G.988. La red NG-PON2 también forma parte de la familia UIT-T G.9802.

En 2023 se publicó una **enmienda 1** a la actualización de 2021. Incorpora puntos relativos al mantenimiento y, en el apéndice XI, describe el comportamiento de una unidad de red en estado crítico e introduce el código de desactivación descendente.

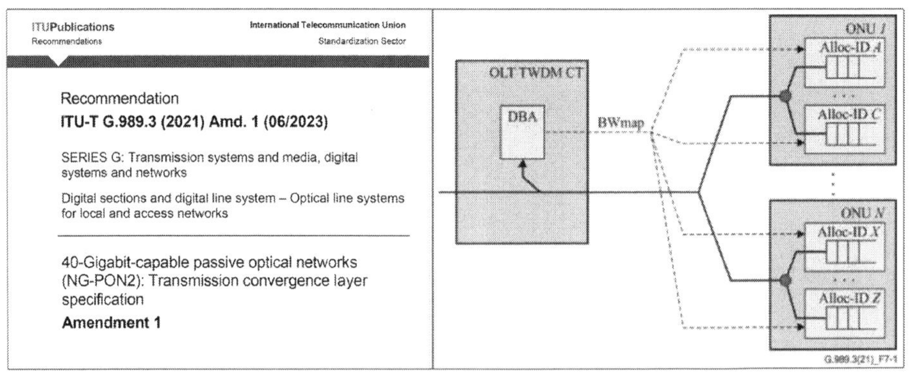
ITUPublications
Recommendations
International Telecommunication Union
Standardization Sector

Recommendation
ITU-T G.989.3 (2021) Amd. 1 (06/2023)

SERIES G: Transmission systems and media, digital systems and networks

Digital sections and digital line system – Optical line systems for local and access networks

40-Gigabit-capable passive optical networks (NG-PON2): Transmission convergence layer specification

Amendment 1

Recomendación UIT-T G.989.3 para NG-PON2:
https://www.itu.int/rec/T-REC-G.989.3-202306-I!Amd1

UIT-T G.989

Para ayudar a navegar por el vocabulario de las redes NG-PON2, en octubre de 2015 el UIT-T publicó la recomendación G.989 *40-Gigabit-capable passive optical networks (NG-PON2): Definitions, abbreviations and acronyms*. En ella se recogen varias docenas de definiciones, desde AN (*access network*) hasta WS (*wavelength selected*).

Esta recomendación, muy práctica, se puede descargar de forma gratuita y legal en el sitio web del UIT-T: https://www.itu.int/rec/T-REC-G.989/es

Relaciones de acoplamiento

Más allá de las normas, a los operadores les interesa la relación de acoplamiento. Cuanto más alta sea, más beneficiosa será para ellos, porque darán servicio a un mayor número de abonados en las fibras ópticas instaladas. Pero hay que respetar dos reglas.

Regla nº 1: a medida que aumenta el número de abonados a los que hay que prestar servicio, la distancia se reduce.

Ejemplo de red G-PON de 1 Gbit/s		
Relación de acoplamiento	**La mejor opción sobre el terreno**	**Norma mínima**
1:8	38 km	30 km
1:16	30 km	23 km
1:32	21 km	15 km
1:64	14 km	10 km

Regla nº 2: a medida que aumenta el número de abonados, disminuye el ancho de banda por cliente.

	G-PON		NG-PON2 4 x 10/10	NG-PON2 8 x 10/10
Ratio acoplamiento	**Enlace descendente de 2,5 Gbit/s**	**Flujo ascendente 1,25 Gbit/s**	**Flujo descendente y ascendente**	**Flujo descendente y ascendente**
1:16	156 Mbit/s	78 Mbit/s	2 5 Gbit/s	5 Gbit/s
1:32	78 Mbit/s	39 Mbit/s	1,125 Gbit/s	2,5 Gbit/s
1:64	39 Mbit/s	19 Mbit/s	625 Mbit/s	1,125 Gbit/s
1:128	19 Mbit/s	9,5 Mbit/s	312 Mbit/s	625 Mbit/s

5.2 25G-PON y 50G-PON del UIT-T

La carrera por el ancho de banda continúa.... Por eso, en febrero de 2018, la UIT-T publicó la **Serie G - Suplemento 64** titulado *PON transmission technologies above 10 Gbit/s per wavelength*. En él se describen las características de las transmisiones por fibra óptica **superiores a 10 Gbit/s por longitud de onda** entre la terminación de línea óptica (OLT) en el operador de red y la unidad de red óptica (ONU) del abonado. Establece los retos que deben afrontar estas redes de acceso y especifica los requisitos que deben cumplir. Estos PON también se conocen como **G.HSP** (*Gigabit.high speed PON*).

En este suplemento se consideran diversos aspectos, como la modulación de la señal, el diseño de transmisores y receptores ópticos y su dependencia de la longitud de onda. También se considera la coexistencia de las distintas redes de acceso existentes y las redes de longitud de onda utilizadas. El objetivo es proporcionar más ancho de banda en las redes G-PON, XG-PON, XGS-PON y TWDM-PON para poder prestar más servicios.

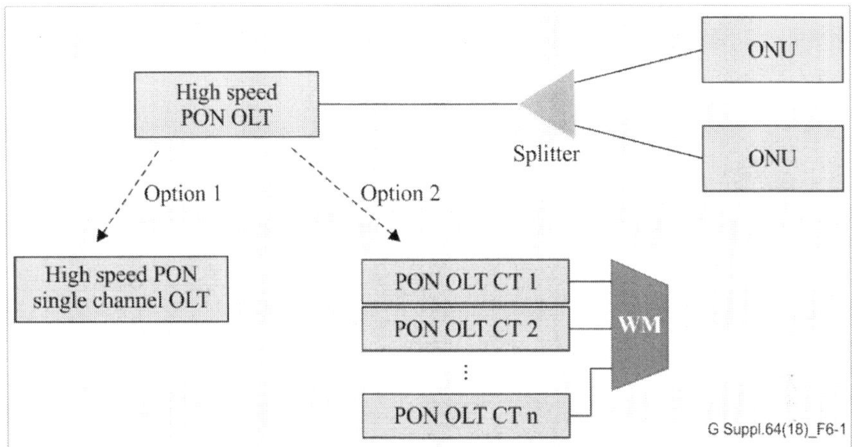

Ejemplo de arquitectura PON de alta velocidad, fuente Suplemento 64 - Serie UIT-T G: https://www.itu.int/rec/T-REC-G.Sup64/en

Características generales

Los PON de alta velocidad del UIT-T –suplemento G. 64– proporcionan velocidades de 25 Gbit/s y 50 Gbit/s o más, por longitud de onda, con varias combinaciones posibles entre los flujos descendente y ascendente. Ejemplos:

PON	Velocidad flujo descendente	Velocidad flujo ascendente
25 GB no equilibrados	25 Gbit/s	10 Gbit/s
25 GB simétricos	25 Gbit/s	25 Gbit/s
50 GB no equilibrados	50 Gbit/s	10 Gbit/s
50 GB no equilibrados	50 Gbit/s	25 Gbit/s
50 GB equilibrados	50 Gbit/s	50 Gbit/s

Otras características generales son una relación de acoplamiento propuesta de 1:32 y 1:64, una distancia mínima de 20 kilómetros, el uso de fibras ópticas G.652 o G.657, la asignación dinámica de ancho de banda al LTO y la coexistencia con otros PON como G-PON, XG-PON, XGS-PON y NG-PON2.

Esto se ha complementado y mejorado con la llegada de PON de mayor velocidad (HSP), véase la subsección Higher speed PON (HSP) del UIT-T más adelante.

5.3 25GE-PON y 50GE-PON de la IEEE

Para no quedarse atrás en la carrera de la velocidad de los PON, el IEEE creó un grupo de trabajo dedicado a las velocidades de 25 y 50 Gbit/s. Los resultados se incorporaron a la 5 reelaboración de la norma IEEE 802.3, que ahora se llama IEEE 802.3-2022. Los resultados se incorporaron a la 5ª reelaboración de la norma IEEE 802.3, que ahora se denomina IEEE 802.3-2022. Se explican en la sección 9ª de las cláusulas 141 a 144 y anexos asociados.

Algunos puntos clave sobre estas cláusulas...

La cláusula 141 describe la subcapa dependiente del medio físico (*physical media dependent* - PMD) para redes ópticas pasivas que operan a velocidades de bajada de 25 Gbit/s, conocidas como **25G-EPON** o 50 Gbit/s, conocidas como **50G- EPON** y velocidades de subida de 10, 25 o 50 Gbit/s.

La transmisión puede alcanzar los 20 kilómetros y se realiza a través de una fibra óptica UIT-T G.652.D o G.657.A:

- para el 25G-EPON, a una longitud de onda de 1358 ±2 nanómetros para el flujo descendente (DW0), y a 1270 ±2 nm (UW0) y 1300 ±2 nm (UW1) para el flujo ascendente,
- para 50G-EPON, mediante la multiplexación de dos longitudes de onda a 1358 ±2 nm (DW0) y 1342 ±2 nm (DW1), para el flujo descendente y a 1270 ±2 nm (UW0) y 1300 ±2 nm (UW1) o 1300 ±2 nm y 1320 ±2 nm (UW2) para el flujo ascendente. Las distintas opciones de mezcla se denominan:

Flujo descendente/ descendente	DW	UW	LTO PMD	ONU PMA
25G/10G	DW0	UW0	25/10GBASE-PQG-D2 25/10GBASE-PQG-D3	25/10GBASE-PQG-U2 25/10GBASE-PQG-U3
	DW0	UW1	25/10GBASE-PQX-D2 25/10GBASE-PQX-D3	25/10GBASE-PQX-U2 25/10GBASE-PQX-U3
25G/25G	DW0	UW0	25GBASE-PQG-D2 25GBASE-PQG-D3	25GBASE-PQG-U2 25GBASE-PQG-U3
	DW0	UW1	25GBASE-PQX-D2 25GBASE-PQX-D3	25GBASE-PQX-U2 25GBASE-PQX-U3
50G/10G	DW0 + DW1	UW0	50/10GBASE-PQG-D2 50/10GBASE-PQG-D3	50/10GBASE-PQG-U2 50/10GBASE-PQG-U3
	DW0 + DW1	UW1	50/10GBASE-PQX-D2 50/10GBASE-PQX-D3	50/10GBASE-PQX-U2 50/10GBASE-PQX-U3
50G/25G	DW0 + DW1	UW0	50/25GBASE-PQG-D2 50/25GBASE-PQG-D3	50/25GBASE-PQG-U2 50/25GBASE-PQG-U3
	DW0 + DW1	UW1	50/25GBASE-PQX-D2 50/25GBASE-PQX-D3	50/25GBASE-PQX-U2 50/25GBASE-PQX-U3
50G/50G	DW0 + DW1	UW0 + UW1	50GBASE-PQG-D2 50GBASE-PQG-D3	50GBASE-PQG-U2 50GBASE-PQG-U3
	DW0 + DW1	UW1 + UW2	50GBASE-PQX-D2 50GBASE-PQX-D3	50GBASE-PQX-U2 50GBASE-PQX-U3

DW = *downstream wavelength*

UW = *upstream wavelength*

OLT PMD = *optical line terminal physical media dependent*

ONU PMD = *optical network unit physical media dependent*

5.4 Higher speed PON (HSP) del UIT-T

El UIT-T ha publicado tres recomendaciones que establecen las especificaciones de la PON de alta velocidad, los ***higher speed PON***, también conocida como **HSP**.

5.4.1 Recomendación UIT-T G.9804.1

La recomendación UIT-T **G.9804.1** titulada *Redes ópticas pasivas de banda ancha - Requisitos* se publicó en 2019 y la enmienda 1 en agosto de 2021. Las redes de alta velocidad se definen como redes con velocidades de transmisión de datos superiores a 10 Gbit/s y destinadas a hogares, empresas, redes de transporte de telefonía móvil (por ejemplo, 5G) u otras aplicaciones.

Esta recomendación contribuye al desarrollo de redes ópticas pasivas (PON) de alta velocidad al identificar las aplicaciones que se pueden admitir y definir los requisitos de estas redes. Son posibles varios sistemas de red distintos, por ejemplo: un sistema PON monocanal de alta velocidad (PON TDMA - *time-division multiple access* o AMRT - acceso múltiple por reparto temporal), un sistema PON multicanal de alta velocidad (PON TWDM - *time and wavelength division multiplexing*) y un sistema PON superpuesto punto a punto de alta velocidad.

La **enmienda 1** incorpora todos los elementos de la norma y establece nuevos requisitos para estas redes PON de alta velocidad.

Ejemplos de arquitecturas de redes HSP

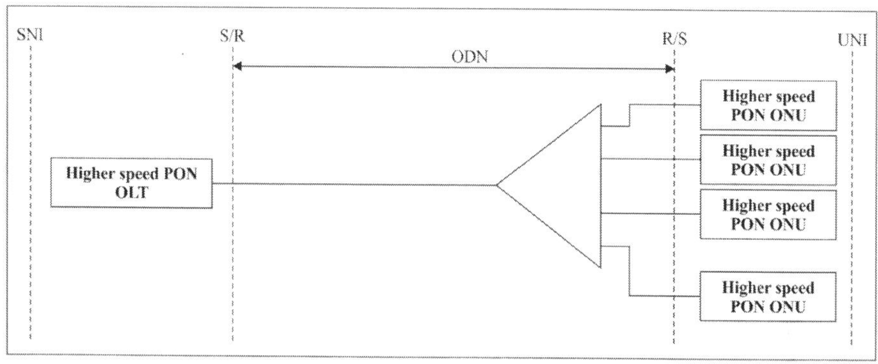

SNI = *service node interface*, OLT = *optical line terminal*,
ODN = *optical distribution network*, ONU = *optical network unit*,
UNI = *user network interface*.

Sistema TDM/TDMA de un PON de alta velocidad HSP

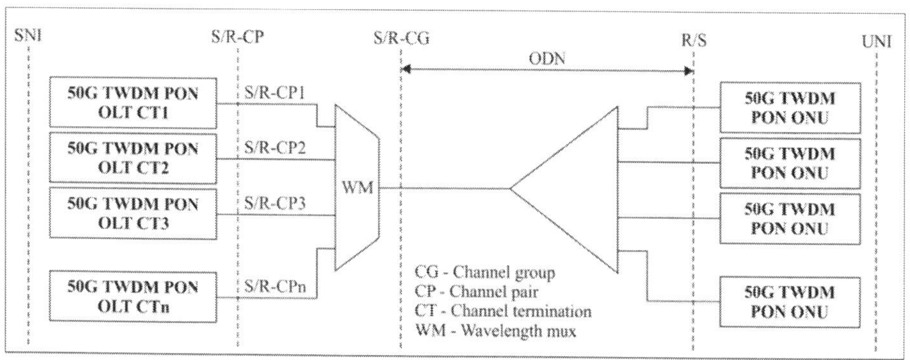

Sistema PON a 50 Gbit/s en TWDM

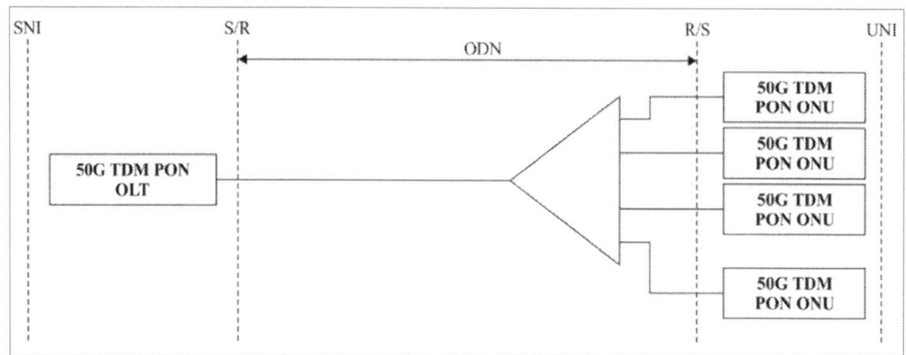

Sistema PON a 50 Gbit/s en TDM

Velocidades y distancias

Los HSP pueden ser **simétricos**, con 50 Gbit/s de bajada y 50 Gbit/s de subida, o **asimétricos**, con dos posibilidades o bien 50 Gbit/s de bajada y 25 Gbit/s de subida o bien 50 Gbit/s de bajada y 12,5 Gbit/s de subida. Las relaciones de acoplamiento autorizadas son 1:16, 1:32 y 1:64, en función del presupuesto óptico pero, por razones económicas, algunos proveedores se permiten relaciones de 1:128 e incluso 1:256 en detrimento de la velocidad entregada al abonado.

El **diferencial de las distancias** entre el LTO y la ONU más cercana, por un lado, y entre el LTO y la ONU más lejana, por otro, puede ser de 20 o 40 kilómetros. La distancia máxima cubierta es de 60 kilómetros, excepto para la aplicación de la red de transporte 5G, en la que se limita a 10 kilómetros debido a los tiempos de latencia requeridos por la red de telefonía móvil. Las fibras ópticas recomendadas son las fibras ópticas unimodales UIT-T G.652 y G.657.

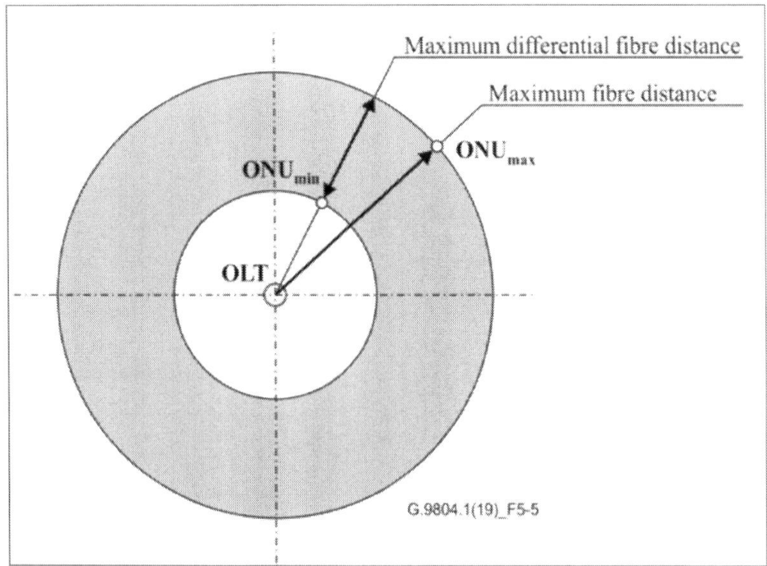

Diferencial de distancia entre LTO y ONU:
https://www.itu.int/rec/T-REC-G.9804.1-202108-I!Amd1/es

Escenarios de evolución

La recomendación describe las posibilidades de actualización de redes existentes como G-PON (serie de recomendaciones UIT-T G.984.x), XG-PON (serie de recomendaciones UIT-T G.987.x), XGS-PON (serie de recomendaciones UIT-T G.9807.x), 10G-EPON (norma IEEE 802.3av) y TWDM PON (serie de recomendaciones UIT-T G.989.x) a HSP.

5.4.2 Recomendación UIT-T G.9804.2

La recomendación UIT-T G.804.2 titulada *Redes ópticas pasivas de alta velocidad - Especificación de la capa común de convergencia de transmisión* se publicó en 2021, seguida de la enmienda 1 en 2023.

Esta recomendación especifica la capa de convergencia de transmisión común (*common transmission convergence* - **ComTC**) de las redes ópticas pasivas de alta velocidad (HSP), que proporcionan acceso óptico para aplicaciones de consumo, empresariales, de red de transporte de telefonía móvil (por ejemplo, 5G) y otras. El funcionamiento de las HSP definido no tiene en cuenta las velocidades de transmisión, el número de longitudes de onda o la modulación de la señal.

Un sistema HSP proporciona flexibilidad en términos de protocolos, mejora el funcionamiento de las interfaces dependientes del medio físico (*physical media dependent* - PMD) y lo hace sin afectar a la capa ComTC asociada. La capa ComTC es la capa de protocolo HSP situada entre la capa dependiente del medio físico PMD y los clientes. Se basa en las recomendaciones UIT-T G.987.3, G.9807.1 y G.989.3, y admite funciones como la flexibilidad de la velocidad de transmisión, el funcionamiento con una o varias longitudes de onda y la modulación de la señal.

La recomendación UIT-T G.9804.2 forma parte integrante de la serie de recomendaciones UIT-T G.hsp, incluidas G.9804.1 y otras recomendaciones relativas a la capa PMD, junto con UIT-T G.988 sobre la interfaz de gestión y control de ONU (*ONU management and control interface* - OMCI).

La **enmienda 1** incorpora todos los elementos de la recomendación y, además, define la longitud de onda de activación, la descripción de la secuencia de procesamiento para la generación del bloque de sincronización física (*physical synchronization block* - PSBd), la codificación FEC y el scrambling, una modificación de las condiciones de resolución de colisiones, la definición de códigos de error (*forward error correction* - FEC) ascendentes opcionales y las mediciones asociadas. Añade un anexo B para diversos cambios, como la modificación del mensaje PLOAM "*Physical Layer Operations, Administration and Maintenance*" (PLOAM), la modificación del nombre del mensaje PLOAM "ONUID Assignment"/"Collision Information", además de una adición relativa a los "Golden Vectors".

Arquitectura de la capa ComTC

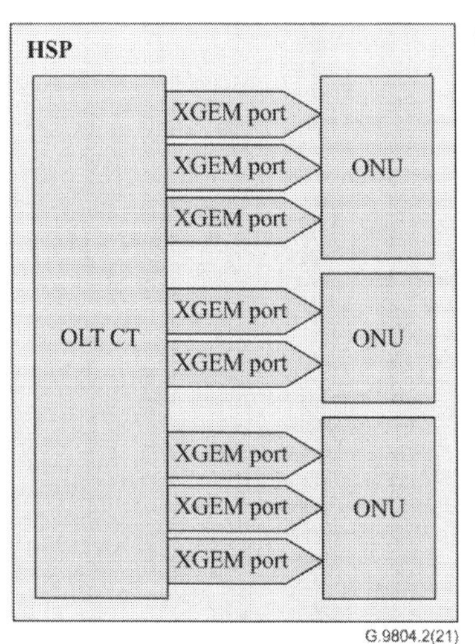

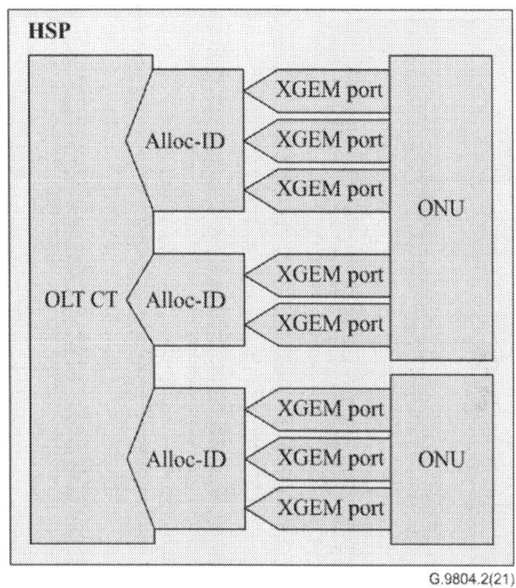

(XGEM = 10-Gigabit-capable PON Encapsulation Method, CT = channel termination, Alloc-ID = Allocation Identifier)

Multiplexación del flujo descendente, a la derecha, y del flujo ascendente, a la izquierda, recomendación G.9804.2:
https://www.itu.int/rec/T-REC-G.9804.2-202302-I!Amd1

5.4.3 Recomendación UIT-T G.9804.3

La recomendación UIT-T G.9804.3 *50 Gbit/s Passive Optical Network* (**50G-PON**): *especificaciones de la capa dependiente del suporte física* (physical media dependent PMD) se publicó en 2021, seguida de la enmienda 1 en 2023.

Esta recomendación describe las redes ópticas pasivas con una velocidad de transmisión de datos de 50 Gbit/s, conocidas como 50G PON, destinadas a aplicaciones en hogares, empresas, conexiones a redes de transporte de telefonía móvil (por ejemplo, 5G), etc. Como todas las redes PON, funciona sobre una base punto a multipunto y **asimétrica**, con una velocidad de bajada de 50 Gbit/s y de subida de 12,5 o 25 Gbit/s. La recomendación también proporciona referencias, definiciones de términos utilizados, acrónimos y abreviaturas, así como especificaciones para la capa PMD.

La diferencia de distancia entre el LTO y la ONU más cercana, por un lado, y el LTO y la ONU más lejana, por otro, es de 20 kilómetros. Se está desarrollando una versión que aumenta esta distancia a 40 kilómetros.

La **enmienda 1** incorpora todos los elementos de la recomendación y añade una tercera longitud de onda para el flujo descendente, denominada "**variante 3**", que garantiza la coexistencia de un triple WDM con redes GPON, XG-PON y XGS-PON. Esta enmienda también define los parámetros para las interfaces ópticas de 50 Gbit/s en sentido ascendente, lo que da lugar a un HSP **simétrico** de 50/50 Gbit/s, así como las características de densidad espectral de potencia fuera de banda de la unidad ONU.

Variante 3

La variante 3, también denominada "Opción 3", definida en la enmienda 1 G.9804.3 del UIT-T, se caracteriza por una gama adicional de longitudes de onda para el flujo de la ONU al LTO, véase el cuadro siguiente.

Flujo descendente	**Flujo ascendente**		
	Opción 1	Opción 2	Opción 3
Entre 1340 y 1344 nm	Entre 1260 y 1280 nm	Entre 1290 y 1310 nm	Entre 1284 y 1288 nm

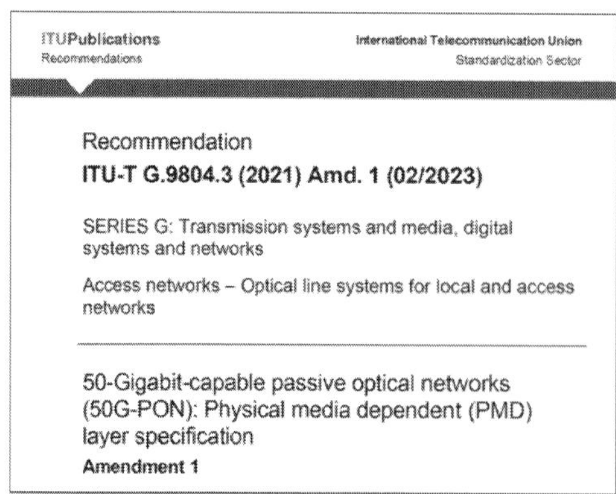
ITUPublications
Recommendations

International Telecommunication Union
Standardization Sector

Recommendation
ITU-T G.9804.3 (2021) Amd. 1 (02/2023)

SERIES G: Transmission systems and media, digital systems and networks

Access networks – Optical line systems for local and access networks

50-Gigabit-capable passive optical networks (50G-PON): Physical media dependent (PMD) layer specification

Amendment 1

G.9804.3 enmienda 1:
https://www.itu.int/rec/T-REC-G.9804.3-202302-I!Amd1/en

5.5 Super-PON del IEEE

La norma IEEE 802.3-2022 se publicó en mayo de 2022, pero en noviembre de 2022 se complementó con la norma **802.3cs-2022** llamada *IEEE Standard for Ethernet Amendment 2: Physical Layers and Management Parameters for Increased-Reach Point-to-Multipoint Ethernet Optical Subscriber Access (Super-PON)*, también conocida como **Super-PON**.

Super-PON es una red de acceso de fibra óptica de la familia de redes ópticas pasivas en Ethernet (EPON), con tres características clave: hasta **16 OLT** (*optical line terminal* - OLT) en la central del proveedor de acceso para dar servicio a un máximo de **1.024 abonados** a una distancia de hasta **50 kilómetros**.

Los abonados o unidades de red óptica (*optical network unit* - ONU) reciben servicio punto a multipunto a través de una red de distribución óptica (*optical distribution network* - ODN) que utiliza multiplexación por división de longitudes de onda (*wavelength division multiplexing* - WDM). Las longitudes de onda son enrutadas por un rúter que determina los canales utilizados por la ODN.

La norma da las especificaciones para las distintas subcapas de conciliación, codificación física, fijación a soportes físicos y control de acceso a los medios a velocidades de datos de 10 Gbit/s en sentido descendente y 2,5 o 10 Gbit/s en sentido ascendente, por tanto:

- un Super-PON **asimétrico** 10/2,5 Gbit/s denominado **10/2,5GBASE-SP1-D** (con SP por Super-PON y D por *downstream*) y **10/2,5GBASE-SP1-U** (U para *upstream*),
- un Super-PON **simétrico** 10/10 Gbit/s denominado **10GBASE-SP1-D** y **10GBASE-SP1-U**.

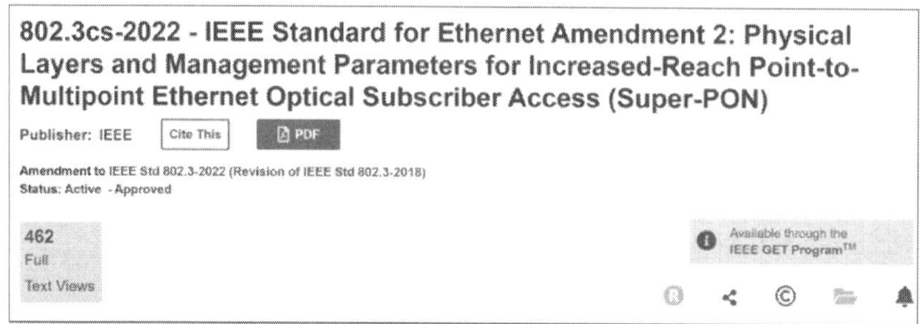
802.3cs-2022 - IEEE Standard for Ethernet Amendment 2: Physical Layers and Management Parameters for Increased-Reach Point-to-Multipoint Ethernet Optical Subscriber Access (Super-PON)

Publisher: IEEE Cite This PDF

Amendment to IEEE Std 802.3-2022 (Revision of IEEE Std 802.3-2018)
Status: Active - Approved

462 Full Text Views

Available through the IEEE GET Program™

La norma 802.3cs-2022 para el Super-PON de l'IEEE: https://ieeexplore.ieee.org/document/9953920

6. Normalización de los POT

6.1 Trabajos de la FSAN

La FSAN (*full service access network*) fue creada en 1995 como foro por siete operadores de redes internacionales: BellSouth, British Telecom, Deutsch Telekom, France Telecom (ahora Orange), GTE, NTT y Telecom Italia. Su objetivo era iniciar y proseguir un trabajo formalizado de normalización de equipos comunes para redes ópticas pasivas.

Sus primeros resultados fueron la determinación de las características de la B-PON, que fueron recogidas por el UIT-T en la recomendación G.983.1. A continuación, la FSAN prosiguió sus estudios sobre el desarrollo de redes de acceso y contribuyó de forma importante a la redacción de las recomendaciones del UIT-T sobre G-PON, XG-PON, XGS-PON y NG-PON2.

Con más de 70 miembros, entre ellos 26 operadores, el foro FSAN prosigue sus trabajos. Estos han dado lugar a la publicación por el UIT-T de varias recomendaciones sobre redes ópticas pasivas de alta velocidad, cf. la subsección Higher speed PON (HSP) del UIT-T.

Más información en la web del FSAN: http://www.fsan.org/

6.2 Recomendaciones del UIT-T

La Unión internacional de telecomunicaciones ha publicado y actualiza periódicamente sus recomendaciones, incluidas las relativas a las redes ópticas pasivas.

Principales recomendaciones del UIT-T para los POT

G.984.1 - *Gigabit-capable passive optical networks (GPON): General characteristics*

G.984.2 - *Gigabit-capable Passive Optical Networks (G-PON): Physical Media Dependent (PMD) layer specification*

G.984.3 - *Gigabit-capable passive optical networks (G-PON): Transmission convergence layer specification*

G.984.4 - *Gigabit-capable passive optical networks (G-PON): ONT management and control interface specification*

G.Imp.984.4 - *Implementor's Guide for ITU-T Rec. G.984.4*

G.984.5 - *Gigabit-capable passive optical networks (G-PON): Enhancement band*

G.984.6 - *Gigabit-capable passive optical networks (GPON): Reach extension*

G.984.7 - *Gigabit-capable passive optical networks (GPON): Long reach*

G. Imp984.3 - *Implementers' Guide for ITU-T Rec. G.984.3 (02/2004)*

G.987 - *10-Gigabit-capable passive optical network (XG-PON) systems: Definitions, abbreviations and acronyms*

G.987.1 - *10-Gigabit-capable passive optical networks (XG-PON): General requirements*

G.987.2 - *10-Gigabit-capable passive optical networks (XG-PON): Physical media dependent (PMD) layer specification*

G.987.3 - *10-Gigabit-capable passive optical networks (XG-PON): Transmission convergence (TC) layer specification*

G.987.4 - *10-Gigabit-capable passive optical networks (XG-PON): Reach extension*

G.988 - *ONU management and control interface (OMCI) specification*

G.989 - *40-Gigabit-capable passive optical networks (NG-PON2): Definitions, abbreviations and acronyms*

G.989.1 - *40-Gigabit-capable passive optical networks (NG-PON2): General requirements*

G.989.2 - *40-Gigabit-capable passive optical networks 2 (NG-PON2): Physical media dependent (PMD) layer specification*

G.989.3 - *40-Gigabit-capable passive optical networks (NG-PON2): Transmission convergence layer specification*

G.9801 - *Ethernet passive optical networks using OMCI*

G.Imp9801 - *Implementers' Guide for ITU-T G.9801 (Ethernet passive optical networks using OMCI)*

G.9802 - *Multiple-wavelength passive optical networks (MW-PONs)*

G.9802.1 - *Wavelength division multiplexed passive optical networks (WDM PON): General requirements*

G.9802.2 - *Wavelength division multiplexed passive optical networks (WDM PON): physical media dependent (PMD) layer and transmission convergence (TC) layer specification*

G.9804.1 - *Higher speed passive optical networks - Requirements*

G.9804.2 - *Higher speed passive optical networks - Common transmission convergence layer specification*

G.9804.3 - *50-Gigabit-capable passive optical networks (50G-PON): Physical media dependent (PMD) layer specification*

G.9805 - *Coexistence of passive optical network systems*

G.9806 - *Higher-speed bidirectional, single fibre, point-to-point optical access system (HS-PtP)*

G.9807.1 - *10-Gigabit-capable symmetric passive optical network (XGS-PON)*

G.9807.2 - *10 Gigabit-capable passive optical networks (XG(S)-PON): Reach extension*

G.Sup46 - *G-PON interoperability test plan between optical line terminations and optical network units*

G.Sup48 - *10-Gigabit-capable passive optical networks: Interface between media access control with serializer/deserializer and physical medium dependent sublayers*

G.Sup51 - *Passive optical network protection considerations*

G.Sup64 - *PON transmission technologies above 10 Gb/s per wavelength*

G.Sup66 - *5G wireless fronthaul requirements in a passive optical network context*

G.987.1	10-Gigabit-capable passive optical networks (XG-PON): General requirements
G.987.2	10-Gigabit-capable passive optical networks (XG-PON): Physical media dependent (PMD) layer specification
G.987.3	10-Gigabit-capable passive optical networks (XG-PON): Transmission convergence (TC) layer specification
G.987.4	10-Gigabit-capable passive optical networks (XG-PON): Reach extension
G.988	ONU management and control interface (OMCI) specification
G.989	40-Gigabit-capable passive optical networks (NG-PON2): Definitions, abbreviations and acronyms
G.989.1	40-Gigabit-capable passive optical networks (NG-PON2): General requirements
G.989.2	40-Gigabit-capable passive optical networks 2 (NG-PON2): Physical media dependent (PMD) layer specification
G.989.3	40-Gigabit-capable passive optical networks (NG-PON2): Transmission convergence layer specification

Las recomendaciones se pueden descargar de la página web del UIT-T: https://www.itu.int/rec/T-REC-G/en

6.3 Normas del IEEE

El capítulo Ethernet y fibras ópticas, presenta las normas IEEE 802.3-2022. Se pueden descargar del sitio web del IEEE.

En cuanto a los grupos de trabajo del IEEE, a finales de 2023, ninguno de ellos se encargaba de desarrollar normas IEEE para PON.

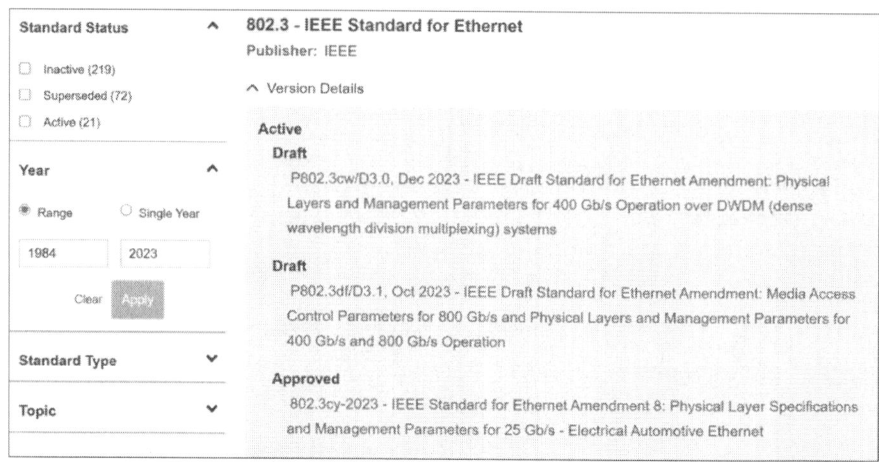

Las normas IEEE se pueden descargar del sitio web:
https://ieeexplore.ieee.org/browse/standards/number/ieee?queryText=802.3

6.4 25GS-PON MSA Group

El 25GS-PON MSA Group es una asociación de unos sesenta fabricantes y operadores de redes, entre ellos AT&T, Ciena, Commscope, EXFO, Intel, Nokia, NTT, Sumitomo y Viavi, etc.

Se creó para desarrollar un PON simétrico de 25 Gbit/s –**25GS-PON**– basada en la red óptica simétrica pasiva de 10 Gbit/s, el **XGS-PON**, para garantizar la compatibilidad con versiones anteriores. El trabajo se basó en la recomendación UIT-T G.9807 para XGS-PON y en la norma IEEE 802.3ca del 25G-EPON. Esto dio lugar a una primera versión de especificaciones en 2020. La tercera versión está disponible para su descarga, gratuita y legal, en el sitio web de la asociación desde noviembre de 2023.

Especificación del 25GS-PON: https://www.25gspon-msa.org/

Puntos a tener en cuenta

La 25GS-PON es una red punto a multipunto para dar servicio a abonados individuales, empresas, transporte de telefonía móvil y otras aplicaciones. Originalmente, estaba pensada para ser **simétrica**, con 25 Gbit/s en cada dirección de transmisión. Sin embargo, al ser una evolución del XGS-PON simétrico de 10 Gbit/s, también ofrece una capacidad **asimétrica** de 25 Gbit/s en sentido descendente y 10 Gbit/s en sentido ascendente. De ahí los dos nombres:

25G-PON25G10	Interface 25G-PON, 25 Gbit/s *downstream*, 10 Gbit/s *upstream*
25G-PON25G20	Interface 25G-PON, 25 Gbit/s *downstream*, 20 Gbit/s *upstream*

Admite la coexistencia con otras redes PON como G-PON, XG-PON, XGS-PON y NG-PON2. Está disponible en dos versiones, DD20 y DD40, para reflejar las diferentes distancias entre el OLT y la ONU: de 0 a 20 kilómetros para DD20 y de 0 a 40 kilómetros para DD40.

7. Despliegue y futuro de los POT

Desde hace tres décadas, los operadores de redes tienen que hacer frente a la demanda cada vez mayor de anchos de banda más grandes debido a los nuevos usos por parte de los abonados individuales, incluido el vídeo, de las empresas y organizaciones, incluidos los megadatos (*big data*) y los centros de datos (*data centers*), el transporte de telefonía móvil –5G hoy, 6G mañana–, las aplicaciones de la Industria 4.0, la protección por vídeo, los sensores y las redes de sensores, etc.

Para conseguirlo, el acceso por fibra óptica se ha convertido en la norma y con ella, por razones de coste y rapidez de instalación, el punto a multipunto, a través de redes ópticas pasivas (PON), es una solución ampliamente aceptada. Logros y perspectivas.

7.1 PON en 2015-2025

Este periodo es el resultado de los primeros despliegues de PON, cf. subsección Primeros PON que dieron paso a los G-PON.

Este **G-PON** se ha conseguido mantener en el mercado porque el UIT-T ha revisado y actualizado periódicamente las recomendaciones G.984.x (con x = 1 a 5) para poder amortizar la inversión realizada. Por tanto, se sigue utilizando.

Sin embargo, para las nuevas redes, está siendo suplantado por el **XG-PON** de 10 Gbit/s y, más concretamente, por **XGS-PON**, cuya naturaleza simétrica ofrece mayor flexibilidad a los operadores de redes. El uso de técnicas TWDM (*time and wavelength division multiplexing*) garantiza un despliegue relativamente sencillo.

La evolución del XGS-PON ha dado lugar a **25GS-PON**, cuyas primeras redes están llegando a la escena. Además de mejorar la velocidad, su punto fuerte es que puede coexistir con las anteriores G-PON y XGS-PON.

7.2 PON en 2025-2035

En este periodo se produjo la transición de los centros de investigación y los organismos de normalización a la oferta de productos de los fabricantes y la instalación de nuevos procedimientos normalizados de trabajo:

- El **50G-PON** asimétrico, con 50 Gbps en sentido descendente y 12,5 o 25 Gbps en sentido ascendente. Esto requiere más estudios, ya que los componentes optoelectrónicos y electroópticos del 25GS-PON se no pueden reutilizar. Por ejemplo, está previsto que los procesadores de señales digitales (*digital signal processor* - DSP) se industrialicen en forma de chip (*system on chip* - SOC). Un punto difícil: está prevista la coexistencia con XGS-PON y 25GS-PON, pero no con redes G-PON, que se deberán actualizar al nivel XGS-PON.
- El PON de **100 Gbit/s**, para la que los estudios de viabilidad se centran en dos opciones: la transmisión por detección directa, que parece ser la primera opción o la transmisión por detección coherente, que ofrecería un mejor presupuesto óptico pero requeriría componentes ópticos más complejos y caros.
- La perspectiva de **200 Gbit/s** con multiplexación por longitud de onda de 25, 50 o 100 Gbit/s por longitud de onda y dos líneas de investigación: el encaminamiento por longitud de onda, con un encaminador, es decir, λ-***routed*** o la selección por longitud de onda con láseres y receptores sintonizables por longitud de onda, es decir, λ-***selected***.

7.3 Resumen del despliegue de los POT

Dado el coste financiero de los despliegues, que asciende a decenas de miles de millones de euros, los PON instalados deben ser lo más rentables posible. Su evolución depende también de la posibilidad de coexistencia entre estas distintas generaciones o entre tres o más generaciones sucesivas.

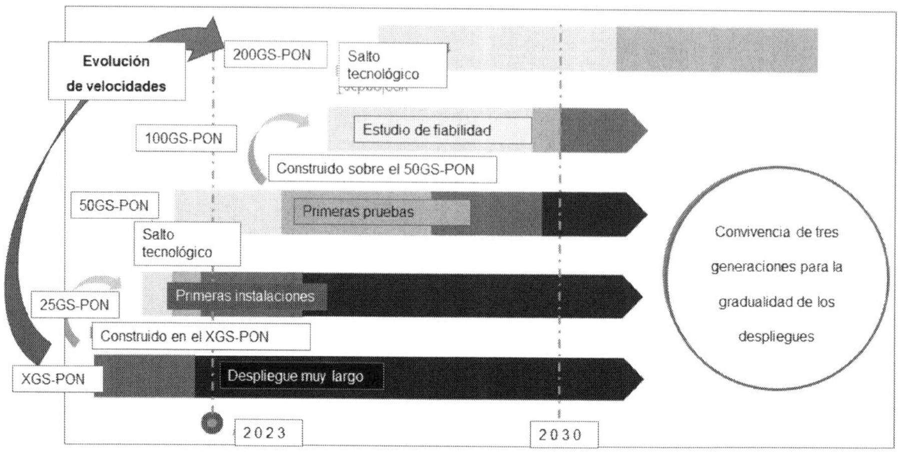

Cuadro recapitulativo de la investigación sobre el despliegue de los PON

8. Fibras para radio y telefonía móvil

La fibra óptica es un gran aliado para las aplicaciones de radiocomunicaciones y telefonía móvil. Algunos puntos de vista de las ramas de telecomunicaciones y radiocomunicaciones del UIT: UIT-T y UIT-R.

8.1 Radiocomunicaciones por fibra: G.9803

En 2018, las radiocomunicaciones por fibra (*radio-over-fibre* - **RoF**) será objeto de una publicación del UIT-T, la recomendación **G.9803** titulada *Radio over fibre systems*.

Esta recomendación define un nuevo tipo de red de acceso óptico basada en tecnologías RoF. Define la arquitectura y los requisitos funcionales de los sistemas radioeléctricos transmitidos por fibra óptica. Además, especifica los sistemas de transmisión radioeléctrica por fibra adecuados para la red de acceso, es decir, la coexistencia con redes PON y para aplicaciones de radiolocalización.

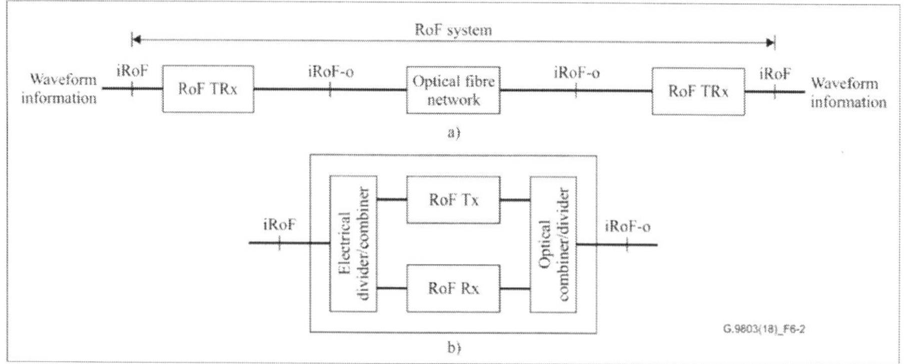

a) Configuración típica de un sistema RoF; b) Tx = emisor, Rx = receptor.
b) iRoF = interfaz justo antes y justo después del sistema RoF
c) iRoF-o = interfaz justo antes y justo después de la red de fibra

Arquitectura típica de un sistema RoF dúplex

En 2019, la **enmienda 1** añade contenido pertinente para los sistemas RoF que soportan el servicio **IMT-2020** basado en la versión 15 del **3GPP**. Además, se añaden informes recientes a la sección de bibliografía.

Recuerde que:

- **IMT-2020** - *International mobile telecommunications for 2020* oTelecomunicaciones móviles internacionales para 2020 - era el nombre de un grupo de trabajo del UIT-T creado en 2015 para analizar las interacciones de las nuevas tecnologías de quinta generación (5G) y definir los requisitos para implantar sistemas 5G.
- El **3GPP** o *Third Generation Partnership Project* reúne a organismos de normalización, fabricantes y asociaciones y trabaja en soluciones técnicas en paralelo con el UIT-R (sitio web: https://www.3gpp.org).

En 2022, la **enmienda 2** añade nuevas arquitecturas RoF y exigencias asociadas para soportar aplicaciones móviles de retorno en el servicio IMT-2020.

International Telecommunication Union

ITU-T

TELECOMMUNICATION STANDARDIZATION SECTOR OF ITU

G.9803
Amendment 2
(02/2022)

SERIES G: TRANSMISSION SYSTEMS AND MEDIA, DIGITAL SYSTEMS AND NETWORKS
Access networks – Optical line systems for local and access networks

Radio over fibre systems
Amendment 2

Recommendation ITU-T G.9803 (2018) – Amendment 2

Recomendación G.9803 - Enmienda 2:
https://www.itu.int/rec/T-REC-G.9803-202202-I!Amd2

8.2 Radiocomunicaciones por fibra: suplementos

La recomendación básica UIT-T G.9803 se completa con varios suplementos.

8.2.1 Suplemento G Suppl.55

El suplemento **G Suppl. 55** se titula *Radio-over-fibre (RoF) technologies and their applications*. Proporciona información general sobre las tecnologías RoF y sus aplicaciones en las redes de acceso óptico. El objetivo es satisfacer la demanda de velocidades de datos cada vez mayores.

En este suplemento, RoF se define como la transmisión a través de fibras ópticas de una señal radioeléctrica para servicios de radiocomunicaciones, sin modificar las características de esta señal durante la transmisión a través de la fibra.

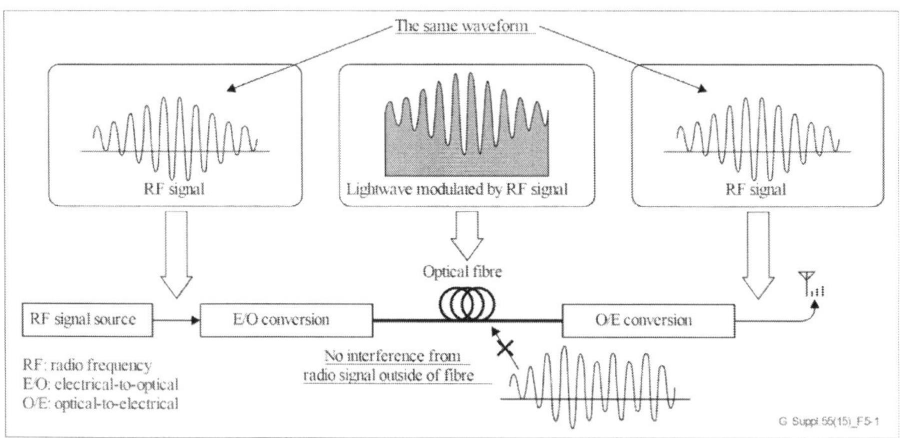

Transmisión de la señal de radiofrecuencia por fibra óptica

Publicado en 2015, este suplemento se actualizó en 2021. Esta actualización, titulada ***Revisión 1***, incluye las nuevas tecnologías fundamentales utilizadas en los sistemas RoF.

Dirección de internet:
https://www.itu.int/rec/T-REC-G.Sup55-202112-S/en

8.2.2 Suplemento G Suppl.66

El suplemento **G Suppl.66** se titula *5G wireless **fronthaul** requirements in a passive optical network context*. Enumera los diversos requisitos exigidos por los sistemas 5G centrados en la red fronthaul y su comparación con otros sistemas de red de acceso. Se evalúan las soluciones basadas en PON.

¿Qué entendemos por fronthaul?

Las redes de transporte xHaul conectan las células entre sí y con el equipo central del operador. Se dividen en *frontthaul, midhaul* y *backhaul*.

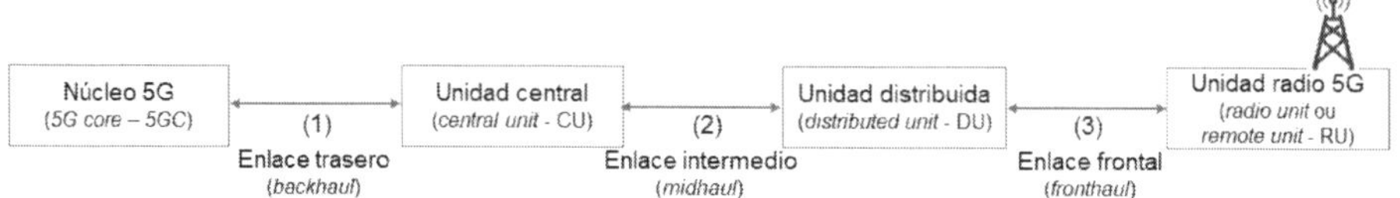

Desglose de la red de transporte xHaul

Esta partición facilita la virtualización de la red de acceso radioeléctrico (*radio access network* - RAN) y la asignación flexible de recursos a las distintas entidades de la red.

¿Por qué PON?

La quinta generación de telecomunicaciones móviles, 5G, está en pleno despliegue y, dadas sus características, el número de antenas a las que dar servicio se dispara. De ahí el abandono de las arquitecturas tradicionales de fibra óptica que conectan punto a punto las estaciones base con las centrales de los operadores en favor de arquitecturas de redes ópticas pasivas (PON): el *PON mobile fronthaul* (PON- MFH).

El suplemento 66 presenta seis casos de uso de arquitecturas PON para el despliegue de 5G. Un ejemplo: utilizar una superposición de longitud de onda dedicada a 5G sobre una PON que preste servicios de acceso a abonados fijos, como NG-PON2 TWDM y PtP WDM. Hay dos variantes de este escenario: una tasa de acoplamiento baja, que requiere más recursos de longitud de onda para no compartir ancho de banda entre las RU, pero que cumple requisitos de latencia altos o una tasa de acoplamiento alta, que es mucho más tolerante a la latencia y al uso compartido del ancho de banda, pero que utiliza pocos recursos de longitud de onda.

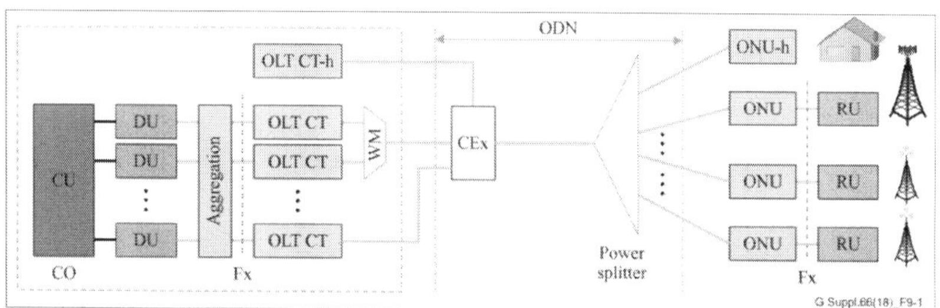

Ejemplo de PON con multiplexación por división de longitud de onda y baja tasa de acoplamiento

Dirección de Internet: https://www.itu.int/rec/T-REC-G.Sup66-202009-I

Publicado en 2018, G Suppl. 66 se ha actualizado dos veces:

- La **enmienda 1**, publicada en 2019, complementa a G Suppl. 66 al tener en cuenta los requisitos de la 5G en el contexto de las redes de acceso y, concretamente, en las soluciones de red óptica pasiva (PON).
- La **enmienda 2**, publicada en 2020, completa las soluciones para tener en cuenta las limitaciones de la 5G en los PON.

8.2.3 Suplemento G Suppl.67

El suplemento **G Suppl. 67**, publicado en 2019, se titula *Application of optical transport network - Recommendations to 5G transport*. En él se describe cómo las recomendaciones UIT-T G.709 sobre la red de transporte óptico y la serie G.709.x (*Interfaces for the optical transport network* - OTN) puede cumplir los requisitos de las redes de transporte de telefonía móvil 5G (*transport network of IMT-2020/5G* - TN5G) descritos en el informe técnico GSTR-TN5G del UIT-T.

En este suplemento se detallan varias arquitecturas. He aquí algunos ejemplos:

- Red de acceso de radio centralizado (*centralized radio acces network* - C-RAN) con:
  - una C-RAN extendido (*large* C-RAN) compuesta por entre 20 y 60 unidades distribuidas (*distributed unit* - DU), cada una conectada a una o tres unidades de antena activa (*active antenna unit* - AAU),

   - una C-RAN reducida (*small* C-RAN) de cinco a diez DU.
- Red de acceso de radio distribuido (*distributed access radio* - D-RAN).

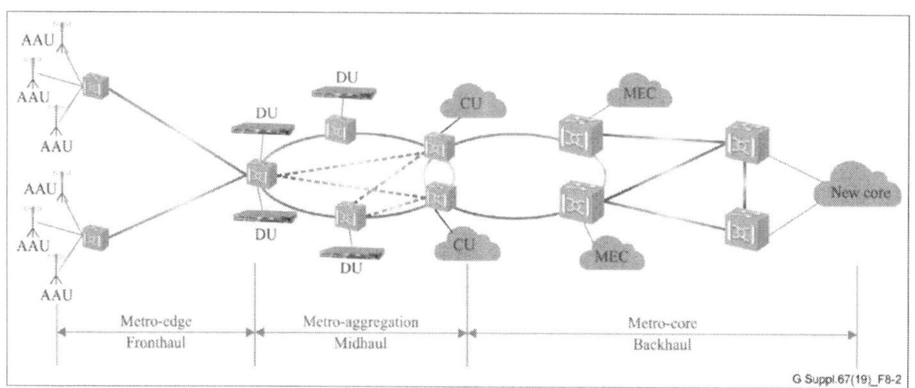

Arquitectura C-RAN de red de transporte 5G

El suplemento 67 concluye que los análisis de las capacidades de la red de transmisión óptica (OTN), como interfaces, explotación, administración y mantenimiento (*operation, administration, maintenance* - OAM), continuidad y sincronización, son aplicables al transporte de telefonía móvil 5G y están preparados para ello.

Dirección de Internet: https://www.itu.int/rec/T-REC-G.Sup67-201907-I

8.2.4 Suplemento G Suppl.75

El suplemento G Suppl.75, publicado en 2021, se titula *5G small cell backhaul/ midhaul over TDM-PON*.

Enumera los diversos requisitos de los pequeños sistemas celulares 5G centrados en el backhaul y los puntos de acceso de radio (*radio access point* - RAP) y enlaces intermedios de la red. Los compara con las capacidades de las redes ópticas pasivas con multiplexación temporal (*time division multiplexing* - TDM-PON), como las redes XGS-PON simétricas de 10 Gbit/s definidas en la recomendación UIT-T G.9807.1 y las redes TDM-PON de 50 Gbit/s definidas en la serie de recomendaciones G.9804.x.

Este suplemento también sugiere escenarios de aplicación y los requisitos correspondientes. A continuación, se ofrece un ejemplo de células pequeñas con coexistencia de acceso inalámbrico integrado y red de retorno (*integrated access and backhaul* - IAB) atendidas por una red PON que soporta una red de retorno.

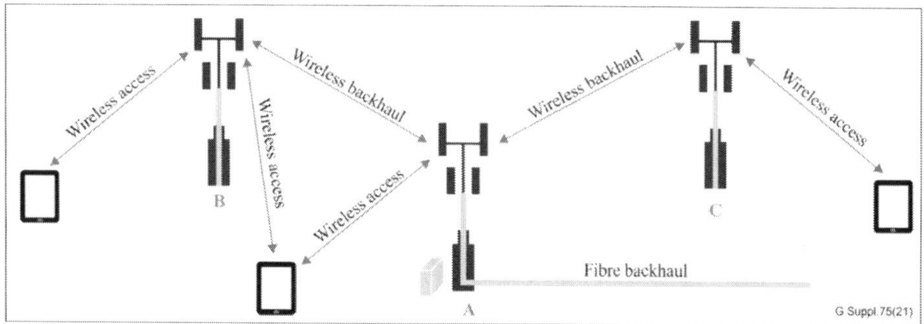

Acceso inalámbrico y backhaul servidos por un PON

Dirección de Internet: https://www.itu.int/rec/T-REC-G.Sup75-202112-I

8.3 Ejemplo de producto

Un ejemplo para ilustrar los párrafos anteriores, utilizando un producto "RFOF - *radio over fibre link* –con algunas características: fibra óptica unimodal, transmisión mediante un láser DFB, recepción por fotodiodo con amplificador integrado, transmisión en banda C a 1.550 nanómetros, comunicación bidireccional a dos longitudes de onda diferentes, capaz de transmitir tres canales de RF en una sola fibra combinando tres transceptores, módulo integrable en una bahía, etc.".

Las aplicaciones cubiertas son punto a punto, hasta varios kilómetros, entre antenas y la central, conexión de estaciones base desde una antena sectorial, conexión de antenas para recibir alimentación desde un satélite a emplazamientos remotos, etc.

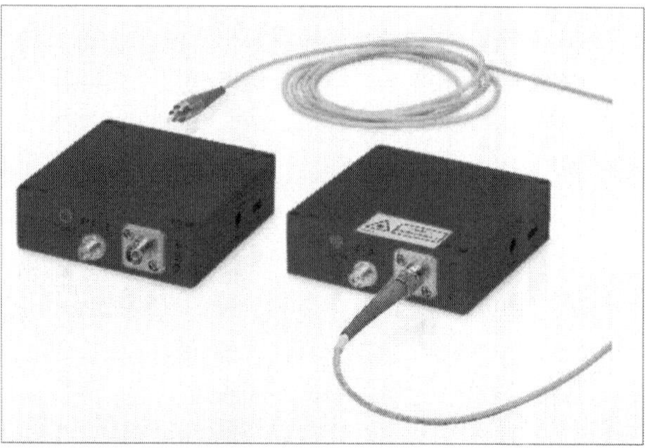

Ejemplo de producto para la aplicación RadioFrequency over Fiber (RFoF)

9. Fixed Fifth Generation - F5G

9.1 Trampas con el nombre

El acrónimo F5G induce a error y podría dar la impresión de que se trata de un artículo dependiente de la quinta generación de telefonía móvil, 5G.

No. Se refiere a la quinta generación de redes fijas utilizadas por los operadores de redes y otros operadores. Como el despliegue de estas redes se basa en gran medida en la fibra óptica, el acrónimo F5G se convierte a veces en *Fiber 5G*.

De hecho, desde la creación de las redes fijas de telecomunicaciones hace más de cien años, se acepta generalmente que ha habido varias generaciones de redes fijas. Repasemos la historia.

9.2 Historia de F1G a F4G

9.2.1 Primera generación - F1G

Esta generación está formada por las redes de telefonía fija y abarca desde el nacimiento del teléfono hasta finales del siglo XX, es decir, más de casi un siglo. El reto ha consistido en crear una infraestructura de red global que pueda prestar servicios desde cualquier punto de la red a cualquier punto de la red.

Al principio, el principal servicio ofrecido era la telefonía simple. Luego, en los años 1975-1980, llegaron las primeras transmisiones de datos, como la transmisión de datos por conmutación de paquetes de Transpac, que permitió, entre otras cosas, el despliegue de Minitel, que ofrecía servicios precursores de los de Internet, así como la red RNIS - red digital de servicios integrados (*Integrated services digital network* - ISDN). Como resultado, la red puramente analógica evolucionó hacia una red digital VDI, que transmite voz, datos e imágenes.

9.2.2 Segunda generación - F2G

Entre 1990 y 2000, la red fija entró en la era de la transmisión de banda ancha (*broadband*) y de los primeros avances en la transmisión de alta velocidad.

El desarrollo de Internet es más rápido porque está impulsado por los ordenadores personales (*personal computer* - PC) y los servidores Web. Se basa en tecnologías xDSL (*digital subscriber line*) que ofrecen velocidades de 2 a 20 Mbit/s, según la distancia del abonado a la central del operador. Así nacieron ADSL, con A de *asymmetric* (asimétrico), ADSL2+, ReADSL con Re de *Reach extended* (alcance extendido) y SDSL con S de *symmetric* (simétrico). Todo ello ha revitalizado las redes fijas de cobre.

9.2.3 Tercera generación - F3G

Las redes fijas de tercera generación se caracterizan por la gran variedad de aplicaciones que aporta Internet y el despliegue de redes de banda ancha. A partir de 2005, los grandes operadores empezaron a comercializar sus ofertas de triple servicio (*triple pay*), que incluyen abonos a Internet, telefonía y vídeo. Los servicios de vídeo han desempeñado un papel fundamental en el despliegue de las redes de banda ancha.

Esto llevó a definir la red de banda ancha. En Estados Unidos se puso a disposición de los abonados una velocidad mínima de 25 Mbit/s y en Europa (y por tanto en Francia) de 30 Mbit/s a través del plan para una Europa digital (*digital Europe plan*) 2010. El UIT-T lo ha refrendado en todo el mundo a través de la tercera generación de redes fijas, denominada NGA de *next generation access network*.

Durante este periodo, la arquitectura de las redes fijas y los servicios que prestaban experimentaron una serie de cambios. La televisión a través del protocolo de Internet (IPTV) se convirtió en uno de los principales focos de atención de los operadores, lo que condujo, por un lado, a la evolución de ADSL hacia tecnologías más potentes como VDSL (V de *very high-speed rate*) y luego VDSL2, capaces de ofrecer velocidades de bajada de hasta 100 Mbit/s en un par de cobre y, por otro, al despliegue generalizado de redes de fibra óptica. Esto marcó el inicio de la transición de la fibra óptica de redes intercentrales hacia las redes de acceso de abonados.

9.2.4 Cuarta generación - F4G

Esta cuarta generación tiene dos características fundamentales: la eliminación progresiva del cobre y las redes gigabit. Estas satisfarán las necesidades cada vez mayores de los abonados en términos de ancho de banda para aplicaciones centradas en el vídeo: televisión a la carta, catch-up TV (*replay*), televisión 4K, juegos en red, aprendizaje electrónico, etc.

Las redes fijas de cobre ya no se instalan, sino que simplemente se mantienen. Las nuevas redes de acceso fijo son de fibra óptica y la tecnología estrella de estas redes de banda ancha es GPON (*gigabit passive optical network*). La construcción de redes fijas que llevan la fibra hasta el hogar o *fiber to the home* (FTTH) y proporcionan a los abonados velocidades de al menos 100 Mbit/s, es el mejor ejemplo de esta evolución.

9.3 Presentación del F5G

El sector de las telecomunicaciones necesitaba una quinta generación para seguir el ritmo del despliegue de las redes fijas de banda ancha de fibra óptica y la demanda de los abonados –particulares y pequeñas empresas– de velocidades de 1 Gbit/s.

A principios de 2020, por ejemplo, 650 millones de abonados utilizaban FTTH, y esta cifra seguirá creciendo hasta alcanzar los 750 millones en 2023. Al mismo tiempo, cada vez más operadores han aumentado la velocidad original de 100 Mbit/s a 1 Gbit/s. En 2023, había casi 200 proveedores de servicios de Internet (ISP) en unos 60 países que ofrecían este servicio FTTH de 1 Gbit/s.

Las aplicaciones centradas en el vídeo han seguido impulsando estas velocidades, tanto en términos de calidad de imagen como de aplicaciones intensivas en píxeles, como las retransmisiones deportivas en formatos de televisión 8K o los juegos en red. Además de estas aplicaciones de vídeo de entretenimiento, ahora existen aplicaciones profesionales en una amplia gama de campos, como visitas virtuales a pisos, monumentos históricos y museos, cursos multimedia de aprendizaje electrónico e imágenes médicas.

Otras aplicaciones empresariales requieren esta oferta de red gigabit y transformación digital. Algunos ejemplos: aplicaciones instaladas en la nube (*cloud*) puestas a disposición de los empleados, interconexión de centros de datos (*data centers*) para la seguridad, enlaces de alta velocidad entre establecimientos, intercambios de archivos pesados entre laboratorios y centros de investigación, centros industriales con el concepto Industria 3.0, etc.

F5G: https://www.etsi.org/technologies/fifth-generation-fixed-network-f5g

De F4G a F5G, esto significa multiplicar por 10 la velocidad –de 10 Mbit/s a 1 Gbit/s– y por cinco el número de usuarios.

9.4 Mañana, el F5G avanzado y luego el F6G

La quinta generación de redes fijas ha encontrado su mercado. Pero este mercado sigue diversificando su demanda de nuevas aplicaciones que exigen ampliar las capacidades de F5G, de ahí el 5G avanzado (*5G advanced*). He aquí algunos ejemplos.

9.4.1 Gemelos digitales

Un gemelo digital (*digital twin*) es una réplica virtual de una persona u objeto.

Para un individuo, el doble digital abarca todo lo relacionado con esa persona, tanto físico como personal. Incluye todo lo que se pone en línea –artículos, publicaciones, fotos, vídeos, etc.– ya sea por la propia persona o por otros usuarios de Internet. De este doble digital y de su continua actualización, se derivará una "reputación digital".

Lo mismo ocurre con un objeto o sistema. El gemelo digital reflejará fielmente el objeto o sistema en cuestión mediante la captura de datos, también en tiempo real. Esto es mucho más fácil cuando el objeto o sistema está equipado con varios sensores que transmiten los datos adecuados. Después, mediante simulaciones o aprendizaje automático, el gemelo virtual será una fuente de mejoras para el objeto o sistema físico.

9.4.2 Metaverso

El metaverso (*metaverse*) es una aplicación intensiva en información, sinónimo de altas velocidades de transmisión de datos, por lo que requiere el despliegue de redes fijas de fibra óptica.

En pocas palabras, el metaverso es un entorno digital inmersivo y persistente de redes independientes pero interconectadas. Requiere contenidos digitales descentralizados, colaborativos e interoperables que interactúen con objetos reales.

Para lograrlo, el metaverso se basa en la combinación de diversas tecnologías, como la realidad aumentada (*augmented reality* - AR), la realidad extendida (*extended reality* - RX), la realidad mixta (*mixed reality* - RM), el Internet de las cosas (*Internet of things* - IoT), la inteligencia artificial (*artificial intelligence* - IA) y la potencia de cálculo de la nube. La combinación de estas tecnologías constituye una solución metaversa.

La clave para que esto funcione es que las redes fijas sean capaces de soportar la interconexión de un gran número de usuarios y que sean redes definidas por software (*software defined network* - SDN), flexibles y elásticas (*elastic optical network* - EON).

Una EON es una solución diseñada para mejorar el uso de una infraestructura utilizando una asignación flexible del espectro de frecuencias con ventanas estrechas en lugar de la malla fija y rígida de 50 GHz típica de las redes DWDM convencionales. Los principales equipos de EON son los transpondedores de ancho de banda variable (*bandwith variable transponder* - BVT) y los BVT de capacidad de corte (*slice-ability BVT* - SBVT). Estos SBVT pueden crear subconjuntos de subportadoras, lo que aporta mayores niveles de elasticidad y eficiencia a las redes, permitiéndoles transmitir desde un punto a múltiples destinos, cambiando las velocidades de tráfico para cada destino y modificando el número de destinos a demanda.

En resumen, las redes fijas tienen que pasar de centrarse en la capacidad (hacer frente al tráfico) a centrarse en los servicios y sus interacciones. En este contexto, la calidad del servicio (*quality of service* - QoS) es de vital importancia.

9.4.3 Redes deterministas

El concepto de red determinista (*deterministic networking*) se centra en el desarrollo de aplicaciones industriales a través del protocolo de Internet –aplicaciones que también son sinónimo de desarrollo de redes fijas– y se basa en los trabajos del IETF.

El IETF (*The Internet Engineering Task Force*), creado en 1986, es un organismo de normalización del mundo de Internet. Uno de sus grupos de trabajo, el grupo DetNet (*deterministic networking*), se encarga de estudiar la implementación de rutas de datos deterministas para aplicaciones industriales en tiempo real con bajos índices de pérdida y escasas variaciones en los retardos de transmisión de paquetes (*jitter*).

DetNet funciona en la capa 3 del protocolo de Internet y utiliza redes definidas por software (SDN). Ofrece la integración de servicios integrados (*integrated services* - IntServ) y servicios diferenciados (*differentiated services* - DiffServ) y presta estos servicios en la capa 2 del protocolo mediante conmutación mutliprotocolo por etiquetas (*mutliprotocol label switching* - MPLS) y las normas IEEE 802.11 del grupo de trabajo TSN (*time sensitive networking*).

La red determinista también está diseñada para migrar las aplicaciones de audio-vídeo y control industrial de alta fiabilidad y tiempo crítico transportadas por redes de tipo Fieldbus –HDMI, CAN, Profibus, RS-485, RS-422/RS- 232, etc.– a redes de paquetes y, en particular, a redes IP.

Deterministic Networking (detnet)

About | Documents | Meetings | History | Photos | Email expansions | List archive »

WG		
	Name	**Deterministic Networking**
	Acronym	detnet
	Area	Routing Area (rtg)
	State	Active
	Charter	charter-ietf-detnet-04 Approved
	Document dependencies	Show
	Additional resources	Issue tracker, New Wiki, Zulip stream

Grupo de trabajo DetNet del IETF: https://datatracker.ietf.org/wg/detnet/charter/

Asociación 5G DNA

Para garantizar un mayor desarrollo de esta aplicación, en 2019 se creó una asociación: la *5G DNA deterministic networking alliance*. Con Huawei a la cabeza, reúne a más de treinta partes interesadas, principalmente empresas chinas, con el objetivo de fundar una alianza industrial y una base de innovación industrial para la informática de redes deterministas 5G.

Asociación 5GDNA: https://www.5gdna.org/?_l=en

9.4.4 Digitalización y nube

Otro aspecto que impulsa la transición de F5F a F6G es la digitalización y la implantación en la nube de las aplicaciones (*digitization and cloudification of applications*).

Esta evolución hacia la nube es generalizada en todos los segmentos del mercado. Exige nuevas posibilidades a las redes fijas, en términos de ancho de banda, disponibilidad, baja latencia, etc., sin perder de vista la necesidad de optimizar el consumo eléctrico, mediante una arquitectura basada en nubes de periferia (*edge cloud*), que proporcionen el equilibrio adecuado de acciones entre la red, el almacenamiento y la computación.

Se trata de una oportunidad para que los operadores de redes creen una nueva aplicación de "Red como servicio" (*network as a service* - NaaS) basada en la potencia informática de la red, la creación de servicios y la interacción con los usuarios. A través de portales específicos, los usuarios podrán seleccionar y privatizar los servicios que deseen.

Para las empresas, las redes F5G avanzadas siguen el ritmo de estos avances, ampliando la aplicación FTTO (*fiber to the office*). Para los consumidores, significa la posibilidad de aplicaciones inmersivas de ultra alta definición (*ultra-high definition* - UHD).

9.4.5 Planificación de F5G a F6G

Con los elementos presentados en los párrafos anteriores, un plan de evolución de las redes F5G fijas hacia redes F5G avanzadas y luego hacia redes F6G, se podría parecer al que se presenta a continuación:

<table>
<tr><td></td><td></td><td></td><td></td><td></td><td></td><td></td><td></td><td colspan="4">Fixed 6G</td></tr>
<tr><td></td><td></td><td></td><td></td><td colspan="5">Fixed 5G advanced</td><td></td><td></td><td></td></tr>
<tr><td colspan="5">Fixed 5G</td><td></td><td></td><td></td><td></td><td></td><td></td><td></td></tr>
<tr><td>2019</td><td>2020</td><td>2021</td><td>2022</td><td>2023</td><td>2024</td><td>2025</td><td>2026</td><td>2027</td><td>2028</td><td>2029</td><td>2030</td></tr>
</table>

Por tanto, las redes de fibra óptica seguirán desarrollándose para satisfacer las demandas de los usuarios, tanto en términos de capacidad como de gran variedad de servicios y aplicaciones.

Capítulo 13
Redes específicas

1. Redes de sensores de fibra óptica

1.1 Información general sobre los sensores de fibra óptica

Un sensor de fibra óptica o *fiber optic sensor* (CFO) es un dispositivo que puede ser la propia fibra óptica actuando como detector o un elemento insertado en la fibra y alimentado por energía óptica.

La reacción de la transmisión de la luz en el camino óptico, entre el emisor óptico y el receptor óptico, permite medir –directa o indirectamente– las diferencias y variaciones de la magnitud a medir o controlar. Tenga en cuenta que la CEI también los denomina "sensores fibrónicos".

Es necesario medir cantidades –mecánicas, electromagnéticas, temperatura, posición, presión, vibración, flujo, tensión, deformación, radiación, partículas, etc.– o controlarlas, como la detección de la presencia/ausencia de objetos, endoscopia, control de calidad, etc.

1.2 Tipos de sensores de fibra

Los sensores de fibra óptica (OFC), también conocidos como sensores fibrónicos, son una evolución de los sensores convencionales. Consideramos dos tipos principales de CFO:

- Sensores **intrínsecos**, en los que el parámetro a medir modifica las propiedades físicas de la fibra, que a su vez modula un parámetro de la luz que guía. En cierto modo, la fibra actúa como un elemento sensible;
- Sensores **extrínsecos**, en los que la fibra es simplemente un medio para transportar la información recogida por la luz de la sonda y transportada por uno de sus parámetros.

Otra tipología considera dos grandes familias de CFO: sensores de fibra óptica.

- Los sensores **distribuidos**, también conocidos como sensores de fibra óptica distribuidos, se utilizan para medir la temperatura (*Distributed Temperature Sensors* - DTS), la tensión o la deformación (*Distributed Strain Sensors* - DSS), la acústica (*Distributed Acoustic Sensors* - DAS), etc. a altas velocidades de medición.
- Sensores **repartidos**, también conocidos como sensores de fibra óptica de medición distribuida, basados en reflectometría, para la supervisión de infraestructuras, con una velocidad de medición lenta.

1.3 Ejemplos de sensores de fibra

Existen decenas de sensores de fibra óptica uno al lado del otro:

- Sensores de modulación de amplitud: la magnitud física medida atenúa o modula directamente la intensidad de la luz que atraviesa la fibra óptica.
- Sensores de modulación de fase: la variación de fase se mide tras transformarse en una variación de intensidad, polarización, etc.
- Sensores de modulación de polarización: la variación de la polarización de la luz que sale de la fibra está relacionada con la intensidad de la perturbación.
- Sensores de modulación espectral: la medición detecta las variaciones espectrales de la luz.

- Sensores modulados en el tiempo: la medición compara el impulso de entrada con el impulso de salida.
- Sensores de ondas acústicas submarinas basados en láseres de fibra dopada; etc.

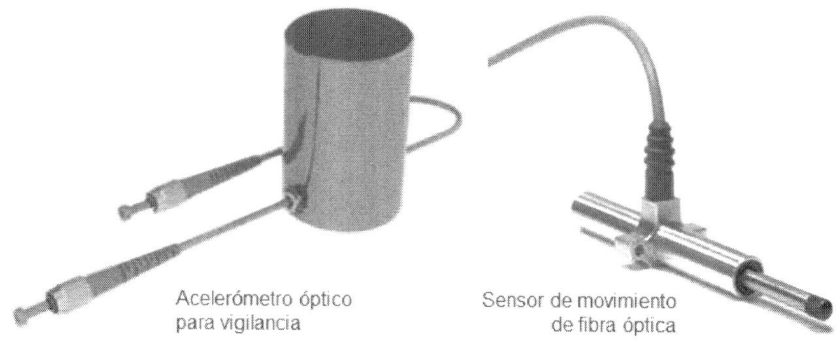

Ejemplos de sensores de fibra óptica

1.4 Ámbitos de aplicación

Las primeras aplicaciones de los CFO se remontan a 1980-1985 y, desde entonces, se han desarrollado en un gran número de campos. A continuación, se ofrece una lista no exhaustiva de algunos ejemplos:

- Industria del petróleo y el gas: vigilancia de oleoductos, gasoductos, depósitos y derrumbes; prevención de intrusiones, fugas o sabotajes; vigilancia de tuberías forzadas marítimas o submarinas.
- Ingeniería civil: control de estructuras existentes, comportamiento de la estructura bajo carga, medición de deformaciones; control de túneles, puentes, diques y presas; control de fatiga de pavimentos, asfalto o asfalto de aeropuertos; control de monumentos históricos, envejecimiento, inclinación; vías navegables, control comunitario de diques.
- En el sector del transporte, con la aeronáutica y el espacio, por ejemplo, el control de calidad en la fabricación de depósitos de combustible y la deformación de las carcasas de reacción de los aviones; en el sector ferroviario, con las líneas de contacto y las grúas pórtico instrumentadas.

- Seguridad para emplazamientos sensibles, con detección perimetral, almacenamiento de residuos, control de temperatura y detección de gases, dióxido de carbono, niveles de hidrógeno, etc.
- Seguridad de bienes y personas, con sensores de intrusión, sensores de posición de vehículos, sensores de heladas en carretera y vigilancia de pendientes de montaña.
- Gestión y medición en tiempo real de la deformación de los cables flexibles utilizados para alimentar máquinas que funcionan en entornos difíciles, como grúas de pórtico o perforadoras mineras; evaluación de la esperanza de vida de estos cables para evitar roturas y el consiguiente tiempo de inactividad de la máquina.
- Aplicaciones medioambientales como la vigilancia terrestre mediante fibras con sensores insertadas en cables submarinos; la vigilancia de la descomposición y combustión de vertederos de carbón, etc.

Ejemplo de la vista en la pantalla de control de un puente equipado con una red de sensores de fibra óptica que miden las tensiones en el hormigón y sus variaciones.

1.5 Equipo de análisis

Sin dar una visión general de todos los tipos y modelos de analizadores que existen en el mercado, también conocidos como interrogadores, he aquí algunos conceptos básicos basados en tres ejemplos:

BOFDA: *Brillouin optical frequency-domain analyzer*, analizador óptico de dominio de frecuencia Brillouin. Este equipo es una variante del B-OTDA. Utiliza la dispersión de Rayleigh en interferencia con la onda de referencia de un láser continuo sintonizable en longitud de onda, para controlar la aparición de eventos a través de fibras ópticas unimodales convencionales utilizadas en las redes de telecomunicaciones.

BOTDA: *Brillouin optical time-domain analyzer*, analizador temporal óptico de Brillouin. Este equipo analiza la retrodispersión de Brillouin en redes de sensores distribuidas sobre fibras ópticas unimodales para evaluar eventos. Requiere una configuración en bucle y acceso a ambos extremos de la fibra. Los mejores pueden supervisar un circuito de ida y vuelta de más de 240 kilómetros de fibra óptica, lo que supone una distancia física máxima de 120 kilómetros.

BOTDR: *Brillouin optical time-domain reflectometer*, reflectómetro óptico temporal Brillouin. Este equipo mide la retrodispersión de Brillouin en redes de sensores distribuidos por fibras ópticas monomodo para localizar y medir eventos. Todo lo que necesita es una única fibra y acceso a una única terminación de fibra.

Algunos fabricantes ofrecen dispositivos combinados [BOTDA + BOTDR] y algunos dispositivos pueden medir simultáneamente variaciones de presión y variaciones de temperatura en aplicaciones CFO distribuidas por la fibra.

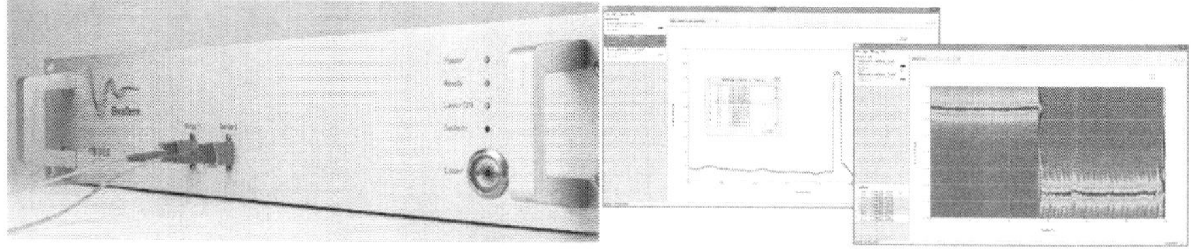

Ejemplo de analizador y presentación de los resultados de análisis de un sistema CFO distribuido para medir la presión y la temperatura

1.6 Normas sobre sensores

La CEI ha publicado una docena de normas sobre redes de sensores de fibra óptica, entre ellas:

- CEI 61757:2018 *Sensores de fibra óptica - Especificación genérica*, cuya versión 1.0 se publicó en 2018 y se anunció como estable hasta 2025. Cubre fibras ópticas específicas, componentes y subconjuntos que se utilizarán en aplicaciones CFO.
- CEI 61757-1-1:2020 *Sensores de fibra óptica - Parte 1-1: Medida de la deformación - Sensores de deformación* basados en redes de Bragg de fibra, cuya versión 1.0 fue publicada en 2016, actualizada en 2020 y anunciada como estable hasta marzo de 2027. Define las especificaciones para los CFO que utilizan redes de Bragg de fibra (*Fiber Bragg Gratings* - FBG) como detectores para mediciones de deformación.
- CEI 61757-2-1:2021 *Sensores de fibra óptica - Parte 2-1: Medida de la temperatura - Sensores de temperatura basados en fibra con redes de Bragg*, cuya versión 1.0 se publicó en 2021 y se anunció como estable hasta 2025. Introduce las áreas de terminología, parámetros de rendimiento y métodos de ensayo asociados a los sensores ópticos de temperatura basados en redes de Bragg de fibra (FBG). Pueden proporcionar mediciones de temperatura entre -260°C y +600°C.
- CEI 61757-3-2:2022 *Sensores fibrónicos - Parte 3-2: Detección acústica y medición de vibraciones - Detección distribuida*, cuya versión 1.0 se publicó en 2022 y se anunció como estable hasta 2026. Especifica la terminología, las prestaciones, los métodos de ensayo y cálculo y los equipos de ensayo para las unidades de interrogación de los sistemas fibrónicos distribuidos para la medición de las vibraciones y la detección acústica. Esta norma se refiere al método de retrodispersión de Rayleigh y detección de fase por reflectometría óptica coherente en el dominio del tiempo sensible a la fase (ϕ-OTDR).

- CEI61757-4-3:2020 *Sensores fibrónicos - Parte 4-3: Medida de la corriente eléctrica - Método polarimétrico*, cuya versión 1.0 fue publicada en 2020 y anunciada como estable hasta 2026. Se basa en el hecho de que la medición de la corriente eléctrica es esencial para comprobar y diagnosticar aparatos y equipos industriales. Los CFO que trabajan en este campo se basan en el efecto magneto-óptico y se han desarrollado como dispositivos de medición de corriente para diversas aplicaciones.
- CEI 61757-5-1:2021 *Sensores de fibra óptica - Parte 5-1: Medida de la inclinación - Sensores de inclinación basados en fibra con redes de Bragg*, cuya versión 1.0 fue publicada en 2021 y anunciada como estable hasta 2027. Define las terminologías, la estructura, las características y las mediciones de los sensores ópticos de inclinación basados en redes de Bragg de fibra (FBG) y utilizados como elementos sensores.

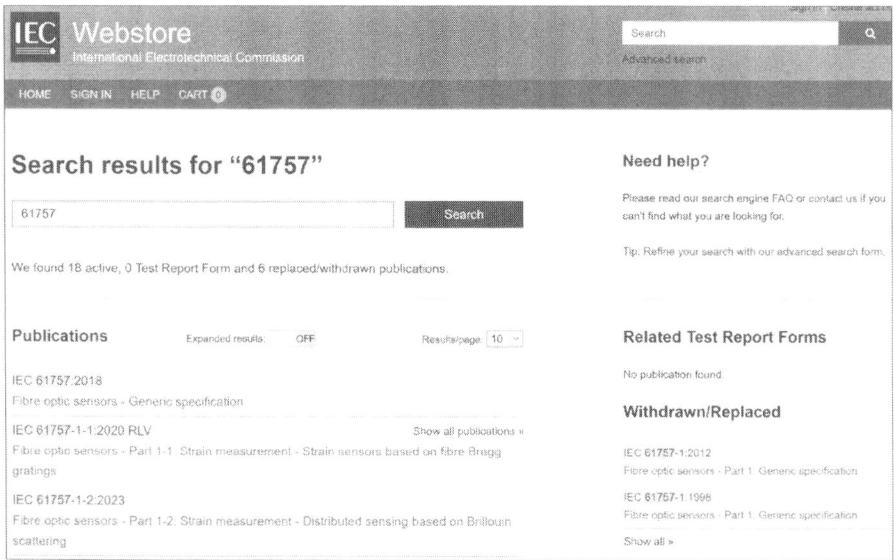

Estas normas se pueden adquirir en la tienda de la CEI, en la siguiente dirección: https://webstore.iec.ch/searchform&q=61757

1.7 Asociación FOSA

Fiber Optic Sensing Association, más conocida por sus siglas FOSA, es una asociación estadounidense, creada en 2017, que trabaja para el desarrollo de sensores de fibra óptica y redes de sensores de fibra óptica. Una amplia gama de recursos –hojas de datos, casos prácticos, glosario, etc.– pueden descargarse de forma gratuita y legal.

Entre los miembros de FOSA figuran Corning, FiberCore, NEC, OFS, OZ Optics Prysmian y las empresas francesas Febus Optics y Viavi Solutions. Estos miembros trabajan duro para popularizar este campo y las numerosas aplicaciones asociadas. El sitio web de FOSA sirve de escaparate de sus logros concretos y nuevos productos.

Página web de FOSA: https://fiberopticsensing.org/

2. Redes de automoción

Las redes de automoción siempre han estado reservadas a los cables de cobre. Pero las redes de fibra óptica se están imponiendo poco a poco. Es una larga historia que empezó con el primer protocolo - *digital dual bus* o D2B - que mostró el camino en los años 90. Desapareció y fue sustituido por el protocolo MOST (*Media Oriented Systems Transport*) basado en fibra óptica de plástico. Ahora, el aumento de la velocidad de transmisión de datos propuesto por el IEEE prepara el terreno para la instalación de fibras ópticas de sílice.

2.1 Red MOST 150

De hecho, en un vehículo coexisten varios tipos de red y, dadas las limitaciones medioambientales y energéticas del transporte, los cables de cobre están muy presentes. Sin embargo, la fibra óptica plástica (FOP) se impone en todo lo relacionado con las aplicaciones audiovisuales y multimedia.

La introducción de los FOP comenzó con el MOST25, una primera versión a 25 Mbit/s, seguida del MOST50, una segunda versión a 50 Mbit/s y luego la tercera versión, MOST150 a 150 Mbit/s.

Esta tercera generación –MOST150–, que proporciona una velocidad de transmisión de datos de 150 Mbit/s, se ha instalado en más de 200 modelos de automóvil diferentes y se han suministrado más de 250 millones de nodos. MOST, una red síncrona, admite hasta 64 dispositivos multimedia y varios mecanismos permiten gestionar información asíncrona, como paquetes de datos entre redes. Los medios de transmisión pueden ser pares trenzados apantallados o sin apantallar, cable coaxial de cobre o fibra óptica de plástico.

En el MOST150, la tecnología de cifrado digital (*Digital Transport Content Protection* - DTCP), que garantiza la seguridad de los contenidos, se complementa con la tecnología de protección de contenidos digitales de alta definición (*High-bandwidth Digital Content Protection* - HDCP).

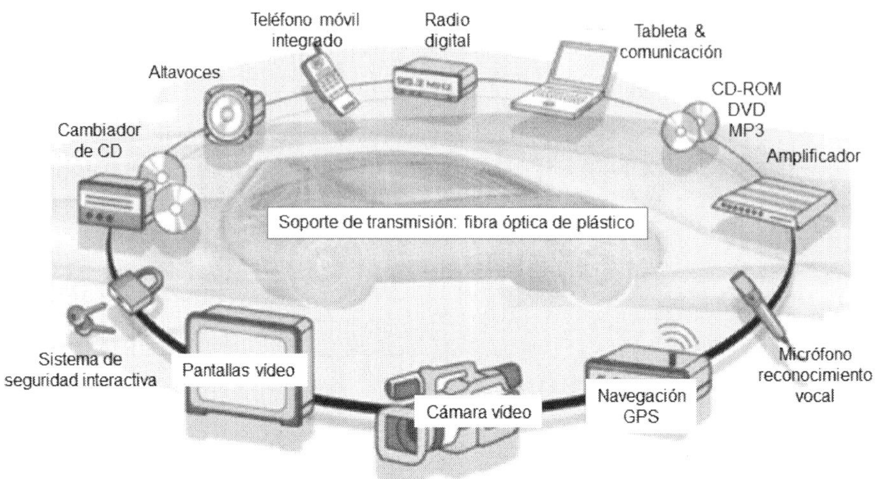

MOST, red multimedia sobre fibra óptica de plástico para la industria del automóvil Sitio web de la asociación MOST: https://www.mostcooperation.com/

2.2 Ethernet en la industria del automóvil

Después de las aplicaciones de audio y vídeo, han surgido nuevas demandas: necesidades de comunicación intravehículo, asistencia a la conducción, cámaras de marcha atrás, control de diversos parámetros en tiempo real o *Control over Communications* (CoC), comunicación entre vehículos, etc. ya sea para coches sencillos o, con más funcionalidades, para vehículos de transporte de pasajeros o productos.

2.2.1 Norma IEEE 802.3cz-2003

La asociación estadounidense IEEE necesitaba estar presente en este nuevo mercado. Así que, tras varios meses de estudio, en abril de 2023 el IEEE publicó una nueva enmienda: IEEE 802.3cz-2023, titulada *Standard for Ethernet Amendment 7: Physical Layer Specifications and Management Parameters for Multi-Gigabit Glass Optical Fiber Automotive Ethernet (2,5 Gb/s, 5 Gb/s, 10 Gb/s, 25 Gb/s y 50 Gb/s)*.

Esta enmienda complementa la norma general Ethernet 2022, IEEE Std 802.3-2022. Añade especificaciones de capa física y parámetros de gestión de Ethernet para aplicaciones con velocidades de transmisión de datos de 2,5, 5, 10, 25 y 50 Gbit/s a través de fibras ópticas de sílice multimodales de índice graduado, instaladas en un automóvil.

Las fibras multimodales seleccionadas deben cumplir las especificaciones de la norma IEC 60793-2-10 tipo A1-OM3, con unas dimensiones de 50/125 μm. La transmisión se realiza a 980 nanómetros, con distancias comprendidas entre 0,2 y 40 metros. En función de cómo se instalen los cables en el vehículo, se han definido tres clases de temperatura: Clase 1, de - 40 °C a + 125 °C; Clase 2, de - 40 °C a + 105 °C; Clase 3, de - 40 °C a + 85 °C.

Estas nuevas aplicaciones Ethernet tienen nombres diferentes:

- BASE-AU (AU para indicar el entorno del *automóvil*) y variaciones,
- 2,5GBASE-AU para una velocidad de 2,5 Gbit/s, 5GBASE-AU para 5 Gbit/s, 10GBASE-AU para 10 Gbit/s, 25GBASE-AU para 25 Gbit/s y 50GBASE- AU para 50 Gbit/s.

Standards

802.3cz-2023 - IEEE Standard for Ethernet Amendment 7: Physical Layer Specifications and Management Parameters for Multi-Gigabit Glass Optical Fiber Automotive Ethernet

Publisher: IEEE — Cite This — PDF

Additional content is available
Amendment to IEEE Std 802.3-2022 (Revision of IEEE Std 802.3-2018)
Status: Active - Approved

1 Cites in Paper — 426 Full Text Views

Available through the IEEE GET Program™

Para más información: https://ieeexplore.ieee.org/document/10108538

2.2.2 Ejemplo de solución

En la *European Conference on Optical Communications* (ECOC) que se celebrará en Glasgow en octubre de 2023, TRUMPF Photonic Components (Alemania) y KDPOF (España) presentarán el primer sistema de interconexión de fibra óptica multigigabit para la industria del automóvil.

Ambas empresas se basan en la aplicación de la nueva norma IEEE 802.3cz-2023, que integra electrónica, fotónica y óptica en un único componente de circuito integrado. La solución propuesta se basa en láseres VCSEL a 980 nanómetros y fibras ópticas OM3 multimodo.

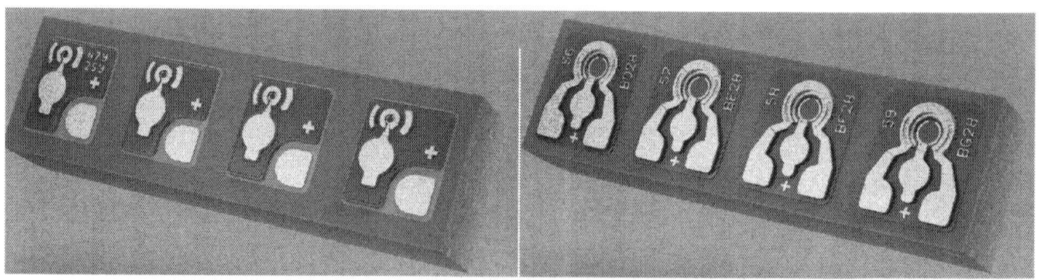

Ejemplos de VSEL (izquierda) y fotodiodos (derecha) para la transmisión de datos mediante el protocolo Ethernet en la industria del automóvil.

3. Redes de aviónica

3.1 Principales aplicaciones

Hay dos tipos principales de aplicaciones para las fibras ópticas en los aviones comerciales:

- **Asistencia a las tripulaciones de vuelo**, con aplicaciones de "red en vuelo" (*In-flight Network* - IFN), incluida la transferencia de archivos importantes de Garantía de Calidad de Operaciones de Vuelo (*Flight Operations Quality Assurance* - FOQA) y archivos de documentación con la bolsa electrónica de vuelo (*Electronic Flight Bag* - EFB), etc y diversas ayudas para el control del vuelo.

- **Aplicaciones para los pasajeros**, incluyendo entretenimiento (*In-flight Entertainment* - IFE), con la posibilidad de escuchar música o elegir una película y verla en su asiento en el idioma de su elección, con o sin texto en la pantalla (*Audio-video on Demand* - AVOD) o juegos (*in-flight games*) en una pantalla de televisión personal (*Fiber to the Screen* - FTTS)... y una serie de aplicaciones de comunicación e información (*In-flight Connectivity* - IFC), como enviar y recibir mensajes de texto, conectarse a Internet desde un ordenador personal o una tableta, consultar las condiciones meteorológicas a la llegada, hacer reservas, etc. Todo ello en paquetes globales de infoentretenimiento (*In-flight Entertainment and Connectivity* - IFEC).

3.2 Ethernet en aviónica

Ethernet está presente en la aviónica a través de una solución Ethernet conmutada: *Avionics Full Duplex Switched Ethernet* (AFDX). Este protocolo fue construido por Airbus sobre la base de muchos de los parámetros de la Ethernet convencional IEEE 802.3, como el direccionamiento MAC, el protocolo IP, el datagrama de usuario UDP, SNMP, etc. Sin embargo, AFDX funciona de forma determinista, tal como exigen las aplicaciones de aviónica con limitaciones de tiempo real y con redundancia, por razones de seguridad. Transmite datos a velocidades de 10 Mbit/s, 100 Mbit/s y 1 Gbit/s.

AFDX es esencialmente una arquitectura de red compuesta por tres tipos de elementos: enlaces de par trenzado o fibra óptica; conmutadores, para transmitir paquetes de datos y gestionar el tráfico y dispositivos finales, que reciben o envían datos a través de la red. Las tramas de datos se intercambian entre dispositivos a través de enlaces virtuales que definen una conexión lógica entre el dispositivo emisor y uno o varios dispositivos receptores, es decir, en modo unidifusión (*unicast*) o multidifusión (*multicast*). Una red AFDX puede definir hasta 64.000 enlaces virtuales.

En términos de seguridad, todas las conexiones son full dúplex, sin red troncal dedicada para las comunicaciones entre conmutadores. La redundancia está garantizada por la duplicación de enlaces y conmutadores, es decir, el equivalente a dos redes físicas separadas. Las características de AFDX se ajustan a las normas ARINC, incluidas las relativas a las redes de datos de aeronaves –*Aircraft data network*– tal como se definen en las partes 2 y 7 de la especificación ARINC 664. El primer AFDX que se utilizó en vuelo fue en abril de 2005 en un Airbus A380, al que siguieron otros aviones como el Airbus A350, el A400M y el Boeing B787 Dreamliner.

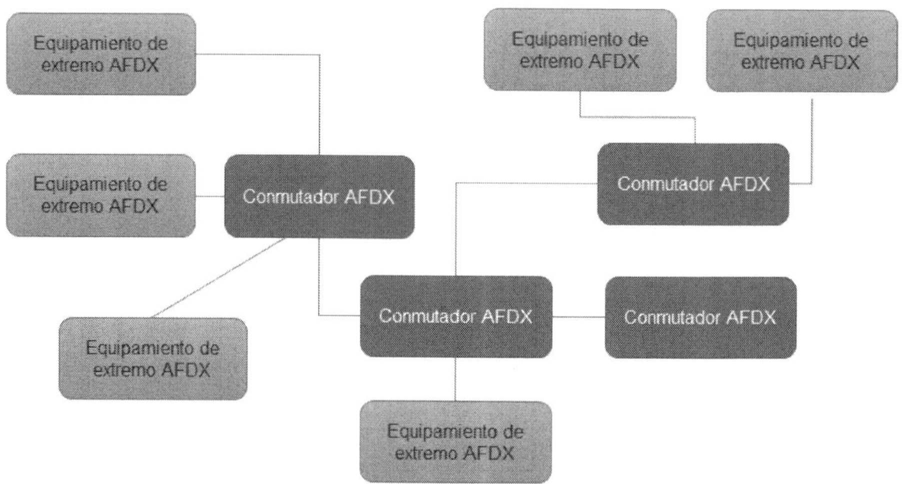

Topología de una red AFDX

3.3 Ejemplos de productos en aviónica

3.3.1 Ejemplos de cables

En aviónica coexisten diferentes tipos de cables de fibra óptica, desde cables simples de una sola fibra a cables multifibra y cables híbridos de alimentación eléctrica/fibra óptica, cada uno de los cuales funciona en una amplia gama de temperaturas, desde -60°C a + 200 °C.

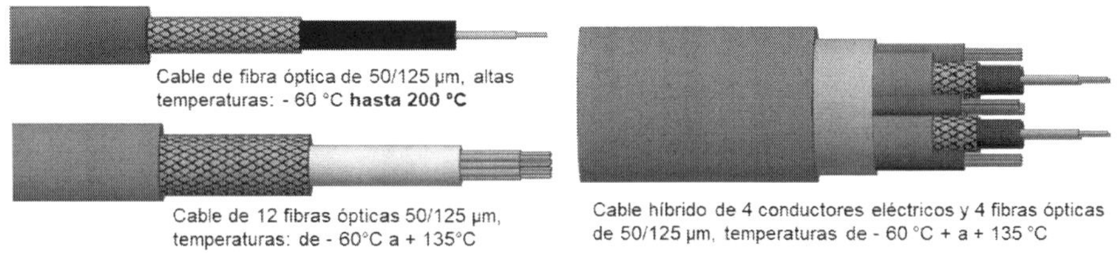

Ejemplos de cables para aplicaciones de aviónica

3.3.2 Ejemplos de conectores

Los conectores ópticos para aviónica tienen dos características fundamentales: 1) la reutilización frecuente de moldes y formas previamente aprobados por las distintas organizaciones que rigen la aviación; 2) la protección de las caras de las fibras ópticas mediante tecnología de haz ampliada (*expanded beam*).

Ejemplos de conectores ópticos para la aviónica

3.3.3 Solicitud IFEC

Las aplicaciones de infoentretenimiento para pasajeros han dado lugar a un gran número de ofertas de los fabricantes del sector, que incluyen cables, chasis, transceptores, pantallas, etc. Estas aplicaciones también se conocen por las siglas FTTS - *Fiber to the Seat* (fibra hasta el asiento) o, según el autor, *fiber to the screen*.

Ejemplos de productos para pasajeros: conexiones Bluetooth, pantallas 4K QLED, pantallas táctiles, puertos USB, conexión a internet, conexión para teléfonos móviles, etc y para aerolíneas: una gama con unidades de control, pantallas táctiles para manejar el sistema, servidores que pueden almacenar hasta 20 terabytes de datos, claves de cifrado seguras, hasta 200 transmisiones simultáneas de TV 4K, etc.

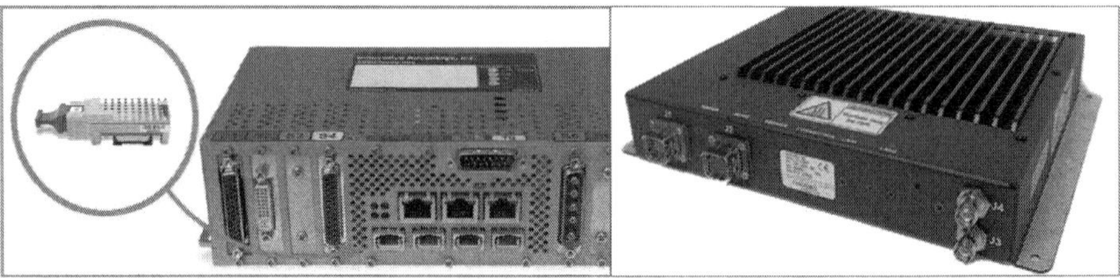

Ejemplos de productos para IFEC: izquierda, chasis de módulo transceptor óptico multicanal, derecha, unidad de telefonía móvil 4G a bordo

Están surgiendo nuevas demandas, como el audio-vídeo a la carta disponible en los equipos personales de los pasajeros (*Portable Electronic Devices* - PED) o el uso de la realidad virtual (*Virtual Reality* - VR) y la realidad aumentada (*Augmented Reality* - AR), que aportan nuevas funciones a la cabina, como compras a bordo, juegos en red a bordo y otras experiencias inmersivas.

En cierto modo, el IFEC es la promesa de un vuelo digital.

3.4 El caso aeroespacial

Cuando se trata de naves espaciales en órbita baja, ya sean satélites civiles o militares, hay que tomarse en serio los efectos de la radiación cósmica. Para ello es necesario diseñar y fabricar módulos ópticos de comunicación a bordo capaces de resistir los efectos de esta radiación. Para este mercado aeroespacial existen módulos ópticos capaces de resistir rayos gamma, neutrones, protones, electrones, partículas alfa y núcleos más pesados.

En cuanto a las fibras ópticas utilizadas en entornos radiativos (aplicaciones espaciales, nucleares civiles o militares), su uso va acompañado de la generación de centros coloreados en la matriz de sílice. Estos defectos provocan un aumento no homogéneo de las pérdidas de transmisión de la fibra óptica, sobre todo en el caso de las fibras dopadas. Como consecuencia, el rendimiento de sistemas como amplificadores y láseres que utilizan fibras radiadas se ve muy alterado. De ahí la existencia de varias técnicas de endurecimiento de fibras dopadas, desarrolladas y probadas por algunos fabricantes.

Un guiño al astronauta francés Thomas Pesquet: en 2021 instaló una fibra óptica en la estación espacial internacional (ISS) con el objetivo de medir las dosis de radiación solar y cósmica recibidas en su interior. Las fibras ópticas utilizadas en los girómetros de los satélites geoestacionarios se oscurecen por la radiación ionizante que reciben. La instalación de un dosímetro de fibra óptica, insensible a las condiciones de funcionamiento, permitirá medir en tiempo real la dosis de radiación recibida.

4. Redes para el sector marítimo

La fibra óptica se ha abierto camino en el sector marítimo, no sólo en buques comerciales como los cruceros, de transporte como los portacontenedores y militares como la Armada francesa, sino también en vehículos teledirigidos (*Remotely Operated Vehicle* - ROV) y arados submarinos utilizados para tender cables submarinos, por no hablar de los enlaces de parques eólicos marinos y otros sistemas de instrumentación.

Ejemplo de conectores ópticos reforzados para el sector marítimo

Los equipos utilizados en estas redes, como cables y conectores ópticos, no sólo tienen que ser reforzados, sino también ser impermeables y resistentes a los ataques del agua salada.

Ejemplos de conectores ópticos estancos

5. Redes en aplicaciones militares

Las fibras ópticas se utilizan en una amplia gama de aplicaciones militares: para misiles guiados por fibra, en aviones de combate, en buques de guerra, en el teatro de operaciones, etc.

5.1 Ejemplos de cables

Por supuesto, las fibras ópticas para aplicaciones militares están protegidas por cables reforzados.

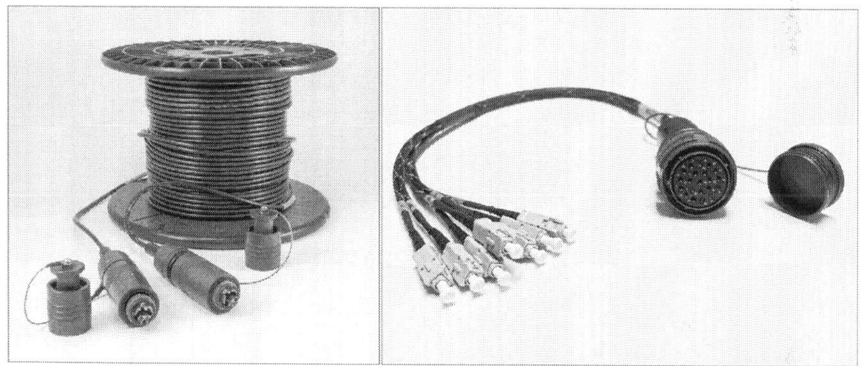

Ejemplo de bobina de cables y cordones ópticos para aplicaciones militares

5.2 Ejemplos de conectores

En las aplicaciones militares, los conectores ópticos se endurecen y se basan en el principio del haz extendido (véase el capítulo Conectividad de las fibras ópticas). Por ejemplo, una conexión de red en el campo de operaciones debe poder resistir el paso de un tanque Leclerc.

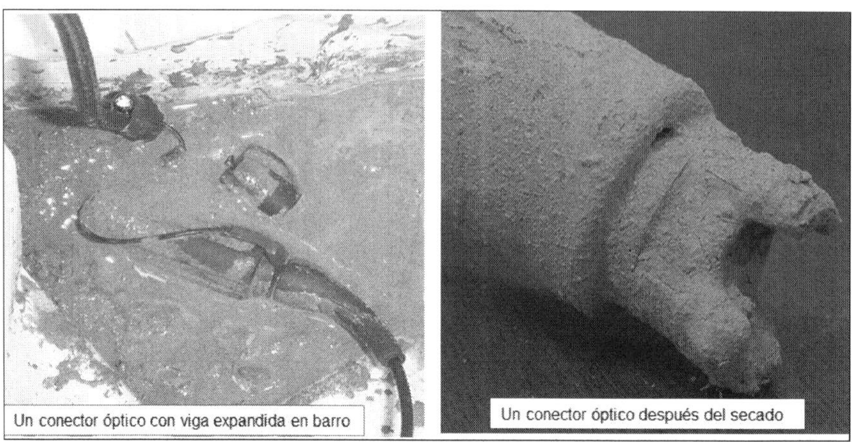

Un conector óptico para aplicaciones militares terrestres

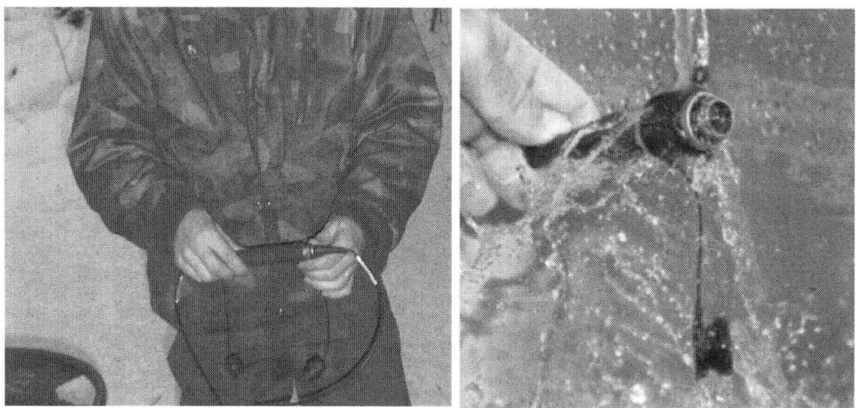

Tamaño de un conector endurecido para entornos muy duros (izquierda)
Limpieza del conector con agua corriente (derecha)

Observación

Esta sección sobre redes específicas no puede concluir sin mencionar que existen muchas otras redes de fibra óptica basadas en aplicaciones específicas que requieren unas características de transmisión particulares, como la supervisión de parques eólicos, los enlaces con plataformas petrolíferas en alta mar, el control de la contaminación, las imágenes submarinas, etc. Otro ejemplo concreto: la transmisión de imágenes procedentes de equipos de resonancia magnética (IRM) no soporta la más mínima interferencia, corriendo el riesgo de que el "ruido" de transmisión contamine la imagen, con el consiguiente riesgo de error de diagnóstico.

Capítulo 14
Redes, vías de desarrollo

Este capítulo se podría haberse titulado "Conclusión". Pero no sería apropiado porque, a pesar de los acontecimientos geopolíticos que sacuden nuestro mundo –este libro se escribió el 15 de junio de 2024–, no podemos hacer ninguna conclusión sobre las redes de fibra óptica, sujetas a frecuentes innovaciones. Así pues, para las aplicaciones, servicios y redes de fibra, proponemos algunas **pistas de evolución**.

1. Redes de operadores fijos

1.1 Hacia los terabits/segundo

Las redes de fibra óptica seguirán desarrollándose para satisfacer la demanda de los usuarios de anchos de banda cada vez mayores, a través de una serie de posibilidades.

1.1.1 Cambios en la demanda

La evolución de la demanda significa fibra para todos, en todas partes: el concepto FTTE (*Fiber-To-The-Everywhere-and-Everything*). Esto se traduce en diversas aplicaciones y sus derivados, entre ellos:

- FTTB (*Fiber to the Business*), de ahí FTTO (*Fiber to the Office*), FTTD (*Fiber to the Desk*), FTTS (*Fiber to the Screen*), y aplicaciones de Internet táctil como control remoto, teleconsulta, telecirugía, etc.,
- FTTH (*Fiber to the Home*) y su continuidad con FTTR (*Fiber to the Room*) y HAN (*Home Area Network*), y aplicaciones asociadas como realidad virtual o realidad aumentada, comunicaciones de tipo holográfico (*Holographic Type Communications* - HTC),
- sin olvidar los objetos con FTTM (*Fiber to the Machine*), FTTT (*Fiber to the Thing*) y aplicaciones de videovigilancia como el reconocimiento facial en tiempo real, que requiere la transferencia de tres cámaras a una velocidad de 10 Gbit/s al servidor de reconocimiento de inteligencia artificial, etc.

FTTH de 100 Mbit/s a 8 Gbit/s en casa

El desarrollo de las aplicaciones disponibles para el gran público exige velocidades cada vez más elevadas y, por tanto, una oferta adaptada. Aquí, un ISP estadounidense propone un servicio doméstico que proporciona 8 Gbps.

Ejemplo de oferta de abono a Internet para un particular a 8 Gbit/s

1.1.2 Aumento de la capacidad de velocidad

Las posibilidades de aumentar la capacidad residirán, por ejemplo, en el desarrollo de protocolos de transmisión:

- en redes de transporte de 800 Gbit/s (OTN 800G),
- redes de acceso mediante redes ópticas pasivas de 50 Gbit/s (ITU-T 50G-PON e IEEE 50GE-PON),
- redes ópticas ágiles y ecológicas (*Green Agile Optical Network* - GAON).

Recomendaciones del UIT-T para 800 Gbit/s

Las recomendaciones FlexO de la UIT, optimizadas para Ethernet, se ocupan de las interfaces "cliente Ethernet" de corto alcance o interfaces de línea "coherente" de larga distancia con multiplexación por división de longitud de onda (WDM). Estas interfaces están pensadas para ser interoperables entre varios proveedores o exclusivas de uno solo y todas utilizan elementos comunes a las recomendaciones de la UIT.

Las recomendaciones reestructuradas de la FlexO incluyen:

- G.709.1 - Elementos OTN flexibles comunes,
- G.709.3 - Interfaces de larga distancia flexibles OTN B100G,
- G.709.5 - Interfaces OTN flexibles de corto alcance,
- G.709.6 - Interfaces flexibles de largo alcance OTN B400G.

Esta nueva serie de recomendaciones se publicó a principios de 2024.

Cabe señalar que el grupo de trabajo SG15 del UIT-T ha tenido en cuenta los avances del IEEE a través de la norma IEEE 802.3df-2024 titulada *IEEE Standard for Ethernet Amendment 9: Media Access Control Parameters for 800 Gb/s and Physical Layers and Management Parameters for 400 Gb/s, and 800 Gb/s Operation*.

1.1.3 Aumentar el número de "tubos"

Cuatro posibilidades para aumentar el número de tubos en una sola fibra...

- Transmitir cada vez más longitudes de onda - 256 y más - a través demallas UWDM (*Ultra-dense Wavelength Division Multiplexing*).
- Transmitir de dos a cuatro modos simultáneamente en fibras ópticas multimodo (*Few-mode Fiber* - FMF).
- Fabricar fibras ópticas multinúcleo (*Multi-core Fiber* - MCF), es decir, fibras con varios núcleos de 9 ¿m en el revestimiento de 125 ¿m de la fibra óptica.
- Jugar con formatos de modulación de señales como la multiplexación por división de polarización (*Polarization Division Multiplexed* - PDM), la modulación de amplitud en cuadratura multinivel (*Quadrature Amplitude Modulation* - QAM), etc.

Informe técnico del UIT-T sobre SDM

El UIT-T se ha ocupado de la cuestión de los tubos. Los resultados se publicaron en septiembre de 2022 en el informe técnico *GSTR-SDM Optical fibre, cable, and components for space division multiplexing transmission*.

Este informe presenta la clasificación y definición de diferentes fibras ópticas compatibles con el concepto SDM, como las fibras de diámetro de revestimiento reducido, las fibras de diámetro de revestimiento reducido, las fibras multinúcleo (MCF) y las fibras multimodo (FMF), una lista no exhaustiva.

El informe aborda sus propiedades geométricas, mecánicas y ópticas. Examina los posibles ámbitos de aplicación y las configuraciones, instalaciones y funcionamiento de las redes basadas en estas tecnologías de cables SDM y fibras ópticas.

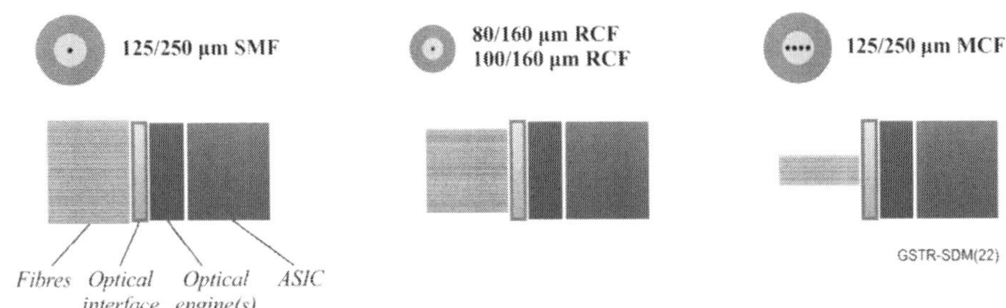

Diagrama de fibra óptica SDM:
https://www.itu.int/dms_pub/itu-t/opb/tut/T-TUT-HOME-2022-1-PDF-E.pdf

1.2 Algunos récords sobre el terreno

Los récords están para batirlos. Dicho esto, he aquí tres ejemplos de velocidades récord sobre el terreno –a mediados de 2023– en distancias correspondientes a redes muy extensas y regionales.

1.2.1 Redes de muy larga distancia

Récord de transmisión de 400 Gbit/s en una red de muy larga distancia de 5.616 kilómetros.

En parte de su red, el operador chino China Mobile, con la ayuda de ZTE, llevó a cabo una transmisión de 400 Gbit/s a lo largo de más de 5.000 kilómetros. El enlace se extendió por cuarenta y cinco segmentos de la red de fibra óptica que une las ciudades de Zhejiang, Jiangxi, Hunan y Guizhou.

Este proyecto piloto de campo permitirá a China Telecom aumentar la velocidad de transmisión de 100 Gbit/s a 400 Gbit/s en toda su red de transporte óptico (*Optical Transport Network* - OTN), conocida como "Data Express", que conecta sus centros de datos y sus centros informáticos.

Información técnica sobre el récord:

- Las fibras ópticas utilizadas cumplen las recomendaciones UIT-T G.652 D.
- Los módulos emisores-receptores (transceivers) eran módulos QPSK (*Quadrature Phase Shift Keying*) de 400 Gbit/s.
- La amplificación de la señal a lo largo del trayecto de transmisión corrió a cargo de 45 amplificadores de fibra dopada con erbio (*Erbium-doped Fiber Amplifier* - EDFA).
- El siguiente paso será probar las fibras ópticas UIT-T G.654, optimizadas para transmisiones en las bandas C (convencional) y L (larga).

1.2.2 Red de larga distancia

Récord de transmisión de 800 Gbit/s en una sola portadora de una red de larga distancia de 2200 kilómetros.

Este récord lo ha conseguido la empresa estadounidense Adtran, con sede en Alabama, uno de los principales proveedores mundiales de soluciones y equipos de red e interconexión de sistemas de comunicación, en la red NYSERNet.

NYSERNet es una organización creada por la comunidad de enseñanza superior de Nueva York, para mejorar la investigación y la educación proporcionando soluciones tecnológicas de datos y redes.

Información técnica sobre el disco:

- Las fibras ópticas utilizadas cumplen las recomendaciones G.652 y G.655 del UIT-T.
- La transmisión se realizó a través de un enlace compuesto por catorce multiplexores ópticos add-drop de malla reconfigurables flexible (*Flexgrid Reconfigurable Optical Add-drop Multiplexer* - flexROADM) y veintiocho conmutadores selectivos de longitud de onda (*Wavelength Selective Switch* - WSS).
- La señal digital se procesó con un procesador digital de señales (*digital signal processor* - DSP) de 140 Gbaud de Acacia.

1.2.3 Red regional

He aquí un ejemplo de récord de transmisión de 1 Tbit/s en una red regional de 540 kilómetros.

Windstream Wholesale, empresa estadounidense especializada en soluciones de transporte de datos flexibles y de alta velocidad, ha logrado este récord de terabits en su red *Intelligent Converged Optical Network* (ICON) de infraestructura abierta, que une las ciudades de Dallas y Tulsa.

Este registro de transmisión se basa en los módulos de interconexión coherente (*Coherent Interconnexion Module*) CIM 8 de Acacia (adquirida por Cisco).

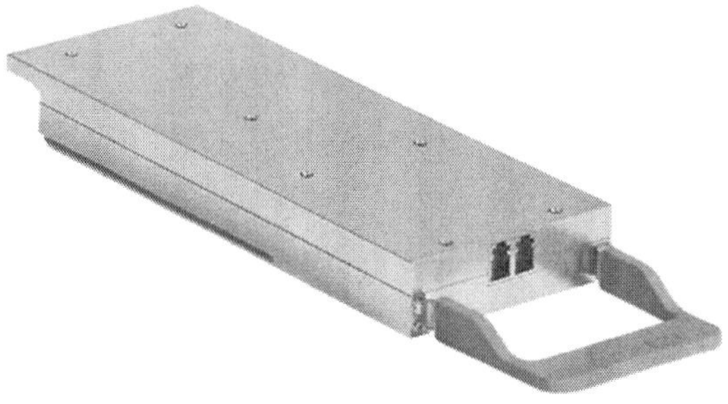

Más información en:
https://acacia-inc.com/product/coherent-interconnect-module-8/

1.3 Dos récords en demostración

1.3.1 Transmisión de 715 Tbit/s a lo largo de 2009 km

Este récord de transmisión fue presentado por NICT y Furukawa Electric en un acto de la *Optical Fiber Conference* (OFC).

Principales características del sistema de transmisión:

- Una fibra óptica multinúcleo con diecinueve núcleos.
- Un amplificador óptico dopado con erbio (EDFA) para bandas de transmisión convencionales (C) y largas (L).
- Las señales se emiten en una cuadrícula de 345 longitudes de onda.

- Modulación PDM 16-QAM con 4 bits de datos por símbolo y por longitud de onda.

Este logro demuestra la viabilidad de la transmisión de alta velocidad a 715 Tbit/s, a una larga distancia de más de 2.000 km, utilizando la multiplexación por división espacial y la integración de componentes ópticos.

1.3.2 Transmisión de 1,2 Pbit/s en 3,37 km

Este récord de transmisión fue presentado por NICT, Fujikura, la Universidad de Hokaido y la Universidad Macquarie (Australia) en una CEC.

Principales características del sistema de transmisión:

- Una fibra óptica con cuatro núcleos y tres modos de transmisión en un revestimiento con un diámetro de 160 μm.
- Acopladores para multiplexar y demultiplexar todos los núcleos y todos los modos simultáneamente.
- Las señales se transmiten a través de una red de 368 longitudes de onda.
- Modulación 256-QAM con 8 bits de datos por símbolo.

La distancia puede parecer corta –3,37 km–, pero los mercados objetivo son los centros de datos (*data centers*) y los centros de computación de alto rendimiento (HPC) para la interconexión dentro de los propios centros y para la interconexión entre centros.

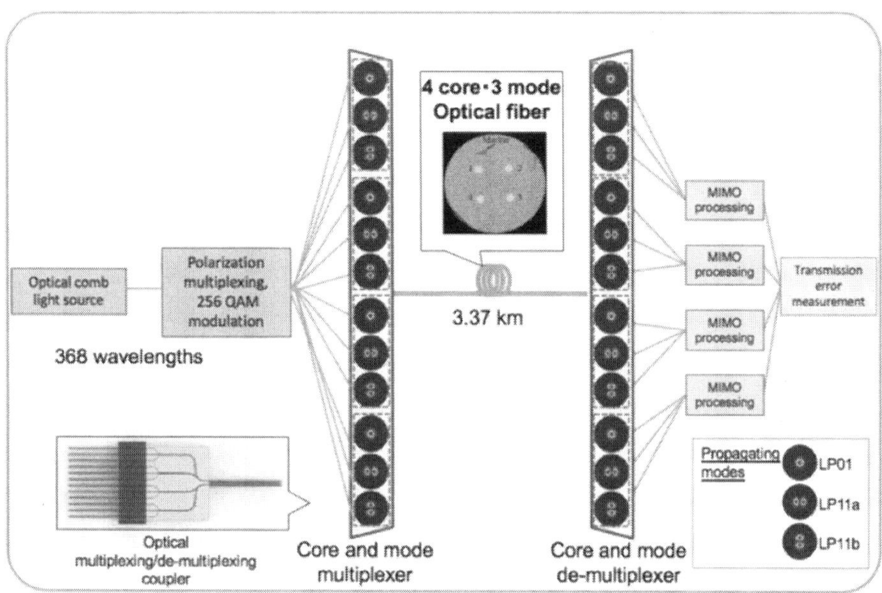

Diagrama del experimento de transmisión a 1,2 Pbit/s

2. Rumbo a 2030

2.1 Operación Network 2030

El UIT-T ha creado el *Focus Group Technologies for Network 2030* - FG NET-2030, un grupo de reflexión y evolución de las redes, con vistas al decenio 2025-2035.

Situado en la sede de la UIT en Ginebra, este nuevo grupo de trabajo sucede al grupo de trabajo *Future Network* (FN), que ha concluido su labor. Se centra en las tecnologías para las redes de 2030 y pretende ser un líder para evolucionar hacia la sociedad digital y las redes de 2030 y más allá.

FG NET-2030 pretende estudiar las características que podrían tener las redes de la próxima década. Para ello se imaginarán nuevos escenarios como las comunicaciones holográficas, tiempos de respuesta extremadamente rápidos en situaciones críticas, requisitos de comunicación dedicados para mercados verticales emergentes, etc. También se pretende responder a preguntas concretas sobre los distintos tipos de arquitecturas de red y los mecanismos adecuados para estos nuevos escenarios.

De hecho, la FG NET-2030 explora nuevos mecanismos de comunicación con un panorama muy amplio, sin detenerse en las arquitecturas o tecnologías de red actuales, salvaguardando la coexistencia con lo existente.

El trabajo del grupo culminó en junio de 2020 con la publicación de varios informes técnicos y especificaciones, entre ellos:

- *Representative use cases and key network requirements for Network 2030*
- *Network 2030 - Gap Analysis of Network 2030 New Services, Capabilities and Use cases*
- *Network 2030- Additional representative use cases and key network requirements for Network 2030*
- *Network 2030 Architecture Framework*
- *Network 2030 - Terms and Definitions*
- *Network 2030 - Description of Demonstrations for Network 2030 on Sixth ITU Workshop on Network 2030*

Estos informes y más información están disponibles en el sitio web del grupo de trabajo FG NET-2030:
https://www.itu.int/en/ITU-T/focusgroups/net2030/Pages/default.aspx

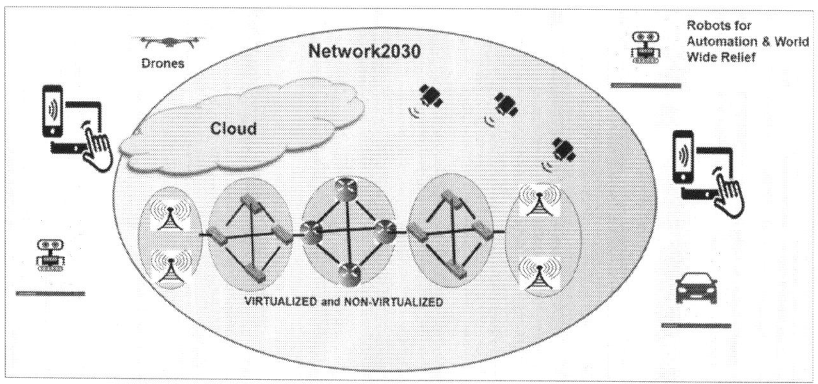

Un ejemplo de futura infraestructura de red y equipos terminales

2.2 Conexiones terrestres a Internet - por satélite

Una aplicación clave de la Network 2030 es la interconexión de la red terrestre de Internet con las constelaciones de satélites geoestacionarios de órbita terrestre baja (*Low Earth Orbit* - LEO) y con otros nodos de red no terrestres como barcos, aviones, etc., es decir, la llamada *Space-terrestrial Integrated Network* (STIN).

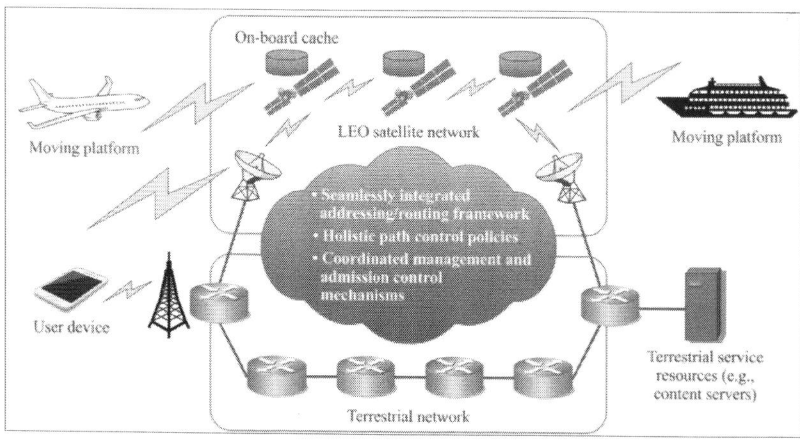

Esquema de interconexión Internet terrestre - satélite

2.3 De los objetos a los objetos "inteligentes

Otro caso interesante propuesto por Network 2030 es la transformación de la Internet de las cosas conectadas (*Internet of connected things*) en la Internet de las cosas inteligentes conectadas (*connected intelligent things*), gracias a la puesta en común de datos y conocimientos.

En cierto modo, proporcionar asistencia en la toma de decisiones a un operador o dotar de autonomía en la toma de decisiones a los propios objetos, por ejemplo entre sensores y actuadores, gracias a los algoritmos de los sistemas de inteligencia artificial.

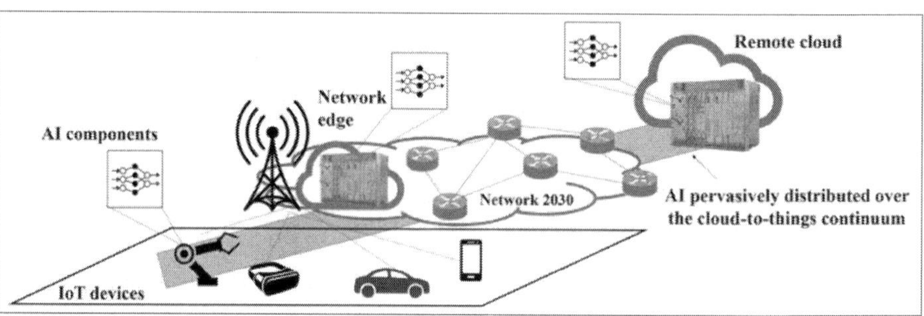

Conexión e intercambio de datos, modelos y conocimientos distribuidos de inteligencia artificial

2.4 Redes autónomas

Como continuación de la Red 2030, la Comisión de Estudio 13 del UIT-T creó en diciembre de 2020 un nuevo grupo de enfoque sobre redes autónomas: el *Focus Group on Autonomous Networks* (**FG-AN**).

La tarea de este grupo de trabajo es elaborar informes técnicos y especificaciones dedicados a las redes autónomas AN, incluidas las futuras redes FN, la experimentación en tiempo real, la adaptación a diversos entornos y tecnologías y estudiar futuros casos de uso. Este grupo también deberá identificar las lagunas que puedan existir en la normalización de estas nuevas redes autónomas.

Por normalización de las AN, el UIT-T entiende la creación de mecanismos de software capaces de gestionar la red y de procesos de control que dirijan estos mecanismos. Es la forma última de este control la que definirá las AN, redes capaces de gestionarse, funcionar, protegerse, optimizarse y reconfigurarse a sí mismas; estas propiedades se conocen comúnmente como *self-do-it*. Así pues, el principal objetivo del FG-AN es proporcionar una plataforma abierta para llevar a cabo actividades preparatorias para la creación de normas relacionadas con las redes autónomas y, posiblemente, aprovechar tecnologías de otras redes.

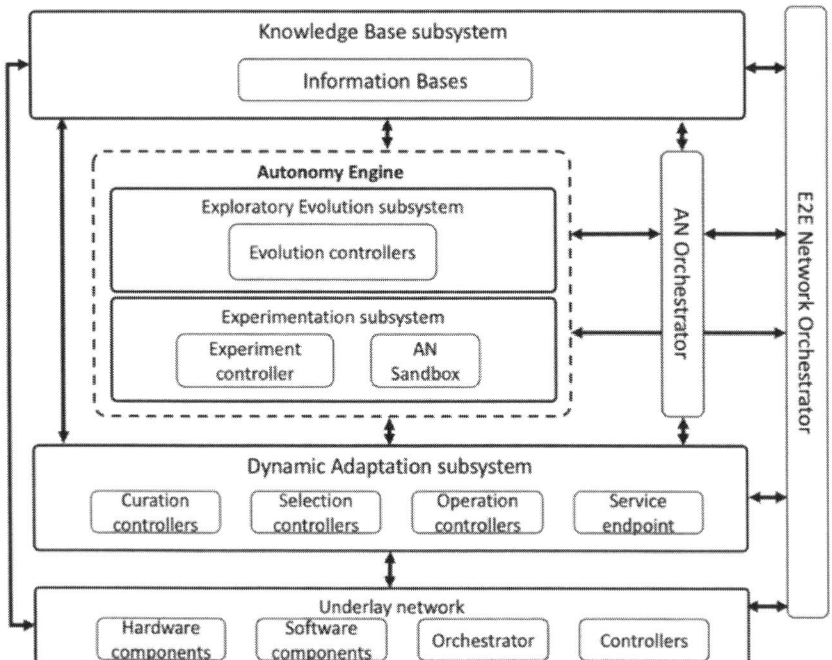

Ejemplo de arquitectura para redes autónomas: https://www.itu.int/en/ITU-T/focusgroups/an/Pages/default.aspx

2.5 ¿Y los metaversos?

La llegada del concepto "metaverso" repercutirá inevitablemente en las redes de los operadores. Por eso, en diciembre de 2022, el UIT-T creó un grupo de trabajo: FG-MV (*Focus Group Metaverse*).

El objetivo de este grupo es analizar los requisitos técnicos del metaverso para determinar las tecnologías fundamentales en diversos ámbitos como multimedia, optimización de redes, Internet de los objetos, gemelos digitales, etc.

Podrá ofrecer una plataforma de colaboración para el diálogo y la identificación de partes interesadas que puedan colaborar con el UIT-T. Su trabajo se complementará con ejemplos de casos de uso.

El UIT-T ha dado su definición de metaverso: un ecosistema integrado de mundos virtuales que ofrece experiencias inmersivas a los usuarios, que modifica lo preexistente y crea nuevos valores económicos, medioambientales, sociales y culturales.

Observación

Un metaverso puede ser virtual, aumentado, representativo del mundo físico o asociado a él.

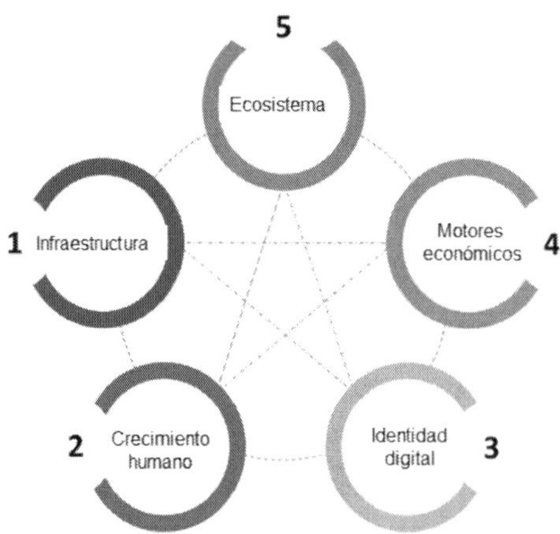

Los cinco elementos del modelo "metaverso" de la UIT: https://www.itu.int/en/ITU-T/focusgroups/mv/Pages/default.aspx#/es

La UIT detalla estos cinco elementos:

Infraestructura: redes y conectividad, potencia de cálculo, unidades informáticas, capacidad de almacenamiento, infraestructura de nube y de periferia, componentes semiconductores (chips o procesadores).

Crecimiento humano:

- Equipos móviles: cascos de realidad virtual, gafas de RV, otros tipos de wearables, háptica, holografía, interfaz cerebro-máquina.
- Creación de plataformas: plataformas de interacción, plataformas de modelado de contenidos, diseño o modelado 3D, hardware de juegos, servicios de inteligencia artificial o aprendizaje, herramientas para diseñadores, búsqueda visual.
- Activos: activos 3D interoperables, mercado de activos.

Identidad digital: avatar, agente, multiusuario y multitarea, grafos sociales, clasificación, organización social, seguridad, privacidad.

Impulsores económicos: descentralización, aplicaciones *blockchain*, criptomoneda, tokens no fungibles (*Non-fungible Token* - NFT), comercio, publicidad, pago, transacciones.

Ecosistema: ocio, compras, formación, juegos, deportes electrónicos, aplicaciones industriales, regulación, gobernanza, ética.

2.6 Proyecto OOPT

La asociación industrial **Télécom Infra Project** desarrolla el proyecto Red de Transporte Abierta y Desagregada (*Open and Disaggregated Transport Network* - OOPT).

Este proyecto se basa en:

- Enrutadores abiertos desagregados (*Disaggregated Open Routers* - DOR).
- Pasarelas de sitios celulares desagregados (*Disaggregated Cell Sites Gateways* - DCSG).

- Enrutadores troncales distribuidos desagregados (*Disaggregated Distributed Backbone Router* - DDBR).
- Enrutadores de agregación desagregada (*Disaggregated Aggregation Routers* - DAR). Estos cuatro tipos de equipos –DOR, DCSG, DDBR y DAR– incorporan los routers y pasarelas existentes en las redes celulares y de transporte IP/MPLS de los operadores.
- Un entorno de simulación física (*Physical Simulation Environment* - PSE) para definir los trayectos luminosos y las capacidades de la red.
- Sistemas ópticos desagregados (*Disaggregated Optical Systems* - DOS), que utilizan equipos desagregados como transpondedores o plataformas ópticas de paquetes.
- Sistemas operativos de red (*Networking Operating Systems* - NOS), que admiten plataformas OOPT desagregadas y ofrecen las ventajas de la innovación acelerada en el protocolo de internet y las redes de fibra óptica.
- *Mandatory Use Case Requirements for SDN [software-defined network] Transport* (MUST) con el objetivo de acelerar e impulsar la adopción de estándares SDN para tecnologías de transporte IP/MPLS, ópticas y de microondas, es decir, desarrollar redes de área extensa basadas en el concepto SD-WAN (*Software-defined Wide Area Network*).
- *Metaverse Ready Architectures for Transport Networks* (MANTRA), centrado en los logros de los operadores en redes ópticas y de paquetes.

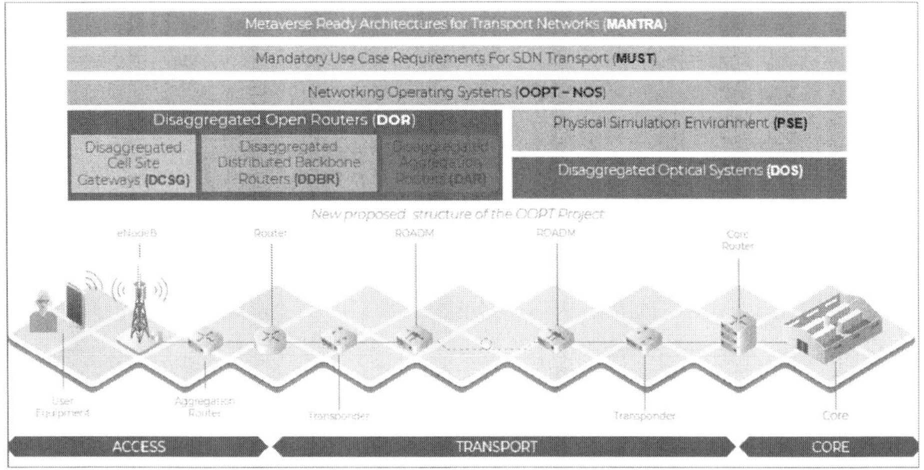

Visión general del proyecto OOPT: https://telecominfraproject.com/oopt/

2.7 IMT-2030 o 6G

En noviembre de 2023, el UIT-R publicó la recomendación UIT--R M.2160 titulada *IMT-2030 Framework*. IMT-2030 es el nombre de la futura generación 6 de telefonía móvil 6G.

En el periodo 2024-2027 se definirán los requisitos y criterios de evaluación de las posibles tecnologías de interfaz radioeléctrica (RIT- *Radio Interface technologies*) para las IMT-2030.

Con la evolución de las tecnologías de la información y la comunicación, el UIT-R espera nuevas posibilidades y experiencias inmersivas enriquecidas, una mayor "ubicuidad" y nuevas formas de aplicaciones colaborativas. En otras palabras, la expansión de nuevos usos, posibilidades y escenarios en relación con las IMT-2020 o 5G.

La llegada de las IMT-2030 o 6G será sinónimo de despliegue de las redes de fibra óptica de los operadores para dar servicio a las estaciones base de radio desde la central del operador de red.

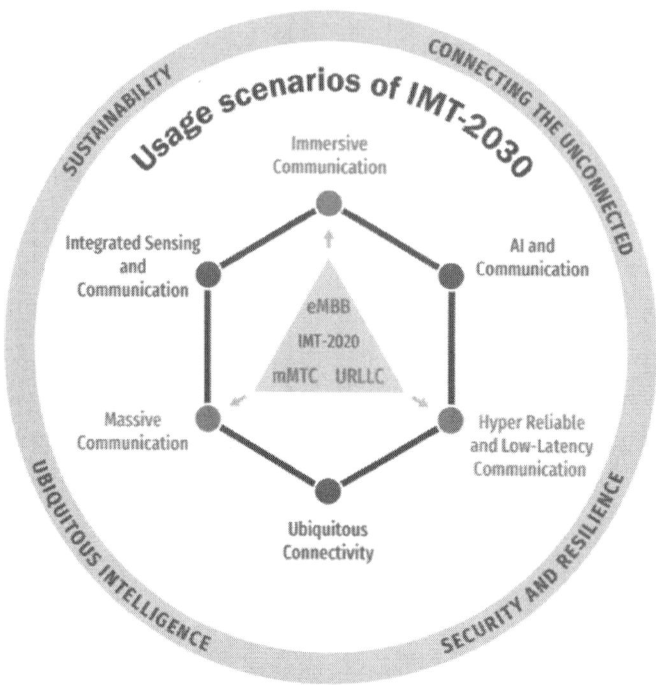

Escenarios de utilización de las IMT-2030: https://www.itu.int/dms_pubrec/itu-r/rec/m/R-REC-M.2160-0-202311-I!!PDF-E.pdf

3. Redes de empresas

3.1 En los centros de datos

Además de los cambios en las velocidades de los protocolos anunciados por el IEEE, IBTA, FibreChannel, etc., otra evolución probable se refiere a los cables de fibra óptica para centros de datos y, más concretamente, a su densificación.

Hace sólo cinco años, un cable típico contenía entre 432 y 576 fibras ópticas, divididas en tubos, a su vez contenidos en un diámetro de unos 25 milímetros.

La industria ofrece ahora cables de muy alta densidad que contienen entre 3.000 y 7.000 fibras. Y todo ello teniendo en cuenta las limitaciones de tamaño, ya que el cable actual de 3456 fibras apenas es mayor que el cable de 576 fibras de ayer, con un diámetro de 26 milímetros. El desarrollo de estas nuevas estructuras se debe esencialmente a la tecnología del cable plano.

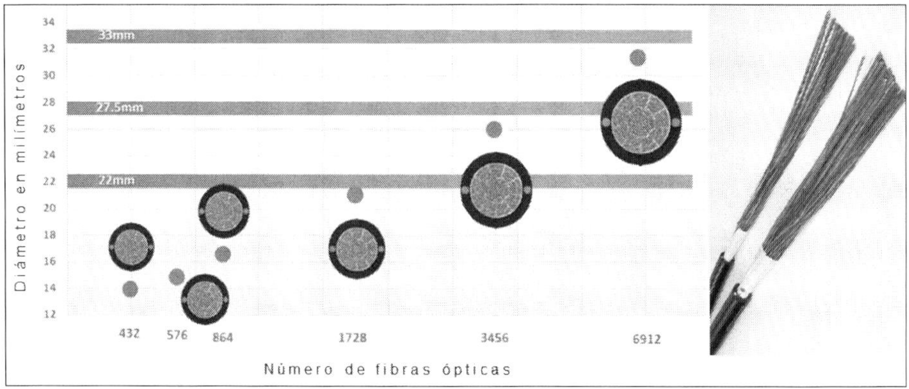

Densificación de cables de fibra óptica

3.2 Protocolo Ethernet

El protocolo Ethernet sigue desarrollándose en dos direcciones:

- Por un lado, los trabajos del grupo IEEE 802.3 NEA (*New Ethernet Applications Adhoc*), cuyo objetivo es crear una Ethernet con rendimiento mejorado, *Enhanced Ethernet*, para las tres funciones clave de almacenamiento de datos, computación con centros HPC (*High Perfomance Computing*) e inteligencia artificial.
- En segundo lugar, el despliegue de la banda ancha de muy alta velocidad de 1,6 Tbit/s en las redes locales de empresas, centros de datos y centros informáticos, ya sea en modo nativo o en modo multiplexado sobre varias fibras o varias longitudes de onda en la misma fibra (véase el cuadro siguiente).

Número de enlaces (fibras ópticas y/o longitudes de onda)					
1	2	4	8	10	16
1,6 Tbit/s					
800 Gbit/s	**1,6 Tbit/s**				
400 Gbit/s	800 Gbit/s	**1,6 Tbit/s**			
200 Gbit/s	400 Gbit/s	800 Gbit/s	**1,6 Tbit/s**		
100 Gbit/s	200 Gbit/s	400 Gbit/s	800 Gbit/s		**1,6 Tbit/s**
50 Gbit/s	100 Gbit/s	200 Gbit/s	400 Gbit/s		800 Gbit/s
25 Gbit/s	50 Gbit/s	100 Gbit/s	200 Gbit/s		400 Gbit/s
10 Gbit/s		40 Gbit/s		100 Gbit/s	
2,5 Gbit/s		10 Gbit/s			

Resumen de las distintas velocidades de Ethernet

Ultra Ethernet Consortium

El *Ultra Ethernet Consortium* - UEC es un grupo de fabricantes relacionados con la nube, los centros de datos y las redes, que se ha unido para acelerar el despliegue de Ethernet de muy alta velocidad.

Entre sus miembros figuran Broadcom, Cisco, HPE, Huawei, Intel, Juniper, Meta, Microsoft, Nokia, Oracle, etc.

Consorcio Ultra Ethernet: https://ultraethernet.org/

3.3 Componentes

Al igual que los componentes electrónicos han experimentado una evolución inimaginable en los últimos cincuenta años, los componentes electroópticos y optoelectrónicos siguen el mismo camino.

Los anuncios de novedades se suceden. Un ejemplo para ilustrarlo: a finales de 2023, el anuncio del transceptor más pequeño para 1 Tbit/s basado en microdiodos emisores de luz μLED que utilizan la tecnología *chip-to-chip* - c2c.

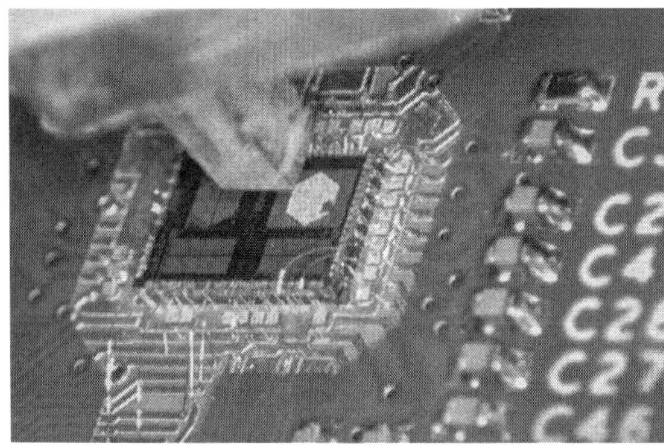

(14EP15V4.png)

Componente ASIC de 3 mm x 4 mm, para 1 Tbit/s, en una placa de pruebas que muestra la malla de diodos: https://avicena.tech/

Espero que haya disfrutado leyendo este libro tanto como yo escribiéndolo, y que haya hecho algunos descubrimientos interesantes.

Anexos

1. Organismos de normalización

AFNOR - Asociación francesa de normalización, organismo encargado de organizar y participar en la elaboración de normas francesas (NF), europeas (EN) e internacionales.

https://www.afnor.org/

ANSI - *American national standards institute*, organización cuyo objetivo declarado es reforzar la posición de Estados Unidos en el mercado a través de las normas.

https://www.ansi.org/

CEI - Comisión electrotécnica internacional o **IEC** - *International technical commission*.

https://www.iec.ch/

CEN - Comité europeo de normalización.

https://www.cen.eu/Pages/default.aspx

Cenelec - Comité europeo de normalización electrotécnica.

https://www.cenelec.eu/

ETSI - *European telecommunications standards institute*, organismo europeo con sede en Sophia-Antipolis (Alpes Marítimos).

https://www.etsi.org/

IEEE - *Institute of electrical and electronics engineers*, organización estadounidense que desarrolla normas, entre ellas las famosas normas IEEE 802.3 para redes Ethernet.

https://www.ieee.org/

IETF - *Internet engineering task force*, organización creada en 1986 y dedicada a desarrollar normas para Internet.

https://www.ietf.org/

INCITS - *International committee for information technology standards*, organismo americano para la normalización en tecnologías de la información y de la comunicación (TIC).

https://www.incits.org/

ISO - *International organization for standardization*, organización internacional de normalización, que publica normas como el famoso modelo OSI de siete capas.

https://www.iso.org/home.html

TIA - *Telecommunications industry association*, organización norteamericana de fabricantes y proveedores de equipos de redes de comunicaciones que trabaja en el desarrollo de normas.

https://www.tiaonline.org/

UIT - Unión Internacional de Telecomunicaciones o **UIT** - *International telecommunications union* - institución especializado de las Naciones Unidas para las tecnologías de la información y la comunicación.

UIT-T - Oficina de normalización de las telecomunicaciones de la UIT o **UIT-T**.

UIT-R - Oficina de normalización de las radiocomunicaciones de la UIT o **UIT-R**.

https://www.itu.int/fr/Pages/default.aspx

2. Otras organizaciones y asociaciones

APC - *Advanced photonics coalition*, asociación estadounidense que ha tomado el relevo de COBO (*Consortium for On-Board Optics*). Su objetivo es crear, intercambiar e interoperar módulos ópticos.

https://www.advanced-photonics.org/

ARCEP - Autoridad francesa de regulación de las comunicaciones electrónicas y los servicios postales. Organismo gubernamental francés encargado de la apertura a la competencia y la regulación de los sectores de las telecomunicaciones y los servicios postales, el sitio web de la ARCEP ofrece toda la información y los expedientes relativos, entre otras cosas, a la banda ancha –FTTH y FTTB– en Francia.

https://www.arcep.fr/

Broadband forum - Organización de fabricantes y proveedores de servicios implicados en el despliegue de redes de banda ancha.

https://www.broadband-forum.org/

CFP - MSA - Asociación industrial para el desarrollo coordinado de emisores-receptores CFP.

www.cfp-msa.org

ELFA - *European Local Fibre Alliance*, un grupo de operadores y fabricantes que trabajan para desarrollar redes de fibra óptica en Europa.

https://www.e-lfa.eu/

EOS - *European Optical Society*, sociedad europea de óptica.

https://www.europeanoptics.org/

Ethernet Alliance - Asociación industrial que promueve Ethernet a través de la interoperabilidad de los equipos.

https://ethernetalliance.org/

EtherCAT - *Ethernet for control automation technology*, una organización que trabaja para desarrollar Ethernet industrial.

https://www.ethercat.org/default.htm

FCIA - *Fibre Channel Industry Association*, asociación industrial que trabaja en el desarrollo del protocolo Fibre Channel para redes de área de almacenamiento (SAN) y otras aplicaciones.

https://fibrechannel.org/

FOSA - *Fiber Optic Sensing Association*: asociación estadounidense para el desarrollo de sensores de fibra óptica y redes de sensores de fibra óptica.

https://fiberopticsensing.org/

FOTC - *Fiber Optics Tech Consortium*, asociación de miembros de la TIA que trabajan para usuarios y diseñadores de redes de fibra óptica.

https://www.tiafotc.org/

FSAN - *Full Service Access Network*, una sólida asociación de 85 fabricantes que trabajan para desarrollar redes de acceso gigabit como XG-PON1 y NG-PON2.

https://www.fsan.org/

FTTH Council Europe, asociación de agentes que trabajan para desarrollar la FTTH - *fiber to the home* - en Europa.

https://www.ftthcouncil.eu/

IBTA - *InfiniBand Trade Association*, asociación de integradores que trabajan en el desarrollo de InfiniBand para su uso en centros de datos (*data centers*) y ordenadores de alto rendimiento (*high performance computer* - HPC).

https://www.infinibandta.org/

InfraNum - Infraestructuras digitales, asociación de empresas que colaboran con las autoridades públicas en el desarrollo de redes de comunicaciones.

https://infranum.fr/

MEF - *Metro Ethernet Forum*, asociación de fabricantes y operadores de redes que promueve el despliegue de Ethernet en redes metropolitanas.

https://www.mef.net/

NICT - *National Institute Of Information and Communications Technology*, organización japonesa para el desarrollo de las tecnologías de la información y la comunicación.

https://www.nict.go.jp/en/

Objectif fibre - Asociación francesa de un centenar de agentes que trabajan en el ámbito de las redes de fibra óptica y tecnologías asociadas.

https://www.objectif-fibre.fr/

ODVA - *Open Devicenet's Vendor Association*, organización de fabricantes para enlazar diversos protocolos de redes industriales.

https://www.odva.org

OIF - *Optical Internetworking Forum*, asociación para el desarrollo de soluciones interoperables en redes ópticas, mediante la creación de acuerdos de implementación (*implementation agreement* - IA).

https://www.oiforum.com/

ONVIF - *Open Network Video Interface Forum*, asociación para la interoperabilidad de productos de seguridad basados en IP.

https://www.onvif.org

Open ROADM MSA, asociación de operadores y fabricantes para definir y promover un ecosistema abierto de redes de fibra óptica.

http://www.openroadm.org/

Open ZR+ MSA, una asociación de fabricantes cuyo objetivo es definir las especificaciones de interoperabilidad de los módulos OpenZR+.

https://www.openzrplus.org/

Photonic France - Federación francesa de fotónica.

http://www.photonics-france.org/

POFTO - *Plastic Optical Fiber Trade Organization*, asociación de empresas que promueven el desarrollo de aplicaciones de fibra óptica de plástico.

https://www.pofto.org/home/

SNIA - *Storage Networking Industry Association*, asociación para el desarrollo de redes de área de almacenamiento (*storage area network* - SAN).

https://www.snia.org/

SFO - Sociedad francesa de óptica, asociación que agrupa a los agentes industriales y académicos de la óptica y la fotónica en Francia.

https://www.sfoptique.org/

Sycabel - Asociación francesa de fabricantes de hilos y cables eléctricos y de comunicación.

https://www.sycabel.com/

Top 500 - El sitio que enumera los 500 ordenadores más potentes del mundo.

https://www.top500.org/

UEC - *Ultra Ethernet Consortium*, asociación para el desarrollo de Ethernet de muy alta velocidad.

https://ultraethernet.org/

VITA - *VMEbus International Trade Association*, asociación para el desarrollo de arquitecturas y sistemas informáticos.

https://www.vita.com/

3. Eventos y reseñas

Congreso SFO - congreso anual de la Sociedad Francesa de óptica, el mayor congreso internacional del mundo francófono, que ofrece una visión general de la investigación, los avances industriales y las innovaciones educativas.

https://www.sfoptique.org/

ECOC - Conferencia europea sobre comunicaciones ópticas, dedicada a todos los elementos de las redes de fibra óptica, que se celebra cada año en un país europeo diferente.

https://www.ecocexhibition.com/

FTTH Conference, conferencia dedicada a las aplicaciones FTTH, organizada por el FTTH Council Europe y celebrada cada año en un país europeo distinto.

https://www.ftthcouncil.eu/

JNOG - Jornadas nacionales de óptica guiada, evento celebrado en Francia.

https://www.sfoptique.org/pages/les-clubs-sfo/club-jnog/

OFC - *Optical fiber conference*, evento anual estadounidense sobre aplicaciones de fibra óptica.

https://www.ofcconference.org/en-us/home/

Photoniques, la revista de la Sociedad francesa de óptica dedicada a la luz y sus aplicaciones.

https://www.photoniques.com/

Submarine Networks, conferencia anual sobre redes transoceánicas de fibra óptica.

https://www.terrapinn.com/conference/submarine-networks-world/

4. Acrónimos

ADSS - *all dielectric self-supporting*: cable aéreo de fibra óptica autoportante totalmente dieléctrico.

AFDX - *avionics full duplex switched Ethernet*: protocolo Ethernet conmutado para aplicaciones de aviónica.

ADZ - *attenuation death zone*: zona muerta de atenuación, característica funcional de un reflectómetro óptico.

AOC: *active optical cables*: cables ópticos activos.

APD - *avalanche photodiode*: fotodiodo de avalancha.

ASE - *amplified spontaneous emission*: emisión espontánea amplificada.

aw2aw - *any wavelenght to anywhere*: símbolo de la máxima flexibilidad de las redes ópticas, transmisión de cualquier longitud de onda a cualquier punto.

BER - *bit error ratio*: número de bits erróneos recibidos sobre el número de bits transmitidos para medir la calidad de la transmisión en la capa física de una red.

BIMMF - *bend insensitive multimode fiber*: fibra óptica multimodo insensible a las curvaturas.

CDFP - *400 Gbit/s form factory pluggable*: CD = 400 en números romanos, conexión transmisor-receptor para cable óptico activo.

CFO: sensor de fibra óptica, en inglés fiber optic sensor.

CSF - *cut-off shifted fibre*: fibra óptica con una longitud de onda de corte desplazada.

CWDM - *coarse wavelength division multiplexing*: multiplexación por división de longitud de onda gruesa.

DEL: diodo emisor de luz: acrónimo del inglés **LED** - *light emitting diode*.

DFP - *distributed feedback*: láser de realimentación distribuida (o repartida).

DGD - *differential group delay*: tiempo de propagación de grupo diferencial.

DP - *doble polarización*: modulación de la polarización de una señal óptica.

DSF: *dispersion shifted fiber*: fibra òptica de dispersión retardada.

DSP: *digital signal processing*: procesamiento de señales digital.

DWDM: *dense wavelength division multiplexing*: multiplexación por división de longitud de onda densa.

EDFA: *erbium doped fiber amplifier*: amplificador de fibra dopada con erbio.

EDZ - *evenemential death zone*: zona muerta de eventos, característica funcional de un reflectómetro óptico.

EMB - *effective modal bandwith*: ancho de banda modal efectivo expresado en MHz*km.

E-PON - *Ethernet passive optical network*: red óptica pasiva en Ethernet.

F5G - *fixed network fifth generation*: red fija de quinta generación. Generación actual de redes desde F1G, la primera, hasta F6G, la futura, según la definición del ETSI.

Fc - *cut-off frequency*: Frecuencia de corte con $f_c = c / \lambda_c$.

FCoE - *fibre channel over Ethernet*: tramas de protocolo Fibre Channel encapsuladas en una trama Ethernet.

FDDI - *fiber distributed data interface*: red de doble anillo de fibra óptica contrarrotante de 100 Mbit/s.

FlexO - red flexible de fibra óptica definida por el UIT-T para los operadores.

FLOPS - o flop/s, *floating-point operation per second*: unidad de medida que designa el número de operaciones de coma flotante por segundo.

FMF: *few mode fiber*, un nuevo tipo de fibra óptica unimodal con "unos pocos modos", a menudo 2 o 4 modos.

FOIRL - *fiber optic interrepeater link*: enlace interrepetidor de fibra óptica, protocolo Ethernet.

FOP: fibra óptica de plástico (inglés: **POF** - *plastic optical fiber*).

FSD - *fixed shroud duplex*: enchufe óptico doble para dos fibras ópticas.

FTTA - *fiber to the antenna*: red de distribución que lleva fibra óptica hasta la estación base de radio.

FTTB - *fiber to the buiding*: red de distribución que transporta fibra óptica desde la centralita del ISP hasta el bloque de apartamentos. La continuidad con los pisos se realiza mediante cable de cobre.

FTTC - *fiber to the curb*: red de distribución que transporta fibra óptica desde la central del ISP hasta el bordillo, con cable de cobre como red troncal. A veces se denomina **FTTK** (*fiber to the kerb*).

FTTCab - *fiber to the cabinet*: red de distribución que lleva fibra óptica desde la oficina central del ISP hasta un armario en la calle, con continuidad por cable de cobre. A veces se denomina **FTTS** - *fiber to the street*.

FTTH - *fiber to the home*: redes de fibra óptica que dan servicio al hogar de un abonado a servicios de comunicaciones.

FTTO - *fibre to the office*: concepto de distribución que lleva la fibra óptica lo más cerca posible del puesto de trabajo, con los últimos metros cubiertos por un cable de cobre a través de un convertidor de medios.

FTTR - *fiber to the room*: fibra óptica hasta la habitación.

FWM - *four wave mixing*: mezcla de cuatro ondas, efecto no lineal a veces denominado mezcla de cuatro fotones.

GbE - *Gigabit Ethernet*: protocolo de transmisión de n Gbit/s, escrito n GbE, con n = 1, 10, 40, 100, 200, 400 u 800.

HACC - *hole-assisted carbon coated*: fibras ópticas con un núcleo dopado con tierras raras, orificios que incorporan gases y un revestimiento de carbono herméticamente sellado contra estos gases.

HAN: *home area network*: red de área doméstica.

HDPE - *high density polyethylene*: polietileno de alta densidad para la protección de cables de fibra óptica.

LSOH - *low smoke zero halogen* (baja emisión de humos y sin halógenos): cable con cubierta sin halógenos y baja emisión de humos durante la combustión, exigido legalmente en edificios abiertos al público. También conocido como LSZH.

LWP - *low water peak*: fibras ópticas con baja atenuación en la zona del pico de agua.

MCF - *multicore fibre*: fibra óptica multinúcleo.

MCVD - *modified chemical vapour deposition*, deposición química en fase vapor modificada, proceso de fabricación de fibras ópticas.

MDU - *multidwelling unit*: edificio de apartamentos.

MLO - multiplexación por división de longitud de onda (en inglés: *wavelenght division multiplexing* - WDM).

MMF - *multimode fiber*: fibra óptica multimodo.

MPO - *multifiber push-on*: conector óptico para cinta de fibra óptica, disponible en varias versiones MPO-12, MPO-16, MPO-32, etc.

MTC - *marinized terrestrial cable*: cable de fibra óptica marinizado o cable de fibra óptica submarino.

MTP - *mechanical transfer push-on*: conector óptico para cinta de fibra óptica, una versión mejorada del conector MPO.

MW-PON - *multiple wavelenght passive optical network*: red óptica pasiva de longitud de onda múltiple.

NG-PON - *next generation passive optical network*: red óptica pasiva de nueva generación, por ejemplo NG-PON2 a 40 Gbit/s.

NRZ - *non return to zero*: tipo de modulación de la señal.

NZ-DSF - *non-zero dispersion shifted fiber*: fibra con dispersión desplazada distinta de cero.

OADM - *optical add-drop multiplexer*: multiplexor de inserción-extracción de longitud de onda.

OAN - *optical access network*: red de acceso óptico que llega a los abonados.

ODN - *optical distribution network*: red de distribución óptica que da servicio a los abonados desde la central del proveedor de acceso.

OC-n - *optical container level n*: módulo de transporte óptico de nivel n (por ejemplo, OC-3 a 155,52 Mbit/s).

OEHC - *optical/electrical hybrid cable*: cable híbrido óptico/eléctrico con un par de conductores de cobre para la alimentación y una fibra óptica para la transmisión de datos.

OFL - *overfilled mode launch*: inyección de luz modal saturada expresada en MHz*km.

OMx - *optical multimode*: fibra óptica multimodo con x = 1, 2, 3, 4 ó 5.

OPUk - *optical payload channel unit k*: canal óptico normalizado (por ejemplo, OPU4 a 104,134 Mbit/s).

OPWG - *optical fiber ground wire*: cable de tierra de fibra óptica.

ORL - *optical return loss*: pérdida de señal luminosa por reflexión.

OSA - *optical spectrum analyzer*: analizador de espectro óptico.

OSC - *optical supervisory channel*: longitud de onda específica dedicada a la señalización de una transmisión.

OSFP - *octal small form factor pluggable*: transceptores OSFP con octal de base 8 para velocidades de datos de hasta 800 Gbit/s o incluso 1 Tbit/s.

OSNR - *optical signal to noise ratio*: relación señal/ruido óptico.

OTDR - *optical time domain reflectometer*: reflectómetro óptico en el dominio del tiempo.

OVPO - *outside vapour phase oxidation*: oxidación en fase de vapor exterior, un proceso de fabricación de fibra óptica.

PACVD- *plasma activated chemical vapour deposition*: deposición química en fase vapor activada por plasma, un proceso de fabricación de fibras ópticas.

PCSEL - *photonic-crystal surface-emitting laser*: láser emisor de superficie y cristales fotónicos, evolución de los VCSEL.

PDH - *plesiochronous digital hierarchy*: modo de transmisión en una jerarquía digital plesiócrona.

PIC - *photonic integrated circuit*: circuito integrado fotónico.

PMD - *polarization mode dispersion*: dispersión por modo de polarización.

PMD$_Q$ - *statistical parameter for link PMD*: parámetro estadístico para la PMD del enlace.

PMMA - *polymethil methacrylate*: polimetacrilato de metilo, un polímero utilizado para fabricar ciertas fibras ópticas de plástico.

PIN - *positive-intrinseque-negative*: tipo de fotodiodo.

PO-LAN - *power over local area network*: red de área local corporativa con alimentación eléctrica y transmisión de datos.

POF - *plastic optical fiber*: fibra óptica de plástico.

PON - *passive optical network*: red óptica pasiva, una técnica para distribuir señales a los abonados compartiendo parte de la infraestructura.

QAM - *quadrature amplitude modulation*: un tipo de modulación de amplitud multinivel para transmisiones de alta velocidad.

QPSK - *quadrature phase shift keying*: tipo de modulación de fase multinivel para transmisiones de alta velocidad.

QSFP - cuádruple SFP, gama de transceptores de 10 Gbit/s a 112 Gbit/s, versiones **QSFP-DD** de doble densidad de hasta 1,6 Tbit/s.

RCFO - red de sensores de fibra óptica, en inglés *fiber optic sensor network*.

RML - *restricted mode launch*: inyección de luz modal reducida.

ROADM - *remotely configurable optical add-drop multiplexer*: multiplexor óptico de suma y resta configurable a distancia.

RSD - *retractable shroud duplex*: enchufe óptico doble para dos fibras ópticas.

RWP - *reduced water peak*: fibras ópticas con atenuación reducida en la zona del pico de agua.

SDH - *synchronous digital hierarchy*: modo de transmisión de la jerarquía digital síncrona.

SDM - *spatial division multiplexing*: multiplexación por división espacial.

SD-WAN - *software-defined wide area network*: red de área extensa definida por software.

SFP - *small form-factor pluggable*: gama de transceptores de 100 Mbit/s a 112 Gbit/s, versiones SFP-DD de doble densidad de hasta 224 Gbit/s.

SMF - *single mode fiber*: fibra óptica unimodal.

SONET - *synchronous optical network*: red óptica síncrona.

STM-n - *synchronous transport module*: módulo de transporte síncrono (por ejemplo, STM-1 a 155,52 Mbit/s).

SWDM - *short-wave division multiplexing*, multiplexación por división en onda corta.

VAD - *vapour phase axial deposition*: deposición axial en fase de vapor, un proceso de fabricación de fibra óptica.

VCSEL - *vertical cavity surface emitting laser*: láser emisor de superficie de cavidad vertical.

VOA - *variable optical attenuator*: atenuador óptico variable.

VSFF - *very small form factor*: conectores ópticos miniaturizados o de factor de forma muy pequeño, como CS, MDC, MMC, MXC, SN, etc.

WBMMF - *wide band multimode fiber*: fibra óptica multimodo optimizada para la transmisión de múltiples longitudes de onda.

WDM - *wavelength division multiplexing*: multiplexación por división de longitud de onda (MLO).

WDM-PON - *WDM passive optical network*: MLO aplicado a la red óptica pasiva.

WWDM - *wide WDM*: multiplexación por división de longitud de onda ancha.

WSS - *wavelength selective switch*: conmutador selectivo de longitud de onda.

XG-PON - *10 Gbit/s passive optical network*: red óptica pasiva de 10 Gbit/s.

XGS-PON - XG-PON simétrico a 10 Gbit/s en sentido descendente y ascendente.

ZWP - *zero water peak*: fibras ópticas prácticamente sin atenuación en la zona del pico de agua.

B

C

D

E

F

I

L

M

N

O

P

R

S

T

W

Z

Para poder acceder durante un año
a la versión online de este libro,
envíenos su justificante de compra a

librodigital@ediciones-eni.com

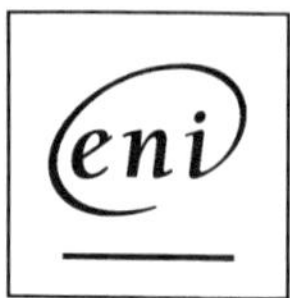